Åseleborna

1674 - 1930

av

Karl-Erik Gavelin

Del 1

Vi som jobbat med Kekas material och fått det till böcker är Kicki Hansard, (född Persson) som har överfört allt material från en CD skiva till bokform.

Övriga som gjort dessa böcker möjliga att trycka är Kekas bror Michael Gavelin, Egon Persson, Sture Gustafsson, Oliver Kårefalk, Vivi-Anne Bäcklund och Mona Scherdin.

Samt ett ekonomiskt stöd från
Stiftelsen Konung Gustaf VI Adolfs fond för svensk kultur.

Åseleborna 1674 – 1930 utgiven av
Åseles Hembygdsförening
© Karl-Erik Gavelin

Foto: Nedre torget, Backmans Handelshus i början på 1900-talet

ISBN 9798545913237

Innehåll

Förord

Detta förord vill vi tillägna Karl- Erik Gavelin som föddes i Åsele 1958 och gick ur tiden alldeles för tidigt, endast 47 år gammal. Han växte upp i byn Ytterrisjö i Åsele kommun och fick namnet Keka av sin lillebror som misslyckades med att säga Karl-Erik. Keka var mycket idrottsintresserad och utövade flera idrotter där fotbollen tog största utrymmet. Han utbildade sig till lärare och skolan i Åsele blev hans arbetsplats. När han presenterade sig inför nya klasser så sa han: *"Jag är döpt till Karl- Erik men heter Keka"*. Han var en mycket omtyckt person av både elever och kollegor. I både idrottskretsar och ibland vänner blev saknaden stor efter Keka.

Släktforskning var ett annat stort intresse Keka ägnade sig åt. *Åseleborna 1674-1920* var hans första bok som utkom 1994. Materialet till boken *Åseleborna 1674-1930* hade Keka iordningsställt men bara gett ut på CD-skiva när han hastigt lämnade oss. Allt material i dessa böcker är det Keka som producerat. Vi har bara fört över det i bokform.

Keka gav även ut boken *Vilhelminaborna*. Boken *Doroteaborna* var inte helt klar och färdigställdes av föreningen Lappmarkens Släkt och Bygdeforskare. Både böckerna finns tillgängliga hos dem. Många hänvisningar i böckerna gör ju att alla tre hör ihop.

Vi riktar ett stort tack till Karl-Erik "Keka" Gavelin för hans arbete. Även ett stort tack till Kekas familj, som gjort det möjligt för Hembygdsföreningen att utge dessa böcker.

Åsele Hembygdsförening
Egon Persson. Ordf.

Inledning av Karl-Erik "Keka" Gavelin

Åsele den 24/1 1994

Dessa böcker är en förteckning över alla familjer som bott i Åsele socken 1674 - 1930.

Varför just dessa årtal? Jo, den förste nybyggaren bosatte sig i Gafsele 1674 och jag bryter 1930 eftersom kyrkböckerna är sekretessbelagda i 70 år.

Åsele saknar födelse-, död- och vigselböcker från 1748 t.o.m. halva året 1800.
Det finns bara husförhörs- och kommunionslängder från 1772 och framåt. Detta gör det mycket arbetskrävande och framför allt osäkert att hitta personer från den perioden.

Det leder mig in på varför det blev en bok av allt mitt plockande med och tydande av mer eller mindre läsbara handstilar på mikrokorten. Jag har tänkt mig att boken skall:

1. Hjälpa till att täcka luckan 1748-1800 - främst till hjälp för släktforskare.
2. Göra det lätt för Åsele-borna att hitta sina kopplingar till varandra och till bygden.
3. Vara till stöd för minnet när det talas om äldre tider. Det är så lätt att blanda ihop namn.

Kan någon sedan hitta andra sätt att använda den på, så är det ju bara bra.

Socknen var betydligt större förr i tiden. Nuvarande Vilhelmina, Dorotea och Fredrika socknar hörde hit. De blev egna omkring år 1800. För enkelhetens skull har jag tagit med byarna i dessa tre socknar t.o.m. år 1799. Några byar i nuvarande Anundsjö: Solberg, Tjärn, Tjäl m.fl. hörde till Åsele socken ända fram till 1866. Titta på sidorna 15 till 18, där finns en förteckning över alla byar.

Före mitten av 1850-talet hörde ett antal samer till Åsele socken. Sedan flyttades de till Vilhelmina förutom de som bodde kvar på lappskattelanden i Åsele ända in på 1900-talet. Jag har inte tagit med några samefamiljer i den här boken, förutom de som blev bofasta i byarna.

Inom ett par år räknar jag med vara färdig med en speciell bok om samerna i Åsele lappmark dvs det som nu är Vilhelmina norra och södra samebyar.

Boken är naturligtvis kontrolläst ett antal gånger, men innehåller säkert många fel ändå. Hittar ni felaktigheter så hör av er, jag vill gärna veta av dom. Kan någon dessutom fylla i några av luckorna så blir jag ännu gladare.

Som avslutning vill jag tacka alla som hjälpt mig med tips, uppgifter, kontroller, uppmuntran mm. Den som lagt ned mest tid på det är Karl-Erik Ström, han var dessutom den som gav mig idén till att börja med boken. Ett extra stort tack till honom alltså.

Källor

På mikrokort:

Åsele sockens födelse-, död- och vigselböcker. Husförhörs- och kommunionslängder.
Kyrkoräkenskapema för tiden före 1805
Födelse-, död-, vigselböcker och husförhörslängder för alla socknar som finns medtagna i
utsockneslistan (sid 26-66) - plus ett 50-tal socknar till.
Åseles födelsebok t.om. 1930, dödbok t.om. 1920 och vigselbok t.o.m 1927, är använda för att
verifiera uppgifterna.

Litteratur:

Carl Afzelius: Släkten Westman (Hemösands-släkten)
Lennart Andersson: Umebygdens soldater 1695-1895
Leonard Bygden: Härnösands stifts herdaminne
Karl Fahlgren m.fl.: Åsele sockenhistoria
Richard Gothe: Finnmarkskolonisationen
Isak Grape: Lappmarkens herdaminne
Einar Hallström: Bodum vår socken
Bertil Hasselberg: Släkten Arbman från Arboga
Tyko Lundqvist m.fl.: Hembygdsboken - Nordmalings och Bjurholms socknar
Tyko Lundqvist: Av ris och rot
Erik Modin: Gamla Tåsjö
Erik A Nyländer: Familjeregister för Själevads socken 1681-1785
Anna-Greta Näslund m.fl.: Anundsjö släkter och gårdar
Agneta Olofsson: Fjällsjö byar och gårdar
Åsele bönder och gårdar
Junsele bönder 1600-1800
O P Pettersson: Gamla byar i Vilhelmina
Alma Rhen: Norrlandssläkten Rhen
C M Rosenberg: Geografiskt-statistiskt handlexikon öfver Sverige
Sven Axel Sundström m.fl.: Dorotea sockens historia
OK: s Nordenatlas

Böcker gjorda i studiecirklar och liknande:
Boken om Gafsele 1674-1989
Boken om Lillögda
Boken om Varpsjö
Boken om Wiska
Kroksjö 200 år

Ovanstående böcker (och kanske några till) har jag använt för att få tips. Alla uppgifter jag hittat i böckerna har jag försökt kolla upp. Väldigt få uppgifter är tagna direkt ur litteraturen. Har jag inte lyckats bekräfta uppgifterna på annat vis finns de inte med i boken.

Det är bättre att lämna en lucka än att lura folk.

Att tänka på för släktforskare

Från 1748 till och med halva året 1800 finns inte födelse-, död- och vigselböcker för Åsele socken. Betrakta alla datum, och ibland även år, för personer här under den tiden som tveksamma. Det finns kommunionslängder från 1772 och framåt, men de är i många fall svårtolkade.

Om familjen ni tittar på har flyttat så titta noga efter på sista raden när de gjort det. Flyttar de in i Åsele samma år som ett barn är fött är det inte helt säkert att barnet är fött här (men troligt!). Är det en familj som flyttar ut har jag många gånger följt familjerna till den nya socknen och tagit exempelvis dödsdatum och några av barnens giften m.m. i den nya socknen. Jag har inte arbetat speciellt hårt med det, huvudsaken för mig har varit Åsele, men om det varit lätt att hitta uppgifterna har jag skrivit ner dem, de kan vara bra att hitta för någon läsare. Flyttnings-åren är många gånger tveksamma, speciellt i äldre tider. Vid flyttningar inom socknen är de tagna ur husförhörslängderna och kan därför vara lite fel. Vill man vara säker bör man gå till domböckerna för att hitta hemmansköp mm.

Familjeförteckningen är inte helt komplett. Enligt läst litteratur finns det fler familjer som bott här, men jag har inte tagit med dessa om jag inte hittat uppgifter om dem i Åsele-böckerna, eller kunnat bekräfta det på annat vis. Ett exempel på detta är Salomon Persson Berg med hustru som ska ha bott i Tjärn enligt boken "Anundsjö släkter och gårdar". I en annan bok (jag minns tyvärr inte vilken) anges de som boende i Idvattnet. Orsaken till att jag utelämnat dem är att jag inte hittat något om dem i kyrkoböckerna, maken är bara nämnd en enda gång i kyrkans bokföring - utan bostadsort.

En annan familj som utelämnats är magister Olof Hedenstedt i Åsele med hustru och tre barn. Han finns presenterad i "Sameskolorna inom Åsele lappmark" av Nils Eriksson, men jag läste det häftet så sent att jag inte hann få in familjen i materialet. Familjen flyttar och inga efter-kommande blir boende i Åsele så jag har ansett det vara mindre viktigt att arbeta om hela Åse bara för att få med honom.

Det finns säkert fler familjer som bott här - framför allt före år 1800, möjligen kan det finnas uppgifter om dessa i domböckerna.

Personer födda utomlands har jag inte försökt hitta föräldrar till alls, bara skrivit ner var de ska vara födda enligt husförhörslängderna.

Som komplettering till kyrkböckerna har jag lusläst bokföringen över kyrkans inkomster och utgifter. Många år ger de många ledtrådar eftersom kyrkan fick gåvor vid dop, begravningar och vigslar. Tyvärr sällan med namn. Många år anges dessutom bara en klumpsumma för exempelvis vigslarna under hela året.

En bok av den här typen är väldigt svår att korrekturläsa. Kolla tveksamma uppgifter i originalhandlingarna, det är så lätt att skriva fel och så svårt att hitta dem och korrigera. Och som sagt var, hittar ni något felaktigt vill jag gärna få kännedom om det.

Förklaring

Till familjesidorna

Slå upp någon familj och titta på den samtidigt som ni läser nedanstående.

Varje familj omgärdas av två streckade linjer.

Familjerna är ordnade byavis. Inom varje by i bokstavsordning efter förste makens efternamn. Familjer som kommit till efter 1920 ligger utan inbördes ordning i slutet av varje by. Varje familj får ett unikt familjenr. Detta nr består av en byanamnsförkortning på tre bokstäver och ett nummer. Det skrivs med stora och små bokstäver, är understruket och placerat längst upp till höger.

Make och maka står först, med födelse-, död- och äktenskapsdatum. Kommer de från Åsele står det längst till höger en hänvisning till familjen de kom ifrån. Är de från en annan socken finns föräldrarna längre ner. Gifter någon om sig står även det här, vilket får konsekvensen att vissa makar inte "ligger rätt" i bokstavsordningen.

Någon gång är det även inskrivet tidigare makar, eftersom de är föräldrar till några av barnen.

Under makarna finns barnen. Det kan hända fem saker med dem: de kan gifta sig i Åsele socken, de kan gifta sig utom socknen, de kan flytta från socknen utan att jag vet vad som blivit av dom, de kan dö ogifta och de kan bo kvar i Åsele socken ogifta.

    a) Gifter de sig och bor i Åsele finns det ett familjenr längst till höger på raden. Slå upp den familjen så hittar du barnet där.

    b) Bosätter de sig utanför socknen står den by och socken antecknad där de först bor - ex. Hundsjö, Bj. Bj betyder förstås Björna. Alla förkortningar jag använder finner du på sidorna 15 till 18. Längre ner finns även antecknat när, var och vem de gifte sig med.

    c) Flyttar barnen ut och jag inte hittat dom (eller hunnit söka upp dom) antecknar jag socknen de flyttat till och årtalet ex. Anundsjö -96.

    d) Dör barnen ogifta står dödsdatum här. Ofta finns också dödsorsaken angiven i dödboken. Jag citerar direkt ur den eftersom man hade andra benämningar förr på sjukdomarna och många gånger inte var så noga med dödsorsaken.

    e) Bor de kvar i Åsele men inte gift sig står det inget mer än namn och födelsedatum på raden. Det kan dock finnas någon kommentar längre ner. Kommentarerna är alltid citat, oftast ur husförhörs- längderna men ibland ur dödboken.

Titta noga på födelsedatum för första barnet och giftermålsdatum. Är barnet fött långt före äktenskapet är chansen stor att maken inte är fadern. Titta tillbaka på familjen modern kommer ifrån ibland finns det uppgift om fadern där, men det finns sällan uppgifter om fadern till oäkta barn i Åsele födelsebok.

Jag skiljer barnen från familjen när de bildar egen familj - i verkligheten var det oftast så att de var drängar eller pigor några år innan de gifte sig.

Under listan med barn finns rubriken Föräldrar till: - där finns föräldrarna till personer som är födda utanför Åsele socken. Oftast gäller detta makarna, men kan ibland gälla fosterbarn. Den by och socken som står här är födelseorten. Familjen kan ha flyttat senare. Dessa uppgifter har jag tagit ur födelseboken och ur husförhörslängderna för födelsesocknen.

Finns det inga namn vet jag inte föräldrarna. Det finns många luckor i de byar som sedan försvinner från Åsele socken, mest beroende på att det är svårare att hitta uppgifter ju äldre de blir men också på att jag har ansett det viktigast med Åselebyarna.

Det kan även exempelvis stå: angivet Anundsjö. Med det menas att det står i Åseles husförhörslängd, att personen är född i Anundsjö men att jag inte hittat igen honom eller henne där. Troligen är det då så att han eller hon ej är född där men flyttat in som barn.

Är födelseorten exempelvis Gitsfjäll utan angivande av socken är personen ifråga same (och hemma- hörande i Vilhelmina) - jag har valt att göra så för att slippa söka igen födelseorten. Titta i utsockneslistan om ni inte vet var en viss socken ligger.

Ytterligare längre ner finns några rader med en siffra inom parentes, följd av några initialer. Ex. (3) N J. Det betyder att en kommentar om barn nr 3 Nils Johan följer. Här antecknas dödsorsak, giftermål om de sedan bor utom socknen, oäkta barn och ibland även sjukdomar, dövhet mm.

Näst längst ner finns ibland ett namn ex.vis Sågbo. Det betecknar då ett torp, eller en speciell del av by ex.vis Svedjan som står under Överrrissjö trots att det är egen by. Efter 1900 kan det även vara ett kronotorp.

Absolut längst ner mot slutlinjen står eventuella flyttningar.
Exempelvis: Från Järvsjö, Wi 1912 - till Varpsjö (VAR 12) 1918
Det anger att familjen kommit från Järvsjö i Vilhelmina socken 1912, bor i den aktuella byn till 1918, då de flyttar till Varpsjö och hittas på VAR 12. Flyttningsårtalen kan vara ett eller två år fel, de är ofta tagna ur husförhörslängderna (det finns inga flyttningsböcker).
Finns förkortningen ca med i samband med något årtal kan felet vara större, upp till fem år.

Byaförkortningarna är i bokstavsordning.

Till listan över oinförda
Det finns även en lista med, som jag har kallat det, oinförda. Den upptar alla födda, döda och gifta som inte gått att föra in i boken eftersom de inte varit Åsele-bor. Speciellt under 1900-talet när sjukstugan byggts och dessutom flyttningen blivit större dör, föds och gifter sig många som inte är skrivna här.

Där använder jag delvis prästen gamla system att skriva ålder på, nämligen med punkter. Exempel:

45.2.12 betyder 45 år 2 månader och 12 dagar gammal

4.. 2 betyder 4 år och 2 dagar gammal.

Lita inte riktigt på dessa angivna åldrar, de kan misstämma ganska ordentligt, har det visat sig.

Till registren

Registen över män och hustrur bygger på förnamn. Detta för att man lättare skall kunna hitta ex.vis en Persdotter med hjälp av dem. Nackdelen blir förstås att man måste veta alla förnamn för att hitta en person enkelt.

Namnformerna och stavning varierar genom tiderna, därför har jag varit tvungen att "översätta" många namn till dess grundformer. För att hitta en person som hette Stina Cajsa skulle man annars behöva söka på Stina Cajsa, Stina Kajsa, Kristina Cajsa, Kristina Kajsa, Kristina Catharina, Kristina Katarina, Christina Cajsa, Christina Kajsa, Christina Catharina, Christina Katarina och roligare kan man ju ha.

I registren	Andra former i boken
Filip	Philip
Henrik	Hinrik, Hindrik
Johan	Jan, Johannes
Jonas	Jon
Kristoffer	Christopher
Matts	Mathias, Mattias
Mikael	Michel, Mickel
Per	Pär, Pehr, Petrus
Pål	Paulus
Salomon	Salmon
Dorotea	Dordi
Elisabet	Lisa, Lisbet, Lisbeta
Helena	Lena
Katarina	Karin, Kajsa
Kristina	Kerstin, Stina
Magdalena	Malin, Maglena
Margareta	Marget, Margeta, Greta
Maria	Maja
Märta	Märeta, Märet
Sigrid	Segrid, Segri

"Översättningarna" gäller förstås också efternamn, förutom Jonsson.

Den vanliga förkortningen Ersson blir Eriksson, liksom Olsson och Olsdotter blir Olofsson resp Olofsdotter.

Till utsockneslistan

Listan med utsocknes har också "översatta namn".
Utsockneslistan är ordnad sockenvis och med stigande födelseår. Början med Norrbottens län och sedan söderut. Den upptar inte alla som fötts utsocknes, de barn som följt med sina föräldrar till Åsele finns inte med, där måste man söka efter föräldrarna.

Förkortningar

Socknar

An - Anundsjö
Bh - Bjurholm
Bj - Björna
Bu - Burträsk
Do - Dorotea
Fj - Fjällsjö
Fr - Fredrika
Ju - Junsele
Ly - Lycksele
Nm - Nordmaling
Si - Sidensjö
Sj - Själevad
So - Sorsele
St - Stensele
Wi - Wilhelmina
Åd - Ådalsliden

Byarna

ALMSELE	ALM	
ARKSJÖ	ARK	1800 till Do
ASPLUNDA	ASL	
ASPSELE	ASP	1800 till Fr
AVASJÖ	AVA	
AVATRÄSK	AVT	1800 till Do
BELLVIK	BEL	1800 till Do
BERGVATTNET	BER	1800 till Do
BJÖRKSELE	BJÖ	
BOMSJÖ	BOM	
BORGEN	BOR	
BORGSJÖ	BOÖ	
BÄSKSELE	BÄS	1800 till Wi
BÄSKSJÖ	BÄÖ	1800 till Wi
DALASJÖ	DAL	1800 till Wi
DALSJÖBERG	DAS	
ERIKSHALL	ERI	
FORSNÄS	FOR	
FÄBOLIDEN	FÄB	
GAFSELE	GAF	

GIGSELE	GIG	
GRANBERG	GRB	
GRANKULLA	GRK	
GRANSJÖ	GRS	1800 till Wi
GRANÅSEN	GRÅ	1825 till Do
GRAVSJÖ	GRÖ	1800 till Fr
GULSELE	GUL	1866 till Ju
GÄRDSJÖ	GÄR	
HACKSJÖ	HAC	1800 till Wi
HALVPUNDSJÖ	HAL	1800 till Fr
HAMMAR	HAM	
HERRSKOG	HER	
HOLMSELE	HOE	1800 till Fr
HOLMTRÄSK	HOL	
HÄGGSJÖ	HÄG	
HÄLLA	HÄL	
HÄGGÅ	HÄK	1800 till Do
IDVATTNET	IDV	1853 till Wi
INSJÖ	INS	
JÄRVSJÖ	JÄR	1800 till Wi
KALMSJÖ	KAL	
KLINGERBERG	KLI	
KULLERBACKA	KUL	
KVÄLLTRÄSK	KVÄ	
KÅKARBERG	KÅK	
LAJKSJÖ	LAJ	1800 till Do
LAKASJÖ	LAK	
LATIKBERG	LAR	1800 till Wi
LATIKSELE	LAS	1800 till Wi
LAVSJÖ	LAV	1800 till Do
LAXBÄCKEN	LAX	1800 till Wi
LILLÖGDA	LIL	
LOMSJÖ	LOM	
LUSPEN	LUS	1800 till Wi
LÅNGBÄCKEN	LÅB	1800 till Fr
LÅNGVATTNET	LÅN	
LÄGSTA	LÄG	1866 till An
LÖGDA	LÖA	1800 till Fr
LÖVBERG	LÖB	
LÖVNÄS	LÖV	
MALGOVIK	MAL	1800 till Wi
MALMED	MAM	
MOSSATRÄSK	MOS	1866 till An
MÅRDSJÖ	MÅR	1800 till Do
NORDANÅS	NOD	1800 till Fr

NORRBY	NOR	1800 till Do
NORRHOLMSJÖ	NOS	1800 till Fr
NORSJÖBERG	NOÖ	
NYTJÄRN	NYT	
NÄSTANSJÖ	NÄS	1800 till Wi
OLOFSBERG	OLO	
ORGBERG	ORG	
ORMSJÖ	ORM	1800 till Do
OXVATTNET	OXV	
REMMAREN	REM	1800 till Fr
RENBERGET	REN	
RISTRÄSK	RIS	1800 till Wi
ROSENDAL	ROS	
RÅSELE	RÅS	1800 till Wi
RÖDVATTNET	RÖD	1821 till An
RÖNNÄS	RÖN	1800 till Wi
SANDSJÖ	SAN	
SIKSJÖ	SIK	
SIKSJÖ Wi	SIW	1800 till Wi
SIKSJÖNÄS	SIÄ	1800 till Wi
SIMSJÖ	SIÖ	
SKANSHOLM	SKA	1800 till Wi
SOLBERG	SOL	1866 till An
STENKULLA	STA	
STENNÄS	STE	
STENNÄS Fr	STF	1800 till Fr
STENSELE	STH	1800 till Wi
STENSELEKROKEN	STK	
STENSJÖ	STM	1838 till Fr
STENVIKEN	STN	
STORSJÖ	STO	
STRÖMNÄS	STR	1800 till Wi
SVANABYN	SVA	1800 till Do
SVANNÄS	SVN	1800 till Wi
SVARTBÄCKEN	SVR	
SÖDERBY	SÖD	
SÖDERBERG	SÖB	
SÄLJBERG	SÄL	
SÖRNORET	SÖN	
SÖRSTRAND	SÖS	
SÖRÅSELE	SÖÅ	
TALLBERG	TAB	
TALLSJÖ	TAL	1800 till Fr
TANNSJÖ	TAN	1800 till Do
TEGELTRÄSK	TEG	

TENNSJÖ	TEN	
TJÄL	TJL	1866 till An
TJÄRN	TJÄ	1866 till An
TORVSELE	TOS	
TORVSJÖ	TOÖ	
TREHÖRNINGEN	TRE	
TRESUND	TRS	1800 till Wi
VAKSJÖ	VAK	
VARPSJÖ	VAR	
VISKA	VIS	1800 till Fr
VITKLIPPEN	VIT	1800 till Fr
VOJMSJÖ	VOJ	1800 till Wi
VOLGSELE	VOL	1800 till Wi
VOLGSJÖ	VOS	1800 till Wi
VOLMSJÖ	VOÖ	1800 till Fr
VÄSTANSJÖ	VÄJ	
VÄSTERNORET	VÄN	
YTTERRISSJÖ	YTT	
YXSJÖ	YXS	
ÅKERBERG	ÅKB	
ÅSELE	ÅSE	
ÄLGSJÖ	ÄLG	
ÖSTANBERG	ÖSB	
ÖSTERNORET	ÖSN	
ÖVERRISSJÖ	ÖVR	

Övriga förkortningar

f = född
d = död eller döpt
b = begraven
G,g = gift
HF = husförhörslängderna
KR = kyrkoräkenskaperna
förs = församling
BoU = bouppteckning

18

OINFÖRDA - Födda och Döpta i Åsele

1801 6/8	Anna Catharina	Anna Andersdr, f 1774 i Ström, piga Gafsele
1803 4/5	dödfödd dotter	Ingrid Pålsdr (37), piga Lomsjö
1806 17/3	Eva Christina	Anna Annasdr (27) från Fredrika
1806 15/9	Nils Petter	Anna Pehrsdr (26), Skolan
1806 18/4	Johan Magnus	Magdalena Larsdr (27), Lillögda
1827 3/2	Aron Nils	Christina Andersdr f 1791, piga Gafsele
1832 5/12	Anna Stina	Anna Sophia Pålsdr f 1813 i Stavarsjö, Fr
1841 9/8	Anna Magdalena	Märta Carolina, piga i Tjärn, f 1819 i Mårdsjö, dotter till Anna Lisa Ersdr (MÅR 1)
1844 22/8	Christoffer	Anna Greta Andersdr, piga Gulsele, f 1801 12/8, från Fr -36, far Christopher Arnström, båtsman i Junsele (Kompass)
1850 /7	Nils Petter	inhys ... Nilsson Klip i Lafsjön, Märta Brita Larsdr
1850 25/12	Anna Aurora Olivia	Corporalen Johan Abraham Lagerbrand fr Stockholm, Anna Maria Månsdr (44)
1852 9/3	Anna	Eva Lisa Larsdr f 1829 18/1, piga i Varpsjö, från Do -50
1855 17/10	Lars Eric	se förra
1859 9/7	Daniel Petter	Lisa Johanna Jonsdr f 1832 i Do, piga Varpsjö
1862 30/12	Pehr Magnus	Pehr Christoffersson Stensjö, Fr, Cajsa Stina Johansdr
1866 29/7	Anders Olof	Lisa Carolina Olofsdr (24), 'se Långsele'
1866 13/5	Brita	Anna Lisa Zakrisdr (24), 'se Graninge'
1871 1/11	Johanna	Arbetskarlen Elling Johansson i Alsen, Jämtland, Brita Ersdr
1872 29/1	Stina Maglena	Anna Maria Olsdr (30) piga Holmträsk
1872 29/1	Anna Cajsa	se förra
1872 8/7	Olof Petter	Sigrid Erica Olsdr (24), piga Åsele
1872 22/7	Margareta Amalia	Jon Jonsson i Mossaträsk, An, Anna Mathilda Mathsdr
1873 22/10	Christina Amanda	Daniel Mattsson, backstugusittare i Rismyrliden, Wi, Inga Agata Johansdr
1873 12/11	Frans Hjalmar	Adam Petter Jonsson, Granåsen, Do, Stina Mathilda Mathsdr
1874 25/2	Kristina Amanda	Eva Lovisa Olsdr, piga i Borgen f 1854 24/9 i An, till An -74
1874 26/11	Jonas Alfrid	Sven Jonsson, Wilhelmina, Anna Erika Ersdr
1875 1/1	Hilma Margareta	Sven Svensson, Mårdsjö, Do, Anna Märta Hansdr
1877 26/6	Olof Adolf	Anna Josefina Sjögren (28), piga Långvattnet, g i Klippen, Fr, syster på LÅN 19
1880 6/8	Hulda Kristina Elisabet	Olof Salomonsson i Wi, Magdalena Catharina Johansdr
1880 11/10	Jenny Augusta	Karolina Augusta Eriksdr f 1856, piga Lillögda, se LIL 28
1880 22/11	Cajsa Jonata	Jonas Erik Jonsson från Do, Sara Lisa Karlsdr
1882 26/12	Jakob Severin	Jakob Jakobsson, Häggsjöbäcken, An, Katarina Erika Eliedr
1883 25/3	Karl Wilhelm Frithioff	Olof Daniel Olofsson, Riset, Wi, Magdalena Katarina Olsdr
1883 7/5	Anders Fredrik	Karl A Jonsson, Svannäs, Ly, Sofia A Andersdr
1883 1/6	Jonas Albert	Erik Mikaelsson, Skafåsen, Do, Benedikta Andersdr
1883 29/6	Jonas Mathias	Mats Kristoffersson, Gransjö, Wi, Eva Margareta Olsdr

1883 29/6	Johanna Emelinda	se förra	
1883 10/8	Erik Severin	Jonas Wiklund, Björna, Kristina Margreta Sellström	
1884 24/3	Erik Oskar	Olof Edvard Danielsson, Storsjö, An, Sara Erika Ersdr	
		se SOL 26	
1884 11/4	Anna Karolina	Nils Olofsson, Norrtjern, An, Anna Kristina Toren	
1884 27/5	Anselina Desideria	Anna Elisabeth Nilsdr, f 1860 10/10 i Råsele, Wi	
1886 8/4	Sigrid Märta	Inga Kristina Olofsdr, piga Långvattnet, f 1858 21/4 i An	
1890 14/3	Anna Mathilda	August Leonard Larsson, Långliden, Ly, Gertrud Erika Persdr	
1890 17/5	Olof Daniel	Daniel August Danielsson, Norrtjärn, An, Anna Märta Olofsdr	
1891 26/4	Beda Tyra Birgitta	Jonas Sjölund, Nyland, Ramsele, Anna Erika Forsberg	
1891 12/9	Ingrid Maria	Anna Johanna Jonsdr, Tjärn, An	
1891 9/10	Ernst Frithiof	Eva Olofsdr, Bernhardstorp, Wi	
1892 11/1	Lars Alexius	Lars Nilsson, Mårtensliden, Wi, Sara Sofia Alexandersdr	
1892 21/5	Anna Linnea	Brita Mathilda Sundin, piga Rörström, Tå	
1892 19/6	Anna Elisabet	Albertina Mikaelsdr f 1863 i Vännäs, piga Häggsjö, se HÄG 17	
1892 18/10	Werner	Gertrud Magdalena Mattsdr f 1862 2/1, Kroksjö, Wi	
1893 30/3	Mimmi Charlotta	Johanna Fredrika Nilsdr f 1870 Wi, piga Gafsele, till	
Hamrånge			
1893 27/9	Bror Johan Agaton	Anna Fredrika Ohlsson, Hattfjelldal (lapska?) se ÅSE 253	
1893 31/10	Tea Olivia	Emma Samuella Charlotta Uppenberg, f 1872 28/2, arb	
1894 2/1	Sigrid Elisabet	Per Eriksson, Norrflärke, An, Johanna Maria Nilsdr	
1894 6/5	Matilda Severina	Per August Granberg, Hällby, Margareta Amalia Jonsson	
1894 15/5	Lilly Kristina	Hilda Kristina Hinricsdr f 1873 18/5 i Wi, till Wi -99	
1895 22/2	Elin Johanna	Hulda Bernhardina Sjögren f 1865 3/7 i Wi	
1895 4/3	Alexander	Alexander Larsson, 'kringvandrande sk tattare', Anna	
		Kristina Andersdr, skrivna i Bj	
1895 7/8	Olof Alarik	Emma Samuella Charlotta Uppenberg, f 1872, arb. i socknen	
1895 7/8	Karl Emil	se förra	
1895 27/10	Signe	Nils Otto Sjögren f 1862, Hemsta, Fr, Tekla Amanda Johansdr	
1895 29/12	Gustaf	Hans Anders Knutsson, Ju, f 1861, Karolina Jönsdr f 1862	
1896 28/8	Per	Olof Olofsson, Kubbe, An, Mathilda Persdr	
1896 16/9	Anna Alfhilda Aminta	Märta Augusta Norman, piga från Ly, senare g i Lövliden, Wi	
1896 1/12	Kristoffer Konrad	Petrus Danielsson, f 1856, Holmträsk, An,	
		Anna Magdalena Jonsdr	
1896 31/12	Katarina Elisabet	Daniel Eriksson, f 1869, Tjäl, An, Brita Karolina Eriksdr f	
1875			
1897 27/2	Selma Amanda	Lisa Karlsdr, f 1873 18/11, piga Gafsele	
1897 26/4	Alma Olivia Leolina	J A Sandström, torpareson, Lämmelsjö?, Trehörningssjö,	
		Maria Sandström	
1897 2/7	Klara Adelia	Arvid Fransson, dräng Tallsjö, Emma Lovisa Eriksdr,Tallsjö	
1897 25/8	Lovisa Serafia	Lars Nilsson, Mårtensliden, Wi, Sara Sofia Alexandersdr	
1897 8/11	Brita Elisabet	Erik Håkansson, Degersjö, An, Kajsa Karolina Jonsdr	
1898 26/1	Hedda Naemi	Emma Samuella Charlotta Uppenberg,f 1872 28/2,Åsele	
1898 1/4	Harald	Hans Anders Knutsson, f 1861, Wallen, Ju, Karolina Jönsdr,	
1898 5/4	Jenny Elisabet	Johan August Dalin, f 1876, Tjäl, An, Hilda Karolina Persson	

1898 16/6	Henny Katarina	Matilda Augusta Paulina Hansdr, f 1877 6/4, piga Torvsjö
1898 22/8	Karl Fridian	Per Magnus Johansson, Granträsk, Ly, Antonietta Teresia Matsdr
1898 24/8	Nanny Margareta	Per August Granberg, Hällby, Ju, Margareta Amalia Jonsdr
1898 24/8	Jonas August	Per Erik Persson, Råsele, Wi, Agata Wilhelmina Andersdr
1898 30/8	Ingeborg Johanna	Anders Olof Olofsson, Lunne, An, Sara Kristina Olofsdr
1899 21/1	Johan Henfrid	Maria Eugenia Charlotta Westerlund, f 1875 i Ly, piga Insjö, uppg fader Anders Ludvig Nilsson, Hacksjö, Wi, g Hacksjö -99
1899 10/4	Johan Einar Nikanor	Anna Mariasdr, f 1873 28/9, piga Almsele
1899 16/4	Erik	Johan Tjernström, f 1867, Butsjöböle, Sj, Ida Augusta Karolina Karlsdr, f 1875
1899 30/8	Arvid Levi Axel	Hulda Kristina Eriksdr, f 1876 25/12, Lillögda
1899 31/10	Karl Oskar Folke	Salomon August Norlen, f 1856, Ödsbyn, An, Eva Regina Rådström, f 1858
1899 21/12	Brita Karolina	Sven Olof Nilsson, Stavro, An, Eva Kristina Jakobsdr
1900 20/1	Dagmar Teolina	Per Magnus Johansson, Åttonträsk, Ly, Teresia Johansson
1900 21/4	Harald Anselm	Katarina Agata Jonsdr, f 1875 5/2, Sandsjö
1900 22/4	Hanna Frideborg	Petrus Anton Danielsson, Rismyrliden, Wi, Kristina Amalgunda Ingelsdr
1900 7/8	Eliard	E H Eriksson, Långbäcken, Fr, Amalia Karolina Eriksson
1900 18/8	Anna Frideborg	Salomon Robert Bäcklund, f 1864 22/2, Långbäcken, Fr, Frida Kristina Paulusdr
1900 25/10	Elina Kristina	Jakob Hedberg, gästgivare Solberg, An, Selma Olivia Hedberg
1901 6/6	Gustaf Alfred	Maria Katarina Agata Nilsdr f 1876 4/2, kyrkbyn
1901 15/6	Gerda Aletty	Hulda Margareta Jonsdr f 1879 15/1, Skolan
1901 7/7	Nils Alfred	Anna Maria Nygren f 1879 8/5 i Ju, Hällan, g i Krånge, Ju
1902 17/9	Ivar Silvio	Inga Andrietta Nilsdr f 1866 6/5 i Do, kyrkbyn, g i Lavsjö, Do
1902 2/10	Nils Ragnar	Teresia Wilhelmina Hedberg f 1877 22/4, kyrkbyn
1902 2/11	Ragnar Alexius	Alfred Mattias Andersson f 1872 20/4, Östersund, Kristina Fredrika Pahlen f 1874 6/2
1902 9/12	Johan Herman	Karl Olof Risberg o h h, Åttonträsk, Ly
1903 1/1	Olof	Nils Andersson, Degersjö, An, Eva Maria Olofsson
1903 26/1	Ada Albertina	Maria Gustava Andersdr f 1872 17/11 i Wi, Torvsele
1903 3/3	Per Gunnar	Lisa Gustava Eliedr, Wmina kyrkby
1903 10/5	Edvin Teodor	Daniel Petter Jakobsson, Tjäl, An, Anna Katarina Eriksdr
1903 6/6	Per Halvard	Emilia Johanna Sehlqvist f 1874 23/11, pig Söråsele
1903 26/6	Berta Karolina	Amanda Kristina Rundqvist, piga Edsele, bror se ÅSE 389
1903 8/7	Erik Anton	Erik Anton Mattsson f 1879, Bernhardstorp, Wi, Hilma Evelina Elisabet Olofsdr
1904 25/1	Ida Paulina	Erik Frans Persson Långbäcken, Fr, Tekla Kristina Nyberg
1904 3/5	Göta Kristina	Johan Dahlin, torpare, Tjäl, An o hh
1904 15/8	Anna Emilia Henrietta	Paulus Erik Svensson f 1875, Remmaren, Bj, Anna Karolina Tjärnström f 1884
1904 28/9	Per Helge	Matilda Augusta Paulina Hansdr f 1877 6/4, Torvsjö
1905 22/5	ett gossebarn	Elin Walborg Jonsdr f 1888 14/2, piga Wi

1905 22/6	Axel Edur	Elisabet Sofia Hansdr f 1881 20/3, kyrkbyn f Tå?
1906 14/2	Anna Frideborg	Olivia Mårtensdr f 1887 30/10, arr.dr, Åkerberget
1906 27/2	Jonas Alfred	Daniel Levander, handlande An, Brita Karolina
1906 7/4	Jonas	Erik Westman, Tjäl, An, Anna Katarina Westman
1906 8/4	Erik Einar	Paulus Erik Svensson f 1875, Norrtjärn (avliden), An Anna Karolina Tjärnström
1906 4/6	Karl Tore	Matilda Maria Lindmark f 1877, f Söderström änka Järvsjö, Wi se ÅSE 246
1906 27/6	Selma Charlotta	Lovisa Gustava Eliasdr f 1881, Wmina kyrkby
1907 11/6	Dagny Margareta	Lars Erik Bergman, Wmina kyrkby, Ingeborg Bergman
1907 23/7	Erik Adolf	Lars Nilsson, Mårtensliden, Wi, Sara Sofia Alexandersdr
1907 8/11	ett flickebarn	Jenny Elentina Bergqvist f 1881 14/1 i Wi, socknen
1908 1/4	Sigrid Kristina	Anna Mathilda Larsdr f 1879 2/6, nedkomst Ju
1908 4/4	Davida Elisabet	Elis Anton Mattsson, Brännberg, Wi o h h
1908 8/4	Rolf Lennart	Hulda Margareta Jonsdr f 1879 15/1 i Bo, socknen
1908 16/6	Lilly Johanna	Ingeborg Lovisa Lindgren f 1888, Solberg, Risbäck se ÅSE 189
1908 30/9	Nils Helge	Olof P Östlund f 1866, Sjö, An, Märta Johanna Andersdr
1908 1/10	Karl Eugen	Lovisa Gustava Eliasdr f 1881 16/7 i Wi, socknen
1908 18/11	Sigurd Kristian Anna Katarina Eriksdr f 1870	Daniel Petter Jakobsson f 1854, Tjäl, An,
1909 30/1	Olof Artur Alexis	Frans Olof Ferdinand Nordin f 1877, Åttonträsk, Henny Viktoria Jonsdr f 1883
1909 17/3	Bror Dannevi	Per Magnus Johansson, Åttonträsk, Ly, Antonietta Teresia Uppenberg
1909 15/10	Olof Fridolf	Zakarias Petter Mikaelsson, Tjäl, An, Anna Karolina Eriksson
1910 22/1	Uno Ragnar	Sven Julius Johansson, Åttonträsk, Ly, Emma Uppenberg
1910 11/2	Olof Teodor	Daniel Abrahamsson, Långbäcken, Fr, Martina Olofsson
1910 15/2	Jonas Sigfrid	Erik Abrahamsson, Långbäcken, Fr , Engla Nyberg
1910 15/4	Svea Andresina	Oskar Söderström, Råberg, Ly, Edit Karlsson
1910 4/6	Johan Manfred	Elis Anton Mattsson, Brännberg, Wi, Hilma Evelina Mattsson
1910 10/6	Nils Ingemar Vesteson	Per Konrad Veste Vigelius, Härnösand, Anna Johanna Själander
1910 12/10	dödfödd gosse	Emelinda Kristina Kunigunda Edström f 1883 8/9
1910 20/10	Gunborg Linnea	Ida Karolina Lundqvist f 1876 16/8, Statsås, Wi
1910 30/12	Jonas Walter	Jonas Axel Jonsson, Tjäl, An, Sara Martina Jonsson
1911 3/2	Karl Johannes Eugen	Lovisa Gustava Eliasdr f 1881 16/7, kyrkbyn
1911 25/2	Karl Leonard	Daniel Levander, Tjäl, An, Brita Karolina Levander
1911 18/3	Berta Margareta	Johan August Lidfors f 1879, Ås, Åd, Agda Elisabet Henriksdr f 1888
1911 20/3	Henry	Erika Karolina Westerlund f 1887 1/9
1911 7/6	Jonas Fridolf	Sven Persson, Holmträsk, An, Maria Gustava Westberg
1911 11/6	Per Ingemar Ferdinand	Hildur Lovisa Elisabet Sandström f 1895 8/1 i Do?
1911 14/6	Helga Gustava	O A Boman, Tjäl, An, Johanna Petronella Nilsson
1911 8/7	Karl Evert	Kristina Augusta Nilsson f 1890 31/3, Hällan

1911 18/11	Karl Evert	Albertina Olivia Persdsr f 1886 3/11, Åsele
1911 16/12	Karl Johan	Karl Rönnblad skomakare från Nikolai stad i Finland, Katarina Josefina Rönnblad
1912 18/3	Anna Viktoria	Zakarias Petter Eriksson, Tjäl, An o h h
1912 29/6	ett flickebarn	Lovisa Gustava Eliasdr f 1881 16/7
1912 9/8	Sara Adelina	Mattias Eriksson, Tjäl, An, Karolina Persson
1912 14/9	Jöns Kjell	Viola Kristina Wikström, Valån, Tå
1912 22/10	Anny Gunhild	Anders Wilhelm Andersson, Sjö, An, Sigrid
1912 12/11	Göta Ottilia	Karl Johan Jonsson f 1875, Häggsjöbäcken, An, Märta Kristina Toren f 1872
1912 29/12	Karl Sixten	Sven Persson, Holmträsk, An, Maria Persson
1913 7/1	Olof August	Sara Karolina Ottilia Andersson, Sjö, An
1913 13/1	Jakob Henrik	Håkan Jakobsson, Mossaträsk, An, Edit Amalia Håkansson
1913 14/4	Vega Ingeborg	Zakarias Eriksson, Tjäl, An, Anna Eriksson
1913 7/5	Helmi Adela	Olof Albin Boman, Tjäl, An, Johanna Boman
1913 6/6	Olof Gustaf	Jonas Emanuel Jonsson, Malma, An, Ingeborg Kristina
1913 20/8	Linda Elisabet	Per Johan Nilsson, Sjö, An, Kajsa Maria Andersson
1913 11/9	Hildur Katarina	Sven Eriksson, Sjö, An, Brita Kristina Andersson
1913 20/11	Set	Johan Jakobsson f 1891, fr Amerika, Syster Ada Teresia Svensson f 1890, ingenstans skrivna
1914 14/2	Tea Eufrosyne	Hilda Lundberg, Råberg, Ly
1914 11/4	Jonas Edvin	Amalia? Elisabet Sjökvist f 1888 19/12
1914 27/8	Anna Dolly Alice	Märta Maria Edlund f 1883 11/10 i Bj se BJÖ 3, se VAR 20
1914 25/12	John Ambrosius	Lovisa Gustava Eliasson f 1881 16/7 i Wi, se ÖSN 15
1915 11/2	Irene	August Hjalmar Hällqvist f 1889, Grundsjö, Wi, Elna Eugenia Karolina Danielsson
1915 6/5	Rut Karin	Erik Rupert Holmgren, Skansholm, Wi, Anna Erika Persson
1915 7/8	Olga Maria	Jenny Maria Lundqvist f 1894 30/6 i Wi, Borgen
1915 25/8	Kjell Rickard Walter	Erik Rickard Hörnqvist f 1885, Ö-vik, Anna Olivia Nordin
1915 12/11	John Sture	Hulda Matilda Strömberg f 1881 29/9 i Bj, Åsele
1915 17/12	Hulda Agata Viktoria	Sven Petter Nilsson, Hällby, Ju, Hulda Maria Nilsson
1916 18/1	Jonas Emil	Olof Olofsson, Sjö, An, Helena Olofsson
1916 4/2	Agnes Margareta	Per Herman Gavelin, kronotorpare, Ju, Margareta Gavelin
1916 6/6	Aina Maria	Per Oskar Westerlund, Wi, Klara Augusta Andersson
1916 14/8	Leopold Sixten	Kristina Wilhelmina Törnqvist f 1890 23/2, Gärdsjö
1916 10/9	Anny Eleonora	Gustaf Adrian Berglund, nedkomst Wi, Hedvig Agata Kellgren
1916 10/9	Alfhild Sofia	se förra
1917 28/4	Elsa Kristina	Signe Teresia Eriksson f 1893 5/11, Västernoret
1917 9/10	Ingrid Frida Ofelia	Signe Katarina Bergqvist f 1897, piga An
1917 23/11	Sven Hilding	Sara Lovisa Eriksson f 1896 9/1, Björksele
1917 27/11	Frits Gottner	Petrus Sikström, Åttonträsk, Ly, Arvida Augusta Jonsdr
1918 6/1	Hanna Augusta	Olivia Emilia Näslund f 1891 15/8, Björksele
1918 6/1	dödfödd gosse	se förra
1918 15/7	Rut Hermine	Elis Anton Mattsson, Brännland, Wi, Hilma Evelina Elisabet Mattsson

1918 23/7	Birgit Johanna	Nils Leontin Matsson f 1887, Ljusterö, Femine Katarina Cederberg
1918 16/10	Folke	Peter Sigfrid Dahlberg f 1892, Wi, Aina Elisabet Eriksson
1918 6/11	Viola Kristina	Gerda Kristina Markusson f 1898 3/11, Björksele
1919 3/4	Nils Åke	Anna Ottilia Johansdr f 1890?, Råsele, Wi
1919 13/4	Dolly Elisabet	Erik Rupert Andersson f 1891, Lugnet, Wi, Ester Elisabet Andersson f 1893
1919 17/7	Kjell Stannis	Hilma Augusta Dahlin f 1901 4/5, Söråsele
1919 1/9	Maria Elisabet	Syster Maria Almroth f 1890 23/10, Björkvik, Sörmland
1919 9/9	Maja-Stina	Jenny Maria Lundqvist f 1894 30/4, Åsele
1919 14/9	Ida Cecilia	Elin Viktoria Östman f 1899 8/11, Åsele, f i Do
1919 21/11	Nancy Teodora	cirkusartisten Angelica Rumenia Hertzberg f 1890 6/7 fr Tallhöjden, Gröndal, Brännkyrka, Stockholm
1919 7/12	Karl Helge	Sven Petter Svensson f 1884, Hällby, Ju, Hulda Nilsson f 1886
1919 20/12	Astrid Elisabet	Per Herman Gavelin f 1889, Gultjäl, An, Margareta Domeij
1920 31/3	Anna Lisa	Anna Maria Norberg f 1898 1/9, Björksele
1920 6/8	Bror Gottfrid	Johan Teodor Karlsson f 1891, Ledningsvall, Ly, Alma Eugenia Nilsson f 1896
1920 7/8	Gunhild Viola	Hedda Naemi Uppenberg f 1898 26/1, Åttonträsk, Ly
1921 28/1	Karin Marianne	Edla Davida Henrietta Arnqvist 1901 5/2, Gransjö, Wi
1921 6/3	Erik Rune	Erik Rupert Andersson 1891 26/3, Lugnet, Wi Ester Elisabet Jonsson 1893 9/1
1921 31/7	Ingeborg Kristina	Leo Herman Vestman (ÅSE 474), kyrkoherdebostället hans hustru Britta Maria Ingeborg Hallgren 1894 28/4
1921 13/9	Aina Viola	Elina Viktoria Eliasdr 1900 9/4, Grundsjö, Wi
1921 13/9	Sire Linnea	se förra
1922 8/1	Rut Adelia	Erik Teodor Hansson 1888 30/1, Hällby kronopark, An Ida Kristina Danielsdr 1883 4/7
1922 28/3	Bror Erik Olof	Viktor Ingevald Wikström 1892 25/12, Svanabyn, Do
1922 28/3	Syster Linnea	Sara Alfhilda Wikström 1890 17/8
1922 24/3	Anna Gunvor	Jonas Alfrid Johansson 1888 21/6, Brattfors, Ju Hildur Agata Eliasson 1896 15/12
1922 15/12	Hulda Axelina	arb Anna Sofia Eriksson 1887 7/2, Vändträsk, Överluleå
1923 17/3	Daniel Sture	Erik Teodor Hansson 1888 30/1, Hällby kronopark Ida Kristina Danielsdr 1883 4/7
1924 1/1	Vivi Elisabet	Erik Valdemar Johansson 1893 20/8, Idvattnet, Wi Ingeborg Sjödin 1897 19/8
1924 5/7	Olof Eugen	Johan Helmer Olofsson 1891 1/10, Andersmark, Fr Elin Teolina Nilsson 1902 21/4
1924 24/7	Vera Anna Paulina	Sven Petter Svensson 1884 13/10, Hällby, Ju Frida Sofia Lindberg 1899 10/6, barnet f i Ju
1924 10/9	Ejnar Eugen	Maria Agata Persson 1896 14/5, Gardsjönäs, St far Seth Georg Konrad Persson 1894 18/10, Wi
1924 23/11	Hans-Erik	Hans Rickard Åström 1901 11/9, Nordmaling Syster Elna Lovisa Persson

1924 19/12	Jonas Folke	Jonas Alfred Johansson 1888 21/6, Brattforsmon, Ju
		Hillevi Agata Johansson 1896 15/12
1925 4/1	Arne Sixten	Sigfrid Johansson 1890 17/1, Stavro, An
		Betty Katarina Edin 1899 8/5
1925 17/1	Elsa Kristina	Daniel Artur Danielsson 1884 3/7, Stenbacka, Wi
		Hildur Karolina Johansdr 1896 9/4
1925 17/3	Inga Mary	Fabian Egidius Hansson 1896 1/9, Hacksjö, Wi
		Hilda Linnea Edman 1902 13/5
1925 6/3	Mary Elvira	Agnhild Alfrida Emilia Rylander 1898 5/2, Fredrika förs.
1925 26/3	Rut Siri Britt	Erik Rupert Andersson 1891 26/3, Lugnet, Wi
		Ester Elisabet Johansson 1893 9/1
1925 20/6	John Göte	Lilly Eugenia Edlund 1907 1/8, Gärdsjö, se GÄR 27
1926 16/3	Sten Göte	Edvin Hilding Byström 1894 7/2, Bergvattnet, Do
1926 16/3	Hilding Börje	Signhild Maria Ullen 1894 18/9
1926 18/3	Olof Vilhelm	Jonas Nikanor Olofsson 1894 4/3, Råberg, Fr
		Hanna Kristina Jonsson 1902 5/1
1926 23/3	Tjäll Haldo	Sven Petter Svensson 1884 13/10 (avliden), Hällby, Ju
		Frida Sofia Lindberg 1899 10/6
1926 21/5	Bror Gunnar	Johan Harald Andersson 1896 3/8, Åttonträsk, Ly
		Alma Elisabet Risberg 1901 9/11
1926 2/6	Siv Hjördis	Syster Eulalia Nensen 1902 30/12, f Do, till Do -26
1926 9/6	ett gossebarn, dödfött	Johan Helmer Olofsson 1891 1/10, Andersmark, Fr
		Elin Teolinda Nilsson 1902 24/2
1926 21/6	Bengt Roland	Olof Alfred Svensson 1895 10/8, Nyland, Wi
		Anna Josefina Johansson 1900 20/5
1926 14/9	Alf Alix Gunnar	Hildur Emelinda Gustafsson 1906 29/7, An??
1926 6/12	Bror Leonard	Lars Leonard Larsson 1897 2/10, Gultjäl, An
		Ester Karolina Nilsson 1901 21/1
1927 6/1	Rut Eugenia	Bror Hjalmar Sandberg 1888 20/8, Åttonträsk, Ly
		Henny Eugenia Andersson 1889 11/12
1927 8/1	Eva Kristina	Lapp Hans Gereon Klemetsson 1891 10/10, Ljusfjäll, Wi
		Kristina Katarina Sjulsson 1895 14/4
1927 22/1	Edvard Alfons	Anna Sofia Eriksson 1897 7/2, kyrkoherdebost., nedkomst Ly
1927 28/2	Ines Elvira	Elin Alfina Lovenia Faltin 1904 20/8, Vännäs, nedkomst Do
1927 9/5	Bengt Tage	Sigfrid Johansson 1890 17/1, Stafro, An
		Betty Katarina Edin 1899 8/5
1927 17/7	Karl Enfrid	Jonas Nikanor Olofsson 1895 4/3, Råberg, Fr
		Hanna Kristina Jonsson 1902 5/1
1927 5/11	Vivan Elisabet	Daniel Gottfrid Persson 1898 8/11, Tjärn, An
		Hildur Elisabet Karlsson 1901 17/9
1927 24/11	Gudrun Ingeborg	Maria Agata Persson 1896 14/5, Forskulla, pag 1121
1928 2/4	Lars Tage	Svea Karolina Sundqvist 1905 5/9, Söråsele, f Viska, Fr
1928 8/7	Tor Leo f Do	Elin Viktoria Östman 1899 8/11, kyrkbyn, f Do
1928 16/7	Sigurd Martin f Ly	Märta Dorotea Risberg 1894 6/2, Fv (bok över obef.)
1928 17/7	Emil Alexis	Brita Lisa Backlund 1886 13/12, Norrtjärn, An

1928 10/10 Johan Manfred   Maria Augusta Fridström 1899 3/4, Wi (bok över obef.)
1929 11/7 Karl Gustav   Daniel Valfrid Danielsson 1886 6/6, Godåker, Fr
                                  Märta Lovisa Brodin 1884 9/8

1929 16/7 Bo Rune f Wi   Anna Albertina Karlsson 1901 29/11, Almsele, f Wi?
1929 11/11 Ebba Beatrice   Sigfrid Johansson 1890 17/1, Stafro, An
                                  Betty Katarina Edin 1899 8/5

1929 25/10 Irma Erene   Helga Eleonora Hahlin 1902 5/10, Granberg nr 1, f Do?
                                  far se FOR 65

1929 13/12 Sonja Lovisa Ingegärd Maria Agata Persson 1896 14/5, Forskulla, f St
1929 26/12 Gudrun Alice   Erik Axel Nikanor Appelfeldt 1903 11/5, Vännäs köping
                                  Helga Ottilia Holmberg 1901 27/1

1930 10/2 Gudrun Alice   Gunilla Andersson 1889 9/5, Municipalsamhället
                                  far Johan Anshelm Vestberg 1887 2/4, Municipalsamhället

1930 12/2 Ejnar Magnus   Maria Augusta Fridström 1899 3/4, Tresund, Wi
1930 19/5 Gärd Mirjam   Kristina Lovisa Persson 1891 15/1, Gafsele
1930 26/8 Bernd Eine Folke   Lilly Lovisa Sjölund 1913 28/1, Municipalsamhället
                                  far Anders Gustaf Folke Brodin se ÅSE 42

OINFÖRDA - Döda i Åsele

1801 9/9   Anna Catharina, 0.1.2, pig Anna Andersdr
1802 22/11 Lars Svensson, 34. - illa ... feber, tjänstedräng skolan
1806 1/4   Eva Christina, dotter t Anna Annasdr
1806 17/6 Matts Emanuelsson, 27. - drunknad, dräng
1807 21/10 Margareta Catharina Fjällström, 36. - slag
1809 27/6 Gifte Dalekarlen Nils Ersson fr Jerna Socken och Myrbacka, 55.6. - tvinsot,
           magplågor
1811 2/4   Madame A Charl. Seman f Ask, 77. - ålderdomsbräcklighet
1812 24/2 dr Jacob Pehrsson fr Lillögda, 49.
1812 3/4   pig Karin Jonsdr fr Gravsjön, tjän i Hällan, 21. - tvinsot
1813 14/1 Rättskanslisten Vaktmästaren Jonas Hellqvist, 81. - lungsot
1813 7/2   Nyb Lars Nilssons lilla dotter Anna Kristina ..14 – kikhosta – se GRÅ 2
1821 12/11 Hu Brita Hansdr fr Umeå, tjent 2 år i denna förs, f 1776, 45.6. - lungsot
1822   utfattige drängen fr Björna socken, 32. - olyckshändelse
1823 4/4   dr Pär Olofsson hos Johan Svensson i Tjähl, f Degersjö, 21..1 - bröstfeber
1827 29/8 pig Stina Andersdrs son Aron Nils i Gafsele, .7.11 - tvinsot
1828 29/2 dr Johan Johansson i Kvällträsk, 25. - nerffeber
1830 26/12 pig Christina Jonsdr, Gafsele, fr An, 27. - slag
1834 27/3 Per .... enka Kerstin Jonsdr, f 1777?, 57.
1834 juli pig Cajsa Ersdr fr Stensjö, f 1804 17/4, 30. - drunknat, begr i Viska
1834 4/8   fattighjonet Ulrika Nilsdr, död i Söråsele, 24.
183429/10 enkan Catharina Pehrsdr i Kvällträsk, f 1755, fr Do, 80. - utlefvad
1836 27/1 förgångsg?? Helena Olofsdr, 91. - ålderdom

1841 23/9   Anna Magdalena, dotter till pig Märta Carolina i Tjärn, Märta Carolina fr Do -39,
.1.10
1842 23/8   pig Sara Brita Pehrsdr i Tegelträsk, f 1821 26/2, fr Bj -37, 28.6 - vattensot
1843 23/3   fattighjonet enk Segrid Nilsdr, 80.
1847 22/4   inhysesman Salomon Olofsson i Stentufva, 34.
1848 9/2   sämskmakare Lars Sandin, 55.
1848 26/6   ryssen?? Johannes hu Anna Pehrsdr, 57.
1848 23/10 salpetersjudaren Erik Nilsson, 36.8.26 – drunknad – se STO 25
1849 19/10 dr Jon Mårtensson fr Solberg, 20.10.30 - drunknad
1850 19/1   pig Gertrud Carolina Adamsdr fr Varpsjön, begr i Do, 23.5.29 - förkylning
1850 17/9   dr Olof Henriksson i Solberg, 21.10.1 - genom fall från kapelltaket?
1851 23/6   gossen Salomon Salomonsson i Öksjön, f 1844 6/6, 7..16, se YXS 3
1852 6/9   pig Eva Johanna Olsdr i Yxsjö, f 1836 20/1 i Stavarsjö, Fr, 16.7.16, se REM 5
1853 1/1   dr Påhl Andersson i Gafsele, f 1801, fr Wi -31, 52.
1854   dr Jonas Olof Andersson, 25. - sjelfmord
1854 23/2   dr Johan Henriksson i Yxsjön, f 1819, 35.
1854 12/5   fattighjonet Maria Larsdr, 73.
1855 23/4   dr Jonas Andersson i Lillögda, f 1801, fr Fr -53
1857 9/8   bondson dr Sven Ersson i Hällan, f 1835, fr An -55, 22. - drunknad
1857 12/11 enkan Stina Sandin i Måssaträsk, 66.
1859 2/4   dr Johan Pehrsson, Prästgården, f 1802 10/12, fr Nätra -44, 57.3.23
1860 29/3   Maria Elisabet Jacobsdr, pig Solberg, 23.2.9 - tvinsot
1861 7/10   Johan Olof Söderberg, kringvandrade skräddare, 26. - lungsot
1862 18/1   Lovisa Magdalena Rhen, Kullerbacka, 49..18 - bröstinflammation
1862 21/3   kringstrykande kvinnspersonen Brita Hansdrs oä son Hans Johan, .1.
1862 7/6   Sigrid Paulusdr, pig, 26. - barnsängsfeber
1864 8/4   dr Pehr Pehrsson i Söråsele, f 1789 i Fr, 75. – ålderdom trol LÅB
1864 2/10   Isak, son t aflidne Per Andersson och Sara Lisa Danielsdr i Oxvattnet, fr Bredträsk,
17.5.25 - difteritis
1864 22/10 fattighjonet Märtha Cajsa Henriksdr, 34. - vattensot
1865 11/2   Eva Carolina Nilsdr, pig Åsele, 38.1.28 - vattensot
1865 11/6   Abraham Christophersson, dr Stennäs, 51.11.15 - difteritis
1866 15/7   Olof Anton son t Per Edvard Persson, Holmträsk Märta Stina Olofsdr, .8.8
1868 25/4   Ingel Mikaelsson, dr Avasjö, 80. - ålderdom
1869 26/10 pig Cajsa Erika Annasdr, 25. - difteritis
1870 11/3   skomakaren Anders Ringdahl fr Piteå, 60.6.26
1871 1/8   dr Johan Pehrsson i Gafsele, 26.11.3 - lungsot
1871 25/12 fattighjonet Christina Hansdr, og, f 1802, 69. - svagsint
1872 31/1   Anna Maria, mor Anna Maria Olsdr pig Holmträsk, ..3
1872 31/1   Stina Maglena   se förra   , ..3
1872 20/12 Olof Petter mor pig Segrid Erika Olsdr i Åsele, 5.2
1874 28/7   pig Brita Maglena Pehrsdr i Ericshammar, 31.6.9
1874 17/12 pig Stina Nilsdr i Gafsele, 74. - ålder
1875 8/7   Brita Lisa Larsdr, fattighjon, f 1810 14/8 i Ly, 64.10.24
1875 13/7   Christopher Persson, dr i Gafsele, 20.7.10 - drunknad i Junsele

1878 4/1	Johan Anton Rönnmark, bondeson från Nybyn, Vännäs	
1878 25/6	Augusta, dotter t Kristina Ingelsdr, enka, 2.3.	
1879 8/7	fd barnalärarinnan Greta Ersdr, Kullerbacka, 82.	
1879 25/8	pig Anna Brita Mårtensdr, og, Åsele, f 1795 i So, 84.	
1883 17/2	Jonas Er Jonsson fr Wi, 84.1.5	
1883 19/4	Anna Maria Zachrisdr fr Wi	
1883 10/5	Daniel Engelbert Scharlund, jägmästare i Åsele död i Uppsala, 45.8.28 - hjernuppmjukning, allmän förlamning	
1883 21/9	Inga Karolina Sundius i Junsele	
1884 11/5	Sivert Backman, skomakare i Åsele, 42.9.24	
1885 19/3	Gustaf Bernhard son t småskollärarinnan Inga Kristina Holmgren i Junsele, ..15	
1885 9/8	Stina Ersdr, fattighjon, f 1804 i Fr, 81.	
1886 17/7	Johan Hörnell, Handelsbiträde fr Själevad	
1886 26/7	Brita Larsdr, pig Lomsjö, f 1839 25/11 i Ekshärad, Värmland - bror se LOM 53, 46.8.1	
1887 4/8	Arvid August Hammar, skomakare i Åsele, f 1847 5/6 i Tåsjö, 40.1.30 - lungsot	
1888 juni	Olof Hedlund, arb i Mossaträsk, f i Kungsgården, Ofvanåker, Gefleborg - drunknad	
1888 5/7	Erik Petter oä son t Anna Karolina Danielsdr, Solberg	
1888 4/10	Brita Sofia, Lars Magnus Olofsson, Degersjö Anna Johanna Larsdr	
1888 14/10	Gustaf Edvard Albin Aminoff, förest. medikamentförrådet, d i Stockholm, 33.7.14 - lungsot	
1890 5/5	Per Kristian Andersson, Krokvattnet, Bj, f 1819 12/8 i Stensjö, Fr – drunkning genom färd å svag is – i Rissjön	
1890 30/6	Elis Mikael Mikaelsson, arb fr Bergvattnet - drunkning i fors	
1890 6/8	Johan Emil Eriksson, fotograf fr Wilhelmina - lungtuberculos	
1890 21/12	Märta Lisa Jonsdr, inhyseshjon fr Nyland, Si, 51.1	
1891	Jenny Augusta, oä dotter t Maria Eufrosyne Eriksdr fr Åttonträsk, Ly, ..9	
1891 16/1	Per Krusbill, fd båtsman, gårdfarihandlare fr Västerbillsjö, Sj - hjert o njurlidande, bronkit	
1891 4/2	Erik Konrad, son t Erik Petter Jakobsson fr Tjäl	
1891 2/9	Jonas Olofsson, arb fr Bredgård, Ström	
1891 12/11	Eva Karolina Olofsdr, nyb.dotter fr Bernhardstorp, Wi	
1892 30/1	Helena Lovisa Eriksdr, bonddr fr Västbostrand, Do	
1892 1/2	Olof Strandberg, arb i socknen, d i Bodum, 34.8.17 - lungtuberculos	
1892 22/2	Ernst Fritiof, son t aflidne nyb.dottern Eva Karolina Olofsdr, Bernhardstorp	
1892 14/3	Jakob Olofsson, dr fr Karlsbäck, Bjurholm - olyckshändelse vid hästgällning	
1892 /10	ett flickebarn af okända föräldrar, liket insattes ... svept och inlagt i kista i oktober månad 1891 af okända personer och utan anmälan i	
1893 25/1	Johan Fredrik Norström, Pauträsk, St	
1893 6/3	Amalia Elisabet Karlsdr, pig Sörnoret, f 1872 6/1 i Ly, 21.2.	
1893 17/4	Hans Jakob Andersson, arb fr Imnäs, Ramsele	
1893 19/11	Karl Adolf Norberg, handelsbitr. kyrkbyn, f 1868 23/6 i Mo, 25.4.26 - lungtuberculos	
1894 12/3	Kajsa Johanna Eriksdotter, Mårtensliden, Wi	
1894 30/4	Gustav Jonsson, arb, 54.3.27 - tuberculos	
1894 10/9	Erik Elias Holmberg, sågställare fr Fjällsjö	

1894 10/12	Johan Alfred Danielsson, f 1872 6/7, arb Västansjö, mor Segrid Johanna Olsdr, 22.5.5
1895 5/3	Sven Anton Larsson, inh. fr Avaträsk
1895 2/7	Johan Wilhelm Carlsson, arb Attmar, Västernorrland
1895 5/7	Göran Jonsson, hemmansägare Do
1895 21/12	Nils Magnus Hedberg, arb fr An - dödad af fallande träd i skogen
1895 22/12	Daniel Danielsson, f 1822, inh Insjö
1896 7/1	Sara Johanna f 1895 25/10, dotter till Nils Johan Pehrsson, Sjö, An
1896 16/2	Katarina Charlotta Johansdr Frisk, f 1829, enka fr Blaikliden, Wi, bror i Långvattnet
1896 19/5	Johan Emanuel Svanström, inspektor kyrkbyn, f 1872 26/6 i Ju
1896 19/10	Nils Salomonsson, förm.tag. fr Ås, Si
1896 6/11	Erik Anton Johansson, f 1862 17/7, Tallsjö, Fr
1896 12/11	Per Olofsson, dr Kullerbacka, f 1838 30/8
1896 23/11	Dorotea Eriksdr, inh Sörstrand, f 1827 15/6 - cancer
1896 29/11	Zacharias Jakobsson, arb Alavattnet, Ström - lunginflammation
1896 29/12	Eva Karolina Johansdr, Stadsås, Wi - uremia
1897 23/3	Selma Amanda, dotter t Lisa Karlsdr pig i Gafsele, död i Junsele
1897 5/5	Kristoffer Eriksson, f 1864 9/4, arb i socknen - drunkning i form af svag is
1897 4/6	Nils Petter Almroth, f 1825 25/5, fattighjon kyrkbyn, d i Piteå
1897 1/7	Karl Ossian Augustsson, f 1861 15/8, sadelmakare i kyrkbyn, d i Stockholm - tuberculosis pulmonum
1897 1/8	Olof August Sundqvist, bagare i Åsele, f 1876 14/1 - drunkning under badning
1897 28/9	Märta Kajsa Andersdr, förmånstagardr, Stensele, Wi, f 1870 11/11
1897 29/9	Per Erik Bergqvist, inh fr Svannäs, Wi
1897 8/12	Hans Hansson, arb fr Frostviken, f 1875 7/6
1898 18/1	Selma Olivia Kristina Olofsdr, f 1877 1/9, pig Siksjö, Wi
1898 2/5	Maria Karolina Nerpin, f Hultin, hu t Nils Nerpin, Bäsksele, Wi, f 1826
1898 21/6	Kristoffer Robert Andersson, f 1883 14/2, son t Anders Andersson, Siksjö, Wi
1898 12/7	Olof Alrik, son t Emma Samuella Charlotta Uppenberg i kyrkbyn, f 1895 7/8
1899 7/3	Elias Johan Nilsson, bonde fr Lajksjö, Do - kroniskt njurlidande, lungödem
1899 13/4	Katarina Eugenia Svensdr, f 1845 19/12, hu t Erik Danielsson, Tjäl
1899 30/4	Kristoffer Valentin Andersson, timmerkörare fr Hansbo, Wi
1899 15/7	Anders Johansson Westman, f 1850 24/5, handlare kyrkbyn - hjertförlamning under badning
1899 1/8	Anna Christina Jonsdr, f 1869 21/8, pig Norrtjärn
1899 5/10	Johan Paul Maxmonton, f 1869 17/9, skrädderiarbetare fr Vasa, Finland
1899 27/12	Frans Johansson, Västansjö, Wi - tuberculos i bäckenbenet
1900 28/1	Anders Leander Borgström, f 1856 16/6 - olyckshändelse (fall utför trappa)
1900 12/2	Agneta Larsdr hu t Oskar Albert Svensson, Klimpfjäll, Wi, f 1880 21/1- tuberculos
1900 5/4	Marta Maria Norberg, f 1879 16/4, pig Ö-noret
1900 6/4	Anna Jonsdr, f 1877 13/12, pig Överrissjö
1900 18/5	Emanuel Leonard Rådvitz, f 1871 30/10 i Wi, handlare kyrkbyn
1900 11/8	Peter Danielsson, hemmansäg Laxbäcken, Wi - blindtarmsinflammation
1900 12/9	Anna Greta Markusdr, f 1828 16/6, fattighjon
1901 14/2	Brita Greta Persdr, f 1846 2/8, inhyseshjon fr Avaträsk, Do - buksäckskräfta
1901 6/3	Tea Olina, f 1893 31/10, dotter t Emma Samuella Charlotta Uppenberg

1901 30/4   Mattias Mattsson, hemmansägare Lövnäs, Wi - blodpropp i lefverådern
1901 15/5   Levina Kristina Isaksdr, f 1882 29/8, Dojnsjö, Wi - tuberculos
1901 1/10   Jonas Albert Persson, f 1869 9/7, bondson fr Granliden, Wi - hjernblödning
1901 5/10   Anders Olof Persson, f 1881 22/5, dr Strömåker, Wi
1901 25/11   Anna Brita Jonsdr, f 1828 2/9, fattighjon, ev f 1838
1901 22/12   Alma Katarina, f 1900 28/2 ,dr t Daniel Petter Johansson, Tjäl Anna Katarina Eriksdr
1902 5/1   Lars Fridolf, f 1888 3/3, son t Nils Johan Eurenius Persson, Mossaträsk, An
1902 12/1   Märta Stina Hällund, f 1847 2/9, torparehu fr Stenseleby, Wi
1902 23/1   Emma Olivia, f 1890 23/1, dotter t Erik Johan Mattsson o Brita Sara Zakrisdr, Tjäl, An
1902 17/2   Nils Johan Larsson Gåfvert, arb fr Fernebo, Värmland - lungsot
1902 9/3   Anna Greta Jonsson, förmånstagarhu fr Bellvik, Do
1902 19/3   Margareta Kristina Larsdr, f 1863 13/7, pig Wi
1902 24/4   Gertrud Brita Olofsdr, f 1816, födorådstagare Wiihelmina
1902 3/5   Frans Oskar Jonsson f 1876 11/5, arr.son fr Bäsksele, Wi
1902 19/5   Jonas Petter Sundstedt, f 1872 16/9, arb Edsele
1902 2/6   ett gossebarn, oä son t Maria Elisabet Andersdr, pig i Söråsele - mördadt
1902 5/6 ?   Sven Herman, son t Daniel Petter Johansson, Tjäl, An
1902 4/6   Jakob Daniel Nordin, f 1835 28/10, handlare Dalasjö, Wi
1902 14/8   Sven Valter, f 1902 25/2, son t Johan August Dahlen o Hildur Karolina Persdr, Tjäl, An
1902 15/11   Brita Cajsa Andersdr, f 1849 31/3, fattighjon, d Piteå
1902 31/12   Johannes Gotthard Söderberg, f 1883 22/9, dr Hälla - lungsot
1903 1/4   Erik Olofsson, f 1853 2/12, arr Stavro, An
1903 19/4   Eva Kristina Nilsdr, f 1865 10/2, sömmerska kyrkbyn, d i Piteå
1903 25/4   Anders Gustaf Öholm, f 1873 12/3, arb fr Lill-Tannsjö, Ramsele
1903 1/5   Sara Evelina Johanna Persdr, f 1869 11/10, hu t Erik Robert Svensson, Tresund, Wi
1903 16/5   Lydia Charlotta Näslund, f 1873 12/3, hu t Frans Anton Lindgren, ...sjö, Wi
1903 27/5   Johan Levin, f 1833 19/4, bagare kyrkbyn - drunkning
1903 30/5   Olof Nyberg, f 1876 20/9, torpareson fr Nybyn, Si - drunkning
1903 17/6   Kristina Nikolina, f 1901 22/12, dotter till Jakob Jakobsson, Mossaträsk, An
1903 1/11   Ida Eugenia Eriksdr, 1882 14/12, förmånstagardr, Käl, An
1903 14/11   Jonas Olof Olofsson, f 1881 26/4, Holmträsk, An
1903 15/11   Fredrika Lovisa Nyman, f 1884 22/4, arb.dotter kyrkbyn - tuberculosis pulmon.
1903 29/11   Anna Kristina Anundsson, hu t bonden Hans Erik Anundsson i Mångberget, Wi - bröstkräfta
1903 6/12   Selma Kristina, f 1899 19/2, dr t Jonas Persson, Granåsen, Do
1904 7/1   Johan Westman, f 1860 31/1, skräddare i kyrkbyn - hjärtförlamning
1904 19/2   Johannes Kallin, f 1878 1/12, handelsbokhållare i kyrkbyn, död i Mora - lungkatarrh
1904 16/3   Erik Edlund, läskedrycksfabrikant fr Gideå
1904 31/5   Jonas Olof Andersson Norman, f 1859 7/4
1904 7/7   Hilda Gustava Persdr, f 1867 2/4, hu t Jonas Erik Persson, Västanbäck, Wi
1904 20/8   Sigfrid Ferdinand, f 1896 2/4, son t Maria Karolina Salomonsdr, Herrskog
1904 27/10   Erik Sjöberg, hemäg fr Lögda, Fr
1905 2/1   Ida Hellsten, f 1880, bondedr fr Granberg, Wi

1905 3/1	Johan Aron Fredriksson Kansen, f 1835, förmånstagare fr Långbäcken, Fr
1905 8/2	Gerda Anetty, f 1901 15/6, dotter t Margareta Jonsdr
1905 13/2	Jonas Mårtensson Lindgren, f 1825 31/8 i Lögda, Fr, skräddare i kyrkbyn
1905 21/2	Eva Margareta Eriksdr, f 1821 2/4, hu t Jakob Pehrsson, Stavro, An
1905 18/3	Sara Erika Ersson, f 1833, hu t Erik Johan Eriksson, Norrvik, Wi
1905 29/3	Johan Petter Blomqvist, f 1863, hemmansäg fr Wi
1905 22/5	ett gossebarn, f 1905 22/5, mor pig Elin Walberg Jonsdr fr Wi - mördad genom kvävning
1905 7/6	Johan Forslund, arb fr Tåsjö, omkr 19 år gammal - drunkning vid timmerflottning
1905 9/9	Per Gustaf Brandborg, f 1849 14/8, torpare Wmina kyrkoplats
1906 19/1	Karl Fredrik Faltin, f 1835, arb fr Kroksjö, Umeå lands, i Hälla
1906 26/2	Lydia Margareta Lundberg, f 1826?, trol 1890, arb.dotter fr Wmina kyrkby
1906 8/8	Nils Julius Thalen, f 1843, privatlärare fr Vännäs, d i Åsele sjukstuga
1906 15/11	Olof Adam Nilsson, f 1823, födorådstagare fr Stavro, An
1907 30/1	Jonas Sjöberg, förmånstagare fr Norrfors, Fr
1907 8/3	Maria Johanna Lindström, f 1851 16/4, arb fr Tallsjö, Fr
1907 8/4	Olof August Ottosson, f 1872 15/3, skomakaregesäll Åsele - lungsot
1907 7/7	Johan Wilhelm Robert Andersson, f 1873 7/7, måleriarb fr Härnösand
1907 26/11	Erik Jonsson, f 1882?, hemmansägare fr Ullsjöberg, Do - lungsot
1908 10/6	Sven Jonsson, f 1889 27/1, bondson fr Svannäs, Wi - drunkning vid flottningsarbete
1908 30/6	Anna Göthilda, f 1907 13/7, dotter t Kristina Strömberg, kyrkbyn - mässling
1908 22/8	Anders Jonsson Lindmark, f 1853? 14/12, förmånstag fr Siksjönäs, Wi - bröstkatarrh
1908 25/9	Gabriel Johansson, f 1831 7/6, Idvattnet, Wi
1909 14/1	Erik Ivar Eriksson, f 1892 11/11, bondson fr Volmsjö, Fr - akut barnförlamning
1909 13/6	Olof Axel Bergqvist, f 1888 18/6, arb kyrkbyn, Wi - lungsot
1909 3/8	Inga Erika Markusdr, f 1854 16/5, arb kyrkbyn - lungsot
1909 14/11	Tekla Karolina Nilsdr, 1861 9/6, kusk, kyrkbyn
1909 23/11	Per Ludvig Engman, 1858 13/11, bonde Skog, Wi - ryggmärgslidande
1909 28/12	Johan Engelbert Persson, f 1881 15/6, Norrvik, Wi - influensa
1910 13/3	Anna Erika Svanlund, f 1896 18/3, Avaträsk, Do - organiskt hjärtfel
1910 11/4	Konrad Engelbert Bergström, f 1864 25/12, lantbrukskonsulent Åsele - lunginflammation
1910 21/5	Helge Hyenius Sjöström, f 1893 23/8, bondson, Wi
1910 16/6	Anders Petter Sjödin, f 1865 31/1, arb Lomsjö - akut lunginflammation
1910 30/10	Gustaf Konrad Johansson, f 1878 26/8, urmakare Wmina - lungsot, hjernblödning
1911 1/1	Emanuel Jonsson Bergqvist, f 1855 20/1, arb Skog, Wi - cancer ventriculi
1911 12/1	Lina Hedström, f 1866 20/5, hu t Petrus Hedström , Wi kyrkby - kronisk tarmkatarrh
1911 20/2	Erik Olof Cedergren, f 1834 19/4, fd snickare Bergvattnet, Do
1911 21/2	Karl Eugen, f 1908 1/10, oä son t Lovisa Gustava Eliasdr, kyrkbyn - bronkit
1911 27/2	Anders Andersson, f 1854, f Grundsunda
1911 12/3	Nils Anton Svensson, bonde Statsås, Wi - struma
1911 17/3	Per Nilsson, f 1859 17/5, skrivare Åsele
1911 28/4	O V Danielsson trol Wmina
1911 7/5	Lars Petter Persson Molin, f 1841 3/6, dr Gigsele
1911 1/6	Erik Bergström, hemmansäg fr Ullsjöberg, Do - sacoma pelvis

1911 17/7   Greta Cajsa Rönnberg, f 1844, hu t skräddaren Adam Amandus Rönnberg, Lajksjö, Do

1911 31/8   Emelinda Alfrida Sjöstedt, f 1881 8/7, arb Wmina kyrkby - lungsot

1911 19/11   Jonas Petter Granström, f 1858 9/6, bonde fr Bäsksjö, Wi - njurkräfta

1911 8/12   Jonas Mattias Jonsson, f 1879 11/3, dr Almsele - coma diabeticum

1911 15/12   Anna Kajsa Olsdr, f 1828 8/6, bondänka Norrtjärn, An

1912 8/1   Erik Elias Holmlund, f 1833 7/4, arb Skolan - sarcoma

1912 18/1   Brita Sofia Lindström, f 1834 8/2, inhyseshjon

1912 24/2   Oskar Andreas Jonsson, f 1888 1/12, arb Bäsksjö, Wi

1912 20/4   Hilda Olivia, f 1902 14/1, dotter t Mats Andreas Johansson fr Brännåker, Wi - lungsot

1912 1/10   Nils August Ingelsson, f 1899 19/8, Svanaby, Do

1912 17/11   Sigrid Kristina Ivarsdr, f 1839 2/4, änka efter Per Olof Persson, Dalasjö, Wi - åderförkalkning

1912 30/11   Karl Edyard Jonsson, f 1891 13/7, arb fr Siksjö, Wi - tuberkul. pulm.

1913 13/2   Per Isaksson, f 1868 31/5, hem.äg fr Eriksberg, Wi - mördad af sinnesjuk

1913 22/4   Johan Erik Asplund, f 1867 20/4 - lungsot

1913 13/5   Kristoffer Salomonsson Sundström, f 1843 11/3

1913 2/9   Gärdina Persson, Siksjönäs, Wi - tuberkulosis

1913 3/10   Per Nilsson, f 1838?, arb fr okänd ort, attest t Bjurholm, kommer tillbaka - räknas t församlingen

1913 18/10   Per Johan Olofsson, f 1841 23/6

1913 30/10   Beda Elisabet Genberg, f 1898 1/4, dr t Emil Genberg, Alskaliden (skriven i Ly) - tuberculosis pulm.

1913 11/11   Mårten Albert Källman, Risbäck - meningit tuberculos

1914 4/1   Anna Karolina Persdr, f 1826 25/8, Kullerbacka - marasmus senilis

1914 7/3   Anna Kristina Jonsdr, f 1846 30/1, fattighjon, död i Västervik - cancer mammae

1914 13/3   Eda Maria, f 1914 19/1, dr t Augusta Söderberg, sömmerska i Läksta, An

1914 28/4   Johanna Erika Öberg, f Englund, f 1831 1/9, änka fr Aspeå, Nm

1914 11/10   Karl Teodor, f 1899 25/3, son t Olof Tjärnström, Norrtjärn, An

1914 24/11   Sara Greta Adin, f 1849 30/1, hjon - sarcoma

1914 30/11   Betty Elisabet Persdr, f 1892 21/11 - tuberculosis pulmonum

1915 31/1   Ernst Wladimir, f 1909 6/3, son t Gustaf Alexander Faltin o Olivia Kristina Faltin, Gerdal, Sj

1915 20/2   Astrid Levina Jonsdr, f 1898 22/2, arb dotter Skolan - lungsot

1915 6/3   Marta Kristina Johansdr, f 1858 1/1, arb Järvsjö, Wi - cancer

1915 16/12   Stina Margareta Ivarsson, f Eriksson, f 1834 1/7, änka i Stensele, Wi

1916 4/1   Ossian Lindblom, Lavsjö, Do

1916 7/5   Freja Adelina Genberg, dotter t Emil Eleononus Genberg, Alskaliden, Fr - tuberculosis pulmonum

1916 11/5   Ida Kristina Johansdr, f 1891 24/3, d i Umeå, sjuksköterska

1916 18/9   Karl Fabian Kristoffersson, f 1902, Svanaby, Do

1916 29/9   Karl Gustaf?, f 1915, fr Tjäl, An

1916 16/10   Marta Johanna Jonsson, f 1830 5/8, hush Lomsjö, Do

1916 14/11 Anders E Erlandsson?, vandringsman, f 1857?, omöjligt uppge ålder etc. På St Tudea uppgifvit att betyg utfärdadt till Vejnfala, där det dock ej inlämnats - lunginflammation

1916 21/11 Signe Elisabet Lindgren, f 1896 22/6

1916 10/12 Agnes Karolina Jonsson, f 1881 12/1, hu t Anders Ansgarius Jonsson, Lafsjö, Do

1916 30/12 Sven August Rydberg, f 1883 8/3, bokh Skolan

1917 22/8 Johan Erik Hanngren, f 1866 1/10, rörläggare Trehörningssjö - lunginflammation

1917 4/9 Maria Viktoria Johansson, f 1893 27/11, sjukstugan

1917 18/12 Nils Fredrik Johansson, f 1853 1/7, torp Skolan

1918 7/1 Hanna Augusta, f 1918 6/1, dotter till pig Olivia Emilia Näslund, Björksele - svaghet vid födelsen

1918 25/1 Per Nilsson Bank, f 1849 3/12, arb Tennsjö - lunginflammation

1918 20/5 Katarina Maria Söderberg, f 1856 22/12, änka, Ju - lefverkräfta

1918 11/8 Johan Oskar Frånberg, son t Johan P Frånberg o Lovisa Frånberg, Frånö, Gudmundrå - lunginflammation efter spanska sjukan

1918 14/8 Sally Kristina, se föregående

1918 24/8 Johan Levi Skog, f 1889 28/7, arb obefintlig - stupat å Västfronten (Frankrike)

1918 11/9 Erik Almar Olofsson, f 1887 11/10, Älgsjö - lunginflammation

1918 23/9 Anna Agata Johansdr, f 1895 21/3, Gafsele, f Wi? - influensa + lunginfl.

1918 25/10 Aina Elisabeth Eriksson, f 1895 27/1, Skolan, f Wi - lunginfl + spanska sjukan

1918 26/10 Hanna Helena Nilsson, f 1901 7/1, tjänarinna Ju - hjärnhinneinflammation

1918 3/11 Hedvig Maria Oskarsson, f 1898 18/2, Skolan - lunginflammation

1918 4/11 Henny Davida Elisabet Johansson, f 1900 20/3, bondedr Järvsjö, Wi - lunginfl

1918 5/11 Johan Axel Byström, f 1892 19/4, arb Tallsjö - lunginflammation

1919 1/2 Kristina Persdr, f 1863 5/7, arb Ströms förs

1919 2/2 Fredrika Magdalena Johansson, f 1868 6/2, f Ersdr, änka Långbäcken, Fr – lunginflammation

1919 21/3 Henny Amanda Jonsson, f 1899 22/9, tj Gärdsjönäs - tuberculos. pulmon.

1919 9/7 Olof Andersson, f 1839 11/2, förmånstag Lomsjö

1919 1/8 Axel Ossian Genberg, f 1893 12/12, arr son Alskaliden, Fr - urinförgiftning

1919 1/9 Lisa Erika Mikaelsson, hu Do, f 1872 18/6

1920 1/3 Maja Stina, f 1919 9/9, dr t Jenny Maria Lundqvist å kyrkoherdebolet - messling

1920 6/3 Nanny Teodora, f 1919 23/11, dr t cirkusartisten Angelica Rumenia Hertzberg, fr Tallhöjden, Gröndal, Brännkyrka, Stockholm - messling

1920 24/6 Ida Cecilia, f 1919 14/9, dr t Elin Viktoria Östman, kyrkbyn

1920 14/8 Edit Elisabet Eriksson, f 1902 21/2, Älgsjö, död i Umeå - tuberculosis pulm.

1920 25/9 Anna Evelina Henrikssons dr Betty, f 1920 24/9, Älgsjö

OINFÖRDA - Vigda i Åsele

1810 7/10 Pehr Larsson Hansson?
Christina Olofsdr ämna sig Sandsjö nyb

1817 22/6 Hemmanstilltr Pär Hansson från Wi
pig Inga Albertina Svensdr, Åsele till Wilhelmina

1829 18/10 dr Göran Olofsson, Öster-Fanbyn, An, blir boende i Järvsjö, Wi
pig Brita Stina Jonsr, Öster-Holmsjö, Fr

1829 20/11 dr Johan Pehrsson, Dalarna
pig Brita Larsdr, Häggås

1830 4/4 Hemmansäg Carl Petter Pehrsson, Bäsksjö, Wi
pig Catharina Ersdr, Torvsjö

1830 12/4 dr Eric Pehrsson, Öksjö
pig Elisabeth Nilsdr, Öksjö

1843 30/7 Johan Petter Gustafsson, Oxvattnet, f 1817 i Halvpundsjö, Fr
Anna Märta Myra? f 1822 i Sidensjö till Själevad 1844

1851 29/11 nyb änkl Olof Nilsson Öfverlund, Öfra, Ju f 1806
pig Anna Stina Zakrisdr f 1814, Gafsele till Nybäcken, Ju 1851

1853 6/3 bondson Nils Petter Johansson (25), Viska, blir boende i Svartsjö, Fr
pig Lena Brita Larsdr (25)

1856 jan torp Jöns Olofsson (23), Junsele
pig Lisa Erica Jacobsdr, Forsnäs, Holmtr??

1856 1/11 Afvittringslantmätare Teodor Eric Tidström
Eva Lovisa Ångman (18)

1860 /6-7 torp Nils Nilsson Backlund, Arnäs
pig Cajsa Lovisa Nilsdr, f 1822 4/5, Tjärn till Arnäs 1860

1867 1/1 strandfiskaren Johan Carlsson, Söderhamn f 1823
pig Märtha Jacobsdr f 1836

1871 24/6 bonden Pehr Salomonsson
pig Brita Cajsa Maglena Jonsdr, Fr i Tallsjö, Fr

1871 24/6 bonden Nils Johan Salomonsson
pig Märta Catharina Persdr, Fr i Viska, Fr

1887 25/12 Lars Nilsson, f 1861 22/10, Wi
Sara Sofia Alexandersdr, f 1866 22/8

1891 21/3 arb Karl Fredrik Blomberg, Sörby, Håsjö??
pig Maria Eufrosyna Eriksdr, Häggsjö f 1866 mars

1896 19/9 arb Olof Persson Hörnlund, Idvattnet f 1865 27/9
Kristina Karolina Matsdr, Idvattnet f 1866 28/1

1899 11/5 fiskareson Ivar Edvard Svahn, f 1869 11/5 fr Kuopio stad, Finland
Gertrud Maria Nilsdr, f 1871 7/9, Wi

1901 29/9 Sven Petter Sjödin, f 1863 31/8, Ådalsliden
Anna Erika Hänström, f 1880 11/2, Do

1905 4/11 Per Johansson, f 1874 22/7, änkl An
Eva Helena Håkansdr, f 1885 15/1, An

1907 3/2 Erik Eriksson, f 1879 20/2, Tjäl, An
Lisa Johanna Eriksdr, f 1883 9/4

1907 17/2 Mattias Eriksson, f 1872 3/6, Tjäl, An
Karolina Persdr, f 1882 25/1, Sunnersta, An

1907 7/7 Olof Elias Hägglund, f 1858 16/9, Tjäl, An
Stina Kajsa Jonsdr, f 1853 24/7

1907 17/11 Zakris Petter Eriksson f 1873 25/11,Tjäl,An

Anna Karolina Olofsdr f 1883 15/2, Degersjö
1910 22/11   Olof Albin Boman f 1883 20/12, Tjäl, An
Johanna Petronella Nilsdr f 1883 21/10
1911 2/11   Jakob Eugen Eriksson f 1885 14/6, Tjäl, An
Beda Elvira Eriksdr f 1887 27/5, Tjäl
1911 17/12   Karl Arvid Emil Aspholm f 1880 30/9, Granberg, Wi
Anna Elisabet Härdina Hellström 1893 4/8,Granberg
1914 17/5   Per Gustafsson f 1890 26/8, Tjäl, An
Sara Matilda Olofsdr f 1886, Degersjö, An
1914 17/5   Olof Olofsson f 1891 15/2, Degersjö, An
Maria Tjärnström f 1892 16/5, Degersjö
1914 22/6   Carl Teodor Eriksson Ritzen f 1884 21/4,Vasa,Göteborg
Carolina Paulsson f 1887
1917 5/8   Olof Gustaf Agaton Olsson f 1892 22/4, arb Hässjö
Dagmar Katarina Jonsson f 1893
1921 5/11   Pastorsadj. Nils Artur Lindgren f 1891 2/5, kyrkbyn, Gällivare
Gällivare   Signe Maria Karolina Frank f 1896 8/10, Östernoret

UTSOCKNES FÖDDA

Tänk på att: namnen är "översatta" se sida 13
barn som flyttat med sina föräldrar inte finns med i listan

NORRBOTTENS LÄN

Arjeplog	Magdalena Granberg, YXS 19, ÅSE 467
	Anna Maria Svello 1875, ÅSE 365
	Viktoria Augusta Rhen 1875, ÅSE 459
	Oskar Johannes Ågren 1885, ÅSE 601
Arvidsjaur	Anna Barbro Alenius 1741, ÅSE 64
	Hulda Gustava Wikberg 1885, BOÖ 19, ÅSE 172
Gällivare	Gustaf Albin Johansson 1899, ÅSE 53
Jockmokk	Erenia Amalia Fredriksson 1902, TOÖ 90
Luleå	Oskar Engelbert Lindgren 1885, ÅSE 245
	Ragnar Sebastian Brändström 1887, ÅSE 44
	Svea Anna Kristina Dahlbom 1896, ÅSE 660
	Sanghild Ingeborg Paula Wallenstedt 1897, ÅSE 655
	Valborg Maria Palmgren 1901, YTT 37, ÅSE 548
	Sigrid Anna Maria Elisabet Högström 1905, KUL 18
Nederkalix	Selma Ulrika Eleonora Bergström 1853, SÖÅ 103, ÅSE 419
	Oskar Arvid Kant 1882, ÅSE 209
	Frida Augusta Johansson 1897, ÅSE 22
Piteå	Elisabet Margareta Rhen 1754, ÅSE 68
	Katarina Burman 1764, VOS 2
	Rut Amalia Berglund 1897, ÅSE 245
	Frida Maria Larsson 1900, ÅSE 503
Piteå lands	Johanna Falk 1855, ÅSE 31
	Sofia Evelina Lundmark 1878, ÅSE 501
	Ester Matilda Lundberg 1892, ÅSE 625
Råneå	Magdalena Rockstadia , ÅSE 71
	Alma Antoinetta Elin Teresia Sundbaum 1879, ÅSE 285
	Arvid Melker Axberg 1895, ÅSE 608
	Viola Linnea Axberg 1906, SÖS 14
Överkalix	Emma Johanna Ekberg 1864, ÅSE 220
Överluleå	Lars Rikard Juhlin 1894, ÅSE 625
	Anna Judit Maria Groth 1896, SAN 42

VÄSTERBOTTENS LÄN

Bjurholm	Katarina Magdalena Johansdr 1816, LOM 99, SIK 35
	Olof Johansson 1824, SÖN 13

Maria Magdalena Olofsdr 1825, OXV 19
Johan Norström 1835, OXV 19
Anders Holmgren 1839, SÖÅ 49
Erik August Grahn 1844, MAM 2
Anna Matilda Mårtensdr 1857, LAK 16, LIL 51, LOM 79, YXS 35
Klara Maria Zakrisdr 1858, LÅN 65
Bror Anton Jonsson 1863, ÅSE 190
Augusta Albertina Broman 1864, ÅSE 48
Maria Johanna Eriksdr 1866, ÅSE 9
Gustaf Robert Nyström 1867, YXS 50
Nils Otto Olofsson 1867, GIG 20
Maria Gustava Holmgren 1868, TRE 21, ÖSB 7, GÄR 41
Elisabet Karolina Lindblad 1871, OXV 35, ÖVR 81
Selma Amalia Persson 1872, GÄR 6
Anders Andersson Nygren 1876, BOÖ 35, ÖSB 5
Kristina Karolina Svensdr 1877, ÅSE 243
Frans Algot Persson 1879, BOÖ 40
Jonas Helmer Domeij 1880, LIL 19
Jonas Viktor Lindberg 1882, TEN 12
Olof Otto Sandberg 1886, BJÖ 39
Jenny Maria Johansson 1888, GÄR 22, ÅSE 299, ÖSB 4
Karl Rudolf Karlsson 1888, HÄG 22, ÖVR 23
Olof Axel Andersson 1888, TRE 2
Nils Fredrik August Schmidt 1898, ÅSE 593
Rikard August Lundberg 1901, ÅSE 616

Burträsk
Marget Jonsdr 1731, AVA 15
Matts Håkansson 1734, AVA 15
Johan Zakrisson 1756, AVA 56, BÄÖ 9, LUS 5
Erik Persson 1768, BÄÖ 8
Anna Elisabet Hallgren 1869, SÖÅ 73, ÅSE 262
Anders Robert Moren 1876, ÅSE 287
Henny Sigfridina Holmgren 1882, ÅSE 287
Nanny Katarina Åström 1888, SÖÅ 129, ÅSE 631
Svea Kristina Dahlberg 1888, LIL 58, ÅSE 296
Viktor Nikanor Lundqvist 1892, ÅSE 254

Bygdeå
Margareta Charlotta Bäckman 1829, GAF 2, LOM 12, STN 1, SÖÅ 6, VÄN 2, ÅSE 8
Jonas Petter Grenholm 1887, ÅSE 551
Vendla Katarina Pettersson 1894, ÅSE 263

Byske
Anders Helmer Lindfors 1876, ÅSE 244

Degerfors
Hans Kanon 1791, SIK 27
Johan Fredrik Persson Lind 1807, LIL 75, STN 4, TRE 15, ÖSN 84
Katarina Elisabet Persdr 1809, LIL 33
Nils Persson Lidström 1815, GRK 4, GÄR 29, LIL 47, TAB 12, TRE 16

Johan Backlund 1845, ÅSE 86
Nils Fredrik Jonsson Backlund 1853, ÅSE 23
Edvard Roland Ferdinand Öman 1866, SÖÅ 120, ÅSE 515
Johan Helmer Häggström 1888, BOÖ 15
Edvard Engelbert Ekman 1889, HÄL 103
Sofia Karolina Gruffman 1890, LOM 47
Nils Persson 1891, ÅSE 372
Karl Rudolf Nylen 1895, ÅSE 660
Karl Hjalmar Grahn 1896, ÅSE 557
Ingrid Naima Adele Brändström 1901, ÅSE 557
Frida Kristina Karlsson 1904, ÅSE 634
Mia Kristina Svanberg 1907, ÅSE 527
Signe Elisabet Sandgren 1909, ÖVR 83

Dorotea
Anders Larsson Rypa 1795, LÄG 8, TEG 44
Margareta Samuelsdr 1800, LÅN 83
Elias Persson 1801, VAR 47
Per Jonsson 1801, LÅN 28
Ivar Andersson 1805, ÄLG 6
Kristina Eriksdr 1805, ÄLG 6
Elisabet Kristina Andersdr 1807, AVA 17
Anna Brita Persdr 1810, LOM 36
Erik Samuel Persson 1812, LÅN 61, SÖÅ 89, YXS 57
Jonas Jonsson 1812, ÅKB 8
Mårten Johansson 1812, VAR 27
Erik Danielsson 1814, AVA 8
Sigrid Kristina Mattsdr 1814, ALM 48
Gertrud Margareta Mattsdr 1816, GAF 154
Kristina Margareta Persdr 1816, SÖÅ 91
Märta Elisabet Danielsdr 1816, GAF 37, LOM 33
Anna Kristina Mikaelsdr 1817, HÄL 24
Märta Katarina Mårtensdr 1817, VÄJ 9
Anders Johansson 1818, LOM 54
Jonas Eriksson 1818, AVA 10, ÅSE 101
Sara Katarina Eriksdr 1819, AVA 10, ÅSE 101
Anna Märta Mattsdr 1820, ÄLG 82
Brita Juliana Andersdr 1821, VAR 27
Elisabet Katarina Isaksdr 1822, ÄLG 39
Kristina Magdalena Olofsdr 1823, GAF 188
Eva Dorotea Persdr 1825, SOL 30
Per Olof Andersson 1828, LOM 16, VAR 8
Anna Katarina Persdr 1830, LOM 102
Gertrud Jonata Jonsdr 1830, VAR 14
Katarina Margareta Mårtensdr 1831, VAR 43
Anna Märta Jonsdr 1832, LOM 9
Erik Jönsson 1832, ÅKB 9

Sigrid Brita Hansdr 1832, LOM 16, VAR 8
Märta Kristina Ångman 1833, GAF 147
Margareta Erika Jönsdr 1834, FOR 14
Katarina Matilda Persdr 1835, VAK 1
Per Edvard Olofsson 1836, SÄL 2
Salomon Persson 1837, LÖB 2, YXS 63
Anna Matilda Olofsdr 1839, LOM 99
Jonas Mikaelsson 1839, LOM 101
Nils Eliasson 1839, HER 5
Petronella Johanna Jönsdr 1840, FOR 29
Jonas Kristoffersson 1843, FOR 33
Kristina Erika Andersdr 1844, AVA 47
Margareta Elisabet Johansdr 1844, SAN 13, VÄN 15, ÅSE 144
Anna Brita Jonsdr 1845, ÖSN 26
Anna Erika Eriksdr 1845, VAK 1
Erik Jonsson 1846, ÖVR 17
Nils Jönsson 1846, KAL 3, SÖS 5, ÅSE 207
Sven Svensson 1846, FOR 64
Erik Eriksson 1847, FOR 8, SIÖ 1, SÖN 6
Nils Johan Nilsson 1847, FOR 42
Sigrid Erika Olofsdr 1848, ÅSE 475
Anna Margareta Nilsdr 1849, TEN 22
Erik Zakrisson Bergqvist 1849, AVA 6
Eva Dorotea Olofsdr 1849, VAR 39
Katarina Elisabet Olofsdr 1850, FOR 21
Elisabet Johanna Persdr 1851, VAR 66
Katarina Margareta Andersdr 1852, LOM 31
Nils Nilsson 1852, HÄL 60
Brita Elisabet Jonsdr 1854, LOM 91
Elisabet Matilda Nilsdr 1856, FOR 5, ÅSE 56
Gertrud Eleonora Söderström 1856, ÅSE 128
Anders Andersson Wikström 1857, VAR 71
Johan Mikaelsson 1857, LOM 91
Jöns Erik Persson Edman 1857, FOR 7
Per Nilsson 1860, ÅSE 304
Erik Oskar Johansson 1862, AVA 20
Anna Danielsdr 1863, BJÖ 31
Erik Anders Nordin 1863, ÅSE 317
Ida Kristina Persson 1864, ÅSE 518
Jonas Valfrid Degerman 1864, ÅSE 63
Märta Matilda Pålsdr 1864, FOR 38
Zakarias Petter Mikaelsson 1865, AVA 38
Jonas Erik Persson 1866, BJÖ 31
Sara Amalia Näslund 1867, LOM 111
Erika Eleonora Nilsdr 1869, STA 5

Jonas Kristoffer Jonsson 1869, BJÖ 20, TOÖ 51
Katarina Elisabet Andersson 1869, ÅSE 317
Katarina Magdalena Mikaelsdr 1869, VAR 65, ÅSE 466
Eva Lovisa Jönsdr 1870, ÅSE 63
Klara Johanna Jonsdr 1870, BJÖ 10
Olof Valfrid Sjödin 1870, ÅSE 422
Sven Matts Svensson 1870, SÖÅ 111
Anna Johanna Persdr 1871, FOR 39
Erik Johan Jonsson 1871, FOR 23
Margareta Amalia Persson 1872, ÅSE 79
Erik Oskar Englund 1873, GIG 10
Erik Petter Mikaelsson 1873, AVA 36, SÖS 9, ÖSN 70
Anders Gustaf Eriksson 1874, SÖÅ 27
Markus Herman Andersson 1874, AVA 5
Märta Gustava Göransdr 1874, VAR 46
Salomon Robert Persson 1875, SIÖ 4
Anna Karolina Nilsdr 1876, SÖS 9
Brita Augusta Persson 1876, ÅSE 211, GÄR 33
Frida Margareta Persson 1876, ÅSE 490
Hilma Alida Olivia Grundström 1876, LOM 104
Karl Johan Johansson 1876, LOM 57
Katarina Olivia Persdr 1876, FOR 7
Olof Andreas Vesterlund 1876, BJÖ 38
Anna Lovisa Göransdr Skoglund 1877, VAR 51
Daniel Erhard Johansson 1877, ÅSE 175
Nils Johan Mikaelsson 1877, AVA 37
Karl Henrik Lindmark 1878, FOR 72, LOM 158
Kristoffer Erhard Kristoffersson 1878, LOM 69
Ulrika Viktoria Wilhelmina Eriksdr 1878, SÖÅ 59, ÅSE 92
Anders Ansgarius Jonsson 1879, BJÖ 18
Elin Fredrika Eriksson 1880, ÅSE 457
Erik Alexander Mikaelsson 1880, AVA 35
Anders Arvid Karlsson 1881, FOR 32, OLO 2, STO 20
Anna Lovisa Eriksdr 1881, SÖÅ 63
Beda Augusta Westman 1881, SÖÅ 51, ÅSE 164
Brita Katarina Eriksdr 1881, SVR 23, ÅSE 476
Jonas Albert Persson 1881, FOR 53
Serene Elisabet Danielsdr 1881, LOM 3
Anton Rikard Englund 1882, GIG 9
Brita Kristofera Jonsdr 1882, BJÖ 4, HOL 21
Elisabet Kunigunda Ingelsdr 1882, ÄLG 27
Per Albin Johansson 1882, BOÖ 20, ÅSE 187
Anna Eleonora Persdr 1883, GIG 25
Daniel Petter Edman 1883, LOM 22
Gertrud Melinda Mikaelsdr 1883, AVA 11

Karolina Katarina Konkordia Svanlund 1883, VAR 24
Lovisa Erika Mikaelsdr 1883, VAR 64
Nanny Kristina Lundström 1883, SIÖ 4
Frans Elias Sandin 1884, ÅSE 411
Sara Karolina Persdr 1884, ÅSE 321
Albin Robert Eriksson 1885, SÖÅ 25, ÅSE 93
Erik Edmund Jonsson 1885, LOM 59
Margareta Matilda Persdr 1885, VAR 40
Olga Teresia Kärrman 1885, ÅSE 415
Fredrika Johanna Sjölund 1886, VAR 3
Ida Augusta Persson 1886, LOM 123
Amalia Teodora Charlotta Nygren 1887, SÖÅ 106
Anders Jean Martial Engström 1887, LOM 32
Bror Robert Westman 1887, YTT 32
Erik Antonius Engelbert Östman 1887, AVA 57
Märta Aminta Persson 1887, FOR 50
Freja Genette Jonsdr 1889, BJÖ 33
Mikael Helmer Lind 1890, ÅSE 600
Alf Johannes Eriksson 1891, BOÖ 4
Syster Elisabet Jonsson 1891, ÅSE 394
Elna Katarina Olofsdr 1893, ÅSE 447, VAR 80
Jonas Algot Markusson 1893, LOM 81
Brita Matilda Eriksson 1894, SÖÅ 61
Gertrud Eleonora Nilsson 1894, YXS 85
Irene Katarina Persson 1895, ÖSN 94
Märta Alfhilda Göransson 1896, VAR 25
Alma Katarina Nilsson 1897, BJÖ 43
Hedvig Ingeborg Markusson 1897, GAF 241
Isak Petter Larsson 1897, LOM 164
Margareta Elisabet Fransson 1897, ÅSE 657
Rut Emeli Kristina Nilsson 1899, LOM 144
Selma Olivia Göransson 1899, ÅSE 570
Hanna Justina Johansson 1901, LOM 164
Klara Viola Mikaelsson 1901, ÅSE 649
Najma Kristina Olofsson 1903, BJÖ 40
Anna Ingegerd Kristina Eriksson 1904, SÖÅ 140
Beda Teolina Nilsson 1904, LOM 145
Märta Amanda Adamsson 1904, LOM 165
Rut Augusta Wiberg 1905, SÖÅ 132
Edla Augusta Lindström 1906, FÄB 7
Tora Magnhild Vesterlund 1909, ORG 10
Anna Linnea   1911, ÅSE 404, ÖVR 78
Hilma Augusta Lindström 1914, VAR 74
Märta Frideborg Olivia   1914, VAR 35
Frid Edvard Östman 1918, ÅSE 378

Fredrika

Arnt Lennart Fransson 1920, YXS 50
Bengt Anders Andersson 1923, VÄN 48
Karl Erik Östman 1924, SÖN 11
Sara Kristina Larsdr 1796, GIG 3, LIL 6, ÖSN 4
Nils Gradin 1799, INS 15
Fredrik Johansson 1800, LIL 40
Johan Jonsson Lögdeman 1800, ÅSE 216
Erik Svensson 1801, SIK 53
Albertina Wilhelmina Lögdin 1802, ÅSE 401
Anna Elisabet Jonsdr 1802, STO 23
Maria Elisabet Johansdr 1803, LIL 44
Nils Jonsson 1804, BOR 7
Margareta Kristina Pålsdr 1805, SIK 53
Nils Olofsson 1809, BOÖ 5
Pål Pålsson 1810, KÅK 12, LIL 79
Anna Maria Larsdr 1813, GÄR 9, LIL 21
Nils Olof Wiklund 1820, GIG 27
Brita Katarina Nilsdr 1821, TOÖ 41, YXS 26
Katarina Magdalena Danielsdr 1821, OXV 27
Jonas Petter Olofsson 1822, VÄJ 14
Hans Gustaf Eriksson 1823, YTT 4
Sigrid Kristina Olofsdr 1823, YXS 20
Nils Johan Asplund 1824, KÅK 4, SÖN 3
Brita Elisabet Israelsdr 1825, KÅK 12, LIL 79
Hans Hansson 1825, TRE 4
Katarina Märta Olofsdr 1825, TEG 17
Daniel Pålsson 1826, LIL 78
Anna Brita Olofsdr 1827, LAK 5
Anna Elisabet Johansdr 1827, KUL 13, KVÄ 30, SÖÅ 97
Maria Margareta Johansdr 1827, ÅSE 234
Märta Kristina Johansdr 1827, LAK 6
Mårten Enok Mårtensson 1829, SÖÅ 74
Henrik Olof Nilsson 1830, STO 24
Johan Olof Persson Näslund 1830, TAB 15
Johan Petter Borgström 1830, GIG 5, KÅK 5, LIL 15
Anna Kristina Israelsdr 1831, LIL 23
Wilhelmina Josefina Olofsdr 1831, ÖVR 50
Anders Nilsson 1832, LIL 57
Jonas Edvard Nilsson 1832, HOL 60
Kristina Katarina Jonsdr 1832, LIL 57
Inga Karolina Danielsdr 1833, TAB 15
Anna Kristina Nilsdr 1834, BOM 2
Daniel Persson 1834, OXV 25, TOÖ 72
Erik Anton Wiklund 1834, GIG 26
Sven Israel Svensson 1834, KVÄ 36, LIL 95

Karl Jonas Brodin 1835, GIG 6
Per Persson 1835, HÄG 32
Nils Jonas Danielsson 1836, LIL 17
Salomon Svensson 1836, LIL 94
Elias Olofsson Toren 1837, LÄG 9
Erika Johansdr 1837, LIL 94
Karl Jonas Pålsson 1837, OXV 28
Salomon Danielsson 1837, LIL 18
Brita Matilda Olofsdr 1838, SIK 47
Gertrud Brita Ersdr 1838, VÄN 3
Johan Olof Johansson 1838, SIK 19
Anna Sofia Danielsdr 1839, TRE 10
Elisabet Kristina Jonsdr 1839, HÄL 36
Sara Kristina Larsdr 1839, BOÖ 26
Daniel Efraim Efraimsson 1841, SÖD 2
Nils Johan Svensson 1841, ÅSE 452
Sara Erika Fredriksdr 1841, LIL 86, SAN 28
Sven Daniel Svensson Åberg 1841, ÅSE 505, ÄLG 112
Erik Aron Persson 1842, HÄG 30, TAB 16
Per Anders Granberg 1842, ÅSE 128
Barbara Elisabet Hansdr 1843, SAN 33, TRE 26, ÖVR 79
Otto Olofsson 1843, OXV 22
Per Olof Jonsson 1843, ÅSE 201
Nils Gustaf Pålsson 1844, TRE 21, ÖSB 7, GÄR 41
Nils Olof Andersson Englen 1844, LOM 31
Sigrid Katarina Olofsdr 1844, HÄG 32
Anna Johanna Jonsdr 1845, OXV 10, SVR 11, ÅSE 182
Elias Strömberg 1845, ÄLG 105
Johanna Magdalena Eliedr 1845, ORG 7
Karl Jonas Våhlin 1845, BOÖ 52
Per Eriksson 1845, YXS 13
Jakob Anders Gran 1846, SIK 10
Pål Erik Hansson 1846, LIL 36
Eva Kristina Öberg 1847, LIL 91
Anna Matilda Jonsdr 1848, SÖS 1, ÖSN 9
Anna Matilda Maria Eriksdr 1848, YXS 13
Brita Kristina Svensdr 1848, OXV 22
Hilma Josefina Nerpin 1848, ÅSE 86, ÄLG 15
Nils Olof Andersson Malm 1848, YXS 39
Sara Katarina Wiklund 1848, GIG 6
Anna Matilda Jonsdr Wallström 1849, OXV 12
Maria Karolina Ersdr 1849, BOÖ 52
Olof Daniel Winter 1849, ÅSE 502
Nils Gustaf Persson Sellin 1849, ÅSE 416
Brita Erika Elisabet Andersdr 1850, LAK 19, LÅN 46, ÅSE 5

Brita Karolina Ersdr 1850, GÄR 32, HAM 10
Erik Daniel Eriksson 1851, LIL 27
Märta Brita Nilsdr 1851, OXV 28
Anna Erika Eriksdr 1852, LÖV 3, TRE 11, ÖSB 2
Daniel Johan Danielsson Lundin 1852, TRE 18
Karl Jonas Eriksson Fahlgren 1852, YXS 17
Maria Karolina Jonsdr 1852, TRE 30
Nils Olof Wiklund 1852, TRE 30
Erika Karolina Nilsdr 1853, OXV 22, ÅSE 295
Maria Matilda Jonsdr 1853, ÅSE 33, ÖSN 7
Erika Karolina Pålsdr 1854, LIL 16
Israel Albert Lindahl 1855, ÅSE 232
Gertrud Magdalena Eriksdr 1856, LOM 58
Jakob Edvard Nyström 1856, ORG 3
Karl Olof Nordlund 1856, ÄLG 74
Maria Albertina Genberg 1856, ÅSE 429
Anna Matilda Olofsdr 1857, TRE 18
Karl Jonas Hansson 1859, LIL 35, TAB 8
Sara Kristina Andersdr 1859, TEG 11
Klara Elisabet Kristoffersdr 1860, LIL 48
Sigrid Märta Nilsdr 1860, HOL 40
Katarina Erika Toren 1861, LAK 37, LÅN 82
Anna Petronella Johansdr 1862, LIL 73
Johan Alfred Carlbom 1863, ÅSE 48
Kristina Aqvilina Jonsson 1863, ÅSE 232
Selma Bernhardina Charlotta Löfgren 1863, ÅSE 181
Teolinda Johanna Johansdr 1863, STO 14
Albert Dahlberg 1864, OXV 1, ÅSE 51
Brita Lovisa Andersdr 1864, HÄG 36
Jonas August Johansson 1864, ÅSE 181
Katarina Erika Jonsdr 1864, ÄLG 74
Anna Karolina Genberg 1865, LIL 89
Sofia Amalia Jonsdr 1865, STN 2, SÖÅ 23, ÅSE 83
Maria Teolinda Danielsdr 1866, BOÖ 12, LOM 40, TRE 7
Anna Karolina Ottosdr 1867, OXV 1, ÅSE 51
Augusta Teolinda Pålsdr 1867, GÄR 23
Hans Johan Pålsson 1868, YXS 65
Ida Paulina Genberg 1869, BOÖ 34, ÅSE 327
Sigrid Lovisa Hänström 1870, LIL 54
Klara Aqvilina Genberg 1872, ÅSE 355
Kristina Matilda Karlsdr 1873, BOÖ 2, ÄLG 7, ÅSE 588
Elin Teresia Abrahamsdr 1876, BOÖ 16, INS 19
Daniel August Lidberg 1879, LIL 46
Charlotta Kristina Norberg 1881, TEG 12, ÖVR 15
Daniel August Jonsson 1881, ÅSE 637

Anna Karolina Danielsson 1882, BOÖ 17
Najma Elisabet Johansson 1882, GÄR 7
Ester Nanny Lundberg 1882, BOÖ 45
Hulda Josefina Norberg 1883, HÄG 37
Jonas Valfrid Johansson 1884, GÄR 16
Ida Matilda Sjöberg 1885, GAF 135
Johan Leonard Norberg 1885, SIK 39
Salomon Gottfrid Sahlström 1885, LIL 80
Hulda Maria Nordlund 1886, ÄLG 109
Agda Erika Danielsdr 1887, ÅSE 637
Gustaf Ferdinand Josefsson 1887, TEG 19
Jenny Maria Genberg 1888, SAN 25
Olof Zeibrandt Nordlund 1888, ÄLG 75
Henny Margareta Jonsdr 1889, LIL 19
Märta Eugenina Andersdr 1889, LIL 80
Klara Anna Maria Thalen 1891, ÅSE 33
Bror Ragnar Danielsson 1892, YXS 93
Engla Wilhelmina Elisabet Karlsson 1892, ÄLG 75
Erik Albert Borgström 1892, ÄLG 8
Anna Augustina Sundqvist 1893, SÖÅ 38
Beda Amalia Lundberg 1893, SIK 59
Alma Kristina Jonsson 1894, LIL 102
Lilly Axelia Gustafsdr 1894, STO 6, OXV 37
Kaspera Elvira Olofsson 1895, LIL 8
Sanna Amalia Danielsson 1895, ÅSE 639
Anna Julia Maria Brodin 1896, GIG 13, LOM 166
Ida Kristina Wikström 1896, LIL 107
Olof Arvid Josefsson 1896, LOM 167
Axelina Elisabet Johansson 1897, YXS 90
Juliana Albertina Söderlund 1897, SIK 4, TAB 2
Uno Abner Thudin 1897, YXS 90
Agda Elisabet Thoren 1899, ÅSE 554
Hedvig Elentina Dahlberg 1899, LOM 167
Rut Elisabet Persson 1900, ÅSE 541
Anna Alina Sofia Bäcklund 1901, SÖN 42
Gerda Augusta Arnqvist 1905, LIL 105
Klara Kristina Fridlund 1905, LIL 110
Vivi Lovisa Johanna Bäcklund 1907, ÅSE 644, ÖVR 97
Hulda Karolina Danielsson 1917, ÅSE 637

Holmsund Hildur Maria Bexelius 1870, SÖÅ 12, ÅSE 26
Jörn Maria Elvira Olofsson 1893, SÖS 6
Lycksele Sofia Birgitta Ask 1731, ÅSE 116
Maria Jonsdr 1734, STM 3
Erik Persson 1748, ÖSN 63
Beata Johansdr 1760, LIL 72, LÅB 3, SAN 27

45

Samuel Olofsson 1761, LIL 72, LÅB 3, SAN 27
Katarina Mårtensdr 1762, LUS 3, RIS 1, VOL 6
Märta Hermansdr 1764, LIL 74
Per Persson 1764, LUS 3, RIS 1, VOL 6
Katarina Johansdr 1768, LAT 5
Nils Johansson 1769, TRS 1
Olof Lindahl 1771, ÅSE 236
Margareta Mårtensdr 1772, DAL 1
Maria Johansdr 1775, BÄS 1
Anders Hermansson 1778, STM 1
Margareta Larsdr 1793, KUL 16
Sofia Johansdr 1796, SIK 16, SVR 10
Sara Andersdr 1799, ÅSE 483
Brita Kristina Persdr 1800, KUL 16
Sofia Agata Andersdr 1800, GIG 24, LOM 125
Tekla Dorotea Lindahl 1809, ÅSE 230
Sofia Magdalena Nilsdr 1817, LIL 75, STN 4, ÖSN 84
Isak Nordfjäll 1819, GAF 151
Margareta Magdalena Jakobsdr 1819, LIL 78
Jakob Nordenstam 1821, KUL 9, ÅSE 314
Anders Andersson 1826, SÖÅ 5, ÖSN 1, ÖVR 1
Karl Jonas Israelsson 1826, KÅK 6
Maria Margareta Karlsdr 1826, OXV 25, TOÖ 72
Olof Bernhard Johansson 1826, INS 13
Kristina Katarina Nilsdr 1827, YXS 20
Kristina Johanna Johansdr 1828, INS 1
Olof Larsson 1828, FOR 34, LÅN 31, SVR 13, TOS 9, ÄLG 62, ÖVR 29
Anna Elisabet Fredrika Fredriksdr 1829, GÄR 28, VÄJ 16
Eva Karolina Mattsdr 1829, LIL 17
Karl Anton Alenius 1829, LIL 2, SIK 1
Karl Jonas Persson 1829, GÄR 28, VÄJ 16
Erik Anton Samuelsson 1831, ÄLG 99
Samuel Samuelsson 1833, ÄLG 102
Maria Helena Israelsdr 1834, TEN 11
Olof Karlsson 1834, TEN 11
Per Olof Persson 1834, LIL 77
Eva Katarina Israelsdr 1835, ÄLG 102
Isak Vilhelm Fredriksson 1835, GÄR 14, ROS 1
Salomon Johansson 1835, KVÄ 13
Erik Persson 1836, ALM 51, SVR 14, ÅSE 363
Fredrika Wilhelmina Olofsdr 1837, LIL 77
Johan August Sjögren 1837, LIL 88
Johanna Gustava Törnlund 1837, INS 7, REN 2
Karl Jonas Johansson 1837, OXV 10, SVR 11, ÅSE 182
Matilda Johanna Jonsdr 1837, LIL 88

Nils Petter Abrahamsson 1837, INS 1
Sara Lovisa Olofsdr 1838, VÄJ 1
Sara Matilda Johansdr 1839, KVÄ 36, LIL 95
Sofia Wilhelmina Karlsdr 1839, OXV 33
Klara Josefina Mattsdr 1841, KÅK 6, TAB 16
Klara Josefina Johansdr 1842, STA 3, STK 3, TOÖ 2
Elisabet Katarina Andersdr 1844, SIK 19
Eva Agata Johansdr 1845, KVÄ 10, TEG 13
Karl Johan Söderholm 1848, INS 39
Jonas Olof Svensson 1849, SAN 37, KÅK 13
Kristina Sofia Israelsdr 1850, KLI 1
Sofia Petronella Renmark 1850, ÅSE 252
Karolina Johanna Johansdr 1851, INS 39
Karolina Sjögren 1851, LÅN 19
Anna Gustava Nilsdr 1852, SAN 12
Johan Efraim Svensson 1852, LIL 91
Jonas Leonard Larsson Löfgren 1852, KÅK 9
Anna Lovisa Larsdr 1853, LOM 8, SÖÅ 2, ÅSE 4
Karolina Augusta Eriksdr 1853, VÄJ 3
Nils Leonard Persson 1854, DAS 6, TRE 22, ÅSE 373
Matilda Eufrosyna Israelsdr 1856, BOÖ 29
Lars Johan Sikström 1858, SAN 36
August Leonard Johansson 1859, ÅSE 174
Gustav Bernhard Johansson 1860, KÅK 7, LIL 41, SAN 17
Kristina Johanna Kristoffersdr 1860, MAM 2
Olof August Lindmark 1860, ÅSE 246
Matilda Josefina Karlsdr 1860, GAF 189, SÖN 31
Oskar Julius Sundelin 1861, ÅSE 438
Salomon Andersson 1862, SÖÅ 9, ÅSE 17
Sven Oskar Sjulsson Skerdin 1862, LIL 89
Erik Anton Karlsson Risberg 1863, SAN 32
Oskar Leonard Persson Norman 1863, SÖÅ 80, ÖSN 76
Amalia Elisabet Lindgren 1865, BOÖ 20, ÅSE 187
Hanna Emilia Petronella Grundberg 1865, ÅSE 438
Sofia Wilhelmina Burwall 1865, GAF 146, ÅSE 494
Anna Matilda Nilsson 1866, ÅSE 196
Klara Gustava Pålsdr 1869, LIL 71
Hanna Augusta Renman 1870, ÅSE 511
Anna Olivia Ulrika Rönnholm 1871, ÅSE 498
Elin Augusta Euren 1871, SIK 2
Karl Johan Söderström 1871, INS 40, YXS 77, ÅSE 461
Maria Elina Forsgren 1871, ÅSE 147
Maria Josefina Eriksdr 1872, LIL 99, SAN 39
Alfred Sahlman 1874, ÅSE 400
Elma Ingeborg Jonsson 1874, ÅSE 210

Hugo Gustaf Engelbert Johansson 1875, ÅSE 178
Wilhelmina Agnes Elvira Granbom 1876, ÅSE 40
Maria Matilda Söderström 1877, ÅSE 246
Amanda Evelina Söderström 1879, MAM 1
Nanny Karolina Söderholm 1879, INS 40, YXS 77, ÅSE 461
Rudolf Henry Nygren 1880, SÖÅ 82, ÅSE 339
Tekla Kristina Nyberg 1880, ÅSE 366
Agnes Karolina Johansson 1881, BJÖ 18
Anton Nilsson 1882, LIL 58, ÅSE 296
Magnus Andreas Lindström 1882, VÄJ 12
Johan Alfred Grahn 1883, OXV 9, TEG 9, ÅSE 127
Hulda Augusta Fransson 1884, VAK 4, STE 10
Karl August Grahn 1885, VÄN 13
Anna Lovisa Söderholm 1886, YXS 54
Hilda Karolina Sjögren 1886, KVÄ 14, REN 4
Oskar Wilhelm Samuelsson 1888, VAR 56
Erik Henning Lindgren 1889, ÅSE 522
Hulda Viktoria Fransson 1890, ÖVR 62
Johan Fritiof Sikström 1891, LOM 128
Bror Elon Nyberg 1894, ÅSE 653
Erik Grahn 1894, OXV 8
Hedvig Vilhelmina Eriksson 1895, GAF 240
Erik Hjalmar Björk 1896, ÅSE 644, ÖVR 97
Ernst Angantyr Jonsson 1897, ÅSE 655
Lilly Augusta Andersson 1897, ÅSE 582
Agneta Ovidia Nygren 1899, LIL 101
Lilly Eugenia Edlund 1907, GÄR 27

Lövånger   Brita Johansdr 1752, AVA 56, BÄÖ 9, LUS 5
Henny Maria Sjöblom 1881, ÅSE 163
Ida Margareta Åman 1889, ÅSE 255

Malå   Gustaf Edvin Hällgren 1883, ÅSE 163
Sara Kristina Hellgren 1885, ÅSE 601

Nordmaling   Nils Andersson 1703, TEG 2
Pål Danielsson 1714, VIT 2
Katarina Mattsdr 1716, VIT 2
Elisabet Tomasdr 1729, TEG 27, YXS 48
Nils Nilsson 1731, NÄS 2, REM 3, TRS 3
Per Nilsson 1734, TEG 27, YXS 48
Elisabet Pålsdr 1737, LÖA 1
Pål Pålsson 1741, BOÖ 43, GIG 23
Maria Pålsdr 1745, STO 28
Erik Pålsson 1746, OXV 26
Anna Pålsdr 1752, VIT 1
Ingrid Pålsdr 1760, LÖA 2
Maria Danielsdr 1763, NOD 2

Katarina Persdr 1764, ASP 2
Maria Elisabet Persdr 1765, STF 4
Anna Maria Pålsdr 1770, NOD 1
Maria Katarina Norden 1772, ÅSE 428
Lars Haqvin Westman 1795, ÅSE 483
Per Olofsson 1802, KUL 11, SIK 42
Johan Sjölund 1805, OXV 32
Sara Katarina Nilsdr 1828, HOL 52
Johan Lundgren 1854, ÅSE 253, SÖÅ 135
Maria Petronella Grubb 1856, ÅSE 309
Salomon Persson 1856, LÅN 65
Anna Katarina Jonsdr 1863, ÖSN 103
Johan Albert Sandström 1863, TRE 27
Anders Edin 1864, HÄG 4
Anna Pålsdr 1865, FÄB 4, KVÄ 17, ÅSE 280, ÅSE 410
Hulda Katarina Forsberg 1865, ÅSE 387
Hulda Maria Johansdr 1866, SÖÅ 70, TEN 13, YXS 34
Johan Olof Lindberg 1867, SÖÅ 70, TEN 13, YXS 34, ÅSE 238
Johanna Josefina Salomonsdr 1868, SÖB 2
Emma Katarina Öberg 1870, ÅSE 190
Jakob Nygren 1870, ÖSN 103
Margareta Kristina Salomonsson 1870, ÄLG 52
Anders Algot Salomonsson 1880, ÅSE 403, ÖVR 76
Selma Maria Wiklund 1882, TEN 12
Henny Selina Jonsson 1890, BOÖ 49
Ruben Antonius Ådell 1891, ÅSE 523
Gunnar Torvald Thorsen 1894, ÅSE 438
Hildur Sofia Nyström 1894, ÅSE 523
Johan Alfons Lundmark 1896, ÅSE 556
Nanny Josefina Lindström 1898, ÅSE 586
Gunnar Alexander Jakobsson 1899, ÅSE 586
Karl Gustaf Bergvall 1899, ÅSE 632
Dagmar Alice Bergvall 1904, ÅSE 632

Norsjö   Selma Lovisa Malm 1857, ÅSE 30
Erik Adolf Landin 1866, ÅSE 222
Tilda Emerentia Nyblad 1886, ÅSE 534
Karl Artur Alm 1890, ÅSE 659

Nysätra   Anders Andersson 1839, GAF 2, LOM 12, STN 1, SÖÅ 6, VÄN 2, ÅSE 8
Katarina Sofia Abrahamsdr 1849, ÅSE 470
Per Sigfrid Ossian Nordenstam 1857, ÅSE 315
Kristina Amalia Pettersson 1865, ÄLG 21

Risbäck   Lilly Johanna Lindgren 1908, ÅSE 189
Skellefteå   Anna Fransiska Markstedt 1875, ÅSE 465
Ida Kristina Söderlund 1875, ÅSE 10
Karl Konstantin Krantz 1886, ÄLG 53

49

	Edla Margareta Jonsson 1888, ÅSE 44
	Hildur Helena Jonsson 1894, LOM 37
	Betty Karolina Hedström 1895, ÅSE 617
Skellefteå lands	Karl Hjalmar Fahlgren 1900, KUL 18
Sorsele	Maria Kristina Andersdr 1761, SAN 21
	Per Kristian Rådström 1787, ÅSE 397
	Elisabet Katarina Rådström 1790, ÅSE 383
	Konrad Grönlund 1794, ÅSE 129
	Jonas Edvard Grönlund 1798, ÅSE 383
	Gustav Erik Rådström 1802, OXV 30, ÖVR 75
	Anna Kristina Ångman 1804, ÅSE 129
	Lina Emelinda Nerpin 1851, ÅSE 86
	Petrus Albin Öhrnell 1894, SAN 42
	Ture Robert Ågren? 1901, ÅSE 84
	Senida Maria Pettersson 1906, ÅSE 664
Stensele	Johanna Josefina Persdr 1844, ÅSE 473
	Anders Samuelsson Westerlund 1849, ÅSE 473
	Ida Maximiliana Albertina Blomqvist 1859, ÅSE 47
	Maria Karolina Nilsdr 1860, SVR 16
	Ulrika Karolina Eriksdr 1861, LIL 96
	Margareta Sofia Karolina Rådström 1866, STA 6
	Kristina Sofia Fredriksdr 1867, ÅSE 149
	Anna Karolina Persdr 1874, ÅSE 132
	Maria Katarina Agata Nilsdr 1876, ÅSE 156
	Evelina Augusta Eriksson 1883, ÅSE 400
	Kristoffer Ehard Alenius 1900, GAF 228
	Edla Elvira Axelina Lundqvist 1903, TOÖ 86
Sävar	Anders Arvid Sandberg 1880, SÖÅ 129, ÅSE 631
Tärna	Nanny Alfrida Lindmark 1887, TEG 18
Umeå	Sara Johanna Ramstedt 1813, LIL 44, ÄLG 56
	Ernst Albin Eklund 1868, ÅSE 79
	Karl Johan Hedman 1870, ÅSE 147
	Sven Herman Andersson Ahrne 1883, SÖÅ 3
	Johan Sigfrid Fluur 1885, ÅSE 112
Umeå lands	Abraham Andersson 1767, YXS 3
	Katarina Andersdr 1811, YXS 28, ÖSN 51
	Karl Johan Lindholm 1822, SÖN 17, ÖVR 36
	Olof Teodor Bergström 1847, ÅSE 30
	Anna Lovisa Forslund 1851, SVR 20, ÅSE 413
	Karl Alfred Gyll 1853, ÅSE 133
	Erik Edvard Eriksson 1854, HÄG 5
	Jonas Johansson Granberg 1859, ÖSN 37
	Ida Dorotea Augusta Tidström 1867, ÅSE 119
	Lovisa Matilda Olofsdr 1867, ÅSE 455
	Johan Öhlen 1882, ÅSE 514

Karl Edvin Fällman 1890, HÄL 102
Olga Sofia Öman 1892, GAF 218, HÄL 88
Hilma Sofia Granström 1893, ÅSE 551
Selma Evelina Andersson 1893, ÅSE 536
Signe Maria Vessman 1896, VÄJ 23
Ellen Augusta Söderström 1898, ÅSE 570

Vilhelmina
Anna Margareta Olofsdr 1802, INS 6
Anna Margareta Persdr 1802, ÄLG 71
Kristina Johanna Jonsdr 1804, IDV 11
Eva Katarina Olofsdr 1808, INS 3
Henrik Olof Olofsson Svanberg 1812, SÖS 11, TJÄ 37, ÖSN 79
Margareta Kristina Danielsdr 1812, IDV 12
Salomon Olofsson 1813, INS 36, KVÄ 29
Gertrud Brita Persdr 1814, SVR 7
Maria Elisabet Jonsdr 1816, IDV 7
Maria Kristina Eliedr 1816, LÅN 78
Sven Svensson 1817, BOM 15, LAK 33, TJÄ 46
Emanuel Persson 1820, KLI 2
Anna Erika Andersdr 1821, SÖN 2, ÅSE 16
Kristina Erika Hansdr 1824, INS 11
Abraham Petter Olofsson 1827, DAS 5, OXV 20, ÅSE 350
Elisabet Petronella Hansdr 1828, INS 14
Erik Olof Salomonsson 1828, YXS 68
Jöns Erik Edman 1828, LOM 26
Johan Abraham Salomonsson 1829, TOÖ 80
Maria Karolina Persdr Almroth 1829, KUL 17
Brita Elisabet Salomonsdr 1832, LIL 60, YXS 45
Brita Elisabet Karlsdr Winberg 1833, SÖÅ 86
Samuel Aron Samuelsson 1834, ROS 3
Katarina Sofia Salomonsdr 1835, KAL 5, LÅN 60, VÄJ 14, ÅSE 402
Kristina Magdalena Salomonsdr 1835, GÄR 14, ROS 1
Inga Katarina Karlsdr 1836, TOÖ 76
Inga Karolina Persdr 1837, ÄLG 44
Kristoffer Salomonsson 1838, YXS 70
Fredrik Johansson 1840, TOÖ 41, YXS 26
Anna Erika Winberg 1841, TOÖ 1
Anna Karolina Kristoffersdr 1841, ALM 4
Inga Karolina Andersdr 1841, SIK 9
Hans Olof Hansson 1842, INS 18
Anna Karolina Eriksdr 1843, HER 5
Fredrika Johanna Johansdr 1844, TRE 25
Per Johan Jonsson 1844, SAN 20, SVR 12
Eva Elisabet Andersdr 1845, ALM 51, SVR 14, ÅSE 363
Apollonia Matilda Mattsdr 1847, TEN 18, ÄLG 3
Hans Erik Eriksson 1847, SIK 6

Johan Olof Persson Melin 1849, INS 27
Gertrud Katarina Andersdr 1850, SVR 6
Kristina Johanna Olofsdr 1850, LIL 63, SAN 9, ÅSE 342
Brita Elisabet Hansdr 1851, INS 10, INS 14
Elias Johansson 1851, TOÖ 39
Maria Katarina Jakobsdr 1851, STK 1
Anna Olivia Olofsdr 1852, SAN 35, ÅSE 410
Kristina Amalia Isaksdr 1853, VAR 11
Sofia Johanna Andersdr 1853, VAR 12, ÅSE 61
Kristina Katarina Persdr 1854, YXS 84, ÅKB 22
Sara Maria Olofsdr 1854, YXS 73
Nils Petter Mattsson 1855, LOM 88
Anna Gustava Mattsdr 1856, TOS 2
Erik Holmberg 1856, GAF 72
Juliana Petronella Persdr 1856, ALM 24
Jöns Ulrik Eliasson 1856, LOM 30
Karl Axel Persson 1856, ÅSE 371
Märta Kristina Andersdr 1856, ÅSE 6
Anna Amalia Andersdr 1857, GAF 81
Anna Matilda Hansdr 1857, TOÖ 39
Isak Andersson 1857, TOÖ 5
Kristina Karolina Persdr 1858, INS 11
Kristina Katarina Olofsdr 1858, HAM 3
Anna Lovisa Persdr 1859, LÖB 3, YXS 69
Gertrud Kristina Nilsdr 1859, GRK 3
Inga Maglena Andersdr 1859, ALM 2
Olof Petter Pettersson 1859, LOM 122
Paulina Fredrika Karlsdr 1859, LIL 85
Anders Fredrik Jakobsson 1860, ÄLG 45
Anna Erika Alexandersdr 1860, INS 27
Elisabet Johanna Olofsdr 1860, ÅSE 349
Olof Daniel Olofsson Sjödin 1860, ORG 4, YXS 72
Brita Elisabet Olofsdr 1862, YXS 7
Kristina Karolina Hansdr 1862, INS 32
Per August Persson 1862, DAS 7, FOR 58
Hulda Karolina Eriksdr 1863, ÅSE 464
Nils Petter Kristoffersson 1863, KVÄ 14, REN 4, ROS 4
Salomon Andreas Persson Bergqvist 1863, BJÖ 2, ÅKB 4
Isak Frans Oskar Orädd 1864, ÅSE 358, HÄL 108
Kristina Albertina Markusdr 1864, INS 29, TOÖ 58, YXS 43
Märta Karolina Nilsdr 1864, ÅSE 480
Emma Kristina Mattsdr 1865, TOÖ 5
Erik Anton Wahlström 1865, GAF 214, SÖS 12, SÖÅ 115, TOÖ 82
Jonas Petter Reinhold Salomonsson Haglund 1865, VAR 55, ÅSE 134
Kristina Wilhelmina Nilsdr 1865, YXS 49, ÅSE 305

Katarina Charlotta Olofsdr 1865, SÖÅ 66
Margareta Johanna Magnusdr 1866, INS 30
Anna Maria Eriksdr 1867, BOM 8, YXS 47
Eva Sofia Mattsdr 1867, ERI 6
Kristina Lovisa Persdr 1867, FOR 15, ÅSE 123
Märta Karolina Eriksdr 1867, TOÖ 4
Märta Kristina Petronella Arnqvist 1867, INS 35, YXS 53, ÖSN 82
Nanny Augusta Figaro 1867, HÄL 72, ÖVR 71
Elisabet Erika Svensdr 1868, ÅSE 169
Hulda Elisabet Sjöqvist 1868, TEN 7, ÅSE 102
Levina Johanna Lindbom 1868, ÅSE 513
Anders Alfred Andersson 1869, SÖN 1
Eva Albertina Eriksdr 1869, LÅN 55
Erik Albert Magnusson 1869, INS 22
Gustaf Alfred Nilsson 1869, ÅSE 298
Johan Olof Mattsson 1869, ÅSE 277
Johan Oskar Johansson 1869, SAN 18
Johanna Reinholdina Johansdr 1869, GAF 66
Märta Fredrika Svensson 1869, TOÖ 38
Otto Lambert Eriksson 1869, SAN 43
Per August Öberg 1869, HÄL 92
Sara Agata Norling 1869, REN 3, SIK 31
Anna Brita Jonsdr 1870, TOÖ 30
Anna Katarina Isaksdr 1870, TRE 14
Katarina Maria Bergström 1870, ÅSE 18
Olava Kristina Nilsdr 1870, ÅSE 451
August Natanael Bäckström 1871, ÅSE 47
Eva Albertina Eriksdr 1871, LÅN 55
Gustava Aqvilina Eriksdr 1871, INS 22
Julius Johansson 1871, TOÖ 43
Kristina Edesia Svensdr 1871, GAF 97, LOM 60
Kristina Sofia Fredrika Nerpin 1871, FOR 6, LOM 24
Nils Johan Otto Kristoffersson Östman 1871, TAB 21
Tilda Susanna Nilsdr 1871, SVR 15
Agata Emelinda Eliedr 1872, TOÖ 71
Anna Johanna Persdr 1872, SAN 37, KÅK 13
David Engelbert Frisk 1872, ERI 3
Gustava Albertina Magnusdr 1872, SAN 43
Hildur Karolina Sollen 1872, GAF 167
Hulda Johanna Jonsdr 1872, SAN 31
Johan Efraim Eriksson Rönnberg 1872, SÖN 34, VÄN 44, ÖSN 86
Marta Agata Eriksdr 1872, ÄLG 91
Johanna Ansellina Persson 1873, ÅSE 481
Frans Gerhard Lindqvist 1873, ÅSE 247
Gustaf Teodor Öberg 1873, SÖN 38, VÄN 48

Inga Kristina Andersdr 1873, TOÖ 15
Amanda Evelina Elisabet Stenbom 1874, ALM 21
Gertrud Kristina Eriksdr 1874, YXS 55
Gustava Katarina Linne 1874, ÖSN 16
Magnus Alfred Mårtensson Lindgren 1874, SÖÅ 72
Maria Karolina Hansdr 1874, VÄJ 10
Selma Kristina Wahlström 1874, HÄL 12
Anna Lovisa Mattsdr 1875, SVR 18, ÅSE 650
Davida Helena Lindberg 1875, ÅSE 422
Emma Agata Katarina Danielsdr 1875, TOÖ 50, ÅSE 195
Isak Adolf Isaksson 1875, SÖÅ 67
Katarina Agata Johansdr 1875, SAN 29
Maria Augusta Eliedr 1875, SÖÅ 119
Hulda Johanna Eliedr 1876, ALM 9
Kristina Karolina Markusdr 1876, ALM 34
Märta Maria Mårtensdr 1876, YTT 33
Anders Amandus Wikner 1877, ÅSE 497
Anna Kristina Mattsdr 1877, GAF 68
Anna Sofia Karlsdr 1877, VÄN 47, ÅSE 460
Karl Otto Herman Öberg 1877, SÖN 39
Klara Henrietta Svensdr 1877, ÅSE 78
Levina Kristina Jonsdr 1877, BOR 10
Matilda Augusta Paulina Hansson 1877, YXS 56
Margareta Sofia Nilsdr 1877, GAF 66
Elin Magdalena Wikström 1878, ÅSE 275
Ida Erika Karlsdr 1878, ALM 20
Karl Oskar Persson 1878, VÄN 41, YXS 62
Olof Kalixtus Lindqvist 1878, ÅSE 248
Anna Eleonora Eriksdr 1879, SÖÅ 67
Johanna Agata Eliedr 1879, ÖVR 27
Jonas August Mårtensson Martin 1879, ÅSE 275
Agaton Valter Leonard Persson 1880, ÅSE 362
Beda Kristina Hansdr 1880, ASL 1, ÅSE 21
Olof Petter Valdemar Mattsson 1880, INS 25, REN 5
Adam Viktor Lundmark 1881, ALM 42
Augusta Katarina Mattsdr 1881, SVR 19
Johanna Valentina Jonsdr 1881, SÖÅ 72
Elfrida Augusta Karolina Eriksdr 1882, ÅSE 191
Erika Wilhelmina Falander 1882, VÄN 18
Ida Karolina Persdr 1882, ÖSN 23
Jenny Augusta Hällsten 1882, GAF 200
Jonas Betuel Andersson Näslund 1882, BJÖ 30
Per Olof Konrad Nerpin 1882, LOM 95
Rosa Viola Grönlund 1882, HAM 9
Anna Matilda Jonsdr 1883, SVR 15, ÅSE 364

Jenny Kristina Elisabet Eliedr 1883, VÄN 33
Katarina Agata Johansdr 1883, ÖSN 34
Maria Eufrosyne Svensdr 1883, ÄLG 101
Sara Bernhardina Jonsdr 1883, VÄN 45
Alma Johanna Isaksson 1884, DAS 4, ÅSE 303, YXS 94
Anna Lovisa Bergman 1884, KUL 1, ÅSE 60
Jonas Mikaelsson 1884, SÖN 46, VÄN 51
Kristina Albertina Nilsdr 1884, VAR 48
Kristoffer Abraham Gavelin 1884, BJÖ 8
Alma Kristina Hörnlund 1885, ÖVR 32
Erika Elisabet Wikström 1885, AVA 37
Hanna Viktoria Eufrosyna Hansson 1885, ALM 1
Hilma Olivia Falander 1885, ÅSE 176, ÖSN 49
Hulda Agata Hansson 1885, GRB 1
Jonas Oskar Sjölund 1885, ÅSE 575
Jonas Petter Amandus Hansson 1885, HÄL 34, TEN 9
Tekla Teolina Andersdr 1885, SÖÅ 84, ÅSE 543
Alma Erika Svensson 1886, ALM 32
Alma Maria Nerpin 1886, LOM 85
Anna Viktoria Nilsson 1886, ÅSE 28
Artur Amandus Wallinder 1886, ÅSE 584
Elisabet Agata Hansdr 1886, YTT 12
Erik Alfred Andersson 1886, AVA 4
Hulda Katarina Eriksson 1886, GAF 198
Jenny Amalia Olofsdr 1886, ROS 2, SVR 17
Agda Frideborg Jonsdr 1887, YXS 41
Beda Evelina Danielsdr 1887, TOÖ 20
Brita Elisabet Eriksdr 1887, HÄL 67
Hilda Kristina Jonsdr 1887, ALM 5, ÅSE 519
Jonas Viktor Wikström 1887, LOM 138
Anna Levina Danielsson 1888, ÖVR 84
Gustaf Teodor Gustafsson 1888, GAF 64
Hilda Kristina Anselina Johansson 1888, ERI 7
Hulda Elisabet Olofsson 1888, TOÖ 17
Ida Aqvilina Jonsdr 1888, TRE 5
Johanna Vilhelmina Eriksson 1888, AVA 1
Klara Gustava Karlsson 1888, OXV 9, ÅSE 127
Olof Helmer Nilsson 1888, VAR 76
Erhard Amandus Nerpin 1889, LOM 94
Hanna Elina Agata Eriksson 1889, INS 44
Johan Engelbert Granström 1889, ÖSN 38
Lovisa Agata Danielsdr 1889, STK 4, VÄN 8
Nils Oskar Samuelsson 1889, HAM 5
Anna Margareta Forsen 1890, BOÖ 53
Levi Artur Valdemar Jäger 1890, ALM 38

Jenny Hildegard Karolina Figaro 1891, VAR 63, LOM 156
Signe Elisabet Albertina Johansdr 1891, SÖN 19
Alfred Johansson 1892, HÄL 40
Erik Hilmar Näslund 1892, LOM 168
Jonas Petter Hildebrand Bergqvist 1892, ÅSE 645
Lars Alexius Larsson 1892, GAF 241
Daniel Erhard Eriksson 1894, ALM 55
Ernst Elving Näslund 1894, LIL 109
Ester Kristina Fransson 1894, KLI 4, TOÖ 77
Jenny Maria Lundqvist 1894, ÅSE 642
Johan Egbert Figaro 1894, LOM 154, VAR 75
Josefina Alexandra Öqvist 1894, AVA 63
Olof Alfred Svensson 1895, ÄLG 126
Erik Rupert Johansson 1896, ALM 56
Hildur Agata Eliasson 1896, BJÖ 17
Signe Albertina Johansdr 1896, TOÖ 52, ÅSE 231
Albertina Levina Vilhelmina Rylander 1897, LÅN 86
Anna Katarina Hedman 1897, ÅSE 611
Eva Ingeborg Sjödin 1897, TOÖ 93
Jonas Engelbert Sjögren 1897, LOM 160
Agnes Albertina Elisabet Hällqvist 1898, STO 13, YTT 6, OLO 9, ÅSE
636
Anna Elina Mikaelsson 1898, ÖSN 96
Daniel Konrad Danielsson 1898, STK 6, ÅSE 615
Hilda Karolina Danielsson 1898, TOÖ 14
Anna Henrietta Olofsson 1899, TOÖ 83
Aina Ingegerd Vahlberg 1899, ÅSE 645
Emmy Karolina Johansson 1899, ÖVR 2
Gerda Teresia Kjellgren 1899, ÅSE 525
Helga Fausta Kristina Karlsson 1899, STK 6, ÅSE 615
Maria Emelinda Jonsdr 1899, INS 16
Agnes Elisabet Rönnberg 1900, ÖSN 100
Emelinda Eugenia Rylander 1900, OXV 39
Erik Elving Vallinder 1900, YXS 91
Hanna Frideborg Danielsson 1900, REN 5
Anders Elof Olsson 1901, VÄJ 24
Jenny Levina Abrahamsson 1901, LOM 143
Otto Valdemar Hansson 1901, ÅSE 562
Betuel Olofsson 1902, TOÖ 92
Jonas Edvin Andersson 1902, TOÖ 91, ÄLG 125
Lilly Emelia Teresia Arnqvist 1902, ROS 4
Anna Matilda Hörnlund 1903, INS 43
Göta Hermine Fausta Hansson 1903, ÅSE 598
Hildur Maria Sörlin 1904, DAS 9
Rakel Elisabet Sjöstedt 1904, KVÄ 38

	Henny Frideborg Lovisa Eriksson 1905, ALM 58
	Selma Charlotta 1906, BJÖ 33
	Anna Amanda Persson 1907, ÅSE 545
	Ebba Ingegerd Lundberg 1907, TOÖ 89
	Göta Viola Elisabet Svensson 1910, HÄL 97
	Axel Andreas Mattsson 1912, OXV 24
	Elon Sigfrid Figaro 1912, VAR 48
	Karl Edvin Teodor Nilsson 1920, VAR 48
Vännäs	Anna Lovisa Mattsdr 1843, ÅSE 197
	Karl Karlsson 1850, ÅSE 197
	Jakob Jakobsson Lundsten 1853, LÅN 33
	Johanna Mikaelsdr 1854, HÄG 5
	Mina Mikaelsdr 1860, HÄG 17
	August Karlsson 1861, HÄG 17
	Erik Olof Augustsson 1866, HÄG 2
	Karolina Eriksdr 1879, ÅSE 462
	Emanuel Hedström 1880, GAF 68
	Rudolf Ulrik Gotthilf Nordström 1884, LOM 161
	Edla Viktoria Johansson 1895, LÅN 79
Örträsk	Kristina Katarina Olofsdr 1808, GAF 145
	Eva Karolina Nyman 1842, BOR 5
	Katarina Lovisa Johansdr 1853, GRB 3
	Alma Emelia Teresia Tidström 1861, ÅSE 316
	Jonas Efraim Karlsson 1865, ÄLG 52
	Anna Karolina Lindström 1871, ÅSE 222
	Edla Maria Svalberg 1879, ÅSE 392
	Hulda Nilsdr 1879, ÄLG 2
	Anders Andersson 1885, GAF 240
	Nils Alfred Karlsson 1892, ÅSE 554

VÄSTERNORRLANDS LÄN

Alnö	Märta Erika Thungren 1847, ÅSE 492
	Berta Svensson 1878, GAF 161, TEG 36
	Herman Svensson 1879, ÅSE 449
	Signe Helgine Borgström 1892, ÅSE 633
Anundsjö	Anders Andersson, HOL 1
	Anna Mattsdr, SVA 8, TOÖ 47
	Ella Henriksdr, GAF 10
	Matts Pålsson, HÄL 73
	Petrus Anzenius 1680, ÅSE 71
	Henrik Mattsson 1691, ALM 44, SVA 12, TJÄ 28
	Elisabet Jakobsdr 1695, GAF 63
	Katarina Persdr 1699, ALM 36, SVA 8

Jon Jonsson 1710, ALM 36, SVA 8
Anna Kristoffersdr 1714, GUL 2
Anna Olofsdr 1714, ÅSE 54
Mikael Olofsson 1714, ALM 49
Brita Zakrisdr 1716, ÄLG 23
Märta Eriksdr 1716, LAJ 4, ORM 6
Nils Danielsson 1718, GUL 2
Israel Israelsson 1720, RÖD 2
Anna Olofsdr 1722, HÄL 30
Daniel Danielsson 1724, TOS 1, VOS 1, ÅSE 54
Ingeborg Svensdr 1724, RÖD 2
Mårten Hansson 1725, LOM 42, TJÄ 11
Märta Kristoffersdr 1725, TJÄ 11
Sigrid Eriksdr 1725, STF 2
Sigrid Persdr 1725, RÖD 1
Katarina Olofsdr 1727, TJL 7
Kristina Jonsdr 1727, LÖA 2
Sven Olofsson 1727, AVA 46, FOR 48
Johan Jonsson 1729, STF 6
Erik Eriksson 1730, HOL 23
Erik Eriksson 1731, RÖD 1
Håkan Håkansson 1731, LAV 3
Kristoffer Persson 1731, REM 6
Mårten Mårtensson 1731, SKA 2, TJÄ 31
Salomon Persson 1732, ÄLG 83
Sven Eriksson 1732, SÖÅ 39
Brita Persdr 1733, STF 6
Elias Nilsson 1733, HOE 1, TJL 14
Ingeborg Jonsdr 1733, OXV 26
Per Salomonsson 1733, SVA 16
Anna Kristoffersdr 1734, ÄLG 83
Erik Kristoffersson 1734, ÖVR 24
Sara Olofsdr 1734, HOE 1, TJL 14
Brita Svensdr 1735, VOL 5
Märta Olofsdr 1735, SÖÅ 39
Nils Svensson 1735, TAL 7
Anna Persdr 1736, STF 8
Jonas Andersson 1736, VAR 5
Katarina Håkansdr 1736, LOM 38
Johan Johansson 1738, TJÄ 14
Ingeborg Olofsdr 1739, STF 10
Olof Svensson 1739, VIS 6
Märta Kristoffersdr 1740, REM 6
Nils Persson 1741, STF 8
Johan Olofsson 1742, STO 28

Sigrid Jonsdr 1742, SÖÅ 39
Jonas Olofsson 1743, LOM 112, RÖD 6, TJÄ 39
Märta Kristoffersdr 1743, LOM 34, TJÄ 14
Kristina Persdr 1744, GAF 52
Sigrid Persdr 1744, ÄLG 55, ÖVR 25
Kristina Kristoffersdr 1745, BÄS 5, LAT 4
Jonas Kristoffersson 1746, GUL 7
Jonas Kristoffersson 1746, ÄLG 55, ÖVR 25
Jonas Svensson 1748, DAL 4
Katarina Andersdr 1748, HAC 5, SIÄ 3
Katarina Kristoffersdr 1749, LOM 112, TJÄ 39
Katarina Kristoffersdr 1749, STF 9
Kristina Persdr 1749, BÄS 4
Sigrid Persdr 1749, GAF 129, LAJ 6
Katarina Kristoffersdr 1750, GUL 12
Olof Eliasson 1750, HAC 1, ÅSE 82
Ingeborg Jakobsdr 1751, ÅSE 239
Sara Persdr 1751, TJL 2
Anna Olofsdr 1752, ÄLG 94
Jonas Persson 1752, HAC 5, SIÄ 3
Elisabet Olofsdr 1753, TOÖ 74
Märta Nilsdr 1753, VAR 5
Sigrid Håkansdr 1754, AVA 29, LIL 52
Ingeborg Salomonsdr 1755, HAC 1, ÅSE 82
Margareta Persdr 1755, MÅR 5
Brita Olofsdr 1757, ÄLG 19, ÖVR 6
Ingeborg Olofsdr 1757, AVA 54, FOR 63
Ingeborg Persdr 1757, REM 1
Sigrid Olofsdr 1758, REM 5
Anna Karlsdr 1759, HAC 2, JÄR 2, VOL 3
Jonas Andersson 1759, REM 1
Jonas Persson 1759, TOÖ 74
Olof Kristoffersson 1759, BÄS 4
Ingeborg Olofsdr 1760, ALM 19
Sven Nilsson 1760, VAR 38
Kristoffer Kristoffersson 1761, LAT 3
Märta Ersdr 1761, HÄL 41
Ingeborg Mårtensdr 1762, GAF 123
Jonas Olofsson 1762, OXV 26
Gustaf Persson 1763, REM 5
Jonas Svensson 1763, LÖA 2
Per Salomonsson 1764, LAT 9
Jonas Olofsson 1765, SKA 3
Katarina Olofsdr 1766, LOM 92
Katarina Salomonsdr 1767, LAT 7

Sara Eriksdr 1767, SVA 15
Kristina Olofsdr 1768, LOM 1
Märta Hansdr 1768, IDV 4
Katarina Persdr 1769, LIL 74
Erik Mårtensson 1770, TOS 11
Josef Olsson 1775, GRÅ 3
Brita Persdr 1777, LIL 26
Olof Olofsson 1777, BOM 10
Ingeborg Olofsdr 1778, BOM 10
Johan Svensson 1778, LÅN 77, MOS 4, TJL 21
Anders Eriksson 1779, LIL 26
Brita Persdr 1779, LÅN 77, TJL 21
Gullik Kristoffersson 1781, BOÖ 24, TRE 15
Maria Katarina Sunden 1781, HOL 46
Jonas Kristoffersson 1782, ÅSE 216
Per Salomonsson 1782, AVA 30
Brita Andersdr 1784, ÅSE 216
Abraham Olofsson 1790, KVÄ 22, VAK 7
Ingeborg Olofsdr 1792, STN 6
Olof Salomonsson Lundin 1792, RÖD 5
Sara Danielsdr 1792, TJL 19, TJL 20
Jonas Svensson 1793, RÖD 7
Katarina Jakobsdr 1793, SOL 4, TJL 3
Per Kristoffersson 1797, SOL 18, TJL 11
Kristoffer Arnström 1800, BOÖ 8
Nils Kristoffersson 1802, MOS 2
Olof Olofsson 1802, LIL 67
Lars Larsson 1804, SOL 20
Sara Kristina Jakobsdr 1804, SOL 6
Anna Olofsdr 1808, SOL 20
Anna Margareta Jonsdr 1812, OXV 32
Jonas Karlsson 1812, TJÄ 23
Per Nilsson 1812, SOL 23
Per Olofsson 1812, SIK 43, STE 6
Olof Jonsson 1814, BOR 8
Jakob Håkansson 1816, GAF 76, SOL 9
Katarina Svensdr 1816, GAF 119
Märta Nilsdr 1816, TJÄ 20
Märta Olofsdr 1817, TJÄ 23
Brita Katarina Nilsdr 1818, SOL 14, TJÄ 25
Jonas Jonsson 1818, TJÄ 20
Anna Kristina Håkansdr 1819, TJL 4
Kristina Jonsdr 1821, HOL 41
Olof Petter Johansson 1821, SOL 12
Anders Olofsson 1823, ÖVR 45

Jonas Håkansson 1823, TJL 8
Per Salomonsson 1823, VÄJ 18, ÄLG 96
Anna Brita Jonsdr 1825, GAF 76, SOL 9
Erik Andersson 1825, SOL 1
Inga Karolina Persdr 1825, HOL 55
Margareta Mårtensdr 1825, TJL 17
Märta Katarina Salomonsdr 1825, ÖVR 30
Märta Kristina Persdr 1826, SOL 12
Per Lundqvist 1826, TOÖ 53
Sigrid Kristina Salomonsdr 1826, ÖVR 41
Sven Bylund 1826, SOL 2
Jonas Eriksson Hellström 1827, BJÖ 12
Jonas Jonsson 1827, HOL 41
Katarina Magdalena Persdr 1827, SOL 31, TEG 40
Olof Petter Eliasson Nordin 1827, SOL 24
Anna Andersdr 1828, HOL 72
Erik Olofsson 1828, TJÄ 36
Elias Olofsson 1829, TJL 17
Jonas Nilsson 1829, TJÄ 32
Kristoffer Salomonsson 1829, ÖVR 77
Per Persson Byström 1829, HOL 18
Ingeborg Jonsdr 1830, TJÄ 32
Jakob Jakobsson 1830, IDV 7
Anders Andersson 1832, GUL 1
Anna Kristina Nilsdr 1832, KÅK 4, SÖN 3
Brita Elisabet Salomonsdr 1834, TOÖ 80
Anna Margareta Salomonsdr 1835, LÅN 4
Erik Persson 1836, HOL 72
Sigrid Kristina Olofsdr 1836, HOL 6
Inga Magdalena Andersdr 1837, LAK 38
Daniel Danielsson Hellgren 1838, VÄN 16
Inga Katarina Selberg 1838, LÅN 17
Johan Blomdahl 1838, HOL 6
Jonas Olofsson 1838, HOL 68
Kristoffer Andersson 1838, GAF 7
Per Persson 1838, SOL 33
Brita Sara Persdr 1839, HOL 29
Olof Salomonsson 1839, SAN 33, TRE 26, ÖVR 79
Märta Karlsdr Brandt 1840, BOÖ 51, SIK 56
Jonas Salomonsson 1841, TRE 25
Johanna Persdr 1843, SOL 29
Brita Elisabet Selberg 1845, KÅK 10, LIL 25, LÖV 10
Anders Eriksson Hägglund 1846, ÖSN 43
Brita Elisabet Persdr 1846, HOL 45
Olof Jonsson 1846, HOL 45

Israel Ersson Ullin 1847, GAF 210
Sven Olofsson 1848, NYT 5
Jonas Olofsson 1850, LOM 113
Sara Helena Jakobsdr 1850, ÖSN 43
Jonas Nilsson Nyström 1852, VAR 42
Jonas Nilsson Lindberg 1854, HOL 50
Olof Olofsson Westberg 1854, ÅSE 472
Beata Katarina Kristoffersdr 1856, HOL 14
Brita Katarina Olofsdr 1856, LÅN 22, NYT 1, ÖVR 14
Katarina Ersdr 1857, HOL 84
Erik Jonsson Edström 1858, LÅN 7
Henrik Nordfeldt 1860, ÅSE 316
Sigrid Märta Nilsdr 1860, BJÖ 19
Brita Kristina Mårtensdr 1861, ÅSE 306
Erik Olofsson Edström 1861, LOM 27
Anna Karolina Jakobsdr 1862, SÖS 13, ÅSE 489, SÖÅ 136
Sara Johanna Olofsdr 1862, SÖÅ 11, ÅSE 25
Anna Katarina Kristoffersdr 1864, HOL 9, LAK 1
Sara Matilda Persdr 1865, ÅSE 509
Inga Märta Kristoffersdr 1866, TEG 39
Nils Hedberg 1866, LÅN 20, ÅSE 553
Kristoffer Persson 1867, HÄG 31, LAK 27
Anna Matilda Larsdr 1868, HOL 82
Märta Maria Hedlund 1868, ÅSE 146
Olof Byström 1868, GAF 17
Sara Johanna Olofsdr 1868, LÅN 57
Erik Markus Danielsson 1869, HÄL 5
Magdalena Kristina Kristoffersdr 1869, HOL 67
Nils Larsson 1869, GAF 113
Olof Salomonsson Nyström 1869, NYT 4
Per Erik Olofsson Lundberg 1869, HÄG 25
Olof Oskar Olofsson 1870, TEG 39
Nils Hedberg 1871, ÅSE 146
Elias Persson 1872, HÄL 65
Maria Elisabet Olofsdr 1872, LÅN 57
Märta Erika Olofsdr 1873, GAF 79
Per Norberg 1873, ÅSE 310
Anna Magdalena Nilsdr 1874, HÄL 65
Brita Elisabet Andersdr 1874, NYT 4
Märta Kristina Rådström 1874, ÅSE 495
Anna Kristina Jonsdr 1875, NYT 12
Daniel Alfred Danielsson 1875, BJÖ 4, HOL 21
Erik Johan Skoglund 1875, TEG 45
Katarina Nordlund 1875, LAK 14, ÖVR 11
Anna Kristina Elisabet Tellström 1876, TEN 6

Johanna Karolina Rådström 1876, HÄL 86
Per Olof Larsson 1876, FOR 35
Anna Elisabet Andersdr 1877, SÖÅ 14, ÅSE 35
Jonas Jonsson Lindgren 1877, FOR 37
Per Eriksson 1877, HÄL 21
Brita Katarina Olofsdr 1878, GAF 197
Bror August Lindqvist 1878, ÅSE 537, ÖSN 99
Kristoffer Persson 1878, NYT 7
Brita Elisabet Eriksdr 1879, FÄB 3, ÅSE 91, ÖVR 43
Brita Johanna Olofsdr 1879, BJÖ 11
Katarina Margareta Johansdr 1879, GAF 98
Anna Tjärnström 1880, HOL 49
Erik Eriksson 1880, HÄL 9
Anna Nordlund 1881, LAK 4
Johan Sydow Toren 1881, HÄG 37
Märta Karolina Olofsdr 1881, LÅN 80
Sara Charlotta Jonsdr 1881, LAK 25
Israel Olofsson 1882, LAK 25
Daniel Olofsson 1883, ÖSN 93
Ingeborg Maria Jonsdr 1883, NYT 7
Jonas Eriksson 1883, HÄL 14
Sara Kristina Nilsdr 1883, ÅSE 177
Amanda Johanna Jonsdr 1884, GAF 99
Anna Karolina Tjärnström 1884, LÅN 89
Anna Märta Eriksdr 1884, HOL 15, LAK 2
Elias Frans Persson 1884, NYT 6
Frida Maria Nilsson 1884, ÅSE 360
Jonas Domeij 1884, ÅSE 67
Olof Oskar Jakobsson 1884, HOL 92
Sara Helena Johansdr 1884, BJÖ 1
Emma Albertina Rådström 1885, HÄL 109
Inga Elisabet Johansdr 1885, VÄN 45
Kristina Margareta Johansdr 1885, HÄG 15
Mårten Jonsson 1885, NYT 2
Märta Johanna Håkansdr 1885, ÖSN 93
Sven Jonsson 1885, FOR 31
Anna Märta Hellström 1886, OLO 3, ÅSE 215
Märta Kristina Tjärnström 1886, LÅN 57
Märta Mårtensdr 1886, ALM 45, AVA 33
Olof August Hellström 1886, ÅSE 154, HOL 93
Eva Johanna Jonsdr 1887, TEG 33
Katarina Elisabet Larsson 1887, BJÖ 38
Olof Andreas Larsson 1888, LAK 15, LÅN 90
Alma Margareta Jonsdr 1889, TEG 32
Anna Kristina Eriksdr 1889, HOL 92

Anna Margareta Sandström 1889, HOL 13
Märta Kristina Westberg 1889, LOM 78, ÖSN 57
Per Ragnar Söderlund 1889, ÅSE 563
Brita Kristina Svensson 1890, ÅSE 638
Elias Anselm Westberg 1890, NYT 13
Per Edmund Tjärnström 1890, ÄLG 109
Anna Johanna Öman 1891, NYT 14
Märta Emelinda Olofsdr 1891, HOL 20
Anna Eleonora Holmgren 1892, ÅSE 566
Anna Rebecka Sundelin 1892, HAM 5
Hildur Sofia Håkansson 1892, GAF 229
Ingeborg Jonsdr 1892, HOL 17
Jakob Helmer Westberg 1892, NYT 14
Märta Kristina Jonsdr 1892, ÅSE 107, ÖVR 93
Sara Lydia Persdr 1892, NYT 13
Jonas Mårtensson 1893, HÄL 109
Leonard Herman Kristoffersson 1893, SÖÅ 138
Magdalena Barbara Olofsdr 1893, HOL 35
Augusta Maria Westberg 1894, NYT 6
Erik Magnus Eriksson 1894, LAK 7
Kristina Frideborg Jonsdr 1894, HOL 11
Johan Aron Persson 1895, NYT 15
Teolina Gustava Westberg 1896, ÅSE 154, HOL 93
Gertrud Augusta Kristoffersson 1897, ERI 4
Brita Karolina Svensdr 1899, NYT 15
Helga Kristina Sjöberg 1899, HÄG 43
Erik Halvar Dalin 1900, GAF 232
Karin Elvira Vestberg 1900, HOL 95
Erik Otto Jonsson 1901, GAF 236
Ingeborg Maria Näslund 1901, ÅSE 552
Signhild Maria Kristoffersson 1901, SVR 24, TOÖ 87
Edit Kristina Hägglund 1902, LAK 39
Hilma Katarina Vestberg 1902, HÄL 96
Ingrid Elisabet Tellström 1903, ÅSE 529
Märta Adelina Persson 1905, ÅSE 663
Sara Maria Olofsson 1905, HOL 91
Ester Eugenia Eriksson 1908, ÅSE 643
Sara Lilly Ingeborg Eriksson 1908, ÅSE 605
Ingeborg Maria Forsberg 1910, HOL 96

Arnäs Nils Jonsson 1799, ÄLG 49
Mårten Jakobsson 1800, BOÖ 18, FOR 22
Barbara Kristina Olofsdr 1804, SIK 48
Jonas Ersson 1805, HOL 27
Per Jonsson 1807, KÅK 8
Maria Kristina Strand 1818, SIK 20

Katarina Kristina Persdr 1823, ÅKB 9
Johan August Ödmark 1860, STA 9, ÅSE 512
Johan Holmström 1861, ÅSE 157
Maria Johanna Ödling 1861, ÅSE 249
Nils Johan Westerlund 1865, YXS 52, ÄLG 110
Leonard Ödmark 1868, ÅSE 513
Nils Anton Bergström 1869, ÅSE 29
Vilhelm Lundblad 1873, ÅSE 249
Johan Eugen Näsman 1886, ÅSE 536
Nils Adrian Ödling 1893, ÅSE 617
Gertrud Margareta Jonsson 1899, ÅSE 653
Agda Mariana Englund 1902, ÅSE 628

Bjärtrå
Katarina Jonsdr 1747, BER 3, MÅR 6
Erik Jonsson 1748, BÄS 3
Anna Jonsdr 1752, SVA 16
Sven Daniel Rönnberg 1783, TOÖ 79
Fredrik Sundberg 1871, ÅSE 437
Paulina Wilhelmina Säfström 1885, ÅSE 183
Gustaf Helgard Sahlin 1894, ÅSE 621

Björna
Abraham Johansson 1799, SIK 14, SOL 11
Margareta Katarina Persdr 1810, TEG 22
Johan Olof Johansson 1817, YXS 28, ÖSN 51
Erik Holmgren 1824, SAN 16, TRE 9
Jakob Olofsson 1828, STO 27
Sara Margareta Hörling 1828, REN 2
Anders Eriksson 1829, TJÄ 2
Fredrik Andersson 1832, ÖSN 2
Märta Katarina Jonsdr 1832, TRE 4
Anna Brita Persdr 1833, HÄL 87
Sara Margareta Jonsdr 1833, SOL 30
Sven Andersson 1842, ÖSN 5
Anna Margareta Andersdr 1846, LAK 24
Erik Näslund 1848, LAK 24
Enok Johansson 1849, HÄG 10
Mats Sellström 1849, HÄG 35
Elisabet Kristina Söderlind 1851, HÄG 35
Margareta Kristina Olofsdr 1855, TEG 23
Zakarias Hägglund 1855, HÄG 9, TEG 10
Eva Erika Andersdr 1857, ÄLG 66
Per Lindqvist 1859, ÄLG 66
Sara Magdalena Olofsdr 1860, HÄG 9, TEG 10
Anders Lindqvist 1861, ÄLG 65
Anna Maria Edin 1861, HÄG 13, YTT 16
Katarina Kristina Jonsdr 1864, LAK 36
Kristina Märta Sjöberg 1864, ÄLG 77

Per Sjölund 1864, YXS 74
Sven August Nygren 1865, KUL 10, ÄLG 77
Erik Rådström 1866, ÅSE 392
Maria Karolina Söderlind 1866, HÄG 3
Alma Kristina Elisabet Sjöberg 1867, ÄLG 65
Anders Sjölund 1869, YXS 73
Per August Hägglöf 1869, LÖV 2, SIK 12
Erik August Edlund 1870, GIG 8
Salomon Sjölund 1871, BOM 14, ORG 8, YXS 75, ÅSE 426, ÄLG 104
Jonas Erik Moström 1872, YTT 22
Anders Näslund 1875, KVÄ 21, LAK 23, ÅSE 345
Anna Magdalena Rundqvist 1876, ÅSE 415
Jakob Alfred Jakobsson 1876, TEG 12, ÖVR 15
Elisabet Karolina Byström 1877, ÅSE 225
Anna Karolina Lindström 1878, ÅSE 403, ÖVR 76
Nils Olofsson 1878, GAF 173
Olof August Åström 1879, YTT 33
Per Gustaf Rundqvist 1880, HÄG 33, STE 8, ÅSE 388
Nikanor Byström 1881, SÖÅ 16
Anders Albert Eriksson Egnor 1882, YTT 2
Kristoffer Hägglöf 1883, LOM 47
Märta Maria Edlund 1883, BJÖ 3
Sara Maria Johansdr 1883, HÄG 16
Kristina Johanna Burström 1885, GAF 133
Hildur Katarina Nilsson 1887, ÖVR 44
Alma Adriana Byström 1888, SÖS 10
Hilda Maria Elisabet Norberg 1889, HÄG 22, ÖVR 23
Selma Kristina Sjöqvist 1889, ÖSN 37
Karl Johan Edlund 1888, ÅSE 578
Ebba Johanna Jonsson 1892, ÅSE 379
Olga Sofia Nilsson 1893, HÄG 21
Erik Konrad Strömberg 1895, HOL 81
Augusta Axelia Nilsson 1896, HÄG 19
Nanny Karolina Norberg 1896, ÅSE 549

Bodum
Lars Olof Larsson 1828, LOM 77
Katarina Margareta Abrahamsdr 1835, LOM 86
Johan Eriksson 1865, ÅSE 99
Martin Flodin 1869, TOÖ 19, ÅSE 111
Ingrid Matilda Hansdr 1873, ÅKB 15, ÖVR 56
Mikael Wiberg 1873, ÅSE 490
Anders Gustaf Nilsson 1876, GAF 133
Axel Emil Strömgren 1878, LOM 130
Per Emanuel Flodin 1878, TOÖ 20
Gudmar Strömqvist 1905, ÅSE 592

Borgsjö
Harald Magnus Andiens Höglund 1861, ÅSE 165

	Nils Olof Nilsson 1875, ÅSE 301
Boteå	Margareta Elisabet Sundius 1712, ÅSE 115
	Erik Millen 1763, ÅSE 284
	Jonas Robert Ställhult 1888, LOM 48, TAB 24, ÅSE 533
Dal	Per Molin 1863, ÅSE 285
Ed	Petrus Forsberg 1703, ÅSE 115
	Kristina Israelsdr 1709, GAF 95
	Dorotea Ersdr 1714, GAF 95, ÖVR 16
	Anna Olofsdr 1743, ÖVR 16
	Hans Andersson 1781, TEG 1
	Lisa Johanna Nyberg 1897, LOM 168
Edsele	Henning Johansson 1745, VAR 26
	Mikael Mikaelsson 1819, GUL 10, TJL 13, TJÄ 29
	Erik Petter Nordström 1869, BOÖ 34, LIL 62, ÅSE 327
	Brita Katarina Mikaelsson 1874, SÖÅ 101
	Salomon Petter Rundqvist 1875, ÅSE 389
Fjällsjö	Göran Johansson , HÄL 33
	Ingel Persson , GAF 180
	Märta Johansdr , SVA 11
	Margareta Olofsdr 1684, VÄN 1
	Anna Isaksdr 1695, BEL 6
	Brita Mattsdr 1698, LOM 29
	Erik Eliasson 1699, LOM 29
	Katarina Mattsdr 1700, HOL 33
	Märta Isaksdr 1701, ORM 5
	Pål Johansson 1702, SVA 7, TOÖ 47
	Nils Nilsson Fjällmark 1703, AVT 5
	Katarina Ivarsdr 1705, BEL 8
	Anna Olofsdr 1707, ALM 31, TOÖ 34
	Anna Johansdr 1710, BEL 6
	Elias Mattsson 1710, BEL 8
	Matts Persson 1715, TOÖ 75
	Elias Karlsson 1727, ORM 9
	Ingel Persson 1728, GAF 181, LAJ 9
	Ivar Johansson 1730, ORM 13
	Kristina Nilsdr 1737, GAF 181, LAJ 9
	Helge Johansson 1739, BEL 4
	Bertil Persson 1742, AVT 9
	Margareta Persdr 1742, AVT 2, BEL 1
	Elias Hansson 1743, BÄS 3, VOL 2
	Matts Hansson 1743, LAT 2, LOM 41
	Jonas Johansson 1745, BEL 5
	Katarina Andersdr 1745, BEL 4
	Elisabet Larsdr 1747, VIS 6
	Per Persson 1762, MAL 2, RÖN 4

Katarina Jonsdr 1753, ORM 3
Kristina Margetsdr 1753, BEL 10
Magdalena Olofsdr 1758, BEL 11, SVN 1
Anna Helgesdr 1760, TOÖ 78, VOJ 2
Katarina Eriksdr 1760, ORM 3
Elias Johansson 1761, NOR 1
Per Andersson 1761, AVT 2
Anna Olofsdr 1765, AVT 7
Brita Pålsdr 1765, ORM 7
Margareta Johansdr Bybom 1765, ARK 1
Isak Persson 1767, DAL 3
Johan Isaksson 1767, AVT 4
Katarina Johansdr 1767, ORM 10
Sara Kristina Olofsdr 1768, AVT 1
Per Nilsson 1769, LIL 61, VOÖ 2
Brita Johansdr 1775, ORM 4
Anna Johansdr 1790, GÄR 15, KVÄ 12
Anna Margareta Svensdr 1839, ÅSE 184
Katarina Magdalena Nilsdr 1846, BJÖ 36
Gertrud Brita Persdr 1849, ÅSE 136
Anna Märta Eriksdr 1850, ÅSE 398
Elisabet Kristina Andersson 1880, VAR 52
Anna Maria Söderqvist 1882, BJÖ 5
Gustaf Hildbert Fjellgren 1883, ÅSE 587
Per Gottfrid Andersson 1886, VAR 7
Johan Fabian Persson 1888, ÅSE 369
Johan Valfrid Andersson 1888, VAR 78
Johan Alfred Eriksson 1889, LOM 163
Ester Johanna Hansson 1890, ÅSE 369
Fanny Charlotta Eriksson 1891, LOM 163
Karl Albin Segersten 1893, ÅKB 24

Gideå
Margareta Kristina Gidlund 1836, GIG 5, KÅK 5, LIL 15
Klara Matilda Kristina Kallin 1856, ÅSE 126
Maria Magdalena Wistrand 1867, LÖV 2, SIK 12
Maria Augusta Malmqvist 1871, YXS 74
Jonas Viktor Näslund 1872, ÄLG 78
Erik Ölund 1874, OXV 35, ÖVR 81
Nils Petter Berglund 1877, ÅSE 27, SÖÅ 133
Karl Gotthard Hörnqvist 1890, ÅSE 168
Agnes Ellida Edholm 1893, HÄL 46

Graninge
Anders Löfvenmark 1811, TEG 22
Grels Näslund 1857, ÅSE 346
Isak Albert Söderholm 1882, ÅSE 457

Grundsunda
Klara Kristina Grund 1869, GAF 113
Matts Lindström 1871, LIL 50

68

	Albert Lindström 1877, LIL 49, TRE 17
	Karl Oskar Norlinder 1879, GAF 161, TEG 36
	Per Albin Grundström 1897, YTT 36, ÅSE 544
Gudmundrå	Kristina Dorotea Lodahl 1856, GAF 178, ÅSE 368
	Samuel Fredrik Norberg 1862, ÅSE 312
	Karolina Söderström 1865, ÅSE 414
	Per Vilhelm Teodor Åslund 1880, BOÖ 55, ÅSE 510
	Maria Teresia Damstedt 1890, GAF 227
	Elisabet Matilda Björkstrand 1901, TEG 49
Haverö	Selma Sofia Matilda Högberg 1875, ÅSE 258
Helgum	Märta Hansdr 1760, LAV 1
	Olof Petter Nordlander 1869, TOÖ 65, ÅSE 325
	Olga Hällen 1891, ÅSE 493
Holm	Vilhelm Jonasson Frändberg 1854, ÅSE 120
	Emma Erika Ytterbom 1873, ÅSE 343
	Nils Adolf Nyström 1875, ÅSE 343
Häggdånger	Erik Johan Nordlander 1871, ÅSE 324
Härnösand	Katarina Ekeblad , SÖÅ 23
	Margareta Kristina Lönnberg 1807, ÅSE 397
	Kristina Matilda Fredrika Lindstedt 1863, ÅSE 312
	Axel Sjöström 1865, SÖÅ 105, ÅSE 427
	Karl Emil Julius Öman 1865, SÖÅ 121, ÅSE 516
	Lars Gustaf Frykholm 1865, ÅSE 119
	Johan Gustaf Bäckman 1866, ÅSE 46
	Knut Fredrik Johansson 1868, ÅSE 183
	Hulda Matilda Sjödin 1874, ÅSE 183
	Torsten Karlsson 1893, ÅSE 212
	Ebba Margareta Lindberg 1895, ÅSE 212
Hässjö	Johan Olof Sundin 1841, LOM 132
	Frans Otto Larsson 1880, ÅSE 224
Högsjö	Erik Johan Näslund 1895, BOÖ 58
Indal	Brita Larsdr 1725, AVA 12, LAT 1
	Olof Ersson 1725, AVA 12, LAT 1
Indalsliden	Hulda Teresia Ålin 1881, ÅSE 301
	Anna Elisabet Hagström 1891, SÖÅ 113
Junsele	Anders Jonsson , GAF 94
	Daniel Edin , ÅSE 71
	Ingeborg Ersdr , HOL 4, SVA 1
	Jakob Hansson , HÄL 33
	Jakob Josefsson , VAR 30
	Per Jacobsson , ALM 30, SVA 6
	Brita Olofsdr 1650, GAF 137
	Kristina Danielsdr 1666, ÖSN 61
	Apollonia Eriksdr 1690, HÄL 55
	Abraham Grelsson 1691, GAF 63

Hans Ersson 1693, VÄN 7

Märta Ersdr 1693, ALM 30, SVA 6

Erik Wallinder 1704, ÅSE 467

Apollonia Andersdr 1725, GAF 21

Olof Andersson 1725, FOR 2, ÅSE 14

Brita Abrahamsdr 1727, FOR 2

Sara Persdr 1727, TOS 2, VOS 1, ÅSE 54

Elias Josefsson 1729, VAR 36

Hans Nilsson 1730, VAR 36

Jonas Persson 1733, TAN 1

Kristina Eriksdr 1734, VAR 26

Kristoffer Eriksson 1734, RÅS 1

Dorotea Grelsdr 1738, VAR 36

Elisabet Jonsdr 1738, TAN 1

Katarina Persdr 1740, VAR 30

Daniel Nilsson 1742, FOR 41, LAJ 7, TRS 2

Grels Henriksson 1759, BEL 3

Anders Andersson 1763, LAV 1

Katarina Jakobsdr 1768, GUL 4

Kristina Jonsdr 1768, STF 5

Anna Jakobsdr 1771, ÄLG 97

Elisabet Johansdr 1772, GÄR 21, SIK 38, TRE 19

Katarina Persdr 1774, GAF 123

Anna Olofsdr 1783, MOS 4

Eva Kristoffersdr 1787, GUL 8

Johan Johansson Höglund 1799, GÄR 15, KVÄ 12

Elisabet Jakobsdr 1800, GUL 11

Isak Andersson 1802, TJL 1

Helena Olofsdr 1803, TJL 12, TJÄ 26

Per Erik Arnqvist 1806, VÄJ 9

Anna Brita Eriksdr Arnqvist 1810, VÄJ 17, ÄLG 87

Katarina Danielsdr 1814, GUL 3

Margareta Nilsdr 1814, GUL 5

Anna Elisabet Modin 1820, BOM 16, LOM 136

Abraham Wallin 1821, BOM 16, LOM 136

Per Erik Åström 1822, HÄL 91

Daniel Eriksson Åström 1824, LOM 141

Anna Kristina Kristoffersdr 1828, HÄL 70

Per Persson 1828, HÄL 70

Sara Katarina Persdr 1830, HOL 18

Anna Helena Olofsdr 1833, TOÖ 29

Anna Märta Danielsdr 1835, ÄLG 36

Henrik Jakob Henriksson 1835, ÄLG 36

Eva Persdr 1840, HOL 6

Anders Petter Norqvist 1841, GAF 162

Jonas Erik Jakobsson Söderholm 1841, TEN 22
Erik Johan Eriksson 1845, YXS 10
Salomon Olof Eriksson Wallinder 1846, GAF 216
Karl Magnus Zetterström 1849, HOL 84, HÄL 90
Anna Nilsdr 1850, GAF 13, KVÄ 1
Per Hamberg 1856, ÅSE 140
Katarina Eriksdr 1857, HOL 84, HÄL 90
Margareta Johansdr 1857, FOR 55
Emanuel Eriksson Wallinder 1858, GAF 215
Josef Hamberg 1858, ÅSE 138
Kristoffer Daniel Nilsson 1858, GAF 140
Sven Salomonsson 1859, ÅSE 406
Daniel Eriksson 1860, TEN 4, TOÖ 12, ÖVR 4
Margareta Matilda Persdr 1860, LOM 88
Katarina Dorotea Alexandersdr 1862, ÅSE 406
Kristina Lovisa Berglund 1862, ÖSN 6
Erik Nilsson Engman 1864, ÅSE 87, ÄLG 16
Margareta Johanna Alexandersdr 1864, ÅSE 140
Sara Maria Lindblom 1864, HOL 7
Anna Katarina Abrahamsdr 1866, GAF 192
Anna Kristina Nilsdr 1866, ÄLG 63
Daniel Petter Olofsson 1866, ÅKB 15, ÖVR 56
Erik August Johansson 1866, ÅKB 7
Ingrid Maria Eriksdr 1866, ÅSE 235
Jakob Nilsson 1866, HOL 59
Jakob Petter Sundqvist 1866, AVA 53, HÄL 83, ÅSE 439
Katarina Karlsdr 1867, BJÖ 2, FOR 10, HÄL 18, ÅKB 4
Magnus Berglund 1867, GAF 15, ÅKB 3
Matts Rosin 1867, GAF 192
Katarina Nilsdr 1868, ÅKB 16
Eva Lovisa Jakobsdr 1871, TEN 4, TOÖ 12, ÖVR 4
Johan Hildebert Törnqvist 1871, GAF 208
Agata Emelinda Eliedr 1872, TOÖ 71
Anna Maria Henriksdr 1872, GAF 221
Erik Gotthard Wallinder 1873, FOR 66
Olof Olofsson 1873, TOÖ 69
Ulrika Svensdr 1873, GAF 15, ÅKB 3
Jakob Eriksson 1874, HÄL 12
Jonas Daniel Östensson 1874, GAF 221
Anna Lovisa Olofsdr 1875, ÅSE 166, ÖVR 60
Brita Maria Sundin 1875, ÅKB 7
Kristina Maria Nilsdr 1875, FOR 52
Per Teodor Söderberg 1875, HÄL 86
Anders Jakob Söderberg 1877, HÄL 84
Anna Magdalena Nilsdr 1877, FOR 51, VÄN 39

Erik Karlsson 1877, ÅKB 10
Ida Ulrika Molin 1877, LOM 71
Katarina Erika Engman 1877, ÖVR 46
Magnus Svanström 1877, ÅSE 443
Nils Petter Danielsson Bäckström 1877, BJÖ 3, SÖÅ 17
Robert Valfrid Svanström 1877, GAF 204
Kristina Östensson 1878, GAF 173
Anna Lovisa Törnqvist 1879, GAF 164
Emma Josefina Gustafsdr 1879, LOM 23
Johanna Andersdr 1879, ÖSN 44
Jonas Emanuel Eriksson 1879, ÖSN 25
Sofia Granqvist 1879, GAF 204
Eva Marteliidr 1880, ÖSN 25
Nils Erik Söderberg 1880, HAM 6, HÄL 85
Nils Petter Nordin 1881, ÅSE 321
Anders Oskar Andersson 1882, HÄL 100, ÅSE 626
Johan Gabriel Danielsson 1883, KVÄ 5, ÖVR 3
Josef Oskar Danielsson Bäckström 1883, GAF 18
Julia Maria Westberg 1883, HÄL 4
Hildur Elisabet Olofsdr 1884, ÅKB 10
Sara Helena Engman 1884, ÅSE 294
Alrik Wallmark 1885, ÅSE 468
Karl Karlsson 1885, ÅKB 11
Magnus Jakobsson 1885, HÄL 39
Ida Maria Svedberg 1887, ÅSE 113
Elsa Kristina Klaren 1888, GAF 230, ÅSE 591
Erika Matilda Berglund 1888, HÄL 34, TEN 9
Hans Knut Eliasson 1888, AVA 9, ÅSE 574
Jonas Alfred Svensson 1889, ÅSE 450
Jonas Robert Nordin 1889, ÅSE 319, SIK 65, STE 11
Lydia Katarina Eriksson 1889, ÅKB 11
Johan Westerlund 1890, GAF 218, HÄL 88
Jonas Zakarias Norberg 1890, HOL 65
Märta Irene Söderberg 1890, SÖN 18, AVA 59
Alma Viktoria Sundin 1891, BJÖ 21, YXS 33
Kristina Vilhelmina Törnqvist 1891, BOÖ 59
Margareta Dorotea Svensson 1891, LÅN 74
Josef Valdemar Hamberg 1893, ÅSE 139
Aron Norberg 1893, HÄL 107
Salomon Aron Berglund 1895, HÄL 106
Anna Maria Sundin 1896, HÄL 44
Beda Charlotta Lind 1896, HÄL 40
Frans Albert Vallgren 1896, HÄL 99
Gustaf Adolf Salomonsson 1897, ÅSE 582
Karl Edvin Eriksson 1897, BJÖ 40

	Alma Katarina Eriksson 1898, VAR 70
	Ida Fredrika Vestberg 1898, HÄL 99
	Ebba Eleonora Jonsson 1899, HÄL 106
	Johan Vilhelm Eriksson 1899, BJÖ 42
	Karl Jonas Leonard Sjödin 1900, BJÖ 41
	Anna Elvira Hansson 1901, SIÖ 5
	Helena Sofia Nord 1901, SÖÅ 128, ÅSE 577
	Jenny Selina Bertilsson 1905, GAF 243
	Henny Elisabet Björn 1906, BJÖ 42
	Gerda Katarina Granqvist 1907, ÅKB 23
Ljustorp	Anders Tyko Jakobsson 1894, ÅSE 633
Långsele	Anders Valentin Grafström 1855, ÅSE 126
	Amanda Nilsson 1870, ÅSE 99
	Karl Gustaf Åkerlind 1870, ALM 53, ÅSE 506
	Alma Karolina Genborg 1875, ÅSE 322
	Anna Irene Kristina Pettersson 1896, ÖSN 102
Mo	Nils Henriksson 1817, GRB 2, SAN 15, TAB 8, TRE 8
	Märta Katarina Jakobsdr 1825, TJL 8
	Brita Sara Jakobsdr 1835, HOL 76, LAK 26
	Mårten Eriksson 1842, ÅSE 105
	Brita Sofia Olofsdr 1855, LOM 107, ÅSE 331
	Johan Petter Lund 1862, ÅSE 249
	Erik Hägglund 1864, ÅSE 162
	Anna Österlund 1866, SÖÅ 121, ÅSE 516
	Johan Petter Sjölund 1875, ÅSE 424
	Johan Otto Westman 1876, YXS 83
	Per Gustaf Leonard Brodin 1878, ÅSE 42
	Margareta Katarina Persdr 1879, SVR 28
	Elisabet Sellström 1882, ERI 3
	Anna Sofia Westman 1886, ÅSE 202
	Oskar Verner Sjölund 1886, ÅSE 425
	Frans Ludvig Sjölund 1889, ÅSE 423
	Ingrid Maria Hägglund 1889, HÄL 14
	Margareta Backlund 1891, SÖÅ 122
Multrå	Dorotea Månsdr 1779, TOÖ 79
	Oskar Källman 1856, ÅSE 221
	Johan Martin Boström 1873, ÅSE 40
	Erik Albert Pallin 1879, ÅSE 360
	Matilda Kristina Nyberg 1898, HÄG 40
Njurunda	Ottilia Gabriella Malmberg 1868, ÅSE 34
Nora	Karolina Nordlöf 1864, SÖÅ 105, ÅSE 427
Nätra	Erik Forsner 1714, ÅSE 116
	Hans Persson 1766, RÖN 3
	Brita Helena Nygren 1797, KUL 15
	Karl Petter Strömberg 1833, LOM 129, ÅSE 435

	Jöns Wiklund 1834, LAK 38
	Johan Valfrid Edblad 1871, ÅSE 70, BOM 19
	Isak Rönnqvist 1878, FOR 59
Ramsele	Göle Israelsdr 1729, ORM 9
	Märta Johanna Eliedr 1841, GAF 49
	Anders Petter Eriksson Hamberg 1847, ÅSE 136
	Sara Johanna Nilsdr 1853, ÅSE 135
	Johan Adolf Hansson Åström 1862, SÖÅ 119
	Margareta Johanna Elisabet Forsberg 1862, SVR 22
	Johanna Dorotea Eliedr 1868, ÅSE 352
	Magnus Petter Jonsson Kallin 1869, TRE 13, ÅSE 208
	Nils Petter Strömqvist 1869, GAF 202
	Olof Petter Seising 1869, SÖÅ 101
	Tilda Kristina Alstergren 1870, ÅSE 346
	Mikael Leonard Lundahl 1871, TAB 13
	Nils Jonas Jonsson Kallin 1871, YTT 17, ÖVR 22
	Viktor Emanuel Wiklund 1871, STO 30, ÅSE 496
	Jona Leonard Sihlen 1873, ÅSE 609
	Kristina Karolina Granlund 1892, VAR 7
	Anna Eleonora Granlund 1894, VAR 79
	Oskar Torsten Agde Andersson 1894, ÅSE 265
	Asta Katarina Hultman 1897, ÅSE 209
	Ada Charlotta Nordin 1906, OXV 38
Resele	Margareta Sellin 1731, ÅSE 72
	Israel Israelsson 1758, BÄÖ 3
	Olof Valfrid Dahlin 1857, ÅSE 53
	Brita Desideria Strömberg 1908, ÅSE 635
Selånger	Kristina Wilhelmina Widinghoff 1873, ÅSE 324
Sidensjö	Sara Larsdr 1725, AVA 46, FOR 48
	Johan Johansson 1735, TOS 8, VOJ 1
	Kristina Markusdr 1739, TOS 8, VOJ 1
	Johan Johansson 1747, VIS 4
	Olof Enström 1754, ÅSE 89
	Jakob Sparfeldt 1756, TJÄ 44
	Margareta Persdr 1769, HOL 26, KVÄ 6, SVR 4, SÖÅ 34
	Markus Olofsson 1805, ÖSN 81
	Olof Olofsson 1819, TJÄ 40
	Anders Olofsson 1821, TJÄ 35
	Johan Näslund 1849, VÄN 35
	Isak Olof Boström 1854, GAF 16
	Kristina Nilsdr 1854, GAF 16
	Elisabet Katarina Nordin 1855, HÄL 82
	Matts Eriksson Edmark 1855, SÖN 4
	Per Nilsson Strömqvist 1860, HÄL 82
	Katarina Margareta Johansdr 1861, SÖN 4, VÄN 50

Maria Persdr 1861, VÄN 35
Katarina Helena Andersdr 1866, ÅSE 53
Nils August Olofsson Nyberg 1867, HÄL 63, YTT 26, ÖVR 53
Erik Lindström 1871, VÄN 25, ÖSN 58
Sara Brita Jonsdr 1873, AVA 53, HÄL 83, ÅSE 439
Johan Österberg 1874, HOL 85
Anna Katarina Norberg 1891, HÄL 81
August Mattias Edmark 1899, LÅN 91, ÖSN 104

Själevad
Brita Eriksdr 1728, TEG 2
Elisabet Eriksdr 1728, REM 3
Jonas Eriksson 1732, ÄLG 23
Jonas Eriksson 1733, REM 2
Margareta Svensdr 1735, STF 6
Sara Johansdr 1742, REM 2
Helena Olofsdr 1745, TEG 7
Henrik Olofsson 1747, REM 4
Olof Eriksson 1747, TEG 6
Tomas Eriksson 1748, TEG 7
Johan Andersson 1749, TOÖ 6
Johan Nilsson 1751, GRÖ 2
Ivar Andersson 1752, LAJ 1, LAV 2
Brita Persdr 1755, TEG 6
Helena Henriksdr 1755, VOL 4
Johan Eriksson 1758, NOD 2
Måns Eriksson 1759, TEG 5
Jonas Persson 1762, LIL 76
Anna Jakobsdr 1765, GRÖ 2
Katarina Nilsdr 1766, GAF 118
Magdalena Larsdr 1767, GAF 190
Sara Abrahamsdr 1767, LIL 76
Kristina Svensdr 1768, REM 7
Katarina Johansdr 1776, TEG 46
Olof Larsson 1777, GAF 128
Johan Åström 1779, FOR 70
Jonas Nensen 1791, ÅSE 293
Katarina Mikaelsdr 1783, LIL 74
Erik Fredriksson 1797, ÅSE 117
Maria Brita Zakrisdr 1821, STO 23
Klara Charlotta Rodin 1833, SIK 50
Nils Österberg 1837, HOL 86
Johan Norberg 1848, ÅSE 309
Kristina Norberg 1854, ÅSE 472
Frans Otto Ludvig Norberg 1858, ÅSE 306
Jonas Östman 1860, ÅSE 518
Frans Gustaf Huss 1863, LOM 44, SÖÅ 50, ÅSE 560

	Maria Norberg 1863, SÖÅ 33
	Sara Sundqvist 1863, HÄL 60
	Nils Sundqvist 1869, ÅSE 441
	Jonas Sundqvist 1871, ÅSE 440, ÄLG 106
	Axel Andersson 1872, ÅSE 9
	Kristina Antonia Bylund 1883, ÅSE 330
	Anders August Hörnell 1885, ÅSE 167
	Felix Norgren 1897, ÅSE 628
	Göta Amanda Sundgren 1903, ÅSE 604
Skorped	Magdalena Eskilsdr 1839, VÄN 16
	Lars Anders Hellman 1841, ÅSE 153
	Margareta Elisabet Devall 1859, GAF 46
	Sigrid Nilsdr 1862, ERI 5, ÅSE 200
	Anders Häggström 1871, GAF 79
	Isak Nydahl 1876, ÅSE 338
	Elias Eliasson Eden 1879, ÅSE 69
Skön	Erik Johan Sjöberg 1681, ÅSE 418
	Emma Kristina Nordin 1890, HÄL 82
	Anna Viktoria Lundin 1895, ÅSE 603
Sollefteå	Magnus Hultin 1797, ÅSE 159
	Brita Danielsdr 1816, TEG 4, TEG 20
	Margareta Dorotea Granlund 1856, SÖS 2, ÅSE 141
	Per Erik Nyberg 1860, SÖÅ 81, ÅSE 337
	Matilda Dorotea Moberg 1861, SÖÅ 81, ÅSE 337
	Hermine Jeanette Adelaide Lohman 1867, LOM 44, SÖÅ 50, ÅSE 560
	Valfrid Vilhelm Nikolaus Borgström 1875, ÅSE 38
	Rut Karlsson 1890, ÅSE 294
Stigsjö	Johan Olof Bäckman 1876, STO 3
	Wendla Augusta Åkerlund 1879, BOÖ 55, ÅSE 510
	Margareta Charlotta Boström 1882, ÅSE 514
Säbrå	Hans Viktor Norberg 1883, ÅSE 307
Stöde	Johan Johansson 1822, LÅN 25
Sundsvall	Anders Johan Widinghoff 1842, ÅSE 492
	Knut Georg Alexander Scherman 1857, ÅSE 412
	Johanna Teresia Hägglund 1878, ÅSE 341
	Johanna Teresia Björklund 1891, ÅSE 167
	Helge Olaus Skoglund 1899, ÅSE 604
Torp	Axel Fredrik Rheborg 1855, ÅSE 382
Torsåker	Olof Algot Kjerlander 1900, TEG 49
Trehörningssjö	Olof Petter Dahlberg 1865, HÄG 3
	Hans Markusson Häggqvist 1866, BOÖ 14
	Kristina Margareta Wiklund 1873, HÄG 4
	Amanda Margareta Kristina Hörnqvist 1875, ÅSE 24
	Anders Levi Holmlund 1878, ÅSE 156
	Kristina Amanda Lindström 1880, ÅSE 67

	Anna Martina Westerlund 1883, ÅSE 281
	Karl Johan Edlund 1888, ÅSE 578
	Johan Rickard Hörnqvist 1899, ÅSE 24
Tuna	Johanna Olivia Frykholm 1844, ÅSE 19
Tynderö	Nils Winter 1728, ASP 1, REM 8
Tåsjö	Elias Nilsson Idström 1773, IDV 6, TJL 15
	Elisabet Johansdr 1797, KVÄ 7
	Märta Johansdr 1799, GAF 205
	Anna Margareta Nilsdr 1804, AVA 51
	Anna Johanna Eliedr 1815, LOM 61
	Jonas Jonsson 1817, LOM 61
	Katarina Kristina Eliedr 1820, LOM 101
	Kristina Magdalena Gabrielsdr 1825, VAR 6
	Gertrud Brita Nilsdr 1831, VAR 62
	Helena Dorotea Jakobsdr 1841, LOM 76
	Jonas Otto Rönnberg 1846, ÅSE 398
	Anna Karolina Eliedr 1847, LOM 110
	Adam Mårtensson Lindal 1859, ÄLG 63
	Anna Kristina Körsberg 1862, LIL 38
	Erik Olof Jonsson 1865, GAF 97, LOM 60
	Brita Juliana Gustafsdr 1870, TOÖ 8
	Erik Johan Sundin 1870, GAF 203
	Lars August Strömqvist 1870, GAF 201
	Amandus Nilsson 1872.LOM 96
	Isak Johan Jonsson Selinder 1874, GAF 199, SÖÅ 102
	Johan Matts Lövander 1874, ÅSE 260
	Anders Wikström 1875, ÅSE 499
	Anna Johanna Sundin 1878, AVA 1
	Anna Kristina Svensdr 1878, VAR 15
	Anna Viktoria Margareta Norström 1882, ÅSE 260
	Ida Johanna Palmqvist 1886, ÅSE 449
	Anna Aurora Medin 1890, ÅSE 499
	Viola Kristina Wikström 1890, LOM 69
	Selma Gunneriusson 1892, BOÖ 33
	Sara Augusta Bolin 1894, ÅSE 623
	Ragnhild Katarina Olsen 1896, ÅSE 168
	Laurentius Mauritz Larsson 1898, LOM 165
	Verner Alstergren 1899, ÅSE 595
	Agnes Olivia Eriksson 1900, ÅSE 229
	Anna Erika Lövgren 1902, ÅSE 607
	Dagny Jakobsson 1902, TOÖ 88
	Gerda Kristina Johansson 1906, ÅSE 597
	Sara Erika Bolin 1906, ÅSE 595
Ullånger	Hulda Katarina Wikner 1873, ÅSE 437
Ytterlännäs	Emma Kristina Jonsson 1871, ÅSE 39

	Johan Gottfrid Lindberg 1871, GAF 114
	Adolf Nyberg 1882, ÅSE 336
	Anna Gunilla Olofsson 1890, SÖÅ 3
	Hilda Teresia Eriksson 1891, HÄL 84
	Alfred Gunnar Ledin 1902, YTT 38
Ådalsliden	Anders Filipsson 1765, BOÖ 11, GIG 11
	Kristina Andersdr 1796, TJL 1
	Katarina Helena Jonsdr Sjödin 1842, HOL 86
	Katarina Margareta Hansdr 1845, ÄLG 76
	Erik Petter Svensson Lidfors 1851, HÄL 43
	Erik Petter Forsberg 1853, GAF 46
	Erik Johan Westman 1854, SVR 22
	Lars Erik Andersson 1855, HÄL 1
	Märta Erika Hansdr 1855, HÄL 43
	Margareta Dorotea Mähler 1861, LOM 27
	Karolina Kristina Söderlund 1862, GAF 140
	Inga Kristina Kristoffersdr 1865, YXS 65
	Anders Rollen 1866, ÅSE 385
	Hans Petter Wiklund 1866, ÄLG 111
	Henrik Peter Sjödin 1867, ÖSN 87
	Jonas Viktor Lidgren 1867, HÄL 45
	Johan Rollen 1868, ÅSE 387
	Nils Andreas Sjödin 1871, FOR 60, HÄL 79, ÖSN 88
	Enok Kristoffer Selin 1872, ORG 5, ÄLG 103, LÖB 5
	Anders Petter Sjölund 1873, BJÖ 35
	Inga Margareta Sjödin 1874, SÖÅ 62, ÅSE 214
	Nils August Sundström 1876, ÖSN 90
	Per Rudolf Hägglund 1877, GAF 78
	Hans Leonard Molin 1878, BOÖ 30
	Per Magnus Sundström 1879, SÖÅ 106
	Margareta Regina Norman 1891, HAM 6, HÄL 85
	Sara Hedvig Ritzen 1891, ÅSE 274, GAF 224
	Olof Hjalmar Lundin 1887, ÅSE 590
	Olof Albert Tiden 1899, ÅSE 635
	Tilda Kristina Sjöström 1899, ÅSE 590
	Hans Einar Norman 1900, SIÖ 5
	Albert Emanuel Näslund 1904, OXV 40
Örnsköldsvik	Alma Adelia Bergman 1907, ÅSE 561
Överlännäs	Aron Sollen 1768, ÅSE 428
	Maria Kristina Öman 1780, ÅSE 236
	Erik Olof Holmberg 1848, TOÖ 30

JÄMTLANDS LÄN

Alanäs	Jonas Eriksson Kiervel , SVA 11

	Elisabet Henriksdr 1768, ORM 11
	Anna Olivia Larsdr 1871, AVA 32
	Eva Erika Andersson 1879, LOM 151
	Maria Katarina Amanda Nilsdr 1884, ALM 53, ÅSE 395, ÄLG 85
Aspås	Axel Emanuel Lindström 1901, SÖN 45
Berg	Emma Kristina Matilda Rönblad 1878, LIL 106
Bräcke	Märta Katarina Persdr 1854, SÖÅ 42
Fors	Erik Olof Forsgren 1851, SÖÅ 42
	Jonas Magnus Borg 1853, SÖÅ 15, ÖSN 17
	Anna Ottiliana Hildur Svensson 1885, ÅSE 587
	Märta Elisabet Jonsdr 1888, LOM 94
	Beda Evelina Gustafsson 1900, BOÖ 58
Frostviken	Sara Magdalena Fredriksdr 1837, LAK 34
	Berta Kristina Karlsson 1886, ÅSE 630
Föllinge	Ingeborg Westner 1823, GAF 207
	Margareta Pålsdr 1828, GAF 151
	Olof Pålsson 1857, ÅSE 381
Hammerdal	Anna Jönsdr , ORM 12
	Johan Olofsson Nyberg 1688, ORM 12
	Jakob Göransson 1714, ORM 5
	Jöns Göransson 1716, LAJ 4, ORM 6
	Kristina Göransdr 1718, GAF 103
	Karl Samuelsson 1723, ORM 14
	Israel Samuelsson 1726, ORM 13
	Jöns Wikström 1737, ARK 3
	Anna Nilsdr 1836, SÖÅ 78
	Erik Eriksson 1880, ÅSE 95
	Brita Eriksdr 1888, ÅSE 95
	Karl Edvard Edlund 1888, LOM 151
Häggenås	Per Henningsson Öberg 1867, ÅSE 511
Lillhärdal	Anders Persson Bäck 1859, ÅSE 45
Näs	Karl Edvall 1753, LÅN 8
	Beata Persdr 1759, LÅN 8
Näskott	Johan Birger Erik Faxen 1883, ÅSE 110
Offerdal	Nils Nilsson Blomgren 1820, ÖSN 12
Oviken	Jean Napoleon Gärdlund 1896, ÅSE 547
Ragunda	Jonas Erik Staffansson 1856, ÅSE 432
	Benedikta Katarina Elisabet Hoflin 1873, ÅSE 448
	Anna Erika Jonsson 1878, ÅSE 624
	August Högdahl 1878, SÖÅ 51, ÅSE 164
	Elfrida Kristina Nilsson 1892, ÅSE 112
Revsund	Karl Knutsson Backman 1853, SÖÅ 11, ÅSE 25
	Emma Olofsdr 1858, ÅSE 500
Strömsund	Anna Mattsdr 1739, ORM 13
	Kristina Mattsdr 1750, ORM 14

	Elisabet Nilsdr 1783, GUL 5
	Hedvig Aurora Selinder 1851, ÅSE 371
	Kristina Olofsdr 1858, HAM 11, ÅSE 509
	Olof Mårtensson 1860, ÅSE 292
	Anna Kristina Hedberg 1863, ÅSE 442
	Kristina Persdr 1865, ÅSE 292
	Sven Mårtensson Strömsen 1865, ÅSE 436
	Olof Hedström 1867, ÅSE 149
	Olof Pålsson 1869, BOÖ 42
	Erik Olof Bergström 1877, FOR 80
	Olaus Scherman 1888, ÅSE 614
	Per Olofsson 1892, ÅSE 629
Sundsjö	Sven Georg Pettersson 1893, ÅSE 379
Sunne	Johan Arbman 1844, ÅSE 19
Sveg	Rut Alfhild Kristina Mellgren 1913
Undersåker	Johan Strömberg 1862, ÅSE 434
	Emma Ottilia Eriksson 1897, ÅSE 614
Ytterhogdal	Margareta Walster 1757, ÅSE 74
	Olof Engelbertsson 1844, LÅN 10, SÖÅ 25, ÅSE 85
	Gallus Emriksson 1854, STN 2, SÖÅ 24, ÅSE 83
Ås	Jonas Magnusson 1884, ÅSE 630
Östersund	Hildur Jonsson 1882, ÅSE 110

GÄVLEBORGS LÄN

Bollnäs	Lars Lindblad 1801, GAF 115, ÅSE 242
	Olof Hedman 1860, ÅSE 148
	Emma Margareta Bohlin 1881, ÅSE 131
	Margareta Kristina Olofsson 1900, ÅSE 610
Delsbo	Marta Johanna Pettersson 1890, LOM 28
Gävle	Anna Nyberg 1735, ASP 1, REM 8
	David Boberg 1865, ÅSE 34
	Hedvig Katarina von Post 1868, ÅSE 340
	Anna Henrika Kjellström 1886, ÅSE 206
	Arvid Erik Folke Vahlqvist 1896, KUL 19
Hudiksvall	Karl Johan Edvin Vennerberg 1878, ÅSE 640
	Elfrida Maria Olofsson 1882, ÅSE 640
	Hildegard Karolina Lindskog 1884, SÖÅ 43
	Karl Johan Andersson Ek 1887, LOM 28
Järvsö	Per Persson 1888, ÅSE 589
Ljusdal	Nils Olof Dahlin 1833, ÅSE 52
Ovansjö	Karl Albert Einar Kilander 1884, ÅSE 213
Ramsjö	Frans Oskar Johansson 1881, ÅSE 177
Söderhamn	Per Albert Nordin 1875, ÅSE 322
Årsunda	Erik Englen 1842, ÅSE 86, ÄLG 15

KOPPARBERGS LÄN

Falun	Anders Mattsson 1860, BOÖ 29
	Karl Emil Nordström 1865, BOM 9, ÅSE 328
Hedemora	Anna Fredrika Johansson 1856, ÅSE 463
Järna	Lars Nilsson 1798, AVA 42
Leksand	Daniel Mattsson Winter 1865, ÅSE 500
	Erik Mattsson Winter 1870, ÅSE 501
Lima	Lars Turesson 1791, GÄR 31
Mora	Margareta Andersdr 1825, SÖÅ 8
Ore	Lars Johan Mellgren 1867, LIL 54
Oxberg	Stenis Erik Olofsson 1822, KÅK 11
Rättvik	Anders Jonsson 1862, ÅSE 189
Stora Skedvi	Anders Oskar Boström 1868, ÅSE 39
	Augusta Karolina Gustafsson 1875, ÅSE 171
Stora Tuna	Kristina Elisabet Sjöberg 1861, ÅSE 148
Svärdsjö	Jakob Teodor Nylen 1879, ÅSE 341
Söderbärke	Albert Karl Tengman 1853, ÅSE 463
Transtrand	Karl Edvin Lindström 1884, HÄL 46
Våmhus	Erik Sparrman 1846, FOR 61, ÅSE 431
Älvdalen	Lars Larsson 1746, LAX 1
	Erik Olofsson 1747, HAC 3
	Margareta Andersdr 1752, LAX 1
	Margareta Andersdr 1760, HAC 3
	Erik Andersson 1801, LÅN 3
	Anders Andersson Norlund 1841, VAR 41
	Anna Andersdr 1861, HAM 3
	Per Olofsson 1865, HAM 3
	Maria Jonsdr 1874, ÅSE 259

VÄRMLANDS LÄN

By	Gustaf Edvard Unkas Silven 1874, ÅSE 417
	Anna Sofia Broman 1895, ÅSE 417
Ekshärad	Håkan Larsson 1830, LOM 76
Fryksände	Jöns Nilsson 1835, GAF 139, ÅKB 13
	Magnus Jönsson Forsberg 1835, GAF 49
	Marit Jonsdr Bredberg 1842, GAF 139, ÅKB 13
	Per Hallstensson 1854, ÅSE 135
	Kristina Magnusdr 1863, GAF 5
	August Kjellgren 1875, ALM 39
	Karl Simeon Jönsson 1887, ÅSE 206
Färnebo	Axel Andersson Jäger 1872, ÅSE 203, ÖVR 21
Glava	Johanna Johansdr 1865, ÅSE 304

Gräsmark	Kristina Jonsdr 1852, SVR 12
Järnskog	Karl Andersson Noren 1850, LOM 107, ÅSE 331
Karlstad	Elna Maria Hedlund 1896, ÅSE 530
Kila	Johan August Larsson 1866, SVR 28
Kristinehamn	Rikard Wikander 1887, ÅSE 493
Lekvattnet	Jonas Andersson 1855, GAF 5
Lysvik	Lars Larsson Kjellgren 1861, SÖÅ 62, ÅSE 214
Mangskog	Per Andersson 1845, ÅKB 2
Nyed	Anders Andersson 1841, SVR 2
Skillingmark	Karl Ernst Eriksson 1890, ÅSE 520
Sunne	Lars Nordlund 1845, ÅSE 326
Vitsand	Karl Bom Åslund 1849, HAM 11, ÅSE 509
	Jöns Persson Åslund 1858, STN 7, ÅSE 508
	Per Persson 1864, LAK 30, VÄN 40, ÅSE 374
Ölme	Karl Vilhelm Elfgren 1847, ÅSE 81
Östmark	Matts Henriksson 1849, ÅKB 5
	Gertrud Andersdr 1855, ÅKB 5
	Per Björn 1859, ÖSN 6
	Olof Jakobsson 1860, ÅKB 6
	Lars Persson 1862, ÅKB 17
	Jonas Persson Granqvist 1864, VAR 22
	Anna Elisabet Andersdr 1866, ÅKB 17
	Johan Henrik Nilsson 1871, VÄN 33, ÖSN 71

VÄSTMANLANDS LÄN

Frösthult	Anna Valfrida Lönnqvist 1869, ÅSE 46
Gunilbo	Hulda Elisabet Malmqvist 1868, ÅSE 348
Hed	Karl August Ryman 1858, ÅSE 390
Malma	Maria Josefina Persdr 1861, ÅSE 390
Ramsberg	August Lundvall 1875, ÅSE 257
Romfartuna	Johan Axel Löfgren 1870, ÅSE 259
Skinnskatteberg	Harald Valentin Jonsson 1894, ÅSE 627
	Hilda Kristina Norström 1895, ÅSE 627
Säby	Rut Anna Helena Lundqvist 1896, KUL 19

UPPSALA LÄN

Hållnäs	Karl Joel Karlsson 1890, ÅSE 558
Skäfthammar	Karl David Lind 1890, ÅSE 229
Tierp	Petter Persson 1851, LAK 29
Viksta	Magnus Degerman 1724, ÅSE 64
Älvkarleby	Erik Eriksson Rhen 1751, KUL 14, ÅSE 384
	Elin Johansson 1880, ÅSE 353

STOCKHOLM

Adolf Fredrik	Hillevi Miriam Desderia Sjöstedt 1892, ÅSE 478
	Judit Margareta Hedin 1893, VÄJ 20, INS 45
	Astrid Ida Elisabet Lindqvist 1897, ÅSE 621
	Katarina Gunhild Hasselberg 1900, ÅSE 46
Engelbrekt	Kerstin Vedin 1922, LIL 58
Hedvig Eleonora	Klara Eleonora Hyckert 1872, ÅSE 158
	Karl Jakob Forsberg 1879, ÅSE 367
	Karl Ivar Martin Isberg 1912, YTT 16
Jakob	Katarina Eufrosyne Dalberg 1874, ÅSE 469
	Elsa Alma Margareta Flodin 1897, ÅSE 522
Klara	Frans Robert Vilhelm Andersson Eneberg 1869, ÅSE 84
Kungsholm	Hildur Sjöholm 1871, ÅSE 84
	Berta Sjöholm 1872, ÅSE 49
Maria	Oskar Alfred Andreas Håkansson 1875, ÅSE 161
	Frits Anders Johansson 1911, LAK 4
Nacka	Håkan Wickbom 1895, ÅSE 521
Odensala	Emanuel Ferdinand Karlsson 1893, ÅSE 623
Oskars	Erik Harry Eriksson 1914, YXS 61
S:t Matteus	Nils Arne Berglin 1911, LAK 25
Solna	Hilda Elisabet Pettersson 1886, KUL 12
Stockholm	Eva Jenny Elisabet Blomdahl 1851, ÅSE 81
	Anna Winroth 1871, ÅSE 250

SÖDERMANLANDS LÄN

Björkvik	Karl Gustaf Teodor Nettelblad 1879, ÅSE 294
Björnlanda	Karl Ludvig Tellström 1810, GAF 207
Eskilstuna	Karl Adolf Herman Ånner 1873, ÅSE 507
Fogdö	Elin Maria Larsson 1883, LOM 162
Helgesta	Karl Henrik Berggren 1858, SÖÅ 12, ÅSE 26
Mörkö	Uno Eugen Tilly 1867, ÅSE 465
Nyköping	Nils Anton Fredrik Hellström 1895, ÅSE 569
Stigtomta	Karl Axel Lundström 1866, ÅSE 256
Stora Malm	Elin Erika Fredrika Albertina Larsson 1879, ÅSE 338
Södertälje	August Wilhelm Mortimer Acharius 1821, ÅSE 3
Vagnhärad	Karl Erik Larsson 1860, ÅSE 225
Västerljung	Knut Edvard Henrik Gustafsson 1884, ÅSE 131
Åker	Karl Erland Gustafsson 1882, LOM 162

ÖREBRO LÄN

Viby	Karl Gustaf Noring 1894, ÅSE 332

Örebro	Katarina Petronella Lundgren 1817, ÅSE 3
	Johan Edvard Adolfsson 1874, MAM 1
	Åke Gerhard de Geer 1885, ÅSE 125

ÖSTERGÖTLANDS LÄN

Ekeby	Elsa Forsbeck 1884, SÖÅ 41
Finspång	Emil Konrad Dahl 1882, ÅSE 50
Kisa	Oskar Harry Holmström 1898, GAF 230, ÅSE 591
Linköping	Johan Gustaf Ekstedt 1853, ÅSE 80
	Viktor Didrik Teodor Gaunitz 1856, ÅSE 121
	Gustaf Bernhard Hubinette 1869, ÅSE 158
Ljung	Bror Knut Fornell 1879, SÖÅ 41
Lommaryd	Oskar Alfred Gustafsson 1871, ÅSE 132
Norrköping	Amelia Augusta Nilsdr 1858, ÅSE 165
	Sverker Teodor Zetterstrand 1893, ÅSE 504, SÖÅ 139
Risinge	Karl Gustaf Cassel 1871, ÅSE 49
Rök	Per Simon Larsson 1893, ÅSE 603
Skedevi	Alice Maria Andersson 1893, ÅSE 391
Slaka	Edvard Teodor Andersson Segerpalm 1859, ÅSE 414
Stora Åby	Bror Emil Kristian Veilertz 1881, ÅSE 469
Västra Skrukeby	Augusta Eleonora Lundblad 1873, ÅSE 244

ÄLVSBORGS LÄN

Bollebygd	Johan August Johansson 1864, ÅSE 179
Rångedala	Eva Rebecka Gustafsson 1897, ÅSE 547
Skållerud	Emilia Olofsdr 1853, ÅSE 120
Tranemo	Emil Salomon Nylander 1858, ÅSE 340
Tösse	Jonas Viktor Jansson 1885, BOÖ 19, ÅSE 172
Örby	Dagny Alfhilda 1915, GAF 209

SKARABORGS LÄN

Borglunda	Adolf Edvin Hilmer Åkerberg 1879, ÅSE 542
Björsäter	Otto Göthberg 1865, ÅSE 624
Fägre	Anna Helena Traselius 1866, ÅSE 503
Lidköping	Ida Hilda Josefina Hartman 1856, ÅSE 219
Slöta	Sigrid Josefina Bengtsson 1880, ÅSE 542
Varnhem	Svante Ljunglöf 1845, GAF 116
Åsle	Karl Herman von Krusenstjerna 1854, ÅSE 219
Älgarås	Elin Sofia Ekberg 1885, ÅSE 332

GÖTEBORG och BOHUSLÄN

Gustafsvi	Ebba Eleonora Landsberg 1873, ÅSE 300
Hogdahl	Knut Eivin John Lutropp-Nielsen 1865, ÅSE 258
Höreda	Oskar Emil Karlsson 1859, ÅSE 211, GÄR 33
Råda	Estrid Maria Severinsson 1891, ÄLG 53
Uddevalla	Per Maurits Gillberg 1804, GAF 61

KRONOBERGS LÄN

Agunnaryd	August Johansson Terning 1855, ÅSE 464
Alsheda	Anders Magnus Johansson 1821, TOÖ 37
Hinneryd	Jenny Maria Hagelin 1878, ÅSE 38
Markaryd	Sigrid Sofia Johanna Muntzing 1899, ÅSE 569
Traryd	Gustaf Alfred Svensson 1866, ÅSE 448
Urshult	Karl Vilhelm Höskuld 1894, ÅSE 622

JÖNKÖPINGS LÄN

Jönköping	Lydia Augusta Maria Hellberg 1880, ÅSE 189
Kärda	Ingrid Hilma Gunilla Fogelin 1898, ÅSE 622
Lemnhult	Sofia Louise Martina Ponten 1861, ÅSE 121
Norra Solberga	Frans August Emil Kullberg 1858, ÅSE 220
Skede	Kristina Katarina Svensdr 1817, TOÖ 37

KALMAR LÄN

Dörby	Per Fredrik Alexander Lundqvist 1850, ÅSE 254
Gamleby	Frans Ossian Arvidsson 1867, ÅSE 20
Gärdslösa	Sven Johan Sederblad 1846, SVR 20, ÅSE 413
Hjorted	Johan Petter Johansson 1850, ÅSE 180
	Magnus Vilhelm Johansson 1852, ÅSE 184
Kalmar	Axel Florentin Hammar 1852, SÖS 2, ÅSE 141
	Håkan Wickbom 1895, ÅSE 521
Mönsterås	Alma Cecilia Maria Gren 1859, ÅSE 218
Västervik	Maria Sofia Hellberg 1860, ÅSE 180
	Ebba Ingeborg Amalia Björkqvist 1897, SÖÅ 41

BLEKINGE LÄN

Karlskrona	Ebba Karolina Svensson 1867, ÅSE 433
Ramdala	Rut Elisabet Ellung 1895, ÅSE 550
Ronneby	Matts Nilsson 1859, ÖSN 72

GOTLANDS LÄN

| Helvi | Anna Johanna Maria Wahlgren 1865, ÅSE 382 |
| Öja | Gabriel Timoteus Westberg 1843, ÅSE 470 |

HALLANDS LÄN

Halmstad	Ragnar Frits Hedström 1897, ÅSE 661
	Märta Lovisa Karlsson 1903, ÅSE 661
Varberg	Berta Teodora Cecilia Andersson 1886, ÅSE 50

KRISTIANSTADS LÄN

Kristianstad	Ola Håkansson 1887, ÅSE 160
Matteröd	Johan Birger Pernow 1888, KUL 12
Noseby	Sven Svanberg 1859, ÅSE 442
Örkened	Johan Söderberg 1863, ÅSE 455
Östra Karup	Filip Leonard Jansson 1861, ÅSE 171

MALMÖHUS LÄN

Helsingborg	Martin Teodor Wolf 1860, ÅSE 503
Jonstorp	Nils Sjöberg 1847, SÖÅ 103, ÅSE 419
Landskrona	Frans Viktor Kristow 1866, ÅSE 218
Lund	Ebba Maria Nilsson 1890, ÅSE 160
	Tor Torsten Filip Johansson 1889, LOM 150, ÅSE 92
	Erik Martin Vahlgren 1892, ÅSE 550
	Astrid Elisabet 1905, YTT 27
Västra Hoby	Rudolf Anton Fritiof Åradson 1892, SÖÅ 118
Örtofta	Eva Augusta Elisabet Lundström 1894, SÖÅ 118

SAMER	Elisabet Andersdr, BÄÖ 2
	Erik Hansson, VIS 3
	Jonas Persson, ARK 2
	Nils Bryngelsson, BÄÖ 2
	Sven Jakobsson, RÅS 3
	Lars Hansson 1734, NOS 1
	Bryngel Larsson 1736, LÖA 1
	Maria Mårtensdr 1736, VOÖ 1
	Wanik Arvidsson 1736, HÄG 1
	Olof Olofsson Lögden 1737, SIK 32
	Sigrid Persdr 1737, SIK 32
	Per Larsson 1738, LÖA 2
	Sjul Arvidsson 1738, BÄÖ 1, ORM 1
	Lars Olofsson 1740, INS 33, LIL 65
	Anna Pålsdr 1737, NOS 1
	Gunilla Olofsdr 1741, GRÅ 5

Lars Larsson 1741, DAL 2
Jonas Larsson 1743, BÄS 5, LAT 4
Erik Jonsson 1744, VOÖ 1
Sigrid Pålsdr 1746, STH 1
Anna Ingelsdr 1747, STM 2
Nils Karlsson 1747, STH 1
Per Jonsson 1748, STM 3
Per Persson 1750, STF 9
Ella Persdr 1751, STM 3
Katarina Eriksdr 1751, LÅB 2
Margareta Eriksdr 1751, LIL 65
Maria Månsdr 1751, JÄR 4
Sjul Zakrisson 1751, GRÅ 5
Lars Jonsson 1753, STM 2
Olof Tomasson Bilkies 1753, AVA 55, SVN 2
Per Nilsson 1753, LÅB 2
Katarina Ingelsdr 1754, GÄR 24
Anna Ersdr 1755, GRÅ 4, LÅB 1, ÅKB 19
Anna Jonsdr 1755, STM 5
Gunilla Persdr 1755, INS 33, LIL 65
Erik Eriksson 1756, NOD 1
Matts Larsson 1757, SAN 21
Anders Tomasson 1759, JÄR 4
Kristoffer Tomasson Fjällström 1760, SIÄ 1
Cecilia Tomasdr 1761, LÅN 56
Erik Kristoffersson 1761, HAL 1
Kristina Henriksdr 1763, LIL 45, SAN 22
Mårten Larsson 1763, LIL 45, SAN 22
Katarina Persdr 1764, GRS 1
Henrik Henriksson 1765, HÄK 1
Nils Nilsson 1766, LÅN 43, STO 25
Sigrid Tomasdr 1767, GAF 172, LÅN 58
Arvid Arvidsson 1769, LÄG 2
Brita Andersdr 1769, SIW 2
Olof Nilsson 1769, ÅSE 302
Nils Olofsson 1773, GAF 172, LÅN 58
Brita Olofsdr 1774, HÄG 38
Per Olofsson Granroth 1774, GRS 1
Nils Nilsson 1778, GÄR 21, SIK 38, TRE 19
Mikael Jonsson 1780, BJÖ 22
Olof Olofsson 1780, LÖA 2
Jonas Olofsson Åsell 1783, LÅN 83
Maria Tomasdr 1786, SVR 4, ÅSE 98
Ella Jonsdr 1790, ÖVR 12
Kristina Tomasdr 1819, HÄL 91

Anders Tomasson 1825, HÄL 87
Jonas Jonsson Holmström 1837, HÄL 36
Anders Nilsson Fjellner 1838, YXS 23
Elsa Maria Andersdr 1838, TOÖ 37
Anna Brita Nilsdr 1841, NYT 5
Jonas Pålsson 1846, TEG 43
Jonas Andersson Nejner 1847, FÄB 5, YTT 23
Anders Jonsson 1849, STO 18
Maria Johanna Jonsdr 1851, LÅN 44
Elsa Andrietta Larsdr 1852, ÖVR 80
Jon Tomasson Sletfjeld 1852, ÖVR 80
Maria Cecilia Jonsdr 1852, INS 27
Brita Maria Jonsdr 1854, INS 3
Erik Wilhelm Olofsson 1856, ÅSE 354
Kristina Tomasdr 1856, TEG 43
Sara Maria Larsdr 1856, FÄB 5, YTT 23
Nils Enok Nilsson 1857, LÅN 44
Kristina Maria Mårtensdr 1869, GAF 203
Anders Olofsson Boman 1870, SÖÅ 14, ÅSE 35
Jonas Andreas Mårtensson Klip 1873, LOM 65
Johan Johansson 1874, LÅN 26
Maria Kristina Nilsdr 1879, ÅSE 344
Lars Johan Ludvig Tomasson 1880, YTT 31, ÖVR 90
Brita Kristina Dorotea Nilsdr 1882, GAF 208
Kristina Martina Larsdr 1886, FÄB 6
Gustaf Adolf Klemetsson 1893, ASL 3, STO 32
Tina Margareta Sjulsdr 1897, ASL 3, STO 32

FINLAND   Matts Johansson 1687, BEL 6
Jyväskylä   Filip Mattsson Willbrandt   , HOL 83
Pyhäjärvi   Tomas Hansson   , HOL 53
Åbo   Olga Matilda Stormbom 1873, ÅSE 412

NORGE   Anna Karolina Ström 1869, YXS 6, ÅSE 58
                     Gunvor Kristina Karlen 1919, ÅSE 523
                     Redun Karlen 1925, ÅSE 523
Hattfjelldal   Anna Maria Nilsdr Sletfjeld 1843, STO 18
                     Anne Fredrikke Olsdr 1861, ÅSE 253, SÖÅ 135
                     Nils Erik Saulsson Fjällström 1868, SÖN 11
Kongsvinger   Olof Olofsson 1851, HAM 2
Lienas gjeld   Ole Arntsen Limingen 1848, LÅN 32, ÅSE 227, ÖSN 56
Nedre Odalen   Guldbrand Isaksson Bjelke 1842, SÖÅ 13, ÅSE 32
                     Tore Andrea Gunnarsdr 1842, SÖÅ 13, ÅSE 32
Selbo   Olof Petersen Näs 1850, ÅSE 344
Sparby   Axel August Eliseus Andresen 1865, ÅSE 18

Söndre	Ellan Marie Lie 1887, ÅSE 520
Trondhjem	August Odin Olsson 1864, ÅSE 352
Trysil	Märta Börresen 1864, ÅSE 381

OKÄNDA

Adam Kristoffersson, VÄN 23
Anna Göransdr, RÅS 5
Anna Olofsdr, VÄN 23
Anna Olofsdr, NOD 1
Anna Persdr, GAF 144
Apollonia Persdr, LAV 7
Brita Nilsdr, SIW 2
Brita Persdr, SIÄ 1
Ingrid, SIW 2
Johan Johansson, STF 3
Magdalena, HOL 1
Magdalena Olofsdr, RÖN 2
Magdalena Persdr, HÄL 33
Markus Markusson, ÖSN 61
Nils Andersson, GAF 10
Nils Johansson, BÄÖ 4
Nils Jonsson, BEL 7
Per Danielsson, GAF 24
Per Olofsson, RÖN 2
Per Persson, TOS 11
Pål Tomassson, ORM 5
Sara Ivarsdr, TOÖ 75
Ingel Olofsson 1671, GAF 169
Per Eriksson 1700, SVA 4
Kristina Eriksdr 1705, ÖSN 62
Kristina Kristoffersdr 1710, SVA 4
Brita Nilsdr 1724, VÄN 24
Katarina Ersdr 1726, NÄS 2, REM 3
Lars Anundsson Norlin 1727, STF 2, VOL 5
Märta Johansdr 1730, BÄÖ 1, ORM 1
Brita Persdr 1731, LAV 7
Kristina Jonsdr 1731, STF 3
Gabriel Nilsson 1733, RÅS 5
Katarina Johansdr 1735, REM 4
Hans Guttormsson 1742, DAL 4
Sven Olofsson Sjöberg 1743?, STF 10
Nils Lindberg 1744, ÅSE 239
Jonas Dahlström 1745, STR 1
Lars Eriksson 1747, NOD 3
Brynhilda Persdr 1748, FOR 2, ÅSE 14
Cecilia Andersdr 1749, HÄG 1

Mårten Larsson 1749, SIW 2
Per Persson 1750, NÄS 4
Jonas Jonsson Näsström 1751, BEL 12, JÄR 1, SIÄ 2
Olof Persson 1751, STF 8
Kristina Ersdr 1752, NÄS 2, TRS 3
Per Persson 1753, HAC 6, TEG 42
Kristina Persdr 1755, AVA 48, LIL 74
Per Persson 1755, REM 7
Erik Dyhr 1757, ÅSE 68
Jöns Olofsson 1757, LÅN 56
Ingeborg Johansdr 1758?, RÖD 1
Anders Persson 1760, AVA 48, LIL 74
Nils Mattsson 1760, LÅB 1
Brita Eriksdr 1761, NOD 3
Anders Andersson 1762, MAL 1, RÖN 1
Charlotta Nyberg 1762, ÅSE 89
Per Persson 1764, LAT 8
Ingeborg Johansdr 1765, GAF 59, TJL 6, VAR 21
Anders Jonsson 1766, BÄÖ 5
Katarina Johansdr 1766, LÅN 56
Anna Mattsdr 1767, LÄG 1
Lars Andersson 1767, LÄG 1
Nils Jonsson 1768, GAF 104
Per Tomasson 1768, SIK 54
Maria Andersdr 1769?, LIL 70
Anders Nilsson 1770, LÅN 39
Jonas Johansson 1771, SIW 1
Simon Larsson 1772, NOS 2
Elisabet Larsdr 1774, LÄG 2
Jakob Petter Sahlström 1776, ÅSE 401
Olof Nilsson 1778, GAF 144
Brita Tomasdr 1786, LIL 5
Anna Jonsdr 1787, LÄG 6
Maria Månsdr 1794?, LÅN 3
Eva Margareta Persdr 1795, KVÄ 16, LÅN 37, ÖSN 68
Katarina Persdr 1797, LÅN 39
Per Nilsson 1800, FOR 43
Erik Westergren 1813, LIL 98, SIK 55, STE 9
Sven Anton Hollander 1820, SVR 7
Per Jakob Johansson Sehlqvist 1826, KVÄ 35
Leon Karl Rickard Lundell 1851, ÅSE 252
Olof Petter Wikner 1851, ÅSE 498
Nils Adolf Lund 1856, ÅSE 250
Alma Albertina Desidera Malmberg 1857, ÅSE 254
Knut Verner August Malmgren 1861, SÖÅ 73, ÅSE 262

Engelbert Hilding Karl Ström 1864, ÅSE 433
Anna Amalia Nilsdr 1869, HOL 34, HÄL 35
Jonas Petter Olsen 1870, ÅSE 348
Anders Gustafsson 1872, ÅSE 130
Anna Adele Ekstam 1885, ÅSE 125
Märta Gunborg Eriksson 1904, LOM 169
Johan Emmerik Nellgren 1914, LÖV 8
Bert Hagard Forsberg 1924, ÅSE 633

REGISTER MAKAR

Namnen är "översatta" se sida 9

A

Ada Amalia Melin 1892, INS 25, REN 5
Ada Charlotta Nordin 1906, OXV 38
Ada Kristina Söderqvist 1896, ÅSE 273, STK 7
Adelina Henrietta Adamsdr 1894, TRE 2
Adelina Maria Arnqvist 1892, LIL 46
Agata Emelinda Eliedr 1872, TOÖ 71
Agda Anselina Jonsson 1901, ÖSB 3
Agda Elisabet Nikolina Nilsson 1887, OXV 2
Agda Elisabet Thoren 1899, ÅSE 554
Agda Erika Danielsdr 1887, ÅSE 637
Agda Frideborg Jonsdr 1887, YXS 41
Agda Karolina Karlsdr 1885, VÄN 36
Agda Karolina Söderqvist 1898, GAF 244, ÖSN 95
Agda Kristina Johansdr 1891, FOR 80
Agda Kristina Jonsdr 1899, MAM 3
Agda Kristina Kallin 1902, AVA 58, YTT 34, ÅSE 568
Agda Kristina Lidberg 1908, ÅSE 546
Agda Linnea Svensson 1896, ÅSE 359
Agda Mariana Englund 1902, ÅSE 628
Agnes Albertina Elisabet Hällqvist 1898, STO 13, YTT 6, OLO 9, ÅSE 636
Agnes Amanda Karlsson 1900, YTT 35
Agnes Augusta Tengman 1896, FOR 74
Agnes Elisabet Rönnberg 1900, ÖSN 100
Agnes Ellida Edholm 1893, HÄL 46
Agnes Karolina Johansson 1881, BJÖ 18
Agnes Kristina Westberg 1879, SÖÅ 32
Agnes Nikolina Jonsson 1898, YXS 91
Agnes Olivia Eriksson 1900, ÅSE 229
Agneta Ovidia Nygren 1899, LIL 101
Aina Ingegerd Vahlberg 1899, ÅSE 645
Albertina Karolina Hellström 1862, YTT 13
Albertina Levina Vilhelmina Rylander 1897, LÅN 86
Albertina Olivia Persson 1886, ÅSE 584
Albertina Petronella Persdr 1858, ÄLG 37
Albertina Vilhelmina Lögdin 1802, ÅSE 401
Alfhild Elinor Fahlgren 1898, LIL 53
Alice Maria Andersson 1893, ÅSE 391
Alma Adelia Bergman 1907, ÅSE 561
Alma Adriana Byström 1888, SÖS 10

Alma Agata Elisabet Albinsdr 1888, ÅSE 407
Alma Albertina Almroth 1885, ALM 33
Alma Albertina Desideria Malmberg 1857, ÅSE 254
Alma Antonietta Elin Teresia Sundbaum 1879, ÅSE 254
Alma Betty Karola Jonsdr 1892, ÅSE 600
Alma Betty Katarina Svensdr 1880, ÅSE 256
Alma Cecilia Maria Gren 1859, ÅSE 218
Alma Dorotea Håkansdr 1884, LOM 22
Alma Edit Kristina Englen 1879, KLI 3, ÅSE 367
Alma Eleonora Salomonsdr 1875, LOM 108, ÄLG 79
Alma Elisabet Abrahamsson 1890, AVA 2, LOM 5
Alma Elisabet Danielsson 1898, ÖVR 91
Alma Emilia Teresia Tidström 1861, ÅSE 315
Alma Erika Eriksson 1903, LÅN 84
Alma Erika Markusson 1894, LAK 7
Alma Erika Svensson 1886, ALM 32
Alma Eugenia Elisabet Abrahamsdr 1862, BOR 12
Alma Eugenia Eriksdr 1885, SÖÅ 10
Alma Eugenia Karolina Eriksdr 1876, ÅSE 29
Alma Eva Agata Wiberg 1882, FOR 32
Alma Johanna Isaksson 1884, DAS 4, ÅSE 303, YXS 94
Alma Johanna Söderlind 1904, ÅSE 593
Alma Karolina Adamsson 1885, ÅSE 563
Alma Karolina Genborg 1875, ÅSE 322
Alma Karolina Markusson 1882, SÖÅ 82, ÅSE 339
Alma Karolina Mårtensdr 1878, LIL 7, VÄJ 5
Alma Karolina Norlin 1889, LOM 46, FOR 75
Alma Karolina Wiberg 1881, LOM 48, TAB 24, ÅSE 533
Alma Katarina Berglund 1894, GAF 231
Alma Katarina Blomqvist 1899, ÖSN 101
Alma Katarina Eriksson 1898, VAR 70
Alma Katarina Nilsson 1897, BJÖ 43
Alma Katarina Persson 1891, ÖVR 48
Alma Konkordia Nilsdr 1891, BOÖ 27
Alma Kristina Andersdr 1884, BOR 3
Alma Kristina Elisabet Ahlqvist 1883, SÖÅ 26
Alma Kristina Hansdr 1884, TRE 13, ÅSE 208
Alma Kristina Hörnlund 1885, ÖVR 32
Alma Kristina Jonsson 1894, LIL 102
Alma Kristina Olofsdr 1885, ÅSE 471
Alma Kristina Salomonsdr 1884, BOM 4
Alma Kristina Söderlund 1894, LOM 161
Alma Magdalena Johanna Markusson 1887, TEN 23
Alma Margareta Jonsdr 1889, TEG 32
Alma Maria Nerpin 1886, LOM 85

Alma Olivia Katarina Salomonsdr 1881, BOÖ 35, ÖSB 5
Alma Olivia Lovisa Danielsdr 1881, STA 2
Alma Olivia Mattsdr 1880, INS 20, LÖV 8, SÖB 3
Alma Olivia Persdr 1884, SIK 24, ÅSE 198, LÖV 12, YXS 86
Alma Olivia Westman 1877, ÅSE 161
Alma Petronella Eriksson 1899, ÖVR 37
Alma Teresia Ölund 1900, ÅSE 662, ÖVR 89
Alma Viktoria Sundin 1891, BJÖ 21, YXS 33
Amalia Elisabet Lindgren 1865, BOÖ 20, ÅSE 187
Amalia Magdalena Nordin 1828, GAF 31
Amalia Margareta Abrahamsdr 1858, TEG 30
Amalia Sofia Hansdr 1893, ÄLG 8
Amalia Teodora Charlotta Nygren 1887, SÖÅ 106
Amanda Albertina Kristoffersdr 1866, BOÖ 28, VÄN 27, ÅSE 270
Amanda Elisabet Henrietta Hellman 1873, ÅSE 497
Amanda Elisabet Johansdr 1870, VAR 48
Amanda Eugenia Persdr 1888, GAF 12
Amanda Eugenia Salomonsdr 1874, LIL 29
Amanda Evelina Elisabet Stenbom 1874, ALM 21
Amanda Evelina Söderström 1879, MAM 1
Amanda Johanna Jonsdr 1884, GAF 99
Amanda Margareta Kristina Hörnqvist1875, ÅSE 24
Amanda Nilsson 1870, ÅSE 99
Amanda Petronella Markusdr 1869, ALM 40, ÖSN 55
Amelia Augusta Nilsdr 1858, ÅSE 165
Andrietta Evelina Söderholm 1894, SÄL 3
Anly Katarina Viktoria Persson 1889, ÅSE 575
Anna Adele Ekstam 1885, ÅSE 125
Anna Adelina Elisabet Persson 1878, ÅSE 221
Anna Agata Eriksdr 1870, YXS 50
Anna Agata Persdr 1842, SÖÅ 77
Anna Albertina Söderqvist 1872, VÄN 25, ÖSN 58
Anna Alina Sofia Bäcklund 1901, SÖN 42
Anna Amalia Andersdr 1857, GAF 81
Anna Amalia Nilsdr 1869, HOL 34, HÄL 35
Anna Amalia Petronella Andersdr 1869, GAF 170
Anna Amanda Karolina Wallej 1874, TOS 6
Anna Amanda Kristina Markusdr 1874, SÖÅ 87
Anna Amanda Persson 1907, ÅSE 545
Anna Andersdr 1761, GAF 182
Anna Andersdr 1777, LUS 4
Anna Andersdr 1828, HOL 72
Anna Andersdr 1861, HAM 3
Anna Annasdr 1820, GUL 10, TJL 13, TJÄ 29
Anna Aqvilina Emilia Wallinder 1879, GAF 102

Anna Aqvilina Jonsdr 1876, LOM 131
Anna Aqvilina Persdr 1872, VAR 61
Anna Augusta Gradin 1898, GAF 223
Anna Augusta Håkansson 1887, LOM 128
Anna Augusta Jonsdr 1876, TOÖ 28
Anna Augusta Persson 1893, SVR 3, TOÖ 11
Anna Augustina Sundqvist 1893, SÖÅ 38
Anna Aurora Medin 1890, ÅSE 499
Anna Barbro Alenius 1741, ÅSE 64
Anna Brita Abrahamsdr 1823, LIL 30
Anna Brita Arnqvist 1810, VÄJ 17, ÄLG 87
Anna Brita Eriksdr 1846, TOÖ 71
Anna Brita Johansdr 1808, GAF 132, LOM 97
Anna Brita Johansdr 1809, BJÖ 9, TJÄ 9
Anna Brita Jonsdr 1825, GAF 76, SOL 9
Anna Brita Jonsdr 1845, ÖSN 26
Anna Brita Jonsdr 1870, TOÖ 30
Anna Brita Mattsdr 1839, YXS 70
Anna Brita Mattsdr 1839, ÖVR 33
Anna Brita Nilsdr 1841, NYT 5
Anna Brita Nilsdr 1844, GAF 38
Anna Brita Olofsdr 1827, LAK 5
Anna Brita Persdr 1810, LOM 36
Anna Brita Persdr 1833, HÄL 87
Anna Brita Svensdr 1858, GAF 35, HÄL 13
Anna Celestina Blomgren 1845, LÅN 51
Anna Charlotta Andersson 1883, YTT 11
Anna Danielsdr 1745, SKA 2
Anna Danielsdr 1761, TOS 11
Anna Danielsdr 1785, BJÖ 22
Anna Danielsdr 1792, HÄG 24, LÄG 5
Anna Danielsdr 1863, BJÖ 31
Anna Edström 1896, GAF 212, LÅN 81
Anna Eleonora Granlund 1894, VAR 79
Anna Eleonora Holmgren 1892, ÅSE 566
Anna Eleonora Nilsdr 1883, SIK 33, TOÖ 54
Anna Eleonora Persdr 1883, GIG 25
Anna Elin Johanna Johansdr 1895, ÖSN 50
Anna Elina Mikaelsson 1898, ÖSN 96
Anna Elisabet Abrahamsdr 1825, GÄR 30, VAK 8
Anna Elisabet Andersdr 1866, ÅKB 17
Anna Elisabet Andersdr 1877, SÖÅ 14, ÅSE 35
Anna Elisabet Eriksdr 1833, SAN 6
Anna Elisabet Fredrika Fredriksdr 1829, GÄR28, VÄJ 16
Anna Elisabet Gavelin 1802, GAF 154

Anna Elisabet Gustafsson 1894, ÅSE 482
Anna Elisabet Hagström 1891, SÖÅ 113
Anna Elisabet Hallgren 1869, SÖÅ 73, ÅSE 262
Anna Elisabet Hansdr 1891, LOM 57, LOM 95
Anna Elisabet Johansdr 1827, KUL 13, KVÄ 30, SÖÅ 97
Anna Elisabet Jonsdr 1802, STO 23
Anna Elisabet Kristoffersdr 1842, VÄJ 1, ÖSN 68
Anna Elisabet Mattsdr 1857, OLO 6, SIK 41
Anna Elisabet Mattsdr 1883, TOÖ 42
Anna Elisabet Melin 1890, ÅSE 405
Anna Elisabet Mikaelsdr 1824, TOÖ 53
Anna Elisabet Modin 1820, BOM 16, LOM 136
Anna Elisabet Mårtensdr 1884, KUL 8, KVÄ 18, LIL 55, ÖVR 96
Anna Elisabet Nilsdr 1879, AVA 25
Anna Elisabet Olofsdr 1835, KUL 6, SÖN 30
Anna Elisabet Persdr 1839, VÄJ 8
Anna Elisabet Persdr 1856, AVA 14
Anna Elise Aqvilina Sörlin 1890, SÖÅ 16
Anna Elvira Albertina Gavelin 1898, ÅSE 594
Anna Elvira Hansson 1901, SIÖ 5
Anna Elvira Söderholm 1897, TOÖ 10
Anna Emelinda Edman 1877, FOR 60, HÄL 79, ÖSN 88
Anna Emelinda Sofia Danielsdr 1856, ÅSE 133
Anna Emilia Eriksson 1905, ÅSE 562
Anna Erika Adamsdr 1844, SÖD 2
Anna Erika Alexandersdr 1860, INS 27
Anna Erika Andersdr 1821, SÖN 2, ÅSE 16
Anna Erika Andersdr 1839, GIG 26
Anna Erika Backman 1885, GAF 117
Anna Erika Bernhardina Andersdr 1879, TOÖ 19, ÅSE 111
Anna Erika Danielsdr 1850, INS 41, LIL 97
Anna Erika Eriksdr 1811, ALM 14
Anna Erika Eriksdr 1829, GAF 80, SÖÅ 52
Anna Erika Eriksdr 1830, YTT 7
Anna Erika Eriksdr 1845, VAK 1
Anna Erika Eriksdr 1852, LÖV 3, TRE 11, ÖSB 2
Anna Erika Eriksdr 1869, LIL 31, TAB 5
Anna Erika Gavelin 1855, HOL 16
Anna Erika Hansdr 1837, INS 9, YXS 8
Anna Erika Hansdr 1847, VÄN 28
Anna Erika Johansdr 1830, GAF 42
Anna Erika Jonsdr 1850, HOL 68
Anna Erika Jonsson 1878, ÅSE 624
Anna Erika Lövgren 1902, ÅSE 607
Anna Erika Norberg 1890, SIK 17

Anna Erika Persdr 1819, SAN 1, STO 2, ÖSB 1
Anna Erika Persdr 1843, SOL 21
Anna Erika Persdr 1849, GÄR 10
Anna Erika Salomonsdr 1830, TRE 12, ÖVR 13
Anna Erika Svensdr 1863, AVA 17, VAR 23
Anna Erika Winberg 1841, TOÖ 1
Anna Eriksdr 1721, LOM 38
Anna Eriksdr 1747, BJÖ 25
Anna Eriksdr 1755, GRÅ 4, LÅB 1, ÅKB 19
Anna Eriksdr 1755, LUS 2, VIS 5
Anna Eriksdr 1767, BÄÖ 5
Anna Eriksdr 1775, LIL 61, VOÖ 2
Anna Eriksdr 1788, BOÖ 5
Anna Eriksdr 1795, GÄR 31
Anna Eriksdr 1798, GAF 85
Anna Eriksdr 1844, HOL 59
Anna Eufemia Henrietta Nordman 1889, TEN 15
Anna Eugenia Eriksdr 1873, ÄLG 111
Anna Eugenia Salomonsson 1902, TOÖ 94
Anna Eugenia Åslund 1876, HÄL 5
Anna Evelina Danielsdr 1887, SÖD 3
Anna Evelina Eriksdr 1882, SÖÅ 116, ÅSE 484
Anna Evelina Henriksson 1898, ÄLG 123
Anna Evelina Nilsdr 1888, YTT 30
Anna Evelina Svensdr 1867, TEN 5
Anna Fransiska Markstedt 1875, ÅSE 465
Anna Fredrika Danielsdr 1871, TEG 35
Anna Fredrika Johansson 1856, ÅSE 463
Anna Fredrika Karlsdr 1875, ÅSE 45
Anna Gavelin 1778, ÖVR 40
Anna Gunilla Olofsson 1890, SÖÅ 3
Anna Gustava Abrahamsdr 1862, DAS 6, TRE 22, ÅSE 373
Anna Gustava Hansdr 1840, BOÖ 31
Anna Gustava Johansdr 1869, NYT 11
Anna Gustava Markusdr 1867, ÅSE 431
Anna Gustava Mattsdr 1856, TOS 2
Anna Gustava Nilsdr 1852, SAN 12
Anna Göransdr   , RÅS 5
Anna Hansdr 1787, BOÖ 22
Anna Hansdr 1790, ALM 28
Anna Hansdr 1799, GAF 138, HOL 58
Anna Hansdr 1802, YTT 15
Anna Heldina Danielsson 1903, YXS 92
Anna Helena Olofsdr 1833, TOÖ 29
Anna Helena Traselius 1866, ÅSE 503

Anna Helgesdr 1760, TOÖ 78, VOJ 2
Anna Henrietta Olofsson 1899, TOÖ 83
Anna Henrika Eriksdr 1883, GAF 219, ÅSE 487
Anna Henrika Kjellström 1886, ÅSE 206
Anna Henriksdr , GAF 63
Anna Hildur Elisabet Salomonsdr 1899, GIG 21
Anna Iduna Nikolina Nilsdr 1877, GAF 62
Anna Ingeborg Andersson 1895, ÅSE 528
Anna Ingeborg Paulina Sederblad 1901, ÅSE 540
Anna Ingegerd Kristina Eriksson 1904, SÖÅ 140
Anna Ingelsdr 1747, STM 2
Anna Ingelsdr 1766, ORM 8
Anna Irene Kristina Pettersson 1896, ÖSN 102
Anna Isaksdr 1695, BEL 6
Anna Israelsdr 1759, ORM 2
Anna Jakobsdr 1765, GRÖ 2
Anna Jakobsdr 1771, ÄLG 97
Anna Johanna Eliedr 1815, LOM 61
Anna Johanna Evelina Åkerberg 1885, LOM 80, ÅSE 265
Anna Johanna Jakobsdr 1849, LOM 135
Anna Johanna Jonsdr 1845, OXV 10, SVR 11, ÅSE 182
Anna Johanna Maria Wahlgren 1865, ÅSE 382
Anna Johanna Nilsdr 1837, LOM 141
Anna Johanna Persdr 1871, FOR 39
Anna Johanna Persdr 1872, SAN 37, KÅK 13
Anna Johanna Rådström 1855, TEG 35
Anna Johanna Rådström 1884, NYT 2
Anna Johanna Sundin 1878, AVA 1
Anna Johanna Svensdr 1828, BJÖ 12
Anna Johanna Öman 1891, NYT 14
Anna Johansdr 1710, BEL 6
Anna Johansdr 1739, ORM 13
Anna Johansdr 1751, BÄS 2, VOL 1
Anna Johansdr 1777, TJÄ 22
Anna Johansdr 1790, GÄR 15, KVÄ 12
Anna Jonsdr 1752, SVA 16
Anna Jonsdr 1755, STM 5
Anna Jonsdr 1784, SÖÅ 48
Anna Jonsdr 1787, LÄG 6
Anna Josefina Holmberg 1874, ÅSE 440, ÄLG 106
Anna Josefina Johansdr 1858, ÅSE 282
Anna Josefina Johansson 1900, ÄLG 126
Anna Josefina Markusdr 1852, ÖSN 5
Anna Josefina Olofsdr 1856, LIL 39
Anna Josefina Salomonsdr 1872, AVA 52

Anna Josefina Samuelsdr 1854, LÅN 75, ÅSE 445
Anna Josefina Åström 1870, BJÖ 23, LOM 68
Anna Judit Maria Groth 1896, SAN 42
Anna Julia Josefsdr 1875, ÅSE 443
Anna Julia Maria Brodin 1896, GIG 13, LOM 166
Anna Jönsdr   , ORM 12
Anna Jönsdr 1750, FOR 41, LAJ 7, TRS 2
Anna Karlsdr 1759, HAC 2, JÄR 2, VOL 3
Anna Karolina Byström 1879, HOL 64, LAK 18
Anna Karolina Danielsdr 1830, TEG 31
Anna Karolina Danielsdr 1867, HOL 54
Anna Karolina Danielsson 1882, BOÖ 17
Anna Karolina Eliedr 1847, LOM 110
Anna Karolina Eliedr 1878, TOÖ 57
Anna Karolina Englen 1883, LIL 13, YXS 5
Anna Karolina Eriksdr 1839, INS 18
Anna Karolina Eriksdr 1843, HER 5
Anna Karolina Eriksdr 1874, ÖSN 33
Anna Karolina Eriksdr 1887, TOÖ 16
Anna Karolina Flodstedt 1830, SÖÅ 40
Anna Karolina Fredriksdr 1867, VÄN 33, ÖSN 71
Anna Karolina Granberg 1865, LIL 89
Anna Karolina Hansdr 1858, YXS 9
Anna Karolina Hansdr 1888, BOÖ 48
Anna Karolina Jakobsdr 1826, FOR 20, SIÖ 2, STN 3
Anna Karolina Jakobsdr 1862, SÖS 13, ÅSE 489, SÖÅ 136
Anna Karolina Johansdr 1848, GAF 7
Anna Karolina Jonsdr 1842, ALM 10
Anna Karolina Jonsdr 1843, ALM 8
Anna Karolina Karlsson 1888, HÄG 29, GÄR 37, ÅSE 565
Anna Karolina Kristoffersdr 1841, ALM 4
Anna Karolina Lindström 1871, ÅSE 222
Anna Karolina Lindström 1878, ÅSE 403, ÖVR 76
Anna Karolina Markusdr 1850, YXS 39
Anna Karolina Mattsdr 1866, LOM 139
Anna Karolina Nilsdr 1874, HÄL 92
Anna Karolina Nilsdr 1876, AVA 36, SÖS 9, ÖSN 70
Anna Karolina Nordin 1826, GAF 107
Anna Karolina Nordin 1857, LOM 137
Anna Karolina Ottosdr 1867, OXV 1, ÅSE 51
Anna Karolina Persdr 1827, VÄJ 18, ÄLG 96
Anna Karolina Persdr 1855, VAR 2
Anna Karolina Persdr 1865, HOL 37
Anna Karolina Persdr 1874, ÅSE 132
Anna Karolina Ström 1869, YXS 6, ÅSE 58

Anna Karolina Tjärnström 1884, LÅN 89
Anna Karolina Zakrisdr 1853, BJÖ 10
Anna Katarina Abrahamsdr 1866, GAF 192
Anna Katarina Andersdr 1816, GAF 42, LAK 10, TJÄ 7
Anna Katarina Danielsdr 1857, GAF 216
Anna Katarina Eliedr 1842, HÄG 34, LAK 31
Anna Katarina Eriksdr 1829, ÄLG 26
Anna Katarina Grönlund 1829, ÅSE 52
Anna Katarina Hedman 1897, ÅSE 611
Anna Katarina Isaksdr 1870, TRE 14
Anna Katarina Johansdr 1892, HOL 10
Anna Katarina Jonsdr 1863, ÖSN 103
Anna Katarina Kristoffersdr 1791, ÄLG 34
Anna Katarina Kristoffersdr 1864, HOL 9, LAK 1
Anna Katarina Nilsdr 1819, ÅSE 216
Anna Katarina Nilsdr 1824, HOL 73
Anna Katarina Norberg 1891, HÄL 81
Anna Katarina Persdr 1817, ÄLG 92
Anna Katarina Persdr 1830, LOM 102
Anna Katarina Salomonsdr 1821, LOM 109
Anna Katarina Svensdr 1840, LOM 114
Anna Kristina Abrahamsdr 1805, KVÄ 25
Anna Kristina Andersdr 1809, VAR 47
Anna Kristina Andersdr 1816, TJÄ 40
Anna Kristina Andersdr 1888, GAF 18
Anna Kristina Danielsdr 1821, VAR 19
Anna Kristina Edin 1820, BOÖ 46
Anna Kristina Elisabet Hansdr 1888, YXS 83
Anna Kristina Elisabet Tellström 1876, TEN 6
Anna Kristina Eriksdr 1803, GAF 206, TJÄ 45
Anna Kristina Eriksdr 1819, BOÖ 1, GIG 1
Anna Kristina Eriksdr 1823, STK 2
Anna Kristina Eriksdr 1825, STE 3, SÖÅ 94
Anna Kristina Eriksdr 1839, YXS 78
Anna Kristina Eriksdr 1889, HOL 92
Anna Kristina Evelina Almroth 1882, TOS 12
Anna Kristina Gavelin 1862, ÅSE 162
Anna Kristina Hamberg 1885, VAR 53
Anna Kristina Hansdr 1794, ÖSN 40
Anna Kristina Hedberg 1863, ÅSE 442
Anna Kristina Hellgren 1871, ÖSN 41
Anna Kristina Håkansdr 1819, TJL 4
Anna Kristina Israelsdr 1831, LIL 23
Anna Kristina Ivarsdr 1846, BJÖ 37, GAF 217
Anna Kristina Johansson 1900, DAS 8

Anna Kristina Jonsdr 1875, NYT 12, HOL 89
Anna Kristina Kristoffersdr 1828, HÄL 70
Anna Kristina Körsberg 1862, LIL 38
Anna Kristina Lundgren 1881, SAN 4, VAK 5
Anna Kristina Mattsdr 1877, GAF 68
Anna Kristina Mikaelsdr 1817, HÄL 24
Anna Kristina Nilsdr 1771, MAL 1, RÖN 1
Anna Kristina Nilsdr 1832, KÅK 4, SÖN 3
Anna Kristina Nilsdr 1834, BOM 2
Anna Kristina Nilsdr 1866, ÄLG 63
Anna Kristina Olofsdr 1805, LÅN 36, ÖSN 66
Anna Kristina Olofsdr 1825, LIL 1
Anna Kristina Olofsdr 1842, KVÄ 31, LIL 81, TAB 17, TRE 24, YXS 67
Anna Kristina Persdr 1804, ÖVR 75
Anna Kristina Persdr 1841, SAN 40
Anna Kristina Rådström 1865, SÖÅ 44
Anna Kristina Salomonsdr 1812, ALM 14, TRE 3
Anna Kristina Svensdr 1878, VAR 15
Anna Kristina Tomasdr 1824, YXS 2
Anna Kristina Ångman 1804, ÅSE 129
Anna Kristoffersdr 1714, GUL 2
Anna Kristoffersdr 1734, ÄLG 83
Anna Kristoffersdr 1783, HÄG 26, LOM 87
Anna Larsdr 1769, DAL 4
Anna Larsdr 1800, LÅN 9, LÄG 3, TEG 4
Anna Larsdr 1801, SIK 15, STE 4, SVR 9, VÄN 21
Anna Levina Borglund 1898, ÅSE 641
Anna Levina Danielsson 1888, ÖVR 84
Anna Lovisa Abrahamsdr 1883, AVA 35
Anna Lovisa Almroth 1877, ALM 17
Anna Lovisa Bergman 1884, KUL 1, ÅSE 60
Anna Lovisa Danielsdr 1869, INS 37, SÖÅ 104, ÅSE 572
Anna Lovisa Eriksdr 1871, ÅSE 268
Anna Lovisa Eriksdr 1873, AVA 5
Anna Lovisa Eriksdr 1881, SÖÅ 63
Anna Lovisa Fabiana Eriksdr 1868, LIL 87
Anna Lovisa Forslund 1851, SVR 20, ÅSE 413
Anna Lovisa Henrietta Blomqvist 1881, ÅSE 27, SÖÅ 133
Anna Lovisa Holmström 1871, HÄG 33, ÅSE 388
Anna Lovisa Hörnlund 1892, ÅSE 578
Anna Lovisa Ingelsdr 1844, STA 8, TOÖ 67, VAR 44
Anna Lovisa Jakobsson 1894, HOL 12
Anna Lovisa Larsdr 1853, LOM 8, SÖÅ 2, ÅSE 4
Anna Lovisa Mattsdr 1843, ÅSE 197
Anna Lovisa Mattsdr 1875, SVR 18, ÅSE 650

Anna Lovisa Nilsdr 1868, HOL 62, HÄL 62, YTT 24, ÖVR 49
Anna Lovisa Näslund 1862, HÄL 58
Anna Lovisa Näslund 1895, ÖVR 59
Anna Lovisa Olofsdr 1856, GÄR 8, SÖD 1, VAK 6, ÅSE 31
Anna Lovisa Olofsdr 1875, ÅSE 166, ÖVR 60
Anna Lovisa Persdr 1859, LÖB 3, YXS 69
Anna Lovisa Samuelsdr 1860, LÅN 76, ÄLG 107
Anna Lovisa Skoglund 1877, VAR 51
Anna Lovisa Söderholm 1886, YXS 54
Anna Lovisa Törnqvist 1879, GAF 164
Anna Lydia Eufrosyne Nilsdr 1880, KUL 10, VÄN 41, YXS 62, ÄLG 77
Anna Magdalena Fredriksdr 1843, HÄG 8, LÅN 21
Anna Magdalena Gavelin 1816, LOM 35, ÖSN 27
Anna Magdalena Hellström 1855, ÅSE 105
Anna Magdalena Jakobsdr 1847, KVÄ 23, STO 26, ÖVR 57
Anna Magdalena Johansdr 1837, ÖSN 2
Anna Magdalena Jonsdr 1850, HOL 22
Anna Magdalena Markusdr 1820, GAF 188, SÖN 32
Anna Magdalena Nilsdr 1874, HÄL 65
Anna Magdalena Nilsdr 1877, FOR 51, VÄN 39
Anna Magdalena Nilsdr 1877, HÄL 21
Anna Magdalena Olofsdr 1838, YXS 68
Anna Magdalena Olofsdr 1871, YTT 22
Anna Magdalena Persdr 1851, FOR 61, ÅSE 431
Anna Magdalena Persdr 1853, TOÖ 81
Anna Magdalena Svensdr 1835, VÄN 5, ÅSE 75
Anna Margareta Andersdr 1846, LAK 24
Anna Margareta Forsen 1890, BOÖ 53
Anna Margareta Jonsdr 1811, HÄG 6
Anna Margareta Jonsdr 1812, OXV 32
Anna Margareta Jonsdr 1839, FOR 40
Anna Margareta Jonsdr 1851, BOR 6
Anna Margareta Karlsson 1900, LÅN 29
Anna Margareta Lidgren 1899, HÄL 100, ÅSE 626
Anna Margareta Mattsdr 1810, SÖÅ 58
Anna Margareta Millen 1805, ÅSE 283
Anna Margareta Nilsdr 1804, AVA 51
Anna Margareta Nilsdr 1849, TEN 22
Anna Margareta Olofsdr 1802, INS 6
Anna Margareta Persdr 1802, ÄLG 71
Anna Margareta Pålsdr 1796, LOM 134, VAR 59
Anna Margareta Salomonsdr 1792, ÄLG 50
Anna Margareta Salomonsdr 1835, LÅN 4
Anna Margareta Sandström 1889, HOL 13
Anna Margareta Svensdr 1839, ÅSE 184

Anna Maria Adamsdr 1814, BOM 15, LAK 33, TJÄ 46
Anna Maria Antonietta Jonsson 1904, TRE 31
Anna Maria Charlotta Sandberg 1884, ÅSE 336
Anna Maria Edin 1861, HÄG 13, YTT 16
Anna Maria Eriksdr 1814, LÄG 7, TEG 15
Anna Maria Eriksdr 1867, BOM 8, YXS 47
Anna Maria Henriksdr 1872, GAF 221
Anna Maria Israelsdr 1829, YXS 51, ÄLG 81
Anna Maria Jonsdr 1885, BJÖ 14, GAF 75
Anna Maria Larsdr 1813, GÄR 9, LIL 21
Anna Maria Mattsson 1905, TAB 23
Anna Maria Persdr 1818, HOL 56
Anna Maria Pålsdr 1770, NOD 1
Anna Maria Salomonsson 1903, LAK 41
Anna Maria Sletfjeld 1843, STO 18
Anna Maria Sundin 1896, HÄL 44
Anna Maria Svello 1875, ÅSE 365
Anna Maria Svensdr 1848, LÅN 10, SÖÅ 25, ÅSE 85
Anna Maria Söderqvist 1882, BJÖ 5
Anna Maria Wiklund 1856, GIG 14
Anna Maricia Oktavia Henriksdr 1893, VÄJ 24
Anna Markusdr 1730, GAF 106
Anna Martina Eufrosyne Åkerberg 1886, YXS 32
Anna Martina Johansson 1898, YXS 87
Anna Martina Lundberg 1898, LÅN 24, LAK 42, HÄG 41, ÖVR 92
Anna Martina Salomonsdr 1875, BOM 9, ÅSE 328
Anna Martina Westerlund 1883, ÅSE 281
Anna Matilda Almroth 1825, SÖÅ 75
Anna Matilda Eriksdr 1876, ÖSN 24
Anna Matilda Hansdr 1857, TOÖ 39
Anna Matilda Henriksdr 1846, BOÖ 32, ÄLG 70
Anna Matilda Hörnlund 1903, INS 43
Anna Matilda Jakobsdr 1868, ÖVR 38
Anna Matilda Jonsdr 1848, SÖS 1, ÖSN 9
Anna Matilda Jonsdr 1883, SVR 15, ÅSE 364
Anna Matilda Karlsdr 1873, ÅSE 385
Anna Matilda Larsdr 1868, HOL 82
Anna Matilda Maria Eriksdr 1848, YXS 13
Anna Matilda Mattsdr 1867, HOL 57, LÅN 41, SÖN 24
Anna Matilda Mattsdr 1868, LAK 22
Anna Matilda Mikaelsdr 1849, KVÄ 13
Anna Matilda Mårtensdr 1857, LAK 16, LIL 51, LOM 79, YXS 35
Anna Matilda Nilsson 1866, ÅSE 196
Anna Matilda Norlin 1865, HÄG 27, LAK 21, TEG 29, ÅSE 333
Anna Matilda Olofsdr 1825, FOR 17

Anna Matilda Olofsdr 1839, LOM 99
Anna Matilda Olofsdr 1851, KUL 3, OLO 1, SIK 8, SÖÅ 37
Anna Matilda Olofsdr 1857, TRE 18
Anna Matilda Persdr 1851, LIL 2, SIK 1
Anna Matilda Persdr 1858, GÄR 2, SAN 2
Anna Matilda Rhen 1867, ÅSE 358
Anna Matilda Wallström 1849, OXV 12
Anna Mattsdr   , SVA 7, TOÖ 47
Anna Mattsdr 1739, ORM 13
Anna Mattsdr 1767, LÄG 1
Anna Mattsdr 1775, TRS 1, VOL 3
Anna Märta Danielsdr 1835, ÄLG 36
Anna Märta Danielsdr 1853, LOM 26
Anna Märta Eriksdr 1850, ÅSE 398
Anna Märta Eriksdr 1884, HOL 15, LAK 2
Anna Märta Hansdr 1849, FOR 64
Anna Märta Hellström 1886, OLO 3, ÅSE 215
Anna Märta Jonsdr 1832, LOM 9
Anna Märta Jonsdr 1843, KVÄ 35
Anna Märta Jonsdr 1856, STO 5
Anna Märta Mattsdr 1820, ÄLG 82
Anna Märta Salomonsdr 1848, LIL 69
Anna Nilsdr 1743, DAL 2
Anna Nilsdr 1747, AVT 3, BEL 2
Anna Nilsdr 1751, AVT 4
Anna Nilsdr 1836, SÖÅ 78
Anna Nilsdr 1850, GAF 13, KVÄ 1
Anna Nordlund 1881, LAK 4
Anna Norlinder 1901, TEG 48
Anna Nyberg 1735, ASP 1, REM 8
Anna Oktavia Skerdin 1890, KÅK 1, LIL 89, LIL 103
Anna Oline Johansson 1898, LIL 14
Anna Olivia Danielsdr 1854, HÄG 10
Anna Olivia Hansdr 1877, ÅSE 424
Anna Olivia Karlsdr 1883, ÖSN 52
Anna Olivia Larsdr 1871, AVA 32
Anna Olivia Nilsdr 1860, VÄJ 4
Anna Olivia Näslund 1883, LAK 13, ÖVR 20
Anna Olivia Olofsdr 1852, SAN 35, ÅSE 410
Anna Olivia Olofsdr 1860, GAF 93
Anna Olivia Olofsdr 1871, SAN 30
Anna Olivia Ulrika Rönnholm 1871, ÅSE 498
Anna Olofsdr   , NOD 1
Anna Olofsdr   , VÄN 23
Anna Olofsdr 1707, ALM 31, TOÖ 34

Anna Olofsdr 1714, ÅSE 54
Anna Olofsdr 1722, HÄL 30
Anna Olofsdr 1743, ÖVR 66
Anna Olofsdr 1752, ÄLG 94
Anna Olofsdr 1765, AVT 7
Anna Olofsdr 1772, SIK 54
Anna Olofsdr 1783, MOS 4
Anna Olofsdr 1790, BOÖ 10
Anna Olofsdr 1808, SOL 20
Anna Ottiliana Hildur Svensson 1885, ÅSE 587
Anna Persdr   , GAF 144
Anna Persdr 1736, STF 8
Anna Persdr 1737, BÄÖ 7, LAT 6, TOÖ 60
Anna Persdr 1742, SVA 16
Anna Persdr 1770, GAF 58
Anna Persdr 1798, KUL 11, SIK 42
Anna Petronella Boström 1878, LÅN 20, ÅSE 553
Anna Petronella Gavelin 1867, ÖVR 42
Anna Petronella Hansdr 1861, ÅSE 143, ÄLG 65
Anna Petronella Henriksdr 1856, ASL 2, HAM 4
Anna Petronella Johansdr 1862, LIL 73
Anna Petronella Nilsdr 1852, LOM 140, VAR 72
Anna Petronella Olofsdr 1860, GÄR 27
Anna Petronella Persdr 1835, GAF 153
Anna Petronella Persdr 1851, GAF 74
Anna Petronella Persson 1890, HOL 65
Anna Petronella Salomonsdr 1883, BJÖ 35
Anna Petronella Svensdr 1881, GAF 143
Anna Petronella Svensson 1870, ÅSE 80
Anna Pålsdr 1737, NOS 1
Anna Pålsdr 1752, VIT 1
Anna Pålsdr 1808, ÖSN 39
Anna Pålsdr 1865, FÄB 4, KVÄ 17, ÅSE 280, ÅSE 410
Anna Rebecka Sundelin 1892, HAM 5
Anna Regina Mårtensdr 1833, GIG 27
Anna Sofia Broman 1895, ÅSE 417
Anna Sofia Danielsdr 1839, TRE 10
Anna Sofia Eriksdr 1824, LÅN 25
Anna Sofia Eriksdr 1835, FOR 34, LÅN 31, SVR 13, TOS 9, ÄLG 62, ÖVR 29
Anna Sofia Forsner 1758, ÅSE 396
Anna Sofia Karlsdr 1877, VÄN 47, ÅSE 460
Anna Sofia Karoina Hellman 1866, GAF 72, ÅSE 150
Anna Sofia Söderberg 1803, TEN 10
Anna Sofia Westman 1886, ÅSE 202
Anna Svensdr 1797, TOS 10

Anna Teolinda Eriksson 1893, YTT 5
Anna Teolinda Marteliusson 1891, HOL 49
Anna Tjärnström 1880, HOL 49
Anna Ulrika Solander 1878, LÅN 26
Anna Valfrida Lönnqvist 1869, ÅSE 46
Anna Wallinder 1772, YXS 3
Anna Viktoria Bergström 1886, ÅSE 307
Anna Viktoria Karlsdr 1882, OXV 24
Anna Viktoria Lundin 1895, ÅSE 603
Anna Viktoria Margareta Norström 1882, ÅSE 260
Anna Viktoria Nilsson 1886, ÅSE 28
Anna Vilhelmina Nilsdr 1850, FOR 8, SIÖ 1, SÖN 6
Anna Winroth 1871, ÅSE 250
Anna Österlund 1866, SÖÅ 21, ÅSE 516
Anne Fredrikke Olsdr 1861, ÅSE 253, SÖÅ 135
Annie Evelina Nilsson 1897, BOÖ 4
Annie Martina Molin 1888, LOM 55, SÖÅ 137, ÅSE 555
Anny Judit Evelina Sandström 1910, SIK 58
Anny Oktavia Ingeborg Olofsdr 1894, BOÖ 40
Ansellina Abomelia Emelinda Rönnholm 1868, ÅSE 20
Apollonia Andersdr   , GAF 21
Apollonia Danielsdr 1788, LIL 66, SAN 26, TJL 18
Apollonia Eriksdr 1690, HÄL 55
Apollonia Eriksdr 1744, RÅS 1
Apollonia Eriksdr 1757, BOÖ 41, GIG 22, VÄN 42
Apollonia Kristina Olofsdr 1818, LÖV 1, SÖÅ 1, TJÄ 1
Apollonia Matilda Mattsdr 1847, TEN 18, ÄLG 3
Apollonia Persdr   , LAV 7
Apollonia Persdr 1751, AVA 55, SVN 2
Apollonia Pålsdr 1732, SVA 14
Apollonia Salomonsdr 1755, TAL 1
Aqvilina Emilia Gillberg 1841, GAF 162
Aqvilina Maria Jonsson 1891, STO 7
Aslög Elisabet Öman 1893, ÅSE 96, SÖÅ 124
Astrid Elisabet Pallin 1905, YTT 36, ÅSE 544
Astrid Eriksson 1906, ÖVR 82
Astrid Ida Elisabet Lindqvist 1897, ÅSE 621
Augusta Albertina Broman 1864, ÅSE 48
Augusta Axelia Nilsson 1896, HÄG 19
Augusta Eleonora Lundblad 1873, ÅSE 244
Augusta Elina Persdr 1889, TEG 34, ÖVR 51
Augusta Elisabet Rhen 1875, ÅSE 247
Augusta Eufemia Kristoffersdr 1855, TOÖ 40
Augusta Karolina Gustafsson 1875, ÅSE 171
Augusta Katarina Mattsdr 1881, SVR 19

Augusta Maria Westberg 1894, NYT 6
Augusta Teolinda Pålsdr 1867, GÄR 23
Axelina Elisabet Johansson 1897, YXS 90

B

Barbara Elisabet Hansdr 1843, SAN 33, TRE 26, ÖVR 79
Barbara Hansdr 1859, LOM 64
Barbara Kristina Olofsdr 1804, SIK 48
Barbara Kristina Winter 1766, YTT 19, ÖVR 16
Barbro Nilsdr 1767, TEG 5
Beata Johansdr 1760, LIL 72, LÅB 3, SAN 27
Beata Katarina Kristoffersdr 1856, HOL 14
Beata Lovisa Samuelsdr 1796, ALM 12
Beata Persdr 1759, LÅN 8
Beda Amalia Lundberg 1893, SIK 59
Beda Anna Karolina Jonsdr 1872, GIG 20
Beda Anna Martina Eriksdr 1877, STO 3
Beda Augusta Westman 1881, HER 2, ÅSE 106
Beda Augusta Westman 1881, SÖÅ 51, ÅSE 164
Beda Charlotta Lind 1896, HÄL 40
Beda Dorotea Edström 1900, LOM 148
Beda Dorotea Lidfors 1884, HÄL 39
Beda Elisabet Alexandra Forsberg 1895, FOR 31
Beda Elisabet Magdalena Olofsdr 1902, ÅSE 602
Beda Erika Nilsson 1893, FOR 81
Beda Evelina Gustafsson 1900, BOÖ 58
Beda Evelinda Danielsdr 1887, TOÖ 20
Beda Karolina Eriksdr 1875, BJÖ 20, TOÖ 51, ÅSE 90
Beda Karolina Jonsdr 1893, LOM 155
Beda Katarina Sikström 1898, SAN 45
Beda Kristina Hansdr 1880, ASL 1, ÅSE 21
Beda Kristina Jonsson 1895, SIK 30
Beda Maria Henrietta Nilsson 1894, GÄR 22
Beda Olivia Katarina Arnqvist 1886, VÄJ 12
Beda Olivia Persdr 1887, ÖSN 90
Beda Teolina Nilsson 1904, LOM 145
Beda Valtrise Nikolina Dahlbäck 1891, GAF 73
Benedikta Katarina Elisabet Hoflin 1873, ÅSE 448
Berta Ingeborg Henriksson 1898, ÄLG 122
Berta Kristina Karlsson 1886, ÅSE 630
Berta Sjöblom 1872, ÅSE 49
Berta Svensson 1878, GAF 161, TEG 36
Berta Teodora Cecilia Andersson 1886, ÅSE 50
Betty Elisabet Håkansson 1899, LOM 153, ÅSE 532
Betty Ingeborg Eriksson 1898, ÅSE 539

Betty Ingrid Sofia Olofsson 1903, BOÖ 57
Betty Karolina Danielsdr 1889, ÅSE 488
Betty Karolina Eriksson 1890, TOÖ 57
Betty Karolina Hedström 1895, ÅSE 617
Betty Katarina Svensson 1906, HOL 90
Betty Kristina Elisabet Andersson 1901, AVA 57
Betty Kristina Näslund 1889, HÄL 64
Betty Lovisa Erika Vesterlund 1891, VAR 76
Betty Lovisa Karolina Jonsdr 1872, ÖSN 21
Betty Maria Alexandra Jonsdr 1879, BOÖ 54
Betty Maria Persson 1896, LOM 81
Betty Paulina Margareta Nilsdr 1874, GÄR 5
Birgitta Erika Norlin 1872, HÄG 11, TEG 14
Birgitta Juliana Teresia Vallgren 1886, FOR 72, LOM 158
Blenda Johanna Jakobsson 1903, ÄLG 115
Brita Abrahamsdr 1727, FOR 2
Brita Amanda Åström 1884, FOR 59
Brita Andersdr 1769, SIW 2
Brita Andersdr 1784, ÅSE 216
Brita Augusta Persson 1876, ÅSE 211, GÄR 33
Brita Charlotta Svensdr 1852, LÅN 18
Brita Danielsdr 1748, STR 1
Brita Danielsdr 1803, LOM 121
Brita Danielsdr 1816, TEG 4, TEG 20
Brita Desideria Strömberg 1908, ÅSE 635
Brita Eliedr 1736, BEL 5
Brita Eliedr 1782, LÄG 8, TEG 44
Brita Elisabet Almroth 1804, SOL 17
Brita Elisabet Almroth 1856, ÄLG 47
Brita Elisabet Andersdr 1821, YXS 24
Brita Elisabet Andersdr 1845, FOR 21
Brita Elisabet Andersdr 1874, NYT 4
Brita Elisabet Danielsdr 1840, HÄL 3
Brita Elisabet Danielsdr 1845, LAK 3
Brita Elisabet Danielsdr 1869, TEN 21
Brita Elisabet Eriksdr 1879, FÄB 3, ÅSE 91, ÖVR 43
Brita Elisabet Eriksdr 1887, HÄL 67
Brita Elisabet Eriksson 1901, ÅSE 592
Brita Elisabet Hansdr 1851, INS 10, INS 14
Brita Elisabet Henriksdr 1861, VÄN 29
Brita Elisabet Ingelsdr 1852, AVA 27, ÅSE 217
Brita Elisabet Israelsdr 1825, KÅK 12, LIL 79
Brita Elisabet Jonsdr 1854, LOM 91
Brita Elisabet Kristoffersdr 1865, YXS 52, ÄLG 110
Brita Elisabet Larsdr 1817, HÄL 11

Brita Elisabet Olofsdr 1846, SÖN 33
Brita Elisabet Olofsdr 1862, YXS 7
Brita Elisabet Persdr 1824, SÖÅ 29, ÖSN 20
Brita Elisabet Persdr 1836, SAN 16, TRE 9
Brita Elisabet Persdr 1846, HOL 45
Brita Elisabet Persdr 1853, LOM 133, YXS 76
Brita Elisabet Salomonsdr 1818, BJÖ 16
Brita Elisabet Salomonsdr 1832, LIL 60, YXS 45
Brita Elisabet Salomonsdr 1834, TOÖ 80
Brita Elisabet Selberg 1845, KÅK 10, LIL 25, LÖV 10
Brita Elisabet Svensdr 1838, ÄLG 12
Brita Elisabet Winberg 1833, SÖÅ 86
Brita Erika Elisabet Andersdr 1850, LAK 19, LÅN 46, ÅSE 5
Brita Erika Johansdr 1821, YXS 23
Brita Erika Lindahl 1803, ÅSE 159
Brita Erika Olofsdr 1816, ÄLG 69
Brita Erika Persdr 1845, ALM 27
Brita Eriksdr 1727, AVT 8
Brita Eriksdr 1728, TEG 2
Brita Eriksdr 1750, VIS 4
Brita Eriksdr 1761, NOD 3
Brita Eriksdr 1795, LIL 4, SIK 3
Brita Eriksdr 1888, ÅSE 95
Brita Gavelin 1754, ALM 11
Brita Hansdr 1788, FOR 3
Brita Helena Nygren 1797, KUL 15
Brita Henriksdr 1741, GAF 26
Brita Ingeborg Nyberg 1898, ÖVR 65
Brita Johanna Asplund 1864, KÅK 9
Brita Johanna Ivarsdr 1854, GAF 142
Brita Johanna Olofsdr 1879, BJÖ 11
Brita Johansdr 1752, AVA 56, BÄÖ 9, LUS 5
Brita Johansdr 1775, ORM 4
Brita Johansdr 1805, MOS 2
Brita Jonsdr 1754, AVT 9
Brita Juliana Andersdr 1821, VAR 27
Brita Juliana Gustavsdr 1870, TOÖ 8
Brita Karolina Andersdr 1890, GAF 48
Brita Karolina Danielsdr 1870, LOM 113
Brita Karolina Eriksdr 1850, GÄR 32, HAM 10
Brita Karolina Mårtensdr 1837, ÄLG 32
Brita Karolina Nilsdr 1835, LOM 62
Brita Karolina Olofsdr 1856, ÖVR 14
Brita Karolina Salomonsdr 1881, LOM 96
Brita Karolina Svensdr 1899, NYT 15

Brita Karolina Tomasdr 1827, SÖB 1, TAB 1
Brita Katarina Danielsdr 1839, LOM 132
Brita Katarina Eriksdr 1799, ALM 28
Brita Katarina Eriksdr 1881, SVR 23, ÅSE 476
Brita Katarina Hansdr 1821, YXS 58
Brita Katarina Jonsdr 1832, KVÄ 33
Brita Katarina Kristoffersdr 1803, ÖVR 28
Brita Katarina Mikaelsson 1874, SÖÅ 101
Brita Katarina Nilsdr 1818, SOL 14, TJÄ 25
Brita Katarina Nilsdr 1821, TOÖ 41, YXS 26
Brita Katarina Nilsdr 1824, TJL 10
Brita Katarina Olofsdr 1811, INS 36, KVÄ 29
Brita Katarina Olofsdr 1822, GAF 40
Brita Katarina Olofsdr 1856, LÅN 22, NYT 1
Brita Katarina Olofsdr 1878, GAF 197
Brita Katarina Rhen 1860, KUL 5, ÅSE 240
Brita Katarina Salomonsdr 1828, HAM 7, SÖÅ 112
Brita Kristina Dorotea Nilsdr 1882, GAF 208
Brita Kristina Eriksdr 1810, GAF 125
Brita Kristina Mårtensdr 1861, ÅSE 306
Brita Kristina Persdr 1800, KUL 16
Brita Kristina Svensdr 1848, OXV 22
Brita Kristina Svensson 1890, ÅSE 638
Brita Kristofera Jonsdr 1882, BJÖ 4, HOL 21
Brita Kristofera Kristoffersdr 1843, LOM 115
Brita Larsdr 1725, AVA 12, LAT 1
Brita Lovisa Andersdr 1864, HÄG 36
Brita Lovisa Eliedr 1848, LAK 32
Brita Magdalena Hansdr 1844, FOR 42
Brita Magdalena Ingelsdr 1840, INS 4
Brita Magdalena Johansdr 1845, GIG 17
Brita Magdalena Jonsdr 1861, ALM 35
Brita Magdalena Mikaelsdr 1822, TEN 14
Brita Magdalena Olofsdr 1821, LÅN 14
Brita Magdalena Olofsdr 1843, ÖVR 45
Brita Magdalena Olofsdr 1846, HOL 47
Brita Magdalena Persdr 1848, FÄB 2, ÅSE 122, ÖSN 35
Brita Margareta Johansdr 1841, LÅN 79
Brita Maria Eriksdr 1793, GÄR 17
Brita Maria Jonsdr 1854, GÄR 3
Brita Maria Sundin 1875, ÅKB 7
Brita Matilda Eriksson 1894, SÖÅ 61
Brita Matilda Olofsdr 1838, SIK 47
Brita Mattsdr 1698, LOM 29
Brita Mattsdr 1764, GAF 187, LOM 118

Brita Mattsdr 1773, LAT 3
Brita Mattsdr 1793, SOL 10
Brita Mikaelsdr 1760, LÖA 5, OXV 34
Brita Mårtensdr 1750, LAV 5
Brita Nilsdr   , SIW 2
Brita Nilsdr 1724, VÄN 24
Brita Nilsdr 1768, LOM 83
Brita Olivia Karolina Danielsdr 1872, SÖÅ 69
Brita Olofsdr 1650, GAF 137
Brita Olofsdr 1757, ÄLG 19, ÖVR 6
Brita Olofsdr 1766, LAT 8
Brita Olofsdr 1772, TAL 5
Brita Olofsdr 1774, HÄG 38
Brita Persdr   , SIÄ 1
Brita Persdr 1731, LAV 7
Brita Persdr 1733, STF 6
Brita Persdr 1755, TEG 6
Brita Persdr 1765, VIT 3
Brita Persdr 1773, GAF 104
Brita Persdr 1777, LIL 26
Brita Persdr 1779, LÅN 77, TJL 21
Brita Persdr 1809, LIL 98, SIK 55, STE 9
Brita Pålsdr 1714, GAF 120
Brita Pålsdr 1765, ORM 7
Brita Salomonsdr 1762, TAL 2
Brita Sara Jakobsdr 1835, HOL 76, LAK 26
Brita Sara Nilsdr 1874, HÄL 63, YTT 26, ÖVR 53
Brita Sara Persdr 1839, HOL 29
Brita Sofia Olofsdr 1855, LOM 107, ÅSE 331
Brita Svensdr 1735, VOL 5
Brita Tomasdr 1786, LIL 5
Brita Vilhelmina Elisabet Danielsdr 1864, ÅSE 378, ÖVR 73
Brita Zakrisdr 1716, ÄLG 23
Brynhilda Persdr 1748, FOR 2, ÅSE 14

C

Cecilia Andersdr 1749, HÄG 1
Cecilia Tomasdr 1761, LÅN 56
Charlotta Kristina Norberg 1881, TEG 12, ÖVR 15
Charlotta Nyberg 1762, ÅSE 89

D

Dagmar Alice Bergvall 1904, ÅSE 632
Dagny Jakobsson 1902, TOÖ 88
Dagny Kristina Vestman 1910, ÅSE 567

Dagny Lovisa Lidgren 1902, GAF 222
Dagny Margareta Henrietta Hellman 1907, ÅSE 585
Dagny Maria Persson 1904, SVR 25, ÅSE 580
Davida Helena Lindberg 1875, ÅSE 422
Dina Alexandra Jakobsson 1905, ÅSE 618
Dorotea Danielsdr 1831, YXS 40
Dorotea Eriksdr 1714, GAF 95, ÖVR 16
Dorotea Grelsdr 1738, VAR 36
Dorotea Månsdr 1779, TOÖ 79

E

Ebba Eleonora Jonsson 1899, HÄL 106
Ebba Eleonora Landsberg 1873, ÅSE 300
Ebba Ingeborg Amalia Björkqvist 1897, SÖÅ 41
Ebba Ingegerd Lundberg 1907, TOÖ 89
Ebba Ingegerd Salomonsson 1909, ÄLG 121
Ebba Johanna Jonsson 1892, ÅSE 379
Ebba Karolina Lidberg 1898, BOM 20
Ebba Karolina Svensson 1867, ÅSE 433
Ebba Kristina Eriksson 1900, ALM 54
Ebba Margareta Lindberg 1895, ÅSE 212
Ebba Maria Nilsson 1890, ÅSE 160
Ebba Maria Paulina Jonsson 1898, YXS 93
Eda Kristina Markusson 1895, HÄL 89, GAF 235
Edit Amalia Karolina Danielsdr 1890, YXS 16, INS 42
Edit Amanda Almroth 1886, GAF 44
Edit Amanda Petronella Persdr 1884, FOR 53
Edit Anselina Svensson 1896, HÄL 95
Edit Elisabet Maria Malm 1881, GIG 4, YXS 4
Edit Johanna Elisabet Ullin 1878, GAF 159
Edit Johanna Eriksson 1902, ÖSN 105
Edit Kristina Bergström 1904, ÄLG 8
Edit Kristina Hägglund 1902, LAK 39
Edit Kristina Nordeman 1901, LOM 154, VAR 75
Edit Linnea Adamsson 1891, LOM 25
Edit Viktoria Elisabet Wallej 1886, TOS 13, ÅSE 57
Edla Augusta Lindström 1906, FÄB 7
Edla Elisabet Johansson 1903, LIL 109
Edla Elvira Axelina Lundqvist 1903, TOÖ 86
Edla Helena Åslund 1892, ÅSE 425
Edla Kristina Amalia Eriksson 1891, GAF 32
Edla Linnea Borglund 1901, SAN 44
Edla Margareta Jonsson 1888, ÅSE 44
Edla Maria Svalberg 1879, ÅSE 392
Edla Nikolina Salomonsson 1899, HÄG 21

Egda Karolina Markusson 1894, KVÄ 3
Eleonora Karolina Charlotta Persdr 1859, BOÖ 25
Elfrida Augusta Karolina Eriksdr 1882, ÅSE 191
Elfrida Kristina Nilsson 1892, ÅSE 112
Elfrida Maria Olofsson 1882, ÅSE 640
Elin Albertina Henriksson 1891, ÄLG 18
Elin Albertina Lovisa Markusson 1890, GAF 14, KVÄ 2
Elin Alfrida Persson 1901, SÖN 44
Elin Anna Kristina Persson 1890, ÅSE 468
Elin Anna Lovisa Danielsdr 1877, LOM 69
Elin Anna Lovisa Wallgren 1890, SÖÅ 45
Elin Antonia Wiklund 1875, GIG 10
Elin Augusta Euren 1871, SIK 2
Elin Augusta Persdr 1894, LOM 152
Elin Beda Augusta Jonsson 1907, FOR 78
Elin Beda Sofia Rönnholm 1872, HÄL 7
Elin Dagny Elisabet Algotsson 1902, LÅN 87
Elin Erika Fredrika Albertina Larsson 1879, ÅSE 338
Elin Eufrosyne Eriksdr 1880, LIL 84
Elin Fredrika Persson 1880, ÅSE 457
Elin Johansson 1880, ÅSE 353
Elin Katarina Persdr 1896, KAL 4, ÄLG 46, LÅN 85
Elin Kristina Nilsson 1889, GÄR 16
Elin Lovisa Aqvilina Gavelin 1890, AVA 40
Elin Magdalena Wikström 1878, ÅSE 275
Elin Margareta Edman 1898, LOM 160
Elin Maria Hägglund 1908, GIG 28
Elin Maria Larsson 1883, LOM 162
Elin Olivia Salomonsson 1890, ÄLG 93
Elin Sara Kristina Westman 1872, AVA 23
Elin Sofia Ekberg 1885, ÅSE 332
Elin Sofia Markusson 1895, ÄLG 5
Elin Teresia Abrahamsdr 1876, BOÖ 16, INS 19
Elina Albertina Olofsson 1893, DAS 3, ÅSE 573
Elina Maria Karolina Bergqvist 1896, HOL 79
Elisabet Agata Hansdr 1886, YTT 12
Elisabet Albertina Nordin 1856, GAF 185
Elisabet Alexandra Forsberg 1855, FOR 69, ÅKB 20
Elisabet Amanda Ekberg 1871, HÄL 17
Elisabet Andersdr , BÄÖ 2
Elisabet Aqvilina Samuelsdr 1867, LOM 105
Elisabet Danielsdr 1798, ÄLG 59
Elisabet Dorotea Danielsdr 1864, VAR 58, ÅSE 444, ÖVR 94
Elisabet Eliedr 1759, ARK 3
Elisabet Erika Eriksdr 1844, YTT 21

Elisabet Erika Eriksdr 1857, ÖVR 31
Elisabet Erika Ingelsdr 1831, TEN 16
Elisabet Erika Jonsdr 1846, ÅSE 485
Elisabet Erika Nilsr 1849, LÖV 5
Elisabet Erika Persdr 1822, SAN 8
Elisabet Erika Persdr 1840, ROS 3
Elisabet Erika Persdr 1853, GAF 3
Elisabet Erika Svensdr 1868, ÅSE 169
Elisabet Eriksdr 1728, REM 3
Elisabet Eriksdr 1730, LOM 43
Elisabet Eriksdr 1793, ALM 41, SÖÅ 65, ÄLG 58
Elisabet Eriksdr 1795, YXS 40
Elisabet Eriksdr 1801, TOÖ 24
Elisabet Eufrosyna Eriksdr 1868, ÄLG 100
Elisabet Gustava Nilsdr 1832, GAF 87, HER 3, SIÖ 3
Elisabet Göransdr 1772, MÅR 2
Elisabet Henriksdr 1744, TAL 7
Elisabet Henriksdr 1768, ORM 11
Elisabet Håkansdr 1763, LAJ 1, LAV 2
Elisabet Ivarsdr 1788, FOR 70
Elisabet Jakobsdr 1695, GAF 63
Elisabet Jakobsdr 1800, GUL 11
Elisabet Johanna Edin 1828, LÅN 38, VÄN 31
Elisabet Johanna Gavelin 1874, ÅSE 454
Elisabet Johanna Hansdr 1848, ÄLG 105
Elisabet Johanna Mosen 1865, ÅSE 130
Elisabet Johanna Olofsdr 1860, ÅSE 349
Elisabet Johanna Persdr 1851, VAR 66
Elisabet Johansdr 1772, GÄR 21, SIK 38, TRE 19
Elisabet Johansdr 1797, KVÄ 7
Elisabet Jonsdr 1705, SVA 4
Elisabet Jonsdr 1738, TAN 1
Elisabet Jonsdr 1779, VAR 28
Elisabet Jonsdr 1796, SÖÅ 20, VÄN 4
Elisabet Josefina Eriksdr 1850, SÖÅ 96, ÅSE 375, ÖSN 85, ÖVR 69
Elisabet Josefina Kristoffersdr 1851, BOM 13
Elisabet Karolina Byström 1877, ÅSE 225
Elisabet Karolina Karlsdr 1867, OXV 29, YTT 29, YXS 66, ÅSE 393
Elisabet Karolina Lindblad 1871, OXV 35, ÖVR 81
Elisabet Karolina Nilsdr 1837, SÄL 2
Elisabet Karolina Svensdr 1838, VAR 67
Elisabet Karolina Svensdr 1867, VAR 16
Elisabet Katarina Abrahamsdr 1869, FOR 12, HÄL 22
Elisabet Katarina Andersdr 1844, SIK 19
Elisabet Katarina Eriksdr 1811, TJÄ 38, ÖSN 80

Elisabet Katarina Eriksdr 1858, ÖSN 14
Elisabet Katarina Isaksdr 1822, ÄLG 39
Elisabet Katarina Mattsdr 1804, IDV 5, SÖN 10
Elisabet Katarina Nordin 1827, HÄL 77
Elisabet Katarina Nordin 1855, HÄL 82
Elisabet Katarina Olofsdr 1818, ÄLG 95
Elisabet Katarina Rådström 1790, ÅSE 383
Elisabet Katarina Söderqvist 1863, KVÄ 24
Elisabet Katarina Westman 1867, ÅSE 269
Elisabet Kristina Andersdr 1807, AVA 16
Elisabet Kristina Andersson 1880, VAR 52
Elisabet Kristina Danielsdr 1865, GAF 148
Elisabet Kristina Eriksdr 1808, ÖVR 26
Elisabet Kristina Jonsdr 1839, HÄL 36
Elisabet Kristina Markusdr 1869, ÅSE 420
Elisabet Kristina Olofsdr 1794, OXV 16, SÖN 15
Elisabet Kristina Pålsdr 1850, LIL 27
Elisabet Kristina Söderlind 1851, HÄG 35
Elisabet Kunigunda Ingelsdr 1882, ÄLG 27
Elisabet Larsdr 1747, VIS 6
Elisabet Larsdr 1774, LÄG 2
Elisabet Larsdr 1779, STM 1
Elisabet Magdalena Danielsdr 1854, TOÖ 64
Elisabet Magdalena Eriksdr 1854, YTT 8
Elisabet Magdalena Gavelin 1811, YTT 20
Elisabet Magdalena Gavelin 1845, GAF 210
Elisabet Magdalena Markusdr 1821, KVÄ 26, ÅSE 356
Elisabet Magdalena Mikaelsdr 1841, KVÄ 27
Elisabet Margareta Hansdr 1853, FOR 1
Elisabet Margareta Johansdr 1847, TOÖ 48
Elisabet Margareta Kristoffersdr 1840, AVA 18
Elisabet Margareta Rhen 1754, ÅSE 68
Elisabet Maria Fredriksdr 1862, YTT 10, ÖSN 36
Elisabet Matilda Björkstrand 1901, TEG 49
Elisabet Matilda Nilsdr 1856, FOR 5, ÅSE 56
Elisabet Matilda Olofsdr 1829, LIL 23
Elisabet Matilda Persdr 1869, VAR 55, ÅSE 134
Elisabet Mattsdr   , GAF 4
Elisabet Mattsdr 1759, VÄN 9
Elisabet Mikaelsdr 1747, HÄL 52
Elisabet Mikaelsdr 1753, BER 1, MÅR 1, SVA 3
Elisabet Nilsdr 1783, GUL 6
Elisabet Nilsdr 1800, VAR 60
Elisabet Olivia Olofsdr 1866, SÖN 38, VÄN 48
Elisabet Olofsdr 1753, TOÖ 74

Elisabet Persdr 1762, YXS 82
Elisabet Persdr 1766, GAF 57
Elisabet Petronella Eriksdr 1878, SÖÅ 55
Elisabet Petronella Hansdr 1828, INS 14
Elisabet Petronella Jonsdr 1859, BOM 13, BOR 5
Elisabet Petronella Olofsdr 1842, ERI 1, SVR 8, ÅSE 43
Elisabet Petronella Persdr 1863, SIK 22
Elisabet Petronella Svensdr 1860, HÄL 68, VAR 50
Elisabet Pålsdr 1737, LÖA 1
Elisabet Pålsdr 1789, KVÄ 8, OXV 7, SÖN 12, VÄN 11
Elisabet Sellström 1882, ERI 3
Elisabet Sofia Degerman 1798, ÅSE 199
Elisabet Sofia Rhen 1783, GAF 53
Elisabet Tomasdr 1729, TEG 27, YXS 48
Elisabet Ulrika Söderholm 1876, TOÖ 66, ÅSE 620
Elisabet Vilhelmina Eriksdr 1869, TOÖ 62
Ella Andersdr   , HOL 2
Ella Henriksdr   , GAF 10
Ella Henriksdr 1685, HOL 83
Ella Jonsdr 1790, ÖVR 12
Ella Nilsdr 1750, BEL 9, LAX 2
Ella Persdr 1751, STM 3
Ellan Marie Lie 1887, ÅSE 520
Ellen Augusta Söderström 1898, ÅSE 570
Elma Ingeborg Jonsson 1874, ÅSE 210
Elna Elisabet Norberg 1899, TEG 21
Elna Elisabet Westman 1895, ÅSE 421
Elna Emilia Ingeborg Nordin 1895, ÅSE 41
Elna Ingeborg Jakobsson 1894, YXS 14
Elna Johanna Eriksson 1898, LÅN 91, ÖSN 104
Elna Johanna Lundberg 1893, HÄG 23, OLO 4
Elna Karolina Jonsdr 1898, GAF 175
Elna Karolina Nordström 1890, SAN 7
Elna Katarina Olofsdr 1893, ÅSE 447, VAR 80
Elna Lovisa Johanna Olofsson 1895, FOR 16
Elna Maria Hedlund 1896, ÅSE 530
Elsa Alma Margareta Flodin 1897, ÅSE 522
Elsa Andrietta Larsdr 1852, ÖVR 80
Elsa Forsbeck 1884, SÖÅ 41
Elsa Kristina Klaren 1888, GAF 230, ÅSE 591
Elsa Maria Andersdr 1838, TOÖ 37
Elvira Katarina Holmberg 1884, GAF 96
Emelinda Eugenia Rylander 1900, OXV 39
Emelinda Karolina Håkansdr 1876, BJÖ 27, LAK 17
Emelinda Karolina Persdr 1882, SÖÅ 35, ÅSE 100, GAF 242

Emelinda Karolina Sundborg 1882, ÅSE 308
Emilia Amanda Eriksson 1899, SIK 64
Emilia Nikolina Jonsdr 1877, BOÖ 44
Emilia Olofsdr 1853, ÅSE 120
Emma Agata Karolina Danielsdr 1875, ÅSE 195
Emma Albertina Rådström 1885, HÄL 109
Emma Amalia Charlotta Hollander 1845, SVR 2
Emma Amalia Rådström 1836, DAS 5, OXV 20, ÅSE 350
Emma Augusta Elisabet Persdr 1885, FOR 35
Emma Augusta Katarina Danielsdr 1875, TOÖ 50
Emma Elisabet Jakobsdr 1853, GAF 43, SIK 5
Emma Erika Ytterbom 1873, ÅSE 343
Emma Johanna Ekberg 1864, ÅSE 220
Emma Josefina Gustavsdr 1879, LOM 23
Emma Karolina Karlsdr 1881, ÅSE 152
Emma Katarina Öberg 1870, ÅSE 190
Emma Kristina Eriksdr 1893, LOM 70
Emma Kristina Jonsson 1871, ÅSE 39
Emma Kristina Matilda Rönblad 1878, LIL 106
Emma Kristina Mattsdr 1865, TOÖ 5
Emma Kristina Nordin 1890, HÄL 82
Emma Kristina Nyman 1875, DAS 1, ÅSE 2
Emma Kristina Söderholm 1879, GAF 17
Emma Lovisa Andersson 1872, ÅSE 323
Emma Margareta Bohlin 1881, ÅSE 131
Emma Olivia Eugenia Nilsdr 1882, INS 38, YXS 30
Emma Olivia Hansdr 1859, HÄL 48
Emma Olofsdr 1858, ÅSE 500
Emma Ottilia Eriksson 1897, ÅSE 614
Emmy Akvilina Jonsson 1897, SIK 57
Emmy Amalia Sundström 1906, ÅSE 647
Emmy Karolina Johansson 1899, ÖVR 2, ÖSN 97
Emmy Kristina Johanna Persson 1899, GAF 236
Engla Elisabet Vikberg 1891, ÅSE 581
Engla Vilhelmina Elisabet Karlsson 1892, ÄLG 75
Erenia Amalia Fredriksson 1902, TOÖ 90
Erika Agata Eriksdr 1806, GAF 130, SÖN 20
Erika Agata Jakobsdr 1845, GIG 16, STK 5, ÅSE 223
Erika Agata Nordin 1837, GAF 126
Erika Agata Persdr 1861, AVA 7
Erika Agata Svensdr 1831, BJÖ 26, OXV 17, ÄLG 68
Erika Amalia Fredriksdr 1845, HÄG 30, TAB 16
Erika Amanda Eriksdr 1870, ÖVR 58
Erika Eleonora Nilsdr 1869, STA 5
Erika Elisabet Edlund 1880, ÄLG 24

Erika Elisabet Wikström 1885, AVA 37
Erika Eriksdr 1829, ÖSN 11
Erika Eugenia Johansdr 1873, LIL 93, SVR 21, ÅSE 453
Erika Johansdr 1837, LIL 94
Erika Karolina Hansdr 1847, HÄL 54
Erika Karolina Nilsdr 1853, OXV 22, ÅSE 295
Erika Karolina Olofsdr 1825, ÅKB 12
Erika Karolina Pålsdr 1854, LIL 16
Erika Katarina Bernhardina Rhen 1819, STA 7, ÅSE 237
Erika Magdalena Eriksdr 1829, LIL 22
Erika Mariana Edin 1833, TOÖ 32
Erika Mariana Gavelin 1856, TOÖ 45
Erika Matilda Berglund 1888, HÄL 34, TEN 9
Erika Petronella Hansdr 1854, HÄL 31
Erika Petronella Kristoffersdr 1859, ÅSE 354
Erika Sjölund 1856, GIG 17, ÅSE 271
Erika Sofia Danielsdr 1842, GAF 127
Erika Teolinda Eriksson 1890, YTT 2
Erika Vilhelmina Falander 1882, VÄN 18
Ester Adina Isaksdr 1888, ÅSE 118
Ester Agata Petronella Forsberg 1886, BJÖ 34
Ester Eugenia Eriksson 1908, ÅSE 643
Ester Evelina Söderholm 1887, ÅSE 55
Ester Johanna Hansson 1890, ÅSE 369
Ester Juliana Katarina Wallgren 1886, FOR 51
Ester Karolina Lundberg 1902, HÄG 44, YTT 39
Ester Kristina Fransson 1894, KLI 4, TOÖ 77
Ester Magdalena Jonsdr 1880, GAF 175
Ester Margareta Lindahl 1886, ÅSE 362
Ester Maria Kallin 1903, YTT 38
Ester Matilda Lundberg 1892, ÅSE 625
Ester Nanny Lundberg 1882, BOÖ 45
Ester Nikolina Wiberg 1877, SÖN 11
Ester Selina Aurora Jonsson 1907, FOR 71
Ester Sofia Nordin 1895, ÅSE 504, SÖÅ 139
Ester Viktoria Pålsdr 1885, SIK 49, STE 7
Estrid Elvina Ingeborg Johansson 1901, ÅSE 564
Estrid Maria Severinsson 1891, ÄLG 53
Eugenia Amalia Olofsdr 1892, INS 28
Eugenia Karolina Edlund 1873, BOM 14, ORG 8, YXS 75, ÅSE 426, ÄLG 104
Eva Agata Danielsdr 1844, VÄJ 2
Eva Agata Gavelin 1834, FOR 11
Eva Agata Johansdr 1845, KVÄ 10, TEG 13
Eva Agata Mattsdr 1845, SÖN 33
Eva Albertina Eriksdr 1869, LÅN 55

Eva Amalia Eriksdr 1862, ÅSE 157
Eva Amalia Kristina Salomonsdr 1866, GÄR 25, INS 34
Eva Amalia Kristoffersdr 1874, SÖÅ 27
Eva Amanda Danielsdr 1866, GAF 201
Eva Amanda Karolina Abrahamsdr 1866, GIG 19, OLO 5
Eva Augusta Andersdr 1863, LÅN 59, ÖVR 61
Eva Augusta Elisabet Lundström 1894, SÖÅ 118
Eva Brita Kristoffersdr 1810, HOL 74
Eva Charlotta Eriksdr 1851, LOM 132
Eva Dorotea Olofsdr 1849, VAR 39
Eva Dorotea Persdr 1825, SOL 30
Eva Elisabet Adamsdr 1812, GAF 34
Eva Elisabet Andersdr 1845, ALM 51, SVR 14, ÅSE 363
Eva Elisabet Jonsdr 1803, LIL 28
Eva Elisabet Mattsdr 1799, GÄR 1, YXS 1
Eva Emelinda Molund 1898, HOL 49
Eva Erika Adamsdr 1826, LOM 54
Eva Erika Andersdr 1822, TOÖ 44
Eva Erika Andersdr 1857, ÄLG 66
Eva Erika Andersson 1879, LOM 151
Eva Erika Jakobsdr 1858, GAF 186
Eva Erika Millen 1802, BOR 7
Eva Erika Persdr 1834, VÄN 34
Eva Eriksdr 1794, GRÅ 1
Eva Eugenia Boström 1881, LÅN 50, ÖSN 76
Eva Eugenia Margareta Mattsdr 1867, VAK 2
Eva Fredrika Persdr 1832, ÄLG 99
Eva Ingeborg Sjödin 1897, TOÖ 93
Eva Jenny Elisabet Blomdahl 1851, ÅSE 81
Eva Johanna Amalia Eriksdr 1838, ÖSN 13
Eva Johanna Edman 1856, LOM 30
Eva Johanna Eriksdr 1837, NYT 8
Eva Johanna Hansdr 1861, SAN 31, TRE 23
Eva Johanna Johansdr 1828, SIK 44
Eva Johanna Johansdr 1853, GAF 165
Eva Johanna Jonsdr 1887, TEG 33
Eva Johanna Nilsdr 1839, GAF 183
Eva Johanna Sehlqvist 1854, STN 5, SÖS 7, ÅSE 228
Eva Johanna Söderqvist 1869, ÖSN 8
Eva Karolina Arnqvist 1857, GRB 4, SÖD 4, VÄJ 13
Eva Karolina Engman 1870, LIL 83
Eva Karolina Jakobsdr 1829, LOM 26
Eva Karolina Johansson 1898, ÅSE 538
Eva Karolina Kristoffersdr 1846, STO 4
Eva Karolina Mattsdr 1829, LIL 17

Eva Karolina Nyman 1842, BOR 5
Eva Karolina Olofsdr 1853, SÖÅ 83
Eva Karolina Persson 1894, ALM 22
Eva Karolina Salomonsdr 1820, BOÖ 37
Eva Katarina Israelsdr 1835, ÄLG 102
Eva Katarina Kristoffersdr 1841, GAF 7
Eva Katarina Olofsdr 1808, INS 3
Eva Katarina Olofsdr 1823, HÄL 16, LÅN 15
Eva Katarina Svensdr 1798, LÅN 54
Eva Kristina Degerman 1777, ÅSE 284
Eva Kristina Eriksdr 1795, ÄLG 39
Eva Kristina Eriksdr 1872, SIK 40
Eva Kristina Olivia Jonsdr 1864, KAL 2
Eva Kristina Salomonsdr 1804, ÄLG 50
Eva Kristina Svensdr 1843, SÖÅ 5, ÖSN 1, ÖVR 1
Eva Kristina Svensdr 1861, AVA 19
Eva Kristina Öberg 1847, LIL 91
Eva Kristoffersdr 1787, GUL 8
Eva Larsdr 1786, INS 15
Eva Lovisa Almroth 1859, ÅSE 452
Eva Lovisa Danielsdr 1863, LAK 35
Eva Lovisa Edin 1865, VÄN 12
Eva Lovisa Eriksson 1893, LÅN 71
Eva Lovisa Gavelin 1804, HÄL 53
Eva Lovisa Hansdr 1857, ÄLG 45
Eva Lovisa Ingelsdr 1871, TAB 7
Eva Lovisa Jakobsdr 1871, TEN 4, TOÖ 12, ÖVR 4
Eva Lovisa Johansdr 1844, GAF 131
Eva Lovisa Jönsdr 1870, ÅSE 63
Eva Lovisa Markusdr 1876, KVÄ 20
Eva Lovisa Nilsdr 1829, LOM 129, ÅSE 435
Eva Lovisa Olofsdr 1854, SÄL 1, VAR 34
Eva Lucia Johansson 1901, TOÖ 91, ÄLG 125
Eva Margareta Almroth 1816, ALM 26, FOR 62
Eva Margareta Hansdr 1798, KVÄ 9, LAK 12, LÅN 23, SOL 10, TJÄ 12, VÄN 20, ÖSN 45
Eva Margareta Jonsdr 1839, HOL 52, HOL 71
Eva Margareta Persdr 1795, KVÄ 16, LÅN 37, ÖSN 68
Eva Margareta Persdr 1810, SÖÅ 60
Eva Margareta Svensdr 1803, LOM 6, SÖÅ 28, VAR 1
Eva Maria Abrahamsdr 1858, DAS 7, FOR 58
Eva Maria Henrietta Svensson 1888, LOM 116
Eva Maria Åkerberg 1883, TOÖ 33
Eva Marteliidr 1880, ÖSN 25
Eva Matilda Alsing 1875, ÅSE 87, ÄLG 16
Eva Matilda Danielsdr 1848, GAF 213

Eva Matilda Eriksdr 1869, ÄLG 54
Eva Matilda Kristina Nordman 1878, YTT 25
Eva Matilda Norlin 1876, LÅN 32, ÅSE 227, ÖSN 56
Eva Matilda Persdr 1844, SÖN 23
Eva Märta Eriksdr 1809, IDV 1
Eva Nilsdr 1802, LOM 17
Eva Nilsdr 1818, GRK 4, GÄR 29, LIL 47, TAB 12, TRE 16
Eva Olava Olofsdr 1828, LOM 7
Eva Olivia Bergström 1863, SAN 36
Eva Olivia Olofsdr 1862, VÄJ 19
Eva Olofsdr 1803, OXV 18, ÖVR 45
Eva Olofsdr 1815, LÅN 49, TJÄ 34
Eva Persdr 1816, OXV 30, ÖVR 75
Eva Persdr 1840, HOL 6
Eva Petronella Persdr 1863, SÖÅ 15, ÖSN 17
Eva Petronella Salomonsdr 1824, BJÖ 15
Eva Pålsdr 1793, LOM 2
Eva Rebecka Gustafsson 1897, ÅSE 547
Eva Sofia Edin 1858, VÄN 22
Eva Sofia Jonsdr 1845, SÖÅ 54
Eva Sofia Mattsdr 1867, ERI 6
Eva Valfrida Kristina Jonsson 1900, ÄLG 119
Eva Viktoria Jonsdr 1883, GIG 12, ÄLG 118
Eva Vilhelmina Maria Eriksdr 1881, ALM 37
Evelina Albertina Selin 1902, GÄR 34
Evelina Augusta Eriksson 1883, ÅSE 400
Evelina Elisabet Jonsson 1905, ALM 57
Evelina Karolina Svensdr 1888, LÅN 5
Evelina Kristina Vahlström 1896, TOÖ 92
Evelina Kristofera Eriksdr 1871, ORG 5, ÄLG 103, LÖB 5
Evelina Wiberg 1902, ÅSE 597

F

Fanny Charlotta Eriksson 1891, LOM 163
Fanny Ingeborg Katarina Jonsson 1886, ÅSE 248
Fanny Ingeborg Nilsson 1903, HÄL 94
Fredrika Danielsdr 1831, ÅSE 290
Fredrika Johanna Johansdr 1844, TRE 25
Fredrika Johanna Sjölund 1886, VAR 3
Fredrika Kristina Kristoffersson 1892, GAF 44
Fredrika Vilhelmina Olofsdr 1837, LIL 77
Freja Eva Kristofera Sara Maria Patricia Rhen 1816, KUL 9, ÅSE 314
Freja Genette Jonsdr 1889, BJÖ 33
Freja Matilda Rådström 1854, HÄG 7
Freja Sara Charlotta Westman 1838, BOÖ 50, SAN 38, YXS 79, ÄLG 108

Freja Sara Maria Hansdr 1867, YXS 42
Frida Augusta Borglund 1891, ÅSE 142
Frida Augusta Johansson 1897, ÅSE 22
Frida Karolina Jonsson 1892, LIL 11
Frida Katarina Olofsdr 1894, SÖÅ 116
Frida Kristina Jonsdr 1886, SÖÅ 92, YXS 60, ÅSE 370
Frida Kristina Karlsson 1904, ÅSE 634
Frida Kristina Petronella Jonsson 1881, TAB 11
Frida Margareta Persson 1876, ÅSE 490
Frida Maria Nilsson 1884, ÅSE 360
Frida Melinda Kristina Danielsdr 1882, INS 34
Frida Nikolina Nilsson 1891, ÅSE 589
Frida Sofia Svensdr 1877, LIL 49, TRE 17

G

Gerda Albertina Hansson 1896, VAR 78
Gerda Augusta Arnqvist 1905, LIL 105
Gerda Katarina Granqvist 1907, ÅKB 23
Gerda Kristina Johansson 1906, ÅSE 597
Gerda Kristina Patricia Gavelin 1884, ÖSN 52
Gerda Linnea Andersson 1908, ÅSE 526
Gerda Lovisa Johansson 1894, HÄL 103
Gerda Signe Kristina Persdr 1887, FOR 9
Gerda Teresia Kjellgren 1899, ÅSE 525
Gertrud Agata Johansdr 1856, INS 31, YXS 46
Gertrud Almroth 1757, TOÖ 6
Gertrud Amalia Almroth 1883, ALM 38
Gertrud Amanda Jonsdr 1869, TOÖ 13
Gertrud Andersdr 1855, ÅKB 5
Gertrud Augusta Kristoffersson 1897, ERI 4
Gertrud Aurora Karolina Rönnholm 1870, YXS 59
Gertrud Brita Abrahamsdr 1808, TEN 17
Gertrud Brita Andersdr 1834, TJÄ 40
Gertrud Brita Danielsdr 1829, LOM 3
Gertrud Brita Danielsdr 1845, TOÖ 68
Gertrud Brita Eriksdr 1838, VÄN 3
Gertrud Brita Gavelin 1785, GAF 22
Gertrud Brita Gavelin 1801, GAF 39
Gertrud Brita Nilsdr 1822, AVA 8
Gertrud Brita Nilsdr 1831, VAR 62
Gertrud Brita Persdr 1814, SVR 7
Gertrud Brita Persdr 1849, ÅSE 136
Gertrud Brita Pålsdr 1803, LÅN 2
Gertrud Danielsdr 1787, BJÖ 32, HOL 77, ÅKB 18
Gertrud Eleonora Nilsson 1894, YXS 85

Gertrud Eleonora Söderström 1856, ÅSE 128
Gertrud Erika Danielsdr 1862, ÖVR 9
Gertrud Erika Eriksdr 1860, ÖSN 73
Gertrud Erika Eriksdr 1862, AVA 3
Gertrud Erika Jonsdr 1838, ORG 1, ÅSE 77, ÄLG 11
Gertrud Erika Mattsdr 1858, ÖVR 19
Gertrud Erika Nilsdr 1859, FOR 19
Gertrud Erika Persdr 1861, ÅSE 174
Gertrud Erika Salomonsdr 1825, TOS 4
Gertrud Eriksdr 1775, IDV 6, TJL 15
Gertrud Eriksdr 1789, BOÖ 13
Gertrud Eriksdr 1790, VAR 57
Gertrud Eugenia Karolina Ingelsdr 1849, LÅN 34, ÖVR 39
Gertrud Eugenia Lindblad 1861, AVA 7
Gertrud Gustava Emelinda Mattsdr 1862, LÖV 5
Gertrud Hansdr 1786, ÄLG 60
Gertrud Henriksdr 1730, TAL 4, TJÄ 41
Gertrud Ingelsdr 1774, GAF 191, LAX 3, LÅN 68
Gertrud Jenny Maria Kristoffersdr 1889, LOM 11
Gertrud Johanna Danielsdr 1877, ÅSE 238
Gertrud Jonata Jonsdr 1830, VAR 14
Gertrud Jonsdr 1730, MÅR 4, SÖÅ 19
Gertrud Karolina Danielsdr 1869, ÅSE 224
Gertrud Karolina Eriksdr 1873, BOR 4
Gertrud Karolina Lundgren 1866, ÅSE 432
Gertrud Karolina Persdr 1845, SÖN 29
Gertrud Katarina Adamsdr 1817, BOR 11
Gertrud Katarina Andersdr 1850, SVR 6
Gertrud Katarina Danielsdr 1843, LOM 82, ÅSE 416
Gertrud Katarina Kristoffersdr 1844, STO 19, ÄLG 30
Gertrud Katarina Mikaelsdr 1815, TOÖ 56
Gertrud Katarina Söderlund 1856, TOS 7
Gertrud Kristina Eriksdr 1803, VÄN 43
Gertrud Kristina Eriksdr 1874, YXS 55
Gertrud Kristina Kristoffersdr 1866, ERI 2, HÄL 15
Gertrud Kristina Nilsdr 1859, GRK 3
Gertrud Kristina Persdr 1841, GAF 9
Gertrud Kristina Söderqvist 1856, GAF 149
Gertrud Lovisa Danielsdr 1850, HÄL 71
Gertrud Lovisa Eriksdr 1854, GAF 149, LÅN 47, ÖSN 74
Gertrud Magdalena Andersdr 1813, LOM 117, SÖÅ 93
Gertrud Magdalena Eriksdr 1824, GÄR 26, LIL 68, OLO 7
Gertrud Magdalena Eriksdr 1856, LOM 58
Gertrud Magdalena Hansdr 1833, GAF 84
Gertrud Magdalena Ingelsdr 1850, ALM 46

Gertrud Magdalena Olofsdr 1840, AVA 24
Gertrud Magdalena Persdr 1807, ÖVR 41
Gertrud Magdalena Persdr 1814, FOR 45
Gertrud Magdalena Persdr 1829, HOL 66, LÅN 53, SOL 25, ÖSN 78
Gertrud Margareta Jonsson 1899, ÅSE 653
Gertrud Margareta Mattsdr 1816, GAF 154
Gertrud Matilda Abrahamsdr 1843, LOM 18
Gertrud Matilda Asplund 1869, LIL 90
Gertrud Mattsdr   , RÅS 3
Gertrud Melinda Mikaelsdr 1883, AVA 11
Gertrud Mikaelsdr 1768, YTT 14
Gertrud Nilsdr   , GAF 180
Gertrud Persdr 1734, RÅS 1
Gertrud Persdr 1744, BÄS 4, VOL 2
Gertrud Pålsdr 1723, VÄN 14
Gertrud Pålsdr 1783, ALM 12
Gertrud Salomonsdr 1764, GAF 136, LOM 100, TOÖ 63
Gunborg Emilia Persson 1902, BOÖ 60
Gunborg Johanna Haglund 1901, HÄL 101
Gunilla Olofsd 1741, GRÅ 5
Gunilla Persdr 1755, INS 33, LIL 65
Gustava Albertina Magnusdr 1872, SAN 43
Gustava Andersdr 1828, TJÄ 36
Gustava Aqvilina Eriksdr 1871, INS 22
Gustava Karolina Eriksdr 1844, ÖSN 29
Gustava Katarina Linne 1874, ÖSN 16
Gustava Markusdr 1827, ALM 26, SÖS 8
Gustava Olofsdr 1831, HOL 60
Göle Israelsdr 1729, ORM 9
Göta Amanda Sundgren 1903, ÅSE 604
Göta Hermine Fausta Hansson 1903, ÅSE 598
Göta Viola Elisabet Svensson 1910, HÄL 97
Göta Viola Höglund 1901, ALM 55

H

Hanna Albertina Eriksson 1903, ÅSE 656
Hanna Amalia Bergström 1889, ÅSE 450
Hanna Augusta Jonsdr 1900, SIK 63
Hanna Augusta Renman 1870, ÅSE 511
Hanna Augusta Sundin 1900, LOM 59
Hanna Elina Agata Eriksson 1889, INS 44
Hanna Elisabet Eriksdr 1889, TEG 19
Hanna Elisabet Sjölund 1899, ÅSE 205
Hanna Emilia Petronella Grundberg 1865, ÅSE 438
Hanna Frideborg Danielsson 1900, REN 5

Hanna Iduna Albertina Johansson 1893, INS 23, ÅSE 266
Hanna Ingeborg Jonsson 1908, ÄLG 116
Hanna Ingrid Amalia Sjödin 1896, INS 24, ÅSE 272
Hanna Justina Johansson 1901, LOM 164
Hanna Kristina Albertina Eriksdr 1887, ÄLG 90
Hanna Kristina Bergström 1897, SAN 46, VAK 9
Hanna Severina Karlsson 1902, SVR 29
Hanna Viktoria Eufrosyna Hansson 1885, ALM 1
Hedvig Aurora Selinder 1851, ÅSE 371
Hedvig Elentina Dahlberg 1899, LOM 167
Hedvig Elisabet Karolina Persson 1889, SÖN 8
Hedvig Emerentia Söderholm 1899, LOM 19, TEN 24, SVR 26, ÅSE 613
Hedvig Eufrosyne Lidström 1888, KVÄ 32, ÅSE 404, ÖVR 78
Hedvig Ingeborg Markusson 1897, GAF 241
Hedvig Karolina Sjölund 1896, BOM 18, ÖVR 95
Hedvig Katarina Henriksson 1898, ÄLG 120
Hedvig Katarina von Post 1868, ÅSE 340
Hedvig Mariana Skerdin 1894, LIL 58
Hedvig Regina Ingeborg Jonsdr 1881, ÅSE 70, BOM 19
Hedvig Sofia Degerman 1772, ÅSE 456
Hedvig Sofia Wiberg 1886, ÅSE 264, LOM 146
Hedvig Vilhelmina Eriksson 1895, GAF 240
Hedvig Viola Haglund 1899, HÄL 93
Helena Dorotea Jakobsdr 1841, LOM 76
Helena Henriksdr 1755, VOL 4
Helena Johanna Hellström 1857, HÄL 49, VÄN 26, ÅSE 268
Helena Nilsdr 1756, NÄS 4
Helena Olofsdr 1745, TEG 7
Helena Olofsdr 1803, TJL 12, TJÄ 26
Helena Persdr 1759, HAC 6, TEG 42
Helena Sofia Nord 1901, SÖÅ 128, ÅSE 577
Helga Adelhild Degerman 1898, ÖVR 88
Helga Eugenia Jonsson 1900, ÄLG 114
Helga Fausta Kristina Karlsson 1899, STK 6, ÅSE 615
Helga Karolina Eriksson 1902, BJÖ 41
Helga Kristina Eriksson 1897, OXV 4
Helga Kristina Sjöberg 1899, HÄG 43
Helga Naima Elisabet Nyberg 1890, ÅSE 558
Helga Olivia Holmberg 1883, KUL 4, TOÖ 49, ÅSE 193
Helga Ottilia Holmberg 1901, VÄJ 21
Helldi Karolina Dahlbäck 1898, GAF 124
Helly Frideborg Johansson 1897, GRK 1
Henny Elentina Eriksson 1895, GIG 18
Henny Elisabet Björn 1906, BJÖ 42
Henny Evelina Svensson 1896, ÅSE 608

Henny Frideborg Lovisa Eriksson 1905, ALM 58
Henny Karolina Eriksson 1895, ÅSE 612
Henny Karolina Johanna Lindblad 1878, ÅSE 291
Henny Kristina Olofsson 1894, GAF 226
Henny Margareta Jonsdr 1889, LIL 19
Henny Maria Sjöblom 1881, ÅSE 163
Henny Martina Hellgren 1903, STN 8
Henny Olivia Augusta Olofsson 1888, ÅSE 152
Henny Santaura Söderholm 1902, ÅSE 576
Henny Selina Jonsson 1890, BOÖ 49
Henny Sigfridina Holmgren 1882, ÅSE 287
Hermine Jeanette Adelaide Lohman 1867, LOM 44, SÖÅ 50, ÅSE 560
Hilda Agata Persson 1875, KUL 2, SÖÅ 30
Hilda Amalia Olofsdr 1863, ÅSE 23
Hilda Charlotta Persdr 1862, FOR 4, HÄL 2
Hilda Elisabet Olofsdr 1875, SAN 23
Hilda Elisabet Pettersson 1886, KUL 12
Hilda Henrietta Johansdr 1866, BOM 6, NOÖ 3, ÅSE 226
Hilda Karolina Asplund 1874, SÖN 34, VÄN 44, ÖSN 86
Hilda Karolina Danielsdr 1874, ÅSE 178
Hilda Karolina Danielsson 1898, TOÖ 14
Hilda Karolina Johansson 1895, YXS 15
Hilda Karolina Sjögren 1886, KVÄ 14, REN 4
Hilda Kristina Anselina Johansson 1888, ERI 7
Hilda Kristina Jonsdr 1887, ALM 5, ÅSE 519
Hilda Kristina Noren 1895, ÅSE 372
Hilda Kristina Norström 1895, ÅSE 627
Hilda Levina Edman 1882, ÖSN 87
Hilda Maria Elisabet Norberg 1889, HÄG 22, ÖVR 23
Hilda Martina Jonsdr 1899, ÅSE 319, SIK 65, STE 11
Hilda Martina Olofsson 1894, TAB 19
Hilda Teresia Eriksson 1891, HÄL 84
Hilda Viktoria Danielsson 1912, TOS 12
Hilda Viktoria Jonsson 1908, OXV 40
Hildegard Karolina Lindskog 1884, SÖÅ 43
Hildegard Kristina Eriksdr 1888, STO 10, ÅSE 531
Hildina Augusta Eriksdr 1886, STO 30, ÅSE 496
Hildur Agata Eliasson 1896, BJÖ 17
Hildur Amalia Maria Hellman 1875, SÖÅ 117, ÅSE 491, GAF 234, HOL 94
Hildur Elisabet Olofsdr 1884, ÅKB 10
Hildur Elisabet Rådström 1894, ÅSE 103, SÖÅ 134
Hildur Helena Jonsson 1894, LOM 37
Hildur Jonsson 1882, ÅSE 110
Hildur Josefina Eriksdr 1899, LOM 53, AVA 62
Hildur Karolina Nilsson 1888, ÖVR 70

Hildur Karolina Olofsdr 1896, TAB 18, ÄLG 89
Hildur Karolina Sollen 1872, GAF 167
Hildur Katarina Nilsson 1887, ÖVR 44
Hildur Katarina Olofsson 1902, ÅKB 24
Hildur Kristina Holmberg 1893, ÅSE 139
Hildur Kristina Norlin 1899, GAF 238
Hildur Maria Bexelius 1870, SÖÅ 12, ÅSE 26
Hildur Maria Eriksson 1897, LOM 157
Hildur Maria Sörlin 1904, DAS 9
Hildur Markusson 1900, GAF 237
Hildur Märta Linnea Östman 1889, ÅSE 267
Hildur Sjöholm 1871, ÅSE 84
Hildur Sofia Håkansson 1892, GAF 229
Hildur Sofia Nyström 1894, ÅSE 523
Hillevi Miriam Desderia Sjöstedt 1892, ÅSE 478
Hilma Alida Olivia Grundström 1876, LOM 104
Hilma Antonietta Jonsdr 1874, BOM 12
Hilma Aqvilina Persdr 1876, LOM 138
Hilma Augusta Albertina Svensdr 1884, AVA 9, ÅSE 574
Hilma Elisabet Lindholm 1897, ÅSE 651
Hilma Elisabet Persdr 1886, GAF 101
Hilma Emelinda Augusta Edlund 1870, ORG 2, ÅSE 155, ÄLG 42
Hilma Erika Eriksson 1897, YXS 25
Hilma Evelina Nyman 1877, ÅSE 411
Hilma Evelina Persson 1901, HÄL 107
Hilma Johanna Karolina Våhlin 1877, BOÖ 14
Hilma Johanna Persdr 1885, GAF 176
Hilma Josefina Nerpin 1848, ÅSE 86, ÄLG 15
Hilma Karolina Danielsson 1901, ÅSE 386
Hilma Karolina Samuelsson 1874, ÅSE 501
Hilma Katarina Salomonsdr 1870, SÖÅ 88
Hilma Katarina Vestberg 1902, HÄL 96
Hilma Kristina Karolina Åkerberg 1883, YXS 36, ÅSE 261
Hilma Kristina Persdr 1874, SIK 23
Hilma Kristina Petronella Eriksdr 1890, ALM 7
Hilma Kristina Salomonsdr 1890, KVÄ 5, ÖVR 3
Hilma Lydia Martina Hansson 1895, LIL 9, BOÖ 61, TRE 32
Hilma Margareta Elisabet Eriksson 1879, ÅSE 507
Hilma Margareta Larsdr 1904, ÅSE 619
Hilma Maria Eriksson 1883, OLO 2, STO 20
Hilma Maria Nilsson 1896, OXV 3
Hilma Olivia Falander 1885, ÅSE 176, ÖSN 49
Hilma Sofia Granström 1893, ÅSE 551
Hulda Agata Hansson 1885, GRB 1
Hulda Amalia Martina Wallej 1879, STA 4, TOS 3

Hulda Andrietta Karlsdr 1878, ÅSE 298
Hulda Anna Erika Wiklund 1872, GIG 8
Hulda Aqvilina Danielsson 1892, ÅSE 423
Hulda Augusta Fransson 1884, VAK 4, STE 10
Hulda Elisabet Malmqvist 1868, ÅSE 348
Hulda Elisabet Olofsson 1888, TOÖ 17
Hulda Elisabet Ottilia Olofsdr 1872, ÖSN 89
Hulda Elisabet Sjöqvist 1868, TEN 7, ÅSE 102
Hulda Elisabet Åslund 1885, SAN 4
Hulda Gustava Wikberg 1885, BOÖ 19, ÅSE 172
Hulda Johanna Andersson 1899, ÅSE 652
Hulda Johanna Eliedr 1876, ALM 9
Hulda Johanna Jonsdr 1872, SAN 31
Hulda Josefina Eriksdr 1864, ÄLG 33
Hulda Josefina Norberg 1883, HÄG 37
Hulda Karolina Eriksdr 1863, ÅSE 464
Hulda Karolina Gavelin 1881, YTT 27
Hulda Karolina Holmberg 1863, SIK 25, ÅSE 204, ÄLG 51
Hulda Karolina Holmström 1883, HÄG 20, OXV 15
Hulda Karolina Ingelsson 1899, HÄL 81
Hulda Katarina Byström 1901, LAK 43
Hulda Katarina Eriksson 1886, GAF 198
Hulda Katarina Forsberg 1865, ÅSE 387
Hulda Katarina Wikner 1873, ÅSE 437
Hulda Kristina Mattsdr 1865, SÖÅ 9, ÅSE 17
Hulda Margareta Wiklund 1879, BOÖ 7
Hulda Maria Johansdr 1866, SÖÅ 70, TEN 13, YXS 34
Hulda Maria Karlsdr 1879, ÅSE 391
Hulda Maria Nordlund 1886, ÄLG 109
Hulda Martina Mårtensdr 1882, SIK 18
Hulda Matilda Sjödin 1874, ÅSE 183
Hulda Nilsdr 1897, ÄLG 2
Hulda Olivia Alenius 1885, SIK 39
Hulda Teresia Salomonsdr 1876, STE 2
Hulda Teresia Ålin 1881, ÅSE 301
Hulda Viktoria Fransson 1890, ÖVR 62
Hulda Viktoria Lundgren 1884, SAN 10

I

Ida Agata Eriksdr 1871, ALM 42
Ida Agata Matilda Abrahamsdr 1859, FOR 67
Ida Amalia Kristina Mattsdr 1876, YXS 61
Ida Anna Martina Gavelin 1895, BJÖ 39
Ida Aqvilina Jonsdr 1888, TRE 5
Ida Aqvilina Åkerberg 1870, ÅKB 6

Ida Augusta Persson 1886, LOM 123
Ida Dorotea Augusta Tidström 1867, ÅSE 119
Ida Elisabet Nilsdr 1885, LÖV 6
Ida Emelinda Söderholm 1884, ÅSE 137
Ida Emilia Katarina Mårtensdr 1872, ÅSE 288
Ida Erika Karlsdr 1878, ALM 20
Ida Erika Nilsson 1890, AVA 4
Ida Evelina Jakobsson 1895, ÅSE 36, SÖS 15
Ida Fredrika Fredriksdr 1869, SÖN 7, SÖÅ 31
Ida Fredrika Vestberg 1898, HÄL 99
Ida Hilda Josefina Hartman 1856, ÅSE 219
Ida Johanna Jönsdr 1857, ÅSE 436
Ida Johanna Lidgren 1904, HÄL 102
Ida Johanna Palmqvist 1886, ÅSE 449
Ida Johanna Persdr 1878, VAR 4
Ida Karolina Jonsdr 1872, TOÖ 43
Ida Karolina Persdr 1882, ÖSN 23
Ida Karolina Salomonsson 1891, ÅSE 257
Ida Karolina Åström 1871, FOR 30
Ida Katarina Nilsdr 1883, HÄL 9
Ida Kristina Almroth 1871, ALM 25
Ida Kristina Edman 1873, GAF 112
Ida Kristina Edman 1896, FOR 68
Ida Kristina Eriksdr 1878, TAB 6, TOÖ 22
Ida Kristina Johansdr 1871, LÅN 11, NOÖ 1, ÅSE 94
Ida Kristina Markusdr 1865, FOR 18, SÖÅ 47, VAR 20
Ida Kristina Olofsdr 1861, LÅN 52, TEG 38
Ida Kristina Olofsdr 1878, LÅN 40
Ida Kristina Persson 1864, ÅSE 518
Ida Kristina Söderlund 1875, ÅSE 10
Ida Kristina Wikström 1896, LIL 107
Ida Magdalena Karolina Salomonsdr 1870, LOM 66
Ida Margareta Jonsdr 1872, SÖÅ 100
Ida Margareta Salomonsdr 1861, LOM 4
Ida Margareta Åhman 1889, ÅSE 255
Ida Maria Svedberg 1887, ÅSE 113
Ida Matilda Sjöberg 1885, GAF 135
Ida Maximiliana Albertina Blomqvist 1859, ÅSE 47
Ida Olivia Almroth 1881, ALM 16
Ida Olivia Markusdr 1865, ÄLG 64
Ida Olivia Persdr 1861, GAF 105
Ida Paulina Genberg 1869, BOÖ 34, ÅSE 327
Ida Petronella Danielsdr 1868, LOM 45
Ida Petronella Englen 1891, LOM 75, FOR 73
Ida Petronella Eriksdr 1880, ÖSN 10

Ida Petronella Persson 1900, LOM 147
Ida Ulrika Molin 1877, LOM 71
Ida Viktoria Elisabet Markusdr 1856, LIL 12
Ina Hildegard Östman 1895, ALM 6
Ines Johanna Strömqvist 1904, VÄN 49
Inga Agata Hansdr 1856, YXS 17
Inga Danielsdr 1754, TOÖ 70
Inga Elisabet Johansdr 1885, VÄN 45
Inga Elisabet Svensdr 1808, FOR 27
Inga Evelina Johansdr 1889, HOL 31
Inga Gustava Åström 1875, SÖÅ 68
Inga Johanna Andersdr 1830, ÖVR 77
Inga Johanna Ingelsdr 1835, ALM 18, ÅSE 11
Inga Johanna Persdr 1837, SÖÅ 49
Inga Karolina Andersdr 1841, SIK 9
Inga Karolina Danielsdr 1833, TAB 15
Inga Karolina Jönsdr 1846, SIK 47
Inga Karolina Olofsdr 1849, LÅN 12
Inga Karolina Persdr 1825, HOL 55
Inga Karolina Persdr 1837, ÄLG 44
Inga Karolina Svensdr 1839, GAF 174
Inga Katarina Karlsdr 1836, TOÖ 76
Inga Katarina Larsdr 1830, SOL 2
Inga Katarina Nilsdr 1834, STO 24
Inga Katarina Persdr 1800, TJÄ 3, ÅSE 97
Inga Katarina Selberg 1838, LÅN 17
Inga Katarina Svensdr 1812, IDV 3
Inga Kristina Andersdr 1873, TOÖ 15
Inga Kristina Jakobsdr 1847, TEG 25
Inga Kristina Johansdr 1824, ÄLG 80
Inga Kristina Jonsdr 1838, FOR 36, HER 4, SÖÅ 71
Inga Kristina Kristoffersdr 1839, SÖÅ 110
Inga Kristina Kristoffersdr 1865, YXS 65
Inga Kristina Mårtensdr 1845, VAR 18
Inga Magdalena Adamsdr 1811, LIL 33
Inga Magdalena Andersdr 1837, LAK 38
Inga Magdalena Andersdr 1859, ALM 2
Inga Magdalena Jakobsdr 1828, FOR 46, ÅKB 14
Inga Magdalena Johansdr 1816, KLI 2
Inga Magdalena Johansdr 1823, TJL 5
Inga Magdalena Jonsdr 1821, GAF 54
Inga Magdalena Kristoffersdr 1812, HOL 73, ÖSN 83
Inga Magdalena Olofsdr 1815, HOL 80, SOL 32, ÖVR 68
Inga Margareta Sjödin 1874, SÖÅ 62, ÅSE 214
Inga Maria Eriksdr 1872, HOL 85

Inga Maria Helena Gavelin 1871, TOÖ 18
Inga Maria Nilsdr 1881, HÄG 31, LAK 27
Inga Matilda Eriksdr 1876, LOM 103
Inga Märta Kristoffersdr 1866, TEG 39
Inga Märta Olofsdr 1812, BOÖ 18, FOR 22
Inga Märta Olofsdr 1836, STO 9
Inga Märta Persdr 1864, FOR 13
Inga Petronella Persdr 1855, LAK 9, ÅSE 361
Ingeborg Danielsdr 1754, LUS 1, NÄS 3
Ingeborg Eriksdr   , HOL 4, SVA 1
Ingeborg Eriksdr 1782, TEN 8, TOÖ 25
Ingeborg Gustava Holmgren 1877, FOR 9, HÄL 10
Ingeborg Hansdr 1795, ÖSN 60
Ingeborg Israelsdr 1795, RÖD 7
Ingeborg Jakobsdr 1751, ÅSE 239
Ingeborg Jakobsdr 1787, LOM 72
Ingeborg Johanna Vallgren 1893, VAR 74
Ingeborg Johansdr 1758, RÖD 1
Ingeborg Johansdr 1765, GAF 59, TJL 6, VAR 21
Ingeborg Jonsdr 1733, OXV 26
Ingeborg Jonsdr 1830, TJÄ 32
Ingeborg Jonsdr 1892, HOL 17
Ingeborg Katarina Bjelke 1872, ÅSE 104
Ingeborg Kristina Eliedr 1819, BOÖ 9, SIK 9
Ingeborg Kristoffersdr 1803, LOM 74, SOL 19, SÖÅ 67
Ingeborg Maria Forsberg 1910, HOL 96
Ingeborg Maria Jonsdr 1883, NYT 7
Ingeborg Maria Näslund 1901, ÅSE 552
Ingeborg Markusdr 1794, GAF 205
Ingeborg Mikaelsdr 1744, HÄL 56
Ingeborg Mårtensdr 1760, SOL 7
Ingeborg Mårtensdr 1762, GAF 123
Ingeborg Nilsdr 1740, GUL 7
Ingeborg Olofsdr 1739, STF 10
Ingeborg Olofsdr 1757, AVA 54, FOR 63
Ingeborg Olofsdr 1760, ALM 19
Ingeborg Olofsdr 1778, BOM 10
Ingeborg Olofsdr 1792, STN 6
Ingeborg Persdr 1757, REM 1
Ingeborg Petronella Persdr 1874, ÅSE 434
Ingeborg Salomonsdr 1755, HAC 1, ÅSE 82
Ingeborg Svensdr 1724, RÖD 2
Ingeborg Svensdr 1785, RÖD 5
Ingeborg Westner 1823, GAF 207
Ingrid   , SIW 2

Ingrid Adamsdr 1767, LOM 126
Ingrid Elisabet Asplund 1903, ÅSE 535
Ingrid Elisabet Norlin 1898, GAF 225
Ingrid Elisabet Tellström 1903, ÅSE 529
Ingrid Hilma Gunilla Fogelin 1898, ÅSE 622
Ingrid Håkansdr 1762, FOR 44, LAJ 8, LAV 6
Ingrid Ingelsdr 1783, TEG 1
Ingrid Jonsson 1904, AVA 61
Ingrid Karolina Landin 1898, BOM 17, SÖÅ 127
Ingrid Kristina Salomonsdr 1815, LOM 93
Ingrid Maria Eriksdr 1866, ÅSE 235
Ingrid Maria Gavelin 1810, TOÖ 27
Ingrid Maria Hägglund 1889, HÄL 14
Ingrid Matilda Hansdr 1873, ÅKB 15
Ingrid Matilda Hansdr 1873, ÖVR 56
Ingrid Naima Adele Brändström 1901, ÅSE 557
Irene Katarina Persson 1895, ÖSN 94

J

Jenny Albertina Elisabet Henriksdr 1890, INS 8, ÅSE 571
Jenny Amalia Olofsdr 1886, ROS 2, SVR 17
Jenny Augusta Hällsten 1882, GAF 200
Jenny Gustava Nilsson 1897, GÄR 38
Jenny Hildegard Karolina Figaro 1891, VAR 63, LOM 156
Jenny Ingeborg Salomonsson 1901, LÅN 88
Jenny Karolina Arnqvist 1890, LIL 108
Jenny Karolina Bergström 1884, ÅSE 329, ÖSN 28
Jenny Karolina Rådström 1897, SÖÅ 131
Jenny Katarina Jakobsson 1897, HOL 87
Jenny Kristina Elisabet Eliedr 1883, VÄN 33
Jenny Levina Abrahamsson 1901, LOM 143
Jenny Lovisa Persson 1896, ÖVR 47
Jenny Ludvina Persson 1895, ÅSE 93
Jenny Maria Genberg 1888, SAN 25
Jenny Maria Hagelin 1878, ÅSE 38
Jenny Maria Johansson 1888, GÄR 22, ÅSE 299, ÖSB 4
Jenny Maria Karolina Lindqvist 1889, ÄLG 88
Jenny Maria Lundqvist 1894, ÅSE 642
Jenny Markusson 1902, FOR 76
Jenny Olivia Karolina Lindahl 1854, ÅSE 477
Jenny Selina Bertilsson 1905, GAF 243
Johanna Agata Eliedr 1879, ÖVR 27
Johanna Agata Jonsdr 1842, ÅSE 458
Johanna Amalia Andersdr 1868, ÖSN 32
Johanna Andersdr 1879, ÖSN 44

Johanna Ansellina Persson 1873, ÅSE 481
Johanna Dorotea Eliedr 1868, ÅSE 352
Johanna Dorotea Olofsdr 1851, ÅSE 138
Johanna Emelinda Alberta Backlund 1878, SÖÅ 61
Johanna Evelina Eriksson 1893, YXS 37
Johanna Evelina Samuelsson 1870, ÅSE 251
Johanna Falk 1855, ÅSE 313
Johanna Gavelin 1817, GAF 61
Johanna Gustava Olofsdr 1836, SÖÅ 36
Johanna Gustava Törnlund 1837, INS 7, REN 2
Johanna Jakobsdr 1842, HÄL 25
Johanna Johansdr 1865, ÅSE 304
Johanna Jonsdr 1882, FOR 23
Johanna Josefina Persdr 1844, ÅSE 473
Johanna Josefina Salomonsdr 1868, SÖB 2
Johanna Karolina Johansdr 1835, FÄB 1, SÖÅ 7, ÅSE 173
Johanna Karolina Mårtensdr 1851, SÖÅ 114
Johanna Karolina Rådström 1876, HÄL 86
Johanna Katarina Söderlind 1881, HÄL 46
Johanna Kristina Lindblad 1856, TOÖ 45
Johanna Magdalena Eliedr 1845, ORG 7
Johanna Margareta Borgström 1865, FOR 26, ÅSE 194
Johanna Matilda Lindholm 1874, ÅSE 88
Johanna Mikaelsdr 1854, HÄG 5
Johanna Nordin 1830, LOM 127
Johanna Olivia Frykholm 1844, ÅSE 19
Johanna Persdr 1843, SOL 29
Johanna Petronella Persdr 1823, HOL 38, TJÄ 13, ÖSN 47
Johanna Reinholdina Johansdr 1869, GAF 66
Johanna Teresia Björklund 1891, ÅSE 167
Johanna Teresia Hägglund 1878, ÅSE 341
Johanna Valentina Jonsdr 1881, SÖÅ 72
Johanna Vilhelmina Eriksson 1888, AVA 1
Josefina Alexandra Öqvist 1894, AVA 63
Josefina Petronella Persdr 1856, LOM 56, YXS 29
Judit Elisabet Bergström 1891, ÖSN 54, LIL 111
Judit Katarina Gyll 1895, ÖVR 87
Judit Kristina Andersson 1897, LIL 104, SAN 41
Judit Margareta Hedin 1893, VÄJ 20, INS 45
Judit Maria Persson 1891, LÅN 72
Julia Karolina Rådström 1872, SÖÅ 99, ÅSE 310
Julia Maria Westberg 1883, HÄL 4
Juliana Albertina Söderlund 1897, SIK 4, TAB 2
Juliana Petronella Persdr 1856, ALM 24
Justina Gustava Amanda Lindblad 1881, ÅSE 335

K

Karin Elvira Vestberg 1900, HOL 95
Karin Maria Hedlund 1904, ÅSE 521
Karolina Agata Danielsdr 1872, FOR 24, ÅSE 192
Karolina Albertina Eriksdr 1871, ÅSE 109, ÖSN 30
Karolina Albertina Olofsdr 1868, GAF 27
Karolina Andersdr 1826, TJÄ 35
Karolina Antonietta Eriksdr 1877, ÄLG 14
Karolina Augusta Eriksdr 1853, VÄJ 3
Karolina Aurora Johansdr 1878, KVÄ 19, LIL 56, TOÖ 59
Karolina Charlotta Asplund 1862, KÅK 7, LIL 41, SAN 17
Karolina Danielsdr 1865, SÖÅ 21, ÅSE 73
Karolina Elisabet Sandberg 1872, KUL 7
Karolina Eriksdr 1826, ÄLG 1
Karolina Eriksdr 1879, ÅSE 462
Karolina Johanna Johansdr 1851, INS 39
Karolina Johansdr 1832, MOS 3
Karolina Josefina Hansdr 1853, ÄLG 40
Karolina Katarina Konkordia Svanlund 1883, VAR 24
Karolina Konkordia Persdr 1855, TRE 6
Karolina Kristina Nyström 1882, VAR 17
Karolina Kristina Söderlund 1862, GAF 140
Karolina Lovisa Hedvig Norlund 1859, ÅSE 376, ÖVR 72
Karolina Lovisa Åkerberg 1880, TOÖ 84, ÅSE 479
Karolina Margareta Eriksdr 1875, TAB 21
Karolina Melinda Persdr 1866, GAF 152, SÖÅ 79, ÅSE 318
Karolina Nilsdr 1863, ÄLG 17
Karolina Nordlöf 1864, SÖÅ 105, ÅSE 427
Karolina Petronella Åkerström 1874, LOM 142, VAR 73
Karolina Severina Jakobsdr 1884, SIK 36
Karolina Sjögren 1851, LÅN 19
Karolina Söderström 1865, ÅSE 414
Kaspera Elvira Olofsson 1895, LIL 8
Katarina Agata Jakobsdr 1819, SÖÅ 56, TJÄ 19, ÖSN 53
Katarina Agata Johansdr 1875, SAN 29
Katarina Agata Johansdr 1883, ÖSN 34
Katarina Almroth 1776, ALM 43, LOM 98, TOÖ 61
Katarina Andersdr 1745, BEL 4
Katarina Andersdr 1748, HAC 5, SIÄ 3
Katarina Andersdr 1769, BÄÖ 3
Katarina Andersdr 1798, LIL 37
Katarina Andersdr 1811, YXS 28, ÖSN 51
Katarina Aqvilina Jonsdr 1881, KVÄ 21, LAK 23, ÅSE 345
Katarina Bryngelsdr 1768, LÖA 4, OXV 31

Katarina Burman 1764, VOS 2
Katarina Charlotta Olofsdr 1865, SÖÅ 66
Katarina Danielsdr 1814, GUL 3
Katarina Dorotea Alexandersdr 1862, ÅSE 406
Katarina Ekeblad , SÖÅ 22
Katarina Eliedr 1767, SKA 1
Katarina Elisabet Andersson 1869, ÅSE 317
Katarina Elisabet Eriksdr 1863, LIL 35, TAB 8
Katarina Elisabet Larsson 1887, BJÖ 38
Katarina Elisabet Olofsdr 1850, FOR 21
Katarina Elisabet Persdr 1809, LIL 33
Katarina Erika Engman 1877, ÖVR 46
Katarina Erika Hansdr 1826, ALM 15, SÖÅ 4, ÄLG 4
Katarina Erika Jonsdr 1864, ÄLG 74
Katarina Erika Mårtensdr 1847, ÅKB 2
Katarina Erika Toren 1861, LAK 37, LÅN 82
Katarina Erika Toren 1862, LÅN 33
Katarina Eriksdr 1715, ALM 29, HOL 36, HÄL 38
Katarina Eriksdr 1723, LAV 8
Katarina Eriksdr 1726, NÄS 2, REM 3
Katarina Eriksdr 1751, LÅB 2
Katarina Eriksdr 1760, ORM 3
Katarina Eriksdr 1764, HOL 24, VIS 1
Katarina Eriksdr 1783, AVA 34
Katarina Eriksdr 1792, VAR 31
Katarina Eriksdr 1799, GAF 157, TJÄ 33
Katarina Eriksdr 1857, HOL 84, HÄL 90
Katarina Eufrosyne Dahlberg 1874, ÅSE 469
Katarina Eugenia Löfvenmark 1886, ÅSE 311
Katarina Gavelin 1768, HÄL 75
Katarina Göransdr 1795, GAF 195
Katarina Helena Andersdr 1866, ÅSE 53
Katarina Helena Jonsdr 1827, GUL 1
Katarina Helena Sjödin 1842, HOL 86
Katarina Håkansdr 1736, LOM 38
Katarina Ingelsdr 1713, HÄL 74
Katarina Ingelsdr 1754, GÄR 24
Katarina Ingelsdr 1775, AVA 26
Katarina Ivarsdr 1705, BEL 8
Katarina Jakobsdr 1768, GUL 4
Katarina Jakobsdr 1793, SOL 4, TJL 3
Katarina Johanna Jonsdr 1826, SÖN 17, ÖVR 36
Katarina Johanna Olofsdr 1853, SIK 13, STO 15
Katarina Johansdr 1735, REM 4
Katarina Johansdr 1761, BOÖ 8, HÄL 19, VÄN 10

Katarina Johansdr 1766, LÅN 56
Katarina Johansdr 1767, ORM 10
Katarina Johansdr 1768, LAT 5
Katarina Johansdr 1776, TEG 46
Katarina Johansdr 1800, GAF 192
Katarina Jonsdr 1714, ALM 49
Katarina Jonsdr 1735, SVA 9
Katarina Jonsdr 1747, BER 3, MÅR 6
Katarina Jonsdr 1753, ORM 3
Katarina Jonsdr 1773, GAF 36, HOL 28, TJÄ 4
Katarina Jönsdr 1780, AVA 30
Katarina Karlsdr 1774, TEG 3
Katarina Karlsdr 1867, BJÖ 2, FOR 10, HÄL 18, ÅKB 4
Katarina Kristina Danielsdr 1845, HOL 68
Katarina Kristina Eliedr 1820, LOM 101
Katarina Kristina Ingelsdr 1845, AVA 44
Katarina Kristina Jakobsdr 1843, ÄLG 35
Katarina Kristina Jakobsdr 1849, SÖÅ 85
Katarina Kristina Johansdr 1806, TJÄ 43
Katarina Kristina Jonsdr 1829, ÅSE 289
Katarina Kristina Jonsdr 1855, HOL 70
Katarina Kristina Jonsdr 1864, LAK 36
Katarina Kristina Larsdr 1829, ÅSE 334, ÖVR 52
Katarina Kristina Persdr 1823, ÅKB 9
Katarina Kristoffersdr 1749, LOM 112, TJÄ 39
Katarina Kristoffersdr 1749, STF 9
Katarina Kristoffersdr 1750, GUL 12
Katarina Kristoffersdr 1799, KVÄ 28, OXV 23
Katarina Kristoffersdr 1811, SOL 23
Katarina Larsdr 1775, SIW 1
Katarina Larsdr 1797, SAN 34, SIK 52
Katarina Larsdr 1807, LÄG 4, TEG 16
Katarina Lovisa Johansdr 1853, GRB 3, LÖB 3
Katarina Magdalena Danielsdr 1821, OXV 27
Katarina Magdalena Eriksdr 1812, ÅSE 356
Katarina Magdalena Eugenia Henriksdr 1844, KAL 3, SÖS 5, ÅSE 207
Katarina Magdalena Gavelin 1800, SÖN 5, VÄN 6
Katarina Magdalena Johansdr 1816, LOM 99, SIK 35
Katarina Magdalena Johansdr 1838, LAK 8, LÅN 13
Katarina Magdalena Mikaelsdr 1869, VAR 65, ÅSE 466
Katarina Magdalena Nilsdr 1841, SÖN 26
Katarina Magdalena Nilsdr 1846, BJÖ 36
Katarina Magdalena Persdr 1827, SOL 31, TEG 40
Katarina Magdalena Salomonsdr 1824, ÖSN 68
Katarina Margareta Abrahamsdr 1835, LOM 86

Katarina Margareta Adamsdr 1797, LOM 73
Katarina Margareta Adamsdr 1854, VAR 35
Katarina Margareta Agata Eriksdr 1825, GAF 134
Katarina Margareta Andersdr 1852, LOM 31
Katarina Margareta Eriksdr 1806, SÖÅ 28
Katarina Margareta Gavelin 1843, HÄL 60
Katarina Margareta Hansdr 1845, ÄLG 76
Katarina Margareta Ingelsdr 1820, SIK 37, SÖÅ 76
Katarina Margareta Johansdr 1861, SÖN 4, VÄN 50
Katarina Margareta Johansdr 1879, GAF 98
Katarina Margareta Jonsdr 1857, GAF 45
Katarina Margareta Kristoffersdr 1803, HOL 27
Katarina Margareta Mårtensdr 1811, ÅKB 8
Katarina Margareta Mårtensdr 1831, VAR 43
Katarina Margareta Olofsdr 1806, GAF 110, TJÄ 24
Katarina Margareta Svensdr 1839, TOS 2
Katarina Margareta Winter 1759, GRÖ 1
Katarina Maria Bergström 1870, ÅSE 18
Katarina Matilda Kristoffersdr 1858, ÄLG 40
Katarina Matilda Persdr 1835, VAK 1
Katarina Mattsdr 1700, HOL 33
Katarina Mattsdr 1716, VIT 2
Katarina Mattsdr 1729, BEL 7
Katarina Mattsdr 1767, BJÖ 25
Katarina Mattsdr 1777, BÄS 2, SIÄ 1
Katarina Mikaelsdr 1751, LAJ 2, SVA 2
Katarina Mikaelsdr 1783, LIL 74
Katarina Mårtensdr 1762, LUS 3, RIS 1, VOL 6
Katarina Märta Olofsdr 1825, TEG 17
Katarina Nilsdr   , GAF 94
Katarina Nilsdr 1732, LAJ 4
Katarina Nilsdr 1751, ALM 49, MAL 2, RÖN 4
Katarina Nilsdr 1766, GAF 118
Katarina Nilsdr 1777, GAF 53
Katarina Nilsdr 1868, ÅKB 16
Katarina Norlund 1875, LAK 14, ÖVR 11
Katarina Olivia Persdr 1876, FOR 7
Katarina Olofsdr 1727, TJL 7
Katarina Olofsdr 1766, LOM 92
Katarina Olofsdr 1783, GAF 141, TJL 16
Katarina Olofsdr 1787, FOR 44
Katarina Olofsdr 1802, TEG 20
Katarina Persdr 1699, ALM 36, SVA 8
Katarina Persdr 1740, VAR 30
Katarina Persdr 1764, ASP 2

Katarina Persdr 1764, GRS 1
Katarina Persdr 1769, LIL 74
Katarina Persdr 1772, ÅSE 66
Katarina Persdr 1774, GAF 123
Katarina Persdr 1777, ÖVR 18
Katarina Persdr 1788, LOM 51
Katarina Persdr 1797, LÅN 39
Katarina Petronella Lundgren 1817, ÅSE 3
Katarina Pålsdr 1761, BOÖ 36
Katarina Pålsdr 1761, OXV 21
Katarina Salomonsdr 1767, LAT 7
Katarina Samuelsdr 1795, LÅN 63
Katarina Sofia Abrahamsdr 1849, ÅSE 470
Katarina Sofia Pålsdr 1802, KVÄ 22, VAK 7
Katarina Sofia Salomonsdr 1835, KAL 5, LÅN 60, VÄJ 14, ÅSE 402
Katarina Svensdr 1816, GAF 119
Katarina Tomasdr 1779, TJÄ 15
Klara Albertina Eriksdr 1876, TAB 13
Klara Albertina Fredriksdr 1871, HER 6, SÖN 25, ÖSN 75
Klara Albertina Holmgren 1864, LAK 20, TEG 28
Klara Albertina Norlund 1872, ÅSE 12
Klara Amalgunda Blomqvist 1903, ÖSN 92
Klara Amalia Charlotta Salomonsdr 1876, BOÖ 3
Klara Amalia Magdalena Andersdr 1878, ÄLG 38
Klara Amanda Salomonsdr 1890, LÅN 73
Klara Aqvilina Genberg 1872, ÅSE 355
Klara Charlotta Rodin 1833, SIK 50
Klara Eleonora Hyckert 1872, ÅSE 158
Klara Elisabet Kristoffersdr 1860, LIL 48
Klara Gustava Karlsson 1888, OXV 9, ÅSE 127
Klara Gustava Persdr 1858, GÄR 11
Klara Gustava Pålsdr 1869, LIL 71
Klara Henrietta Svensdr 1877, ÅSE 78
Klara Ingeborg Augusta Jonsdr 1876, ALM 39
Klara Johanna Jonsdr 1870, BJÖ 10
Klara Johanna Kristoffersdr 1848, AVA 18
Klara Johanna Salomonsdr 1842, ÖSN 48
Klara Jonsdr 1851, ÄLG 57
Klara Josefina Edin 1848, ÖSN 46
Klara Josefina Johansdr 1842, STA 3, STK 3, TOÖ 2
Klara Josefina Mattsdr 1841, KÅK 6, TAB 16
Klara Josefina Nilsdr 1875, AVA 20
Klara Karolina Eriksdr 1879, ÅSE 441
Klara Kristina Fridlund 1905, LIL 110
Klara Kristina Grund 1869, GAF 113

Klara Kristina Mårtensdr 1874, LIL 92
Klara Lovisa Danielsdr 1880, AVA 37
Klara Magdalena Andersdr 1842, BOÖ 23
Klara Magdalena Nilsdr 1845, LOM 52
Klara Magdalena Sehlqvist 1856, LÖV 9, ÅSE 351, ÖSB 6
Klara Maria Olofsdr 1874, GAF 215
Klara Maria Zakrisdr 1858, LÅN 65
Klara Martina Edmark 1894, KVÄ 15
Klara Matilda Hansdr 1851, HAM 8
Klara Matilda Jonsdr 1847, TRE 1
Klara Matilda Jönsdr 1851, ÅSE 201
Klara Matilda Kristina Kallin 1856, ÅSE 26
Klara Matilda Olofsdr 1867, LÅN 6, ÖSN 19
Klara Severina Karlsdr 1865, OLO 6, STE 5
Klara Viola Mikaelsson 1901, ÅSE 649
Kristina Adamsdr 1795, LOM 89
Kristina Adelina Persdr 1881, ÅSE 76
Kristina Albertina Elisabet Danielsdr 1867, INS 17
Kristina Albertina Markusdr 1864, INS 29, TOÖ 58, YXS 43
Kristina Albertina Nilsdr 1884, VAR 48
Kristina Albertina Norlin 1884, OXV 9, TEG 9
Kristina Almroth 1754, SÖÅ 46
Kristina Almroth 1790, TJÄ 27, ÖSN 59
Kristina Amalia Danielsdr 1877, ÅSE 1
Kristina Amalia Isaksdr 1853, VAR 11
Kristina Amalia Pettersson 1865, ÄLG 21
Kristina Amanda Lindström 1880, ÅSE 67
Kristina Amanda Svensdr 1874, FOR 57
Kristina Andersdr 1774, LÅN 43, STO 25
Kristina Andersdr 1796, TJL 1
Kristina Andersdr 1797, KÅK 8
Kristina Andersdr 1802, GAF 71, ÄLG 41
Kristina Antonia Bylund 1883, ÅSE 330
Kristina Aqvilina Jonsson 1863, ÅSE 232
Kristina Augusta Almroth 1878, GAF 211
Kristina Augusta Lindqvist 1882, ÄLG 13
Kristina Bernhardina Adamsdr 1827, BOÖ 5
Kristina Bernhardina Nilsdr 1831, VAR 41
Kristina Bryngelsdr 1765, LÖA 3
Kristina Danielsdr 1666, ÖSN 61
Kristina Danielsdr 1737, ALM 50
Kristina Danielsdr 1777, SOL 5
Kristina Danielsdr 1802, GAF 168
Kristina Danielsdr Gavelin 1773, HÄL 37
Kristina Danielsson 1891, VAR 81

Kristina Desideria Nordfjäll 1864, GAF 92
Kristina Dorotea Lodahl 1856, GAF 178, ÅSE 368
Kristina Edelia Wahlberg 1891, GAF 77
Kristina Edesia Svensdr 1871, GAF 97, LOM 60
Kristina Edin 1685, ÅSE 418
Kristina Eleonora Norström 1852, ÅSE 108
Kristina Eliedr 1827, SOL 1
Kristina Elisabet Adamsdr 1815, BOR 8
Kristina Elisabet Markusdr 1880, GAF 78
Kristina Elisabet Markusson 1886, STO 12
Kristina Elisabet Olofsdr 1858, YXS 27
Kristina Elisabet Persdr 1842, SÖÅ 83
Kristina Elisabet Persdr 1843, FOR 33
Kristina Elisabet Persson 1887, BJÖ 8
Kristina Elisabet Sjöberg 1861, ÅSE 148
Kristina Erika Almroth 1851, ÅSE 505, ÄLG 112
Kristina Erika Andersdr 1844, AVA 47
Kristina Erika Antonietta Söderqvist 1882, VÄN 13, GAF 239
Kristina Erika Danielsdr 1823, TOÖ 7
Kristina Erika Hansdr 1824, INS 11
Kristina Erika Johansdr 1852, GAF 108
Kristina Erika Mikaelsdr 1818, IDV 2
Kristina Erika Mårtensdr 1826, HÄL 8
Kristina Erika Nilsdr 1843, HÄL 47
Kristina Erika Olofsdr 1821, HOL 32, HÄL 27, SOL 8, TJÄ 8
Kristina Erika Persdr 1853, LIL 43
Kristina Eriksdr 1705, ÖSN 62
Kristina Eriksdr 1719, TJÄ 28
Kristina Eriksdr 1734, VAR 26
Kristina Eriksdr 1752, NÄS 2, TRS 3
Kristina Eriksdr 1762, HÄL 42, ÅSE 186
Kristina Eriksdr 1786, INS 21, TAB 20, YXS 80, ÄLG 19
Kristina Eriksdr 1796, TOÖ 44
Kristina Eriksdr 1799, STM 4
Kristina Eriksdr 1805, ÄLG 6
Kristina Eugenia Larsdr 1877, ÄLG 11
Kristina Evelina Olofsdr 1900, HÄL 32, LOM 39
Kristina Fredrika Svensdr 1867, SÖÅ 80, ÖSN 77
Kristina Frideborg Jonsdr 1894, HOL 11
Kristina Gustava Andersdr 1861, GAF 47, LAK 11, TEG 8, ÅSE 114
Kristina Göransdr 1718, GAF 103
Kristina Göransdr 1785, BOR 1, GAF 1, LÅN 1, TEN 1, TOÖ 3
Kristina Hansdr 1736, IDV 10
Kristina Hansdr 1784, ÖSN 39
Kristina Hansdr 1789, YTT 4

Kristina Henriksdr 1737, YTT 1, ÖVR 24
Kristina Henriksdr 1763, LIL 45, SAN 22
Kristina Henriksdr 1784, ÄLG 49
Kristina Idström 1801, IDV 9
Kristina Ingelsdr 1764, GAF 50, RÅS 2
Kristina Israelsdr 1709, GAF 95
Kristina Israelsdr 1753, RÖD 6, TJÄ 39
Kristina Jakobsdr 1773, GRÅ 3
Kristina Jakobsdr 1789, IDV 4, LOM 67, SIK 28, SOL 16
Kristina Johanna Burström 1885, GAF 133
Kristina Johanna Johansdr 1828, INS 1
Kristina Johanna Jonsdr 1804, IDV 11
Kristina Johanna Jonsdr 1865, VÄJ 15
Kristina Johanna Kristoffersdr 1860, MAM 2
Kristina Johanna Nilsdr 1867, VAR 13, ÅSE 62
Kristina Johanna Olofsdr 1850, LIL 63, SAN 9, ÅSE 342
Kristina Johansdr 1763, HÄL 66, VÄN 38
Kristina Johansdr 1768, STF 5
Kristina Johansdr 1772, STF 7
Kristina Johansdr 1776, BÄÖ 6
Kristina Johansdr 1778, TJL 20
Kristina Jonsdr 1727, LÖA 2
Kristina Jonsdr 1731, STF 3
Kristina Jonsdr 1771, VIS 2
Kristina Jonsdr 1775, TEN 20
Kristina Jonsdr 1777, GAF 50
Kristina Jonsdr 1788, LÅN 27, VAR 29
Kristina Jonsdr 1821, HOL 41
Kristina Jonsdr 1852, SVR 12
Kristina Karolina Abrahamsdr 1876, AVA 13
Kristina Karolina Andersdr 1871, ALM 13
Kristina Karolina Danielsdr 1869, GAF 214, SÖS 12, SÖÅ 115, TOÖ 82
Kristina Karolina Danielsdr 1877, HÄG 12
Kristina Karolina Edin 1844, VÄN 22
Kristina Karolina Eriksdr 1855, TOÖ 85, ÅKB 21
Kristina Karolina Granlund 1892, VAR 7
Kristina Karolina Hansdr 1845, TOÖ 26
Kristina Karolina Hansdr 1862, INS 32
Kristina Karolina Johansdr 1849, BJÖ 7
Kristina Karolina Johansdr 1861, ÄLG 113
Kristina Karolina Jonsdr 1846, ÅSE 7
Kristina Karolina Markusdr 1876, ALM 34
Kristina Karolina Nilsdr 1870, GAF 202
Kristina Karolina Norlin 1870, HOL 53, NYT 3, ÅSE 286
Kristina Karolina Olofsdr 1833, AVA 50

Kristina Karolina Persdr 1854, VAR 10
Kristina Karolina Persdr 1858, INS 11
Kristina Karolina Persdr 1870, SÖN 1
Kristina Karolina Persdr 1872, VAR 22
Kristina Karolina Rådström 1873, GAF 109
Kristina Karolina Svensdr 1877, ÅSE 243
Kristina Karolina Söderlund 1860, SÖÅ 64
Kristina Katarina Abrahamsdr 1832, SÖÅ 74
Kristina Katarina Andersdr 1817, AVA 41
Kristina Katarina Andersdr 1871, HER 1
Kristina Katarina Danielsdr 1820, GRB 2, SAN 15, TAB 9, TRE 8
Kristina Katarina Eliedr 1820, HOL 78
Kristina Katarina Eriksdr 1884, GAF 199, SÖÅ 102
Kristina Katarina Gabrielsdr 1830, SÖÅ 95, TEN 19
Kristina Katarina Gavelin 1810, LÅN 30, SOL 15, SÖN 14
Kristina Katarina Guliksdr 1810, SIK 43, STE 6
Kristina Katarina Jakobsdr 1859, DAS 2, KAL 1, STO 1
Kristina Katarina Johansdr 1845, LÖB 2
Kristina Katarina Jonsdr 1832, LIL 57
Kristina Katarina Jonsdr 1854, BOÖ 47, ÄLG 98
Kristina Katarina Jonsdr 1886, FOR 66
Kristina Katarina Kristoffersdr 1868, SÖÅ 111
Kristina Katarina Lindholm 1859, LÅN 70
Kristina Katarina Mattsdr 1816, ÄLG 20
Kristina Katarina Mattsdr 1831, AVA 19
Kristina Katarina Mattsdr 1831, SÖN 36
Kristina Katarina Nilsdr 1827, YXS 20
Kristina Katarina Olofsdr 1808, GAF 145
Kristina Katarina Olofsdr 1857, ORG 4, YXS 72
Kristina Katarina Olofsdr 1858, HAM 2
Kristina Katarina Persdr 1807, HOL 48
Kristina Katarina Persdr 1809, SÖÅ 57
Kristina Katarina Persdr 1816, GUL 13, HOL 63
Kristina Katarina Persdr 1854, YXS 84, ÅKB 22
Kristina Katarina Salomonsdr 1840, SÖÅ 18
Kristina Katarina Svensdr 1817, TOÖ 37
Kristina Katarina Söderlind 1829, ÅSE 485
Kristina Konkordia Lindblad 1843, ÅSE 474
Kristina Konkordia Persdr 1856, ÅSE 502
Kristina Kristoffersdr 1710, SVA 4
Kristina Kristoffersdr 1722, RÅS 5
Kristina Kristoffersdr 1745, BÄS 5, LAT 4
Kristina Kristoffersdr 1806, SIK 14, SOL 11
Kristina Leontina Dahlberg 1899, OXV 8
Kristina Lovisa Berglund 1862, ÖSN 6

Kristina Lovisa Nilsdr 1844, LÖV 4
Kristina Lovisa Olofsdr 1845, SÖÅ 90
Kristina Lovisa Persdr 1867, FOR 15, ÅSE 123
Kristina Magdalena Danielsdr 1835, GAF 83
Kristina Magdalena Eriksdr 1841, BOR 9
Kristina Magdalena Fredriksdr 1874, GAF 6, ÅSE 13, ÖSN 3
Kristina Magdalena Gabrielsdr 1825, VAR 6
Kristina Magdalena Gavelin 1809, LÅN 61, SÖÅ 89, YXS 57
Kristina Magdalena Henriksdr 1840, ÄLG 43
Kristina Magdalena Jonsdr 1814, HÄL 51
Kristina Magdalena Jonsdr 1834, VÄN 32
Kristina Magdalena Jonsdr 1839, LÄG 9
Kristina Magdalena Kristoffersdr 1848, TOÖ 36
Kristina Magdalena Kristoffersdr 1855, LÅN 7, SIK 10
Kristina Magdalena Nilsdr 1819, BJÖ 22
Kristina Magdalena Olofsdr 1823, GAF 188
Kristina Magdalena Olofsdr 1837, ALM 26
Kristina Magdalena Olofsdr 1861, GRK 2
Kristina Magdalena Persdr 1834, NOÖ 2, SVR 5, ÄLG 22
Kristina Magdalena Persdr 1836, LIL 1
Kristina Magdalena Persdr 1838, SÖÅ 109
Kristina Magdalena Salomonsdr 1835, GÄR 14, ROS 1
Kristina Magdalena Sandström 1866, TAB 5
Kristina Magdalena Svensdr 1835, BJÖ 28, LOM 124
Kristina Magnusdr 1863, GAF 5
Kristina Margareta Danielsdr 1841, INS 12, TAB 4
Kristina Margareta Hansdr 1849, LIL 36
Kristina Margareta Johansdr 1885, HÄG 15
Kristina Margareta Näslund 1884, FOR 37
Kristina Margareta Olofsdr 1816, ÅSE 380
Kristina Margareta Persdr 1816, SÖÅ 91
Kristina Margareta Persdr 1841, TOÖ 31
Kristina Margareta Persdr 1856, HÄL 50
Kristina Margareta Wiklund 1863, LAK 29
Kristina Margareta Wiklund 1873, HÄG 4
Kristina Margetsdr 1753, BEL 10
Kristina Maria Andrietta Wiklund 1870, GIG 7
Kristina Maria Mårtensdr 1869, GAF 203
Kristina Maria Nilsdr 1875, FOR 52
Kristina Markusdr 1739, TOS 8, VOJ 1
Kristina Markusdr 1763, ÖSN 22
Kristina Markusdr 1791, GAF 65, ÄLG 31
Kristina Martina Larsdotter 1886, FÄB 6
Kristina Matilda Danielsdr 1866, SÖN 37
Kristina Matilda Eriksdr 1884, TOÖ 69

Kristina Matilda Fredrika Lindstedt 1863, ÅSE 312
Kristina Matilda Gavelin 1811, ÖSN 53
Kristina Matilda Gavelin 1862, HOL 8
Kristina Matilda Karlsdr 1873, BOÖ 2, ÄLG 7, ÅSE 588
Kristina Matilda Nilsdr 1861, GAF 86
Kristina Mattsdr 1750, ORM 14
Kristina Mattsdr 1791, BJÖ 6, HÄL 20
Kristina Mikaelsdr 1761, BER 2, SVA 5
Kristina Mårtensdr 1766, SKA 3
Kristina Märta Sjöberg 1864, ÄLG 77
Kristina Nikolina Lindholm 1886, STO 8
Kristina Nilsdr 1736, ÖSN 63
Kristina Nilsdr 1737, GAF 181, LAJ 9
Kristina Nilsdr 1776, GAF 58
Kristina Nilsdr 1786, HÄL 37, HÄL 57
Kristina Nilsdr 1787, BOM 1, LOM 1
Kristina Nilsdr 1791, ÖSN 81
Kristina Nilsdr 1796, LOM 121
Kristina Nilsdr 1854, GAF 16
Kristina Norberg 1854, ÅSE 472
Kristina Norlin 1805, GAF 115, ÅSE 242
Kristina Olivia Olofsdr 1864, ÖSN 15
Kristina Olofsdr 1768, LOM 1
Kristina Olofsdr 1789, FOR 70
Kristina Olofsdr 1858, HAM 11, ÅSE 509
Kristina Paulina Erika Pålsdr 1879, GAF 158
Kristina Persdr 1744, GAF 52
Kristina Persdr 1747, AVA 45, HAC 4, JÄR 3
Kristina Persdr 1749, ARK 2
Kristina Persdr 1749, BÄS 4
Kristina Persdr 1755, AVA 48, LIL 74
Kristina Persdr 1762, BEL 12, JÄR 1, SIÄ 2
Kristina Persdr 1773, SÖÅ 107
Kristina Persdr 1795, SIK 27
Kristina Persdr 1865, ÅSE 292
Kristina Petronella Persdr 1856, SIK 29
Kristina Pålsdr 1786, LÅN 35, ÖSN 65
Kristina Pålsdr 1801, LÅN 28
Kristina Salomonsdr 1774, INS 13
Kristina Sjulsdr 1768, BÄÖ 4
Kristina Sjulsdr 1782, GRÅ 2
Kristina Sofia Fredrika Nerpin 1871, FOR 6, LOM 24
Kristina Sofia Fredriksdr 1867, ÅSE 149
Kristina Sofia Israelsdr 1850, KLI 1
Kristina Svensdr 1768, REM 7

Kristina Svensdr 1788, TOÖ 35
Kristina Tomasdr 1792, TEG 15
Kristina Tomasdr 1819, HÄL 91
Kristina Tomasdr 1856, TEG 43
Kristina Wallinder 1743, LOM 42, TJÄ 11
Kristina Vilhelmina Borgström 1868, FOR 28
Kristina Vilhelmina Danielsdr 1851, ÄLG 84
Kristina Vilhelmina Hansdr 1847, TAB 3
Kristina Vilhelmina Nilsdr 1851, VÄJ 8
Kristina Vilhelmina Nilsdr 1865, YXS 49, ÅSE 305
Kristina Vilhelmina Törnqvist 1891, BOÖ 59
Kristina Vilhelmina Widinghoff 1873, ÅSE 324
Kristina Östensson 1878, GAF 173
Kristofera Augusta Åkerström 1879, VAR 9

L

Lambertina Teresia Widinghoff 1878, ÅSE 42
Levina Johanna Lindbom 1868, ÅSE 513
Levina Kristina Jonsdr 1877, BOR 10
Lilly Albertina Gavelin 1890, YTT 32
Lilly Augusta Andersson 1897, ÅSE 582
Lilly Augusta Nilsson 1895, GÄR 5, VÄJ 7
Lilly Aurora Nordin 1897, ÅSE 476
Lilly Axelia Gustavsdr 1894, STO 6, OXV 37
Lilly Emelia Teresia Arnqvist 1902, ROS 4
Lilly Eugenia Edlund 1907, GÄR 27
Lilly Kristina Söderholm 1904, SÖÅ 123
Lilly Maria Karolina Lindqvist 1887, ÄLG 28
Lilly Vilhelmina Karlsson 1900, HÄG 42, ÅSE 648
Lina Emelinda Nerpin 1851, ÅSE 86
Lina Martina Hedlund 1897, HÄL 105, ÖSN 98
Linnea Kristina Forsberg 1909, GAF 228
Linnea Svensson 1905, ÅSE 579
Lisa Johanna Nyberg 1897, LOM 168
Lovisa Agata Danielsdr 1889, STK 4, VÄN 8
Lovisa Albertina Näslund 1890, BJÖ 13
Lovisa Andersdr 1830, TJÄ 36
Lovisa Aqvilina Ekberg 1866, BJÖ 30
Lovisa Charlotta Edin 1830, LÅN 69
Lovisa Charlotta Sundin 1873, LOM 65
Lovisa Erika Mikaelsdr 1883, VAR 64
Lovisa Erika Pålsdr 1806, LOM 21
Lovisa Eugenia Albertina Englen 1884, YXS 18
Lovisa Fredrika Sehlqvist 1852, ORG 3
Lovisa Gärdina Hellström 1872, HÄL 45

Lovisa Josefina Nilsdr 1873, ÅSE 203
Lovisa Josefina Nilsdr 1873, ÖVR 21
Lovisa Karolina Andersdr 1865, ÖVR 54
Lovisa Kristina Nikolina Sörlin 1887, BJÖ 3, SÖÅ 17
Lovisa Mariana Westman 1836, LIL 18
Lovisa Matilda Mattsdr 1843, LOM 50, TAB 10
Lovisa Matilda Olofsdr 1867, ÅSE 455
Lucina Lovisa Eriksdr 1818, VÄN 4
Lydia Albertina Sjölund 1879, OXV 13
Lydia Aqvilina Aurora Hansdr 1883, FOR 25, FOR 56
Lydia Augusta Maria Hellberg 1880, ÅSE 189
Lydia Charlotta Sandström 1880, GÄR 20, ÖSB 3
Lydia Elisabet Salomonsdr 1885, BOM 5, SIK 11, SÖÅ 125
Lydia Evelina Edman 1904, VAR 77
Lydia Evelina Elisabet Lundgren 1894, SAN 19, MAM 4
Lydia Gustava Jonsson 1896, LOM 32
Lydia Johanna Ottolina Andersdr 1886, AVA 28, ÅSE 241
Lydia Katarina Eriksson 1889, ÅKB 11
Lydia Kristina Näslund 1887, ÖVR 64

M

Magda Teresia Nilsson 1912, LOM 159
Magdalena , HOL 1
Magdalena Abrahamsdr 1794, YXS 22
Magdalena Almroth 1780, SÖÅ 108
Magdalena Andersdr 1800, SOL 18, TJL 11
Magdalena Andersdr 1801, LIL 67
Magdalena Barbara Olofsdr 1893, HOL 35
Magdalena Danielsdr 1840, YTT 18
Magdalena Edin 1825, GAF 122
Magdalena Erika Johansdr 1830, TEN 16
Magdalena Eriksdr 1741, SOL 3
Magdalena Eriksdr 1793, YXS 21
Magdalena Eriksdr 1803, LIL 40
Magdalena Eriksdr 1807, ÅSE 188
Magdalena Eskilsdr 1839, VÄN 16
Magdalena Gavelin 1764, ÖSN 64
Magdalena Gavelin 1767, VAR 38
Magdalena Gavelin 1775, SÖÅ 23
Magdalena Gavelin 1847, OXV 11, YXS 31
Magdalena Granberg , YXS 19, ÅSE 467
Magdalena Helgesdr 1764, BEL 3
Magdalena Ingelsdr 1783, YTT 14
Magdalena Jakobsdr 1791, HOL 69, HÄG 28, SOL 27
Magdalena Johanna Lindholm 1875, STO 11

Magdalena Johanna Olofsdr 1840, SOL 33
Magdalena Johansdr 1746, YXS 81
Magdalena Jonsdr 1800, GAF 30
Magdalena Karolina Eriksdr 1865, ÖVR 60
Magdalena Kristina Aqvilina Holmberg 1867, ÅSE 320, ÄLG 73
Magdalena Kristina Kristoffersdr 1869, HOL 67
Magdalena Kristina Svensdr 1806, GÄR 18
Magdalena Kristoffersdr 1817, SOL 28
Magdalena Larsdr 1767, GAF 190
Magdalena Markusdr 1784, GAF 51, HÄL 23
Magdalena Mattsdr 1802, BOM 3, GIG 2, ÅSE 15
Magdalena Maximilana Danielsdr 1860, ÖVR 67
Magdalena Nilsdr 1739, TOÖ 73
Magdalena Nilsdr 1813, HÄG 14
Magdalena Olivia Mattsdr 1860, BOÖ 39
Magdalena Olofsdr , RÖN 2
Magdalena Olofsdr 1758, BEL 11, SVN 1
Magdalena Olofsdr 1791, GAF 55, TJÄ 18
Magdalena Olofsdr 1799, ÅSE 117
Magdalena Perdr , HÄL 33
Magdalena Rockstadia , ÅSE 71
Magdalena Sjöberg 1709, GAF 60
Manna Karolina Rhen 1864, BOR 2, ÅSE 37, ÖSN 18
Margareta Amalia Persson 1872, ÅSE 79
Margareta Andersdr 1752, LAX 1
Margareta Andersdr 1760, HAC 3
Margareta Andersdr 1825, SÖÅ 8
Margareta Backlund 1891, SÖÅ 122
Margareta Charlotta Boström 1882, ÅSE 514
Margareta Charlotta Bäckman 1829, GAF 2, LOM 12, STN 1, SÖÅ 6, VÄN 2, ÅSE 8
Margareta Charlotta Persdr 1853, GAF 116
Margareta Danielsdr 1794, GAF 220
Margareta Dorotea Granlund 1856, SÖS 2, ÅSE 141
Margareta Dorotea Mähler 1861, LOM 27
Margareta Dorotea Svensson 1891, LÅN 74
Margareta Elisabet Devall 1859, GAF 46
Margareta Elisabet Fransson 1897, ÅSE 657
Margareta Elisabet Johansdr 1844, SAN 13, VÄN 15, ÅSE 144
Margareta Elisabet Sundia 1712, ÅSE 115
Margareta Erika Jönsdr 1834, FOR 14
Margareta Erika Åström 1855, LOM 84, VAR 33
Margareta Eriksdr 1751, LIL 65
Margareta Gavelin 1739, SÖÅ 19, TEN 3
Margareta Gavelin 1776, RÅS 4
Margareta Ingelsdr 1760, GAF 128

Margareta Israelsdr 1764, GAF 121
Margareta Jakobsdr , ORM 14
Margareta Johanna Alexandersdr 1864, ÅSE 140
Margareta Johanna Andersdr 1819, TJÄ 2
Margareta Johanna Eliedr 1830, SOL 24
Margareta Johanna Elisabet Forsberg 1862, SVR 22
Margareta Johanna Jonsdr 1877, YTT 17, ÖVR 22
Margareta Johanna Magnusdr 1866, INS 30
Margareta Johansdr 1754, LOM 92, TJÄ 30
Margareta Johansdr 1763, STF 1
Margareta Johansdr 1794, SIK 51, YXS 64
Margareta Johansdr 1857, FOR 55
Margareta Johansdr Bybom 1765, ARK 1
Margareta Jonsdr 1731, AVA 15
Margareta Karolina Löfvenmark 1874, LÅN 42
Margareta Katarina Nilsdr 1816, GÄR 9, LIL 20
Margareta Katarina Persdr 1810, TEG 22
Margareta Katarina Persdr 1879, SVR 28
Margareta Kristina Andersdr 1837, GAF 155, LOM 106
Margareta Kristina Danielsdr 1812, IDV 12
Margareta Kristina Gidlund 1836, GIG 5, KÅK 5, LIL 15
Margareta Kristina Löfvenmark 1878, TEG 45
Margareta Kristina Lönnberg 1807, ÅSE 397
Margareta Kristina Olofsdr 1802, SAN 14
Margareta Kristina Olofsdr 1855, TEG 23
Margareta Kristina Olofsson 1900, ÅSE 610
Margareta Kristina Pålsdr 1805, SIK 53
Margareta Kristina Salomonsson 1870, ÄLG 52
Margareta Larsdr 1767, HAL 1
Margareta Larsdr 1793, KUL 16
Margareta Magdalena Danielsdr 1817, TAB 14
Margareta Magdalena Jakobsdr 1819, LIL 78
Margareta Magdalena Johansdr 1843, HOL 51, ÖSN 67
Margareta Magdalena Mattsdr 1815, FOR 47
Margareta Magdalena Mattsdr 1837, ÄLG 72
Margareta Matilda Persdr 1860, LOM 88
Margareta Matilda Persdr 1885, VAR 40
Margareta Mattsdr 1795, SÖÅ 108
Margareta Mårtensdr 1772, DAL 1
Margareta Mårtensdr 1825, TJL 17
Margareta Nilsdr , GAF 169
Margareta Nilsdr 1793, GAF 8, HOL 3
Margareta Nilsdr 1814, GUL 5
Margareta Olofsdr 1684, VÄN 1
Margareta Persdr 1736, DAL 5

Margareta Persdr 1742, AVT 2, BEL 1
Margareta Persdr 1755, MÅR 5
Margareta Persdr 1767, AVT 6
Margareta Persdr 1769, HOL 26, KVÄ 6, SVR 4, SÖÅ 34
Margareta Persdr 1804, AVA 42
Margareta Pålsdr 1828, GAF 151
Margareta Regina Norman 1891, HAM 6, HÄL 85
Margareta Samuelsdr 1800, LÅN 83
Margareta Sellin 1731, ÅSE 72
Margareta Sjöberg 1777, HOL 39, TJÄ 16
Margareta Sofia Karolina Rådström 1866, STA 6
Margareta Sofia Nilsdr 1877, GAF 66
Margareta Svensdr 1735, STF 6
Margareta Tilda Nilsson 1894, BJÖ 29
Margareta Walster 1757, ÅSE 74
Margareta Vestman 1899, ÅSE 556
Maria Albertina Edman 1867, FOR 54, GAF 184
Maria Albertina Edström 1893, HOL 88
Maria Albertina Eriksdr 1873, TOÖ 46, ÄLG 48
Maria Albertina Genberg 1856, ÅSE 429
Maria Amalia Våhlin 1883, BOÖ 21
Maria Andersdr 1749, LIL 70
Maria Augusta Bergström 1884, TRE 29
Maria Augusta Eliedr 1875, SÖÅ 119
Maria Augusta Malmqvist 1871, YXS 74
Maria Brita Eriksdr 1844, SIK 6
Maria Brita Zakrisdr 1821, STO 23
Maria Cecilia Jonsdr 1852, INS 27
Maria Danielsdr 1763, NOD 2
Maria Edmark 1884, FOR 56
Maria Elina Forsgren 1871, ÅSE 147
Maria Elisabet Degerman 1774, SÖÅ 22, ÅSE 65
Maria Elisabet Johansdr 1803, LIL 44
Maria Elisabet Jonsdr 1816, IDV 7
Maria Elisabet Olofsdr 1872, LÅN 57
Maria Elisabet Persdr 1765, STF 4
Maria Elisabet Pålsdr 1823, LIL 59
Maria Elisabet Skerdin 1892, LIL 82
Maria Elvira Olofsson 1893, SÖS 6
Maria Emelinda Jonsdr 1899, INS 16
Maria Erika Kristoffersdr 1848, LÅN 16
Maria Eriksdr 1732, BOÖ 43, GIG 23
Maria Eriksdr 1786, LIL 5, ÅSE 302
Maria Eufrosyne Svensdr 1883, ÄLG 101
Maria Eugenia Åslund 1883, ÅSE 59

Maria Evelina Olofsdr 1869, LIL 62
Maria Gustava Holmgren 1868, TRE 21, ÖSB 7, GÄR 41
Maria Helena Israelsdr 1834, TEN 11
Maria Johanna Eliedr 1808, BOÖ 6, SIK 7
Maria Johanna Eriksdr 1866, ÅSE 9
Maria Johanna Jonsdr 1846, GÄR 12
Maria Johanna Jonsdr 1851, LÅN 44
Maria Johanna Ödling 1861, ÅSE 249
Maria Johansdr 1775, BÄS 1
Maria Jonsdr 1734, STM 3
Maria Jonsdr 1788, BOÖ 24, LIL 75, TRE 15
Maria Jonsdr 1874, ÅSE 259
Maria Josefina Alenius 1876, VÄN 17
Maria Josefina Eriksdr 1872, LIL 99, SAN 39
Maria Josefina Persdr 1861, ÅSE 390
Maria Karolina Almroth 1829, KUL 17
Maria Karolina Danielsdr 1837, AVA 22
Maria Karolina Danielsdr 1859, ALM 3
Maria Karolina Eriksdr 1849, BOÖ 52
Maria Karolina Eriksdr 1877, SIK 21, YXS 12
Maria Karolina Hansdr 1874, VÄJ 10
Maria Karolina Johansdr 1844, ÖSN 91
Maria Karolina Jonsdr 1852, TRE 30
Maria Karolina Jonsdr 1866, GAF 19
Maria Karolina Lindahl 1807, ÅSE 430
Maria Karolina Mattsdr 1873, INS 26, LÖB 1, ÅSE 279, ORG 9
Maria Karolina Nilsdr 1860, SVR 16
Maria Karolina Näslund 1881, TEG 24
Maria Karolina Sandström 1869, LIL 50
Maria Karolina Söderlind 1866, HÄG 3
Maria Katarina Agata Nilsdr 1876, ÅSE 156
Maria Katarina Amanda Nilsdr 1884, ALM 52, ÅSE 395, ÄLG 85
Maria Katarina Jakobsdr 1851, STK 1
Maria Katarina Jonsdr 1848, HOL 47
Maria Katarina Norden 1772, ÅSE 428
Maria Katarina Olofsdr 1817, LÅN 66, ÅSE 380
Maria Katarina Sunden 1781, HOL 46
Maria Kristina Andersdr 1761, SAN 21
Maria Kristina Eliedr 1816, LÅN 78
Maria Kristina Ingeborg Eriksson 1898, BOÖ 15
Maria Kristina Nilsdr 1879, ÅSE 344
Maria Kristina Olofsdr 1839, NYT 9
Maria Kristina Strand 1818, SIK 20
Maria Kristina Öman 1780, ÅSE 236
Maria Linnea Lindfors 1904, ÅSE 524

Maria Magdalena Wistrand 1867, LÖV 2, SIK 12
Maria Margareta Johansdr 1827, ÅSE 234
Maria Margareta Karlsdr 1826, OXV 25, TOÖ 72
Maria Margareta Olofsdr 1825, OXV 19
Maria Mariana Jonsdr 1887, YTT 31, ÖVR 90
Maria Matilda Jonsdr 1853, ÅSE 33, ÖSN 7
Maria Matilda Söderström 1877, ÅSE 246
Maria Mattsdr   , AVT 5
Maria Mattsdr 1769, LAT 9
Maria Månsdr 1794, LÅN 3
Maria Mårtensdr 1736, VOÖ 1
Maria Mårtensdr 1751, JÄR 4
Maria Nilsdr 1758, NÄS 1
Maria Nilsdr 1816, TJÄ 20
Maria Norberg 1863, SÖÅ 33
Maria Olivia Agata Hansdr 1882, BOÖ 30
Maria Paulina Westman 1886, ÅSE 69
Maria Persdr 1861, VÄN 35
Maria Petronella Grubb 1856, ÅSE 309
Maria Petronella Svensson 1886, LOM 119
Maria Pålsdr 1745, STO 28
Maria Sofia Hellberg 1860, ÅSE 180
Maria Teolinda Danielsdr 1866, BOÖ 12, LOM 40, TRE 7
Maria Teresia Damstedt 1890, GAF 227
Maria Teresia Åslund 1886, ÅSE 170
Maria Tomasdr 1786, SVR 4, ÅSE 98
Maria Viktoria Mårtensdr 1885, GIG 9
Marit Bredberg 1842, GAF 139, ÅKB 13
Marta Agata Eriksdr 1872, ÄLG 91
Marta Eugenia Andersdr 1889, LIL 80
Marta Evelina Henrietta Molund 1895, HOL 81
Marta Johanna Pettersson 1890, LOM 28
Martina Josefina Karlsson 1897, BOÖ 56
Martina Kristina Arnqvist 1883, KÅK 3, LIL 10
Martina Kristina Arnqvist 1884, INS 5, VÄJ 11
Martina Magdalena Markusdr 1876, GAF70, ÅSE 151
Martina Vitsida Forsberg 1895, LAK 15, LÅN 90
Mary Elisabet Eliasson 1907, HÄG 39
Mary Ottilia Elisabet Sjödin 1889, HÄG 18, ÖVR 86
Matilda Almroth 1866, STE 1, ÄLG 9
Matilda Augusta Elisabet Eriksdr 1872, GAF 196, ÅSE 399
Matilda Augusta Paulina Hansson 1877, YXS 56
Matilda Dorotea Moberg 1861, SÖÅ 81, ÅSE 337
Matilda Eufrosyna Israelsdr 1856, BOÖ 29
Matilda Fredrika Törnlund 1862, HAM 1, INS 2, REN 1, ÅSE 559

Matilda Johanna Jonsdr 1837, LIL 88
Matilda Josefina Karlsdr 1860, GAF 188, SÖN 31
Matilda Karolina Jonsdr 1840, VÄN 30, ÖSN 69
Matilda Kristina Nyberg 1898, HÄG 40
Matilda Lovisa Mattsdr 1850, SÖN 35, VÄN 46
Matilda Mattsdr 1809, YTT 3
Matilda Olofsdr 1868, GAF 20
Mia Kristina Svanberg 1907, ÅSE 527
Mimmi Kristina Charlotta Ingelsson 1894, VAR 54
Mimmi Oktavia Bergström 1896, TRE 28
Mina Mikaelsdr 1860, HÄG 17
Minne Maria Danielsdr 1891, ÖVR 34
Märta Adamsdr 1774, GAF 156
Märta Adelina Persson 1905, ÅSE 663
Märta Alfhilda Göransson 1896, VAR 25
Märta Amanda Adamsson 1904, LOM 165
Märta Aminta Persson 1887, FOR 50
Märta Brita Eriksdr 1832, LAK 28, LÅN 13, TEG 41, ÖVR 5
Märta Brita Nilsdr 1851, OXV 28
Märta Brita Olofsdr 1828, VAR 45
Märta Börresen 1864, ÅSE 381
Märta Danielsdr 1767, IDV 8, KVÄ 11, STO 16
Märta Danielsdr 1795, HÄL 75
Märta Eliedr 1763, NOR 1
Märta Elisabet Andersdr 1806, VAR 37
Märta Elisabet Danielsdr 1816, GAF 37, LOM 33
Märta Elisabet Jonsdr 1888, LOM 94
Märta Elisabet Persdr 1842, SÖN 13
Märta Emelinda Olofsdr 1891, HOL 20
Märta Erika Hansdr 1855, HÄL 43
Märta Erika Mattsdr 1842, SÖÅ 109
Märta Erika Olofsdr 1873, GAF 79
Märta Erika Thungren 1847, ÅSE 492
Märta Eriksdr 1693, ALM 30, SVA 6
Märta Eriksdr 1716, LAJ 4, ORM 6
Märta Eriksdr 1724, VIS 3
Märta Eriksdr 1742, HOL 23
Märta Eriksdr 1759, ALM 19
Märta Eriksdr 1761, HÄL 41
Märta Eriksdr 1791, GUL 9, ÄLG 61
Märta Fredrika Svensson 1869, TOÖ 38
Märta Gunborg Eriksson 1904, LOM 169
Märta Gustava Göransdr 1874, VAR 46
Märta Hansdr 1722, GAF 56
Märta Hansdr 1760, LAV 1

Märta Hansdr 1768, IDV 4
Märta Helena Hägglund 1871, LAK 30, VÄN 40, ÅSE 374
Märta Henriksdr 1732, SKA 2, TJÄ 31
Märta Hermansdr 1764, LIL 74
Märta Iduna Olofsdr 1866, GAF 150
Märta Irene Söderberg 1890, SÖN 18, AVA 59
Märta Isaksdr 1701, ORM 5
Märta Ivarsdr 1787, ÄLG 31
Märta Jakobsdr 1782, HOL 43, SOL 13, TJÄ 21
Märta Johanna Backman 1880, GAF 163
Märta Johanna Eliedr 1841, GAF 49
Märta Johanna Håkansdr 1885, ÖSN 93
Märta Johanna Kristoffersdr 1859, LÅN 12
Märta Johanna Mattsdr 1873, LOM 130
Märta Johanna Olofsdr 1829, ÖVR 8
Märta Johanna Svensdr 1865, AVA 49
Märta Johansdr   , SVA 11
Märta Johansdr 1730, BÄÖ 1, ORM 1
Märta Johansdr 1771, HOL 30, TJÄ 5
Märta Johansdr 1784, LIL 42
Märta Johansdr 1799, GAF 205
Märta Jonsdr 1776, STO 17
Märta Jonsdr 1787, VAR 32
Märta Juliana Olofsdr 1865, LÅN 45
Märta Jönsdr 1788, VAR 59
Märta Karlsdr Brandt 1840, BOÖ 51, SIK 56
Märta Karolina Eliedr 1848, GÄR 4, KÅK 2, VÄJ 6
Märta Karolina Eriksdr 1867, TOÖ 4
Märta Karolina Nilsdr 1864, ÅSE 480
Märta Karolina Nilsdr 1870, GAF 82
Märta Karolina Norlin 1856, VAR 42
Märta Karolina Olofsdr 1881, LÅN 80
Märta Karolina Salomonsdr 1835, TOÖ 23
Märta Katarina Eriksdr 1820, STO 22
Märta Katarina Jakobsdr 1825, TJL 8
Märta Katarina Jonsdr 1832, TRE 4
Märta Katarina Mattsdr 1836, STO 27
Märta Katarina Mårtensdr 1817, VÄJ 9
Märta Katarina Mårtensdr 1857, HOL 42
Märta Katarina Persdr 1817, MOS 1, TJL 9, TJÄ 17
Märta Katarina Persdr 1826, SOL 26
Märta Katarina Persdr 1854, SÖÅ 42
Märta Katarina Salomonsdr 1825, HOL 75, LÅN 62, ÖVR 30
Märta Kristina Andersdr 1856, ÅSE 6
Märta Kristina Danielsdr 1832, ÅSE 347, ÖVR 55

Märta Kristina Eriksdr 1814, HÄL 26
Märta Kristina Eriksdr 1826, GAF 194, TJÄ 42
Märta Kristina Johansdr 1827, LAK 6
Märta Kristina Johansdr 1847, LIL 3, STA 1, SVR 1
Märta Kristina Jonsdr 1892, ÅSE 107, ÖVR 93
Märta Kristina Jönsdr 1845, SÖN 16, ÖVR 35
Märta Kristina Kristoffersdr 1805, LÅN 67, ÖVR 74
Märta Kristina Mattsdr 1811, BOM 11
Märta Kristina Olofsdr 1841, LÅN 64
Märta Kristina Persdr 1826, SOL 12
Märta Kristina Petronella Arnqvist 1867, INS 35, YXS 53, ÖSN 82
Märta Kristina Rådström 1874, ÅSE 495
Märta Kristina Svensdr 1841, LÅN 48
Märta Kristina Westberg 1889, LOM 78, ÖSN 57
Märta Kristina Ångman 1833, GAF 147
Märta Kristoffersdr 1725, TJÄ 11
Märta Kristoffersdr 1740, REM 6
Märta Kristoffersdr 1743, LOM 34, TJÄ 14
Märta Kristoffersdr 1773, MÅR 3
Märta Linnea Johansdr 1901, KVÄ 4, HÄL 104
Märta Lovisa Karlsson 1903, ÅSE 661
Märta Lovisa Mårtensdr 1863, VAR 69
Märta Lovisa Svensson 1880, SÖN 21
Märta Löfvenmark 1848, LAK 6
Märta Margareta Persdr 1866, ÅSE 326
Märta Margareta Persdr 1884, VAR 68
Märta Maria Edlund 1883, BJÖ 3
Märta Maria Eriksdr 1874, TRE 27
Märta Maria Hedlund 1868, ÅSE 146
Märta Maria Mårtensdr 1876, YTT 33
Märta Matilda Pålsdr 1864, FOR 38
Märta Mikaelsdr 1763, LAJ 3
Märta Mårtensdr 1886, ALM 45, AVA 33
Märta Nilsdr   , GAF 24
Märta Nilsdr 1745, HÄK 1
Märta Nilsdr 1753, VAR 5
Märta Nilsdr 1804, SIK 34
Märta Olofsdr 1735, SÖÅ 39
Märta Olofsdr 1800, GAF 67, TJÄ 10
Märta Olofsdr 1817, TJÄ 23
Märta Persdr 1727, LAV 3
Märta Persdr 1769, RÖN 3
Märta Sjulsdr 1769, BÄÖ 8

N

Najma Elisabet Johansson 1882, GÄR 7
Najma Kristina Olofsson 1903, BJÖ 40
Nanna Karolina Almroth 1874, ALM 53, ÅSE 506
Nanna Linnea Andersson 1904, SÖÅ 126
Nanna Magdalena Hellgren 1903, HÄL 98
Nanna Olivia Johansdr 1868, LÖB 4, NOÖ 5, YXS 71, ÄLG 117
Nanny Alfrida Lindmark 1887, TEG 18
Nanny Augusta Figaro 1867, HÄL 72, ÖVR 71
Nanny Augusta Margareta Englen 1880, LOM 90
Nanny Eugenia Bergström 1895, GIG 15
Nanny Ingeborg Olofsson 1898, GÄR 39
Nanny Josefina Lindström 1898, ÅSE 586
Nanny Karolina Norberg 1896, ÅSE 549
Nanny Karolina Söderholm 1879, INS 40, YXS 77, ÅSE 461
Nanny Katarina Åström 1888, SÖÅ 129, ÅSE 631
Nanny Kristina Lundström 1883, SIÖ 4
Nanny Lovisa Jakobsdr 1882, TOÖ 55
Nanny Lovisa Martina Hansson 1895, SIK 61, ÖVR 85
Nanny Maria Olivia Vestman 1879, ÅSE 654
Nikolina Margareta Edman 1879, FOR 52, GAF 179
Nikolina Persson 1901, YXS 88
Nikolina Sofia Eufrosyne Flodstedt 1871, STA 9, ÅSE 512

O

Oktavia Karolina Salomonsson 1901, ALM 56
Olava Kristina Nilsdr 1870, ÅSE 451
Olga Elina Skerdin 1901, LIL 100
Olga Erika Johansson 1898, SÖN 40
Olga Evelina Näslund 1897, SÖS 4
Olga Hällen 1891, ÅSE 493
Olga Karolina Andersson 1901, SÖN 45
Olga Kristina Markusdr 1886, GAF 28
Olga Maria Salomonsson 1892, OXV 5
Olga Matilda Stormbom 1873, ÅSE 412
Olga Sofia Melin 1885, SÖÅ 130
Olga Sofia Nilsson 1893, HÄG 21
Olga Sofia Öman 1892, GAF 218, HÄL 88
Olga Teresia Kärrman 1885, ÅSE 415
Olivia Johanna Eriksdr 1865, SÖN 28
Olivia Karolina Edman 1859, GAF 90
Olivia Kristina Ingeborg Olofsdr 1873, BOÖ 42
Olivia Kristina Olofsdr 1870, ÅSE 277
Olivia Norlund 1862, SÖN 22, ÅSE 297
Olivia Zenobia Markusdr 1858, ÖSN 72
Ottilia Gabriella Malmberg 1868, ÅSE 34

P

Paulina Fredrika Karlsdr 1859, LIL 85
Paulina Vilhelmina Säfström 1885, ÅSE 183
Petronella Johanna Jönsdr 1840, FOR 29

R

Ragnhild Katarina Olsen 1896, ÅSE 168
Ragnhild Lovisa Rheborg 1888, ÅSE 209
Rakel Elisabet Sjöstedt 1904, KVÄ 38
Rosa Viola Grönlund 1882, HAM 9
Rut Amalia Berglund 1897, ÅSE 245
Rut Anna Helena Lundqvist 1896, KUL 19
Rut Augusta Wiberg 1905, SÖÅ 132
Rut Elisabet Ellung 1895, ÅSE 550
Rut Elisabet Persson 1900, ÅSE 541
Rut Emeli Kristina Nilsson 1899, LOM 144
Rut Eriksson 1905, ÅSE 599
Rut Eugenia Bergqvist 1899, AVA 60
Rut Karlsson 1890, ÅSE 294

S

Sally Erika Dahlbäck 1897, GAF 233
Sally Erika Markusdr 1890, GAF 209
Sally Ludvina Söderholm 1912, SVR 27
Sandra Eugenia Nilsson 1897, LÖV 11, GÄR 36, SIK 60
Sanghild Ingeborg Paula Wallenstedt 1897, ÅSE 655
Sanna Amalia Danielsson 1895, ÅSE 639
Sanna Elisabet Strömqvist 1898, SÖN 43
Sara Abrahamsdr 1767, LIL 76
Sara Agata Adamsdr 1815, GAF 111, KVÄ 34, ORG 6
Sara Agata Edman 1854, GAF 11, LOM 15, ÅKB 1
Sara Agata Hansdr 1830, HÄL 78
Sara Agata Norling 1869, REN 3, SIK 31
Sara Agata Olofsdr 1836, ÖVR 7
Sara Agata Persdr 1836, LIL 24
Sara Albertina Andersdr 1886, GAF 160
Sara Albertina Jonsdr 1873, HÄG 25
Sara Albertina Kristoffersson 1895, SÖN 46, VÄN 51
Sara Albertina Persdr 1883, AVA 6, HOL 5, LOM 14
Sara Amalia Näslund 1867, LOM 111
Sara Andersdr 1799, ÅSE 483
Sara Augusta Bolin 1894, ÅSE 623
Sara Bernhardina Jonsdr 1883, VÄN 45
Sara Brita Jonsdr 1873, AVA 53, HÄL 83, ÅSE 439

Sara Charlotta Jonsdr 1881, LAK 25
Sara Danielsdr 1792, TJL 19, TJL 20
Sara Elisabet Holmgren 1860, VÄN 35
Sara Emelinda Johansdr 1887, HOL 25
Sara Erika Bolin 1906, ÅSE 595
Sara Erika Eriksdr 1834, YXS 10
Sara Erika Fredriksdr 1841, LIL 86, SAN 28
Sara Erika Olofsdr 1850, HOL 50
Sara Erika Persdr 1880, ÖSN 34
Sara Erika Åslund 1867, SAN 18
Sara Eriksdr 1767, SVA 15
Sara Hedvig Ritzen 1891, ÅSE 274, GAF 224
Sara Helena Engman 1884, ÅSE 294
Sara Helena Jakobsdr 1850, ÖSN 43
Sara Helena Johansdr 1884, BJÖ 1
Sara Håkansdr 1767, TAL 3
Sara Ivarsdr   , TOÖ 75
Sara Johanna Johansdr 1829, HÄL 76, HÄL 78
Sara Johanna Johansdr 1847, BOÖ 49
Sara Johanna Jonsdr 1862, HOL 19
Sara Johanna Löfvenmark 1878, LOM 20
Sara Johanna Nilsdr 1853, ÅSE 135
Sara Johanna Olofsdr 1862, SÖÅ 11, ÅSE 25
Sara Johanna Olofsdr 1868, LÅN 57
Sara Johanna Persdr 1842, SIK 46
Sara Johanna Persson 1893, GAF 100
Sara Johanna Ramstedt 1813, LIL 44, ÄLG 56
Sara Johansdr 1742, REM 2
Sara Johansdr 1786, LIL 64
Sara Karolina Eriksdr 1868, AVA 38
Sara Karolina Johansdr 1858, SIK 26
Sara Karolina Larsdr 1858, VAR 71
Sara Karolina Maria Sehlqvist 1882, ÅSE 446
Sara Karolina Persdr 1884, ÅSE 321
Sara Karolina Sehlqvist 1848, SAN 20, SVR 12
Sara Karolina Sällström 1875, HÄG 2
Sara Katarina Emerentia Blomqvist 1878, ÅSE 537, ÖSN 99
Sara Katarina Eriksdr 1819, AVA 10, ÅSE 101
Sara Katarina Eriksdr 1825, TEG 26
Sara Katarina Eriksdr 1849, SIK 45
Sara Katarina Jakobsdr 1841, HOL 44
Sara Katarina Nilsdr 1828, HOL 52
Sara Katarina Persdr 1830, HOL 18
Sara Katarina Wiklund 1848, GIG 6
Sara Kristina Andersdr 1859, TEG 11

Sara Kristina Eliedr 1857, GÄR 19, YXS 44
Sara Kristina Hellgren 1885, ÅSE 601
Sara Kristina Jakobsdr 1804, SOL 6
Sara Kristina Kristoffersdr 1864, LOM 120, ÅSE 377
Sara Kristina Larsdr 1796, GIG 3, LIL 6, ÖSN 4
Sara Kristina Larsdr 1839, BOÖ 26
Sara Kristina Markusdr 1809, ÖSN 12
Sara Kristina Nilsdr 1883, ÅSE 177
Sara Kristina Olofsdr 1768, AVT 1
Sara Kristina Olofsdr 1860, GAF 166
Sara Kristina Persdr 1857, GAF 25, HÄL 6, SAN 5
Sara Larsdr 1725, AVA 46, FOR 48
Sara Lilly Ingeborg Eriksson 1908, ÅSE 605
Sara Lovisa Olofsdr 1838, VÄJ 1
Sara Lydia Persdr 1892, NYT 13
Sara Magdalena Andersdr 1817, SÖS 11, TJÄ 37, ÖSN 79
Sara Magdalena Eliedr 1835, SOL 22
Sara Magdalena Forsner 1766, KUL 14, ÅSE 384
Sara Magdalena Fredriksdr 1837, LAK 34
Sara Magdalena Nilsdr 1887, LOM 95
Sara Magdalena Olofsdr 1860, HÄG 9, TEG 10
Sara Margareta Abrahamsdr 1800, SAN 11
Sara Margareta Dahlström 1776, STR 2
Sara Margareta Danielsdr 1825, TOÖ 9
Sara Margareta Degerman 1780, ÅSE 293
Sara Margareta Eliedr 1823, LIL 32
Sara Margareta Hörling 1828, REN 2
Sara Margareta Jakobsdr 1851, GAF 33
Sara Margareta Johansdr Sjölund 1853, HÄG 5
Sara Margareta Jonsdr 1833, SOL 30
Sara Margareta Nilsdr 1788, BOÖ 8
Sara Margareta Olofsdr 1842, AVA 31
Sara Margareta Persdr 1844, SAN 24
Sara Maria Byström 1872, HOL 25
Sara Maria Johansdr 1883, HÄG 16
Sara Maria Larsdr 1856, FÄB 5, YTT 23
Sara Maria Lindblom 1864, HOL 7
Sara Maria Mattsdr 1847, ÄLG 67
Sara Maria Olofsdr 1854, YXS 73
Sara Maria Olofsson 1905, HOL 91
Sara Matilda Jakobsdr 1888, ÖSN 42
Sara Matilda Johansdr 1839, KVÄ 36, LIL 95
Sara Matilda Persdr 1865, ÅSE 509
Sara Olivia Margareta Persdr 1863, BOÖ 38, TRE 20, ÅSE 357
Sara Olivia Svensdr 1861, LIL 34, TRE 6

Sara Olofsdr 1734, HOE 1, TJL 14
Sara Persdr 1727, TOS 1, VOS 1, ÅSE 54
Sara Persdr 1751, TJL 2
Sara Sofia Gavelin 1807, LOM 36
Sara Sundqvist 1863, HÄL 60
Sara Tomasdr 1786, TEG 37
Sara Viola Nilsdr 1897, ÖVR 63
Selma Adelina Fredriksson 1893, HÄL 80
Selma Alfrida Matilda Gavelin 1887, VAR 49
Selma Amalia Charlotta Jonsdr 1874, ALM 47
Selma Amalia Persson 1872, GÄR 6
Selma Antonia Ottosdr 1877, OXV 14, TRE 14
Selma Aqvilina Persdr 1871, ÅSE 179
Selma Bernhardina Charlotta Löfgren 1863, ÅSE 181
Selma Charlotta Persson 1890, VAR 56
Selma Elina Jonsson 1903, FOR 79
Selma Elisabet Albertina Söderqvist 1890, SÖN 39
Selma Elisabet Samuelsdr 1871, ÄLG 21
Selma Evelina Andersson 1893, ÅSE 536
Selma Evelina Lundgren 1871, SAN 3, VAK 3
Selma Gunneriusson 1892, BOÖ 33
Selma Karolina Wahlberg 1874, GAF 171
Selma Karolina Åberg 1881, ÅSE 276
Selma Kristina Margareta Salomonsdr 1863, TEN 2
Selma Kristina Sjöqvist 1889, ÖSN 37
Selma Kristina Wahlström 1874, HÄL 12
Selma Lovisa Malm 1857, ÅSE 30
Selma Maria Olofsdr 1883, ÅSE 408
Selma Maria Wiklund 1882, TEN 12
Selma Olivia Göransson 1899, ÅSE 570
Selma Olivia Rådström 1870, SÖÅ 120, ÅSE 515
Selma Sofia Matilda Högberg 1875, ÅSE 258
Selma Ulrika Eleonora Bergström 1853, SÖÅ 103, ÅSE 419
Senida Maria Pettersson 1906, ÅSE 664
Signe Albertina Johansdr 1896, TOÖ 52, ÅSE 231
Signe Augusta Albertina Kristoffersdr 1892, OLO 8, YTT 28
Signe Elisabet Albertina Johansdr 1891, SÖN 19
Signe Elisabet Sandgren 1909, ÖVR 83
Signe Emilia Edman 1902, GAF 232
Signe Eufrosyna Henriksson 1897, VÄJ 22
Signe Helgine Borgström 1892, ÅSE 633
Signe Irene Grahn 1909, STO 31
Signe Johanna Eriksson 1895, ÖSN 38
Signe Johanna Svensson 1895, LOM 149
Signe Karolina Vallgren 1907, SÖÅ 138

Signe Katarina Westman 1897, ÅSE 486
Signe Kristina Karlsson 1894, ÄLG 25
Signe Lovisa Gerdin 1899, SIK 62, TAB 22, YXS 89
Signe Malmström 1890, ÅSE 517
Signe Maria Lovisa Danielsson 1910, GÄR 40
Signe Maria Vessman 1896, VÄJ 23
Signe Olivia Persson 1884, BJÖ 24, BOM 7, YXS 38, KVÄ 37
Signhild Maria Eliedr 1884, ÅSE 409
Signhild Maria Kristoffersson 1901, SVR 24, TOÖ 87
Signhild Viktoria Andrietta Hellman 1879, ÅSE 124
Sigrid Adamsdr   , VÄN 7
Sigrid Adamsdr 1756, LAJ 5, SVA 10
Sigrid Amanda Wallinder 1885, GAF 69, VÄN 19
Sigrid Anna Maria Elisabet Högström 1905, KUL 18
Sigrid Brita Hansdr 1832, LOM 16, VAR 8
Sigrid Elisabet Eriksdr 1830, STO 29
Sigrid Erika Johansdr 1890, ÅSE 213
Sigrid Erika Olofsdr 1848, ÅSE 475
Sigrid Eriksdr 1725, STF 2
Sigrid Eriksdr 1756, RÖD 4
Sigrid Gunhild Hedberg 1907, LAK 40
Sigrid Hansdr 1792, HÄL 28
Sigrid Håkansdr 1754, AVA 29, LIL 52
Sigrid Johanna Adamsdr 1820, LIL 37
Sigrid Johanna Olofsdr 1836, GAF 23
Sigrid Johanna Tomasdr 1834, LÖB 2, YXS 63
Sigrid Johansdr 1749, VÄN 37
Sigrid Jonsdr 1742, SÖÅ 39
Sigrid Jonsdr 1771, RÖD 3
Sigrid Jonsdr 1788, FOR 49
Sigrid Josefina Bengtsson 1880, ÅSE 542
Sigrid Karolina Boström 1875, LÅN 20
Sigrid Karolina Forsen 1852, SÖÅ 33
Sigrid Karolina Gavelin 1892, AVA 21
Sigrid Karolina Ingelsdr 1854, TOÖ 21
Sigrid Karolina Persdr 1829, KÅK 11
Sigrid Karolina Persdr 1855, ÖVR 17
Sigrid Katarina Fredriksdr 1831, GÄR 13
Sigrid Katarina Israelsdr 1827, ÄLG 29
Sigrid Katarina Olofsdr 1844, HÄG 32
Sigrid Kristina Eriksdr 1822, OXV 6, YTT 9
Sigrid Kristina Gavelin 1842, HOL 61, HÄL 59
Sigrid Kristina Johansdr 1833, LOM 77
Sigrid Kristina Jonsdr 1810, LOM 49
Sigrid Kristina Mattsdr 1814, ALM 48

Sigrid Kristina Olofsdr 1823, YXS 20
Sigrid Kristina Olofsdr 1836, HOL 6
Sigrid Kristina Olofsdr 1868, SAN 32
Sigrid Kristina Persdr 1806, STO 22
Sigrid Kristina Salomonsdr 1826, ÖVR 41
Sigrid Kristina Svensdr 1809, FOR 43
Sigrid Larsdr 1771, NOS 2
Sigrid Lovisa Hänström 1870, LIL 54
Sigrid Maria Jakobsdr 1864, STO 21
Sigrid Matilda Eriksdr 1850, HÄL 1
Sigrid Märta Nilsdr 1860, BJÖ 19, HOL 40
Sigrid Märta Olofsdr 1812, AVA 39
Sigrid Märta Persdr 1861, ÅSE 233
Sigrid Nilsdr 1862, ERI 5, ÅSE 200
Sigrid Olofsdr 1758, REM 5
Sigrid Olofsdr 1761, LOM 63
Sigrid Persdr 1725, RÖD 1
Sigrid Persdr 1737, SIK 32
Sigrid Persdr 1744, ÄLG 55, ÖVR 25
Sigrid Persdr 1749, GAF 129, LAJ 6
Sigrid Pålsdr 1745, STH 1
Sigrid Sofia Johanna Muntzing 1899, ÅSE 569
Sigrid Tomasdr 1767, GAF 172, LÅN 58
Singvi Hansson 1905, FOR 77
Sofia Agata Andersdr 1800, GIG 24, LOM 125
Sofia Amalia Jonsdr 1865, STN 2, SÖÅ 24, ÅSE 83
Sofia Birgitta Ask 1731, ÅSE 116
Sofia Eufemia Johansdr 1864, NOÖ 4, NYT 10
Sofia Eugenia Bernhardina Lind 1863, STN 7, ÅSE 508
Sofia Evelina Lundmark 1878, ÅSE 501
Sofia Granqvist 1879, GAF 204
Sofia Hansdr 1809, TOS 5
Sofia Johanna Andersdr 1853, VAR 12, ÅSE 61
Sofia Johanna Johansdr 1864, ÄLG 86
Sofia Johansdr 1796, SIK 16, SVR 10
Sofia Jonsdr 1701, ALM 44, SVA 12, TJÄ 28
Sofia Jonsdr 1767, SVA 13
Sofia Karolina Gruffman 1890, LOM 47
Sofia Karolina Markusdr 1831, YXS 11
Sofia Karolina Olofsdr 1864, SÖN 27
Sofia Louise Martina Ponten 1861, ÅSE 121
Sofia Magdalena Nilsdr 1817, LIL 75, STN 4, ÖSN 84
Sofia Mårtensdr 1761, TJÄ 44
Sofia Nilsdr 1773, TAL 6
Sofia Petronella Renmark 1850, ÅSE 252

Sofia Pålsdr 1770, BOÖ 11, GIG 11
Sofia Pålsdr 1774, GAF 29
Sofia Salomonsdr 1759, LAV 4
Sofia Ulrika Gillberg 1857, GAF 88
Sofia Vilhelmina Burwall 1865, GAF 146, ÅSE 494
Sofia Vilhelmina Gran 1883, ÅSE 389
Sofia Vilhelmina Jakobsdr 1840, LOM 127
Sofia Vilhelmina Karlsdr 1839, OXV 33
Susanna Eriksdr 1746, LAT 2, LOM 41
Svea Anna Kristina Dahlbom 1896, ÅSE 660
Svea Erika Strömqvist 1903, SÖN 41
Svea Kristina Dahlberg 1888, LIL 58, ÅSE 296
Svea Linnea Sandberg 1907, ÅSE 646
Svea Vestman 1902, ÅSE 616
Syster Elisabet Jonsson 1891, ÅSE 394
Syster Eurene Eriksson 1909, OXV 36
Syster Julia Vilhelmina Flodstedt 1867, ÅSE 316
Syster Karolina Westberg 1884, SÖÅ 53, ÅSE 185
Syster Teolina Näslund 1902, SÖS 16

T

Tea Akvilina Karlsson 1903, ÄLG 124
Tea Karolina Nordström 1906, GÄR 35
Tekla Dorotea Lindahl 1809, ÅSE 230
Tekla Erika Danielsdr 1861, GAF 215
Tekla Henrika Sollen 1846, ÅSE 153
Tekla Ingeborg Augusta Hellman 1871, GAF 114
Tekla Johanna Jonsdr 1863, ALM 23
Tekla Johanna Markusdr 1879, GAF 91, ÅSE 145
Tekla Josefina Eriksdr 1858, ÖVR 10
Tekla Karolina Kristoffersdr 1871, LOM 13
Tekla Kristina Nyberg 1880, ÅSE 366
Tekla Lovisa Åström 1877, FOR 65
Tekla Teolina Andersdr 1885, SÖÅ 84, ÅSE 543
Teolina Gustava Westberg 1896, ÅSE 154, HOL 93
Teolinda Johanna Johansdr 1863, STO 14
Teresia Josefina Jakobsdr 1848, LOM 10
Tilda Emerentia Nyblad 1886, ÅSE 534
Tilda Kristina Alstergren 1870, ÅSE 346
Tilda Kristina Sjöström 1899, ÅSE 590
Tilda Susanna Nilsdr 1871, SVR 15
Tilma Maury Kalixta Rönnholm 1876, HÄL 69
Tina Margareta Sjulsdr 1897, ASL 3, STO 32
Tora Magnhild Vesterlund 1909, ORG 10
Tora Norlinder 1903, LAK 44, TEG 47

Tore Andrea Gunnarsdr 1842, SÖÅ 13, ÅSE 32
Tyra Augusta Åberg 1896, ÅSE 658
Tyra Laura Larsson 1904, ÅSE 629
Tyra Vestman 1905, ÅSE 659

U

Ulrika Johanna Andersdr 1876, SÖÅ 98
Ulrika Karolina Eriksdr 1861, LIL 96
Ulrika Svensdr 1873, GAF 15, ÅKB 3
Ulrika Viktoria Vilhelmina Eriksdr 1878, SÖÅ 59, ÅSE 92, LOM 150

V

Valborg Maria Palmgren 1901, YTT 37, ÅSE 548
Valborg Teresia Elvira Hellman 1885, AVA 43
Vendla Albertina Lindholm 1863, GAF 89, SÖS 3
Vendla Augusta Åkerlund 1879, BOÖ 55, ÅSE 510
Vendla Katarina Pettersson 1894, ÅSE 263
Viktoria Augusta Rhen 1875, ÅSE 459
Viktoria Elisabet Olofsson 1886, LÖV 7
Vilhelmina Agnes Elvira Granbom 1876, ÅSE 40
Vilhelmina Johanna Alexandra Westerlund 1873, TOÖ 65, ÅSE 325
Vilhelmina Josefina Olofsdr 1831, ÖVR 50
Vilhelmina Josefina Salomonsdr 1876, ÄLG 78
Vilhelmina Josefina Söderholm 1899, ÅSE 606
Vilma Augusta Forsberg 1898, GAF 64
Viola Kristina Wikström 1890, LOM 69
Viola Linnea Axberg 1906, SÖS 14
Vivi Lovisa Johanna Bäcklund 1907, ÅSE 644, ÖVR 97

Z

Zenobia Mikaelsdr 1816, GAF 41, TJÄ 6, ÖSN 31

A

Abraham Andersson 1767, YXS 3
Abraham Bernhard Rhen 1787, ÅSE 383
Abraham Eriksson 1829, SAN 6
Abraham Eriksson 1840, TAB 3
Abraham Grelsson 1691, GAF 63
Abraham Johansson 1779, IDV 8, KVÄ 11, STO 16
Abraham Johansson 1799, SIK 14, SOL 11
Abraham Jonsson 1799, LIL 42
Abraham Magnus Bergström 1860, VAK 2
Abraham Markusson 1770, FOR 44
Abraham Mattsson 1817, YXS 40
Abraham Olofsson 1790, KVÄ 22, VAK 7
Abraham Olofsson 1837, AVA 44
Abraham Olofsson Forsberg 1827, FOR 11
Abraham Petter Olofsson 1827, DAS 5, OXV 20, ÅSE 350
Abraham Teodor Olofsson Molin 1849 INS 29, TOÖ 58, YXS 43
Abraham Wallin 1821, BOM 16, LOM 136
Adam Adamsson 1762, BOM 1, LOM 1
Adam Adamsson 1790, LOM 2
Adam Adamsson 1818, LOM 3
Adam Adamsson 1860, LOM 4
Adam Alfred Ingelsson 1859, LÖV 3, TRE 11, ÖSB 2
Adam August Adamsson 1866, BJÖ 1
Adam Hansson 1721, LOM 38
Adam Kristoffersson , VÄN 23
Adam Mårtensson Lindal 1859, ÄLG 63
Adam Olofsson 1821, LOM 109
Adam Olofsson 1822, VAR 43
Adam Persson Arnqvist 1848, VÄJ 3
Adam Petter Mattsson 1870, LOM 85
Adam Petter Åkerberg 1862, LOM 139
Adam Salomonsson 1808, VÄJ 17, ÄLG 87
Adam Valfrid Hansson 1859, SÖB 2
Adam Viktor Lundmark 1881, ALM 42
Adolf Edvin Hilmer Åkerberg 1879, ÅSE 542
Adolf Emanuel Olofsson 1900, ÖSN 105
Adolf Mattsson 1754, AVA 29, LIL 52
Adolf Nilsson 1812, AVA 39
Adolf Nyberg 1882, ÅSE 336
Agaton Valter Leonard Persson 1880, ÅSE 362
Albert Dahlberg 1864, OXV 1, ÅSE 51
Albert Emanuel Näslund 1904, OXV 40

Albert Fritiof Markusson 1888, GAF 117
Albert Karl Tengman 1853, ÅSE 463
Albert Lindström 1877, LIL 49, TRE 17
Albert Oskar Bernhard Mattsson 1873, SIK 33, TOÖ 54
Albin Marianus Olofsson 1857, LÖV 9, TOÖ 66, ÅSE 351, ÖSB 6
Albin Robert Eriksson 1885, SÖÅ 26, ÅSE 93
Alf Johan Eriksson 1891, BOÖ 4
Alfred Gunnar Ledin 1902, YTT 38
Alfred Johansson 1892, HÄL 40
Alfred Sahlman 1874, ÅSE 400
Algot Ingelsson 1905, ÄLG 116
Alrik Wallmark 1885, ÅSE 468
Amandus Nilsson 1872, LOM 96
Amos Nikanor Arnqvist 1888, KÅK 1, LIL 103
Anders Albert Eriksson Egnor 1882 YTT 2
Anders Alfred Andersson 1869, SÖN 1
Anders Algot Salomonsson 1880, ÅSE 403, ÖVR 76
Anders Amandus Wikner 1877, ÅSE 497
Anders Andersson   , HOL 1
Anders Andersson 1762, MAL 1, RÖN 1
Anders Andersson 1763, LAV 1
Anders Andersson 1767, SOL 7
Anders Andersson 1800, LÅN 2
Anders Andersson 1809, BOÖ 1, GIG 1
Anders Andersson 1826, SÖÅ 5, ÖSN 1, ÖVR 1
Anders Andersson 1832, GUL 1
Anders Andersson 1837, ÅSE 7
Anders Andersson 1839, GAF 2, LOM 12, STN 1, SÖÅ 6, VÄN 2, ÅSE 8
Anders Andersson 1841, SVR 2
Anders Andersson 1852, GAF 3
Anders Andersson 1885, GAF 240
Anders Andersson Norlund 1841, VAR 41
Anders Andersson Nygren 1876, BOÖ 35, ÖSB 5
Anders Andersson Wikström 1857, VAR 71
Anders Ansgarius Jonsson 1879, BJÖ 18
Anders Arvid Karlsson 1881, FOR 32, OLO 2, STO 20
Anders Arvid Sandberg 1880, SÖÅ 129, ÅSE 631
Anders August Hörnell 1885, ÅSE 167
Anders Edin 1864, HÄG 4
Anders Eliasson 1747, AVT 2, BEL 1
Anders Elof Olsson 1901, VÄJ 24
Anders Enok Eliasson 1833, VAR 14
Anders Erhard Hägglund 1903, ÖSN 92
Anders Eriksson 1779, LIL 26
Anders Eriksson 1829, TJÄ 2

Anders Eriksson 1832, GÄR 13
Anders Eriksson Hägglund 1846, ÖSN 43
Anders Filipsson 1765, BOÖ 11, GIG 11
Anders Fredrik Jakobsson 1860, ÄLG 45
Anders Gustav Andersson 1827, BOM 2
Anders Gustav Eriksson 1874, SÖÅ 27
Anders Gustav Fredriksson 1865, ÖSN 32
Anders Gustav Johansson 1847, ÖSN 46
Anders Gustav Nilsson 1876, GAF 133
Anders Gustav Persson 1875, ÅKB 16
Anders Gustav Westman 1842, ÅSE 474
Anders Gustavsson 1872, ÅSE 130
Anders Göransson 1725, TJL 7
Anders Helmer Lindfors 1876, ÅSE 244
Anders Hermansson 1778, STM 1
Anders Hilmar Andersson 1880, ALM 16
Anders Holmgren 1839, SÖÅ 49
Anders Häggström 1871, GAF 79
Anders Jakob Söderberg 1877, HÄL 84
Anders Jean Martial Engström 1887, LOM 32
Anders Johan Eriksson 1872, LÅN 11, NOÖ 1, ÅSE 94
Anders Johan Persson 1849, TOÖ 71
Anders Johan Widinghoff 1842, ÅSE 492
Anders Johansson 1781, TOÖ 35
Anders Johansson 1818, LOM 54
Anders Johansson 1846, TOÖ 36
Anders Jonsson   , GAF 94
Anders Jonsson 1712, GAF 95, ÖVR 16
Anders Jonsson 1766, BÄÖ 5
Anders Jonsson 1773, VAR 28
Anders Jonsson 1792, GAF 55, TJÄ 18
Anders Jonsson 1811, ÅSE 188
Anders Jonsson 1849, STO 18
Anders Jonsson 1862, ÅSE 189
Anders Jönsson Wiklund 1865, LAK 35
Anders Larsson Rypa 1795, LÄG 8, TEG 44
Anders Levi Holmlund 1878, ÅSE 156
Anders Lindqvist 1861, ÄLG 65
Anders Löfvenmark 1811, TEG 22
Anders Löfvenmark 1845, TEG 23
Anders Magnus Johansson 1821, TOÖ 37
Anders Markusson 1762, GAF 118
Anders Markusson 1814, GAF 119
Anders Mattsson 1860, BOÖ 29
Anders Mårtensson Wallberg 1844, INS 41, LIL 97

166

Anders Nilsson 1730, SVA 14
Anders Nilsson 1770, LÅN 39
Anders Nilsson 1791, SIK 34
Anders Nilsson 1816, GAF 132, LOM 97
Anders Nilsson 1832, LIL 57
Anders Nilsson Fjellner 1838, YXS 23
Anders Näslund 1875, KVÄ 21, LAK 23, ÅSE 345
Anders Olof Jakobsson 1831, LOM 52
Anders Olof Olofsson 1857, GAF 166
Anders Olofsson 1759, FOR 44, LAJ 8, LAV 6
Anders Olofsson 1814, FOR 45
Anders Olofsson 1821, TJÄ 35
Anders Olofsson 1823, ÖVR 45
Anders Olofsson Boman 1870, SÖÅ 14, ÅSE 35
Anders Oskar Andersson 1882, HÄL 100, ÅSE 626
Anders Oskar Boström 1868, ÅSE 39
Anders Persson 1751, LUS 1, TOÖ 70
Anders Persson 1755, LUS 2, VIS 5
Anders Persson 1760, AVA 48, LIL 74
Anders Persson Bäck 1859, ÅSE 45
Anders Petter Eriksson Hamberg 1847, ÅSE 136
Anders Petter Norqvist 1841, GAF 162
Anders Petter Persson 1869, VAR 46
Anders Petter Sjölund 1873, BJÖ 35
Anders Robert Moren 1876, ÅSE 287
Anders Rollen 1866, ÅSE 385
Anders Rudolf Almroth 1885, ALM 1
Anders Samuelsson Westerlund 1849, ÅSE 473
Anders Sigfrid Hilarius Vallgren 1891, VAR 81
Anders Sjölund 1869, YXS 73
Anders Stefanus Persson 1865, AVA 49
Anders Teodor Johansson 1896, TOÖ 88
Anders Tomasson 1759, JÄR 4
Anders Tomasson 1825, HÄL 87
Anders Tyko Jakobsson 1894, ÅSE 633
Anders Valdemar Edlund 1876, ÅSE 76
Anders Valentin Grafström 1855, ÅSE 126
Anders Vikström 1875, ÅSE 499
Anselm Levi Nilsson 1889, GÄR 37, ÅSE 565
Anton Alfred Hollander 1847, SVR 6
Anton Nilsson 1882, LIL 58, ÅSE 296
Anton Rickard Englund 1882, GIG 9
Anton Vigilius Rådström 1903, TEG 48
Aron Arkadius Johansson 1862, LIL 38
Aron Johansson Sjölund 1850, YTT 18

Aron Norberg 1893, HÄL 107
Aron Sollen 1768, ÅSE 428
Artur Amandus Wallinder 1886, ÅSE 584
Artur Emanuel Lindahl 1897, ÅSE 540
Artur Halvar Öhman 1893, ÅSE 530
Artur Paulin Persson 1887, YXS 54
Arvid Arvidsson 1769, LÄG 2
Arvid Erik Folke Vahlqvist 1896, KUL 19
Arvid Melker Axberg 1895, ÅSE 608
Asser Anselm Jakobsson 1873, BOÖ 17
August Alfred Salomonsson 1884, ÄLG 88
August Danielsson 1860, STE 1
August Danielsson 1860, ÄLG 9
August Emanuel Jonsson 1883, GAF 96
August Emanuel Söderholm 1873, TEN 21
August Evert Nordström 1901, GÄR 38
August Högdahl 1878, SÖÅ 51, ÅSE 164
August Johansson Terning 1855, ÅSE 464
August Karlsson 1861, HÄG 17
August Kjellgren 1875, ALM 39
August Leonard Johansson 1859, ÅSE 174
August Lundvall 1875, ÅSE 257
August Mattias Edmark 1899, LÅN 91, ÖSN 104
August Natanael Bäckström 1871, ÅSE 47
August Noren 1879, ÅSE 330
August Odin Olofsson 1864, ÅSE 352
August Salomonsson 1877, LOM 123
August Valfrid Karlsson 1890, HÄG 18, ÖVR 86
August Valfrid Nordström 1873, GÄR 23
August Valfrid Westman 1851, ÅSE 475
August Vilhelm Mortimer Acharius 1821, ÅSE 3
Axel Andersson 1872, ÅSE 9
Axel Andersson Jäger 1872, ÅSE 203, ÖVR 21
Axel August Eliseus Andresen 1865, ÅSE 18
Axel Edur Hamberg 1905, ÅSE 527
Axel Emanuel Lindström 1901, SÖN 45
Axel Emil Strömgren 1878, LOM 130
Axel Florentin Hammar 1852, SÖS 2, ÅSE 141
Axel Fredrik Rheborg 1855, ÅSE 382
Axel Justinus Svensson Bergström 1857, LIL 12
Axel Kristian Rådström 1879, ÅSE 391
Axel Lambert Ambrosius Rådström 1850, SÖÅ 110
Axel Levi Lindblad 1835, FOR 36, HER 4, SÖÅ 71
Axel Linus Martin Jakobsson Nejde 1892, VÄJ 23
Axel Malmström 1887, ÅSE 263

Axel Sjöström 1865, SÖÅ 105, ÅSE 427
Axel Teodor Jäger 1901, ÅSE 561

B

Bernhard Rollen 1897, ÅSE 386
Bertil Persson 1742, AVT 9
Betuel Olofsson 1902, TOÖ 92
Bror Alfred Wiberg 1893, LOM 145
Bror Anton Jonsson 1863, ÅSE 190
Bror Antonius Edmark 1898, VÄN 49
Bror August Lindqvist 1878, ÅSE 537, ÖSN 99
Bror Ejnar Fransson 1895, ÄLG 114
Bror Elias Arnqvist 1904, GÄR 35
Bror Elon Nyberg 1894, ÅSE 653
Bror Emil Kristian Veilertz 1881, ÅSE 469
Bror Knut Fornell 1879, SÖÅ 41
Bror Mattias Rådström 1890, HÄG 44, YTT 39
Bror Mauritz Mattsson 1871, ORG 10
Bror Olof Oskar Forsberg 1887, GAF 44
Bror Olof Oskar Vestberg 1882, ÅSE 528
Bror Paulin Persson 1894, ÅSE 545
Bror Ragnar Danielsson 1892, YXS 93
Bror Robert Westman 1887, YTT 32
Bror Valdemar Persson 1901, ÖVR 91
Bryngel Larsson 1736, LÖA 1

D

Daniel Abrahamsson Forsbom 1801 KVÄ 7
Daniel Albin Olofsson Näslund 1863, ÖVR 54
Daniel Alexius Danielsson 1893, BOM 18, ÖVR 95
Daniel Alfonso Persson 1904, ÅSE 552
Daniel Alfred Danielsson 1875, BJÖ 4, HOL 21
Daniel Alfred Danielsson 1881, ÅSE 55
Daniel Alfred Markusson 1889, TEN 15
Daniel Alfred Olofsson 1870, GAF 167
Daniel Anders Danielsson 1893, LOM 19, TEN 24, SVR 26, ÅSE 613
Daniel August Arnqvist 1875, LIL 7, VÄJ 5
Daniel August Bergström 1871, SAN 3, VAK 3
Daniel August Jonsson 1881, ÅSE 637
Daniel August Jonsson 1892, GIG 13, LOM 166
Daniel August Kristoffersson 1877, SÖÅ 63
Daniel August Lidberg 1879, LIL 46
Daniel Danielsson 1724, TOS 1, VOS 1, ÅSE 54
Daniel Danielsson 1743, SOL 3
Daniel Danielsson 1799, LOM 17

Daniel Danielsson 1810, INS 3
Daniel Danielsson 1834, LOM 18
Daniel Danielsson 1836, INS 4
Daniel Danielsson 1842, TOS 2
Daniel Danielsson 1843, LAK 3
Daniel Danielsson 1850, FOR 4, HÄL 2
Daniel Danielsson Gavelin 1779, GAF 51, HÄL 23
Daniel Danielsson Gavelin 1809, HÄL 24
Daniel Danielsson Gavelin 1850, HÄL 25
Daniel Danielsson Hellgren 1838 VÄN 16
Daniel Edin   , ÅSE 71
Daniel Edin 1725, ÅSE 72
Daniel Edvard Andersson Edlund 1839, ORG 1, ÅSE 77, ÄLG 11
Daniel Edvard Eriksson 1833, INS 11
Daniel Edvard Eriksson 1845, LÅN 12
Daniel Edvard Johanssson Almroth 1855, STK 1
Daniel Edvard Svensson 1854, VAR 58, ÅSE 444, ÖVR 94
Daniel Edvard Svensson 1884, LÅN 74
Daniel Efraim Efraimsson 1841, SÖD 2
Daniel Eliasson 1854, YXS 9
Daniel Engelbert Eriksson 1864, TOÖ 13
Daniel Erhard Eriksson 1894, ALM 55
Daniel Erhard Johansson 1877, ÅSE 175
Daniel Erik Hansson 1852, HÄL 31
Daniel Erik Larsson 1847, GIG 16, STK 5, ÅSE 223
Daniel Erik Norlin 1855, TEG 30
Daniel Erik Persson Linde 1866, ÅSE 243
Daniel Eriksson 1810, YTT 3
Daniel Eriksson 1814, TJL 4
Daniel Eriksson 1825, VAR 19
Daniel Eriksson 1833, LAK 5
Daniel Eriksson 1848, TOS 7
Daniel Eriksson 1860, TEN 4, TOÖ 12, ÖVR 4
Daniel Eriksson Ekberg 1836, ÄLG 12
Daniel Eriksson Wallinder 1777, INS 21, TAB 20, YXS 80
Daniel Eriksson Åström 1824, LOM 141
Daniel Eugen Wiklund 1878, GIG 25
Daniel Gavelin 1856, FÄB 2, ÅSE 122, ÖSN 35
Daniel Georg Danielsson 1897, ÖVR 2, ÖVR 97
Daniel Gerhard Anselm Danielsson 1883, GRB 1
Daniel Hansson 1782, ALM 28
Daniel Hansson 1824, YXS 20
Daniel Hellgren 1874, VÄN 17
Daniel Helmer Tengman 1902, FOR 79
Daniel Henriksson 1864, ÄLG 33

Daniel Herbert Eriksson 1874, HÄL 7
Daniel Johan Danielsson 1855, FOR 5, ÅSE 56
Daniel Johan Danielsson Lundin 1852, TRE 18
Daniel Johan Eliasson 1817, STE 3
Daniel Johan Nilsson 1853, GRB 3, LÖB 3
Daniel Johan Nilsson Gavelin 1825, YTT 7
Daniel Konrad Danielsson 1898, STK 6, ÅSE 615
Daniel Konrad Åström 1879, BOÖ 54
Daniel Larsson 1809, TEG 20, YTT 3
Daniel Magnus Jonsson 1855, LOM 58
Daniel Manfred Persson 1896, FOR 50
Daniel Markusson 1709, GAF 120
Daniel Markusson 1741, IDV 10
Daniel Markusson 1760, GAF 121
Daniel Markusson 1815, GAF 122
Daniel Markusson 1827, TEN 14
Daniel Mattsson 1757, BJÖ 25
Daniel Mattsson 1795, GAF 141
Daniel Mattsson 1802, HÄL 51
Daniel Mattsson 1815, KVÄ 16, LÅN 37, ÖSN 68
Daniel Mattsson 1820, BJÖ 26, OXV 17, ÄLG 68
Daniel Mattsson 1834, VÄN 30, ÖSN 69
Daniel Mattsson 1841, LOM 86
Daniel Mattsson Winter 1865, ÅSE 500
Daniel Mauritz Wahlberg 1878, GAF 211
Daniel Nilsson 1742, FOR 41, LAJ 7, TRS 2
Daniel Nilsson 1744, VIS 6
Daniel Nilsson 1827, HOL 55
Daniel Nilsson 1828, GAF 134
Daniel Olofsson 1827, HOL 66, LÅN 53, SOL 25, ÖSN 78
Daniel Olofsson 1829, FOR 46, ÅKB 14
Daniel Olofsson 1851, ALM 46
Daniel Olofsson 1883, ÖSN 93
Daniel Persson 1787, TOS 10
Daniel Persson 1834, OXV 25, TOÖ 72
Daniel Persson 1835, HOL 71
Daniel Persson Almroth 1811, TOÖ 56
Daniel Persson Almroth 1837, ALM 2
Daniel Persson Arnqvist 1842, VÄJ 4
Daniel Persson Gavelin 1741, GAF 52
Daniel Persson Gavelin 1854, ÖVR 10
Daniel Petter Borgström 1863, BOÖ 2, ÄLG 7
Daniel Petter Danielsson 1884, STA 4, TOS 3
Daniel Petter Edblad 1871, ÄLG 10
Daniel Petter Edman 1883, LOM 22

Daniel Petter Hansson 1884, SAN 10
Daniel Petter Johansson 1847, TOÖ 38
Daniel Petter Jonsson 1878, ÅSE 191, SÖÅ 130
Daniel Petter Jonsson 1899, LOM 149
Daniel Petter Olofsson 1866, ÅKB 15, ÖVR 56
Daniel Petter Persson 1841, LOM 115
Daniel Petter Persson 1868, YXS 55
Daniel Petter Persson 1889, ÖVR 62
Daniel Petter Samuelsson 1856, ASL 2, HAM 4
Daniel Pålsson 1814, LÅN 66, ÅSE 380
Daniel Pålsson 1826, LIL 78
Daniel Robert Danielsson 1874, INS 5, VÄJ 11
Daniel Robert Sikström 1896, SAN 46, VAK 9
Daniel Rupert Jonsson/Svensson 1884, INS 38, YXS 30
Daniel Salomonsson 1771, TAL 5
Daniel Salomonsson Näslund 1838, BJÖ 28, LOM 124
Daniel Svensson 1786, VAR 57
Daniel Valdemar Näslund 1893, BJÖ 29
Daniel Vilhelm Danielsson Wiberg 1861, SÖS 13, ÅSE 489
David Ansgarius Lidström 1889, GRK 1
David Boberg 1865, ÅSE 34
David Engelbert Frisk 1872, ERI 3
David Johan Dahlberg 1895, OXV 36
David Severus Eriksson 1897, SÖÅ 132

E

Edvard Engelbert Ekman 1889, HÄL 103
Edvard Jakobsson 1854, LÅN 22, NYT 1, ÖVR 14
Edvard Roland Ferdinand Öhman 1866, SÖÅ 120, ÅSE 515
Edvard Teodor Segerpalm 1859, ÅSE 414
Einar Teodard Hammar 1891, LOM 37
Einar Villehad Hansson 1897, HÄL 32, LOM 39
Ejnar Hakvin Westman 1890, ÅSE 535
Elias Anselm Westberg 1890, NYT 13
Elias Eliasson 1749, AVT 3, BEL 2
Elias Eliasson 1775, SOL 5
Elias Eliasson 1804, SOL 6
Elias Eliasson 1816, GÄR 9, LIL 20
Elias Eliasson 1846, GÄR 10
Elias Eliasson Eden 1879, ÅSE 69
Elias Eliasson Nordman 1846, VAR 39
Elias Frans Persson 1884, NYT 6
Elias Hansson 1743, BÄS 3, VOL 2
Elias Hansson Sehlqvist 1799, ÄLG 41
Elias Johansson 1761, NOR 1

Elias Johansson 1851, TOÖ 39
Elias Josefsson 1729, VAR 36
Elias Karlsson 1727, ORM 9
Elias Kristoffer Herman Persson 1875, VAR 48
Elias Mattsson 1710, BEL 8
Elias Nilsson 1733, HOE 1, TJL 14
Elias Nilsson Idström 1773, IDV 6, TJL 15
Elias Olof Villehad Eliasson 1870, VAR 15
Elias Olofsson 1777, LIL 64
Elias Olofsson 1829, TJL 17
Elias Olofsson 1855, HOL 67
Elias Olofsson Toren 1837, LÄG 9
Elias Persson 1801, VAR 47
Elias Persson 1872, HÄL 65
Elias Persson Arnqvist 1844, GÄR 4, KÅK 2, VÄJ 6
Elias Strömberg 1845, ÄLG 105
Elias Svensson 1856, LÅN 75, ÅSE 445
Elis Fritiof Ottosson 1884, HÄG 29
Emanuel Eriksson Wallinder 1858, GAF 215
Emanuel Ferdinand Karlsson 1893, ÅSE 623
Emanuel Hedström 1880, GAF 68
Emanuel Persson 1820, KLI 2
Emil Adrian Lundblad 1897, ÅSE 602
Emil Konrad Dahl 1882, ÅSE 50
Emil Konrad Jonsson 1890, GAF 231
Emil Leonard Almroth 1855, ALM 3
Emil Salomon Nylander 1858, ÅSE 340
Engelbert Hilding Karl Ström 1864, ÅSE 433
Enok Edvard Gavelin 1807, HÄL 26
Enok Johansson 1849, HÄG 10
Enok Kristoffer Sellin 1872, ORG 5, ÄLG 103, LÖB 5
Erhard Amandus Nerpin 1889, LOM 94
Erhard Johansson 1894, SIK 59
Erik Abrahamsson 1803, GÄR 1, YXS 1
Erik Adam Jakobsson 1838, GAF 87, HER 3, SIÖ 3
Erik Adam Jonsson 1847, BOR 5
Erik Adamsson 1756, TAL 1
Erik Adamsson 1809, LOM 21
Erik Adamsson 1839, VÄJ 1
Erik Adolf Eriksson 1867, ÅSE 194
Erik Adolf Kristoffersson 1899, ÖVR 87
Erik Adolf Landin 1866, ÅSE 222
Erik Adolf Söderholm 1905, ÅSE 596
Erik Agaton Eriksson 1876, BOM 4
Erik Agaton Karlsson 1877, OXV 13

Erik Albert Borglund 1896, HÄG 42, ÅSE 648
Erik Albert Borgström 1892, ÄLG 8
Erik Albert Dahlberg 1894, OXV 2
Erik Albert Danielsson 1895, TOÖ 10
Erik Albert Gavelin 1865, BOR 4
Erik Albert Jonsson 1893, SAN 19, MAM 4
Erik Albert Magnusson 1869, INS 22
Erik Albert Ottosson 1875, OXV 24
Erik Albert Pallin 1879, ÅSE 360
Erik Albert Wallgren 1896, VAR 63, LOM 156
Erik Alexander Mikaelsson 1880, AVA 35
Erik Alexius Wiberg 1888, FOR 68
Erik Alfred Adamsson 1888, AVA 2, LOM 5
Erik Alfred Andersson 1886, AVA 4
Erik Alfred Fredriksson 1872, ÅSE 118
Erik Alfred Mårtensson 1880, KUL 8, KVÄ 18, LIL 55, ÖVR 96
Erik Alfred Nilsson 1861, TOÖ 62
Erik Alfred Persson 1882, VAR 49
Erik Alfred Samuelsson 1852, BOÖ 47, ÄLG 98
Erik Allan Villehad Eriksson 1895, ALM 54
Erik Amander Persson 1873, ÅSE 365
Erik Amandus Eriksson 1900, GAF 244, ÖSN 95
Erik Amandus Svensson 1871, BOÖ 59
Erik Anders Nordin 1863, ÅSE 317
Erik Andersson   , HOL 2
Erik Andersson 1763, YTT 1
Erik Andersson 1801, LÅN 3
Erik Andersson 1825, SOL 1
Erik Andersson Gradin 1827, GAF 80
Erik Andersson Lundin 1797, TJL 12, TJÄ 26
Erik Andreas Persson 1890, ÅSE 641
Erik Anton Engelbert Östman 1887, AVA 57
Erik Anton Karlsson Risberg 1863, SAN 32
Erik Anton Lindahl 1804, ÅSE 230
Erik Anton Samuelsson 1831, ÄLG 99
Erik Anton Wahlström 1865, GAF 214, SÖS 12, SÖÅ 115, TOÖ 82
Erik Anton Wiklund 1834, GIG 26
Erik Aron Gavelin 1859, FOR 15, ÅSE 123
Erik Aron Lindholm 1857, ÖVR 31
Erik Aron Persson 1842, HÄG 30, TAB 16
Erik Artur Jonsson 1904, ÅSE 585
Erik Artur Lindqvist 1900, ÄLG 120
Erik Artur Lundberg 1906, HÄG 40
Erik Artur Mårtensson 1901, LAK 43
Erik Artur Olofsson 1895, HÄL 105, ÖSN 98

Erik Artur Persson 1895, SÖN 41
Erik Arvid Backlund 1897, ÅSE 657
Erik Arvid Lindholm 1888, ÖVR 32
Erik August Andersson 1860, GÄR 2, SAN 2
Erik August Edlund 1870, GIG 8
Erik August Grahn 1844, MAM 2
Erik August Johansson 1866, ÅKB 7
Erik August Nilsson 1865, SÖN 22, ÅSE 297
Erik August Östlund 1862, VÄJ 19
Erik Bernhard Lidström 1856, GRK 2
Erik Bruno Persson 1897, GAF 238
Erik Daniel Eriksson 1851, LIL 27
Erik Daniel Eriksson 1869, KUL 2, SÖÅ 30
Erik Daniel Eriksson Gavelin 1825, GAF 54
Erik Daniel Eriksson Holm 1865, HOL 34, HÄL 35
Erik Daniel Nilsson 1838, SÖN 23
Erik Danielsson 1751, BER 1, MÅR 1, SVA 3
Erik Danielsson 1785, SOL 4, TJL 3
Erik Danielsson 1808, INS 6
Erik Danielsson 1814, AVA 8
Erik Danielsson 1827, TOS 4
Erik Danielsson 1837, HÄL 3
Erik Danielsson Gavelin 1772, GAF 53
Erik Dyhr 1757, ÅSE 68
Erik Edmund Jonsson 1885, LOM 59
Erik Edvard Eriksson 1854, HÄG 5
Erik Edvard Eriksson Norqvist 1860, HÄG 27, LAK 21
Erik Edvard Mårtensson Wallgren 1865, VAR 64
Erik Edvard Olofsson 1860, TEG 38
Erik Edvard Svensson 1867, ÅSE 446
Erik Edvard Teodor Blomqvist 1863, ÖSN 8
Erik Einar Damberg 1895, SIK 4, TAB 2
Erik Ejnar Gavelin 1903, ÅSE 564
Erik Ejnar Hansson 1896, YXS 87
Erik Ejnar Wiklund 1906, ÅSE 599
Erik Eliasson 1699, LOM 29
Erik Eliasson 1753, ORM 2
Erik Eliasson 1804, IDV 1
Erik Elving Vallinder 1900, YXS 91
Erik Emil Persson 1876, FOR 51, VÄN 39
Erik Englen 1842, ÅSE 86, ÄLG 15
Erik Eriksson 1730, HOL 23
Erik Eriksson 1731, RÖD 1
Erik Eriksson 1746, VIS 6
Erik Eriksson 1754, BÄS 2, VOL 1

Erik Eriksson 1756, NOD 1
Erik Eriksson 1760, HOL 24, VIS 1
Erik Eriksson 1774, GAF 29
Erik Eriksson 1791, BOÖ 5
Erik Eriksson 1797, GAF 30
Erik Eriksson 1798, SÖN 5, VÄN 6
Erik Eriksson 1800, SÖÅ 28
Erik Eriksson 1814, SÖÅ 29, ÖSN 20
Erik Eriksson 1821, HÄL 8
Erik Eriksson 1822, GAF 31
Erik Eriksson 1826, LAK 6
Erik Eriksson 1845, STO 4
Erik Eriksson 1847, FOR 8, SIÖ 1, SÖN 6
Erik Eriksson 1848, STO 5
Erik Eriksson 1880, HÄL 9
Erik Eriksson 1880, ÅSE 95
Erik Eriksson Holmberg 1793, GAF 71, ÄLG 41
Erik Eriksson Norberg 1848, LAK 19, LÅN 46
Erik Eriksson Nordenmark 1836, GAF 147
Erik Eriksson Rhen 1751, KUL 14, ÅSE 384
Erik Eriksson Söderlund 1830, HAM 7, SÖÅ 112
Erik Eriksson Wallinder 1762, YXS 82
Erik Eriksson Westerlund 1834, BJÖ 37, GAF 217
Erik Eriksson Wiberg 1857, FOR 67
Erik Eugen Johansson 1892, LIL 82
Erik Ferdinand Nilsson 1897, DAS 8
Erik Forsner 1714, ÅSE 116
Erik Frans Andersson 1876, TOÖ 4
Erik Frans Olofsson 1873, ÅSE 353
Erik Frans Persson 1877, YXS 56, ÅSE 366
Erik Fredrik Gavelin 1850, TOÖ 21
Erik Fredriksson 1797, ÅSE 117
Erik Fredriksson 1854, HÄG 7
Erik Fridian Johansson 1898, ÖSN 94
Erik Fridolf Norberg 1897, LAK 39
Erik Gavelin 1847, YTT 8
Erik Georg Eriksson 1901, LOM 148
Erik Gotthard Wallinder 1873, FOR 66
Erik Grahn 1894, OXV 8
Erik Gunnar Salomonsson 1902, ÅSE 664
Erik Gunnar Wahlström 1893, TOÖ 83
Erik Göransson 1787, HÄL 28
Erik Halvar Dalin 1900, GAF 232
Erik Hansson   , VIS 3
Erik Hansson 1718, VÄN 14

Erik Hansson 1783, YXS 21
Erik Hansson 1789, ÖSN 40
Erik Hansson 1795, SAN 11
Erik Hansson 1846, LÅN 18
Erik Hansson Gavelin 1788, GAF 55
Erik Harald Olofsson 1895, GAF 237
Erik Harald Ström 1900, SÖÅ 140
Erik Hellström 1853, BJÖ 10
Erik Helmer Eriksson 1886, GAF 32
Erik Helmer Hellström 1882, BJÖ 11
Erik Helmer Kristoffersson 1896, LÅN 29
Erik Helmer Nilsson 1884, GAF 135
Erik Henfrid Hansson 1891, GÄR 40
Erik Henning Lindgren 1889, ÅSE 522
Erik Henriksson 1786, ÄLG 34
Erik Henriksson 1843, ÄLG 35
Erik Herman Danielsson 1887, HÄL 4
Erik Hilmar Näslund 1892, LOM 168
Erik Hjalmar Björk 1896, ÅSE 644, ÖVR 97
Erik Hjalmar Skerdin 1896, LIL 105
Erik Holmberg 1856, GAF 72
Erik Holmgren 1824, SAN 16, TRE 9
Erik Hägglund 1864, ÅSE 162
Erik Ingelsson Norlin 1828, TEG 31
Erik Isidor Olofsson 1901, ÅSE 652
Erik Ivarsson 1822, BJÖ 15
Erik Jakob Alexius Nordman 1884, VAR 40
Erik Jakob Danielsson Willnerth 1893, HÄL 89, GAF 235
Erik Jakob Hägglund 1873, ÖSN 44
Erik Jakob Österberg 1898, HOL 96
Erik Jakobsson 1715, ALM 29, HOL 36, HÄL 38
Erik Jakobsson 1794, KVÄ 9, LAK 12, LÅN 23, SOL 10, TJÄ 12, VÄN 20, ÖSN 45
Erik Jakobsson 1855, GAF 86
Erik Jakobsson 1858, TEG 11
Erik Johan Agaton Johansson 1899, LÅN 24, LAK 42, HÄG 41, ÖVR 92
Erik Johan Andersson Brolin 1835, ERI 1, ÅSE 43
Erik Johan Edström 1891, LÅN 88
Erik Johan Eriksson 1845, YXS 10
Erik Johan Eriksson 1859, ÄLG 17
Erik Johan Eriksson 1869, ÖSN 21
Erik Johan Eriksson 1892, ÄLG 18
Erik Johan Johansson 1851, LIL 39
Erik Johan Johansson 1854, TOÖ 40
Erik Johan Jonsson 1871, FOR 23
Erik Johan Jonsson 1885, ÖSN 52

Erik Johan Karlsson 1893, ÖSN 54, LIL 111
Erik Johan Nilsson 1821, LOM 99, SIK 35
Erik Johan Nordlander 1871, ÅSE 324
Erik Johan Nyberg 1875, GAF 163
Erik Johan Näslund 1895, BOÖ 58
Erik Johan Persson 1830, SIK 44
Erik Johan Persson 1878, KLI 3, ÅSE 367
Erik Johan Sjöberg 1681, ÅSE 418
Erik Johan Skoglund 1875, TEG 45
Erik Johan Sundin 1870, GAF 203
Erik Johan Westman 1854, SVR 22
Erik Johansson 1797, SIK 15, STE 4, SVR 9, VÄN 21
Erik Johansson 1798, SIK 16, SVR 10
Erik Johansson 1829, HOL 38, TJÄ 13, ÖSN 47
Erik Jonsson 1744, VOÖ 1
Erik Jonsson 1748, BÄS 3
Erik Jonsson 1756, LAV 4
Erik Jonsson 1792, YTT 15
Erik Jonsson 1840, AVA 22
Erik Jonsson 1846, ÖVR 17
Erik Jonsson Edström 1858, LÅN 7
Erik Julius Eriksson 1863, TEN 5
Erik Jönsson 1752, LAJ 5, SVA 10
Erik Jönsson 1832, ÅKB 9
Erik Karlsson 1793, GRÅ 1
Erik Karlsson 1877, ÅKB 10
Erik Konrad Eriksson 1874, SÖN 7, SÖÅ 31
Erik Konrad Holmberg 1865, ORG 2, ÅSE 155, ÄLG 42
Erik Konrad Moberg 1893, YXS 41
Erik Konrad Nordenmark 1859, GAF 148
Erik Konrad Norlin 1884, TEG 32
Erik Konrad Olofsson 1869, ALM 47
Erik Konrad Paulusson 1892, LIL 108
Erik Konrad Persson 1886, ÖVR 63
Erik Konrad Strömberg 1895, HOL 81
Erik Konstantin Jonsson 1874, FOR 24, ÅSE 192
Erik Kristoffer Salomonsson 1873, BOÖ 44
Erik Kristoffersson 1734, ÖVR 24
Erik Kristoffersson 1761, HAL 1
Erik Kristoffersson 1775, RÅS 4
Erik Kristoffersson 1798, GAF 110, TJÄ 24
Erik Kristoffersson 1814, SOL 14, TJÄ 25
Erik Kristoffersson 1862, SÖÅ 64
Erik Kristoffersson 1868, LOM 66
Erik Larsson 1761, HAC 2, JÄR 2, VOL 3

Erik Larsson 1781, LÄG 6
Erik Larsson 1801, LÄG 7, TEG 15
Erik Laurentius Eriksson 1885, TOÖ 14
Erik Leonard Nilsson 1893, ÖVR 47
Erik Lidgren 1896, HÄL 93
Erik Lindström 1871, VÄN 25, ÖSN 58
Erik Ludvig Forsberg 1858, GAF 45
Erik Löfvenmark 1855, LAK 16, LIL 51, LOM 79, YXS 35
Erik Magnus Aronsson 1892, LIL 8
Erik Magnus Danielsson Salen 1866, GAF 197
Erik Magnus Eriksson 1894, LAK 7
Erik Magnus Markusson 1835, ÄLG 67
Erik Magnus Persson 1844, SIK 45
Erik Magnus Westman 1882, SVR 23, ÅSE 476
Erik Manfred Isidor Nordenmark 1888, GAF 227
Erik Markus Danielsson 1869, HÄL 5
Erik Markusson 1773, ALM 43
Erik Markusson 1788, ÖSN 59
Erik Markusson 1841, FOR 38
Erik Markusson 1846, LÅN 34, ÖVR 39
Erik Markusson 1847, HÄL 47
Erik Martin Vahlgren 1892, ÅSE 550
Erik Matts Mattsson 1834, GAF 127
Erik Matts Mattsson 1869, FOR 39
Erik Matts Söderqvist 1884, VÄN 45
Erik Mattsson 1746, IDV 10
Erik Mattsson 1772, LAT 5
Erik Mattsson 1802, IDV 11
Erik Mattsson 1806, ÖVR 41
Erik Mattsson 1820, TAB 14
Erik Mattsson 1823, LÅN 38, VÄN 31
Erik Mattsson 1863, ÖVR 42
Erik Mattsson Winter 1870, ÅSE 501
Erik Mauritz Eriksson 1885, ÅSE 639
Erik Mauritz Markusson 1883, LOM 80, ÅSE 265
Erik Mauritz Ullin 1880, GAF 209
Erik Millen 1763, ÅSE 284
Erik Mårten Valfrid Sörlin 1875, SÖÅ 113
Erik Mårtensson 1770, TOS 11
Erik Nikanor Holmberg 1881, GAF 73
Erik Nilsson 1742, BÄÖ 7, LAT 6, TOÖ 60
Erik Nilsson 1759, NÄS 1
Erik Nilsson 1766, AVT 7
Erik Nilsson 1771, ALM 43, LOM 98, TOÖ 61
Erik Nilsson 1808, GÄR 18

Erik Nilsson 1820, HOL 56
Erik Nilsson Engman 1864, ÅSE 87, ÄLG 16
Erik Näslund 1848, LAK 24
Erik Olof Abrahamsson 1874, ÅSE 1
Erik Olof Augustsson 1866, HÄG 2
Erik Olof Bergström 1877, FOR 80
Erik Olof Bergström 1882, ÅSE 28
Erik Olof Blomqvist 1851, SÖS 1, ÖSN 9
Erik Olof Eriksson 1872, HOL 25
Erik Olof Eriksson 1876, SÖÅ 32
Erik Olof Forsgren 1851, SÖÅ 42
Erik Olof Gavelin 1877, TAB 6, TOÖ 22
Erik Olof Guliksson 1825, LIL 32
Erik Olof Holmberg 1848, TOÖ 30
Erik Olof Ingelsson Norlin 1842, LÅN 48
Erik Olof Johansson 1835, ÖSN 48
Erik Olof Jonsson 1865, GAF 97, LOM 60
Erik Olof Jonsson 1879, HÄG 12
Erik Olof Jonsson Holmström 1836, HÄG 8, LÅN 21
Erik Olof Kristoffersson 1865, ALM 40, ÖSN 55
Erik Olof Kristoffersson 1884, OLO 3, ÅSE 215
Erik Olof Lindahl 1846, STA 6
Erik Olof Norberg 1873, LAK 20, TEG 28
Erik Olof Olofsson 1819, GAF 31
Erik Olof Olofsson 1821, TEN 16
Erik Olof Olofsson 1845, KVÄ 23, STO 26, ÖVR 57
Erik Olof Olofsson 1865, SÖN 28
Erik Olof Olofsson 1895, ÅKB 23
Erik Olof Persson 1869, BOÖ 39
Erik Olof Salomonsson 1828, YXS 68
Erik Olof Söderlind 1865, HÄG 36
Erik Olof Westman 1856, ÅSE 477
Erik Olofsson 1747, HAC 3
Erik Olofsson 1763, LAT 7
Erik Olofsson 1765, GÄR 24
Erik Olofsson 1802, GAF 168
Erik Olofsson 1828, TJÄ 36
Erik Olofsson 1835, SÖÅ 83
Erik Olofsson Almroth 1795, HÄL 37
Erik Olofsson Edström 1861, LOM 27
Erik Olofsson Nordenstrand 1825, ÖVR 50
Erik Oskar Anders Westerlund 1887, VAR 68
Erik Oskar Englund 1873, GIG 10
Erik Oskar Engman 1874, ÅSE 88
Erik Oskar Fulgentius Eriksson 1896, SÖS 14

Erik Oskar Isidor Svensson 1888, ÅSE 447, VAR 80
Erik Oskar Johansson 1862, AVA 20
Erik Oskar Mattsson 1874, ÅSE 276
Erik Oskar Rådström 1867, SÖÅ 98
Erik Oskar Salomonsson 1865, LÖB 3, YXS 69
Erik Otto Eriksson 1900, TOÖ 94
Erik Otto Ingelsson 1859, ÅSE 169
Erik Otto Ingelsson 1862, BOÖ 16, INS 19
Erik Otto Jonsson 1901, GAF 236
Erik Otto Lindahl 1888, TOÖ 52, ÅSE 231
Erik Paulinus Mikaelsson Pallin 1871, YTT 27
Erik Persson 1722, LAV 7
Erik Persson 1736, ALM 50
Erik Persson 1748, ÖSN 63
Erik Persson 1763, HÄL 66, VÄN 38
Erik Persson 1768, BÄÖ 8
Erik Persson 1789, TJL 19
Erik Persson 1822, AVA 50
Erik Persson 1836, ALM 51, HOL 72, SVR 14, ÅSE 363
Erik Persson 1837, KAL 5, LÅN 60
Erik Persson 1863, SVR 15, ÅSE 364
Erik Persson Gavelin 1729, GAF 56
Erik Persson Åström 1789, GAF 220
Erik Petter Adamsson 1863, AVA 3
Erik Petter Albin Jonsson 1872, SIK 22
Erik Petter Andersson 1852, FOR 1
Erik Petter Ekberg 1868, ÄLG 13
Erik Petter Forsberg 1853, GAF 46
Erik Petter Gavelin 1820, OXV 6, YTT 9
Erik Petter Ingelsson 1835, LÖV 4
Erik Petter Ingelsson Gavelin 1834, TOÖ 23
Erik Petter Johansson 1884, ÅSE 176, ÖSN 49
Erik Petter Jönsson 1863, SIK 25, ÅSE 204, ÄLG 51
Erik Petter Kristoffersson 1854, ÄLG 54
Erik Petter Mikaelsson 1873, AVA 36, SÖS 9, ÖSN 70
Erik Petter Nilsson 1872, LÅN 40
Erik Petter Nordin 1861, GAF 152, SÖÅ 79, ÅSE 318
Erik Petter Nordström 1869, BOÖ 34, LIL 62, ÅSE 327
Erik Petter Olofsson 1832, LOM 110
Erik Petter Persson 1857, GAF 178, ÅSE 368
Erik Petter Persson Almroth 1836, ALM 4
Erik Petter Salomonsson 1875, BJÖ 33
Erik Petter Svensson Lidfors 1851, HÄL 43
Erik Petter Åslund 1865, LIL 99, SAN 39
Erik Pålsson 1717, RÅS 5

Erik Pålsson 1746, OXV 26
Erik Pålsson 1768, BOÖ 41, GIG 22, VÄN 42
Erik Reinhold Eriksson 1852, GAF 33
Erik Robert Almroth 1884, ALM 5, ÅSE 519
Erik Robert Danielsson 1859, GAF 20
Erik Robert Danielsson 1891, ÅSE 57
Erik Robert Edman 1871, LOM 23
Erik Robert Eriksson 1854, SÖÅ 33
Erik Robert Eriksson 1875, FOR 9, HÄL 10
Erik Robert Johansson 1874, AVA 21, VAR 24
Erik Robert Jonsson 1871, ALM 34
Erik Robert Jonsson 1882, KUL 4, TOÖ 49, ÅSE 193
Erik Robert Mårtensson 1864, ÅSE 291
Erik Robert Norlin 1886, TEG 33
Erik Robert Olofsson 1875, ÖVR 58
Erik Robert Persson 1868, SÖÅ 87
Erik Robert Persson 1870, SÖÅ 88
Erik Robert Persson 1885, ÖVR 64
Erik Robert Salomonsson 1873, BOÖ 45
Erik Robert Salomonsson 1881, ÄLG 90
Erik Robert Samuelsson 1879, ÅSE 581
Erik Robert Sandberg 1882, ÅSE 407
Erik Rudolf Andersson 1873, ALM 17
Erik Rupert Johansson 1896, ALM 56
Erik Rådström 1866, ÅSE 392
Erik Salomon Nordin 1870, HER 6, SÖN 25, ÖSN 75
Erik Salomonsson 1836, KVÄ 31, LIL 81, TAB 17, TRE 24, YXS 67
Erik Salomonsson 1894, TAB 18, ÄLG 89
Erik Samuel Israelsson 1832, GAF 84
Erik Samuel Nordin 1832, GAF 153
Erik Samuel Olofsson Engman 1836, KÅK 10, LIL 25, LÖV 10
Erik Samuel Persson 1812, LÅN 61, SÖÅ 89, YXS 57
Erik Samuel Rhen 1790, KUL 15
Erik Sparrman 1846, FOR 61, ÅSE 431
Erik Svensson 1767, SÖÅ 107
Erik Svensson 1790, GAF 205
Erik Svensson 1796, GAF 206, TJÄ 45
Erik Svensson 1801, SIK 53
Erik Svensson 1841, ÖSN 91
Erik Svensson 1843, LÅN 76, ÄLG 107
Erik Söderlund 1853, HAM 8
Erik Teodor Eriksson 1887, ÅSE 594
Erik Teodor Karlsson 1891, HÄG 19
Erik Teodor Lundgren 1873, SAN 23
Erik Teodor Näslund 1905, ÅSE 519

Erik Teodor Söderlund 1887, SÖÅ 128, ÅSE 577
Erik Tomasson 1835, YXS 78
Erik Torben Nordlander 1900, ÅSE 598
Erik Valdemar Eriksson 1901, OXV 39
Erik Valdemar Johansson 1893, TOÖ 93
Erik Valentin Henriksson Asplund 1868, ASL 1, ÅSE 21
Erik Valfrid Jakobsson 1858, STO 14
Erik Wallinder 1704, ÅSE 467
Erik Wallinder 1735, YXS 81
Erik Valter Westman 1901, SVR 24, TOÖ 87
Erik Westergren 1813, LIL 98, SIK 55, STE 9
Erik Wiklund 1867, LAK 36
Erik Vilhelm Eriksson 1861, TOÖ 15
Erik Vilhelm Mosen 1861, ÅSE 288
Erik Vilhelm Olofsson 1856, ÅSE 354
Erik Vilhelm Valentin Rönnholm 1863, GAF 196, ÅSE 399
Erik Villehad Arnqvist 1882, VÄJ 21
Erik Zakrisson Bergqvist 1849, AVA 7
Erik Ölund 1874, OXV 35, ÖVR 81
Ernst Albin Eklund 1868, ÅSE 79
Ernst Angantyr Jonsson 1897, ÅSE 655
Ernst Edvin Mellgren 1892, LIL 53
Ernst Elving Näslund 1894, LIL 109
Ernst Johan Borglund 1888, ÅSE 36, SÖS 15
Ernst Olof Isidor Westman 1890, ÅSE 478
Ernst Paulinus Johansson 1889, VAR 25
Ernst Ragnar Olofsson 1900, FOR 71
Ernst Robert Mattsson 1903, ÖVR 82
Eugenius Teodor Johansson 1890, LIL 101
Evald Kalixtus Eriksson 1890, SAN 7
Evert Mikaelsson 1902, AVA 60

F

Felix Norgren 1897, ÅSE 628
Ferdinand Amandus 1826, ALM 15, SÖÅ 4, ÄLG 4
Filip Gustafsson Huss 1895, ÅSE 534
Filip Leonard Jansson 1861, ÅSE 171
Filip Mattsson Willbrandt   , HOL 83
Frans Adolf Lundin 1886, SAN 25
Frans Agaton Edman 1902, LOM 144
Frans Agaton Persson 1879, FOR 52, GAF 179
Frans Albert Vallgren 1896, HÄL 99
Frans Alfred Gavelin 1894, LOM 153, ÅSE 532
Frans Alfred Salomonsson 1867, ÄLG 91
Frans Algot Persson 1879, BOÖ 40

Frans August Emil Kullberg 1858, ÅSE 220
Frans August Malm 1877, YXS 36, ÅSE 261
Frans Bernhard Söderqvist 1898, SÖN 42
Frans Daniel Danielsson 1865, GIG 7
Frans Elias Sandin 1884, ÅSE 411
Frans Erik Byström 1892, HOL 95
Frans Fredrik Nordin 1871, LOM 104
Frans Georg Olofsson 1899, ÅSE 646
Frans Gerhard Lindqvist 1873, ÅSE 247
Frans Gustav Huss 1863, LOM 44, SÖÅ 50, ÅSE 560
Frans Gustav Svensson 1870, LIL 90
Frans Harald Eriksson 1891, STO 6, OXV 37
Frans Hugo Kristoffersson 1903, SIK 4
Frans Hugo Sollen 1851, ÅSE 429
Frans Kalixtus Bergström 1880, LIL 13, YXS 5
Frans Ludvig Jonsson 1881, FOR 25
Frans Ludvig Sjölund 1889, ÅSE 423
Frans Oskar Johansson 1881, ÅSE 177
Frans Oskar Salomonsson 1878, LÖV 6
Frans Ossian Arvidsson 1867, ÅSE 20
Frans Otto Larsson 1880, ÅSE 224
Frans Otto Ludvig Norberg 1858, ÅSE 306
Frans Otto Mårtensson Wallgren 1858, VAR 65, ÅSE 466
Frans Paulinus Almroth 1887, ALM 6
Frans Robert Vilhelm Eneberg 1869, ÅSE 84
Frans Teodor Eriksson 1874, TEN 6
Frans Teodor Gavelin 1884, HOL 31
Frans Teodor Persson 1883, HÄL 67
Frans Viktor Kristow 1866, ÅSE 218
Fredrik Andersson 1832, ÖSN 2
Fredrik Bror Amandus Asplund 1884, GÄR 7
Fredrik Edvard Andersson 1857, GÄR 3
Fredrik Eriksson 1822, HÄG 6
Fredrik Johansson 1800, LIL 40
Fredrik Johansson 1840, TOÖ 41, YXS 26
Fredrik Sundberg 1871, ÅSE 437
Frej Erik Herman Lind 1891, SÖS 6
Frid Lottin Persson 1893, ÅSE 619
Frid Verner Laurentius Eriksson 1897, ÅSE 96, SÖÅ 124
Frid Villehad Markusson 1896, INS 23, ÅSE 266
Frits Ejnar Persson 1892, ÖVR 84
Fritz Anselm Andersson 1890, ÄLG 5
Fritz Helmer Olofsson 1889, HÄL 64
Fritz Justinus Bergström 1894, LIL 14
Fritz Ossian Johansson 1890, SIK 17, ÅSE 612

Fritz Paulin Fahlgren 1888, YXS 14

G

Gabriel Nilsson 1733, RÅS 5
Gabriel Nilsson Rådström 1785, GAF 193
Gabriel Timoteus Westberg 1843, ÅSE 470
Gallus Emriksson 1854, STN 2, SÖÅ 24, ÅSE 83
Gideon Rhen 1807, KUL 16
Gottfrid Salomonsson 1883, LÅN 26
Gotthard Alexius Hamberg 1875, ÅSE 137
Grels Hansson 1769, ARK 1
Grels Henriksson 1759, BEL 3
Grels Näslund 1857, ÅSE 346
Gudmar Strömqvist 1905, ÅSE 592
Guldbrand Bjelke 1842, SÖÅ 13, ÅSE 32
Gullik Kristoffersson 1781, BOÖ 24, TRE 15
Gunnar Alexander Jakobsson 1899, ÅSE 586
Gustaf Adolf Klemetsson 1893, ASL 3, STO 32
Gustaf Adolf Salomonsson 1897, ÅSE 582
Gustaf Helgard Sahlin 1894, ÅSE 621
Gustaf Hildbert Fjellgren 1883, ÅSE 587
Gustaf Nikolaus Vestman 1900, ÅSE 566
Gustaf Ruben Jonsson 1894, ÅSE 610
Gustav Albin Sellin 1874, ÅSE 415
Gustav Alfred Backman 1873, ÅSE 24
Gustav Alfred Nilsson 1869, ÅSE 298
Gustav Alfred Svensson 1866, ÅSE 448
Gustav Bernhard Hubinette 1869, ÅSE 158
Gustav Bernhard Johansson 1860, KÅK 7, LIL 41, SAN 17
Gustav Edvard Rådström 1857, OXV 29, YTT 29, YXS 66, ÅSE 393
Gustav Edvard Unkas Silven 1874, ÅSE 417
Gustav Edvin Hällgren 1883, ÅSE 163
Gustav Erik Nilsson Rådström 1831, NYT 8
Gustav Erik Rådström 1802, OXV 30, ÖVR 75
Gustav Eriksson 1836, LAK 8, LÅN 13, ÖVR 5
Gustav Ferdinand Josefsson 1887, TEG 19
Gustav Ingelsson 1809, LIL 37
Gustav Laurentius Westman 1871, TOÖ 84, ÅSE 479
Gustav Persson 1763, REM 5
Gustav Robert Nyström 1867, YXS 50
Gustav Teodor Gustavsson 1888, GAF 64
Gustav Teodor Öberg 1873, SÖN 38, VÄN 48
Göran Johansson   , HÄL 33
Göran Johansson 1756, HÄL 41
Göran Jönsson 1747, MÅR 4

Göran Mattson 1757, GAF 128
Gösta Lindahl 1896, ÅSE 656
Gösta Napoleon Nordlander 1897, ÖSN 102

H

Hans Adamsson 1760, TAL 2
Hans Adamsson 1819, SÖB 1, TAB 1
Hans Almar Gunhard Hansson 1890, INS 16
Hans Andersson 1743, YTT 1, ÖVR 24
Hans Andersson 1781, TEG 1
Hans Arvid Teodor Hansson 1886, TRE 5
Hans Danielsson 1753, ALM 19, SÖÅ 46
Hans Edvard Eriksson 1860, KAL 2
Hans Einar Norman 1900, SIÖ 5
Hans Eliasson 1772, BÄS 1
Hans Erik Eriksson 1847, SIK 6
Hans Erik Olofsson 1862, INS 32
Hans Erik Persson 1891, LOM 116
Hans Eriksson 1693, VÄN 7
Hans Eriksson 1758, ÖSN 22
Hans Eriksson 1794, LIL 28
Hans Eriksson 1802, TJÄ 3, ÅSE 97
Hans Eriksson 1817, HÄL 11
Hans Eriksson 1818, YXS 11
Hans Eriksson 1821, LÅN 14
Hans Eriksson 1825, SAN 8
Hans Eriksson Gavelin 1762, GAF 57
Hans Eriksson Lundgren 1843, SAN 24
Hans Guthormsson 1742, DAL 4
Hans Hansson 1793, TAB 14, YXS 22
Hans Hansson 1817, YXS 23
Hans Hansson 1825, TRE 4
Hans Hansson 1848, SAN 12
Hans Henning Nilsson 1862, GÄR 19, YXS 44
Hans Johan Hansson 1861, INS 17
Hans Johan Pålsson 1868, YXS 65
Hans Kanon 1791, SIK 27
Hans Knut Eliasson 1888, AVA 9, ÅSE 574
Hans Kornelius Persson 1859, HÄL 68, VAR 50, YXS 59
Hans Leonard Molin 1878, BOÖ 30
Hans Markus Hansson 1855, LIL 34, TRE 6
Hans Markusson 1738, YTT 19, ÖVR 16
Hans Markusson 1797, ÖSN 60
Hans Markusson Häggqvist 1866, BOÖ 14
Hans Nilsson 1730, VAR 36

Hans Nilsson 1763, GAF 136, LOM 100, TOÖ 63
Hans Olof Hansson 1842, INS 18
Hans Olofsson 1817, FOR 47
Hans Persson 1766, RÖN 3
Hans Persson 1820, YXS 58
Hans Petter Johansson 1850, YXS 27
Hans Petter Markusson 1862, HÄL 48
Hans Petter Olofsson 1867, LOM 111
Hans Petter Persson Sandström 1838, LIL 86, SAN 28
Hans Petter Wiklund 1866, ÄLG 111
Hans Salomonsson 1810, ÄLG 92
Hans Viktor Norberg 1883, ÅSE 307
Harald Kalixtus Eriksson 1901, FOR 76
Harald Magnus Andiens Höglund 1861, ÅSE 165
Harald Malm 1888, YXS 37
Harald Nikanor Almroth 1887, ALM 7
Harald Valentin Jonsson 1894, ÅSE 627
Harry Kalixtus Fahlgren 1893, YXS 15
Helge Johansson 1739, BEL 4
Helge Olaus Skoglund 1899, ÅSE 604
Helge Persson 1906, ÅSE 605
Helmer Agaton Aronsson 1894, LIL 9, BOÖ 61, TRE 32
Henning Johansson 1745, VAR 26
Henrik Enok Petter Eliasson 1872, VAR 16
Henrik Erik Nilsson 1850, GRB 4, SÖD 4, VÄJ 13
Henrik Eriksson 1760, ÄLG 19, ÖVR 6
Henrik Eriksson 1812, ÄLG 20
Henrik Henriksson 1765, HÄK 1
Henrik Jakob Henriksson 1835, ÄLG 36
Henrik Mattsson 1691, ALM 44, SVA 12, TJÄ 28
Henrik Mårtensson 1769, SKA 1
Henrik Nilsson   , GAF 137
Henrik Nordfeldt 1860, ÅSE 316
Henrik Olof Nilsson 1830, STO 24
Henrik Olof Olofsson Svanberg 1812, SÖS 11, TJÄ 37, ÖSN 79
Henrik Olofsson 1747, REM 4
Henrik Otto Byström 1863, HOL 9, LAK 1
Henrik Otto Byström 1890, HOL 10
Henrik Petter Henriksson 1861, ÄLG 37
Henrik Petter Sjödin 1867, ÖSN 87
Henrik Pålsson 1767, GAF 190
Henrik Robert Byström 1887, HOL 11
Henrik Teodard Lundahl 1900, TAB 23
Henrik Valfrid Eriksson 1904, FOR 77
Herman Robert Jakobsson 1886, LÖV 6

Herman Svensson 1879, ÅSE 449
Hilbert Vitalis Agobert Berggren 1875, GIG 4, YXS 4
Hilder Amandus Arnqvist 1882, GÄR 5, VÄJ 7
Hilding Emriksson 1901, STN 8
Hilding Gösta Isidor Holmberg 1896, ÅSE 546
Hugo Gustav Engelbert Johansson 1875, ÅSE 178
Hugo Julius Kristoffer Flodstedt 1864, STA 5
Håkan Backman 1853, GAF 13, KVÄ 1
Håkan Backman 1891, GAF 14, KVÄ 2
Håkan Håkansson 1731, LAV 3
Håkan Ivarsson 1784, LOM 51
Håkan Jakobsson 1847, GAF 88
Håkan Larsson 1830, LOM 76
Håkan Mattsson 1767, AVA 30
Håkan Wickbom 1895, ÅSE 521

I

Ingel Adamsson 1823, SAN 1, STO 2, ÖSB 1
Ingel Adolf Ingelsson 1856, AVA 17, VAR 23
Ingel Edvard Nilsson 1852, HOL 57, LÅN 41, SÖN 24
Ingel Edvard Norlin 1872, GAF 158
Ingel Edvard Olofsson 1863, GAF 170
Ingel Hansson 1801, GAF 67, TJÄ 10
Ingel Ingelsson 1836, LOM 50, TAB 10
Ingel Ingelsson 1837, TOÖ 31
Ingel Ingelsson Norlin 1771, GAF 156
Ingel Ingelsson Norlin 1797, GAF 157, TJÄ 33
Ingel Ingelsson Norlin 1823, LÅN 49, TJÄ 34
Ingel Ingelsson Rådström 1825, GAF 194, TJÄ 42
Ingel Johan Johansson 1878, LOM 155
Ingel Johan Nikanor Nilsson 1888, AVA 40
Ingel Manarius Jakobsson 1880, LÖV 7
Ingel Mattsson 1742, HÄL 52
Ingel Mattsson 1800, HÄL 53
Ingel Nikolaus Justinus Vallgren 1894, VAR 77
Ingel Nilsson 1786, STN 6
Ingel Nilsson 1814, AVA 41
Ingel Nilsson Gavelin 1795, TOÖ 24
Ingel Nilsson Rådström 1789, GAF 195
Ingel Olof Valfrid Danielsson 1883, ALM 20
Ingel Olofsson 1671, GAF 169
Ingel Persson   , GAF 180
Ingel Persson 1728, GAF 181, LAJ 9
Ingel Pålsson 1806, LÅN 67, ÖVR 74
Ingel Waniksson 1776, HÄG 38

Isak Albert Söderholm 1882, ÅSE 457
Isak Andersson 1802, TJL 1
Isak Andersson 1857, TOÖ 5
Isak Frans Oskar Orädd 1864, ÅSE 358, HÄL 108
Isak Johan Jonsson Selinder 1874, GAF 199, SÖÅ 102
Isak Nordfjäll 1819, GAF 151
Isak Nydahl 1876, ÅSE 338
Isak Olof Boström 1854, GAF 16
Isak Persson 1767, DAL 3
Isak Petter Larsson 1897, LOM 164
Isak Rönnqvist 1878, FOR 59
Isak Vilhelm Fredriksson 1835, GÄR 14, ROS 1
Israel Albert Lindahl 1855, ÅSE 232
Israel Andersson 1736, VIT 1
Israel Eriksson Ullin 1847, GAF 210
Israel Israelsson 1720, RÖD 2
Israel Israelsson 1758, BÄÖ 3
Israel Israelsson 1761, RÖD 3
Israel Israelsson 1773, VIT 3
Israel Israelsson 1777, ORM 5
Israel Israelsson 1802, GAF 85
Israel Olofsson 1882, LAK 25
Israel Samuelsson 1726, ORM 13
Ivar Andersson 1752, LAJ 1, LAV 2
Ivar Andersson 1805, ÄLG 6
Ivar Augustin Nilsson 1902, HÄL 97
Ivar Eliasson 1744, AVT 4
Ivar Ivarsson 1790, BJÖ 22
Ivar Ivarsson 1818, BJÖ 16
Ivar Johansson 1730, ORM 13
Ivar Petrus Gavelin 1900, AVA 58, YTT 34, ÅSE 568

J

Jakob Albert Eriksson 1893, STO 7
Jakob Albert Norlin 1887, TEG 34, ÖVR 51
Jakob Alfred Jakobsson 1876, TEG 12, ÖVR 15
Jakob Amandus Olofsson 1865, GAF 171
Jakob Anders Grahn 1846, SIK 10
Jakob Anders Jonsson 1866, FOR 26, ÅSE 194
Jakob Ansgarius Eriksson 1874, LIL 29
Jakob Artur Nikanor Östlund 1893, VÄJ 20, INS 45
Jakob August Edman 1864, FOR 6, LOM 24
Jakob August Eriksson 1869, HER 1
Jakob August Gradin 1873, GAF 62
Jakob August Jakobsson Åkerström 1826, LOM 140, VAR 72

Jakob August Jonsson 1874, SÖÅ 55
Jakob August Olofsson 1873, BOR 10
Jakob Balsius Arnqvist 1886, LIL 100
Jakob Daniel Jakobsson 1861, GAF 89, SÖS 3
Jakob Daniel Nilsson 1892, GÄR 34
Jakob Daniel Nordin 1835, SÖN 26
Jakob Danielsson Gavelin 1862, SÖÅ 44
Jakob Edvard Löfvenmark 1875, TEG 24
Jakob Edvard Nyström 1856, ORG 3
Jakob Edvin Eriksson 1903, SÖÅ 123
Jakob Eriksson 1751, SOL 7
Jakob Eriksson 1779, YTT 4
Jakob Eriksson 1807, GAF 34
Jakob Eriksson 1816, TJL 5
Jakob Eriksson 1862, ÄLG 21
Jakob Eriksson 1874, HÄL 12
Jakob Eriksson Norman 1858, LAK 22
Jakob Fridolf Danielsson 1900, ÄLG 124
Jakob Georg Jakobsson 1892, SÖS 4
Jakob Göransson 1714, ORM 5
Jakob Hansson   , HÄL 33
Jakob Helmer Johansson 1895, HOL 87
Jakob Helmer Olofsson 1885, ÖVR 59
Jakob Helmer Westberg 1892, NYT 14
Jakob Holmberg 1836, ÄLG 43
Jakob Håkansson 1816, GAF 76, SOL 9
Jakob Jakobsson 1830, IDV 7
Jakob Jakobsson Lundsten 1853, LÅN 33
Jakob Josefsson   , VAR 30
Jakob Karlsson 1762, ORM 10
Jakob Konrad Persson 1880, SAN 29
Jakob Kristoffersson 1801, LÅN 30, SOL 15, SÖN 14
Jakob Kristoffersson Sehlqvist 1815, GAF 111, KVÄ 34, ORG 6
Jakob Levi Gavelin 1859, YTT 10, ÖSN 36
Jakob Levi Mårtensson 1877, KVÄ 19, LIL 56, TOÖ 59
Jakob Levi Norberg 1884, ÅSE 308
Jakob Martin Salomonsson 1870, ÄLG 93
Jakob Myren 1836, ÅSE 290
Jakob Mårtensson 1819, TEG 26
Jakob Mårtensson 1840, BOÖ 31
Jakob Mårtensson Åkerberg 1855, FOR 69, ÅKB 20
Jakob Nilsson 1787, GAF 138, HOL 58
Jakob Nilsson 1866, HOL 59
Jakob Nordenmark 1846, ÅSE 313
Jakob Nordenstam 1821, KUL 9, ÅSE 314

Jakob Nygren 1870, ÖSN 103
Jakob Olof Ingelsson 1847, LÖV 5
Jakob Olof Jacobsson Holmberg 1843, GAF 74
Jakob Olof Lindberg 1877, HOL 49
Jakob Olofsson 1817, SOL 26
Jakob Olofsson 1828, STO 27
Jakob Ossian Eriksson 1897, GAF 233
Jakob Paulinus Eriksson 1884, STO 8
Jakob Persson 1739, TOÖ 73
Jakob Persson 1840, SÖÅ 90
Jakob Petter Andersson 1872, LOM 13
Jakob Petter Håkansson 1867, LOM 45
Jakob Petter Sahlström 1776, ÅSE 401
Jakob Petter Sundqvist 1866, AVA 53, HÄL 83, ÅSE 439
Jakob Robert Johansson 1889, ÖSN 50
Jakob Rudolf Strömberg 1871, GAF 200
Jakob Salomonsson 1795, GIG 24, LOM 125
Jakob Salomonsson Salen 1833, LÅN 69
Jakob Sparfeldt 1756, TJÄ 44
Jakob Teodor Eriksson 1876, ÖSN 23
Jakob Teodor Gavelin 1887, YTT 11
Jakob Teodor Nylen 1879, ÅSE 341
Jean Napoleon Gärdlund 1896, ÅSE 547
Johan Abraham Hansson 1819, YXS 24
Johan Abraham Nilsson 1867, INS 30
Johan Abraham Salomonsson 1829, TOÖ 80
Johan Adolf Andersson Sjödin 1869, ÅSE 420
Johan Adolf Hansson Åström 1862, SÖÅ 119
Johan Akarius Aronsson 1886, KÅK 3, LIL 10
Johan Albert Mårtensson Edlund 1862, GAF 27
Johan Albert Salomonsson 1885, GAF 198
Johan Albert Sandström 1863, TRE 27
Johan Albert Sundin 1870, LOM 131
Johan Alfons Lundmark 1896, ÅSE 556
Johan Alfred Carlbom 1863, ÅSE 48
Johan Alfred Eriksson 1889, LOM 163
Johan Alfred Grahn 1883, OXV 9, TEG 9, ÅSE 127
Johan Alfred Salomonsson 1879, BJÖ 34
Johan Alfred Salomonsson 1892, LÅN 71
Johan Andersson 1749, TOÖ 6
Johan Andersson 1815, TOÖ 7
Johan Anselm Westberg 1887, ÅSE 471
Johan Anton Fredriksson 1864, ÖSN 33
Johan Anton Rådström 1833, SÖÅ 86
Johan Arbman 1844, ÅSE 19

Johan Aron Persson 1895, NYT 15
Johan Artur Nilsson 1887, SIK 36
Johan Arvid Nordlund 1893, ÄLG 122
Johan August Andersson 1865, ÅSE 10
Johan August Byström 1888, HOL 88
Johan August Byström 1893, HOL 12
Johan August Forsberg 1874, ÅSE 113
Johan August Johansson 1864, ÅSE 179
Johan August Kristoffersson 1896, SÖN 43
Johan August Larsson 1866, SVR 28
Johan August Olofsson Höglund 1866, ÅSE 166, ÖVR 60
Johan August Samuelsson 1862, ÄLG 100
Johan August Sjögren 1837, LIL 88
Johan August Ödmark 1860, STA 9, ÅSE 512
Johan Axel Löfgren 1870, ÅSE 259
Johan Backlund 1845, ÅSE 86
Johan Bernhard Hansson 1892, YXS 25
Johan Betuel Fahlgren 1880, YXS 16, INS 42
Johan Birger Pernow 1888, KUL 12
Johan Blomdahl 1838, HOL 6
Johan Daniel Johansson 1882, SIK 18
Johan Edin 1730, SÖÅ 19, TEN 3
Johan Edin 1846, VÄN 3
Johan Edin 1893, SÖÅ 131
Johan Edvard Adolfsson 1874, MAM 1
Johan Edvard Mårtensson 1875, KVÄ 20
Johan Edvard Olofsson Almroth 1823, STK 2
Johan Efraim Eriksson Rönnberg 1872, SÖN 34, VÄN 44, ÖSN 86
Johan Efraim Svensson 1852, LIL 91
Johan Egbert Figaro 1894, LOM 154, VAR 75
Johan Emanuel Strömqvist 1896, HÄL 96
Johan Emil Erikssson 1901, SAN 45
Johan Emil Johansson 1896, SVR 25, ÅSE 580
Johan Engelbert Granström 1889, ÖSN 38
Johan Erhard Eriksson 1888, TOÖ 16
Johan Erik Abrahamsson 1818, LIL 1
Johan Erik Eriksson 1821, BOÖ 6, SIK 7
Johan Erik Johansson 1890, LOM 55, SÖÅ 137, ÅSE 555
Johan Erik Jonsson 1857, BJÖ 19, HOL 40
Johan Erik Söderlind 1827, ÅSE 458
Johan Eriksson 1758, NOD 2
Johan Eriksson 1761, HOL 26, KVÄ 6, SVR 4, SÖÅ 34, ÅSE 98
Johan Eriksson 1833, NOÖ 2, SVR 5, ÄLG 22
Johan Eriksson 1856, LAK 9
Johan Eriksson 1857, GAF 35, HÄL 13

Johan Eriksson 1865, ÅSE 99
Johan Eriksson Hällqvist 1796, LOM 49
Johan Eskil Johansson 1891, ÄLG 46
Johan Eugen Näsman 1886, ÅSE 536
Johan Fabian Persson 1888, ÅSE 369
Johan Ferdinand Andersson 1900, ÅSE 524
Johan Frans Abrahamsson 1876, DAS 1, ÅSE 2
Johan Frans Svensson 1864, LIL 92
Johan Fredrik Persson Lind 1807, LIL 75, STN 4, TRE 15, ÖSN 84
Johan Fritiof Sikström 1891, LOM 128
Johan Gabriel Danielsson 1883, KVÄ 5, ÖVR 3
Johan Georg Holmfrid Johansson 1905, LIL 110
Johan Gideon Rhen 1836, KUL 17
Johan Gottfrid Lindberg 1871, GAF 114
Johan Gustav Bäckman 1866, ÅSE 46
Johan Gustav Ekstedt 1853, ÅSE 80
Johan Göransson 1721, HÄL 30
Johan Harald Sjödin 1894, ÅSE 421
Johan Helmer Häggström 1888, BOÖ 15
Johan Henrik Nilsson 1871, VÄN 33, ÖSN 71
Johan Henriksson 1870, ÄLG 64
Johan Hildebert Törnqvist 1871, GAF 208
Johan Hilmer Alexander Backlund 1880, SÖÅ 10
Johan Holmström 1861, ÅSE 157
Johan Isaksson 1767, AVT 6
Johan Jakob Teodor Lind 1881, LOM 78, ÖSN 57
Johan Jakobsson 1847, HOL 37
Johan Johansson   , STF 3
Johan Johansson 1735, TOS 8, VOJ 1
Johan Johansson 1738, TJÄ 14
Johan Johansson 1747, VIS 4
Johan Johansson 1764, STF 4
Johan Johansson 1769, STF 5
Johan Johansson 1769, TJÄ 15
Johan Johansson 1822, LÅN 25
Johan Johansson 1874, LÅN 26
Johan Johansson Höglund 1799, GÄR 15, KVÄ 12
Johan Johansson Höglund 1822, GAF 80, SÖÅ 52
Johan Johansson Sjölund 1839, OXV 33
Johan Jonsson 1729, STF 6
Johan Jonsson Lögdeman 1800, ÅSE 216
Johan Jonsson Sellström 1786, TJÄ 15
Johan Kalixtus Forsberg 1897, FOR 74
Johan Kristoffer Eriksson 1883, TOÖ 17
Johan Kristoffersson 1790, LOM 67, SIK 28, SOL 16

Johan Kristoffersson 1801, HOL 48
Johan Kristoffersson 1847, SIK 29
Johan Leonard Lind 1854, STN 5, SÖS 7, ÅSE 228
Johan Leonard Norberg 1885, SIK 39
Johan Ludvig Eriksson 1882, SÖN 8
Johan Ludvig Lidström 1854, GRK 3
Johan Lundgren 1854, ÅSE 253, SÖÅ 135
Johan Malkus Nikolaus Nilsson 1895, GIG 18
Johan Manfred Andersson 1903, TOÖ 89
Johan Marcellus Johansson 1880, TOÖ 42
Johan Martin Boström 1873, ÅSE 40
Johan Martin Johansson 1897, GIG 28
Johan Matts Löfvander 1874, ÅSE 260
Johan Mauritz Salomonsson 1877, LIL 82
Johan Mauritz Sjölund 1883, YTT 30
Johan Mikaelsson 1767, SVA 13
Johan Mikaelsson 1857, LOM 91
Johan Mårtensson Wallgren 1846, VAR 66
Johan Nikanor Johansson 1900, ÖSB 8
Johan Nilsson 1751, GRÖ 2
Johan Nilsson 1762, BER 3, MÅR 6
Johan Nilsson Gavelin 1783, TEN 8, TOÖ 25
Johan Norberg 1848, ÅSE 309
Johan Norström 1835, OXV 19
Johan Näslund 1849, VÄN 35
Johan Olof Almroth 1849, LIL 3, STA 1, SVR 1
Johan Olof Bäckman 1876, STO 3
Johan Olof Hansson 1859, SAN 13, VÄN 15, ÅSE 144
Johan Olof Johansson 1817, YXS 28, ÖSN 51
Johan Olof Johansson 1838, SIK 19
Johan Olof Lindberg 1867, SÖÅ 70, TEN 13, YXS 34, ÅSE 238
Johan Olof Mattsson 1869, ÅSE 277
Johan Olof Olofsson 1891, SÖÅ 84, ÅSE 543
Johan Olof Persson 1872, SAN 30
Johan Olof Persson Almroth 1840, ALM 8
Johan Olof Persson Melin 1849, INS 28
Johan Olof Persson Näslund 1830, TAB 15
Johan Olof Sundin 1841, LOM 132
Johan Olofsson 1742, STO 28
Johan Olofsson 1808, TJÄ 38, ÖSN 80
Johan Olofsson 1815, ÄLG 80
Johan Olofsson 1846, STA 8, TOÖ 67
Johan Olofsson 1846, VAR 44
Johan Olofsson Nyberg 1688, ORM 12
Johan Oskar Johansson 1869, SAN 18

Johan Oskar Lundgren 1901, ÅSE 606
Johan Ossian Svensson 1899, ÅSE 643
Johan Otto Westman 1876, YXS 83
Johan Persson 1792, TJL 20
Johan Persson 1810, HOL 73, ÖSN 83
Johan Persson 1837, SÖN 30
Johan Persson Lundgren 1837, KUL 6, SÖN 30
Johan Petrus Albert Vallgren 1888, VAR 78
Johan Petter Andersson 1858, HAM 1, INS 2, REN 1, ÅSE 559
Johan Petter Borgström 1830, GIG 5, KÅK 5, LIL 15
Johan Petter Gavelin 1898, YTT 35
Johan Petter Johansson 1850, ÅSE 180
Johan Petter Lund 1862, ÅSE 249
Johan Petter Nilsson 1884, DAS 3, ÅSE 573
Johan Petter Sjölund 1875, ÅSE 424
Johan Robert Eriksson 1883, SÖÅ 35, ÅSE 100, GAF 242
Johan Robert Malm 1882, BJÖ 24, BOM 7, YXS 38, KVÄ 37
Johan Rollen 1868, ÅSE 387
Johan Runo Persson 1901, HÄL 98
Johan Sigfrid Fluur 1885, ÅSE 112
Johan Sigvard Lidgren 1898, YTT 37, ÅSE 548
Johan Sjölund 1805, OXV 32
Johan Strömberg 1862, ÅSE 434
Johan Svensson 1778, LÅN 77, MOS 4, TJL 21
Johan Sydow Toren 1881, HÄG 37
Johan Söderberg 1863, ÅSE 455
Johan Teodor Andersson 1872, TOÖ 8
Johan Teodor Jonsson 1856, ALM 35
Johan Torsten Brodin 1899, ÅSE 41
Johan Ulrik Almroth 1875, STA 2
Johan Valfrid Andersson 1888, VAR 78
Johan Valfrid Edblad 1871, ÅSE 70, BOM 19
Johan Valfrid Lindblad 1858, KUL 5, ÅSE 240
Johan Valfrid Moberg 1896, YXS 85
Johan Valfrid Salomonsson 1867, LIL 83
Johan Westerlund 1890, GAF 218, HÄL 88
Johan Vigilius Nilsson Gavelin 1848, LAK 6, TOÖ 26
Johan Wiklund 1860, LAK 37, LÅN 82
Johan Viktor Jansson 1885, ÅSE 172
Johan Vilhelm Eriksson 1899, BJÖ 42
Johan Zakrisson 1756, AVA 56, BÄÖ 9, LUS 5
Johan Åström 1779, FOR 70
Johan Öhlen 1882, ÅSE 514
Johan Österberg 1874, HOL 85
John Algot Jonsson 1901, GAF 243

John Birger Erik Faxen 1883, ÅSE 110
John Vilhelm Nyberg 1887, SÖÅ 122
Jona Leonard Sihlen 1873, ÅSE 609
Jonas Albert Jonsson Tängman 1878, FOR 65
Jonas Albert Paulinus Danielsson 1887, ÅSE 59, BOM 20
Jonas Albert Persson 1881, FOR 53
Jonas Albin Abrahamsson Strömberg 1869, ÖSN 89
Jonas Alfred Blomqvist 1874, ÖSN 10
Jonas Alfred Danielsson 1890, LÅN 87
Jonas Alfred Ekberg 1873, ÄLG 14
Jonas Alfred Johansson 1888, BJÖ 17
Jonas Alfred Jonsson 1875, TOÖ 50, ÅSE 195
Jonas Alfred Markusson Forsberg 1872, GAF 47, LAK 11, TEG 8, ÅSE 114
Jonas Alfred Mattsson 1880, FÄB 3, ÅSE 278, ÖVR 43
Jonas Alfred Svensson 1889, ÅSE 450
Jonas Algot Markusson 1893, LOM 81
Jonas Amandus Eriksson 1872, ÖSN 24
Jonas Amandus Isaksson 1886, TOÖ 33
Jonas Amandus Jonsson 1871, HÄG 13, YTT 16
Jonas Amandus Lundberg 1904, HÄG 43
Jonas Amandus Mattsson 1882, SÖN 18, AVA 59
Jonas Amandus Persson 1867, FOR 54, GAF 184
Jonas Anders Mårtensson Klip 1873, LOM 65
Jonas Andersson   , GAF 4
Jonas Andersson 1736, VAR 5
Jonas Andersson 1759, REM 1
Jonas Andersson 1814, VAR 6
Jonas Andersson 1855, GAF 5
Jonas Andersson Nejner 1847, FÄB 5, YTT 23
Jonas Anton Andersson Hedlund 1869, ÖSN 41
Jonas Anton Edman 1885, LOM 25
Jonas Anton Ireneus Persson 1886, SÖÅ 92, YXS 60, ÅSE 370
Jonas Anton Jonsson 1869, ALM 37
Jonas Anton Westman 1869, ÅSE 480
Jonas Aron Sollen 1806, ÅSE 430
Jonas Artur Jonsson 1893, STO 31
Jonas Arvid Kristoffersson 1886, HÄG 23, OLO 4
Jonas August Danielsson Westberg 1860, HOL 82
Jonas August Englen 1887, LOM 147
Jonas August Hansson 1885, SAN 44
Jonas August Johansson 1864, ÅSE 181
Jonas August Jonsson 1870, AVA 23
Jonas August Jonsson 1870, GAF 98
Jonas August Mårtensson Martin 1879, ÅSE 275
Jonas August Olofsson 1872, SIK 40

Jonas August Persson 1860, VÄJ 15
Jonas August Persson Wiklund 1866, ÅSE 495
Jonas August Svensson 1884, BOÖ 48
Jonas Betuel Andersson Näslund 1882, BJÖ 30
Jonas Dahlström 1745, STR 1
Jonas Daniel Danielsson 1854, LIL 16
Jonas Daniel Jonsson 1848, OXV 11, YXS 31
Jonas Daniel Östensson 1874, GAF 221
Jonas Domeij 1884, ÅSE 67
Jonas Edvard Alfred Nilsson 1883, SÖS 10
Jonas Edvard Anan Eliasson 1876, VAR 17
Jonas Edvard Andersson 1833, ALM 18, ÅSE 11
Jonas Edvard Blomqvist 1831, ÖSN 11
Jonas Edvard Grönlund 1798, ÅSE 383
Jonas Edvard Hansson 1852, LÅN 19
Jonas Edvard Johansson 1845, VÄN 22, ÖSN 29
Jonas Edvard Jonsson 1849, BOR 6
Jonas Edvard Nilsson 1832, HOL 60
Jonas Edvin Andersson 1902, TOÖ 91, ÄLG 125
Jonas Edvin Lidgren 1892, HÄL 44
Jonas Edvin Wiklund 1887, TRE 28
Jonas Efraim Karlsson 1865, ÄLG 52
Jonas Egidius Danielsson 1867, YXS 6, ÅSE 58
Jonas Einar Persson 1899, ÅSE 662, ÖVR 89
Jonas Emanuel Eriksson 1879, ÖSN 25
Jonas Engelbert Sjögren 1897, LOM 160
Jonas Erhard Eriksson 1898, ALM 22
Jonas Erhard Forsen 1877, ALM 25
Jonas Erik Eriksson Nordenmark 1849, GAF 149, LÅN 47, ÖSN 74
Jonas Erik Jakobsson Söderholm 1841, TEN 22
Jonas Erik Johansson 1849, LOM 56, YXS 29
Jonas Erik Johansson Höglund 1855, GAF 81
Jonas Erik Jonsson 1882, YXS 32
Jonas Erik Moström 1872, YTT 22
Jonas Erik Nilsson 1878, GÄR 20, ÖSB 3
Jonas Erik Olofsson 1870, BOR 12
Jonas Erik Persson 1851, GAF 185
Jonas Erik Persson 1855, SÖN 31
Jonas Erik Persson 1866, BJÖ 31
Jonas Erik Rådström 1888, ÅSE 394
Jonas Erik Staffansson 1856, ÅSE 432
Jonas Erik Svensson 1870, ÅSE 451
Jonas Erik Vilhelm Jonsson 1882, GAF 99
Jonas Erik Åkerberg 1850, TOÖ 85, ÅKB 21
Jonas Eriksson 1732, ÄLG 23

Jonas Eriksson 1733, REM 2
Jonas Eriksson 1805, HOL 27
Jonas Eriksson 1818, AVA 10, ÅSE 101
Jonas Eriksson 1818, STO 9
Jonas Eriksson 1883, HÄL 14
Jonas Eriksson Hellström 1827, BJÖ 12
Jonas Eriksson Kiervel 1660, SVA 11
Jonas Evald Eriksson 1891, AVA 11
Jonas Fabian Backman 1889, KVÄ 3
Jonas Forsen 1846, ALM 24
Jonas Fredrik Blomdahl 1869, HOL 7
Jonas Fridian Edman 1894, LOM 143
Jonas Gavelin 1854, AVA 14
Jonas Gerhard Edlund 1866, ÅSE 78
Jonas Gottfrid Näslund 1908, ÅSE 663
Jonas Gulliksson 1812, TRE 3
Jonas Gunnar Jonsson 1892, ERI 4
Jonas Gunnar Persson 1895, FOR 78
Jonas Göransson 1774, MÅR 3
Jonas Hansson 1867, BOÖ 12, LOM 40, TRE 7
Jonas Helmer Bergström 1887, VAK 4, STE 10
Jonas Helmer Domeij 1880, LIL 19
Jonas Helmer Jonsson 1878, ÅSE 196
Jonas Herman Johansson 1885, ALM 32
Jonas Hilbert Grahn 1879, BOM 5, SIK 11, SÖÅ 125
Jonas Hilmar Pålsson 1881, GAF 176
Jonas Hjalmar Aronsson 1890, LIL 11
Jonas Håkansson 1823, TJL 8
Jonas Jakobsson 1841, FOR 21
Jonas Johansson 1745, BEL 5
Jonas Johansson 1771, SIW 1
Jonas Johansson Granberg 1859, ÖSN 37
Jonas Jonsson 1710, ALM 36, SVA 8
Jonas Jonsson 1789, TEG 15
Jonas Jonsson 1802, FOR 27
Jonas Jonsson 1810, SÖÅ 56, TJÄ 19, ÖSN 53
Jonas Jonsson 1812, ÅKB 8
Jonas Jonsson 1815, LÄG 4, TEG 16
Jonas Jonsson 1817, LOM 61
Jonas Jonsson 1818, TJÄ 20
Jonas Jonsson 1827, HOL 41
Jonas Jonsson 1841, AVA 24
Jonas Jonsson 1844, HOL 42
Jonas Jonsson Boström 1838, LÅN 4
Jonas Jonsson Forsen 1833, FOR 14

Jonas Jonsson Holmström 1837, HÄL 36
Jonas Jonsson Lindgren 1877, FOR 37
Jonas Jonsson Näsström 1751, BEL 12, JÄR 1, SIÄ 2
Jonas Karlsson 1812, TJÄ 23
Jonas Konrad Edström 1887, LÅN 89
Jonas Konrad Laurentius Hellman 1869, GAF 70, ÅSE 151
Jonas Kristian Anselm Jonsson Bergqvist 1873, VAR 9
Jonas Kristoffer Jonsson 1869, BJÖ 20, TOÖ 51
Jonas Kristoffersson 1746, GUL 7
Jonas Kristoffersson 1746, ÄLG 55, ÖVR 25
Jonas Kristoffersson 1782, ÅSE 216
Jonas Kristoffersson 1783, GUL 8
Jonas Kristoffersson 1798, SOL 17
Jonas Kristoffersson 1801, OXV 16, SÖN 15
Jonas Kristoffersson 1807, LIL 44, ÄLG 56, ÖVR 26
Jonas Kristoffersson 1843, FOR 33
Jonas Kristoffersson 1848, ÄLG 57
Jonas Kristoffersson 1852, STO 21
Jonas Larsson 1743, BÄS 6, LAT 5
Jonas Leonard Eriksson 1870, TEN 7, ÅSE 102
Jonas Leonard Larsson Löfgren 1852, KÅK 9
Jonas Leonard Persson 1898, SVR 29
Jonas Ludvig Eriksson 1879, STO 10, ÅSE 531
Jonas Ludvig Jonsson 1886, BJÖ 21, YXS 33
Jonas Magnus Borg 1853, SÖÅ 15, ÖSN 17
Jonas Magnusson 1884, ÅSE 630
Jonas Mattsson 1754, GAF 129, LAJ 6
Jonas Mattsson 1786, HÄG 26, LOM 87
Jonas Mauritz Rådström 1892, ALM 52, ÅSE 395, ÄLG 85
Jonas Mikaelsson 1839, LOM 101
Jonas Mikaelsson 1884, SÖN 46, VÄN 51
Jonas Mårtensson 1893, HÄL 109
Jonas Nensen 1791, ÅSE 293
Jonas Nilsson 1754, BEL 10
Jonas Nilsson 1794, GUL 11
Jonas Nilsson 1800, ÄLG 71
Jonas Nilsson 1811, GAF 206
Jonas Nilsson 1829, TJÄ 32
Jonas Nilsson Lindberg 1854, HOL 50
Jonas Nilsson Nyström 1852, VAR 42
Jonas Olof Alexius Persson 1881, VAR 51
Jonas Olof Danielsson 1869, STE 2
Jonas Olof Eriksson 1867, BOÖ 7
Jonas Olof Eriksson 1875, BOR 3
Jonas Olof Eriksson 1876, STO 11

Jonas Olof Jakobsson 1853, GAF 90
Jonas Olof Jonsson 1844, GIG 14
Jonas Olof Jonsson 1874, SIK 23
Jonas Olof Jonsson Fahlgren 1844, STO 19, ÄLG 30
Jonas Olof Karlsson 1873, OXV 14, TRE 14
Jonas Olof Kristoffersson 1867, BJÖ 23, LOM 68
Jonas Olof Nilsson Rådström 1841, NYT 9
Jonas Olof Norlin 1860, TEG 30
Jonas Olof Olofsson 1843, TOÖ 68
Jonas Olof Olofsson 1862, LÅN 55
Jonas Olof Olofsson 1869, GIG 19, OLO 5
Jonas Olof Persson 1845, FOR 55
Jonas Olof Svensson 1846, LOM 133, YXS 76
Jonas Olof Svensson 1849, SAN 37, KÅK 13
Jonas Olof Svensson Forsen 1819, ALM 26, FOR 62
Jonas Olof Åslund 1870, ÄLG 113
Jonas Olofsson 1743, LOM 112, RÖD 6, TJÄ 39
Jonas Olofsson 1762, BOÖ 36, OXV 21
Jonas Olofsson 1765, SKA 3
Jonas Olofsson 1799, BOR 11
Jonas Olofsson 1811, LÅN 54
Jonas Olofsson 1812, BOÖ 37
Jonas Olofsson 1838, HOL 68
Jonas Olofsson 1840, SÖÅ 85
Jonas Olofsson 1858, LOM 113
Jonas Olofsson Åsell 1783, LÅN 83
Jonas Oskar Gavelin 1883, ÅSE 124
Jonas Oskar Sjölund 1885, ÅSE 575
Jonas Otto Rönnberg 1846, ÅSE 398
Jonas Per Strömqvist 1894, HÄL 80
Jonas Persson   , ARK 2
Jonas Persson 1724, LAV 8
Jonas Persson 1733, TAN 1
Jonas Persson 1752, HAC 5, SIÄ 3
Jonas Persson 1755, GAF 182
Jonas Persson 1759, TOÖ 74
Jonas Persson 1762, LIL 76
Jonas Persson 1809, HOL 74
Jonas Persson 1813, SÖÅ 91
Jonas Persson 1836, GAF 183
Jonas Persson 1842, SIK 46
Jonas Persson Almroth 1849, TOÖ 1
Jonas Persson Granqvist 1864, VAR 22
Jonas Persson Molund 1827, HOL 52
Jonas Petter Amandus Hansson 1885, HÄL 34, TEN 9

Jonas Petter Danielsson 1890, ÖSN 100
Jonas Petter Grenholm 1887, ÅSE 551
Jonas Petter Hildebrand Bergqvist 1892, ÅSE 645
Jonas Petter Mattsson 1874, TOÖ 55
Jonas Petter Nejner 1893, FÄB 6
Jonas Petter Ohlzen 1870, ÅSE 348
Jonas Petter Olofsson 1822, VÄJ 14
Jonas Petter Reinhold Salomonsson Haglund 1865, VAR 55, ÅSE 134
Jonas Petter Salomonsson 1895, TAB 19
Jonas Pålsson 1814, OXV 27
Jonas Pålsson 1846, TEG 43
Jonas Reinhold Norrman 1883, ÅSE 335
Jonas Robert Danielsson 1890, SVR 3, TOÖ 11
Jonas Robert Eriksson 1875, ÄLG 24
Jonas Robert Jakobsson Hedberg 1872, GAF 91, ÅSE 145
Jonas Robert Nordin 1889, ÅSE 319, SIK 65, STE 11
Jonas Robert Ställhult 1888, LOM 48, TAB 24, ÅSE 533
Jonas Salomonsson 1841, TRE 25
Jonas Sundqvist 1871, ÅSE 440, ÄLG 106
Jonas Svensson   , LÖA 5
Jonas Svensson 1748, DAL 4
Jonas Svensson 1763, LÖA 5, OXV 34
Jonas Svensson 1778, SÖÅ 108
Jonas Svensson 1793, RÖD 7
Jonas Svensson 1834, SÖÅ 109
Jonas Svensson 1843, HÄG 34, LAK 31
Jonas Söderqvist 1853, SÖN 35, VÄN 46
Jonas Teodor Nordin 1872, YTT 25
Jonas Teodor Svensson 1868, BOÖ 49
Jonas Tomasson Sletfjeld 1852, ÖVR 80
Jonas Ulrik Johansson 1872, HÄG 11, TEG 14
Jonas Valfrid Degerman 1864, ÅSE 63
Jonas Valfrid Johansson 1884, GÄR 16
Jonas Valfrid Svensson 1867, TOS 12
Jonas Viktor Jansson 1885, BOÖ 19
Jonas Viktor Lidgren 1867, HÄL 45
Jonas Viktor Lindberg 1882, TEN 12
Jonas Viktor Näslund 1872, ÄLG 78
Jonas Viktor Wikström 1887, LOM 138
Jonas Vilhelm Lindholm 1847, ÖVR 33
Jonas Vilhelm Lindholm 1883, ÖVR 34
Jonas Zakarias Norberg 1890, HOL 65
Jonas Östman 1860, ÅSE 518
Josef Adrian Backlund 1887, ÅSE 22
Josef Bertil Persson 1898, ÅSE 541

Josef Bryngelsson 1763, LAJ 3
Josef Hamberg 1858, ÅSE 138
Josef Olofsson 1775, GRÅ 3
Josef Oskar Danielsson Bäckström 1883, GAF 18
Josef Valdemar Hamberg 1893, ÅSE 139
Julius Johansson 1871, TOÖ 43
Julius Nikanor Johansson 1886, GIG 12, ÄLG 118
Jöns Danielsson 1771, STR 2
Jöns Erik Edman 1828, LOM 26
Jöns Erik Persson Edman 1857, FOR 7
Jöns Göransson 1716, LAJ 4, ORM 6
Jöns Jönsson 1755, MÅR 5
Jöns Nilsson 1814, SIK 37, SÖÅ 76
Jöns Nilsson 1835, GAF 139, ÅKB 13
Jöns Olofsson 1757, LÅN 56
Jöns Persson Åslund 1858, STN 7, ÅSE 508
Jöns Ulrik Eliasson 1856, LOM 30
Jöns Wiklund 1834, LAK 38
Jöns Wikström 1737, ARK 3

K

Karl Adolf Gavelin 1899, VÄJ 22
Karl Adolf Herman Ånner 1873, ÅSE 507
Karl Agaton Jonsson 1904, ÖSN 96
Karl Albert Backman 1895, KVÄ 4, HÄL 104
Karl Albert Einar Kilander 1884, ÅSE 213
Karl Albin Segersten 1893, ÅKB 24
Karl Alfred Byström 1884, HOL 13
Karl Alfred Gyll 1853, ÅSE 133
Karl Amandus Lindholm 1848, SÖN 16, ÖVR 35
Karl Andersson Noren 1850, LOM 107, ÅSE 331
Karl Anselm Näslund 1874, LOM 108, ÄLG 79
Karl Anton Alenius 1829, LIL 2, SIK 1
Karl Anton Andersson 1870, ÅSE 12
Karl Artur Alm 1890, ÅSE 659
Karl August Edvin Nordin 1866, ÅSE 320, ÄLG 73
Karl August Eriksson 1894, AVA 63
Karl August Grahn 1885, VÄN 13, GAF 239
Karl August Jakobsson 1866, GAF 92
Karl August Norlin 1858, TEG 35
Karl August Ryman 1858, ÅSE 390
Karl August Rådström 1885, OLO 8, YTT 28
Karl Axel Lundström 1866, ÅSE 256
Karl Axel Persson 1856, ÅSE 371
Karl Bernhard Bergström 1884, ÅSE 583

Karl Bernhard Hansson 1894, LOM 157
Karl Bom Åslund 1849, HAM 11, ÅSE 509
Karl David Lind 1890, ÅSE 229
Karl Edvall 1753, LÅN 8
Karl Edvard Edlund 1888, LOM 151
Karl Edvard Markusson 1898, ÅSE 649
Karl Edvin Eriksson 1897, BJÖ 40
Karl Edvin Fällman 1890, HÄL 102
Karl Edvin Lindström 1884, HÄL 46
Karl Edvin Ossian Jönsson 1891, ÅSE 205
Karl Eliasson 1750, ORM 3
Karl Emil Julius Öhman 1865, SÖÅ 121, ÅSE 516
Karl Emil Nordström 1865, BOM 9, ÅSE 328
Karl Emil Salomonsson 1895, BOM 17, SÖÅ 127
Karl Emil Uppenberg 1895, GÄR 36, SIK 60
Karl Erik Alenius 1873, SIK 2
Karl Erik Jonsson 1850, OXV 12
Karl Erik Larsson 1860, ÅSE 225
Karl Erland Gustafsson 1882, LOM 162
Karl Ernst Eriksson 1890, ÅSE 520
Karl Ferdinand Andersson 1871, GAF 6, ÅSE 13, ÖSN 3
Karl Fridolf Fahlgren 1895, YXS 92
Karl Georg Hammar 1882, ÅSE 142
Karl Gotthard Hörnqvist 1890, ÅSE 168
Karl Gustaf Bergvall 1899, ÅSE 632
Karl Gustav Cassel 1871, ÅSE 49
Karl Gustav Guliksson 1821, LIL 33
Karl Gustav Jonsson 1890, GAF 100
Karl Gustav Karlsson 1879, HÄG 20, OXV 15
Karl Gustav Malmström 1881, ÅSE 264, LOM 146
Karl Gustav Noring 1894, ÅSE 332
Karl Gustav Teodor Nettelblad 1879, ÅSE 94
Karl Gustav Åkerlind 1870, ALM 53, ÅSE 506
Karl Gösta Hellman 1904, ÅSE 597
Karl Halvar Haglund 1898, GAF 222
Karl Helmer Johansson 1901, ÄLG 115
Karl Henrik Berggren 1858, SÖÅ 12, ÅSE 26
Karl Henrik Lindmark 1878, FOR 72, LOM 158
Karl Herlof Markusson 1890, GAF 223
Karl Herman von Krusenstjerna 1854, ÅSE 219
Karl Hilbert Eriksson 1901, AVA 61
Karl Hjalmar Fahlgren 1900, KUL 18
Karl Hjalmar Gavelin 1891, SÖÅ 45
Karl Hjalmar Grahn 1896, ÅSE 557
Karl Jakob Forsberg 1879, ÅSE 367

Karl Joel Karlsson 1890, ÅSE 558
Karl Johan Andersson Ek 1887, LOM 28
Karl Johan August Hellman 1877, ÅSE 152
Karl Johan August Kristoffersson 1891, SIK 30
Karl Johan Borgström 1905, ÅSE 634
Karl Johan Edlund 1888, ÅSE 578
Karl Johan Edvin Vennerberg 1878, ÅSE 640
Karl Johan Eriksson 1897, ALM 57
Karl Johan Eriksson 1903, OXV 38
Karl Johan Hedman 1870, ÅSE 147
Karl Johan Jakobsson 1898, SÖS 16
Karl Johan Johansson 1876, LOM 57
Karl Johan Johansson 1896, LIL 107
Karl Johan Lindblad 1887, AVA 28, ÅSE 241
Karl Johan Lindholm 1822, SÖN 17, ÖVR 36
Karl Johan Ludvig Sandberg 1875, ÅSE 408
Karl Johan Norlin 1879, LÅN 50, ÖSN 76
Karl Johan Olofsson 1855, OLO 6, SIK 41, STE 5
Karl Johan Rådström 1866, SÖÅ 100
Karl Johan Söderholm 1848, INS 39
Karl Johan Söderström 1871, INS 40, YXS 77, ÅSE 461
Karl Johan Westman 1871, ÅSE 481
Karl Johan Vilhelm Persson 1880, YXS 61
Karl Jonas Brodin 1835, GIG 6
Karl Jonas Eriksson Fahlgren 1852, YXS 17
Karl Jonas Hansson 1859, LIL 35, TAB 8
Karl Jonas Israelsson 1836, KÅK 6
Karl Jonas Johansson 1837, OXV 10, SVR 11, ÅSE 182
Karl Jonas Leonard Sjödin 1900, BJÖ 41
Karl Jonas Persson 1829, GÄR 28, VÄJ 16
Karl Jonas Pålsson 1837, OXV 28
Karl Jonas Våhlin 1845, BOÖ 52
Karl Jonsson 1850, ÅSE 197
Karl Karlsson 1785, VAR 32
Karl Karlsson 1873, ÅSE 210
Karl Karlsson 1885, ÅKB 11
Karl Kilian Lindholm 1890, ÖVR 37
Karl Knutsson Backman 1853, SÖÅ 11, ÅSE 25
Karl Konrad Hellström 1888, ÖSN 42
Karl Konstantin Krantz 1886, ÄLG 53
Karl Ludvig Eriksson 1890, ÅSE 103, SÖÅ 134
Karl Ludvig Gavelin 1869, YTT 12
Karl Ludvig Mattsson 1885, SÖN 19
Karl Ludvig Tellström 1811, GAF 207
Karl Ludvig Våhlin 1885, BOÖ 53

Karl Magnus Backman 1879, ÅSE 638
Karl Magnus Zetterström 1849, HOL 84, HÄL 90
Karl Malkus Jonsson 1891, GIG 15
Karl Martin Dahlberg 1898, OXV 3
Karl Olof Laurentius Westman 1896, ÅSE 482
Karl Olof Nordlund 1856, ÄLG 74
Karl Olof Öhman 1887, ÅSE 517
Karl Oskar Eriksson 1899, LÅN 86
Karl Oskar Henning Johansson 1900, MAM 3
Karl Oskar Karlsson 1885, HÄG 21
Karl Oskar Norlinder 1879, GAF 161, TEG 36
Karl Oskar Persson 1878, YXS 62
Karl Ossian Gavelin 1892, ÅSE 570
Karl Ossian Karlsson 1898, SIK 64
Karl Otto Herman Öberg 1877, SÖN 39
Karl Otto Mattsson 1896, ÖVR 88
Karl Otto Salomonsson 1896, LÅN 85
Karl Persson Lundborg 1880, BOÖ 27
Karl Petter Herman Söderlind 1879, ÅSE 459
Karl Petter Persson Byström 1854, HOL 14
Karl Petter Strömberg 1833, LOM 129, ÅSE 435
Karl Ragnar Evert Gustafsson 1907, LOM 169
Karl Rudolf Karlsson 1888, HÄG 22, ÖVR 23
Karl Rudolf Nylen 1895, ÅSE 660
Karl Samuelsson 1723, ORM 14
Karl Sigfrid Jonsson 1895, ERI 7
Karl Simeon Jönsson 1887, ÅSE 206
Karl Tyko Norlin 1906, LAK 44, TEG 47
Karl Valter Lidgren 1901, HÄL 101
Karl Vigo Eriksson 1891, ÄLG 25
Karl Vilhelm Elfgren 1847, ÅSE 81
Karl Vilhelm Höskuld 1894, ÅSE 622
Karl Vilhelm Olofsson 1877, ÅSE 355
Kasper Olof Lindahl 1858, ÅSE 233
Kasper Otto Lindahl 1819, ÅSE 234
Knut August Verner Malmgren 1861, SÖÅ 73, ÅSE 262
Knut Edvard Henrik Gustavsson 1884, ÅSE 131
Knut Edvard Paulsson 1907, LOM 159
Knut Eivin John Lutropp-Nielsen 1865, ÅSE 258
Knut Fredrik Johansson 1868, ÅSE 183
Knut Georg Alexander Scherman 1857, ÅSE 412
Knut Herman Persson 1894, ÖVR 65
Konrad Amandus Ahlqvist 1887, VAR 74
Konrad Artur Eriksson 1891, STO 12
Konrad Emil Lindahl 1856, ÅSE 235

Konrad Ferdinand Jonsson 1886, SIK 24, ÅSE 198, LÖV 12, YXS 86
Konrad Grönlund 1794, ÅSE 129
Konrad Martin Fahlgren 1883, YXS 18
Konrad Rudolf Almroth 1883, ALM 9
Konrad Valdemar Markusson 1886, ÅSE 267
Kristian Edvall 1799, LÅN 9, LÄG 3, TEG 4
Kristoffer Abraham Gavelin 1884, BJÖ 8
Kristoffer Adamsson   , VÄN 1
Kristoffer Albert Danielsson Dahlbäck 1863, GAF 19
Kristoffer Alfred Kristoffersson 1870, GAF 112
Kristoffer Andersson 1838, GAF 7
Kristoffer Arnström 1800, BOÖ 8
Kristoffer August Jonsson 1867, FOR 28
Kristoffer August Kristoffersson 1858, REN 3, SIK 31
Kristoffer August Samuelsson 1882, ROS 2, SVR 17
Kristoffer August Svensson 1859, ERI 6
Kristoffer Daniel Nilsson 1858, GAF 140
Kristoffer Edvard Söderqvist 1866, VÄN 47, ÅSE 460
Kristoffer Ehard Alenius 1900, GAF 228
Kristoffer Erhard Kristoffersson 1878, LOM 69
Kristoffer Eriksson 1734, RÅS 1
Kristoffer Eriksson 1777, GAF 36, HOL 28, TJÄ 4
Kristoffer Eriksson 1814, IDV 3
Kristoffer Eriksson 1834, SÖÅ 36
Kristoffer Eriksson 1844, ÖSN 26
Kristoffer Eriksson 1860, KUL 3, OLO 1, SIK 8, SÖÅ 37
Kristoffer Helmer Alexander Persson 1877, VAR 52
Kristoffer Herman Markusson 1892, KVÄ 15
Kristoffer Hilmar Danielsson 1872, LOM 20
Kristoffer Hjalmar Danielsson 1886, LÅN 5
Kristoffer Hägglöf 1883, LOM 47
Kristoffer Johan Nilsson 1827, HOL 61, HÄL 59
Kristoffer Johansson 1773, HOL 39, TJÄ 16
Kristoffer Johansson 1822, SIK 20
Kristoffer Jonsson 1770, HOL 43, SOL 13, TJÄ 21
Kristoffer Jonsson 1774, ÖVR 18
Kristoffer Jonsson 1810, GUL 3
Kristoffer Jonsson 1813, SÖÅ 57
Kristoffer Jonsson 1836, HOL 44
Kristoffer Jonsson 1843, LOM 62
Kristoffer Jonsson Söderqvist 1830, SÖN 36
Kristoffer Konrad Byström 1882, HOL 15, LAK 2
Kristoffer Konrad Nilsson 1879, LÅN 42
Kristoffer Kristoffersson 1761, LAT 3
Kristoffer Kristoffersson 1790, IDV 9

Kristoffer Kristoffersson 1793, HÄG 24, LÄG 5
Kristoffer Leonard Kristoffersson 1892, LOM 70
Kristoffer Mårtensson 1752, LOM 92, TJÄ 30
Kristoffer Mårtensson 1814, LOM 93
Kristoffer Nilsson 1749, GUL 12
Kristoffer Olofsson 1751, VÄN 37
Kristoffer Olofsson 1815, ALM 48
Kristoffer Olofsson 1867, LÅN 57
Kristoffer Persson 1731, REM 6
Kristoffer Persson 1821, ÄLG 82
Kristoffer Persson 1824, HOL 75, LÅN 62
Kristoffer Persson 1825, SOL 30
Kristoffer Persson 1840, HOL 76, LAK 26
Kristoffer Persson 1867, HÄG 31, LAK 27
Kristoffer Persson 1878, NYT 7
Kristoffer Persson Landin 1866, SÖÅ 68
Kristoffer Salomonsson 1762, ÄLG 94
Kristoffer Salomonsson 1811, BOÖ 46
Kristoffer Salomonsson 1829, ÖVR 77
Kristoffer Salomonsson 1838, YXS 70
Kristoffer Sehlqvist 1850, ORG 7
Kristoffer Sven Persson Byström 1856, HOL 16
Kristoffer Tomasson Fjällström 1760, SIÄ 1
Kristoffer Valfrid Jonsson 1878, AVA 25

L

Lambert Levi Jakobsson 1876, ÅSE 170
Lars Alexius Larsson 1892, GAF 241
Lars Anders Hellman 1841, ÅSE 153
Lars Andersson 1767, LÄG 1
Lars Andersson 1799, LIL 4, SIK 3
Lars Anundsson Norlin 1727, STF 2, VOL 5
Lars August Strömqvist 1870, GAF 201
Lars Danielsson 1780, TEG 3
Lars Erik Andersson 1855, HÄL 1
Lars Eriksson 1747, NOD 3
Lars Eriksson 1765, VIS 2
Lars Gustav Frykholm 1865, ÅSE 119
Lars Gustav Paulus Sederblad 1875, SVR 18, ÅSE 650
Lars Hansson 1734, NOS 1
Lars Haqvin Westman 1795, ÅSE 483
Lars Herman Eriksson 1887, YTT 5
Lars Johan Larsson Hedberg 1866, LAK 14, ÖVR 11
Lars Johan Ludvig Tomasson 1880, YTT 31, ÖVR 90
Lars Johan Mellgren 1867, LIL 54

Lars Johan Sikström 1858, SAN 36
Lars Johan Teofilus Nejner 1899, FÄB 7
Lars Jonsson 1753, STM 2
Lars Jonsson 1774, BÄÖ 6
Lars Larsson 1741, DAL 2
Lars Larsson 1746, LAX 1
Lars Larsson 1763, VOL 4
Lars Larsson 1804, SOL 20
Lars Larsson 1806, ÖVR 28
Lars Larsson 1812, GUL 9, ÄLG 61
Lars Larsson 1838, SOL 21
Lars Larsson Kjellgren 1861, SÖÅ 62, ÅSE 214
Lars Lindblad 1801, GAF 115, ÅSE 242
Lars Nilsson 1794, GRÅ 2
Lars Nilsson 1798, AVA 42
Lars Nordlund 1845, ÅSE 326
Lars Olof Larsson 1828, LOM 77
Lars Olofsson 1740, INS 33, LIL 65
Lars Olofsson 1760, AVA 45, HAC 4, JÄR 3
Lars Persson 1862, ÅKB 17
Lars Petter Lindblad 1838, HER 5
Lars Rikard Juhlin 1894, ÅSE 625
Lars Thuresson 1791, GÄR 31
Laurentius Mauritz Larsson 1898, LOM 165
Leander Danielsson 1828, INS 7, REN 2
Leon Karl Rickard Lundell 1851, ÅSE 252
Leonard Herman Kristoffersson 1893, SÖÅ 138
Leonard Ödmark 1868, ÅSE 513
Levi Artur Valdemar Jäger 1890, ALM 38
Linus Alexander Lindblad 1895, ÅSE 611
Linus Edvin Forsberg 1886, GAF 48

M

Magnus Alfred Mårtensson Lindgren 1874, SÖÅ 72
Magnus Anders Lindström 1882, VÄJ 12
Magnus Berglund 1867, GAF 15, ÅKB 3
Magnus Degerman 1724, ÅSE 64
Magnus Hultin 1797, ÅSE 159
Magnus Jakobsson 1885, HÄL 39
Magnus Jönsson Forsberg 1835, GAF 49
Magnus Petter Eriksson 1865, ERI 2, HÄL 15
Magnus Petter Jonsson Kallin 1869, TRE 13, ÅSE 208
Magnus Svanström 1877, ÅSE 443
Magnus Vilhelm Johansson 1852, ÅSE 184
Manfred Alexius Jakobsson 1895, LOM 53, AVA 62

Manne Helmer Jonsson 1887, GAF 101
Markus Abraham Olofsson 1864, GÄR 25, INS 34
Markus Albert Persson 1857, GAF 186
Markus Alfred Danielsson 1847, GAF 23
Markus Alfred Eriksson 1874, HÄL 17
Markus Andersson 1790, GAF 8, HOL 3
Markus Andersson 1840, GAF 9
Markus Anselm Eriksson 1876, ÄLG 27
Markus August Sylvester Blomqvist 1857, ÖSN 14
Markus Blomqvist 1805, ÖSN 12
Markus Blomqvist 1835, ÖSN 13
Markus Danielsson 1735, GAF 21
Markus Danielsson 1790, GAF 22
Markus Danielsson 1852, TEN 2
Markus Edvard Markusson 1869, ÅSE 269
Markus Edvard Olofsson 1856, KVÄ 24
Markus Edvin Kristoffersson 1875, LOM 71
Markus Eriksson 1818, GAF 37, LOM 33
Markus Eriksson 1825, HÄL 16, LÅN 15
Markus Eriksson 1831, ÄLG 26
Markus Eriksson 1840, GAF 38
Markus Gunnar Markusson 1895, GAF 124
Markus Halvar Blomqvist 1901, ÖSN 101
Markus Hansson 1786, TEN 10
Markus Herman Andersson 1874, AVA 5
Markus Herman Jonsson 1874, GAF 102
Markus Hilbert Eriksson 1903, ALM 58
Markus Holmberg 1833, ÄLG 44
Markus Konrad Blomqvist 1866, ÖSN 15
Markus Markusson   , ÖSN 61
Markus Markusson 1700, ÖSN 62
Markus Markusson 1729, ÖSN 63
Markus Markusson 1760, ÖSN 64
Markus Markusson 1765, GAF 123
Markus Markusson 1785, LÅN 35, ÖSN 65
Markus Markusson 1814, LÅN 36, ÖSN 66
Markus Markusson 1837, HOL 51, ÖSN 67
Markus Markusson 1844, LOM 82
Markus Markusson 1858, HÄL 49, VÄN 26, ÅSE 268
Markus Nilsson 1779, GAF 141, TJL 16
Markus Nilsson 1824, VÄN 34
Markus Nilsson 1826, LIL 59
Markus Nilsson 1831, SÖÅ 77
Markus Nilsson 1841, GAF 142
Markus Olofsson 1805, ÖSN 81

Markus Persson 1757, ÖVR 66
Markus Persson 1825, ÖSN 31
Markus Persson Almroth 1842, ALM 10
Markus Rudolf Nyberg 1880, GAF 164
Martin Flodin 1869, TOÖ 19, ÅSE 111
Martin Mårtensson 1902, TOÖ 90
Martin Teodor Wolf 1860, ÅSE 503
Mattias Paulin Eriksson 1895, ÖVR 83
Matts Amandus Ingelsson 1890, HOL 35
Matts Anders Mattsson 1842, AVA 31
Matts Anund Mattsson 1868, AVA 32
Matts August Nilsson 1864, ÖSN 73
Matts Daniel Eriksson 1841, INS 12, TAB 4
Matts Danielsson 1796, LOM 21
Matts Danielsson 1853, VAR 10
Matts Eriksson 1734, LOM 34
Matts Eriksson 1769, IDV 4
Matts Eriksson 1832, ÖVR 7
Matts Eriksson Edmark 1855, SÖN 4
Matts Göransson 1787, GAF 65, ÄLG 31
Matts Hansson 1743, LAT 2, LOM 41
Matts Hansson 1771, YTT 14
Matts Henriksson 1849, ÅKB 5
Matts Håkansson 1734, AVA 15
Matts Håkansson 1802, AVA 16
Matts Ingel Olsson 1844, SÖN 29
Matts Ingel Svensson 1849, TOÖ 81
Matts Ingelsson 1772, HÄL 37
Matts Johan Eriksson Norqvist 1849, LÅN 51
Matts Johansson 1687, BEL 6
Matts Johansson 1774, STO 17
Matts Jonas Olofsson 1834, STO 29
Matts Jonsson 1718, GAF 103
Matts Jonsson 1759, LOM 63
Matts Jonsson 1813, HÄG 14
Matts Jonsson 1853, ÖVR 19
Matts Konrad Söderqvist 1858, SÖN 37
Matts Larsson 1757, SAN 21
Matts Lindström 1871, LIL 50
Matts Markus Mattsson 1819, ÄLG 69
Matts Mattsson 1751, BEL 9, LAX 2
Matts Mattsson 1807, GAF 130, SÖN 20
Matts Mattsson 1808, STO 22
Matts Mattsson 1809, IDV 12
Matts Mattsson 1836, FOR 40

Matts Nilsson 1859, ÖSN 72
Matts Olofsson 1819, LOM 114
Matts Paulin Eriksson 1874, ÅSE 104
Matts Paulin Persson 1878, HÄL 69
Matts Persson 1715, TOÖ 75
Matts Persson 1814, AVA 51
Matts Persson 1838, TOÖ 76
Matts Persson Ahlqvist 1851, VAR 2
Matts Pålsson   , HÄL 73
Matts Pålsson 1712, HÄL 74
Matts Pålsson 1765, HÄL 75
Matts Pålsson 1799, VÄN 43
Matts Pålsson 1819, HÄL 76
Matts Robert Persson 1857, ÖSN 29
Matts Romanus Danielsson 1869, LÅN 6, ÖSN 19
Matts Rosin 1867, GAF 192
Matts Sällström 1849, HÄG 35
Matts Teodard Ahlqvist 1880, VAR 3
Matts Vilhelm Pålsson 1874, GAF 177
Max Samuel Alexander Bjurberg 1878, ÅSE 654
Mikael Danielsson 1757, MÅR 2
Mikael Helmer Lind 1890, ÅSE 600
Mikael Johansson 1784, RÅS 4, TOÖ 44
Mikael Jonsson 1727, SVA 9
Mikael Jonsson 1780, BJÖ 22
Mikael Jonsson 1797, ÅSE 199
Mikael Josefsson 1790, VAR 31
Mikael Leonard Lundahl 1871, TAB 13
Mikael Mattsson 1801, YTT 20
Mikael Mikaelsson 1768, LOM 126
Mikael Mikaelsson 1819, GUL 10, TJL 13, TJÄ 29
Mikael Mikaelsson 1844, YTT 21
Mikael Olofsson 1714, ALM 49
Mikael Wiberg 1873, ÅSE 490
Måns Eriksson 1759, TEG 5
Mårten Arnqvist 1838, VÄJ 8
Mårten Eliasson 1769, ORM 4
Mårten Enok Mårtensson 1829, SÖÅ 74
Mårten Eriksson 1842, ÅSE 105
Mårten Eriksson 1855, FOR 10, HÄL 18
Mårten Hansson 1725, LOM 42, TJÄ 11
Mårten Jakobsson 1800, BOÖ 18, FOR 22
Mårten Jakobsson 1852, KVÄ 10, TEG 13
Mårten Johansson 1812, VAR 27
Mårten Jonsson 1841, LIL 43

Mårten Jonsson 1885, NYT 2
Mårten Kristoffersson 1785, LOM 72
Mårten Larsson 1749, SIW 2
Mårten Larsson 1763, LIL 45, SAN 22
Mårten Mårtensson 1731, SKA 2, TJÄ 31
Mårten Mårtensson 1817, ÅKB 12
Mårten Mårtensson Åkerberg 1853, YXS 84, ÅKB 22
Mårten Persson 1788, LÅN 63
Mårten Persson 1830, SOL 31, TEG 40

N

Nikanor Byström 1881, SÖÅ 16
Nila Amandus Gavelin 1889, ÅSE 538
Nils Adolf Lund 1856, ÅSE 250
Nils Adolf Nyström 1875, ÅSE 343
Nils Adrian Gavelin 1894, FOR 16
Nils Adrian Ödling 1893, ÅSE 617
Nils Alexander Dalkvist 1890, ÅSE 549
Nils Alfred Karlsson 1892, ÅSE 554
Nils Amandus Jonsson 1881, BOÖ 21
Nils Amandus Mårtensson 1853, VAR 35
Nils Amandus Nilsson 1891, ÖVR 48
Nils Anders Sjödin 1871, FOR 60, HÄL 79, ÖSN 88
Nils Andersson   , GAF 10
Nils Andersson   , HOL 4, SVA 1
Nils Andersson 1703, TEG 2
Nils Andersson 1761, STF 1
Nils Anselm Salomonsson 1875, KVÄ 32, ÅSE 404, ÖVR 78
Nils Anton Bergström 1869, ÅSE 29
Nils Anton Fredrik Hellström 1895, ÅSE 569
Nils Aron Gavelin 1828, FOR 17
Nils Artur Henriksson 1896, ÄLG 123
Nils Arvid Johansson 1890, BJÖ 43
Nils August Andersson 1880, AVA 6, HOL 5, LOM 14
Nils August Nilsson 1862, HÄL 61
Nils August Olofsson Nyberg 1867, HÄL 63, YTT 26, ÖVR 53
Nils August Sundström 1876, ÖSN 90
Nils Bryngelsson   , BÄÖ 2
Nils Daniel Wiklund 1884, TRE 29
Nils Danielsson 1718, GUL 2
Nils Danielsson Gavelin 1781, KVÄ 8, OXV 7, SÖN 12, VÄN 11
Nils Edvard Nordin 1867, SÖN 27
Nils Edvin Danielsson 1902, ÄLG 121
Nils Eliasson 1814, LIL 21
Nils Eliasson 1839, HER 5

Nils Enok Nilsson 1857, LÅN 44
Nils Erik Eriksson Gärdin 1837, GÄR 13
Nils Erik Gavelin 1854, YTT 13
Nils Erik Henriksson 1880, SÖD 3
Nils Erik Kristoffersson 1850, BOÖ 25
Nils Erik Nilsson 1825, ÄLG 73
Nils Erik Nilsson Sörlin 1850, SÖÅ 114
Nils Erik Olofsson 1832, GAF 174
Nils Erik Persson 1890, KLI 4, TOÖ 77
Nils Erik Saulsson Fjällström 1868, SÖN 11
Nils Erik Söderberg 1880, HAM 6, HÄL 85
Nils Eriksson 1810, LOM 35, SÖN 9, ÖSN 27
Nils Fredrik August Schmidt 1898, ÅSE 593
Nils Fredrik Jonsson Backlund 1853, ÅSE 23
Nils Fridian Bergsröm 1899, LIL 102
Nils Gabrielsson 1761, GAF 50, RÅS 2
Nils Georg Sörlin 1905, ÅSE 526
Nils Gradin 1799, INS 15
Nils Gustav Persson Sellin 1849, ÅSE 416
Nils Gustav Pålsson 1844, TRE 21, ÖSB 7, GÄR 41
Nils Hansson 1732, LOM 43
Nils Harald Jonsson 1889, ÅSE 529
Nils Harald Nordin 1898, SÖN 40
Nils Hedberg 1866, LÅN 20, ÅSE 553
Nils Hedberg 1871, ÅSE 146
Nils Hellgren 1876, VÄN 18
Nils Henning Nilsson 1855, INS 31, YXS 46
Nils Henriksson 1817, GRB 2, SAN 15, TAB 9, TRE 8
Nils Hjalmar Jakobsson 1877, INS 20, LÖV 8, SÖB 3
Nils Holger Persson 1900, ÅSE 619
Nils Ingelsson 1758, GRÖ 1
Nils Ingelsson 1824, TOÖ 32
Nils Ingelsson 1825, FOR 20, SIÖ 2, STN 3
Nils Jakobsson 1900, HOL 90
Nils Jakobsson Norman 1777, TEG 37
Nils Johan Andersson 1824, FÄB 1, SÖÅ 7
Nils Johan Asplund 1824, KÅK 4, SÖN 3
Nils Johan Edin 1795, SÖÅ 20, VÄN 4
Nils Johan Eliasson 1850, GÄR 11
Nils Johan Eriksson 1843, LÅN 16
Nils Johan Gavelin 1872, TOÖ 28
Nils Johan Ingelsson 1843, AVA 18
Nils Johan Jakobsson Wiberg 1842, LOM 137
Nils Johan Johansson Gavelin 1814, TOÖ 27
Nils Johan Julius Andersson 1847, GAF 11, LOM 15, ÅKB 1

Nils Johan Lindblad 1827, SÖS 8
Nils Johan Mikaelsson 1854, ÅSE 282
Nils Johan Mikaelsson 1877, AVA 37
Nils Johan Nilsson 1847, FOR 42
Nils Johan Nilsson Lidberg 1863, BOM 6, NOÖ 3, ÅSE 226
Nils Johan Nilsson Nyberg 1849, GAF 165
Nils Johan Olofsson 1824, SÖÅ 86
Nils Johan Otto Kristoffersson Östman 1871, TAB 21
Nils Johan Pålsson 1815, HÄL 77
Nils Johan Rådström 1867, NOÖ 4, NYT 10, ÄLG 86
Nils Johan Svensson 1841, ÅSE 452
Nils Johan Svensson 1849, BJÖ 36
Nils Johan Westerlund 1865, YXS 52, ÄLG 110
Nils Johansson   , BÄÖ 4
Nils Johansson 1769, TRS 1
Nils Jonas Danielsson 1836, LIL 17
Nils Jonas Eriksson 1871, HER 2, ÅSE 106
Nils Jonas Jonsson Kallin 1871, YTT 17, ÖVR 22
Nils Jonas Nilsson 1879, BJÖ 27, LAK 17
Nils Jonas Åström 1873, LOM 142
Nils Jonsson   , BEL 7
Nils Jonsson 1768, GAF 104
Nils Jonsson 1772, GUL 4
Nils Jonsson 1786, AVA 26
Nils Jonsson 1799, ÄLG 49
Nils Jonsson 1804, BOR 7
Nils Jonsson 1820, GUL 5
Nils Jonsson 1861, ERI 5, ÅSE 200
Nils Jonsson 1883, LAK 13, ÖVR 20
Nils Jönsson 1846, KAL 3, SÖS 5, ÅSE 207
Nils Jönsson 1849, SIK 26
Nils Karlsson 1747, STH 1
Nils Konrad Agaton Johansson 1884, SÖÅ 53, ÅSE 185
Nils Konrad Edin 1869, SÖÅ 21, ÅSE 73
Nils Konrad Gavelin 1863, FOR 18, SÖÅ 47, VAR 20
Nils Konrad Nilsson 1886, GÄR 22, ÅSE 299, ÖSB 4
Nils Konrad Nilsson 1887, GAF 143
Nils Konrad Persson 1902, LÅN 84
Nils Konrad Svensson 1873, LIL 93, SVR 21, ÅSE 453
Nils Kristoffer Hilmar Sörlin 1872, ÅSE 462
Nils Kristoffersson 1802, MOS 2
Nils Larsson 1869, GAF 113
Nils Leonard Eriksson 1895, LOM 152
Nils Leonard Jonsson 1867, GAF 105
Nils Leonard Persson 1854, DAS 6, TRE 22, ÅSE 373

Nils Levi Forsberg 1863, FOR 12, HÄL 22
Nils Ludvig Amos Danielsson 1882, INS 8, ÅSE 571
Nils Ludvig Eriksson Norell 1865, ÅSE 329, ÖSN 28
Nils Ludvig Markusson 1871, BOÖ 28, VÄN 27, ÅSE 270
Nils Magnus Nilsson 1863, ÅSE 300
Nils Manfred Vallgren 1901, ÅSE 607
Nils Markusson 1745, HÄL 56
Nils Markusson 1771, LOM 83
Nils Markusson 1793, TJÄ 27, ÖSN 59
Nils Markusson 1805, GAF 125
Nils Martin Ottosson 1897, ÅSE 359
Nils Mattsson 1760, LÅB 1
Nils Nilsson 1731, NÄS 2, REM 3, TRS 3
Nils Nilsson 1746, AVT 8
Nils Nilsson 1756, BEL 11, SVN 1
Nils Nilsson 1760, NÄS 3
Nils Nilsson 1766, LÅN 43, STO 25
Nils Nilsson 1778, GÄR 21, SIK 38, TRE 19
Nils Nilsson 1802, VAR 37
Nils Nilsson 1804, LOM 101
Nils Nilsson 1823, LIL 60, YXS 45
Nils Nilsson 1852, HÄL 60
Nils Nilsson Blomgren 1820, ÖSN 12
Nils Nilsson Fjällmark 1703, AVT 5
Nils Nilsson Lindberg 1754, ÅSE 239
Nils Nilsson Lindberg 1786, GÄR 17
Nils Nilsson Rådström 1804, TJÄ 43
Nils Olof Andersson Englen 1844, LOM 31
Nils Olof Andersson Malm 1848, YXS 39
Nils Olof Dahlin 1833, ÅSE 52
Nils Olof Edvard Persson 1875, VAR 53
Nils Olof Henriksson 1874, ÄLG 38
Nils Olof Johansson 1859, TOÖ 45
Nils Olof Nilsson 1875, ÅSE 301
Nils Olof Svensson 1876, NYT 12, HOL 89
Nils Olof Wiklund 1820, GIG 27
Nils Olof Wiklund 1852, TRE 30
Nils Olofsson 1754, STM 5
Nils Olofsson 1773, GAF 172, LÅN 58
Nils Olofsson 1795, LIL 66, SAN 26, TJL 18
Nils Olofsson 1809, BOÖ 5
Nils Olofsson 1878, GAF 173
Nils Oskar Leonard Danielsson 1878, KUL 1, ÅSE 60
Nils Oskar Samuelsson 1889, HAM 5
Nils Otto Olofsson 1867, GIG 20

Nils Persson 1741, STF 8
Nils Persson 1791, BJÖ 32, HOL 77, ÅKB 18
Nils Persson 1807, LOM 117, SÖÅ 93
Nils Persson 1891, ÅSE 372
Nils Persson Almroth 1848, STA 3, STK 3, TOÖ 2
Nils Persson Gavelin 1750, SÖÅ 46
Nils Persson Lidström 1815, GRK 4, GÄR 29, LIL 47, TAB 12, TRE 16
Nils Petter Abrahamsson 1837, INS 1
Nils Petter Adamsson 1817, LÖV 1, SÖÅ 1, TJÄ 1
Nils Petter Berglund 1877, ÅSE 27, SÖÅ 133
Nils Petter Danielsson Bäckström 1877, BJÖ 3, SÖÅ 17
Nils Petter Degerman 1768, ÅSE 66
Nils Petter Eriksson 1843, HOL 29
Nils Petter Kristoffersson 1863, KVÄ 14, REN 4, ROS 5
Nils Petter Markusson 1853, GIG 17, ÅSE 271
Nils Petter Mattsson 1855, LOM 88
Nils Petter Molund 1863, HOL 53, NYT 3, ÅSE 286
Nils Petter Mosen 1815, ÅSE 289
Nils Petter Nilsson 1820, LOM 102
Nils Petter Nilsson 1862, HOL 62, HÄL 62, YTT 24, ÖVR 49
Nils Petter Nilsson Gavelin 1843, TOÖ 29
Nils Petter Nordin 1881, ÅSE 321
Nils Petter Strömqvist 1869, GAF 202
Nils Reinhold Mattsson 1876, ALM 45, AVA 33
Nils Robert Blomqvist 1869, ÖSN 16
Nils Robert Nilsson 1859, TOÖ 64
Nils Robert Persson 1881, FOR 56
Nils Severin Jonsson 1884, HÄG 15
Nils Severin Lundberg 1908, HÄG 39
Nils Sjöberg 1847, SÖÅ 103, ÅSE 419
Nils Sundqvist 1869, ÅSE 441
Nils Svensson 1735, TAL 7
Nils Svensson 1784, LOM 134, VAR 59
Nils Teodor Nilsson 1888, BOÖ 33
Nils Ulrik Blomgren 1848, ÅSE 33, ÖSN 7
Nils Uno Nilsson 1900, DAS 9
Nils Valfrid Strömqvist 1889, HÄL 81
Nils Winter 1728, ASP 1, REM 8
Nils Winter 1764, ASP 2
Nils Österberg 1834, HOL 86
Nord Georg Nilsson 1896, INS 43

O

Ola Håkansson 1887, ÅSE 160
Olaus Scherman 1888, ÅSE 614

Ole Arntsen Limingen 1848, LÅN 32, ÅSE 227, ÖSN 56
Olof Abrahamsson 1827, YXS 2
Olof Adam Svensson 1852, LAK 32
Olof Adamsson 1792, LOM 6, VAR 1
Olof Adamsson 1833, LOM 7
Olof Adolf Mattsson 1871, INS 26, LÖB 1, ÅSE 279, ORG 9
Olof Albert Nordlander 1898, TOS 14
Olof Albert Tiden 1899, ÅSE 635
Olof Alfons Olofsson 1898, GIG 21
Olof Alfred Andersson 1881, GAF 12
Olof Alfred Gavelin 1857, FOR 19
Olof Alfred Nilsson 1882, DAS 4, ÅSE 303, YXS 94
Olof Alfred Olofsson 1886, ÅSE 642
Olof Alfred Svensson 1893, SÄL 3
Olof Alfred Svensson 1895, ÄLG 126
Olof Algot Kjerlander 1900, TEG 49
Olof Anders Larsson 1888, LAK 15, LÅN 90
Olof Anders Olofsson 1836, LIL 69
Olof Anders Westerlund 1876, BJÖ 38
Olof Andersson 1725, FOR 2, ÅSE 14
Olof Andersson 1756, TJL 2
Olof Andersson 1784, FOR 3
Olof Andersson 1844, TRE 1
Olof Anselm Forsberg 1857, FOR 13
Olof Artur Olofsson 1896, ÅSE 539
Olof Arvid Josefsson 1896, LOM 167
Olof August Abrahamsson 1874, AVA 1
Olof August Adamsson 1863, LOM 8, SÖÅ 2, ÅSE 4
Olof August Damberg 1892, SIK 62, TAB 22, YXS 89
Olof August Hellström 1886, ÅSE 154, HOL 93
Olof August Johansson 1857, ÄLG 47
Olof August Jonsson 1841, BOR 9
Olof August Lindmark 1860, ÅSE 246
Olof August Olofsson 1860, GÄR 27, YXS 52
Olof August Westman 1875, SÖÅ 116, ÅSE 484
Olof August Åström 1879, YTT 33
Olof Axel Andersson 1888, TRE 2
Olof Axel Danielsson 1854, VAR 11
Olof Bernhard Nordenmark 1861, GAF 150
Olof Byström 1868, GAF 17
Olof Daniel Danielsson Wallin 1833, VAR 67
Olof Daniel Mårtensson 1844, BOÖ 32, ÄLG 70
Olof Daniel Olofsson 1890, LÖV 11
Olof Daniel Olofsson Sjödin 1860, ORG 4, YXS 72
Olof Daniel Olofsson Sjödin 1863, INS 37, SÖÅ 104, ÅSE 572

Olof Daniel Winter 1849, ÅSE 502
Olof Edvard Markusson 1843, VÄN 28
Olof Edvard Markusson 1856, HÄL 50
Olof Edvin Ottosson 1889, ÅSE 658
Olof Einar Olofsson 1899, BOÖ 57
Olof Eliasson 1750, HAC 1, ÅSE 82
Olof Eliasson 1810, LIL 22
Olof Emil Eriksson 1896, BOÖ 56
Olof Engelbertsson 1844, LÅN 10, SÖÅ 25, ÅSE 85
Olof Enström 1754, ÅSE 89
Olof Erik Eriksson Norlin 1867, GAF 159
Olof Erik Ingelsson 1837, GAF 83
Olof Erik Olofsson 1840, KVÄ 27
Olof Erik Persson 1885, HOL 79
Olof Erik Persson Näslund 1839, ÅSE 347, ÖVR 55
Olof Eriksson 1725, AVA 12, LAT 1
Olof Eriksson 1747, TEG 6
Olof Eriksson 1779, INS 13
Olof Eriksson 1804, LOM 36
Olof Eriksson 1835, GAF 30
Olof Eriksson 1836, INS 14
Olof Ernst Dahlberg 1891, OXV 4
Olof Eusebius Eriksson 1867, ALM 23
Olof Gunnar Edin 1900, BOÖ 60
Olof Gunnar Nyberg 1896, LAK 41
Olof Gustav Persson 1837, SIK 47
Olof Haqvin Westman 1828, ÅSE 485
Olof Hedman 1860, ÅSE 148
Olof Hedström 1867, ÅSE 149
Olof Helmer Jonsson 1897, SIK 57
Olof Helmer Markusson 1892, INS 24, ÅSE 272
Olof Helmer Nilsson 1888, VAR 76
Olof Henriksson 1790, ÄLG 39
Olof Hilmar Svensson 1893, GAF 226
Olof Hjalmar Lundin 1887, ÅSE 590
Olof Ingelsson 1804, ÖVR 12
Olof Jakob Nilsson 1862, LOM 103
Olof Jakob Olofsson 1855, BOÖ 38, TRE 20, ÅSE 357
Olof Jakobsson 1860, ÅKB 6
Olof Johansson 1758, HÄL 42, ÅSE 186
Olof Johansson 1824, SÖN 13
Olof Jonsson 1775, DAL 1
Olof Jonsson 1777, LÅN 27, VAR 29
Olof Jonsson 1778, TJÄ 22
Olof Jonsson 1803, SÖÅ 58

Olof Jonsson 1814, BOR 8
Olof Jonsson 1819, TEG 17
Olof Jonsson 1846, HOL 45
Olof Kalixtus Lindqvist 1878, ÅSE 248
Olof Karlsson 1834, TEN 11
Olof Konrad Eriksson 1895, ÅSE 107, ÖVR 93
Olof Konrad Jonsson 1872, SÖÅ 59
Olof Kristoffer Salomonsson Norlund 1826, ÅSE 334, ÖVR 52
Olof Kristoffersson 1720, VÄN 24
Olof Kristoffersson 1759, BÄS 4
Olof Kristoffersson 1788, ALM 41, SÖÅ 65, ÄLG 58
Olof Kristoffersson 1799, LOM 73
Olof Kristoffersson 1839, YTT 18
Olof Kristoffersson 1864, SÖÅ 66
Olof Larsson 1777, GAF 128
Olof Larsson 1828, FOR 34, LÅN 31, SVR 13, TOS 9, ÄLG 62, ÖVR 29
Olof Larsson 1832, SOL 22
Olof Leonard Byström 1886, HOL 17
Olof Lindahl 1771, ÅSE 236
Olof Lindahl 1811, STA 7, ÅSE 237
Olof Martin Markusson 1893, ÅSE 273, STK 7
Olof Matts Mattsson 1861, LOM 90
Olof Mattsson 1790, LOM 89
Olof Mattsson 1806, STO 23
Olof Mattsson 1872, ÖVR 44
Olof Mauritz Håkansson 1886, GAF 77
Olof Mauritz Olofsson Enfält 1872, GAF 28
Olof Mauritz Rådström 1870, NYT 11
Olof Mikaelsson Almroth 1749, ALM 11
Olof Mårtensson 1860, ÅSE 292
Olof Nilsson 1769, ÅSE 302
Olof Nilsson 1778, GAF 144
Olof Nilsson 1792, STM 4
Olof Nilsson 1805, GAF 145
Olof Olofsson 1777, BOM 10
Olof Olofsson 1789, HOL 69, HÄG 28, SOL 27
Olof Olofsson 1800, KVÄ 25
Olof Olofsson 1802, LIL 67
Olof Olofsson 1808, TEN 17
Olof Olofsson 1810, KVÄ 26, ÅSE 356
Olof Olofsson 1812, SOL 28
Olof Olofsson 1819, TJÄ 40
Olof Olofsson 1825, GÄR 26, LIL 68, OLO 7
Olof Olofsson 1832, YXS 51, ÄLG 81
Olof Olofsson 1851, HAM 2

Olof Olofsson 1873, TOÖ 69
Olof Olofsson Almroth 1787, BOR 1, GAF 1, LÅN 1, TEN 1, TOÖ 3
Olof Olofsson Lögden 1737, SIK 32
Olof Olofsson Westberg 1854, ÅSE 472
Olof Oskar Georg Sandberg 1877, ÅSE 409
Olof Oskar Jakobsson 1884, HOL 92
Olof Oskar Lundberg 1895, TEG 21
Olof Oskar Olofsson 1870, TEG 39
Olof Otto Sandberg 1886, BJÖ 39
Olof Otto Svensson 1864, ÅSE 454
Olof Per Mattsson 1877, SÖN 21
Olof Persson 1751, STF 8
Olof Persson 1816, HOL 78
Olof Persson 1824, GÄR 30, VAK 8
Olof Persson 1832, LAK 28, TEG 41
Olof Petersen Näs 1850, ÅSE 344
Olof Petter Dahlberg 1865, HÄG 3
Olof Petter Eliasson Nordin 1827, SOL 24
Olof Petter Jakobsson 1854, SIK 13, STO 15
Olof Petter Johansson 1821, SOL 12
Olof Petter Nilsson 1860, BOM 8, YXS 47
Olof Petter Nordlander 1869, TOÖ 65, ÅSE 325
Olof Petter Olofsson 1843, SOL 29
Olof Petter Persson 1870, FOR 57
Olof Petter Pettersson 1859, LOM 122
Olof Petter Seising 1869, SÖÅ 101
Olof Petter Svensson Westerlund 1859, VAR 69
Olof Petter Valdemar Mattsson 1880, INS 25, REN 5
Olof Petter Wikner 1851, ÅSE 498
Olof Pålsson 1857, ÅSE 381
Olof Pålsson 1869, BOÖ 42
Olof Robert Bergström 1876, SAN 4, VAK 5
Olof Robert Eriksson Edin 1866, BOÖ 3
Olof Salomonsson 1768, LÖA 4, OXV 31
Olof Salomonsson 1839, SAN 33, TRE 26, ÖVR 79
Olof Salomonsson Lundin 1792, RÖD 5
Olof Salomonsson Nyström 1869, NYT 4
Olof Samuelsson 1788, SAN 34, SIK 52
Olof Svensson   , VIS 6
Olof Svensson 1759, AVA 54, FOR 63
Olof Svensson 1770, TEN 20
Olof Teodor Bergström 1847, ÅSE 30
Olof Tomasson 1753, AVA 55, SVN 2
Olof Tomasson 1782, TEG 46
Olof Valfrid Dahlin 1857, ÅSE 53

Olof Valfrid Sjödin 1870, ÅSE 422
Olof Viktor Danielsson 1854, YXS 7
Olof Vilhelm Eriksson 1882, STK 4, VÄN 8
Olof Vilhelm Markusson 1892, KVÄ 38
Olof Zeibrandt Nordlund 1888, ÄLG 75
Oskar Alfred Anders Håkansson 1875, ÅSE 161
Oskar Alfred Gustavsson 1871, ÅSE 132
Oskar Arvid Kant 1882, ÅSE 209
Oskar Elling Lindgren 1892, FOR 81
Oskar Elling Wahlberg 1883, GAF 212, LÅN 81
Oskar Emil Karlsson 1859, ÅSE 211, GÄR 33
Oskar Engelbert Lindgren 1885, ÅSE 245
Oskar Eugen Jonsson 1903, TRE 31
Oskar Frans August Nyberg 1857, ÄLG 76
Oskar Gideon Orädd 1894, HÄL 94
Oskar Harry Holmström 1898, GAF 230, ÅSE 591
Oskar Henry Danielsson 1898, ÄLG 119
Oskar Hjalmar Sikström 1884, SAN 4
Oskar Johannes Ågren 1885, ÅSE 601
Oskar Julius Sundelin 1861, ÅSE 438
Oskar Källman 1856, ÅSE 221
Oskar Leonard Persson Norman 1863, SÖÅ 80, ÖSN 77
Oskar Teodor Johansson 1888, ALM 33
Oskar Torsten Agde Andersson 1894, ÅSE 265
Oskar Verner Sjölund 1886, ÅSE 425
Oskar Vilhelm Samuelsson 1888, VAR 56
Ossian Hjalmar Eriksson 1893, STO 13, YTT 6, OLO 9, ÅSE 636
Otto Göthberg 1865, ÅSE 624
Otto Lambert Eriksson 1869, SAN 43
Otto Olofsson 1843, OXV 22
Otto Valdemar Hansson 1901, ÅSE 562

P

Paulus Edvin Nordström 1897, GÄR 39
Per Abraham Andersson 1824, SÖN 2, ÅSE 16
Per Abraham Gärdin 1874, TAB 7
Per Abraham Persson 1841, SÖÅ 96, ÅSE 375, ÖSN 85, ÖVR 69
Per Albert Eriksson 1902, SIK 63
Per Albert Ingelsson 1875, TAB 11
Per Albert Nordin 1875, ÅSE 322
Per Albert Samuelsson 1872, ÄLG 101, TEN 23
Per Albin Almroth 1869, ALM 13
Per Albin Grundström 1897, YTT 36, ÅSE 544
Per Albin Johansson 1867, TOÖ 46, ÄLG 48
Per Albin Johansson 1882, BOÖ 20, ÅSE 187

Per Alfred Melin 1888, INS 28
Per Alfred Persson 1882, ÖVR 70
Per Almroth 1778, ALM 12
Per Anders Granberg 1842, ÅSE 128
Per Andersson 1761, AVT 1
Per Andersson 1791, LIL 5
Per Andersson 1801, GIG 3, LIL 6, ÖSN 4
Per Andersson 1845, ÅKB 2
Per Anselm Markusson Haglund 1876, GAF 66
Per Anzenius 1680, ÅSE 71
Per August Abrahamsson 1859, DAS 2, KAL 1, STO 1
Per August Gavelin 1865, VÄN 12
Per August Hägglöf 1869, LÖV 2, SIK 12
Per August Karlsson Lindberg 1860, LIL 48
Per August Molund 1871, HOL 54
Per August Norberg 1882, ÅSE 311
Per August Persson / Markusson 1880, VAR 54
Per August Persson 1862, DAS 7, FOR 58
Per August Persson Sjödin 1881, LÅN 73
Per August Öberg 1869, HÄL 92
Per Axel Danielsson 1857, GAF 25, HÄL 6, SAN 5
Per Axel Lindblad 1863, ÄLG 64
Per Björn 1859, ÖSN 6
Per Danielsson   , GAF 24
Per Danielsson 1820, TOS 5
Per Danielsson 1856, HOL 22
Per Danielsson Gavelin 1770, GAF 58
Per Danielsson Gavelin 1823, HOL 32, HÄL 27, SOL 8, TJÄ 8
Per Edmund Tjärnström 1890, ÄLG 109
Per Edur Markusson 1882, ÅSE 274, GAF 224
Per Edvard Eriksson 1884, ÄLG 28
Per Edvard Olofsson 1836, SÄL 2
Per Edvard Persson 1832, LÅN 64
Per Edvard Svensson 1857, LOM 115
Per Elias Arnqvist 1872, GÄR 6
Per Eliasson 1814, IDV 2
Per Emanuel Flodin 1878, TOÖ 20
Per Emanuel Persson 1864, GAF 189
Per Erik Abrahamsson 1823, VAK 1
Per Erik Adamsson 1823, LOM 9
Per Erik Almroth 1807, ALM 14
Per Erik Andersson 1824, TOÖ 9
Per Erik Andersson 1826, SÖÅ 8
Per Erik Arnqvist 1806, VÄJ 9
Per Erik Danielsson 1839, INS 9, YXS 8

Per Erik Danielsson 1839, SÖÅ 18
Per Erik Edin 1762, SÖÅ 22, ÅSE 74
Per Erik Edin 1837, VÄN 5, ÅSE 75
Per Erik Eriksson 1817, BOÖ 9, SIK 9
Per Erik Eriksson 1841, LÅN 17
Per Erik Eriksson 1842, ÖSN 29
Per Erik Eriksson 1896, TOÖ 86
Per Erik Eriksson Åslund 1841, SAN 40
Per Erik Hansson Sandberg 1847, SAN 35, ÅSE 410
Per Erik Hansson Sandström 1863, LIL 87
Per Erik Ingelsson 1836, TRE 12, ÖVR 13
Per Erik Jonsson 1852, LOM 64
Per Erik Jonsson 1866, GAF 109
Per Erik Kristoffer Nilsson 1894, AVA 43
Per Erik Markusson 1863, VÄN 29
Per Erik Mattsson 1877, ÖVR 46
Per Erik Nilsson 1834, MOS 3
Per Erik Nyberg 1860, SÖÅ 81, ÅSE 337
Per Erik Olofsson 1847, HOL 70
Per Erik Olofsson 1863, INS 35, YXS 53, ÖSN 82
Per Erik Olofsson Almroth 1821, ÄLG 1
Per Erik Olofsson Lundberg 1869, HÄG 25
Per Erik Olofsson Wallej 1851, GÄR 32, HAM 10
Per Erik Persson Bergström 1854, GÄR 8, SÖD 1, VAK 6, ÅSE 31
Per Erik Pålsson 1823, HÄL 78
Per Erik Svensson 1837, SÖÅ 110
Per Erik Westergren 1841, BOÖ 51, SIK 56
Per Erik Åström 1822, HÄL 91
Per Eriksson 1700, SVA 4
Per Eriksson 1759, BOÖ 8, HÄL 19, VÄN 10
Per Eriksson 1792, BJÖ 6, HÄL 20
Per Eriksson 1795, GAF 39
Per Eriksson 1821, GAF 40
Per Eriksson 1829, ÖVR 8
Per Eriksson 1845, YXS 13
Per Eriksson 1871, AVA 13
Per Eriksson 1874, ÖVR 9
Per Eriksson 1877, HÄL 21
Per Eriksson Gavelin 1760, GAF 59, TJL 6, VAR 21
Per Forsberg 1703, ÅSE 115
Per Fredrik Alexander Lundqvist 1850, ÅSE 254
Per Fritiof Hansson 1889, HÄL 95
Per Gavelin 1743, VOS 2
Per Gottfrid Andersson 1886, VAR 7
Per Gustav Leonard Brodin 1878, ÅSE 42

Per Gustav Rundqvist 1880, HÄG 33, STE 8, ÅSE 388
Per Göransson 1792, ÖSN 39
Per Hallstensson 1854, ÅSE 135
Per Hamberg 1856, ÅSE 140
Per Hansson 1798, SAN 14
Per Harald Persson 1901, ÅSE 647
Per Henningsson Öberg 1867, ÅSE 511
Per Herman Eriksson 1891, SÖÅ 38
Per Ingelsson 1755, BER 2, SVA 5
Per Ingelsson Gavelin 1700, GAF 60
Per Ivar Persson 1860, AVA 52
Per Ivarsson 1829, AVA 19
Per Jakob Albin Holmberg 1878, BJÖ 14, GAF 75
Per Jakob Johansson Sehlqvist 1826, KVÄ 35
Per Jakobsson   , ALM 30, SVA 6
Per Jakobsson 1710, ALM 31, TOÖ 34
Per Jakobsson 1843, BJÖ 15
Per Johan Emanuelsson 1855, KLI 1
Per Johan Eriksson 1854, ÅSE 108
Per Johan Eriksson Moberg 1865, YXS 42
Per Johan Jonsson 1844, SAN 20, SVR 12
Per Johan Kristoffersson 1863, AVA 27, ÅSE 217
Per Johan Lundgren 1868, KUL 7
Per Johan Mattsson 1849, HÄL 54
Per Johan Nilsson 1874, LÅN 45
Per Johan Nilsson 1876, HOL 64, LAK 18
Per Johan Näslund 1886, VÄN 36
Per Johan Persson 1829, KUL 13, KVÄ 30, SÖÅ 97
Per Johan Persson 1866, HÄL 72, ÖVR 71
Per Johan Tomasson 1830, BOÖ 50, SAN 38, YXS 79, ÄLG 108
Per Johansson 1818, MOS 1, TJL 9, TJÄ 17
Per Jonsson 1725, GAF 106
Per Jonsson 1748, STM 3
Per Jonsson 1752, LAV 5
Per Jonsson 1776, VAR 38
Per Jonsson 1781, HOL 46
Per Jonsson 1782, GUL 6
Per Jonsson 1791, ÄLG 50
Per Jonsson 1801, LÅN 28
Per Jonsson 1805, KÅK 8
Per Jonsson 1822, GAF 107
Per Jonsson 1842, HOL 47
Per Jonsson 1848, GAF 108
Per Jonsson Borglund 1851, BOR 2, ÅSE 37, ÖSN 18
Per Julius Jonsson Hörnell 1852, SVR 8

Per Konrad Justian Persson 1863, ÅSE 376, ÖVR 72
Per Konrad Persson 1885, LOM 119
Per Kristian Rådström 1787, ÅSE 397
Per Kristoffer Larsson 1834, ÖVR 30
Per Kristoffersson 1797, SOL 18, TJL 11
Per Kristoffersson 1798, ÄLG 59
Per Kristoffersson 1801, LOM 74, SOL 19, SÖÅ 67
Per Kristoffersson Lindqvist 1862, ÖVR 38
Per Larsson 1738, LÖA 2
Per Larsson 1777, INS 21
Per Lindqvist 1859, ÄLG 66
Per Ludvig Persson 1887, SIK 49, STE 7
Per Lundqvist 1826, TOÖ 53
Per Löfvenmark 1843, TEG 25
Per Magnus Edin 1865, ALM 21
Per Magnus Henriksson 1848, ÄLG 40
Per Magnus Johansson 1876, SIK 21
Per Magnus Sundström 1879, SÖÅ 106
Per Markus Danielsson 1856, VAR 12, ÅSE 61
Per Markusson 1782, ÖVR 40
Per Markusson 1830, GAF 126
Per Markusson 1848, LOM 84, VAR 33
Per Mattsson 1772, AVA 34
Per Mattsson 1807, TOÖ 56
Per Mattsson 1813, OXV 18, ÖVR 45
Per Mattsson 1828, VÄN 32
Per Mattsson 1865, FÄB 4, KVÄ 17, ÅSE 280
Per Mauritz Gillberg 1804, GAF 61
Per Molin 1863, ÅSE 285
Per Mårtensson 1757, LÖA 3
Per Mårtensson 1815, SÖÅ 75
Per Nikanor Bergström 1897, ÅSE 525
Per Nikanor Kalixtus Arnqvist 1872, VÄJ 10
Per Nilsson 1734, TEG 27, YXS 48
Per Nilsson 1753, LÅB 2
Per Nilsson 1757, MÅR 6
Per Nilsson 1766, STF 7
Per Nilsson 1769, LIL 61, VOÖ 2
Per Nilsson 1800, FOR 43
Per Nilsson 1812, SOL 23
Per Nilsson 1822, GUL 13, HOL 63
Per Nilsson 1860, ÅSE 304
Per Nilsson Gavelin 1780, SÖÅ 48
Per Nilsson Strömqvist 1860, HÄL 82
Per Norberg 1873, ÅSE 310

Per Olof Almroth 1862, ÄLG 2
Per Olof Andersson 1828, LOM 16, VAR 8
Per Olof Blomdahl 1862, HOL 8
Per Olof Byström 1861, HOL 19
Per Olof Byström 1886, HOL 20
Per Olof Eliasson 1839, VAR 18
Per Olof Eriksson 1828, ÄLG 20
Per Olof Jonsson 1842, FOR 29
Per Olof Jonsson 1843, ÅSE 201
Per Olof Jonsson 1886, YXS 88
Per Olof Konrad Nerpin 1882, LOM 95
Per Olof Larsson 1876, FOR 35
Per Olof Persson 1827, SIK 50
Per Olof Persson 1834, LIL 77
Per Olof Persson 1853, SÖN 33
Per Olof Persson 1857, SAN 31, TRE 23
Per Olof Persson 1858, SVR 16
Per Olofsson   , RÖN 2
Per Olofsson 1763, LIL 70
Per Olofsson 1802, KUL 11, SIK 42
Per Olofsson 1812, SIK 43, STE 6
Per Olofsson 1855, LÅN 59, ÖVR 61
Per Olofsson 1865, HAM 3
Per Olofsson 1892, ÅSE 629
Per Olofsson Alsing 1849, TEN 18, ÄLG 3
Per Olofsson Granroth 1774, GRS 1
Per Oskar Persson 1878, VÄN 41
Per Otto Dahlberg 1889, OXV 5
Per Otto Laurentius Westman 1895, ÅSE 486
Per Persson   , TOS 11
Per Persson 1734, BEL 5
Per Persson 1748, TOÖ 78, VOJ 2
Per Persson 1750, NÄS 4
Per Persson 1750, STF 9
Per Persson 1753, HAC 6, TEG 42
Per Persson 1755, REM 7
Per Persson 1761, GAF 187, LOM 118
Per Persson 1762, MAL 2, RÖN 4
Per Persson 1764, LAT 8
Per Persson 1764, LUS 3, RIS 1, VOL 6
Per Persson 1805, SIK 48
Per Persson 1814, HOL 80, SOL 32, ÖVR 68
Per Persson 1815, SÖÅ 94
Per Persson 1828, HÄL 70
Per Persson 1829, GAF 188, SÖN 32, SÖÅ 95, TEN 19

Per Persson 1835, HÄG 32
Per Persson 1838, SOL 33
Per Persson 1845, HÄL 71
Per Persson 1864, LAK 30, VÄN 40, ÅSE 374
Per Persson 1888, ÅSE 589
Per Persson Byström 1829, HOL 18
Per Ragnar Söderlund 1889, ÅSE 563
Per Rudolf Hägglund 1877, GAF 78
Per Rådström 1755, ÅSE 396
Per Salomonsson 1733, SVA 16
Per Salomonsson 1760, LOM 126
Per Salomonsson 1764, LAT 9
Per Salomonsson 1773, TAL 6
Per Salomonsson 1782, AVA 30
Per Salomonsson 1816, ÄLG 95
Per Salomonsson 1823, VÄJ 18, ÄLG 96
Per Salomonsson 1829, LOM 127
Per Salomonsson 1831, KVÄ 33
Per Sigfrid Ossian Nordenstam 1857, ÅSE 315
Per Sigurd Johansson 1898, LAK 40
Per Simon Larsson 1893, ÅSE 603
Per Sjulsson 1771, LUS 4
Per Sjölund 1864, YXS 74
Per Teodor Söderberg 1875, HÄL 86
Per Tomasson 1768, SIK 54
Per Ulrik Persson 1857, LOM 120, ÅSE 377
Per Valfrid Ahlqvist 1878, VAR 4
Per Valfrid Eriksson 1866, TOÖ 18
Per Vilhelm Jonsson 1869, FOR 30
Per Vilhelm Teodor Åslund 1880, BOÖ 55, ÅSE 510
Per Yngvar Håkansson 1897, LOM 46, FOR 75
Petrus Albin Öhrnell 1894, SAN 42
Petter Edin   , SÖÅ 23
Petter Emanuel Forsgren 1876, SÖÅ 43
Petter Persson 1851, LAK 29
Pål Andersson 1757, LAJ 2, SVA 2
Pål Andersson 1802, BOM 3, GIG 2, ÅSE 15
Pål Danielsson 1714, VIT 2
Pål Danielsson 1739, GAF 25
Pål Edvard Persson Moberg 1853, HÄL 58
Pål Erik Hansson 1846, LIL 36
Pål Eriksson 1754, VÄN 9
Pål Johansson 1702, SVA 7, TOÖ 47
Pål Jonsson 1789, BOÖ 22
Pål Markus Anton Persson 1860, ÖVR 67

Pål Mattsson   , HÄL 55
Pål Mattsson 1737, HÄL 56
Pål Mattsson 1789, HÄL 57
Pål Mattsson 1847, GAF 131
Pål Nilsson 1807, KÅK 8
Pål Pålsson 1741, BOÖ 43, GIG 23
Pål Pålsson 1776, GAF 191, LAX 3, LÅN 68
Pål Pålsson 1810, KÅK 12, LIL 79
Pål Tomasson   , ORM 5
Pål Victor Nilsson Wikberg 1853, GAF 146, ÅSE 494

R

Ragnar Frits Hedström 1897, ÅSE 661
Ragnar Ingevald Andersson 1903, SÖN 44
Ragnar Kristian Brändström 1887, ÅSE 44
Rickard Laurentius Westman 1875, GAF 219, ÅSE 487
Rickard Paulinus Mattsson 1886, ÅSE 281
Rickard Wikander 1887, ÅSE 493
Rikard August Lundberg 1901, ÅSE 616
Robert Ferdiand Jonsson 1900, SIK 58
Robert Ferdinand Alexius Vesterlund 1896, ÅSE 576
Robert Valfrid Svanström 1877, GAF 204
Ruben Antonius Ådell 1891, ÅSE 523
Rudolf Anton Fritiof Åradson 1892, SÖÅ 118
Rudolf Henry Nygren 1880, SÖÅ 82, ÅSE 339
Rudolf Ulrik Gotthilf Nordström 1884, LOM 161

S

Salomon Adamsson 1836, VÄJ 2
Salomon Adamsson 1845, LOM 10
Salomon Alfred Nordin 1866, ÅSE 323
Salomon Amandus Adamsson 1884, LOM 11
Salomon Amos Augustinus Salen 1860, LÅN 70
Salomon Anders Persson Bergqvist 1863, BJÖ 2, ÅKB 4
Salomon Andersson 1862, SÖÅ 9, ÅSE 17
Salomon Anselm Wiberg 1879, SÖÅ 117, ÅSE 491, GAF 234, HOL 94
Salomon Aron Berglund 1895, HÄL 106
Salomon Betuel Eriksson 1861, LIL 31, TAB 5
Salomon Danielsson 1837, LIL 18
Salomon Danielsson 1847, INS 10
Salomon Danielsson Näslund 1865, BJÖ 30
Salomon Eliasson 1825, LIL 23
Salomon Elof Johansson 1894, LIL 104, SAN 41
Salomon Eriksson 1783, BOÖ 10
Salomon Eriksson 1823, LIL 30

Salomon Eriksson 1843, INS 14
Salomon Eriksson 1854, BJÖ 7
Salomon Eugen Nordin 1859, LOM 105
Salomon Gottfrid Jonsson Hörnell 1839, TRE 10
Salomon Gottfrid Sahlström 1885, LIL 80
Salomon Gustav Danielsson 1869, LAK 4
Salomon Gustav Nordin 1834, GAF 155, LOM 106
Salomon Hansson 1789, BOÖ 13
Salomon Hansson 1838, ÄLG 32
Salomon Hilmer Ekberg 1880, BJÖ 5
Salomon Johan Olofsson 1864, LIL 71
Salomon Johansson 1835, KVÄ 13
Salomon Jonsson 1840, BOÖ 23
Salomon Josef Julius Persson 1861, ÅSE 378, ÖVR 73
Salomon Kristoffersson 1784, ÄLG 60
Salomon Kristoffersson 1845, BOÖ 26
Salomon Kristoffersson 1859, ÖVR 27
Salomon Nordin 1793, GAF 154
Salomon Olof Eriksson Wallinder 1846, GAF 216
Salomon Olofsson 1793, KVÄ 28, OXV 23
Salomon Olofsson 1813, INS 36, KVÄ 29
Salomon Persson 1732, ÄLG 83
Salomon Persson 1763, SVA 15
Salomon Persson 1786, LOM 121
Salomon Persson 1837, LÖB 2, YXS 63
Salomon Persson 1844, ÄLG 84
Salomon Persson 1853, TRE 1
Salomon Persson 1856, LÅN 65
Salomon Petter Rundqvist 1875, ÅSE 389
Salomon Pålsson 1729, TAL 4, TJÄ 41
Salomon Robert Eriksson 1869, ÅSE 109, ÖSN 30
Salomon Robert Persson 1875, SIÖ 4
Salomon Robert Salomonsson 1877, BOM 12
Salomon Salomonsson 1764, ÄLG 97
Salomon Salomonsson 1822, BOM 11
Salomon Salomonsson 1887, LÅN 72
Salomon Sjölund 1870, ÅSE 426
Salomon Sjölund 1871, BOM 14, ORG 8, YXS 75, ÄLG 104
Salomon Svensson 1836, LIL 94
Salomon Teofilus Salomonsson 1852, BOM 13
Salomon Viktor Salomonsson 1876, LIL 84, ÅSE 405
Salomon Vilhelm Salomonsson 1872, LÖB 4, NOÖ 5, YXS 71, ÄLG 117
Samuel Anselm Nilsson 1869, YXS 49, ÅSE 305
Samuel Aron Samuelsson 1834, ROS 3
Samuel Eriksson 1826, ÄLG 29

Samuel Fredrik Norberg 1862, ÅSE 312
Samuel Hellgren 1877, GAF 69, VÄN 19
Samuel Israelsson 1767, ORM 8
Samuel Karlsson 1757, ORM 11
Samuel Olofsson 1761, LIL 72, LÅB 3, SAN 27
Samuel Reinhold Samuelsson 1876, ROS 4
Samuel Samuelsson 1833, ÄLG 102
Servid Ferdinand Johansson 1896, SIK 61, ÖVR 85
Set Hjalmar Amandus Jakobsson 1899, GAF 225
Set Rudolf Söderlund 1883, HAM 9
Sigurd Amandus Olofsson 1898, GAF 175
Simon Larsson 1772, NOS 2
Sjul Arvidsson 1738, BÄÖ 1, ORM 1
Sjul Zakrisson 1751, GRÅ 5
Sten Magnus Westman 1883, ÅSE 488
Stenis Erik Olofsson 1822, KÅK 11
Svante Ljunglöf 1845, GAF 116
Sven Adolf Salomonsson 1861, LIL 85
Sven Amandus Mattsson 1879, TOÖ 57
Sven Andersson 1842, ÖSN 5
Sven Andersson Wahlberg 1843, GAF 213
Sven Anton Hollander 1820, SVR 7
Sven August Nygren 1865, KUL 10, ÄLG 77
Sven Axel Hugo Sederblad 1880, SVR 19
Sven Bylund 1826, SOL 2
Sven Daniel Rönnberg 1783, TOÖ 79
Sven Daniel Svensson Åberg 1841, ÅSE 505, ÄLG 112
Sven Danielsson 1831, TOS 4
Sven Danielsson 1858, VAR 13, ÅSE 62
Sven Elias Jonsson 1875, HÄG 16
Sven Eliasson 1828, LIL 24
Sven Eliasson 1851, GÄR 12
Sven Erik Svensson 1864, VAR 61
Sven Eriksson 1732, SÖÅ 39
Sven Eriksson 1771, HOL 30, TJÄ 5
Sven Eriksson 1806, IDV 5, SÖN 10
Sven Eriksson 1816, GAF 41, TJÄ 6, ÖSN 31
Sven Eriksson 1825, GAF 42, LAK 10, TJÄ 7
Sven Eriksson Damberg 1856, GAF 43, SIK 5
Sven Eriksson Nyman 1839, LIL 63, SAN 9, ÅSE 342
Sven Georg Pettersson 1893, ÅSE 379
Sven Gustaf Mauritz Sederblad 1903, ÅSE 651
Sven Göransson 1798, BJÖ 9, TJÄ 9
Sven Herman Andersson Ahrne 1883, SÖÅ 3
Sven Israel Svensson 1834, KVÄ 36, LIL 95

Sven Israelsson 1757, RÖD 4
Sven Jakobsson   , RÅS 3
Sven Johan Sederblad 1846, SVR 20, ÅSE 413
Sven Jonsson 1807, SÖÅ 60
Sven Jonsson 1885, FOR 31
Sven Jonsson Forsen 1850, ALM 27
Sven Josef Josefsson 1875, ÅSE 202
Sven Ludvig Danielsson 1869, TOS 6
Sven Manfred Kristoffersson 1891, LOM 75, FOR 73
Sven Matts Svensson 1870, SÖÅ 111
Sven Mikael Johansson 1856, TOÖ 48
Sven Mårtensson Strömsen 1865, ÅSE 436
Sven Nilsson 1760, VAR 38
Sven Nilsson 1768, TAL 3
Sven Nordenmark 1840, SÖÅ 78
Sven Olofsson 1727, AVA 46, FOR 48
Sven Olofsson 1780, FOR 49
Sven Olofsson 1784, IDV 4
Sven Olofsson 1847, AVA 47
Sven Olofsson 1848, NYT 5
Sven Olofsson 1853, LIL 73
Sven Olofsson Sjöberg 1743, STF 10
Sven Oskar Sjulsson Skerdin 1862, LIL 89
Sven Petter Alfred Svensson 1859, LIL 96
Sven Petter Jakobsson 1859, GAF 93
Sven Petter Jonsson 1874, SÖÅ 61
Sven Petter Olofsson 1831, VAR 45
Sven Petter Persson Landin 1863, SÖÅ 69
Sven Petter Svensson 1830, VAR 62
Sven Petter Svensson 1844, LOM 135
Sven Robert Fredriksson 1876, ÖSN 34
Sven Robert Linius Westerlund 1885, VAR 70
Sven Robert Norlin 1875, GAF 160
Sven Salomonsson 1859, ÅSE 406
Sven Svanberg 1859, ÅSE 442
Sven Svensson 1799, VAR 60
Sven Svensson 1810, LÅN 78
Sven Svensson 1817, BOM 15, LAK 33, TJÄ 46
Sven Svensson 1839, LAK 34
Sven Svensson 1840, LÅN 79
Sven Svensson 1846, FOR 64
Sven Svensson 1902, SÖÅ 126
Sven Svensson Söderberg 1773, ÅSE 456
Sven Valdemar Nilsson 1901, ÅSE 579
Sven Valentin Markusson 1852, SÄL 1, VAR 34

Sven Viktor Johansson Höglund 1859, GAF 82
Sven Viktor Svensson 1874, LÅN 80
Sverker Teodor Zetterstrand 1893, ÅSE 504, SÖÅ 139

T

Teodor Zakarias Hellström 1885, BJÖ 13
Tilmar Gotthild Nilsson 1889, INS 44
Tomas Eriksson 1748, TEG 7
Tomas Hansson   , HOL 33
Tomas Jonsson 1886, TEG 18
Tomas Persson 1801, SIK 51, YXS 64
Tor Torsten Filip Johansson 1889, LOM 150, ÅSE 92
Torsten Karlsson 1893, ÅSE 212

U

Uno Abner Thudin 1897, YXS 90
Uno Eugen Tilly 1867, ÅSE 465

V

Valfrid Vilhelm Nikolaus Borgström 1875, ÅSE 38
Valter Arnfrid Olofsson 1900, GAF 229
Vanik Arvidsson 1736, HÄG 1
Verner Alstergren 1899, ÅSE 595
Verner Jakobsson 1906, HOL 91
Viktor Didrik Teodor Gaunitz 1856, ÅSE 121
Viktor Emanuel Wiklund 1872, STO 30, ÅSE 496
Viktor Nikanor Lundqvist 1892, ÅSE 255
Vilhelm Gösta Eriksson 1906, SVR 27
Vilhelm Jonasson Frändberg 1854, ÅSE 120
Vilhelm Lundblad 1873, ÅSE 251
Yngve Lindahl 1898, ÅSE 567

Z

Zakarias Johansson 1826, TJL 10
Zakarias Petter Mikaelsson 1865, AVA 38
Zakarias Sjulsson 1778, GRÅ 4, LÅB 1, ÅKB 19
Zakarias Zakrisson Hägglund 1855, HÄG 9, TEG 10

Å

Åke Gerhard de Geer 1885, ÅSE 125

Almroth Andreas Rudolf   ALM 2
f 1885 28/10   d
G 1911 24/6 i Wilhelmina med
Hansson Hanna Viktoria Eufrosyna
f 1885 28/6   d

1. Vanja Ingegärd   f 1912 26/8
2. Hans Runo   f 1914 14/3
3. Ebba Mary Frideborg   f 1915 2/10   d 1916 14/3
4. Mary Wiktoria   f 1917 9/3
5. Karl Gustaf   f 1919 22/3
6. Ernst Fredrik   f 1921 23/7
7. Asta Gunborg   f 1923 19/6
8. Bengt Rudolf   f 1926 20/3
9. Agda Hillevi   f 1928 20/4
10.Ellen Gunilla   f 1928 20/4
11.Birgit Signe Katrine   f 1930 10/2

Föräldrar till:
H V E Hansson: Hans Nilsson f 1843, Bäsksele, Wi
                               Kajsa Maria Olsdotter f 1847

Alm 2
Almroth Daniel Pehrsson   ALM 14
f 1837 5/9   d 1911 20/9 ”cancer”
G 1882 2/4 i Wilhelmina med
Andersdotter Inga Maglena
f 1859 23/12   d

1. Erik Robert   f 1884 16/4   ALM 5
2. Andreas Rudolf   f 1885 28/10   ALM 1
3. Harald Nikanor   f 1887 27/12   ALM 7
4. Agda Kristina Prisca   f 1892 18/1
fosterbarn (se ALM 5):
5. Alf Erik Nestor Almroth   f 1918 8/3

Föräldrar till:
I M Andersdotter: Anders Ivarsson f 1832, Stensele, Wi
                               Stina Magdalena Eriksdotter f 1834

Alm 3
Almroth Emil Leonard   ALM 14
f 1855 11/12   d

233

G 1880 24/6 i Åsele med
Danielsdotter Maria Karolina   TOÖ 56
f 1859 27/2   d 1881 5/8 "blodflöde efter barnsäng"

Flyttar till Dalasjö, Wi 1881

                                                              Alm 4
Almroth Erik Petter Pehrsson   ALM 14
f 1836 1/4   d
G 1861 17/2 i Åsele med
Christophersdotter Anna Carolina
f 1841 11/2   d 1911 21/10

1. Erica Carolina   f 1862 30/3   d 1867 21/7

Föräldrar till:
A C Christophersdotter: Christopher Salmonsson f 1807, Dalasjö, Wi
se ÄLG 60   Sara Greta Eliedotter f 1807

(1) E C d "halssjuka"

Familjen flyttar 1863 till Dalasjö, Wi

                                                              Alm 5
Almroth Erik Robert   ALM 2
f 1884 16/4   d
G 1917 4/11 i Åsele med
Jonsdotter Hilda Kristina
f 1887 8/5   d

1. Sven Gottfrid   f 1912 2/4
2. Alf Erik Nestor   f 1918 8/3   ALM 2

Föräldrar till:
H K Jonsdotter: Jonas Eriksson f 1849, Lövnäs, Wi
                             Kristina Johanna Wilhelmina Olsdotter f 1864

Till Nordåker 1921 (ÅSE 519)

                                                              Alm 6
Almroth Frans Paulinus   ALM 8
f 1887 24/9   d
G 1915 3/10 i Åsele med
Östman Ina Hildegard   ÅSE 518
f 1895 12/1   d

234

1. Anna Viola	f 1917 19/1	
2. Sven Jonas	f 1919 27/8	
3. Ida Greta	f 1922 23/10	
4. Karin Hildegard	f 1925 15/4	
5. Carl Gunnar	f 1927 4/2	
6. Ulla Margareta	f 1929 19/4	

Alm 7
ALM 2

Almroth Harald Nikanor
f 1887 27/12   d
G 1914 13/4 i Åsele med
Eriksdotter Hilma Kristina Petronella   AVA 3
f 1890 14/3   d

1. Gudrun Irene	f 1915 4/3	
2. Erik Birger Daniel	f 1916 22/12	
3. Kerstin Elisabet	f 1919 24/9	
4. Ivar Sören	f 1921 1/2	
5. Inga Erika	f 1923 8/5	

Alm 8
ALM 14

Almroth Johan Olof Pehrsson
f 1840 9/1   d 1920 19/5 "ålderdomsaftyning"
G 1873 6/4 i Åsele med
Jonsdotter Anna Carolina   BOR 11
f 1843 16/9   d

1. Nanna Carolina	f 1874 18/4		ÅSE 506
2. Jonas Edvard	f 1875 11/10	d 1909 4/6	
3. Anna Lovisa	f 1877 16/2		ALM 17
4. Kristina Augusta	f 1878 12/12		GAF 211
5. dödfött gossebarn	f 1880 15/8		
6. Ida Olivia	f 1881 28/7		ALM 16
7. Gertrud Amalia	f 1883 21/12		ALM 38
8. Alma Albertina	f 1885 7/9		ALM 33
9. Frans Paulinus	f 1887 24/9		ALM 6

(2) J E d "olyckshändelse genom ett ladugårdgolfs instörtande"
    J E bonde i Almsele - se också TOÖ 1

Alm 9
ALM 10

Almroth Konrad Rudolf
f 1883 23/5   d
G 1904 9/10 i Åsele med

Eliedotter Hulda Johanna
f 1876 5/12   d

1. Karl Ossian   f 1904 23/11

Föräldrar till:
H J Eliedotter: Elias Eliasson f 1840, Dalasjö, Wi
                                Stina Maglena Olsdotter f 1839

Flyttar till Flärke, Mo 1906

                                                                        Alm 10
Almroth Markus Pehrsson   ALM 14
f 1842 11/4   d 1913 22/5
G 1868 12/4 i Åsele med
Jonsdotter Anna Carolina   TRE 3
f 1842 16/11   d 1908 13/5

1. Pehr Albin   f 1869 2/3   ALM 13
2. Ida Christina   f 1871 14/3   ALM 26
3. Jonas Oskar   f 1876 13/6   d 1876 15/6
4. Konrad Rudolf   f 1883 23/5   ALM 9

Markus tar ut lysning 1913 med Tilda Susanna Nilsdr f 1871 från Dajkanvik, Wi - men
dör före vigseln

                                                                        Alm 11
Almroth Olof Mickelsson   Riksdagsman, kyrkvärd   ALM 49
f 1749 19/6   d 1819 28/2 "förkylning, flussfeber"
G 1775 med
Gavelin Brita Persdotter   GAF 60
f 1754 5/1   d 1847 21/9

1. Catharina   f 1776   ALM 43
2. barn   f   d 1777 KR
3. Pehr   f 1778   ALM 12
4. Magdalena   f 1780   SÖÅ 108
5. Marget   f   d 1785
6. Michel   f 1785   d 1790
7. Olof   f 1787   GAF 1
8. Johannes   f 1789   d 1800 7/6
9. Christina   f 1790   ÖSN 59
10.Brita Lisa   f 1793   d 1797 4/7
11.Gertrud Margareta   f 1794   d 1794
12.Eric   f 1795   HÄL 37

236

13.Anna   f 1797   d 1801 19/5

(13) A d "koppor"

Brita Gavelin flyttar ca 1825 till sin dotter i Söråsele

			Alm 12
Almroth Per	Kyrkvärd		
	ALM 11		
f 1778	d 1860 21/11 "hög ålder"		
G 1803 27/3 i Åsele med			
Pålsdotter Gertrud			VÄN 9
f 1783	d 1817 14/2 se nedan		
Per omgift 1818 21/6 i Åsele med			
Samuelsdotter Beata Lovisa			LIL 72
f 1796 26/3	d 1832 20/10 "drunknat"		
1. Brita Lisa	f 1804 25/1		SOL 17
2. Olof	f 1805 9/11	d 1829 31/10	
3. Pär Erik	f 1807 1/10		ALM 14
4. Stina Cajsa	f 1809 5/11		SÖÅ 57
5. Daniel	f 1811 14/11		TOÖ 56
6. Gertrud Maglena	f 1814 18/2		FOR 45
7. Eva Margaretha	f 1816 14/4		FOR 62

(2) O d "drunknat " - sockenskräddare

Gertrud "död af förgiftning intaget af uppsåt att sjelfdöda"

Flyttar 1818 till Siksjönäs, Wi

			Alm 13
			ALM 10
Almroth Per Albin			
f 1869 2/3	d		
G 1897 28/3 i Åsele med			
Andersdotter Kristina Karolina			ÅSE 7
f 1871 26/1	d		
1. Anny Karolina	f 1898 15/7		

Flyttar till Vännäs 1899

		Alm 14
		ALM 12
Almroth Per Erik		
f 1807 1/10	d 1899 22/5	

G 1835 22/2 i Åsele med
Ersdotter Anna Erika   LOM 98
f 1811 13/7   d 1865 11/7 "colique af bråck"
Per Erik omgift 1866 4/11 i Åsele med
Salmonsdotter Anna Stina   ÄLG 60
f 1812 1/3   d 1888 17/2 "giktvärk o bronchitis"
Anna Stina tidigare gift se TRE 3

1. Erik Petter	f 1836 1/4		ALM 4
2. Daniel	f 1837 5/9		ALM 2
3. Olof	f 1839 28/1	d 1839 15/4	
4. Johan Olof	f 1840 9/1		ALM 8
5. Markus	f 1842 11/4		ALM 10
6. Brita Erica	f 1845 25/7		ALM 27
7. Nils	f 1848 13/6		STK 3
8. Jonas	f 1849 8/11		TOÖ 1
9. Emil Leonard	f 1855 11/12		ALM 3

(3) O d "hjernvattsot"

                                                                             Alm 15

Amandus Ferdinand   (tar sig senare Sjöberg)
                              SAN 21
f 1826 23/11   d
G 1853 27/3 i Åsele med
Hansdotter Cajsa Erika   ÄLG 61
f 1826 3/6   d

1. Anna Märtha	f 1855 8/5	Forsmo, Ju
3. Eric Edvard	f 1858 8/9	Forsmo, Ju
4. Daniel Johan	f 1860 24/8	
5. Brita Erica	f 1862 7/6	Krånge, Ju

(1) A M g 1873 26/12 i Ju m Nils Nilsson Sehlberg f 1841 från Anundsjö
(3) E E g 1885 28/4 i Åd m Anna Margareta Mähler f 1866 från Ådalsliden
(5) B E g 1888 21/1 i Ju m Per Jakobsson f 1850 i Ramsele

Kommer från Söråsele 1858 (SÖÅ 4) - till Råsele, Wi 1863

                                                                             Alm 16
Andersson Andreas Hilmar   ÅSE 7
f 1880 9/12   d
G 1909 21/11 i Åsele med
Almroth Ida Olivia   ALM 8
f 1881 28/7   d

238

1. Essy Oline	f 1911 27/4	
2. Johan Hugo	f 1913 11/1	
3. Torsten Yngve	f 1915 2/3	
4. Karl Lennart	f 1917 4/2	
5. Ragnhild Tyra Karolina	f 1919 14/6	
6. Vera Ingegärd	f 1921 29/4	
7. ett dödfött gossebarn	f 1923 25/6	

Alm 17
ÅSE 7

Andersson Erik Rudolf
f 1873 26/2　　　　　　　　d
G 1912 3/11 i Åsele med
Almroth Anna Lovisa　　　　　　　　　　　　　　ALM 8
f 1877 16/1　　　　　　　d 1917 26/1

1. Ingrid Karolina	f 1913 12/2	
2. Gustaf Werner	f 1914 20/9	
3. Anna Lisa	f 1917 26/1	ALM 38

Alm 18
ÅSE 188

Andersson Jonas Edvard
f 1833 10/12　　　　　d 1919 16/1 "ålderdom"
G 1860 23/12 i Åsele med
Ingelsdotter Inga Johanna　　　　　　　　　　　STN 6
f 1835 17/12　　　　　d 1914 31/3 "kräfta"

1. Brita Maglena	f 1861 19/6		ALM 35
2. Tekla Johanna	f 1863 7/6		ALM 23
3. Hilda Karolina	f 1865 19/4		
4. Ida Albertina	f 1867 16/6	Råsele, Wi	
5. Jonas Anton	f 1869 1/9		ALM 37
6. Erik Robert	f 1871 18/7		ALM 34
7. Selma Amalia Charlotta	f 1874 14/2		ALM 47
8. Clara Ingeborg Augusta	f 1876 15/2		ALM 39
9. Beda Olivia	f 1879 15/9	Balsjö, Bh	

(4) I A g 1895 10/2 i Ås m Jonas August Markusson f 1862 från Råsele
(9) B O g 1906 18/11 i Bh m Johan Algot Johansson f 1815 från Övre Nyland, Bh

Kommer 1880 från Skolhemmanet (ÅSE 11)

Alm 19

Danielsson Hans　　　　　　　Kyrkvärd
　　　　　　　　　　　　　　　GAF 120

239

f 1753	d 1850 13/5	
G 1781 med		
Ersdotter Märta		ÖVR 24
f 1759	d 1791	
Hans omgift 1793 med		
Olofsdotter Ingeborg		
f 1760 2/7	d 1822 25/9 "slag"	
Hans gifter om sig - bor i Söråsele 1824-37 (SÖÅ 46)		

1. Daniel	f 1782		ALM 28
2. Eric	f 1783		YXS 21
3. Hans	f 1785	d 1785	
4. Marcus	f 1786		TEN 10
5. Brita	f 1788		FOR 3
6. Anna Stina	f 1794		ÖSN 40
7. Ingeborg	f 1795		ÖSN 60
8. Olof	f 1798	d 1798	
9. Petrus	f 1800	Latikberg, Wi	
10.Märtha Catharina	f 1803 4/4	Latikberg, Wi	

Föräldrar till:
I Olofsdotter: Olof Olofsson f 1717, Kubbe, An
                       Kerstin Olofsdotter f 1719

(9) P g 1832 1/1 i Ås m Sara Margareta Svensdotter (FOR 49)
    P g 1840 22/3 i Wi m Johanna Erika Ersdotter f 1816 från Latikberg
(10) M C g 1828 2/3 i Ås m Johan Svensson (TJÄ 5)

		Alm 20
		ALM 46
Danielsson Ingel Olof Walfrid		
f 1883 20/3	d	
G 1906 17/8 i Åsele med		
Karlsdotter Ida Erika		
f 1878 31/4	d	

1. Olof Ingemar	f 1907 29/7	
2. Agnes Karolina	f 1910 15/1	Rödön -29
3. Hilma Maria	f 1912 16/5	
4. dödfött flickebarn	f 1914 10/7	
5. Jonas Hjalmar	f 1916 24/10	
6. Arne Ivan	f 1920 12/4	
hennes:		
7. Helge Alfons	f 1904 23/8	

Föräldrar till:
I E Karlsdotter:
Carl Nilsson f 1816, Volgsjö, Wi
Anna Maria Gustafsdotter f 1835

Kronotorpare Tallnäs

Alm 21
Edin Per Magnus   TOÖ 32
f 1865 21/9   d
G 1893 3/12 i Wilhelmina med
Stenbom Amanda Evelina Elisabeth
f 1874 26/6   d

1. Erhard Amandus   f 1895 7/3
2. Hildur Maria Elisabeth   f 1898 30/4
3. Nanny Paulina   f 1900 2/9   d 1900 8/10
4. Erik Manfred   f 1901 19/10
5. Signe Eufrosyna   f 1904 18/3   d 1904 7/4

Föräldrar till:
A E E Stenbom:
Erik Stenbom f 1842, Hacksjö, Wi
Eva Lisa Hansdotter f 1847

Kommer från Hacksjö 1900 - till Alberta, Canada 1904

Alm 22
Eriksson Jonas Erhard   ALM 47
f 1898 23/5   d
G 1919 9/6 i Åsele med
Persson Eva Karolina   ÄLG 48
f 1894 24/4   d

1. Astrid Viola   f 1919 23/4
2. Helga Maria   f 1920 23/6
3. Erik Yngve   f 1922 25/12   d 1923 30/1
4. Maj Ingrid   f 1923 1/12
5. Rut Ragnhild   f 1925 14/9
6. Gunborg Irene   f 1928 28/1
7. Signe Aurora   f 1930 23/2

Kronotorpare Bergvik nr 2 från 1924

Alm 23
Eriksson Olof Eusebius   ÖVR 57
f 1867 14/8   d

241

G 1903 6/7 i Åsele med
Jonsdotter Tekla Johanna   ALM 18
f 1863 7/6   d

1. Hedvig Ingeborg   f 1903 8/12   d 1904 11/5

Flyttar till Dalasjö, Wi 1904

                                                                     Alm 24
Forsen Jonas   ALM 26
f 1846 13/12   d
G 1876 9/4 i Wilhelmina med
Persdotter Juliana Petronella
f 1856 29/10   d

1. Jonas Petter   f 1877 9/5
2. Per Alfred   f 1878 29/10
3. Sven Erhard   f 1881 23/4

Föräldrar till:
J P Persdotter: Per Erik Adamsson f 1823, Stensele, Wi
se LOM 9   Anna Märta Jonsdotter f 1832

Till Järvsjö, Wi 1881

                                                                     Alm 25
Forsen Jonas Erhard   ALM 27
f 1877 19/8   d
G 1904 7/2 i Åsele med
Almroth Ida Christina   ALM 10
f 1871 14/3   d

fosterbarn (se ÅSE 224):
1. Fritz Gideon Göte Fransson   f 1904 14/10   Umeå -25

                                                                     Alm 26
Forsen Jonas Olov Svensson   FOR 49
f 1819 5/11   d 1903 5/5
G 1843 8/10 i Åsele med
Pehrsdotter Eva Margaretha   ALM 12
f 1816 14/4   d 1874 20/6
Jonas Olov omgift 1875 30/6 i Åsele med
Olsdotter Stina Maglena   SÖÅ 58
f 1837 22/10   d 1881 24/6
Jonas Olov omgift 1882 26/3 i Åsele med

242

Markusdotter Gustava   GAF 22
f 1827 2/9   d 1905 28/3
Gustava tidigare gift se SÖS 8

2. Jonas   f 1846 13/12   ALM 24
3. Sven   f 1850 8/10   ALM 26
4. Segrid Carolina   f 1852 14/4   SÖÅ 33

Kommer från Pengsjö, An 1870 - tidigare i Forsnäs (FOR 62)

                                                                  Alm 27
Forsen Sven Jonsson   ALM 26
f 1850 8/10   d
G 1873 2/3 i Åsele med
Persdotter Brita Erika   ALM 14
f 1845 25/7   d

1. Anna Christina   f 1876 28/7   d 1876 28/7
2. Jonas Erhard   f 1877 19/8   ALM 25
3. Erik Oskar   f 1880 1/12   Vännäs

(3) E O g 1909 12/4 i Vännäs m Jenny Olivia Jonsson f 1888 från Braxsele, Bh

Flyttar till Vännäs 1886

                                                                  Alm 28
Hansson Daniel   Kyrkvärd
                              ALM 19
f 1782 18/2   d 1875 3/11
G 1814 24/4 i Åsele med
Hansdotter Anna   ÖSN 22
f 1790   d 1815 27/3 "lungsot"
Daniel omgift 1819 12/4 i Åsele med
Ersdotter Brita Cajsa   LOM 98
f 1799 17/1   d 1873 7/8

fosterson (se ALM 12):
1. Pär Erik Almroth   f 1807 1/10   ALM 15

                                                                  Alm 29
Jakobsson Eric   HÄL 33
f 1715 20/11   d
G med
Ersdotter Karin   HOL 2
f 1715 7/3   d

243

| 1. Jakob | f 1739 21/12 | b 1741 22/2 |
| 2. Malin | f 1741 6/2 | |

(1) I dödboken står "Erik Jakobsson i Almsele dotter Malin"
   det måste vara felskrivet (och gälla Jakob), för Malin finns senare i Holmträsk

Kommer 1740 från Hälla (HÄL 38) - till Holmträsk 1843 (HOL 36)

Alm 30

Jakobsson Per
f   d 1746 /12 KR
G med
Ersdotter Märeta
f 1693 15/3   d 1757 KR (arvskifte i Almsele)

1. Gertrud	d 1734 24/2	RÅS 1
2. Erik	f 1736 9/5	ALM 50
3. Abluna	d 1740 10/8	
4. Margeta	f 1744 9/10	

Föräldrar till:
P Jakobsson: Jakob Pedersson f 1672, Böle, Ju
                    Märta Danielsdotter
M Ersdotter: Erik Olofsson, Krånge, Ju

Kommer från Svanaby (SVA 6) 1737

Alm 31

Jacobsson Per   (d.y.)
                    HÄL 33
f 1710 /8   d
G 1734 7/4 i Åsele med
Olofsdotter Anna
f 1707   d

1. Malen	f 1735 30/1	
2. Margareta	f 1736 25/1	
3. Anna	d 1737 10/4	
4. Jakob	d 1739 18/11	
5. Olov	d 1741 14/2	d 1741 dom judica
6. Olov	f 1742 15/3	

Föräldrar till:
A Olofsdotter: Olof Nilsson, Hoting, Fj

Till Torvsjö (TOÖ 34) ca 1743

Alm 32
ALM 35

Johansson Jonas Herman
f 1885 5/11   d
G 1911 24/12 i Wilhelmina med
Svensson Alma Erika
f 1886 23/8   d

1. Bertil Teodor   f 1912 29/10
2. Åke Mauritz   f 1914 19/11
3. Elsa Ragnhild Sirena   f 1916 9/9
4. Irma Margret   f 1920 30/4

Föräldrar till:
A E Svensson: Sven Johan Svensson f 1854, Idvattnet, Wi
se TOS 4   Elisabet Margareta Svensdotter f 1858

Alm 33
ALM 35

Johansson Oskar Teodor
f 1888 1/11   d
G 1917 23/9 i Åsele med
Almroth Alma Albertina   ALM 8
f 1885 7/9   d

1. Gunhild Anna Brita   f 1918 3/12
2. Johan Sixten   f 1922 13/3

Alm 34
ALM 18

Jonsson Erik Robert
f 1871 18/7   d
G 1897 25/4 i Åsele med
Markusdotter Kristina Karolina
f 1876 26/9   d 1917 23/9 "magkräfta"

1. Betty Ingeborg   f 1898 18/2   ÅSE 539
2. Artur Edvard   f 1902 17/9
3. Erik Östen   f 1906 5/5
4. Göta Margareta   f 1908 5/4
5. Folke Sören   f 1909 23/10
6. Erling Andreas   f 1912 10/3
7. Arne Markus   f 1912 10/3   d 1916 25/4
8. Gustaf Walter   f 1916 3/1   d 1916 18/1

Föräldrar till:
K K Markusdotter: Markus Eriksson f 1832, Råsele, Wi
                                     Stina Greta Ivarsdotter f 1832

(3) E Ö "dövstum"
(7) A M d "messling"

                                                                                Alm 35
Jonsson Johan Theodor   BOÖ 37
f 1856 9/11   d
G 1885 8/2 i Åsele med
Jonsdotter Brita Magdalena   ALM 18
f 1861 19/6   d

1. Jonas Herman   f 1885 5/11   ALM 32
2. Oskar Theodor   f 1888 1/11   ALM 33
3. Estrid Elvira Ingeborg   f 1901 30/8   ÅSE 564

                                                                                Alm 36

Jonsson Jon
f 1710   d
G 1733 28/3 i Anundsjö med
Persdotter Karin
f 1699   d

1. Karen   d 1735 11/10
2. Johannes   d 1737 9/5   b 1737 13/5

Föräldrar till:
J Jonsson: Jon Eliasson Björn f 1686, båtsman Anundsjö
                                     Ingeborg Olsdotter f 1696
K Persdotter: Per Sjulsson f 1670, Kubbe, An
                                     Karin Åswedsdotter f 1670

Flyttar ca 1741 till Svanabyn (SVA 8)

                                                                                Alm 37
Jonsson Jonas Anton   ALM 18
f 1869 1/9   d
G 1908 11/10 i Åsele med
Ersdotter Eva Wilhelmina Maria   ÖVR 57
f 1881 5/10   d 1926 8/2

1. Edla Aurora Ingeborg   f 1909 29/6

2. Georg Adrian	f 1911 24/7	
3. Edvard Teofilus	f 1913 14/10	d 1922 12/4
4. Gerda Anetty	f 1915 27/12	
5. Alfhild Aina	f 1918 20/5	d 1921 18/8
6. Valter Fabian	f 1921 3/11	d 1922 10/4
7. Gustaf Ingemar	f 1921 3/11	

Alm 38

Jäger Levi Artur Valdemar
f 1890 9/2   d
G 1916 1/10 i Åsele med
Almroth Gertrud Amalia   ALM 8
f 1883 21/12   d

1. Ebba Maria	f 1919 20/11
2. Marta Margret	f 1921 6/9
3. Rut Tora	f 1923 27/4
4. ett dödfött lickebarn	f 1924 26/10
fosterbarn (se ALM 17):	
5. Anna Lisa Andersson	f 1917 26/1

Föräldrar till:
L A V Jäger: Erik Jäger f 1858, Latikberg, Wi
                             Emma Karolina Hansdotter f 1860

Alm 39

Kjellgren August
f 1875 28/6   d
G 1902 2/2 i Åsele med
Jonsdotter Klara Ingeborg Augusta   ALM 18
f 1876 15/2   d

1. Valborg Anetty Ingeborg   f 1902 28/5

Föräldrar till:
A Kjellgren: Jonas Jonsson Kjellgren f 1816, Wadje, Fryksände
                             Marit Hallstensdotter f 1837

Flyttar till Balsjö, Bh 1902

Alm 40

Kristoffersson Erik Olof   SIK 20
f 1865 2/1   d
G 1895 7/9 i Åsele med
Markusdotter Amanda Petronella   ÖSN 67

f 1869 11/9   d

1. Erik Allan Willehad   f 1895 11/12   ALM 54
2. Karl Johan   f 1897 24/10   ALM 57
3. Elin Margareta   f 1898 3/12
4. Per Gunnar   f 1899 26/12   d 1916 5/7
5. Oskar Eugen   f 1901 29/5   d 1916 27/5
6. Markus Hilbert   f 1903 3/2   ALM 58
7. Jonas Rupert   f 1904 7/6   d 1905 31/5
8. Set Leo   f 1907 15/9
9. Gösta Verner   f 1912 31/10
10.Göte Evert   f 1914 4/3   d 1914 19/3

(5) O E d "messling"

Kommer 1897 från Östernoret (ÖSN 55)

                                                                  Alm 41
Kristoffersson Olof   Gästgivare   ÄLG 94
f 1788   d
G 1814 11/4 i Åsele med
Ersdotter Lisa   VÄN 42
f 1793   d

1. Kristoffer   f 1815 31/3   ALM 48
2. Pehr Erik   f 1819 8/10
3. Nils Johan   f 1824 13/12
4. Anna Carolina   f 1830 19/7

Kommer från Älgsjö (ÄLG 58) 1816 - till Söråsele (SÖÅ 65) 1838

                                                                  Alm 42
Lundmark Adam Victor
f 1881 7/6   d 1918 24/10
G 1906 25/2 i Åsele med
Eriksdotter Ida Agata   ÖVR 57
f 1871 27/11   d 1922 28/9 i Forskulla, Ås

1. Anna Lovisa (Ersdr)   f 1896 14/2
2. Holger Teofilus Victor   f 1906 10/6
3. Erik Oskar Manfred   f 1907 18/12   d 1909 23/1
4. Oskar Waldemar Paulin   f 1909 31/7
5. Anetty Elina   f 1911 4/3
6. Anny Ingrid   f 1912 20/11

248

Föräldrar till:
A V Lundmark: Per Olof Fredriksson f 1822, Dalasjö, Wi
                                       Segrid Stina Ivarsdotter f 1839

(3) E O M d " bronkit"

Flyttar till Råsele, Wi 1914

                                                                            Alm 43
Markusson Erik   ÖSN 63
f 1773   d 1799 13/9 "krossad af en sten" i Torvsjö!
G 1796 med
Almroth Catharina   ALM 11
f 1776   d
Catharina omgift 1800 28/9 i Åsele med
Nilsson Eric   LOM 43
f 1771   d

1. Christina   f 1796 1/9
2. Cajsa Greta   f 1799

Familjen flyttar till Torvsjö 1800 (TOÖ 61)

                                                                            Alm 44
Mattsson Hindric
f 1691   d
G 1720 28/2 i Åsele med
Jonsdotter Sofia   SVA 11
f 1701   d

1. Gertrud   d 1730 17/5
2. Märta   d 1732 25/11
3. Anna   d 1734 20/5   d som barn
4. Kerstin   d 1737 /12

Föräldrar till:
H Mattsson: Matts Andersson f 1660, Grundtjärn, An
                            Gertrud Hindricsdotter f 1665

Kommer 1729 från Svanabyn (SVA 12) - till Tjärn 1739 (TJÄ 28)

                                                                            Alm 45
Mattsson Nils Reinhold   AVA 31
f 1876 23/9   d
G 1908 26/1 i Åsele med

Mårtensdotter Märta
f 1886 29/3   d

2. Astrid Maria   f 1909 16/11
3. Hildur Margareta   f 1911 11/12
4. Rolf Sigvard   f 1914 25/2
5. Lilly Evelina   f 1916 13/6
6. Nils Tore Ragnar   f 1921 22/12
7. Karl Gustaf   f 1925 3/5
8. Anny Ingeborg   f 1927 8/9

Föräldrar till:
M Mårtensdotter: Mårten Mårtensson f 1855, Mellansel, An
                             Sigrid Jonsdotter f 1852

Kronotorpare Hällholmen

Kommer 1911 från Avasjö (AVA 33)

			Alm 46
Olsson Daniel			TEN 17
f 1851 4/9	d 1918 1/5		
G 1874 5/4 i Åsele med			
Ingelsdotter Gertrud Maglena			AVA 41
f 1850 14/4	d 1886 19/5 "lungkatarrh"		

1. Gertrud Carolina   f 1875 9/4   d 1886 14/8
2. Kristina Amalia   f 1877 18/4   ÅSE 1
3. Klara Lovisa   f 1880 20/3   AVA 37
4. Ingel Olof Walfrid   f 1883 20/3   ALM 20

(1) G C d "lungkatarrh"
(2) K A barn: Allan Hildebrand   f 1906 19/9   ÅSE 1

		Alm 47
Olofsson Eric Konrad		YXS 51
f 1869 17/8	d	
G 1897 25/4 i Åsele med		
Jonsdotter Selma Amalia Charlotta		
	ALM 18	
f 1874 14/2	d	

1. Jonas Erhard   f 1898 23/5   ALM 22
2. Erik Halfvar   f 1900 12/5
3. Olof Axel   f 1902 12/6   d 1916 14/6

4. Hildur Linnea Ingeborg	f 1904 19/5	d 1920 11/4
5. Ernst Enar	f 1909 8/10	d 1916 5/8
6. Arvid Sigvard	f 1911 22/8	
7. Wilma Elvira	f 1917 28/9	

(3) O A d "meningitis tubercolosa"
(4) H L I d "lungsot"
(5) E E d "sviter efter messling"

Alm 48

Olsson Christoffer	Gästgivare		
	ALM 41		
f 1815 31/3	d 1885 8/3 "vattusot"		
G 1837 26/2 i Dorotea med			
Matsdotter Sigrid Christina			
f 1814 15/2	d 1907 1/12 "marasmus sec."		

1. Olof	f 1839 29/5		YTT 18
2. Elisabeth Margareta	f 1840 4/12		AVA 18
3. Anna Stina	f 1842 6/9	Lavsjö, Do	
4. Christoffer	f 1844 1/7	d 1899 10/12	
5. Eva Carolina	f 1846 1/4		STO 4
6. Clara Johanna	f 1848 14/2		AVA 18
7. Jonas	f 1852 27/8		STO 21
8. Pehr Erik	f 1854 29/10	Nordamerika -89	
9. Eric	f 1857 26/3	Svanaby, Do	
10.Erica Petronella	f 1859 2/5		ÅSE 354

Föräldrar till:
S C Matsdotter: Mats Jonsson f 1775, Lajksjö, Do
se LAJ 6   Marget Christophersdotter f 1777

(2) E M barn: Christina Carolina   f 1870 6/12   AVA 18
(3) A S g 1868 7/7 i Do m Jonas Ansgarius Jonsson f 1845 från Lavsjö
(4) C "svagsint " - död i Lund
(9) E g 1883 6/12 i Do m Märta Stina Johansdotter f 1855 från Svanaby

----

Alm 49

Olofsson Mickel	Häradsdomare	
f 1714 15/7	d 1787	
G 1743 29/12 i Åsele med		
Jonsdotter Karin		GAF 4
f 1714 26/3	d 1783	
Mickel omgift 1784 med		
Nilsdotter Catharina		BEL 7

f 1751 8/12   d
Catharina gifter om sig se MAL 2

1. Ingebor	f 1744 7/12		HÄL 56
2. Elisabeth	d 1747 15/2		HÄL 52
3. Olof	f 1749		ALM 11
4. Karin	f 1751 23/8		SVA 2
5. Kerstin	f 1754		SÖÅ 46
6. Gertrud	f 1757		TOÖ 6
7. Brita	f 1760		OXV 34
8. Märeta	f 1763		LAJ 3
9. barn	f 1767 KR	d 1767 KR	
10. Michael	f 1768		LOM 126
11. Kajsa	f 1785		MAL 2

Föräldrar till:
M Olofsson: Olof Michelsson f 1679, Risbäck, An
                     Ingeborg Eriksdotter f 1688

Alm 50

Pärsson Eric   Nämndeman
                     ALM 30
f 1736 9/5   d 1826 8/12 "ålderdom"
G 1759 med
Danielsdotter Kerstin   GAF 120
f 1737 16/3   d 1824 1/12 "ålderdomsbräcklighet"

1. Pär   f 1762   d 1779?

(1) P d "drunknad " (enl HF 1779 - enl KR 1776)

Alm 51

Pehrsson Eric
f 1836 13/2   d
G 1866 17/12 i Wilhelmina med
Andersdotter Eva Lisa
f 1845 24/7   d

1. Eva Mathilda   f 1869 22/9
2. Anna Lovisa   f 1872 18/8
3. Anders Johan   f 1872 18/8

Föräldrar till:
E Pehrsson: Pehr Eric Pehrsson f 1792, Busjön, Ly
                   Brita Cajsa Olsdotter f 1805

E L Andersdotter: Anders Johansson f 1810, Järvsjö, Wi
                                         Eva Pehrsdotter f 1820

Kommer från Järvsjö, Wi 1872 - till Svartbäcken 1873 (SVR 14)

                                                                              Alm 52
Rådström Jonas Mauritz   ÄLG 86
f 1892 24/9   d
G 1914 8/3 i Åsele med
Nilsdotter Maria Katarina Amanda
f 1884 15/12   d

1. Astrid Hermine   f 1910 11/10
2. Svea Viktoria   f 1915 26/8
3. Edit Elentina   f 1917 25/12

Föräldrar till:
M K A Nilsdotter: Anna Erika Ersdotter f 1850, Alanäs
                               Anna Erika f i Bäsksjö, Wi

Kommer 1918 från Älgsjö (ÄLG 85) - till Åsele (ÅSE 395) 1919

                                                                              Alm 53
Åkerlind Karl Gustaf
f 1870 7/6   d 1929 27/12
G 1903 19/7 i Åsele med
Almroth Nanna Karolina   ALM 8
f 1874 18/4   d

1. Anna Dorotea   f 1903 7/12
2. Svea Karolina   f 1905 17/8

Föräldrar till:
K G Åkerlind: Anders Petter Stjerna f 1835, Forse, Långsele
                               Maja Stina Qvick f 1833

Kommer 1903 från Åsele (ÅSE 506)

                                                                              Alm 54
Eriksson Erik Allan Villehad   ALM 40
f 1895 11/12   d
G 1921 30/1 i Åsele med
Eriksson Ebba Kristina   TOÖ 4
f 1900 8/3   d

1. Ines Marie	f 1921 30/5
2. Ejnar Henry	f 1922 4/10
3. Karl Erik	f 1924 9/4
4. Märta Sofi	f 1926 10/1
5. Gunnar Villehad	f 1927 31/12
6. Evert Eugen	f 1929 18/7
7. May-Britt Amanda	f 1930 30/8

Abborrviken 1926

Alm 55

Eriksson Daniel Erhard
f 1894 14/3   d
G 1927 18/6 i Åsele med
Höglund Göta Viola   ÅSE 166
f 1901 2/9   d

1. Ragnar Sören   f 1927 26/9
2. Klas Åke   f 1929 7/1

Föräldrar till:
D E Eriksson: Erik Petter Ersson f 1852, Granliden, Wi
se TOS 4   Eva Johanna Öberg f 1860

Alm 56

Johansson Erik Rupert
f 1896 16/10   d
G 1924 30/3 i Åsele med
Salomonsson Oktavia Karolina   LIL 23
f 1902 12/9   d

1. Gustaf Alvar   f 1924 6/6
2. Anny Marie   f 1925 22/12
3. Erik Sigurd   f 1928 7/1
4. Bror Yngve   f 1929 28/10

Föräldrar till:
E R Johansson: Johan Erik Andersson f 1860, Mårtensliden, Wi
                                   Inga Gustava Markusdr f 1861

Kronotorpare Bergvik nr 3 från 1926

Alm 57
Eriksson Karl Johan   ALM 40
f 1897 24/10   d

G 1924 15/6 i Åsele med
Jonsson Evelina Elisabet   AVA 25
f 1905 26/10   d

1. Kurt Harry   f 1924 8/8

Kronotorpare Bergvik nr 1 från 1928

                                                                 Alm 58
Eriksson Markus Hilbert   ALM 40
f 1903 3/2   d
G 1928 19/5
Eriksson Henny Frideborg Lovisa
f 1905 15/5   d

1. Rune Yngve   f 1928 18/7

Föräldrar till:
H F L Eriksson: Kristoffer Eriksson f 1859, Bäsksele, Wi
                                Marta Kristina Persdr f 1874

                                                                 Ark 1
Hansson Grels   VAR 36
f 1769   d 1842 10/11 "lungsot"
G 1793 6/10 i Tåsjö med
Bybom Greta Johansdotter
f 1765 2/11   d 1839 5/9 "ålderdomsbräcklighet"

1. Hans   f 1794   Svanaby, Do
2. Brita Stina   f 1796 11/11   Karbäcken, Tå
3. Johannes   f 1799 25/7   Röström, Tå

Föräldrar till:
G Bybom: Johan Bybom, Orrnäs, Fj
                                Brita Andersdotter f 1733

(1) H g 1820 20/2 i Do m Brita Ersdotter (SVA 10)
(2) B S g 1823 24/6 i Tå m Hindrik Svensson f 1799 från Karbäcken
(3) J g 1825 3/7 i Tå m Kajsa Stina Olofsdotter f 1804 från Röström

----
                                                                 Ark 2
Pehrsson Jon
f   d 1798 18/1 "bröstsjuka"
G 1775 med
Pehrsdotter Kerstin   TOÖ 34

f 1749   d 1826 13/3

1. Eric   f 1775   Arksjö, Do
2. Karin   f 1777   Östra Ormsjö, Do
3. Anna   f 1780   Mårdsjö, Do
4. Nils   f 1782
5. Olof   f 1784
6. Christina   f 1787   Harrsjöhöjden, Do
7. Marget   f 1790   Bergvattnet, Do
8. Jonas   f 1795   d 1796 23/4

Föräldrar till:
J Pehrsson: Pär Jonsson, Ormsjölandet
                     Karin Mårtensdotter f 1713

(1) E g 1799 m Maja Johansdotter f 1774 från Säbrå
(2) K g 1804 26/8 i Do m Erik Johansson f 1781
(3) A g 1817 26/10 i Do m Mikael Johansson (SVA 13)
(6) C g 1824 21/3 i Do m Erik Johansson (BER 3)
(7) M g 1817 19/10 i Do m Abraham Ersson (MÅR 1)
(8) J d "kikhosta"

Wikström Jöns   fd rustmästare
f 1737 /6   d 1802 2/9
G 1779 26/11 i Tåsjö med
Eliedotter Lisa   ORM 9
f 1759   d 1846 18/9 "ålderdom"
Lisa gifter om sig se ORM 13
Jöns tidigare gift m
Oldberg Christina Margareta
f 1738 11/12   b 1778 15/2 "slag"

3. Anders   f 1771 27/11   Skansnäset, Tå
4. Petrus   f 1773 18/7   Arksjö, Do
5. Johannes   f 1775 24/11   Brattbäcken, Tå
7. Elias   f 1780   Aldernäset, Tå
8. Margareta Juliana f 1781 24/9   Brattbäcken, Tå
9. Jöns   f 1783   Granön, Tå
10.Katarina Elisabet f 1789 11/12   Harrsjöhöjden, Do

Föräldrar till:
J Wikström: Jon Dunderhake f 1691, Hammerdal
                     Valborg Persdotter f 1691

C M Oldberg: Olof Oldberg, Ede, Hammerdal

256

(3) A g 1794 9/6 i Tå m Sara Mattsdotter f 1772 från Hoting
(4) P g 1795 i Tå m Märet Nilsdotter f 1775
(5) J g m Lisa Nilsdotter f 1771 från Myre, Resele
(7) E g 1804 20/10 i Tå m Brita Israelsdotter f 1780 från Öhn, Bo
(8) M J g 1803 26/12 i Tå m Sven Persson f 1776
(9) J g 1806 28/9 i Tå m Malin Persdotter f 1787
(10) K E g 1818 27/9 i Do m Göran Mikaelsson (MÅR 2)

Kommer 1787 från Skansnäset, Tå - till Rotnäset, Tå 1790

		Asl 1
Asplund Erik Valentin Henriksson		STO 24
f 1868 11/5	d	
G 1903 2/5 i Åsele med		
Hansdotter Beda Kristina		
f 1880 27/5	d	

Föräldrar till:
B K Hansdotter: Hans August Markusson f 1854, Rismyrliden, Wi
                         Kajsa Maglena Matsdotter f 1849

Flyttar till Åsele (ÅSE 21) 1903

			Asl 2
Samuelsson Daniel Petter			ÄLG 29
f 1856 26/9	d 1923 21/2		
G 1882 15/4 i Åsele med			
Henriksdotter Anna Petronella			STO 24
f 1856 26/5	d		
1. Samuel Hilbert	f 1882 22/6		
2. Erik Adam	f 1884 24/12	d 1907 1/3	
3. Jonas Albert Paulinus	f 1887 22/6		ÅSE 59
4. Frans Elias	f 1889 5/12		
5. Petronella Katarina	f 1892 1/6		
6. Karl Gerhard	f 1894 24/9		
7. Beda Elisabet	f 1897 21/6	Björna -14	
fosterbarn (se ÅSE 59):			
8. Svea Ingegerd	f 1912 11/2	Junsele -29	
9. Göta Kristina	f 1914 1/5		

(1) S H i Canada 1914-15
    S H far se TOÖ 40

(2) E A d "meningitis tuberculosa"
(5) P K barn: Elsa Irene   f 1919 17/10
     E I far Karl Gotthard Hjalmar Åslund (ÅSE 509)

Kommer från Hammar (HAM 4) 1887

                                                               Asl 3

Klemetsson Gustaf Adolf   Vallhjon
f 1893 15/11   d
G 1921 24/6
Sjulsdotter Tina Margareta
f 1897 4/1   d

1. Nanny Sofia   f 1921 24/9
2. Elsa Kristina   f 1923 5/6
3. Marga Elisabet   f 1924 29/8
4. Johan Gustaf   f 1925 19/12   d 1926 14/1
5. Astrid Margareta   f 1927 24/4
6. Anna Stina   f 1928 20/7

Föräldrar till:
G A Klemetsson: Klemet Gustaf Klemetsson f 1848, Ljusfjäll
                            Kristina Wilhelmina Hansdr f 1866
T M Sjulsdotter: Sjul Abraham Larsson f 1852, Fjällfjäll
                            Katarina Sofia Maximiliana Larsdr f 1859

Kommer 1925 från Wilhelmina – till Storsjö 1928 (STO 32)

                                                               Asp 1

Winter Nils   Målare
f 1728 17/8   d 1803 19/5 "ålderdom"
G 1759 22/4 i Anundsjö med
Nyberg Anna
f 1735 2/8   d 1803 8/5 "ålderdomsbräcklighet"

1. Cajsa Greta   f 1759 2/11   GRÖ 1
2. Anna Lisa   f 1761 13/11   Kärrsjö, Bj
3. Nils   f 1764 24/3   ASP 2
4. Babba Stina   f 1766 9/6   ÖVR 16
5. Petrus   f 1771 18/12
6. Jöns   f 1775 22/8

Föräldrar till:
N Winter: Jöns Jöransson f 1675, Bryttmor, Tynderö
                            Karin Olofsdotter f 1681

A Nyberg: Per Nyberg f 1696, Gävle
                                   Elisabeth Sedin

(2) A L g 1786 m Anund Jacobsson f 1759 från Kärrsjö

Kommer 1782 från Remmaren (REM 8)

                                                                            Asp 2
Winter Nils   ASP 1
f 1764 24/3   d 1821 30/5 "nervfeber"
G 1791 29/11 med
Pehrsdotter Catharina
f 1764 17/2   d
Catharina tidigare gift m Olof Nilsson f 1763 från Arnäs

1. Anna   f 1792 21/8   d 1793
2. Cajsa Greta   f 1793 29/9   Aspsele, Fr
3. Nils   f 1795 7/4   Aspsele, Fr
4. Pehr   f 1799 4/2   Aspsele, Fr

Föräldrar till:
C Pehrsdotter: Pehr Pehrsson f 1732, Bredträsk, Nm
                                   Karin Pålsdotter f 1739

(2) C G g 1821 15/4 i An m Jon Svensson f 1797 från Norrmesunda, An
(3) N g 1821 4/4 i Ås m Anna Sophia Hindricsdotter (ÄLG 19) - N tar sig Asplund
(4) P g 1822 26/12 i Fr m Maria Lovisa Johansdotter f 1798 från Bredträsk - P tar sig Brodin

----

                                                                            Ava 1
Abrahamsson Olof August   AVA 44
f 1874 24/7   d
G 1901 24/12 i Åsele med
Sundin Anna Johanna
f 1878 19/3   d 1915 21/9
Olof August omgift 1918 19/12 i Åsele med
Eriksson Johanna Wilhelmina
f 1888 26/5   d

1. Olof Hjalmar   f 1903 8/2
2. Helga Elise   f 1905 15/4
3. dödfött flickebarn   f 1915 21/9
4. Anny Linnea   f 1920 5/2
5. Runo Hildebrand   f 1921 9/10

Föräldrar till:

259

A J Sundin: Johan Olofsson Sundin f 1840, Valån, Tå
Anna Matilda Ersdotter f 1846

J W Eriksson: Katarina Lovisa Gabrielsdr f 1857, Dalasjö, Wi

			Ava 2
Adamsson Erik Alfred			LOM 4
f 1888 5/4	d		
G 1913 11/6 i Åsele med			
Abrahamsson Alma Elisabet			AVA 44
f 1890 16/1	d		
1. Verner	f 1913 24/6		
2. Bror	f 1915 19/2		
3. Göte	f 1917 25/1	d 1917 18/2	
4. Valdemar	f 1918 10/2		
5. Frits	f 1920 8/11		

Kommer från Lomsjö (LOM 5) 1915

			Ava 3
Adamsson Eric Petter			VAR 43
f 1863 5/10	d		
G 1889 30/11 i Åsele med			
Ersdotter Gertrud Erika			AVA 50
f 1862 18/9	d		
1. Hilma Kristina Petronella	f 1890 17/3		ALM 7
2. Jonas Evald	f 1891 30/12		AVA 11
3. Karl August	f 1894 21/3		AVA 63
4. gossebarn	f 1896 30/5	d 1896 17/6	
5. Edit Anna Karolina	f 1897 10/7		
6. Frida Margareta Elisabet	f 1899 12/9	Klara -22	
7. Bengt Georg	f 1901 17/10		
fosterson (se STA 2):			
8. Tore Alvar Almroth	f 1910 26/11		

(5) E A K barn: Sigrid Linnea   f 1923 30/4
            Karl Börje   f 1927 11/10
     K B far: Algot Ragnar Valdemar Norberg f 1901, Norrbäck, Wi

---

			Ava 4
Andersson Erik Alfred			
f 1886 20/5	d		
G 1918 17/3 i Åsele med			
Nilsson Ida Erika			AVA 18

f 1890 21/2   d

Föräldrar till:
E A Andersson: Anders Olof Jakobsson f 1831, Eriksberg, Wi
se LOM 52   Klara Magdalena Nilsdotter f 1845

Flyttar till Strömåker, Wi 1918

                                                                              Ava 5
Andersson Markus Herman
f 1874 12/7   d
G 1898 25/2 i Åsele med
Eriksdotter Anna Lovisa   AVA 22
f 1873 13/11   d

1. Annie Maria   f 1898 26/2

Föräldrar till:
M H Andersson: Anders Göransson f 1820, Lavsjö, Do
                                     Fredrika Dorotea Jonsdotter f 1832

Flyttar till Lavsjö, Do 1899

                                                                              Ava 6
Andersson Nils August   LOM 52
f 1880 1/4   d
G 1912 16/6 i Åsele med
Persdotter Sara Albertina   HOL 70
f 1883 13/5   d

Från Lomsjö (LOM 14) 1913 - till Holmträsk (HOL 5) 1915

                                                                              Ava 7
Bergqvist Erik Zakrisson
f 1849 8/7   d 1916 28/3
G 1888 14/4 i Åsele med
Persdotter Erika Agatha   AVA 19
f 1861 1/12   d 1894 17/3 "tuberculos"
Erik gifter om sig 1896 7/12 i Åsele med
Lindblad Gertrud Eugenia   SÖS 8
f 1861 10/2   d

1. Hulda Kristina Elisabet   f 1892 18/7   d 1894 20/1
2. Erik Herman   f 1897 4/9
3. Rut Eugenia   f 1899 16/10   AVA 60

261

4. Jonas Martin	f 1902 16/12
5. Ivar Yngve	f 1906 23/6

Föräldrar till:
E Bergqvist: Zacharias Persson f 1822, Brännåker, Do
se AVA 30   Catharina Johanna Ersdotter f 1825

(1) H K E d "influensa"

Flyttar till Wännäs 1907 - kommer tillbaka 1911

                                                                          Ava 8

Danielsson Eric
f 1814 1/3   d 1890 19/10
G 1847 1/1 i Åsele med
Nilsdotter Gertrud Brita   AVA 26
f 1822 18/1   d 1906 27/10

Föräldrar till:
E Danielsson: Daniel Ersson f 1779, Mårdsjö, Do
se MÅR 1   Märeta Andersdotter f 1790

Kommer 1851 från Mårdsjö, Do

                                                                          Ava 9

Eliasson Hans Knut
f 1888 5/3   d
G 1917 6/5 i Åsele med
Svensdotter Hilma Augusta Albertina   AVA 47
f 1884 9/11   d

1. Erik Valfrid	f 1908 12/11
2. Barbro Linnea Kristina	f 1916 23/12
3. Alf Georg	f 1922 10/5

Föräldrar till:
H K Eliasson: Elias Frans Hansson f 1848, Wallen, Ju
                     Matilda Karolina Knutsdotter f 1863

Flyttar till Åsele (ÅSE 574) 1922

                                                                          Ava 10

Ersson Jonas
f 1818 29/10   d 1875 25/4 "smittkoppor"
G 1839 17/3 i Dorotea med

Ersdotter Sara Catharina
f 1819 10/6   d 1899 12/5 "hjertfel"

1. Eric	f 1840 11/5	AVA 22
2. Jonas	f 1841 24/10	AVA 24
3. Christopher	f 1843 30/10	LOM 62
4. Lisa Erica	f 1846 9/2	ÅSE 485
5. Pehr	f 1848 28/6	GAF 108
6. Anna Gretha	f 1851 17/4	BOR 6
7. Mathias	f 1853 3/8	ÖVR 19
8. Eric Nils	f 1853 3/8 d 1854 1/1	
9. Stina Cajsa	f 1854 23/12	ÄLG 98
10.Nils	f 1861 8/3	ÅSE 200

Föräldrar till:
J Ersson: Erik Jönsson f 1790, Mårdsjö, Do
se MÅR 5   Lisa Jonsdotter f 1795
S C Ersdotter: Erik Ersson f 1785, Svanaby, Do
se SVA 10   Anna Jonsdotter f 1784

Från Mårdsjö, Do 1852 - bor i Åsele 1867-70 (ÅSE 101)

Ava 11
Eriksson Jonas Evald   AVA 3
f 1891 30/12   d
G 1915 10/10 i Åsele med
Mikaelsdotter Gertrud Melinda
f 1883 10/6   d

1. Karl Sigfrid   f 1916 13/1
2. Sonja Margareta   f 1918 5/4
3. Signe Erika   f 1921 30/9

Föräldrar till:
G M Mikaelsdotter: Mikael Mikaelsson f 1854, Lavsjö, Do
se SÖÅ 93   Gertrud Erika Nilsdotter f 1855

Ava 12
Ersson Olof
f 1725 16/2   d
G 1755 9/11 i Indal med
Larsdotter Brita
f 1725 17/9   d

4. Lars   f 1760 17/3   AVA 45

263

5. Eric	f 1763 7/2	
6. Brita	f 1766 13/9	

Föräldrar till:

O Ersson: Erik Andersson f 1672, Harvom, Indal
  Märta Olofsdotter f 1680

B Larsdotter: Lars Jonsson f 1692, Bäck, Indal
  Brita Olofsdotter f 1697

Kommer ca 1780 från Laxsjö, Ljustorp - 1784 till Latikberg (LAT 1)

<u>Ava 13</u>

			AVA 22
Eriksson Petrus			
f 1871 28/6	d		
G 1899 15/4 i Åsele med			
Abrahamsdotter Kristina Karolina			AVA 44
f 1876 15/12	d		
1. dödfött flickebarn	f 1900 8/1		
2. Karl Hilbert	f 1901 23/12		AVA 61
3. Katarina	f 1904 3/7	d 1904 3/7	

<u>Ava 14</u>

			YTT 9
Gavelin Jonas			
f 1854 1/1	d 1922 2/11		
G 1888 24/12 i Åsele med			
Persdotter Anna Lisa			AVA 19
f 1856 5/1	d 1927 18/2		
1. Hilma Christina	f 1889 14/10	d 1899 12/7	
2. Sigrid Carolina	f 1892 15/4		AVA 21
3. Ida Anna Martina	f 1895 3/1		BJÖ 39
4. Ivar Petrus	f 1900 28/6		AVA 58

(1) H C d "drunkning"

<u>Ava 15</u>

Håkansson Matts			
f 1734	d 1809 21/6 "bråk"		
G 1767 1/4 i Burträsk med			
Jonsdotter Marget			
f 1731	d 1806 1/11 "ålderdomssvaghet"		
Marget tidigare gift se AVA 56			
1. Håkan	f 1767 2/6		AVA 30

2. Pehr	f 1772 3/5	AVA 34

Föräldrar till:
M Håkansson: Håkan Håkansson f 1708, Ljusvattnet, Bu
Sara Mårtensdotter f 1706
M Jonsdotter: Jonas Hermansson f 1691, Ljusvattnet, Bu
Marget Pehrsdotter f 1698

Kommer 1792 från Ljusvattnet, Bu

		Ava 16
Håkansson Matts		AVA 30
f 1802 3/11	d 1888 19/5 "marasmus"	
G 1830 4/4 i Dorotea med		
Andersdotter Lisa Stina		
f 1807 27/2	d 1889 18/3 "marasmus"	
1. Christina Catharina	f 1831 12/2	AVA 19

Föräldrar till:
L S Andersdotter: Anders Ivarsson f 1782, Lavsjö, Do
se LAV 2 Kerstin Karlsdotter f 1782

(1) C C barn: Mathias	f 1851 20/9	AVA 19

		Ava 17
Ingelsson Ingel Adolph		AVA 41
f 1856 20/11	d	
G 1893 3/4 i Åsele med		
Svensdotter Anna Erika		VAR 45
f 1863 22/5	d	

Flyttar till Varpsjö 1894 (VAR 23)

		Ava 18
Ingelsson Nils Johan		AVA 41
f 1843 25/5	d 1913 20/1 "hjertfel"	
G 1874 24/6 i Åsele med		
Christophersdotter Lisa Gretha		ALM 48
f 1840 4/12	d 1881 28/2 "död i barnsäng"	
Nils Johan omgift 1882 2/12 i Åsele med		
Christophersdotter Klara Johanna		ALM 48
f 1848 14/2	d 1929 27/6	
1. Christina Carolina	f 1870 6/12	GAF 202

2. Clara Josefina	f 1875 15/5		AVA 20
3. dödfödd flicka	f 1877 18/9		
4. Anna Elisabeth	f 1879 17/6		AVA 25
5. dödfött flickebarn	f 1881 23/1		
6. Johanna Nikolina	f 1883 31/12	Lavsjö, Do	
7. Lydia Margareta	f 1886 24/1	Järvsjö, Wi	
8. Ingel Johan Nikanor	f 1888 10/1		AVA 40
9. Ida Erika	f 1890 21/2		AVA 4
10.Per Erik Kristoffer	f 1894 13/9		AVA 43

(6) J N g 1912 29/6 i Do m Nils Alexius Jonsson f 1888 från Lavsjö
(7) L M g 1915 4/7 i Ås m Jonas Albert Sandberg f 1884 från Järvsjö

<u>Ava 19</u>

Ivarsson Pehr			BJÖ 22
f 1829 19/7	d 1903 16/7		
G 1855 23/9 i Åsele med			
Mattsdotter Stina Cajsa			AVA 16
f 1831 12/2	d 1885 24/4 "lungsot o hjertförlamning"		
Pehr omgift 1890 5/4 i Åsele med			
Svensdotter Eva Kristina			VAR 45
f 1861 24/5	d 1909 6/12 "magkräfta"		

1. Mathias	f 1851 20/9		VAR 2
2. Anna Elisabeth	f 1856 5/1		AVA 14
3. Christina Carolina	f 1857 28/12	d 1874 12/9	
4. Erica Petronella	f 1859 18/5	d 1859 2/9	
5. Pehr Ifvar	f 1860 21/10		AVA 52
6. Erica Agatha	f 1861 1/12		AVA 7
7. Eric Paulus	f 1863 25/1	d 1863 28/5	
8. Eric Mathias	f 1864 21/9		
9. Anders Stefanus	f 1865 26/12		AVA 49
10.Jonas Oscar	f 1867 30/11	d 1885 27/2	

(3) S C d i "skarlakansfeber"
(7) E P d i "strupsjukdom"

<u>Ava 20</u>

Johansson Erik Oskar			
f 1862 29/3	d		
G 1894 19/5 i Åsele med			
Nilsdotter Klara Josefina			AVA 18
f 1875 15/5	d		

1. Johan Alfrid	f 1894 30/10	d 1921 14/4

2. Ada Johanna Elisabet	f 1896 4/11	d 1898 6/4	
3. Hildur Josefina	f 1899 6/4		LOM 53
4. Karl Jonas	f 1901 28/1		
5. Selma Elisabet	f 1903 13/9		
6. Erik August	f 1906 28/8		
7. Anna Karolina	f 1908 26/4	d 1930 1/4	
8. dödfött flickebarn	f 1910 28/3		

Föräldrar till:
E O Johansson: Johan Mikaelsson f 1827, Mårdsjö, Do
                        Eva Lisa Eriksdotter f 1824

Ava 21

Johansson Erik Robert   VAR 44
f 1874 13/7   d
G 1914 5/4 i Åsele med
Gavelin Sigrid Karolina   AVA 14
f 1892 15/4   d
Erik Robert tidigare gift se VAR 24

1. Dagny Erika Karolina	f 1905 15/3	Resele -26
2. Erik Johan Dagner	f 1906 10/9	
3. Najma Mariana Elisabet	f 1908 23/2	Ådalsliden -29
4. Berta Sigrid	f 1914 30/7	
5. Bertil Einar	f 1916 11/8	
6. Gully Anna Lovisa	f 1917 11/12	
7. Hilma Kristina	f 1920 15/3	
8. Lilly Margareta	f 1920 15/3	
9. Joel Herbert	f 1922 29/4	
10.Maja-Lisa	f 1923 10/10	
11.Ernst Otto	f 1925 10/12	
12.Bror Åke	f 1927 5/10	
13.Knut Allan	f 1929 18/5	

(5) B E "sinnesslö"

Kronotorpare Latiktorp

Ava 22

Jonsson Eric   Kommunalnämndsordf   AVA 10
f 1840 11/5   d 1923 14/2
G 1864 21/2 i Åsele med
Danielsdotter Maria Carolina   TOS 10
f 1837 22/1   d 1913 26/3

1. Jonas Eric	f 1865 3/9	d 1874 26/4	
2. Sara Carolina	f 1868 12/9		AVA 38
3. Daniel August	f 1867 8/8	d 1867 31/8	
4. Petrus	f 1871 28/6		AVA 13
5. Anna Lovisa	f 1873 13/11		AVA 5
6. Gertrud Erika	f 1876 22/4	Umeå	
7. Kristina	f 1877 5/11	d 1877 11/11	
8. Lisa Petronella	f 1878 27/10		SÖÅ 55
9. Erik Valfrid	f 1883 21/1	d 1883 27/2	

(1) J E d "skarlakansfeber"
(3) D A d "difteritis"
(6) G E g 1898 2/9 i Ås m Magnus Wilhelm Bergstedt f 1862 från Umeå

Ava 23

AVA 24

Jonsson Jonas August
f 1870 6/1   d
G 1897 3/7 i Åsele med
Westman Elin Sara Kristina   ÅSE 474
f 1872 19/8   d

1. Gustaf August	f 1898 14/4	d 1918 30/9	
2. Selma	f 1900 26/7	Alanäs	
3. Hanna	f 1902 16/12	Vasa, Göteborg -27	
4. Ingrid	f 1904 26/12		AVA 61
5. Nils Konrad	f 1906 18/8		
6. Ernst Jonas	f 1909 23/8	Hörlanda -30	
7. Tord Herman	f 1911 30/11		

(1) G A d "lungsot"
(2) S g 1923 21/11 i Ström m Jonas Helmer Sundberg f 1898 från Alanäs

----

Ava 24

AVA 10

Jonsson Jon
f 1841 24/10   d 1926 15/2
G 1869 28/3 i Åsele med
Olsdotter Gertrud Maglena   TEN 17
f 1840 8/3   d 1919 7/2 "ålderdom"

1. Jonas August	f 1870 6/1		AVA 23
2. Eric Olof	f 1872 22/5		
3. Gertrud Cajsa	f 1874 29/6	d 1897 10/5	
4. dödfödd gosse	f 1874 29/6		
5. Kristoffer Valfrid	f 1878 12/3		AVA 25
6. Nils Amandus	f 1881 13/8		BOÖ 21

(2) E O "mindre vetande"
(3) G C "vanför"

			Ava 25
Jonsson Kristoffer Valfrid			AVA 24
f 1878 12/3	d		
G 1900 26/10 i Åsele med			
Nilsdotter Anna Elisabeth			AVA 18
f 1879 17/6	d		

1. Arvid Leonard	f 1902 7/7		
2. Seth Wilhelm	f 1903 24/12		
3. Evelina Elisabet	f 1905 26/10		ALM 57
4. Signe Margareta	f 1907 24/8		
5. Elin Augusta	f 1909 1/8	Sollefteå -29	
6. Alma Josefina	f 1911 11/12		
7. Rut	f 1913 28/12		
8. Ajna	f 1916 21/6		
9. Frida	f 1918 1/7		
10.Karl Gustaf	f 1920 13/6		

			Ava 26
Jonsson Nils			AVA 29
f 1786	d 1842 27/9 "vattusot"		
G 1808 25/3 i Åsele med			
Ingelsdotter Karin			HÄL 52
f 1775	d 1864 13/3 "ålderdom"		

1. Segrid Stina	f 1808 22/12	Lajksjö, Do	
2. Adolf	f 1812 1/5		AVA 39
3. Ingel	f 1814 3/4		AVA 41
4. Lisa Cajsa	f 1816 1/5	Lavsjö, Do	
5. Gertrud Brita	f 1822 18/1		AVA 8

(1) S S g 1834 16/3 i Ås m Christopher Mattsson f 1809 från Lajksjö
(4) L C g 1837 12/2 i Ås m Eric Salmonsson f 1810 från Lavsjö

			Ava 27
Kristoffersson Per Johan			HOL 75
f 1863 4/1	d		
G 1888 17/11 i Åsele med			
Ingelsdotter Brita Lisa			AVA 41
f 1852 19/10	d		

Flyttar till Skolan (ÅSE 217) 1897

			Ava 28
Lindblad Karl Johan			ÅSE 240
f 1887 3/8	d		
G 1914 1/3 i Åsele med			
Andersdotter Lydia Johanna Ottolina			AVA 49
f 1886 3/10	d		

1. Linnea Johanna   f 1915 14/1

Flyttar 1915 till Skolan (ÅSE 241)

		Ava 29
Mattsson Adolph		HÄL 74
f 1754 12/1	d 1835 11/3 "ålder"	
G 1787 16/12 i Anundsjö med		
Håkansdotter Segri		
f 1754 11/10	d 1846 25/5 "ålder"	

fosterson (se LAJ 6):
1. Nils Jonsson   f 1786   AVA 26

Föräldrar till:
S Håkansdotter: Håkan Svensson f 1721, Kubbe, An
                          Karin Christophersdotter Rutblad f 1723

Flyttar 1798 till Lillögda (LIL 52) - kommer tillbaka 1802

		Ava 30
Mattsson Håkan		AVA 15
f 1767 2/6	d 1811 25/4 "magklen"	
G 1801 14/10 i Dorotea med		
Jönsdotter Catharina		MÅR 5
f 1780	d 1864 15/6	
Catharina omgift 1812 21/6 i Åsele med		
Salmonsson Per		
f 1782 20-27/7	d 1847 20/12 "kallbrand"	

1. Mathias	f 1802 3/11		AVA 16
2. Margaretha	f 1804 31/12	Dorotea -29	
3. Jöns	f 1809 16/10	Granåsen, Do	
4. Salmon	f 1812 5/9	Granliden, Wi	
5. Petrus	f 1815 31/5		
6. Segri Cajsa	f 1817 9/5	d 1825 5/4	

270

7. Johannes	f 1819 23/7	Saxnäs, Wi
8. Sakris	f 1822 30/7	Brännåker, Do
9. Erik Olof	f 1825 10/4	Grytsjö, Wi

Föräldrar till:

P Salmonsson: Salmon Persson f 1762, Sörflärke, An
Karin Johansdotter f 1751

(3) J g 1830 30/5 i Ås m Märtha Brita Adamsdotter (BOM 1)
(4) S g 1838 25/3 i Wi m Maria Cajsa Mellströn f 1812
(6) S C d "inflammationsfeber"
(7) J g 1850 17/3 i Wi m Sara Johanna Samuelsdotter f 1830 från Strömnäs, Wi
(8) S g 1847 7/2 i Do m Catharina Johanna Eriksdotter f 1825 från Harrsjöhöjden, Do

Flyttar 1825 till Granliden, Wi

			Ava 31
Mattsson Mats Anders			AVA 51
f 1842 17/6	d 1918 14/4 "ålderdom"		
G 1868 14/6 i Åsele med			
Olofsdotter Sara Gretha			TEN 17
f 1842 8/6	d 1917 16/8 "förkalkning o blodpropp"		
1. Mathias Anund	f 1868 8/8		AVA 32
2. Olof Adolph	f 1871 2/5		INS 26
3. Erik Oskar	f 1874 11/5		ÅSE 276
4. Nils Reinhold	f 1876 23/9		AVA 33
5. Eugenia Margareta	f 1880 10/2	Råsele, Wi	
6. Johan Arvid	f 1883 16/5		
7. Rickard Paulinus	f 1886 10/5		ÅSE 281

(5) E M g 1920 17/7 i Wi m Hans Petter Salomonsson f 1884 från Mellanås, Wi

Latikberg

Flyttar 1869 till Mårdsjö, Do - kommer tillbaka 1872

			Ava 32
Mattsson Mattias Anund			AVA 31
f 1868 8/8	d		
G 1897 23/1 i Åsele med			
Larsdotter Anna Olivia			
f 1871 27/6	d		
1. Beda Margareta	f 1897 3/9	Vilhelmina -21	

2. Hildur Augusta	f 1900 2/11	Vilhelmina	
3. Gustaf Einar	f 1908 6/1		
4. Artur Rudolf	f 1910 13/4		
5. Östen Fabian	f 1912 17/7		
6. Harald Vedian	f 1916 17/5		

Föräldrar till:
A O Larsdotter: Benedikta Andersdotter f 1848, Alanäs

(2) H A g 1923 6/10 i Sofiahemmet, Stockholm m Ivar Bertold Hellgren f 1892
     från Vilhelmina

Latikberg

Ava 33
AVA 31

Mattsson Nils Reinhold
f 1876 23/9   d
G 1908 26/1 i Åsele med
Mårtensdotter Märta
f 1886 29/3   d

1. dödfött flickebarn   f 1908 27/6
2. Astrid Maria   f 1909 16/11

Föräldrar till:
M Mårtensdotter: Mårten Mårtensson f 1855, Mellansel, An
                                   Sigrid Jonsdotter f 1852

Latikberg

Flyttar till Almsele (ALM 45) 1911

Ava 34
AVA 15

Mattsson Pehr
f 1772 3/5   d 1842 21/9 "ålder"
G 1802 11/4 i Dorotea med
Ersdotter Karin   SVA 10
f 1783   d 1838 9/7 "vattsot"

1. Margareta	f 1804 26/7		AVA 42
2. dödfött gossebarn	f 1805 22/11		
3. Sigrid Stina	f 1806 15/12		STO 22
4. Brita Cajsa	f 1809 1/10	Hemling, Bj	
5. Maja Lisa	f 1811 22/11	Stennäs, Fr	
6. Mathias	f 1814 17/3		AVA 51

272

7. Eva	f 1816 30/5	ÖVR 75
8. Anna Erika	f 1819 1/5	STO 2
9. Erik	f 1822 11/6	AVA 50

(4) B C g 1846 1/1 i Ås m änkl Jonas Larsson f 1809 från Hemling
(5) M L barn: Brita Cajsa   f 1833 23/11   d 1834 26/12
    M L g 1840 25/12 i Fr m änkl Nils Jonsson (se BOR 7)

Ava 35

Mikaelsson Erik Alexander
f 1880 14/5   d
G 1906 21/1 i Åsele med
Abrahamsdotter Anna Lovisa   AVA 44
f 1883 5/7   d

1. Ines Aldimir   f 1906 7/11
2. Hilda Kristina   f 1909 29/10
3. Erik Erling   f 1919 10/10

Föräldrar till:
E A Mikaelsson: Mikael Mikaelsson f 1836, Mårdsjö, Do
                               Marta Stina Grundström f 1841

Ava 36

Mikaelsson Erik Petter
f 1873 15/8   d
G 1898 20/3 i Åsele med
Nilsdotter Anna Karolina   SÖS 5
f 1876 11/1   d

3. Nils Olof Edmund   f 1901 16/11
4. Lina Kristina   f 1903 20/12
5. Erik Edvard Alrik   f 1908 20/6
6. Anna Linnea   f 1912 22/11
7. Frid Emil Mikael   f 1916 22/1
8. Lisbet Maria   f 1917 30/5
9. Axel Jonny Petter   f 1919 6/10

Föräldrar till:
E P Mikaelsson: Mikael Olofsson f 1831, Mårdsjö, Do
                               Anna Stina Jönsdotter f 1840

Kronotorpare Björnbacken

Kommer 1908 från Sörstrand (SÖS 9)

Mikaelsson Nils Johan
f 1877 12/4   d
G 1905 13/8 i Åsele med
Danielsdotter Klara Lovisa   ALM 46
f 1880 20/3   d 1909 4/5 "lungsot"
Nils Johan omgift 1915 4/4 i Åsele med
Wikström Erika Elisabet
f 1885 23/6   d

1. Gerda Elise	f 1905 7/10	
2. Agnes Carolina	f 1907 16/6	Bergvattnet, Do
3. Karl Helge	f 1916 12/4	
4. Elsa Erika	f 1922 30/10	

Föräldrar till:
N J Mikaelsson: Mikael Mikaelsson f 1836, Mårdsjö, Do
                           Marta Stina Grundström f 1841
E E Wikström: Jonas Wikström f 1844, Fredrikshall, Wi
                           Kajsa Lisa Persdotter f 1847

(2) A C adopterad av Anders Nilsson f 1863 och Anna Kristina Mikaelsson f 1870,
boende i Bergvattnet
(4) E E kronotorpare Hällmyren, Råsele

Flyttar till Råsele, Wi 1917

Mikaelsson Zacharias Petter
f 1865 13/9   d 1929 2/10
G 1895 17/2 i Åsele med
Eriksdotter Sara Carolina   AVA 22
f 1868 12/9   d

1. dödfött gossebarn	f 1895 14/12		
2. Erik Artur	f 1896 29/11	d 1901 6/10	
3. Bror Rudolf	f 1898 10/9		
4. Signe Karolina	f 1900 14/8	d 1903 23/4	
5. Evert	f 1902 25/9		AVA 60
6. Martin Alvar	f 1904 11/11	Dorotea -19	
7. Maria	f 1906 22/3		
8. Anna Christina	f 1909 11/7		

Föräldrar till:

Z P Mikaelsson: Mikael Mikaelsson f 1836, Mårdsjö, Do
                                          Marta Stina Grundström f 1841

                                                                          Ava 39
Nilsson Adolph   AVA 26
f 1812 1/5   d 1890 28/1 "giktvärk"
G 1841 25/12 i Åsele med
Olsdotter Segrid Märta
f 1812 29/3   d 1893 12/12 "åldersaftyning"   TEN 20

                                                                          Ava 40
Nilsson Ingel Johan Nikanor   AVA 18
f 1888 10/1   d
G 1920 3/10 i Åsele med
Gavelin Elin Lovisa Akvilina
f 1890 25/11   d   VAR 20

1. ett döfödt flickebarn   f 1921 20/8
2. Nils Sigvard   f 1923 19/2
3. Iris Gunborg   f 1924 22/3   d 1924 26/5
4. Iris Linnea   f 1925 14/6
5. Mary Ingegärd   f 1927 14/2
fosterbarn (se ÅSE 91):
6. Kjell Eriksson   f 1919 25/4   LIL 83

                                                                          Ava 41
Nilsson Ingel   AVA 26
f 1814 3/4   d 1897 9/1
G 1842 10/4 i Åsele med
Andersdotter Stina Cajsa
f 1817 14/7   d 1877 7/7   TOÖ 35

1. Nils Johan   f 1843 25/5   AVA 18
2. Cajsa Christina   f 1845 25/6   AVA 44
3. Anders Michael   f 1847 23/9   Lavsjö, Do
4. Gertrud Maglena   f 1850 14/4   ALM 46
5. Brita Elisabeth   f 1852 19/10   AVA 27
6. Segrid Carolina   f 1854 15/11   TOÖ 21
7. Ingel Adolph   f 1856 20/11   AVA 17
8. Eric Otto   f 1859 26/4   ÅSE 169
9. Anna Lovisa   f 1860 22/9
10.Clara Agatha   f 1863 4/3

(3) A M g 1874 19/4 i Do m Anna Carolina Andersdotter f 1846 från Lavsjö
(5) B E barn: dödfött gossebarn   f 1873 4/6

Salomon Petter	f 1873 4/6	d 1874 26/4 "skarlakansfeber"
(9) A L barn: Albert Teofilus	f 1897 13/10	

Ava 42

Nilsson Lars
f 1798 17/9   d
G 1826 16/4 i Åsele med
Persdotter Margareta   AVA 34
f 1804 26/7   d

1. Nils Petter   f 1826 17/10

Föräldrar till:
L Nilsson: Nils Ersson Örn f 1770, Snöborg, Järna
                             Karin Larsdotter f 1760

Flyttar 1827 till Granåsen, Do

Ava 43
AVA 18

Nilsson Per Erik Kristoffer
f 1894 13/9   d
G 1916 13/2 i Åsele med
Hellman Walborg Teresia Elvira   ÅSE 153
f 1885 5/12   d

Flyttar till Strömåker, Wi 1916

Ava 44
TEN 17

Olsson Abraham
f 1837 13/12   d 1910 24/4 "lunginflammation"
G 1871 9/4 i Åsele med
Ingelsdotter Cajsa Stina   AVA 41
f 1845 25/6   d

1. Olof August   f 1874 24/7   AVA 1
2. Stina Karolina   f 1876 15/12   AVA 13
3. Gertrud Kajsa   f 1879 9/1   d 1902 19/12
4. Anna Lovisa   f 1883 5/7   AVA 35
5. Alma Elisabeth   f 1890 16/1   LOM 5

(3) G K barn: Jonas Anton   f 1901 28/3   d 1923 1/1
    G K d "fosforförgiftning"

Ava 45
AVA 12

Olofsson Lars

```
f 1760 17/3                    d
G 1781 med
Persdotter Christina                                        SVA 4
f 1747 18/1                    d


1. Brita                       f 1782
2. Olof                        f 1783

Flyttar till Hacksjö 1784 (HAC 4)
```

<u>Ava 46</u>

```
Olofsson Sven
f 1727 16/6                    d
G 1754 17/4 i Sidensjö med
Larsdotter Sara
d 1725 11/7                    d


1. Olof                        f 1759                       AVA 54
2. Lars                        f 1768 28/7
```

Föräldrar till:

S Olofsson:	Olof Persson f 1681, Tvärlandsböle, An
	Sigrid Svensdotter f 1691
S Larsdotter:	Lars Pedersson, Stig, Si
	Sara Andersdotter

Flyttar 1784 till Forsnäs (FOR 48)

<u>Ava 47</u>
TEN 17

```
Olsson Sven
f 1847 25/4                    d 1925 13/2
G 1872 4/2 i Dorotea med
Andersdotter Stina Erica
f 1844 12/9                    d 1926 31/12
```

1. Ida Carolina	f 1870 27/5	Dorotea -96
2. Olof Anselm	f 1873 13/4	d 1873 26/4
3. dödfödd son	f 1874 12/12	
4. son död före dopet	f 1874 12/12	
5. Olof Valfrid	f 1876 15/6	
6. Anders Wilhelm	f 1879 15/1	
7. Gertrud Kristina Emelinda	f 1881 8/6	
8. dödfött barn	f 1883 16/7	
9. Hilma Augusta Albertina	f 1884 9/11	AVA 9

Föräldrar till:
S E Andersdotter: Anders Andersson f 1812, Lavsjö, Do
                              Stina Maglena Jonsdotter f 1815

(1) I C barn:Ada Cecilia Palmqvist f 1903 1/12   Dorotea -27
(9) H A A barn: Erik Valfrid   f 1908 12/11   AVA 9
                Barbro Linnea Kristina f 1916 23/12

Älgåker

                                                                  Ava 48

Pehrsson Anders
f 1760   d
G 1787 med
Persdotter Karin
f 1755   d

1. Ingeborg   f 1787
2. Pehr   f 1791
3. Karin   f 1794   d 1796

Föräldrar till:
A Pehrsson:

K Persdotter:

Kommer 1789 från Anundsjö - till Lillögda 1797 (LIL 74)

                                                                  Ava 49
Pehrsson Anders Stefanus   AVA 19
f 1865 26/12   d
G 1891 18/7 i Åsele med
Svensdotter Märta Johanna   VAR 45
f 1865 17/11   d

1. Lydia Johanna Ottolina   f 1886 3/10   AVA 28
2. Per Gunnar Viktor   f 1895 10/4
3. Betty Kristina Elisabet   f 1901 9/3   AVA 57

                                                                  Ava 50
Pehrsson Eric   AVA 34
f 1822 11/6   d 1910 16/3
G 1857 5/4 i Åsele med
Olsdotter Stina Carolina   TEN 17

f 1833 18/2   d 1917 16/10

1. Segrid Carolina   f 1858 23/8   Umeå
2. Gertrud Erika   f 1862 18/9   AVA 3
3. Eric Adolph   f 1867 21/9   ÅSE 194
4. Anna Lovisa   f 1871 31/7   ÅSE 268

(1) S C g 1880 30/12 i Ås m Alfred Segerhamn f 1834 från Umeå

(3) E A far se HÄG 8

Änka 1888 24/6 - kommer tillbaka till Avasjö 1908

                                                                       Ava 51
Pehrsson Mathias   AVA 34
f 1814 17/3   d 1891 8/6
G 1835 15/3 i Dorotea med
Nilsdotter Anna Greta
f 1804 26/8   d 1878 9/11

1. Nils Petter   f 1836 14/3   d 1836 14/3
2. Lisa Cajsa   f 1837 1/3   Mårdsjö, Do
3. Nils Petter   f 1839 19/10   Mårdsjö, Do
4. Mathias Anders   f 1842 17/6   AVA 31
5. Anna Märta   f 1844 12/9   Mårdsjö, Do
6. Eric   f 1847 8/4   Andersnäset, Tå
7. Jonas Olof   f 1850 24/9   Mårdsjö, Do

Föräldrar till:
A G Nilsdotter: Nils Andersson f 1761, Röström, Tå
                                Lisa Larsdotter f 1762

(2) L C g 1855 11/3 i Do m Erik Hansson f 1837 från Avaträsk, Do
(3) N P g 1873 6/4 i Ås m Inga Lisa Mårtensdotter (VAR 27)
(5) A M g 1863 24/6 i Do m Jöns Svensson f 1840 från Mårdsjö
(6) E g 1892 10/2 i Do m Klara Albertina Isaksdotter f 1855 från Bergvattnet, Do
(7) J O g 1872 3/12 i Do m Anna Stina Andersdotter f 1851 från Lavsjö, Do

Flyttar till Mårdsjö, Do 1851

                                                                       Ava 52
Pehrsson Pehr Ivar   AVA 19
f 1860 21/10   d 1919 15/12 "inklämdt bråck"
G 1890 22/6 i Åsele med
Salmonsdotter Anna Josefina   LOM 10

279

f 1872 29/10   d

1. Elin Anna Christina	f 1890 29/10		ÅSE 468
2. Per Mauritz	f 1895 22/9	Sollefteå -24	
3. Ivar Konrad Stefanus	f 1897 26/12		
4. Nanny Petronella	f 1902 9/3	Edefors -24	
5. Oskar Emil	f 1907 12/9		
6. Erik Valdemar	f 1916 20/2		

fosterdotter (se LOM 123):
7. Rut Lovisa Salomonsson   f 1915 2/2

<u>Ava 53</u>

Sundqvist Jakob Petter
f 1866 1/3   d
G 1905 11/12 i Åsele med
Jonsdotter Sara Brita
f 1873 22/5   d
Jakob Petter tidigare gift

1. Rut Edla Viktoria   f 1905 18/12

Föräldrar till:
J P Sundqvist: Jakob Sundqvist f 1829, Långvattnet, Ju
                         Karolina Nilsdotter f 1829
S B Jonsdotter: Jon Jonsson f 1815, Myre, Si
                         Brita Johansdotter f 1840

Flyttar till Åsele 1906 (ÅSE 439)

<u>Ava 54</u>
AVA 46

Svensson Olof
f 1759   d
G 1779 25/3 i Anundsjö med
Olofsdotter Ingeborg
f 1757 25/1   d

1. Sven   f 1780
2. Olof   f 1783

Föräldrar till:
I Olofsdotter: Olof Nilsson f 1724, Risbäck, An
                         Kerstin Christophersdotter f 1735

Till Forsnäs 1784 (FOR 63)

Thomasson Olof   (Bilkies)
f 1753   d
G 1778 med
Persdotter Apollonia   SVA 4
f 1751 2/6   d

1. Karin   f 1778
2. Stina   f 1779

Föräldrar till:
O Thomasson: Thomas Andersson, lappsprintare
                                  Karin Håkansdotter

Familjen flyttar till Svannäs 1782 (SVN 2)

Zakrisson Johan
f 1756 25/5   d
G 1789 31/1 i Burträsk med
Johansdotter Brita
f 1752 10/9   d

1. Zakris   f 1788 12/12
2. Elsa Greta   f 1792 14/3
3. Johan   f 1794
4. Markus   f 1797

Föräldrar till:
J Zakrisson: Sakris Persson f 1717, Lappvattnet, Bu
                                  Elsa Hindriksdotter f 1726
B Johansdotter: Johan Jonsson Lättvist, Vallen, Lövånger
se AVA 15   Marget Jonsdotter f 1731

Kommer 1793 från Svarttjärn, Bu - till Luspen 1797 (LUS 5)

Östman Erik Antonius Engelbert
f 1887 27/1   d
G 1919 6/7 i Åsele med
Andersson Betty Kristina Elisabet   AVA 49
f 1901 9/3   d

1. Arne Ivan   f 1919 19/10
2. Ejne Henry   f 1921 24/12

3. Erik Valter	f 1924 26/1
4. Mary Johanna	f 1924 26/1
5. Brita Johanna	f 1926 3/4 d 1924 9/5
6. Elsa Kristina	f 1926 3/4
7. Iris Alice	f 1929 7/1

Föräldrar till:
E A E Östman: Israel Anton Östman f 1862, Ö Ormsjö, Do
                                 Brita Karolina Svanlund f 1861

Ava 58
AVA 14

Gavelin Ivar Petrus
f 1900 28/6   d
G 1923 16/12 i Åsele med
Kallin Agda Kristina   YTT 17
f 1902 2/11   d

Flyttar till Ytterrissjö (YTT 34) 1924

Ava 59
SÖN 29

Mattsson Jonas Amandus
f 1882 20/6   d
G 1920 3/4 i Åsele med
Söderberg Märta Irene
f 1890 22/5   d

5. Märta Karolina	f 1925 23/9
6. Gerd Maria	f 1928 16/4

fosterbarn (se ÅSE 420 resp TOÖ 82):
7. Tage Alvar	f 1921 4/7
8. Karin Elisabet	f 1923 22/8

Föräldrar till:
M I Söderberg: Adam Söderberg f 1843, Öfra, Ju
                                 Kajsa Maria Svensdr f 1856

Kommer från Sörnoret (SÖN 18) 1925

Ava 60
AVA 38

Mikaelsson Evert
f 1902 25/9   d
G 1930 25/1
Bergqvist Rut Eugenia   AVA 7
f 1899 16/10   d

1. Sture Birger   f 1930 27/5

                                                                    Ava 61
Eriksson Karl Hilbert   AVA 13
f 1901 23/12   d
G 1928 8/7
Jonsson Ingrid   AVA 23
f 1904 26/12   d

                                                                    Ava 62
Jakobsson Manfred Alexius   LOM 13
f 1895 25/2   d
G 1919 30/11 i Åsele med
Eriksdotter Hildur Josefina   AVA 20
f 1899 6/4   d

1. Ejnar   f 1920 22/3

Kommer 1920 från Lomsjö (LOM 53) - till Vilhelmina 1921

                                                                    Ava 63
Eriksson Karl August   AVA 3
f 1894 21/3   d
G 1922 13/8 i Åsele med
Öqvist Josefina Alexandra
f 1894 28/8   d

1. Harry   f 1922 18/7

Föräldrar till:
J A Öqvist: Hans Olof Carlsson Öqvist f 1854, Järvsjö, Wi
                                   Brita Magdalena Jonsdr f 1854

Flyttar till Umeå landsförsamling 1924

                                                                    Avt 1
Andersson Pehr   AVT 2
f 1761 3/12   d 1818 11/2 "colique eller förstoppning"
G 1788 7/12 i Tåsjö med
Olofsdotter Sara Kristina
f 1768 29/12   d 1845 19/11 "ålderdom"

1. Anders   f 1790   Avaträsk, Do
2. Olof   f 1792   Avaträsk, Do

283

3. Pehr	f 1793	Långsele, Do
4. Matts	f 1796 9/3	Norrby, Do
5. Johan	f 1797 28/9	Sörfors, Do
6. Ingel	f 1799 12/9	Avaträsk, Do

Föräldrar till:
S K Olofsdotter: Olof Johansson f 1726, Röström, Fj
                          Marget Mattsdotter f 1734

(1) A g 1817 12/10 i Do m Brita Stina Jönsdotter f 1794 från Rotnäset, Tå
(2) O g 1817 13/4 i Do m Lisa Cajsa Grelsdotter (BEL 3)
(3) P g 1820 16/4 i Do m Anna Stina Blom f 1797 från Stugun
(4) M g 1821 4/3 i Do m Sara Andersdotter (LAV 1)
(5) J g 1821 7/10 i Do m Emerentia Greta Mårtensdotter (ORM 4)
(6) I g 1819 5/9 i Do m Anna Lisa Hindricsdotter f 1797 från Västertåsjö, Tå

Avt 2
BEL 8

Eliasson Anders
f 1747 27/1   d 1835 10/5 "ålderdom"
G 1771 med
Pehrsdotter Marget
f 1742   d 1808 1/4 "styng och håll"

fosterbarn (se nedan):
1. Per Andersson   f 1761 3/12   AVT 1
2. Ivar Johansson   f 1771 15/10   Avaträsk, Do

Föräldrar till:
M Pehrsdotter: Per Andersson f 1703 21/2, Tåsjö, Fj
se GAF 180   Marget Ingelsdotter f 1706
P Andersson: Anders Pehrsson f 1732, Tåsjö (Margets bror)
                         Gertrud Larsdotter f 1734
I Johansson: Johan Johansson f 1735, Orrnäs, Fj
                         Emerentia Nilsdotter f 1735

(2) I g 1798 9/12 i Do m Brita Jonsdotter (BEL 5)

Kommer från Bellvik (BEL 1)

Avt 3
BEL 8

Eliasson Elias
f 1749 5/6   d 1813 7/2 "svullnad och andtäppa"
G 1770 med
Nilsdotter Anna   BEL 7
f 1747 21/6   d 1821 27/5 "ålderdomsbräcklighet"

284

2. Catharina	f 1775	Veksjö, Do	
3. Anna	f 1777	Veksjö, Do	
4. Brita	f 1782		LÄG 8
5. Sara	f 1786	d 1808 16/2	

(2) C g 1806 26/10 i Do m Filip Bergelsson f 1782 från Tåsjö
(3) A g 1798 11/12 i Do m Nils Isaksson f 1772 från Sidensjö
(5) S d "hosta och svullnad"

Nybyggare i Weksjö - kommer 1791 från Bellvik (BEL 2)

Avt 4
Eliasson Ifvar   BEL 8
f 1744 30/6   d 1815 20/10 "gikt"
G 1767 med
Nilsdotter Anna   AVT 5
f 1751 10/2   d 1816 22/4 "bröstvärk"

fosterson (se nedan):
1. Johan Isaksson   f 1767 /12   AVT 6

Föräldrar till:
J Isaksson: Isac Hindersson f 1719, Tåsjö, Fj
                               Brita Ersdotter f 1724

Avt 5
Fjällmark Nils Nilsson
f 1703 12/2   d
G med
Matsdotter Maria   BEL 6
f   d

1. Nils   f 1746 22/5   AVT 8
2. Anna   f 1751 10/2   AVT 4

Föräldrar till:
N Fjällmark: Nils Nilsson f 1671, Norrnäs, Fj
                               Margareta Olofsdotter f 1676

Avt 6
Isaksson Johan   AVT 4
f 1767 /12   d 1825 28/12 "gulsots sjukdom"
G 1786 25/6 i Tåsjö med
Pehrsdotter Marget   BEL 5

f 1767 21/1   d 1855 14/11 "ålderdom"

1. Brita   f 1790   Lajksjö, Do
2. Anna Margareta   f 1791   d 1809 5/5
3. Isak   f 1794   d 1813 12/8
4. Pehr   f 1797 14/6   Avaträsk, Do

(1) B g 1808 13/3 i Do m Pehr Jonsson (LAJ 6)
(2) A M d "mässling"
(3) I d "gikt"
(4) P g 1822 8/4 i Ås m Stina Greta Ersdotter (GAF 31)

Avt 7
AVT 8

Nilsson Eric
f 1766   d 1829 27/3 "lungsot"
G 1787 med
Olofsdotter Anna
f 1765 1/12   d 1803 18/6 "vattusot"
Eric omgift 1804 30/9 i Do m Märta Svensdotter (SÖÅ 39)

Föräldrar till:
A Olofsdotter: Olof Johansson f 1726, Röström, Fj
                           Margareta Nilsdotter f 1734

Avt 8
AVT 5

Nilsson Nils
f 1746 22/5   d 1825 5/6 "bråddöd"
G 1764 med
Ericsdotter Brita   LOM 29
d 1727 12/5   d 1807 31/10 "slag och ålderdomsbräcklighet"

1. Eric   f 1766   AVT 7
2. barn   f   d 1768 KR

Avt 9

Persson Bertil
f 1742 26/11   d 1827 26/1 "ålderdomsbräcklighet"
G 1774 med
Jonsdotter Brita   LAV 8
f 1754   d 1837 21/7 "ålderdom"

1. Sara   f 1775   Avaträsk, Do
2. Bärtil   f 1776   d som barn
3. Pär   f 1777   Avaträsk, Do
4. Jon   f 1780   Avaträsk, Do

5. Eric	f 1782	d 1814 30/1
6. Bertil	f 1786	d 1796 8/5
7. Nils	f 1790	Avaträsk, Do
8. Mathias	f 1792	Bredsele, Do
9. Anders	f 1794	Vallsjö, Do

Föräldrar till:

B Persson: Pehr Bertilsson f 1712, Orrnäs, Fj
                         Sara Nilsdotter

(1) S g 1804 25/3 i Do m Sven Svensson Söderberg (ÅSE 456)
(3) P g 1809 8/10 i Do m Katharina Hindricsdotter f 1787 från Västertåsjö, Tå
(4) J g 1806 12/10 i Do m Gunnil Ivarsdotter (ORM 11)
(5) E d "mattande sjukdom och lindrig värk i lemmarna"
(6) B d "koppor"
(7) N g 1812 30/3 i Do m änkan Märeta Ersdotter (SVA 10)
(8) M g 1830 m Gertrud Stina Jonsdr f 1805 från Nybäcken, Tå
(9) A g 1819 25/3 i Do m Brita Stina Nilsdotter f 1789 från Röström, Tå

Bel 1
Eliasson Anders   BEL 8
f 1747 27/1   d
G 1771 med
Pehrsdotter Marget
f 1742   d

Föräldrar till:
M Pehrsdotter: Per Andersson f 1703, Tåsjö, Fj
se GAF 180   Marget Ingelsdotter f 1706

Flyttar till Avaträsk 1774 (AVT 2)

Bel 2
Eliasson Elias   BEL 8
f 1749 5/6   d
G 1770 med
Nilsdotter Anna   BEL 7
f 1747 21/6   d

1. Elias	f 1772	d som barn
2. Catharina	f 1775	
3. Anna	f 1777	
4. Brita	f 1782	
5. Sara	f 1786	

Flyttar 1791 till Weksjö (AVT 3)

Bel 3

Henriksson Grels
f 1759 18/1   d 1836 30/10
G 1790 30/5 i Fjällsjö med
Helgesdotter Malin   BEL 4
f 1764 13/8   d 1852 9/6 "ålderdom"

1. Hindrik   f 1791 26/3   Bellvik, Do
2. Johannes   f 1793   Bellvik, Do
3. Lisa Cajsa   f 1796 3/8   Avaträsk, Do

Föräldrar till:
G Henriksson: Hindrik Andersson f 1729, Eden, Ju
                               Seborg Jonsdotter f 1724

(1) H g 1817 25/3 i Do m Gertrud Jonsdotter (MÅR 3)
(2) J g 1816 25/3 i Do m Stina Ersdotter (SVA 10)
(3) L C g 1817 13/4 i Do m Olof Pehrsson (AVT 1)

Kommer 1791 från Bölen, Fj

Bel 4

Johansson Helge
f 1739 15/4   d 1804 3/3 "stenpassion"
G 1774 2/1 i Fjällsjö med
Andersdotter Karin
f 1745   d 1813 9/10 "värk och svullnad"
Helge tidigare gift 1763 26/12 i Fjällsjö med
Larsdotter Lisa
f 1732   d 1772

1. Malin   f 1764 13/8   BEL 3
2. Johannes   f 1766 2/6
5. Cajsa   d 1772 15/3
6. Christina   f 1774 12/9   Bellvik, Do
7. Anders   f 1776 12/9   Bellvik, Do

Föräldrar till:
H Johansson: Johan Helgesson f 1714, Böle, Fj
                               Malin Jonsdotter f 1712
K Andersdotter: Anders Andersson f 1719, Orrnäs, Fj
                               Karin Ersdotter f 1725
L Larsdotter: Lars Andersson f 1688, Rudsjö, Fj

288

(6) C g 1799 6/10 i Do m Johan Jonsson (BEL 5)
(7) A g 1801 11/10 i Tå m Anna Pehrsdotter f 1783 från Brattbäcken, Tå

Kommer 1791 från Böle, Bo

			Bel 5
Johansson Jon			
f 1745 16/2	d 1824 23/9 "styng"		
G 1772 1/11 i Fjällsjö med			
Eliedotter Brita			BEL 8
f 1736 22/4	d 1798 14/4 "bröstinflammtion"		
Brita tidigare gift 1765 26/12 i Fjällsjö med			
Persson Per			
f 1734 /3	d 1771 20/10 "magvärk"		

1. Marget	f 1767 21/1		AVT 6
2. Elias	f 1768 6/8	Långsele, Do	
3. Katharina	f 1772 1/3		ÅSE 66
4. Johan	f 1775	Bellvik, Do	
5. Brita	f 1775	Avaträsk, Do	
6. Magdalena	f 1778 7/7	Rotnäset, Tå	

Föräldrar till:
J Johansson: Johan Helgesson f 1714, Böle, Fj
                              Malin Jonsdotter f 1712
P Persson: Per Andersson f 1703, Tåsjö, Fj
se GAF 180   Marget Ingelsdotter f 1706

(2) E g 1798 2/12 i Do m Karin Persdotter (SVA 15)
(4) J g 1799 6/10 i Do m Christina Helgesdotter (BEL 4)
(5) B g 1798 7/12 i Do m Ivar Johansson (AVT 2)
(6) M g 1803 24/2 i Tå m änkl Per Jönsson Wikström (ARK 3)

Kommer 1788 från Tåsjö by, Tå

		Bel 6
Johansson Mats		
f 1687	b 1769 7/5 "håll och styng" (enl dödbok 72 år vid sin död)	
G med		
Isaksdotter Anna		
f 1695	d	
Matts omgift 1761 5/4 i Fjällsjö med		
Johansdotter Anna		

f 1710 2/7	b 1769 7/5 "håll och styng"	
1. Carin	f 1729	BEL 7
2. Maria	f	
	AVT 5	

Föräldrar till:
M Johansson: född i Landsträsk, Paldamo, Österbotten
A Isaksdotter: Isak Hindersson, Röström, Fj
                                 Margareta Larsdotter
A Johansdotter: Johan Johansson, Tåsjö, Fj
                                 Anna Göransdotter

Bel 7

Jonsson Nils			
f	d 1759?		
G 1747 med			
Mattsdotter Carin			BEL 6
f 1729	d 1796		
1. Anna	f 1747 21/6		BEL 2
2. Marget	f 1749 28/9	d 1751 /7 KR	
3. Ella	f 1750 29/9		BEL 9
4. Karin	f 1751 8/12		ALM 49
5. son	f	d 1753 /5 KR	
6. Jonas	f 1754		BEL 10
7. Nils	f 1756		BEL 11
8. Maria	f 1758		NÄS 1

Föräldrar till:
N Jonsson:

(8) M barn: Gertrud	f 1779
	NÄS 1

Bel 8

Matsson Elias (Örn)			
f 1710 22/6	d 1772		
G med			
Ivarsdotter Karin			
f 1705	d 1795		
1. Brita	f 1736 22/4		BEL 5
2. Sara	d 1738 19/3	Rotnäset, Tå	

290

3. Lovisa	f 1740 20/9	
4. Mats	f 1744 30/6	b 1769 30/7
5. Ivar	f 1744 30/6	AVT 4
6. Anders	f 1747 27/1	BEL 1
7. Elias	f 1749 5/6	BEL 2

Föräldrar till:

E Matsson:	Mats Jonsson, Hoting, Fj
	Brita Olofsdotter f 1678
K Ivarsdotter:	Ivar Andersson, Sunnansjö, Fj
	Brita Johansdotter

(2) S g 1768 28/12 i Fj m Nils Pehrsson f 1739

Kommer från Röström, Tå

Bel 9

Matsson Mats   HÄL 74
f 1751 12/6   d
G 1776 med
Nilsdotter Ella   BEL 7
f 1750 29/9   d

Flyttar 1778 till Laxbäcken (LAX 2)

Bel 10

Nilsson Jon   BEL 7
f 1754   d
G 1779 17/10 i Fjällsjö med
Margetsdotter Kerstin
f 1753 andersmäss   d

1. Nils	f
2. Marget	f
3. Erik	f
4. Catharina	f

Föräldrar till:

K Margetsdotter:	Margeta i Rudsjö, Fj

Flyttar 1787 till Norge – senare i Bredgård, Ström

Bel 11

Nilsson Nils   BEL 7

f 1756   d 1827 2/12 "slag"
G 1780 3/9 i Tåsjö med
Olofsdotter Magdalena
f 1758 19/1   d

1. Nils   f 1781
2. Anna   f 1784

Föräldrar till:
M Olofsdotter: Olof Nilsson f 1726, Hoting, Fj
                                           Anna Persdotter f 1730

Flyttar 1795 till Svannäs (SVN 1)

                                                                                          Bel 12

Näsström Jon Jonsson
f 1751   d
G 1784 med
Pehrsdotter Kerstin   SVA 16
f 1762   d

Föräldrar till:
J Näsström:

Flyttar till Siksjönäs (SIÄ 2) 1784

                                                                                          Ber 1
Danielsson Eric   GAF 120
f 1751 17/7   d
G 1776 med
Michaelsdotter Lisa   SVA 9
f 1753   d

1. Brita   f 1776
2. Daniel   f 1779
3. Michael   f 1780
4. Eric   f 1784
5. Jon   f 1786
6. Abraham   f 1789
7. Catharina   f 1792

Kommer 1785 från Svanaby (SVA 3) - 1793 till Mårdsjö (MÅR 1)

                                                                                          Ber 2

Ingelsson Pär   LAJ 9
f 1755   d
G 1779 med
Mikaelsdotter Kerstin   SVA 9
f 1761   d

1. Ingel   f 1780
2. Michael   f 1782
3. Pehr   f 1784

Flyttar 1785 till Svanabyn (SVA 5)

                                                                      Ber 3
Nilsson Johan   NÄS 2
f 1762   d 1830 23/12 "ålderdomsbräcklighet"
G 1791 med
Jonsdotter Karin
f 1747   d 1843 28/4 "ålderdom"
Karin tidigare gift se MÅR 6

1. Göran   f 1782   Bergvattnet, Do
2. Gertrud   f 1784   Bergvattnet, Do
3. Jonas   f 1787   Häggås, Do
4. Eric   f 1792   Harrsjöhöjden, Do

Föräldrar till:
K Jonsdotter: Jon Jonsson f 1715, Sunsta, Bjärtrå
                          Karin Jonsdotter f 1715
Jon dör här 1798 16/5

(1) G g 1804 23/9 i Do m Margareta Jonsdotter (VAR 5)
(2) G g 1803 11/4 i Do m Christopher Pehrsson (SVA 16)
    G g 1806 20/4 i Do m Nils Jonsson (VAR 5)
(3) J g 1814 27/11 i Ås m Sara Pehrsdotter (TOS 11)
(4) E g 1824 21/3 i Do m Kerstin Jonsdotter (ARK 2)

Kommer 1792 från Mårdsjö (MÅR 6)

                                                                      Bjö 1
Adamsson Adam August   VAR 43
f 1866 18/5   d
G 1905 17/12 i Åsele med
Johansdotter Sara Helena
f 1884 22/7   d

1. Erik Manfred	f 1907 8/10
2. Jonas Alvar	f 1909 18/12
3. August Einar	f 1916 25/5
4. Tage Sigfrid	f 1918 18/4
5. Elly Viola	f 1921 30/12

Föräldrar till:
S H Johansdotter: Sigrid Märta Nilsdr f 1860, Svartsjö, An se BJÖ 19

Kronotorpare Näverberg nr 1

<u>Bjö 2</u>

Bergqvist Salomon Andreas Persson
f 1863 17/3   d
G 1894 2/8 i Åsele med
Karlsdotter Katarina
f 1867 25/10   d
Katarina tidigare gift se FOR 10

1. Olivia	f 1887 30/10
4. Karl Hjalmar	f 1894 22/7
5. dödfött barn	f 1894 22/7
6. Elin Maria Karolina	f 1896 2/5
7. Signe Katarina	f 1897 13/12
8. Hildur Lovisa	f 1899 8/3

Föräldrar till:
S A Bergqvist: Maria Carolina Salomonsdr f 1834, Strömnäs, Wi
K Karlsdotter: Karl Samuelsson f 1844, Lillsele, Ju
                      Augusta Helena Ersdotter f 1848

Flyttar till Åkerberget 1899 (ÅKB 4)

<u>Bjö 3</u>

Bäckström Nils Petter Danielsson
f 1877 25/9   d
G 1907 17/11 i Åsele med
Sörlin Lovisa Kristina Nikolina   SÖÅ 114
f 1887 31/4   d 1918 12/11 "lunginflammation"
Nils Petter omgift 1920 7/11 i Åsele med
Edlund Märta Maria
f 1883 11/10   d

1. Nikolina Margareta	f 1908 27/2	Anundsjö -26
2. Anna Karolina	f 1909 18/10	

294

3. Nils Arne Sixten	f 1911 4/8
4. Karl Fredrik	f 1913 13/6
5. Erik Daniel Gunnar	f 1915 21/3
6. Najma Vivi Lovisa	f 1916 28/7
7. Bror Gustaf Adolf	f 1920 26/11

Föräldrar till:

N P Bäckström:	Daniel Josephsson f 1842, Västanbäck, Ju
	Anna Mattsdotter f 1848
M M Edlund:	Jakob Edlund f 1850, Mattarbodum, Bj
	Märta Persdotter Billing f 1839

Kronotorpare Sågbo

Kommer 1908 från Söråsele (SÖÅ 17)

Bjö 4

Danielsson Daniel Alfred
f 1875 22/5   d
G 1900 15/4 i Åsele med
Jonsdotter Brita Kristofera
f 1882 4/6   d

1. Lovisa Evelina	f 1900 25/8
2. Jonas Adrian	f 1902 17/2
3. Freja Martina	f 1904 16/4

Föräldrar till:

D A Danielsson:	Daniel Pehrsson f 1835, Storsjö, An
se HOL 71	Eva Greta Jonsdotter f 1839
B K Jonsdotter:	Jonas Ansgarius Jonsson f 1845, Lavsjö, Do
se ALM 48	Anna Kristina Christoffersdotter f 1842

Flyttar 1904 till Holmträsk (HOL 21)

Bjö 5
ÄLG 12

Ekberg Salomon Hilmer
f 1880 8/3   d
G 1902 30/11 i Åsele med
Söderqvist Anna Maria
f 1882 22/1   d

Föräldrar till:

A M Söderqvist:	Nils Johan Söderqvist f 1849, Sil, Fj
se BJÖ 36	Anna Kristina Persdotter f 1857

Flyttar till Manitoba, Canada 1903

			Bjö 6
Ersson Pär			HÄL 66
f 1792	d 1859 26/8		
G 1816 16/7 i Åsele med			
Matsdotter Stina			HÄL 75
f 1791	d 1867 7/8 "ålderdom"		
1. Stina Cajsa	f 1816 1/8		HOL 63
2. Erik	f 1820 11/5	d 1894 14/4	
3. Märtha Magdalena	f 1834 13/8	d 1905 3/11	

(2) E torpare i Björksele vid sin död

Kommer 1819 från Hälla (HÄL 20) – bor i Järvsjö, Wi 1826-31

			Bjö 7
Ersson Salomon			BJÖ 15
f 1854 5/3	d 1907 26/8		
G 1875 28/3 i Åsele med			
Johansdotter Stina Carolina			TOÖ 7
f 1849 17/8	d 1906 1/4		
1. Erik Petter	f 1875 8/12		BJÖ 33
2. Eva Petronella Karolina	f 1877 23/7	d 1882 30/12	
3. Kristina Alma Erika	f 1877 23/7	Ormsjö, Do	
4. Johan Alfred	f 1879 13/6		BJÖ 34
5. Anna Petronella	f 1883 27/9		BJÖ 35
6. Ida Karolina	f 1891 10/12		ÅSE 257

(3) K A E g 1902 12/10 i Ås m Jöns Levi Anselm Eliasson f 1868 från Ormsjö
(5) A P barn: Syster Ingeborg Kristina   f 1902 6/6   BJÖ 35

			Bjö 8
Gavelin Kristoffer Abraham			
f 1884 21/10	d		
G 1913 5/5 i Åsele med			
Persson Kristina Elisabet			LOM 64
f 1887 5/10	d		
1. Kristoffer Amandus	f 1914 2/5		
2. Gärda Kristina	f 1916 3/10		
3. Per Erik	f 1918 3/2		

4. Bror Halvard	f 1920 12/5	
5. Hilda Regina	f 1921 7/9	
6. Karl Gunnar	f 1923 5/2	d 1923 23/5

Föräldrar till:
K A Gavelin: Per Erik Gavelin f 1849, Bäsksjö, Wi
                      Susanna Dorotea Kristoffersdotter f 1853

Kronotorpare Björkebo nr 2

			Bjö 9
Göransson Sven			HÄL 41
f 1798	d 1871 12/11		
G 1826 9/4 i Åsele med			
Johansdotter Anna Brita			TJÄ 15
f 1809 10/5	d 1898 15/3		
1. Märtha Cajsa	f 1827 14/5	d 1844 30/11	
2. Anna Johanna	f 1828 12/9		BJÖ 12
3. Erica Agatha	f 1831 15/1		OXV 17
4. Stina Magdalena	f 1834 28/3	d 1834 9/4	
5. Stina Magdalena	f 1835 17/1		LOM 124
6. Brita Elisabeth	f 1838 8/3		ÄLG 12
7. Erik Johan	f 1840 7/11	d 1841 10/1	
8. Eric Johan	f 1841 23/11	d 1850 21/2	
9. Sven Petter	f 1844 25/4		LOM 135
10.Jonas Olof	f 1846 18/10		LOM 133
11.Nils Johan	f 1849 21/10		BJÖ 36
12.Carolina Lovisa	f 1851 25/1	d 1852 2/3	

(1) M C "drunknad"

Kommer 1827 från Tjärn (TJÄ 9)

			Bjö 10
Hellström Erik			BJÖ 12
f 1853 8/6	d 1906 20/6		
G 1880 25/12 i Åsele med			
Zachrisdotter Anna Karolina			TJL 10
f 1853 14/2	d 1892 26/9 "tuberculos"		
Erik omgift 1894 12/1 i Åsele med			
Jonsdotter Klara Johanna			
f 1870 12/12	d		
1. Jonas Albert	f 1881 10/4	d 1897 27/9	

2. Erik Helmer	f 1882 20/12		BJÖ 11
3. Theodor Zacharias	f 1885 21/3		BJÖ 13
4. Karl Konrad	f 1888 16/1		ÖSN 42
5. Alma Karolina	f 1889 18/12	d 1891 26/10	
6. Edit Evelina	f 1892 20/2	d 1892 26/5	

Föräldrar till:
K J Jonsdotter: Jonas Ansgarius Jonsson f 1845, Lavsjö, Do
se ALM 48   Anna Stina Christoffersdotter f 1842

(1) J A d "hjernhinnetuberkulos"
(6) E E d "bronkit"

<u>Bjö 11</u>

Hellström Erik Helmer   BJÖ 10
f 1882 20/12   d
G 1904 2/10 i Åsele med
Olofsdotter Brita Johanna
f 1879 4/1   d

1. Erik Albert	f 1905 5/3
2. Jonas Werner	f 1906 19/7
3. Olof Teodor	f 1909 14/3
4. Sven Hilding	f 1912 19/1
5. Anna Märta	f 1914 28/3
6. Hanna Elisabeth	f 1916 2/8
7. Ada Kristina	f 1919 20/11
8. Britt Helmi	f 1922 27/7
9. Lilly Viola	f 1925 29/8

Föräldrar till:
B J Olofsdotter: Olof Jonsson f 1846, Skedom, An
                          Brita Lisa Pehrsdotter f 1846

<u>Bjö 12</u>

Hellström Jonas Ersson
f 1827 6/4   d 1879 18/4
G 1853 3/2 i Åsele med
Svensdotter Anna Johanna   BJÖ 9
f 1828 12/9   d 1916 23/2 "kräfta i bröst."

1. Eric	f 1853 8/6		BJÖ 10
2. Anna Magdalena	f 1855 17/6		ÅSE 105
3. Helena Johanna	f 1857 6/6		HÄL 49
4. Sven	f 1859 21/9	Järvsjö, Wi	

5. Albertina Carolina	f 1862 20/8		YTT 13
6. Erika Margareta	f 1865 1/5	d 1890 23/2	
7. Hilda Christina	f 1868 30/1		
8. Ida Olivia	f 1872 22/3	d 1896 21/1	
9. Lovisa Gärdina	f 1872 22/3		HÄL 45

Föräldrar till:
J Hellström: Erik Johansson Hellström f 1787, Bureborg, An
                 Helena Olsdotter f 1789

(4) S g 1887 6/1 i Ås m Sofia Henrietta Danielsdotter f 1864 från Järvsjö
(8) I O d "blodförgiftning"
(9) L G barn: Jonas Edvin   f 1892 6/11   HÄL 45

Bjö 13
Hellström Teodor Zacharias   BJÖ 10
f 1885 21/3   d
G 1910 16/10 i Åsele med
Näslund Lovisa Albertina   BJÖ 30
f 1890 11/12   d

1. Erik	f 1912 30/1		
2. Anna Lisa	f 1913 4/11		
3. Tea Viola	f 1915 24/9	d 1916 24/4	
4. Bror Salomon	f 1917 30/4		
5. Vivi Lovisa	f 1919 19/4		
6. Jonas Ellsing	f 1921 26/3		
7. Ture Lennart	f 1923 7/1		
8. Ernst Birger	f 1923 7/1		
9. Gördis Linnea	f 1925 18/1	d 1925 28/3	
10.Gunhild Kristina	f 1929 16/2		

(3) T V "kikhosta"

Bjö 14
Holmberg Per Jakob Albin   GAF 74
f 1878 16/4   d 1925 6/2
G 1906 6/11 i Åsele med
Jonsdotter Anna Maria   GAF 5
f 1885 1/1   d

fosterson (se ÖVR 9):
1. Karl Gustaf   f 1916 13/1   BJÖ 29

Kronotorpare Björkebo nr 1

Kommer 1910 från Gafsele (GAF 75) – änkan flyttar till Edefors 1927

Ivarsson Eric   BJÖ 22
f 1822 9/11   d 1869 2/1 "kräfta"
G 1846 13/4 i Åsele med
Salomonsdotter Eva Petronella   LOM 121
f 1824 30/12   d 1890 8/2 "lunginflammation"
Eva Petronella omgift 1882 8/7 i Åsele med
Jakobsson Per   SOL 15
f 1843 19/7   d

1. Anna Brita   f 1846 22/8   TOÖ 71
2. Ivar   f 1848 8/9   d 1852 23/7
3. Salomon   f 1854 5/3   BJÖ 7
4. Christina Carolina   f 1855 18/8   ÅKB 21
5. Eric   f 1857 4/7   FOR 67
6. Eva Agatha   f 1862 19/3   d 1875 18/11
7. Daniel Petter   f 1864 8/2   Heligfjäll, Wi

(7) D P g 1893 7/5 i Wi m Erika Agata Bergström f 1868 från Heligfjäll

---

Bjö 16
Ivarsson Ivar   BJÖ 22
f 1818 27/4   d 1885 7/5 "giktvärk"
G 1843 19/3 i Åsele med
Salomonsdotter Brita Lisa   LOM 121
f 1818 11/6   d 1912 26/2 "bronkit"

1. Anna Stina   f 1846 13/9   GAF 217
2. Salmon   f 1851 27/10   d 1851 7/11
3. Gustaf Eric   f 1851 27/10   d 1851 6/11
4. Brita Johanna   f 1854 26/3   GAF 142
5. Ida Carolina   f 1863 21/9   Säbrå -92

(5) I C barnmorska

Bjö 17
Johansson Jonas Alfred   BJÖ 19
f 1888 21/6   d
G 1917 14/2 i Åsele med
Eliasson Hildur Agata
f 1896 15/12   d

300

1. Erik Alfred	f 1917 30/5	
2. Sigrid Viola	f 1919 19/1	
3. Rune Elias	f 1921 28/1 i Ju	

Föräldrar till:
H A Eliasson: Elias Johansson f 1869, Latikberg, Wi
                            Anna Evelina Hansdotter f 1873

Näverberg

Flyttar till Brattfors, Ju 1920

Bjö 18

Jonsson Anders Ansgarius
f 1879 31/8   d
G 1914 19/12 i Lycksele med
Johansson Agnes Karolina
f 1881 12/1   d

Föräldrar till:
A A Jonsson: Jonas Ansgarius Jonsson f 1845, Lavsjö, Do
se ALM 48   Anna Stina Kristoffersdotter f 1842
A K Johansson: Johan Anton Eriksson f 1847, Vägsele, Ly
                            Matilda Eugenia Johansdotter f 1848

Flyttar 1915 till Lavsjö, Do

Bjö 19
HOL 74

Jonsson Johan Erik
f 1857 31/10   d 1929 24/8
G 1888 3/3 i Åsele med
Nilsdotter Sigrid Märta
f 1860 1/1   d

1. Jonas Alfred   f 1888 21/6   BJÖ 17
2. Nils Arvid   f 1890 1/6   BJÖ

Föräldrar till:
S M Nilsdotter: Nils Petter Johansson f 1827, Svartsjö, An
                            Helena Brita Larsdotter f 1825

Kronotorpare Näverberg nr 2

Kommer 1910 från Holmträsk (HOL 40)

Jonsson Jonas Kristoffer
f 1869 13/1   d
G 1896 6/4 i Åsele med
Eriksdotter Beda Karolina   TOÖ 23
f 1875 17/4   d

Föräldrar till:
J K Jonsson: Jonas Ansgarius Jonsson f 1845, Lavsjö, Do
se ALM 48   Anna Stina Christoffersdotter f 1842

Till Torvsjö 1897 (TOÖ 51)

Bjö 21
YXS 76

Jonsson Jonas Ludvig
f 1886 1/10   d
G 1913 27/12 i Åsele med
Sundin Alma Viktoria
f 1891 26/2   d

2. Ragnhild Maria   f 1915 24/6
3. Ebba Linnea   f 1916 3/10

Föräldrar till:
A V Sundin: Anders Peter Sundin f 1871, Vällingberget, Ju
                          Anna Stina Sandberg f 1866

Kommer från Yxsjö (YXS 33) 1915 - tillbaka 1918

Bjö 22

Jonsson Michael
f 1780   d 1817 25/12 "lungsot"
G 1815 27/3 i Åsele med
Danielsdotter Anna   BJÖ 25
f 1785   d 1855 7/10
Anna omgift 1818 9/3 i Åsele med
Ivarsson Ivar   LAV 2
f 1790   d 1877 24/4
Ivar omgift 1858 20/6 i Åsele med
Nilsdotter Stina Magdalena   TJÄ 27
f 1819 22/7   d

1. Johan Daniel   f 1815 15/11   Junsele -40
2. Ivar   f 1818 27/4
3. Anders   f 1820 10/4   d 1827 27/1   BJÖ 16

302

4. Erik	f 1822 9/11		BJÖ 15
5. Mathias	f 1826 3/10	d 1830	
6. Petrus	f 1829 19/7		AVA 19
7. Stina Elisabeth	f 1859 17/10		
8. Nils Johan	f 1862 18/8	d 1863 28/4	

Föräldrar till:
M Jonsson: Jon Michelsson f 1756, Burgfjäll
                                 Brita Nilsdotter f 1754

(3) A d "bröstsjukdom"
(5) M står inte antecknad i dödboken, bara "död " i HF
(8) N J d "mässling"

Bjö 23
HOL 75

Kristoffersson Jonas Olof
f 1867 28/2   d
G 1892 10/4 i Åsele med
Åström Anna Josefina   LOM 141
f 1870 8/2   d

1. Alma Betty Karolina   f 1892 11/9

Kommer från Lomsjö 1893 (LOM 68) - flyttar tillbaka 1894

Bjö 24
YXS 39

Malm Johan Robert
f 1882 20/12   d
G 1908 18/10 i Åsele med
Persson Signe Olivia   YXS 24
f 1884 28/3   d

1. Ebert Sigvard   f 1909 7/7
2. Ingrid Linnea   f 1912 19/4
3. Nils Einar   f 1915 22/4

Björkebo

Kommer 1914 från Yxsjö (YXS 38) - till Bomsjö 1917 (BOM 7)

Bjö 25
HÄL 74

Mattsson Daniel
f 1757 28/9   d 1819 27/1 "bröstfeber"
G 1778 med
Ersdotter Anna   HOL 36

f 1747 22/8	d 1788		
Daniel omgift 1794 med			
Matsdotter Karin			
f 1767	d 1834 13/12		TJÄ 14

1. Mathias	f 1780	d 1780	
2. Eric	f 1781	Norge	
3. Karin	f 1783	d som barn	
4. Anna	f 1785		
5. Gertrud	f 1787		BJÖ 22
6. Märta	f 1795		BJÖ 32
7. Matts	f 1796		HÄL 75
8. Johannes	f 1797	d 1801 20/3	LOM 21
9. Daniel	f 1799		
10.Karin	f 1801 28/1	Åkerbränna, Ju	LOM 17
11.Brita	f 1803 14/7		
12.Johannes	f 1805 11/12	d 1806 28/4	LOM 121
13..Petrus	f 1807 17/9	Malgovik, Wi	
14.Segri Stina	f 1810 19/2	d 1856 26/10	

(2) E ant i husförhörslängden: "flyttat till Norge 1807"
(5) G barn: Daniel Johan   f 1817 20/3   d 1819 24/8 "drunknad"
(8) J d "hosta o bröstfeber"
(10) K g 1830 25/12 i Ju m Daniel Olofsson f 1807 från Åkerbränna
(13) P g 1835 m Christina Erica Pehrsdr f 1812 från Malgovik
(14) S S barn: Cajsa Stina   f 1840 20/2   Sunnansjö, Fj
       C S g 1867 16/6 i Fj m Johan Olof Nordin f 1840

Mattsson Daniel		Bjö 26
f 1820 3/9	d	YTT 14
G 1855 25/12 i Åsele med		
Svensdotter Erica Agatha		
f 1831 15/4	d	BJÖ 9

1. Sven	f 1856 17/11
2. Mathias	f 1858 18/3
3. Daniel Oscar	f 1859 2/12

Kommer 1856 från Oxvattnet (OXV 17) - till Älgsjö 1861 (ÄLG 68)

Nilsson Nils Jonas		Bjö 27
f 1879 18/1	d	HOL 29
G 1906 1/12 i Åsele med		

Håkansdotter Emelinda Karolina   LOM 76
f 1876 20/12   d

1. Elin Hermine   f 1908 8/5

Flyttar 1908 till Holmträsk, An - senare i Lakasjö (LAK 17)

                                                                           Bjö 28
Näslund Daniel Salomonsson   LOM 121
f 1838 15/2   d 1911 16/5
G 1859 13/3 i Åsele med
Svensdotter Stina Magdalena   BJÖ 9
f 1835 17/1   d 1884 28/6

1. Brita Carolina   f 1859 5/7   Grundsunda
2. Anna Lovisa   f 1862 30/1   HÄL 58
3. Salmon   f 1865 19/11   BJÖ 30

(1) B C g 1881 7/3 i Ås m Jakob Grundberg f 1851 från Grundsunda

Kommer 1862 från Lomsjö (LOM 124)

                                                                           Bjö 29
                                                                           BJÖ 30
Näslund Daniel Waldemar
f 1893 5/8   d 1928 19/9
G 1916 5/11 i Åsele med
Nilsson Margareta Tilda   LÅN 44
f 1894 7/11   d

fosterson (se BJÖ 14):
1. Karl Gustaf   f 1916 13/1

                                                                           Bjö 30
                                                                           BJÖ 28
Näslund Salomon Danielsson
f 1865 19/11   d 1910 29/1 "hjernabcess"
G 1887 25/12 i Åsele med
Ekberg Lovisa Aqvilina   ÄLG 12
f 1866 14/6   d
Lovisa Aqvilina gifter om sig 1912 14/7 i Åsele med
Näslund Jonas Betuel Andersson
f 1882 24/5   d

1. Betty Kristina   f 1889 5/4   HÄL 64
2. Lovisa Albertina   f 1890 11/12   BJÖ 13
3. Daniel Valdemar   f 1893 5/8   BJÖ 29

305

4. Erik Manfrid	f 1894 5/10	d 1894 7/10
5. Erik Alfred	f 1896 12/8	
6. Anna Olivia	f 1898 31/10	d 1898 1/11
7. Salomon	f 1903 10/2	d 1903 18/2
8. Set Wilmar	f 1905 20/5	d 1908 31/5

Föräldrar till:
J B Andersson: Anders Gustaf Ersson f 1848, Rismyrliden, Wi
Eva Cajsa Markusdotter f 1855

(6) A O d "allmän svaghet på grund af för tidig födsel"

<u>Bjö 31</u>

Persson Jonas Erik
f 1866 20/10   d
G 1894 30/4 i Åsele med
Danielsdotter Anna
f 1863 9/8   d

1. Edit Johanna   f 1894 10/10
2. Daniel Fridolf   f 1896 28/5

Föräldrar till:
J E Persson: Pehr Ingelsson f 1819, Sörfors, Do
Johanna Apollonia Andersdotter f 1821
A Danielsdotter: Daniel Johansson f 1828, Granliden, Do
Anna Magdalena Andersdotter f 1824

Flyttar till Granåsen, Do 1896

<u>Bjö 32</u>
<u>TOS 11</u>

Pehrsson Nils
f 1791   d
G 1819 25/12 i Åsele med
Danielsdotter Gertrud   <u>BJÖ 25</u>
f 1787   d

1. Erik   f 1820 12/6
2. Pehr   f 1822 2/5
3. Anna Cajsa   f 1824 7/11
4. Daniel   f 1827 3/3

Flyttar till Åkerberget (ÅKB 18) 1828

<u>Bjö 33</u>

Salomonsson Erik Petter   BJÖ 7
f 1875 8/12   d
G 1911 9/7 i Åsele med
Jonsdotter Freja Genette   fd lärarinna
f 1889 22/4   d

1. Salomon   f 1912 1/5   d 1918 13/11
2. Jonas Walter   f 1916 4/4
3. Erik Gösta   f 1920 16/4   d 1921 15/8
fosterbarn (se nedan):
4. Selma Charlotta   f 1906 27/6   Fjällsjö -27

Föräldrar till:
F G Jonsdotter: Jonas Ansgarius Jonsson f 1845, Lavsjö, Do
se ALM 48   Anna Stina Christoffersdotter f 1842
S C   Lovisa Gustava Eliasdr f 1881 i Marsliden, Wi

(1) S d "lunginflammation"

                                                                                 Bjö 34
Salomonsson Johan Alfred   BJÖ 7
f 1879 13/6   d
G 1911 9/7 i Åsele med
Forsberg Ester Agata Petronella   FOR 13
f 1886 10/6   d

1. Svea Inga Kristina   f 1912 10/8   d 1916 29/4
2. Dagmar Anna Linnea   f 1913 18/9
3. Helge Olof Ivar   f 1914 11/12
4. Britt Ingegerd Margareta   f 1921 7/11

(1) S I K d "kikhosta"

                                                                                 Bjö 35

Sjölund Anders Petter
f 1873 7/10   d
G 1904 4/11 i Åsele med
Salomonsdotter Anna Petronella   BJÖ 7
f 1883 27/9   d

1. Syster Ingeborg Kristina   f 1902 6/6
2. Eva Astrid Alfrida   f 1906 21/6
3. Nils Salomon   f 1908 22/2
4. Anders Runo   f 1911 17/7
5. Anna Linnea   f 1913 3/2

6. Per Algot	f 1913 3/2	
7. Signe Ida Evelina	f 1915 23/8	
8. Svea Elvira Paulina	f 1918 5/2	
9. Göta Erika Karolina	f 1920 23/6	
10.Essy Viola Petronella	f 1922 8/5	
11.Maj Gunhild Lovisa	f 1924 30/5	

Föräldrar till:
A P Sjölund: Nils Anders Andersson f 1841, Forsnäs, Åd
                      Eva Catharina Scharff f 1841

Bjö 36
BJÖ 9

Svensson Nils Johan   (senare Söderqvist)
f 1849 21/10   d
G 1873 18/5 i Fjällsjö med
Nilsdotter Cajsa Maglena
f 1846 24/8   d 1877 18/6

1. Nils Petter   f 1873 17/6   d 1889 14/3

Föräldrar till:
C M Nilsdotter: Nils Olofsson f 1808, Sil, Fj
                         Maja Lisa Johansdotter f 1823

Flyttar 1876 till Sil, Fj

Bjö 37
GAF 206

Wästerlund Eric Ersson
f 1834 27/9   d 1925 24/1
G 1868 12/4 i Åsele med
Ivarsdotter Anna Stina
f 1846 13/9   d 1924 14/1   BJÖ 16

1. Anna Amalia   f 1869 20/4   Björna

(1) A A g 1897 1/6 m Gottfrid Nikolaus Tiden f 1870, skogsförvaltare från Björna
    A A änka 1899 18/9, kommer tillbaka 1904 från Sollefteå med barnet:
    Hildur Ingeborg   f 1898 1/8

Kommer 1869 från Gafsele (GAF 217)

Bjö 38

Vesterlund Olof Andreas
f 1876 8/12   d
G 1916 9/10 i Anundsjö med

Larsson Katarina Elisabet
f 1887 5/2   d

1. Lars Herman   f 1907 29/11
2. Olof Ragnar   f 1916 17/3
3. Göta Katarina   f 1920 4/11
4. Nils Henrik   f 1924 24/3
5. Erik Allan   f 1927 9/3

Föräldrar till:
O A Vesterlund: Isak Olsson f 1843, Lajksjö, Do
se ÄLG 12   Katarina Johanna Nilsdotter f 1846
K E Larsson: Lars August Larsson f 1860, Solberg, An
                          Anna Lisa Persdotter f 1867

Kronotorpare Björkebo – Sågbo nr 2

Kommer 1917 från Dorotea - 1918 till Junsele - kommer 1919 från Junsele
----
                                                                        Bjö 39

Sandberg Olof Otto   Kronojägare
f 1886 27/8   d
G 1925 29/7 i S:t Clara, Stockholm med
Gavelin Ida Anna Martina Lärarinna   AVA 14
f 1895 3/1   d

1. Sture Otto   f 1928 9/1

Föräldrar till:
O O Sandberg: Erik Olof Sandberg f 1849, Sandsjönäs, Bh
                          Anna Karolina Israelsdr f 1860

                                                                        Bjö 40

Eriksson Karl Edvin
f 1897 18/1   d
G 1926 20/6 i Åsele med
Olofsson Naima Kristina
f 1903 3/6   d

1. Elsy Gertrud Viktoria f 1928 13/5

Föräldrar till:
K E Eriksson: Erik August Johansson f 1866, Vällingberget, Ju
                          Brita Maria Sundin f 1875
N K Olofsson: Olof Henning Jonsson f 1875, Lavsjö, Do

Kronotorpare Näverberg nr 6 från 1928

<u>Bjö 41</u>

Sjödin Karl Jonas Leonard
f 1900 27/7   d
G 1924 6/12 i Åsele med
Eriksson Helga Karolina   ÄLG 17
f 1902 12/1   d

1. Kerstin Anette   f 1925 21/6
2. Lisa Karola   f 1928 22/1

Föräldrar till:
K J L Sjödin: Per Sjödin f 1875, Västanbäck, Ju
                               Lisa Karlsdr f 1873

Kronotorpare Näverberg nr 5 från 1927

<u>Bjö 42</u>

Eriksson Johan Vilhelm
f 1899 11/2   d
G 1928 5/8
Björn Henny Elisabet
f 1906 24/10   d

1. Britt Lisbet   f 1929 17/3

Föräldrar till:
J V Eriksson: Erik August Johansson f 1866, Vällingberget, Ju
                               Brita Maria Sundin f 1875
H E Björn: Per Persson Björn f 1859, Åkerbränna, Ju
                               Stina Lovisa Berglund f 1862

Kronotorpare Björkebo nr 1

<u>Bjö 43</u>
BJÖ 19

Johansson Nils Arvid
f 1890 1/6   d
G 1922 11/6 i Åsele med
Nilsson Alma Katarina
f 1897 5/1   d

1. Irma Linnea   f 1921 29/9

			Bom 1
2. Ingrid Märta	f 1922 9/12		
3. Rut Alme	f 1925 31/1		
4. Erik Åke Ingvar	f 1926 6/4		

Föräldrar till:
A K Nilsson: Daniel Victor Nilsson f 1867, Lavsjö, Do
                               Katarina Magdalena Persdr f 1869

Kronotorpare Näverberg nr 2

			Bom 1
Adamsson Adam			LOM 38
f 1762	d 1839 27/4 "ålderdom"		
G 1810 23/4 i Åsele med			
Nilsdotter Stina			RÅS 2
f 1787	d 1839 7/5 "vattsot"		
Adam tidigare gift se LOM 1			
6. Märta Brita	f 1805 5/5	Granåsen, Do	
8. Eric	f 1809 18/5		LOM 21
9. Inga Maglena	f 1811 17/1		LIL 33
10.Eva Lisa	f 1812 16/8		GAF 34
11.Anna Maria	f 1814 14/8		BOM 15
12.Sara Agatha	f 1815 15/12		GAF 111
13.Nils Petter	f 1817 18/5		TJÄ 1
14.Hans	f 1819 19/1		TAB 1
15.Segri Johanna	f 1820 23/9		LIL 37
16.Ingel	f 1823 14/3		STO 2
17.Gertrud Carolina	f 1826 20/7	Wilhelmina -40	
18.Kristina Bernhardina	f 1827 16/10		BOÖ 5
19.Margareta Regina	f 1830 23/9	Dorotea -43	

(6) M B g 1830 30/5 i Ås m Jöns Håkansson (AVA 30)

Kommer ca 1825 från Lomsjö (LOM 1)

		Bom 2
Andersson Anders Gustaf		SIK 34
f 1827 9/9	d 1895 8/3	
G 1857 1/11 i Åsele med		
Nilsdotter Anna Stina		
f 1834 28/5	d 1882 19/9	
1. Johan Petter	f 1858 14/1	REN 1
2. Anna Märtha	f 1860 6/1	

3. Stina Gustava	f 1861 12/9		LAK 11
4. Nils Anders	f 1864 9/3		
5. Emma Wilhelmina	f 1867 2/4	Vännäs	
6. Antonia Paulina	f 1871 27/3		
7. Edith Elina	f 1873 6/7	d 1895 21/1	

Föräldrar till:
A S Nilsdotter: Nils Asplund f 1795, Aspsele, Fr
se ASP 2   Anna Sophia Hindricsdotter f 1795

(5) E W g 1899 20/8 i Vännäs m Frans Alfred Nygren f 1851 från Nötja, Kronoberg
(6) A P barn: Blenda Hvitsida   f 1894 8/4   d 1895 4/1
(7) E E "krympling"

Stridsmark

		Bom 3
Andersson Paulus		GIG 11
f 1802 26/5	d	
G 1826 27/3 i Åsele med		
Mathsdotter Maglena		STO 17
f 1802 25/1	d	

fosterbarn (se ÄLG 60):
1. Salmon Salmonsson   f 1822 4/10   BOM 11

Från Gigsele 1844 (GIG 2) - till Skolan 1858 (ÅSE 357)

		Bom 4
Eriksson Erik Agaton		STO 5
f 1876 20/1	d	
G 1902 7/6 i Åsele med		
Salomonsdotter Alma Kristina		BOM 13
f 1884 9/5	d	

1. Erik Uno	f 1902 20/7	
2. Gunnar Teofil	f 1905 9/1	
3. Astrid Elisabet	f 1907 2/5	Stensele –29

fosterbarn (se ÅSE 278, TOÖ 66, ÅSE 91 resp ÖVR 59):

4. Sanny Katarina Mattsson	f 1914 17/2	
5. Anna Sofia Olofsson	f 1920 15/5	d 1926 3/4
6. Ivar Erik Eriksson	f 1922 31/1	
7. Arne Jakobsson	f 1916 12/2	

(1) E U far se BOM 14

312

Bom 5
SIK 10

Gran Jonas Hilbert
f 1879 18/6   d
G 1907 29/11 i Åsele med
Salomonsdotter Lydia Elisabet   BOM 13
f 1885 21/11   d

2. Dagmar Viola   f 1909 28/6
3. Karl Tycko   f 1911 30/4
4. Kerstin Linnea   f 1912 16/9
5. Oskar Åke   f 1918 20/3
6. Gustaf Arne   f 1920 17/8

Kommer 1910 från Siksjö (SIK 11) – till Söråsele (SÖÅ 125) 1922

Bom 6
ÅSE 173

Lidberg Nils Johan Nilsson
f 1863 27/4   d
G 1893 5/2 i Åsele med
Johansdotter Hilda Henrietta   NOÖ 2
f 1866 10/8   d

2. Johan Nathan   f 1894 22/12
3. Erik Martin   f 1896 19/11   d 1915 31/5
4. Ebba Karolina   f 1898 2/12   BOM 20
5. Nils Gösta   f 1904 14/5   d 1923 10/6
6. Agda Kristina   f 1908 11/2
                          ÅSE 546

fosterbarn (se ÅSE 90):
7. Ragnhild Elisabet Eriksson   f 1918 7/10

Kommer från Norsjöberg 1895 (NOÖ 3)

Bom 7
YXS 39

Malm Johan Robert
f 1882 20/12   d
G 1908 18/10 i Åsele med
Persson Signe Olivia   YXS 24
f 1884 28/3   d

1. Ernst Sigvard   f 1909 7/7
2. Ingrid Linnea   f 1912 19/4
3. Nils Einar   f 1915 22/4
4. Johan Oskar Edvin   f 1921 12/12

Kronotorpare Liden 1

Kommer 1917 från Björksele (BJÖ 24) – till Kvällträsk 1924 (KVÄ 27)

		Bom 8
Nilsson Olof Petter		YXS 45
f 1860 7/6	d	
G 1892 7/1 i Wilhelmina med		
Eriksdotter Anna Maria		
f 1867 4/7	d	

1. Nils Erik	f 1893 23/6	
3. Johan Agaton	f 1896 20/9	
4. Frans Georg	f 1899 11/7	ÅSE 646
5. Beda Elisabet Magdalena	f 1902 23/6	ÅSE 602
6. Kristoffer Allan	f 1904 24/11	
7. Olof Gotthilf	f 1907 11/11	
8. Walborg Maria	f 1914 17/2	
fosterdotter (se ÅSE 657):		
9. Vega Margareta Fransson	f 1922 10/3	ÅSE 657

Föräldrar till:

A M Eriksdotter: Erik Olof Salomonsson f 1828, Lövberg, Wi
se YXS 68   Anna Magdalena Olofsdotter f 1838

Kronotorpare Liden 2

Kommer 1913 från Yxsjö (YXS 47)

		Bom 9
Nordström Karl Emil	Bryggmästare	
f 1865 20/1	d 1915 6/3	
G 1894 30/12 i Kungl. hovförsaml, Stockholm med		
Salomonsson Anna Martina		BOM 13
f 1875 25/7	d	

Anna Martina omgift 1919 16/6 i Nätra m Axel Fredrik Rheborg (se ÅSE 382)

Föräldrar till:
K E Nordström: Sara Norström f 1823, Kristine förs, Falun

Kommer 1912 från Gefle stadsförs. - änkan till Wilhelmina 1919
Tidigare i Åsele (ÅSE 328)

Bom 10

Olofsson Olof
f 1777 31/5   d 1812 29/12 "håll och stygn" i Anundsjö
G 1799 26/3 i Anundsjö med
Olsdotter Ingeborg
f 1778 16/2   d 1860 5/2

1. Olof   f 1800 19/1   KVÄ 25
2. Salomon   f 1802 25/7   Nästansjö, Wi
3. Stina   f 1808 26/1

Föräldrar till:
O Olofsson: Olof Nilsson f 1724, Risbäck, An
                               Cherstin Christophersdotter f 1735
I Olsdotter: Olof Salmonsson f 1751, Norrmesunda, An
                               Kerstin Olofsdotter f 1756

(2) S g 1827 16/4 i Ås m Brita Wallinder (YXS 82)

Från Risbäck, An 1810 - änkan och (3) till Nästansjö, Wi 1827

                                                                        Bom 11
Salmonsson Salmon   BOM 3
f 1822 4/10   d 1897 11/6
G 1844 2/2 i Åsele med
Mathsdotter Märtha Stina   STO 17
f 1811 10/4   d 1895 18/8

1. Salmon Theophilus   f 1852 13/10   BOM 13

                                                                        Bom 12
Salomonsson Salomon Robert   BOM 13
f 1877 29/11   d 1921 28/8
G 1899 14/4 i Åsele med
Jonsdotter Hilma Antonietta   GIG 14
f 1874 17/10   d

1. Anna Hildur Elisabet   f 1899 16/12   GIG 21
2. Dagmar Antonietta   f 1901 22/3
3. Betty Maria   f 1902 21/4   Arvidsjaur -28
4. Wilma Margareta   f 1904 11/2   S:t Johan, Malmö -26
5. Elna Olivia   f 1905 10/11
6. Rut Viola   f 1907 4/5
7. Robert Folke   f 1909 28/5
8. Ingeborg Regina   f 1909 28/5
9. Viola Frideborg   f 1911 14/3

10.Elsa Irene	f 1912 6/12	d 1922 7/2	
11.Sven Elving	f 1916 10/3		

(2) D A barn: Kjell Rune   f 1929 22/1
          far Jonas Algot Karlsson (ÄLG 52)

Bom 13

Salmonsson Salmon Theophilus	Inspektor		BOM 11
f 1852 13/10	d 1907 31/5 "hjärnblödning"		
G 1872 25/2 i Åsele med			
Christophersdotter Elisabeth Josefina			ÄLG 82
f 1851 5/4	d 1879 9/12		
Salmon Theofilus omgift 1880 3/7 i Åsele med			
Jonsdotter Lisa Petronella			BOÖ 37
f 1859 7/5	d		
Lisa Petronella omgift se BOR 5			

1. Jonas Robert	f 1872 22/3	d 1874 13/6	
2. Salmon Hilmar	f 1873 29/10	d 1874 20/6	
3. Anna Martina	f 1875 25/7		ÅSE 328
4. Salomon Robert	f 1877 29/11		BOM 12
5. Kristina Karolina	f 1880 26/9	d 1880 7/10	
6. Karolina Juliana	f 1882 16/2	d 1885 10/8	
7. Alma Kristina	f 1884 9/5		BOM 4
8. Lydia Elisabeth	f 1885 21/11		SIK 11
9. Selma Olivia	f 1887 9/10	d 1887 1/11	
10.Karl Johan	f 1888 30/9	d 1892 8/8	
11.Ragna Hildur Augusta	f 1890 9/9	d 1891 15/5	
12.Olga Maria	f 1892 1/7		OXV 5
13.Carl Emil	f 1895 25/1		BOM 17
14.Oskar	f 1897 17/7	d 1914 29/7	

(1) J R och (2) S H d i "skarlakansfeber"
(6) K J "vådaskott - olyckshändelse under stensprängning"
(10) K J d i "difteri + njurinflammation"
(14) O d "lungsot"

Bom 14

Sjölund Salomon			
f 1871 26/5	d		
G 1896 7/6 i Åsele med			
Edlund Eugenia Karolina			ÄLG 11
f 1873 9/9	d		

1. Hedvig Karolina	f 1896 24/12	BOM 18

2. Hanna Elisabeth	f 1899 19/9	ÅSE 205
3. dödfött flickebarn	f 1907 12/12	
4. Elin Ingeborg	f 1913 31/7	
fosterbarn (se ÅSE 155):		
5. Karl Georg Holmberg	f 1907 1/6	

Föräldrar till:
S Sjölund: Christoffer Sjölund f 1849, Mattarbodum, Bj
                               Inga Märtha Salmonsdotter f 1846

(1) H K barn: Johan Verner	f 1919 12/1	BOM 18
far Sven Heribert Svensson f 1893 (se ÅSE 62)		
(4) E I barn: Iris Edvina	f 1930 25/2	
far Erik Uno Eriksson (BOM 4)		

Kommer 1906 från Åsele (ÅSE 426)

<u>Bom 15</u>

Svensson Sven		
f 1817 11/2	d	
G 1838 14/10 i Åsele med		
Adamsdotter Anna Maria		BOM 1
f 1814 14/8	d	

Föräldrar till:
S Svensson: Sven Jonsson f 1771, Dalasjö, Wi
se DAL 4   Ingeborg Larsdotter f 1784

Till Dalasjö, Wi 1839 - senare i Tjärn (TJÄ 46)

<u>Bom 16</u>

Wallin Abraham	Skollärare	
f 1821 15/12	d	
G 1847 14/3 i Junsele med		
Modin Anna Elisabeth		
f 1820 11/7	d	
1. Johan Petter	f 1847 1/11	
2. Daniel August	f 1849 13/5	
3. Abraham Oscar	f 1855 21/6	
4. Carl Johan	f 1860 24/6	

Föräldrar till:
A Wallin: Johan Abrahamsson f 1796, Wallen, Ju
                               Anna Danielsdotter f 1787

317

A E Modin: Pehr Salomonsson Modin f 1791, Mo, Ju
                                    Anna Stina Ersdotter f 1794

Bor 1858 i Lomsjö (LOM 136) - till Järvsö, Hälsingland 1863

                                                                              Bom 17
Salomonsson Karl Emil   BOM 14
f 1895 25/1   d
G 1926 12/12 i Åsele med
Landin Ingrid Karolina   SÖÅ 69
f 1898 5/6   d

1. Bengt Rune   f 1927 4/4

Flyttar till Söråsele (SÖÅ 127) 1928

                                                                              Bom 18
Danielsson Daniel Alexius   ÖVR 94
f 1893 25/11   d
G 1921 10/9 i Åsele med
Sjölund Hedvig Karolina   BOM 14
f 1896 24/12   d

1. Johan Verner   f 1919 12/1
2. Klas Gunnar   f 1923 10/3
3. Elsa Eugenia   f 1924 30/12
4. Anna Lisa   f 1926 7/6   d 1927 9/12
5. Matts Gösta   f 1928 2/12

Kronotorpare Liden 2 från 1924

Kommer från Österstrand (ÖVR 95) 1923

                                                                              Bom 19
Edblad Johan Walfrid
f 1871 6/2   d
G 1906 11/2 i Örnsköldsvik med
Jonsdotter Hedvig Regina Ingeborg   GIG 14
f 1881 10/5   d

Föräldrar till:
J W Edblad: Johan Edblad f 1821, Östersehl, Nätra
                                     Lisa Pehrsdotter f 1835

Kommer från Canada 1926 – tillbaka dit 1927 - tidigare i Åsele (ÅSE 70)

```
                                                              Bom 20
Danielsson Jonas Albert Paulinus                              ASL 2
f 1887 22/6                     d
G 1927 3/9 i Åsele med
Lidberg Ebba Karolina                                         BOM 6
f 1898 12/12                    d
Jonas Albert Paulinus tid gift se ÅSE 59
```

```
                                                              Bor 1
Almroth Olof Olofsson                                         ALM 11
f 1787                          d
G 1811 31/3 i Åsele med
Göransdotter Stina                                            GAF 128
f 1785                          d
```

1. Brita Cajsa   f 1811 31/8
2. Olof   f 1814 19/2   d 1827 13/4
3. Stina Greta   f 1816 17/7
4. Lisa Magdalena   f 1818 9/9
5. Pär Eric   f 1821 7/8
6. Johan Edvard   f 1823 31/7
7. Anna Mathilda   f 1825 9/7

(2) O d i ”långvarigt tärande värk i lemmarna”

Från Tensjö (TEN 1) 1822 - till Långvattnet (LÅN 1) 1828

```
                                                              Bor 2
                                                              BOR 11
Borglund Per Jonsson
f 1851 4/10                     d
G 1885 11/4 i Åsele med
Rhen Manna Karolina                                           KUL 17
f 1864 25/10                    d
```

1. Lydia Elisabet Karolina   f 1886 10/6
2. Ernst Johan   f 1888 22/1

Flyttar 1888 till Östernoret (ÖSN 18)

```
                                                              Bor 3
                                                              BOR 5
Eriksson Jonas Olof            Borgén från 1924
f 1875 3/9                     d
G 1903 24/6 i Åsele med
```

Andersdotter Alma Kristina
f 1884 15/10   d   TOÖ 71

1. Erik Alvar   f 1903 6/10
2. Göta Ingeborg   f 1905 1/5   Oscar -29
3. Karl Runo   f 1907 9/4
4. Oskar Walter   f 1909 14/3
5. Jonas Birger   f 1911 19/3
6. Astrid Kristina   f 1913 4/9
7. Vera Linnea   f 1915 1/6
8. Anna Svea   f 1920 19/1
9. Bengt Åke   f 1924 14/3   d 1924 18/3

Gavelin Erik Albert Danielsson   Bor 4
f 1865 10/3   d   YTT 7
G 1894 15/4 i Åsele med
Eriksdotter Gertrud Karolina
f 1873 25/10   d   BOR 5

fosterbarn (se nedan):
1. Edla Linnea Borglund   f 1902 20/1
2. Irene Hermine Heloise Hörnell f 1910 21/8   Örnsköldsvik -28
3. Per Gunnar Eliasson   f 1903 3/3

Föräldrar till:
E L Borglund: se ÅSE 37
I H H Hörnell: se SVR 8
P G Eliasson: Lovisa Gustava Eliedotter f 1881, Åsele (f i Marsliden, Wi)

Jonsson Eric Adam   Bor 5
f 1847 24/5   d   BOR 11
G 1873 2/3 i Åsele med
Nyman Eva Carolina
f 1842 11/9   d 1910 27/8 "hjärnblödning"
Eric Adam gifter om sig 1916 1/6 i Åsele med
Jonsdotter Lisa Petronella
f 1859 7/5   d   BOÖ 37
Lisa Petronella tidigare gift se BOM 13

1. Gertrud Carolina   f 1873 25/10
2. Jonas Olof   f 1875 3/9   BOR 4
3. Anna Elisabeth   f 1877 27/11   BOR 3
4. Eva Lovisa   f 1882 27/3   d 1883 18/12

Föräldrar till:
E C Nyman: Olof Olofsson Nyman f 1804, Örträsk
                                   Catharina Sophia Ersdotter f 1804

                                                                      Bor 6
Jonsson Jonas Edvard   BOR 11
f 1849 5/1   d
G 1876 3/12 i Åsele med
Jonsdotter Anna Gretha   AVA 10
f 1851 17/7   d

Flyttar till Järvsjö, Wi 1878

                                                                      Bor 7

Jonsson Nils
f 1804 5/4   d
G 1826 17/9 i Åsele med
Millen Eva Erika   ÅSE 284
f 1802 26/11   d 1838 27/4

1. Erica Dorotea   f 1825 22/9   Movattnet, Bj
2. Eric   f 1827 14/12   Hemling, Bj
3. Johan Anton   f 1830 14/7   Hemling, Bj
4. Inga Christina   f 1833 30/1   Hemling, Bj
5. Eva Lisa   f 1834 21/11   Hemling, Bj

Föräldrar till:
N Jonsson: Jon Andersson f 1759, Remmaren, Fr
se REM 1   Ingeborg Pehrsdotter f 1757

(1) E D g 1850 7/10 i Bj m Johan Andersson f 1824 från Movattnet, Bj
(2) E g 1853 3/4 i Bj m Karin Eriksdotter f 1833 från Hemling
(3) J A g 1859 27/3 i An m Anna Carin Svensdotter f 1834 från Storborgaren, An
(4) I C g 1858 21/11 i Bj m Per Jonsson f 1837 från Hemling
(5) E L g 1854 17/4 i Bj m Erik Borglund f 1829 från Hemling

Flyttar 1838 till Stennäs, Fr - Eva Erika dör dagen efter ankomsten i samband med
barnafödsel - Nils omgift se AVA 34

                                                                      Bor 8

Jonsson Olof
f 1814 29/7   d 1884 28/11
G 1845 7/12 i Åsele med
Adamsdotter Stina Lisa   LOM 2

f 1815 11/6   d 1900 1/2

1. Eva Brita   f 1846 1/2   d 1847 16/1
2. Adam Johan   f 1853 9/12   d 1865 2/2

Föräldrar till:
Olof Jonsson: Jon Olofsson f 1787, Bredbyn, An
                                 Brita Håkansdotter f 1778

(2) A J d "difteritis"

                                                                 Bor 9
Jonsson Olof August   BOR 11
f 1841 15/5   d 1908 12/10 "hjärnblödning"
G 1869 7/3 i Åsele med
Ersdotter Stina Maglena   GAF 110
f 1841 13/10   d 1925 7/3

1. Jonas Eric   f 1870 3/8   BOR 12
2. Jacob August   f 1873 22/8   BOR 10
3. Katarina Eugenia Elisabet   f 1876 13/2
4. dödfött gossebarn   f 1880 8/9
5. Olof Konrad   f 1882 23/1   d 1883 13/1
6. Alma Kristina   f 1885 12/2   ÅSE 471

                                                                 Bor 10
Olofsson Jakob August   BOR 9
f 1873 22/8   d 1920 4/9
G 1904 20/3 i Åsele med
Jonsdotter Levina Kristina
f 1877 10/10   d

1. Werner Eugen   f 1906 12/1
2. Erling Hildebrand   f 1909 13/12

Föräldrar till:
L K Jonsdotter: Jonas Adam Hansson f 1832, Siksjö, Wi
                                 Marta Cajsa Nilsdotter f 1838

Pojkarna tar namnet Enerstedt 1929

                                                                 Bor 11
Olofsson Jonas   TJÄ 22
f 1799   d 1886 9/5
G 1839 1/4 i Åsele med

Adamsdotter Gertrud Cajsa			LOM 2
f 1817 21/1	d 1890 28/2		

1. Olof August	f 1841 15/5		BOR 9
2. Anna Carolina	f 1843 16/9		ALM 8
3. Eric Adam	f 1847 24/5		BOR 5
4. Jonas Edvard	f 1849 5/1		BOR 6
5. Pehr	f 1851 4/10		BOR 2
6. Eva Johanna	f 1860 23/7	d 1865 19/1	

(6) E J d i "difteritis"

<u>Bor 12</u>
Olofsson Jonas Eric   BOR 9
f 1870 3/8   d
G 1896 21/3 i Åsele med
Abrahamsdotter Alma Eugenia Elisabeth   SAN 6
f 1862 26/6   d

1. Olof Rudolf   f 1897 4/10
2. Annie Kristina   f 1901 4/7
3. Ragnhild Eugenia   f 1902 6/10

<u>Boö 1</u>
Andersson Anders   GIG 11
f 1809 30/1   d
G 1835 22/3 i Åsele med
Ersdotter Anna Stina   BOÖ 5
f 1819 9/12   d

1. Anna Erika   f 1839 4/8

Flyttar 1840 till Gigsele (GIG 1)

<u>Boö 2</u>
Borgström Daniel Petter   GIG 5
f 1863 5/1   d
G 1894 11/11 i Åsele med
Karlsdotter Kristina Mathilda
f 1873 31/8   d

1. Seth Ottar   f 1895 5/4

Föräldrar till:
K M Karlsdotter: Carl Gustaf Olofsson f 1828, Baksjöliden, Fr

Flyttar till Älgsjö 1897 (ÄLG 7)

			Boö 3
Edin Olof Robert Eriksson			VÄJ 1
f 1866 15/5	d		
G 1895 1/12 i Åsele med			
Salmonsdotter Klara Amalia Charlotta			BOÖ 23
f 1876 15/8	d		
1. Hildur Lovisa Amalia	f 1897 13/7	Tallsjö, Fr	
2. Klara Nancy Charlotta	f 1899 7/5	d 1900 24/4	
3. Olof Gunnar	f 1900 29/11		BOÖ 60
4. Nelly Katarina	f 1902 20/12	Myrbränna, Fr	
5. Bror Salomon	f 1905 8/4		
6. Erik Ernst	f 1907 28/7		
7. Hulda Edit	f 1910 20/2		
8. Nanny Ingeborg	f 1912 5/4		
9. Alma Gunhild	f 1915 30/1		
10.Hilding Almar	f 1918 21/8		
11.Erhard Folke	f 1921 14/7	d 1922 16/7	

(1) H L A g 1920 10/10 i Ås m August Heribert Burström f 1896 från Tallsjö
(2) K N C d "kikhosta"
(4) N K g 1926 25/9 i Ås m Erik Oskar Salomon Lövgren f 1900 från Myrbränna

---

		Boö 4
Eriksson Alf Johannes		
f 1891 30/3	d	
G 1919 4/10 i Åsele med		
Nilsson Annie Evelina		BOÖ 28
f 1897 26/3	d	
1. Alfhild Benedikta Albertina	f 1920 27/1	
2. Linnea Evelina	f 1922 22/1	

Föräldrar till:
A J Eriksson: Erik Mikaelsson f 1849, Lavsjö, Do
                           Benedikta Andersdotter f 1848

Kronotorpare Aspnäs nr 3

	Boö 5

Ersson Eric   Gästgivare
                                  BOÖ 8
f 1791 /11   d 1839 mars "af starka drycker"
G 1815 9/4 i Åsele med
Ersdotter Anna   HÄL 66
f 1788   d 1860 8/4 "ålder"
Anna omgift 1841 10/4 i Åsele med
Olofsson Nils
f 1809 15/1   d 1890 6/10 "gulsot"
Nils omgift 1862 9/3 i Åsele med
Adamsdotter Stina Bernhardina   BOM 1
f 1827 16/10   d 1886 1/5

1. Pehr Eric   f 1817 26/4   BOÖ 9
2. Anna Stina   f 1819 9/12   BOÖ 1
3. Johan Eric   f 1821 26/11   SIK 7
4. Salmon   f 1823 3/8   LIL 30
5. Daniel   f 1825 14/8   VAR 19
6. Elisabeth Erika   f 1827 5/8   d 1827 2/11
7. Erica Magdalena   f 1829 18/6   LIL 22
8. Kristina Evergestina   f 1862 24/10   d 1863 24/10
9. Eva Christina   f 1865 10/1   d 1903 4/4
10.Anna Mathilda   f 1869 6/5   d 1912 10/4

Föräldrar till:
N Olofsson: Olof Olofsson f 1779, Stavarsjö, Fr
                                  Christina Olsdotter f 1777

(10) A M barn: Fredrik Calixtus Vestin f 1896 10/7   Lycksele -20

Kommer 1817 från Tallsjö, Fr

                                                                 Boö 6
Ersson Johan Eric   BOÖ 5
f 1821 26/11   d 1889 24/10
G 1841 11/4 i Åsele med
Eliedotter Maria Johanna   LIL 64
f 1808 29/7   d 1896 24/3

1. Anna Carolina   f 1842 8/3   Lögda, Fr
2. Eric Johan Aron   f 1844 14/2   d 1925 13/4
3. Sara Johanna   f 1847 4/11   BOÖ 49

(1) A C g 1875 21/4 i Ås m Petter Aron Larsson f 1836 fr Lögda
(2) E J A bonde i Borgsjö

Kommer 1850 från Siksjö (SIK 7)

			Boö 7
Eriksson Jonas Olof			SIK 44
f 1867 9/3	d		
G 1900 8/10 i Åsele med			
Wiklund Hulda Margareta			TRE 30
f 1879 20/6	d		

1. Hildur Karolina	f 1900 9/7	d 1918 30/10
2. Olof Alvar	f 1902 15/3	
3. Set Adolf	f 1904 24/6	
4. dödfött flickebarn	f 1906 9/7	
5. Nils Sigvard	f 1908 28/8	
6. Erik Leonard	f 1910 27/8	Fredrika -23
7. Edvin Hildemar	f 1912 2/6	
8. Daniel Anton	f 1914 24/6	
9. Ines Alise Margareta	f 1917 17/1	
10. dödfött flickebarn	f 1918 3/6	
11. Karl Waldemar	f 1919 21/5	d 1919 1/6
12. Tyko Valdemar	f 1922 4/9	

(1) H K d "lunginflammation"
(11) K W d "utslagssjukdom"

		Boö 8
Ersson Pär	Gästgivare	VÄN 37
f 1759	d 1827 7/7 "ålderdomsbräcklighet"	
G 1789 med		
Johansdotter Karin		HÄL 30
f 1761	d 1819 22/5 "pleurisie"	
Pär omgift 1819 28/11 i Åsele med		
Nilsdotter Sara Greta		STM 5
f 1788	d 1874 6/9 "ålder"	
Sara Greta omgift 1831 24/6 i Åsele med		
Arnström Christopher	Barnalärare	
d 1800 20/4	d 1854 5/4	

fostersöner (se TAL 1):

1. Salomon Ersson	f 1783 17/5	BOÖ 10
2. Eric Ersson	f 1791 /11	BOÖ 5

Föräldrar till:
C Arnström: Olof Christophersson f 1765, Kubbe, An

Familjen kommer 1814 från Västernoret (VÄN 10)

		<u>Boö 9</u>
		BOÖ 5
Ersson Pehr Eric		
f 1817 26/4	d	
G 1841 11/4 i Åsele med		
Eliedotter Ingeborg Stina		LIL 64
f 1819 29/12	d	

1. Sara Johanna	f 1842 31/3
2. Erik Magnus	f 1844 19/8
3. Elias	f 1847 5/3
4. Anna Erica	f 1849 12/12

Till Siksjö 1850 (SIK 9)

		<u>Boö 10</u>
		BOÖ 8
Ersson Salomon		
f 1783 17/5	d 1869 14/4 "ålderdom"	
G 1814 27/3 i Åsele med		
Olsdotter Anna		TJL 2
f 1790	d 1867 2/2 "ålderdom"	

1. Sara Catharina	f 1816 11/4

Flyttar 1817 till Tallsjö, Fr

		<u>Boö 11</u>
Filipsson Anders		
f 1765 11/8	d	
G 1793 med		
Pålsdotter Sophia		BOÖ 43
f 1770	d	

Föräldrar till:
A Filipsson: Filip Persson f 1720, Rå, Åd
Kerstin Andersdotter f 1737

Flyttar 1795 till Gigsele (GIG 11)

		<u>Boö 12</u>
		TRE 4
Hansson Jonas		
f 1867 4/8	d	

G 1888 2/12 i Åsele med
Danielsdotter Maria Teolinda
f 1866 26/12   d 1899 17/11 "tuberculos"

1. Hedvig Fredrika Emelinda   f 1889 12/10   Fjälltuna, Fr
2. Tekla Martina   f 1891 25/9   Långbäcken, Fr
3. Olof Ossian   f 1894 23/7   Canada -05

Föräldrar till:
M T Danielsdotter: Daniel Danielsson f 1829, Långbäcken, Fr
                                 Fredrika Magdalena Fredriksdotter f 1834

(1) H F E g 1906 4/11 m Elias Nikanor Strömberg f 1880 från Fjälltuna
(2) T M fosterbarn hos mormor i Långbäcken

Från Trehörningen 1889 (TRE 7) - till Lomsjö (LOM 40) 1892
Kommer tillbaka 1898 - Jonas till Canada 1905

                                                                  Boö 13
Hansson Salmon   Gästgivare
                                 TAL 2
f 1789   d 1861 11/11 "ihjälfrusen"
G 1810 25/3 i Åsele med
Ersdotter Gertrud   BOÖ 41
f 1789 4/12   d 1870 12/5

Kommer från Tallsjö, Fr 1825

                                                                  Boö 14
Häggqvist Hans Markusson
f 1866 1/2   d
G 1901 10/3 i Åsele med
Våhlin Hilma Johanna Karolina   BOÖ 52
f 1877 10/11   d

1. Karl Georg   f 1901 10/8
2. Enar Markus   f 1903 29/6
3. Jonas Holger   f 1906 31/3
4. Dagny Karolina   f 1908 31/7   Fredrika -27
5. Anna Lydia   f 1912 2/4
6. Ingeborg Amalia   f 1913 28/5
7. Bertil Ingemar   f 1915 16/5

Föräldrar till:
H Häggqvist: Markus Hansson f 1831, Grundsjö, Trehörningssjö

328

(2) E M "sinnessjuk"

Boö 15

Häggström Johan Helmer   Kronojägare
f 1888 21/7   d
G 1918 13/10 i Åsele med
Eriksson Maria Kristina Ingeborg   BOÖ 44
f 1898 3/8   d

1. John Edor   f 1919 17/5
2. Lars Erik Elling   f 1920 11/10
3. Greta Birgitta   f 1923 27/8
4. Märta Ingeborg   f 1925 21/4

Föräldrar till:
J H Häggström: Lars Anton Häggström f 1862, Sävsjön, Degerfors
    Anna Josefina Hansdotter f 1863

Boö 16
ÖSB 1

Ingelsson Eric Otto
f 1862 29/9   d
G 1901 10/8 i Åsele med
Abrahamsdotter Elin Teresia
f 1876 17/5   d

1. Ebbe   f 1902 21/8
2. Enfrid   f 1905 14/1
3. Hedda Kristina   f 1907 11/2
4. Frans Evert   f 1909 16/10
5. Anna Elina   f 1914 14/3
6. dödfött gossebarn   f 1914 14/3

Föräldrar till:
E T Abrahamsdotter: Abraham Ersson f 1840, Långbäcken, Fr
    Brita Wilhelmina Hansdotter f 1847

Flyttar till Insjö 1918 (INS 19)

Boö 17
BOÖ 31

Jakobsson Asser Anselm
f 1873 28/11   d
G 1905 9/2 i Åsele med
Danielsson Anna Karolina

f 1882 9/1   d

1. Wilma Anna Amalia   f 1905 25/9
2. Harald Jakob Daniel   f 1907 4/1
3. Astrid Ingeborg   f 1911 8/8
4. Agnes Martina   f 1914 14/12
5. Ivar Martin   f 1918 27/1

Föräldrar till:
A K Danielsson: Daniel August Eriksson f 1853, Volmsjö, Fr
se GÄR 30   Amalia Karolina Olofsdotter f 1854

Jacobsson Mårten   Gästgivare
f 1800 22/3   d 1873 21/3
G 1833 3/3 i Åsele med
Olofsdotter Inga Märtha   FOR 3
f 1812 10/12   d 1901 12/12

1. Anna Regina   f 1833 6/9   GIG 27
3. Brita Karolina   f 1837 24/11   ÄLG 32
4. Jacob   f 1840 30/5   BOÖ 31
5. Tekla Dorotea   f 1843 7/2   d 1843 2/6
6. Olof Daniel   f 1844 23/5   ÄLG 70
7. Clara Mathilda   f 1847 3/2
8. Enok Alfrid   f 1849 5/11   d 1870 13/11
9. Ida Augusta   f 1852 13/8   Stockholm -80
10.Märtha Amalia   f 1858 12/10   Helgesta -84

Föräldrar till:
M Jacobsson: Jacob Jacobsson f 1752, Nordsjö, Arnäs
                                Anna Andersdotter f 1753

(8) E A d "nerffeber"
(9) I A barn: Carl   f 1880 14/7   BOÖ 32

Kommer från Forsnäs (FOR 22) 1838

Jansson Jonas Viktor   Kronojägare
f 1885 22/9   d
G 1912 8/1 i Arvidsjaur med
Wikberg Hulda Gustava
f 1885 28/1   d

Föräldrar till:
J V Jansson: Jan Peter Johansson f 1846, Sotebyn, Tösse
                                      Lisa Greta Johansdotter f 1854
H G Wikberg: Johan Wikberg f 1842, Glommersträsk, Arvidsjaur
                                      Stina Josefina Berggren f 1850

Från kyrkbyn, Arvidsjaur 1912 - till Åsele (ÅSE 172) samma år
----
                                                                            Boö 20

Johansson Pehr Albin
f 1882 1/3   d
G 1906 5/5 i Åsele med
Lindgren Amalia Elisabeth
f 1865 5/2   d

1. Oskar Elling   f 1892 28/4
2. Artur   f 1896 23/8
3. Johan Algot   f 1906 1/7   d 1906 16/7

Föräldrar till:
P A Johansson: Johan Petter Jonsson f 1846, Bellvik, Do
                              Eva Magdalena Ersdotter f 1858
A E Lindgren: Sjul Svensson f 1819, Kroksjö, Ly
                              Elisabeth Catharina Pehrsdotter f 1826

Flyttar till Åsele (ÅSE 187) 1906

                                                                            Boö 21
                                                                            AVA 24
Jonsson Nils Amandus
f 1881 13/8   d
G 1913 13/4 i Åsele med
Våhlin Maria Amalia   BOÖ 52
f 1883 30/8   d

1. Siri Marie   f 1914 15/2
2. Jonas Halvar   f 1917 14/5
3. Nils Ingvar   f 1918 28/2
4. Elin Milly   f 1920 31/7

                                                                            Boö 22
                                                                            BOÖ 36
Jonsson Pål
f 1789   d
G 1813 28/3 i Fredrika med
Hansdotter Anna   TAL 2
f 1787   d

1. Jonas	f 1814 16/4		OXV 27
2. Brita Cajsa	f 1816 28/8	Tallsjö, Fr	
3. Anna Sophia	f 1818 30/7	Tallsjö, Fr	
4. Hans	f 1821 14/2	Tallsjö, Fr	
5. Maja Lisa	f 1823 3/4		LIL 59

(2) B C g 1839 3/2 i Fr m Eric Pålsson f 1814 från Stavarsjö, Fr
(3) A S g 1839 3/2 i Fr m Johan Svensson f 1814 fr Tallsjö
(4) H g 1845 13/4 i Fr m Eva Johanna Eliedotter f 1820 från Stennäs, Fr

Flyttar till Tallsjö, Fr 1825

Boö 23
Jonsson Salomon   BOÖ 37
f 1840 1/12   d 1914 2/4
G 1867 10/3 i Åsele med
Andersdotter Clara Magdalena   ÅSE 188
f 1842 28/3   d 1916 3/11 "ålderdom"

1. Jonas Albert	f 1868 1/4	d 1886 10/7	
2. Ida Maglena Carolina	f 1870 27/10		LOM 66
3. Eric Robert	f 1873 18/11		BOÖ 45
4. Clara Amalia Charlotta	f 1876 15/8		BOÖ 3
5. Alma Olivia Katarina	f 1881 27/10		BOÖ 35

(1) J A d "drunkning"

Boö 24
Christophersson Gullik
f 1781 15/10   d
G 1808 efter 6/11 i Åsele med
Jonsdotter Maria   BOÖ 36
f 1788   d

1. Christoffer	f 1808 22/12	d 1809 4/5
2. Stina Cajsa	f 1810 20/3	

Föräldrar till:
G Christophersson: Christopher Gulliksson f 1739,Västersel,An
                          Kerstin Olofsdotter f 1745

(1) C d "mässling"

Flyttar 1812 till Trehörningen (TRE 15)

Christoffersson Nils Eric   BOÖ 46
f 1850 18/4   d 1926 27/10
G 1883 15/4 i Åsele med
Persdotter Eleonora Karolina Charlotta   BOÖ 50
f 1859 8/7   d

1. Johan Kristoffer   f 1883 14/10
2. Nils Teodor   f 1888 14/4   BOÖ 33
3. Alma Concordia   f 1891 18/2   BOÖ 27

Boö 26

Christoffersson Salmon   Nämndeman   BOÖ 46
f 1845 11/12   d 1920 15/3 "hjärnblödning"
G 1872 7/10 i Åsele med
Larsdotter Sara Christina
f 1839 23/9   d 1915 9/1

1. Erik Kristoffer   f 1873 22/8   BOÖ 44
2. Selma Kristina Karolina   f 1875 19/11   d 1882 24/9
3. Lars Agaton   f 1878 7/12   d 1885 22/3
4. Sara Davida   f 1882 30/12   d 1882 30/12
fosterson (se SÖD 2):
5. Elis Nikanor Danielsson   f 1889 28/4   Volmsjö, Fr

(5) E N d 1918 4/11 "lunginflammation " i Fredrika - se BOÖ 39
    E N g 1918 29/9 i Fr m Anna Betty Sofia Eriksson f 1894 från Volmsjö

Föräldrar till:
S C Larsdotter: Lars Persson f 1803, Lögda, Fr
                               Maja Stina Strömberg f 1804

Boö 27

Lundborg Carl Persson   Skräddare   BOÖ 32
f 1880 14/7   d
G 1910 6/2 i Åsele med
Nilsdotter Alma Concordia   BOÖ 25
f 1891 18/2   d

1. Iris Ida Karolina   f 1910 28/8   Umeå -29
2. Betty Alma Matilda   f 1913 12/6
3. Karl Albert Haldo   f 1916 16/3
4. Nils Robert Birger   f 1918 7/6   d 1921 7/4
5. Per Gustaf Martin   f 1920 18/11

Boö 28
Markusson Nils Ludvig   VÄN 34
f 1871 9/9   d
G 1896 10/10 i Åsele med
Kristoffersdotter Amanda Albertina   BOÖ 46
f 1866 4/9   d

1. Annie Evelina   f 1897 26/3   BOÖ 4
2. Alma Karolina   f 1898 26/4   Tallsjö, Fr
3. Nils Artur   f 1903 17/6
5. Anna Amanda   f 1909 9/8
fosterson (se ÅSE 351):
6. Erik Alfred Albinsson   f 1891 9/8

(2) A K g 1922 9/7 m Olof Harald Johansson f 1895 från Tallsjö

Kronotorpare Aspnäs nr 1

Kommer 1909 från Åsele (ÅSE 270)

Boö 29
Mattsson Anders
f 1860 12/4   d
G 1896 4/10 i Fredrika med
Israelsdotter Mathilda Eufrosyna
f 1856 24/12   d

1. Anna Mathilda   f 1897 25/9

Föräldrar till:
A Mattsson: Rull Matts Andersson f 1817, Winäs, Falun
                            Anna Olsdotter f 1829
M E Israelsdotter: Israel Matsson f 1816, Högnäs, Ly
                            Maria Helena Höglander f 1820

Kommer 1897 från Tallsjö, Fr - flyttar tillbaka 1901

Boö 30
Molin Hans Leonard
f 1878 8/11   d
G 1904 28/8 i Åsele med
Hansdotter Maria Olivia Agata   TRE 6
f 1882 27/3   d
Hans Leonard tidigare gift - änkling 1902 7/11

334

1. Ines Maria	f 1904 18/12	
2. Frida Kristina	f 1906 31/1	d 1906 2/3

Föräldrar till:
H L Molin: Hans Petter Molin f 1847, Ottsjö, Åd
Maria Persdotter

Flyttar till Resele 1907

                                                 Boö 31

Mårtensson Jacob   BOÖ 18

Mårtensson Jacob		
f 1840 30/5	d 1908 17/6 "cancer hepatis"	
G 1869 18/4 i Åsele med		
Hansdotter Anna Gustava		ÄLG 92
f 1840 31/3	d 1904 23/1 "hjertförlamning"	
1. Inga Martina	f 1870 24/2	Brännland, Umeå
2. Stina Evelina	f 1872 11/7	d 1872 5/9
3. Asser Anshelm	f 1873 28/11	BOÖ 17
4. Olof Albert	f 1877 19/7	d 1895 30/9

(1) I M g 1904 9/2 i Umeå landsförs m änkl Frans Daniel Borgström f 1863 i Tallsjö, Fr

---

                                                 Boö 32

Mårtensson Olof Daniel   BOÖ 18

Mårtensson Olof Daniel		
f 1844 23/5	d 1929 2/8	
G 1868 12/4 i Åsele med		
Henricsdotter Anna Mathilda		ÄLG 20
f 1846 22/3	d 1926 3/6	

1. Olivia Christina Ingeborg	f 1873 28/7	BOÖ 42
fosterson (se BOÖ 18):		
2. Carl Persson	f 1880 14/7	BOÖ 27
barnbarn (se BOÖ 42):		
3. Anny Oktavia Ingeborg	f 1894 20/1	BOÖ 40
4. Ida Hildur Regina	f 1897 4/2	Wilhelmina -21
5. Olof Einar	f 1899 12/3	
	BOÖ 57	
6. Erik Sören	f 1901 16/4	Jukkasjärvi -26

Kommer 1873 från Älgsjö (ÄLG 70)

                                                 Boö 33

Nilsson Nils Teodor   BOÖ 25

f 1888 14/4   d
G 1914 13/10 i Åsele med
Gunneriusson Selma
f 1892 20/6   d

1. Nils Helge   f 1913 15/9
2. dödfött flickebarn   f 1915 19/1
3. Gunhild Viola   f 1918 16/3
4. Elsy Karolina   f 1919 3/10
5. Anna   f 1921 31/8   d 1921 31/8
6. dödfött gossebarn   f 1922 22/7
7. dödfött flickebarn   f 1922 22/7
8. Irma Aurora   f 1926 1/6

Föräldrar till:
S Gunneriusson: Gertrud Katarina Salomonsdr f 1872, Norrby, Tå
                           far: Sven Gustaf Gunneriusson f 1870

(1) N H:s mor: Syster Karolina Danielsdotter (se LOM 58)

Nordström Erik Petter
f 1869 8/4   d
G 1900 9/9 i Åsele med
Genberg Ida Paulina
f 1869 22/6   d
Erik Petter tidigare gift se LIL 62

2. Anny Katarina   f 1900 13/12

Föräldrar till:
E P Nordström: Eric Pehrsson Nordström f 1834, Åkerö, Edsele
se KUL 11   Anna Erika Ersdotter f 1844
I P Genberg: Johan Abraham Genberg f 1827, Alskaliden, Fr
se ÅSE 483   Maria Carolina Westman f 1833

Till Skolan 1901 (ÅSE 327)

Nygren Anders Andersson
f 1876 2/9   d
G 1906 8/10 i Åsele med
Salomonsdotter Alma Olivia Katarina   BOÖ 23
f 1881 27/10   d

1. Olof Albert   f 1910 17/3

Föräldrar till:
A Nygren: Anders Persson f 1829, Vackerås, Bh
                                  Anna Cajsa Persdotter f 1846

Till Östanberg 1910 (ÖSB 5) - kommer tillbaka (Kronotorpare Norsjö nr 1) 1913

			Boö 36
Olofsson Jon			OXV 26
f 1762 25/8	d 1842 25/9 "ålder"		
G 1785 med			
Pålsdotter Karin			GIG 23
f 1761	d 1842 25/6 "ålder"		

1. Maria	f 1788		BOÖ 24
2. Pål	f 1789		BOÖ 22
3. Jonas	f 1792 14/1	Tallsjö, Fr	
4. Karin	f 1793	Västersel, An	
5. Olof	f 1794	d 1794	
6. Mathias	f 1794	d 1794	
7. Daniel	f 1796	Alblosele, Wi	
8. Christoffer	f 1798	d 1801 18/6	
9. Abraham	f 1799 28/4		LIL 42
10.Olof	f 1800 23/8	d 1800 25/11	
11.Sven	f 1801 25/11	d 1815 23/11	
12.Eva Lisa	f 1803 16/8		LIL 28
13.Anna Christina	f 1805 22/5	d 1805 12/11	

(3) J g 1821 1/4 i Ås m Gertrud Danielsdotter (TAL 5) - tar sig Borgström
(4) K g 1812 29/3 i Ås m Pehr Christophersson f 1784 från Västersel
(7) D g 1820 2/12 i Ås m Brita Mattsdotter f 1787
(8) C d i "koppor"
(11) S d "hastigt i skogen"

Kommer till Borgsjö 1794 från Oxvattnet (OXV 21)

			Boö 37
Olofsson Jonas			TEN 20
f 1812 29/3	d 1887 25/6		
G 1840 9/3 i Åsele med			
Salmonsdotter Eva Carolina			ÄLG 60
f 1820 17/2	d 1864 6/9 "lungsot"		

| 1. Salomon | f 1840 1/12 | | BOÖ 23 |

337

2. Gertrud Christina	f 1843 22/1	d 1843	
3. Jonas Olof	f 1844 20/4		GIG 14
4. Stina Carolina	f 1846 20/8		ÅSE 7
5. Anna Erica	f 1848 12/8	Viska, Fr	
6. Clara	f 1851 3/3		ÄLG 57
7. Christoffer	f 1854 7/1		
8. Johan Theodor	f 1856 9/11		ALM 35
9. Lisa Petronella	f 1859 7/5		BOM 13
10.Eric	f 1859 7/5	d 1863 29/12	
11.Eva Olivia	f 1861 17/10	Volmsjö, Fr	

(2) G C finns ej i dödboken, bara i husförhörslängden
(5) A E g 1873 14/4 i Ås med Daniel Johan Wiklund f 1840 från Viska
(11) E O g 1886 11/4 i Fr m Erik Axel Eriksson f 1864 från Volmsjö

Boö 38
YXS 51

Olsson Olof Jakob
f 1855 20/12   d
G 1885 20/9 i Åsele med
Persdotter Sara Olivia Margareta   BOÖ 50
f 1863 29/7   d

1. Olof Artur	f 1896 5/12
2. Olga Charlotta	f 1899 29/11
3. Erik Isidor	f 1901 29/7
4. Agnes Olivia	f 1904 8/7

Till Trehörningen 1888 (TRE 20) - kommer tillbaka 1896 - till Åsele (ÅSE 357) 1911

Boö 39
BOÖ 50

Persson Eric Olof
f 1869 8/9   d 1898 15/9 "lungsot"
G 1894 8/7 i Åsele med
Mattsdotter Magdalena Olivia   ÖVR 7
f 1860 23/1   d

1. Olof Konrad	f 1895 20/5		ÅSE 107
2. Mathias	f 1896 29/11	d 1897 7/2	
3. Freja Agata	f 1897 16/12	Dorotea -23	

(3) F A barn: Ejnar Nikanor   f 1918 22/10   ÅSE 107
        far Elis Nikanor Danielsson (BOÖ 26)

Boö 40

Persson Frans Algot

f 1879 24/6   d
G 1912 5/5 i Åsele med
Olofsdotter Anny Oktavia Ingeborg   BOÖ 32
f 1894 20/1   d

1. Olof Waldemar Hilding   f 1912 10/10   d 1921 20/1
2. Per Allan   f 1914 15/9
3. Svea Olivia Irene   f 1916 22/12
4. Anna Märta   f 1919 23/6
5. Margit Regina   f 1921 25/8
6. Elma Ingeborg   f 1923 30/9
7. Frans Harry   f 1925 27/11
8. Eva Gerdy Margareta   f 1927 25/12
9. Maj-Britt   f 1930 8/5

Föräldrar till:
F A Persson: Per Persson f 1838, Nordanås, Bh
                             Greta Cajsa Andersdotter f 1840

                                                                      Boö 41

Pålsson Eric   Nämndeman
                             GIG 23
f 1768   d
G 1786 med
Ersdotter Apollonia   VÄN 14
f 1757 27/2   d

2. Gertrud   f 1789 4/12   BOÖ 13
4. Lisa   f 1793
5. Eva Stina   f 1795
6. Eric   f 1798
7. Paulus   f 1800 /2   d 1801 24/5
8. Hans   f 1800 /2   d 1801 5/6
9. Hans   f 1802 16/8

(7) P och (8) H d i "koppor"

Från Gigsele (GIG 22) 1795 - 1814 till Västernoret (VÄN 42)

                                                                      Boö 42

Pålsson Olof
f 1869 25/5   d
G 1893 10/12 i Åsele med
Olofsdotter Olivia Kristina Ingeborg   BOÖ 32
f 1873 28/7   d 1902 9/4

1. Anny Oktavia Ingeborg	f 1894 20/1		BOÖ 32
2. Herman Isidor	f 1895 11/7	d 1896 28/2	
3. Ida Hildur Regina	f 1897 4/2		BOÖ 32
4. Olof Einar	f 1899 12/3		BOÖ 32
5. Erik Sören	f 1901 16/4		BOÖ 32

Föräldrar till:
O Pålsson: Paulus Pålsson f 1837, Öjarn, Ström
                              Regina Olofsdotter f 1837

Till Ramsele 1910 - barnen till morfar (BOÖ 32)

Boö 43

Pålsson Pål
f 1741 11/12   d 1811 2/10 "död o begr i Viska"
G 1759 med
Ersdotter Maria

                                      LOM 29
f 1732 20/2   d 1819 18/4 "ålderdomssvaghet"

4. Sophia	f 1770		BOÖ 11
5. Lisa	f 1773	Rå, Åd	
6. Pål	f 1778	Stennäs, Fr	

Föräldrar till:
P Pålsson: Pål Danielsson f 1714, Mjösjö, Nm
se VIT 2   Karin Mattsdotter f 1716

(5) L g 1794 m Eric Filipsson f 1768 från Rå
(6) P g 1801 21/10 i Fr m Ingeborg Sjöberg (STF 10)

Kommer från Gigsele (GIG 23)
Antecknad under rubriken Borgsjö v Gigsele tom 1791
Bara Borgsjö sedan

Boö 44
Salmonsson Erik Kristoffer   BOÖ 26
f 1873 22/8   d
G 1896 15/3 i Åsele med
Jonsdotter Emilia Nikolina   GIG 14
f 1877 29/4   d

1. Olof Emil	f 1896 14/11	BOÖ 56
2. Maria Kristina Ingeborg	f 1898 3/8	BOÖ 15

3. Elna Betty Emilia	f 1905 14/12	
4. Anna Hildegard	f 1908 29/2	
5. Selma Ragnhild Augusta	f 1913 1/10	
6. Dagmar Sonja Ingegerd	f 1918 15/12	

		BOÖ 23
Salomonsson Eric Robert		
f 1873 18/11	d	
G 1900 27/1 i Åsele med		
Lundberg Ester Nanny		
f 1882 18/2	d 1918 8/11 "influensa + lunginfl."	

1. Ruth Gunhild Magdalena	f 1901 29/4
2. Agnes Elisabeth	f 1902 18/11
3. Johan Ragnar	f 1904 27/12
4. Albert Fabian	f 1907 21/1
5. Gärda Augusta	f 1909 16/10
6. Erik Almar	f 1912 5/9
7. Axel Verner	f 1916 20/1

Föräldrar till:
E N Lundberg: Fredrik Axel Lundberg f 1858, Långbäcken, Fr
                         Magdalena Eugenia Mattsdotter f 1858

Boö 46
ÄLG 97

Salmonsson Christopher		
f 1811 7/5	d 1894 23/2 "nervslag"	
G 1842 30/1 i Åsele med		
Edin Anna Cajsa		VÄN 4
f 1820 7/11	d 1910 4/12	

1. Anna Lisa	f 1842 1/4		ÖSN 68
2. Eva Lovisa	f 1844 21/4	Wilhelmina -97	
3. Salomon	f 1845 11/12		BOÖ 26
4. Christina Magdalena	f 1848 20/2		TOÖ 36
5. Nils Eric	f 1850 18/4		BOÖ 25
6. Erica Carolina	f 1852 16/8	d 1911 28/8	
7. dödfött flickebarn	f 1854 21/5		
8. Augusta Eufemia	f 1855 16/9		TOÖ 40
9. Catharina Mathilda	f 1858 11/1		ÄLG 40
10.Clara Johanna	f 1860 29/8		
11.Amanda Albertina	f 1866 4/9		VÄN 27

(1) A L barn: dödfött flickebarn	f 1884 29/4
(6) E C "fallandesot"	

341

Samuelsson Erik Alfred ÄLG 29
f 1852 1/2   d 1918 25/2 "hjärtförlamning"
G 1875 7/3 i Åsele med
Jonsdotter Stina Kajsa   AVA 10
f 1854 23/12   d

2. Erik Hjalmar   f 1878 9/3   Stockholm -05
3. Jonas Georg   f 1880 21/11   d 1886 17/6
4. Daniel Robert   f 1883 20/10   d 1890 2/2
5. Samuel Malkus   f 1886 28/3
6. Jonas Harald   f 1888 3/5
7. Israel Wilhelm   f 1890 6/4
8. Ernst Rudolf   f 1892 14/9
9. Signhild Maria   f 1895 28/2   d 1895 30/5
10.Ester Teolina   f 1896 11/5   Stockholm -17

(3) J G "drunknad vid badande"
(4) D R d i "hjerninflammation"
(8) E R "sjöman" – inskriven i Umeå sjömanshus 1915 17/5 – avförd 1926 31/12 därifrån –
oberfintlig –27 – "den 28/2 1919 rymt från s/s Lunana samt sedan ej avhörts"
(10) E T till Jakobs församling i Stockholm

Kommer 1885 från Älgsjö (ÄLG 98)

Boö 48
Svensson Jonas August   GÄR 12
f 1884 24/2   d
G 1906 27/2 i Åsele med
Hansdotter Anna Karolina   TRE 6
f 1888 10/5   d

1. Ida Linnea   f 1905 14/9   Själevad -28
2. Jonas Helmer   f 1908 22/12
3. Hilda Elisabet   f 1911 7/10   Själevad -29
4. Olof Walter   f 1918 4/8
5. Karl Erik   f 1920 12/3
6. Hans Gustaf   f 1925 3/6

Boö 49
Svensson Jonas Teodor   LIL 24
f 1868 8/5   d
G 1889 30/6 i Åsele med
Johansdotter Sara Johanna   BOÖ 6

f 1847 4/11   d 1923 27/1
Jonas Teodor omgift 1926 22/6 i Åsele med
Jonsson Henny Selina
f 1890 29/9   d

1. Johan Arvid   f 1890 31/8   d 1890 5/9
Henny Selinas:
2. Kurt Sune   f 1920 30/10
3. Elsa Kristina   f 1926 15/9
4. Frid Tage   f 1928 10/2   d 1928 22/6
5. Levi Teol   f 1929 28/12

Föräldrar till:
H S Jonsson: Jonas Johansson f 1860, Sunnansjö, Nm
                        Kristina Gustava Karlsdr f 1865

Jonas Teodor far se SÖS 1

(2) K S far Erik Axel Vinberg från Ragunda

                                                 Boö 50
Thomasson Pehr Johan   YXS 64
f 1830 27/9   d 1890 6/4 "lungsot"
G 1859 20/2 i Åsele med
Westman Freja Sara Charlotta   ÅSE 483
f 1838 11/5   d 1919 27/5 "magkräfta"

1. Eleonora Carolina Charlotta   f 1859 8/9   BOÖ 25
4. Lars Johan Robert   f 1866 29/10   d 1874 28/4
5. Sara Olivia Margareta   f 1863 29/7   BOÖ 38
6. Eric Olof   f 1869 8/9   BOÖ 39
fosterson (se SÖN 13):
7. Karl Wilhelm Olsson   f 1877 19/6   ÅSE 355

(4) L J R d "skarlakansfeber"

Kommer ca 1870 från Älgsjö (ÄLG 108)

                                                   Boö 51
Westergren Per Erik   LIL 98
f 1841 18/10   d
G 1864 31/1 i Åsele med
Brandt Märtha Carlsdotter
f 1840 7/10   d

1. Brita Cajsa   f 1864 11/4   d 1864 26/4
2. Erica Carolina   f 1865 11/6
3. Pehr Albin   f 1869 1/3

Föräldrar till:
M Brandt: Carl Adolph Brandt f 1799, Yttersel, An
                  Cajsa Greta Ersdotter f 1805

(1) B C d "kramp"

Flyttar 1870 till Siksjö (SIK 56)

Våhlin Carl Jonas   **Boö 52**
f 1845 21/4
G 1875 31/10 i Åsele med   d
Ersdotter Maria Carolina
f 1849 24/11   d

1. dödfött gossebarn   f 1876 11/9
2. Hilma Johanna Carolina   f 1877 10/11
3. Erik Hjalmar   f 1879 4/5   d 1906 21/1   **BOÖ 14**
4. Elin Mariana   f 1881 7/11   d 1883 4/1
5. Maria Amalia   f 1883 30/8
6. Karl Ludvig   f 1885 28/4   **BOÖ 21**
                                          BOÖ 53

Föräldrar till:
C J Våhlin: Erik Nilsson f 1815, Volmsjö, Fr
                  Anna Brita Adamsdotter f 1817
M C Ersdotter: Eric Danielsson f 1823, Nordanås, Fr
                  Segrid Johanna Nilsdotter f 1822

(3) E H d "tuberculosis pulmonum"

Våhlin Carl Ludvig   **Boö 53**
f 1885 28/4   d   **BOÖ 52**
G 1914 11/10 i Åsele med
Forsen Anna Margareta
f 1890 14/11   d

1. Karl Gösta   f 1915 26/10
2. Elsa Margareta   f 1918 7/5
3. Jonas Sture   f 1920 27/9
4. Sten Sigurd   f 1921 11/12

5. Kjell Tore	f 1924 6/7
6. Sally Tora Maria	f 1927 16/1
7. Lars Östen	f 1929 20/7

Föräldrar till:
A M Forsen: Jonas Forsen f 1846, Råsele, Wi
se ALM 24   Juliana Petronella Persdotter f 1856

Boö 54

Åström Daniel Konrad   (Forsberg)   GAF 45
f 1879 12/11   d
G 1911 9/4 i Åsele med
Jonsdotter Betty Maria Alexandra   GIG 14
f 1879 17/2   d

1. Set Olof William   f 1914 2/1

Boö 55

Åslund Per Wilhelm Teodor   Kronojägare
f 1880 30/10   d
G 1912 13/10 i Åsele med
Åkerlund Wendla Augusta
f 1879 18/8   d

1. Per Edor   f 1918 24/4

Föräldrar till:
P W T Åslund: Per Åslund f 1846, Sandviken, Gudmundrå
                       Anna Kajsa Olsdotter f 1848

W A Åkerlund: Erik Åkerlund f 1843, Nygården, Stigsjö
                       Erika Bergqvist f 1846

Från Åsele (ÅSE 510) 1916 - till Hällesjö, Jämtland 1917

Boö 56
BOÖ 44

Eriksson Olof Emil
f 1896 14/11   d
G 1925 23/6 i Åsele med
Karlsson Martina Josefina   ÄLG 52
f 1897 24/2   d

1. Tyra Kristina   f 1926 8/6
2. Erik Lennart   f 1927 18/11

Boö 57

Olsson Olof Ejnar   BOÖ 32
f 1899 12/3   d
G 1921 6/8 i Åsele med
Olofsson Betty Ingrid Sofia   GIG 20
f 1903 19/6   d

1. Olof Tyko   f 1921 12/9
2. Ragnhild Regina   f 1922 13/9
3. Bengt Rickard   f 1924 25/4
4. Emmy Hildegard   f 1926 21/1
5. Anna Vivi Olivia   f 1929 9/8

Flyttar till Skellefteå landsförsamling 1929

                                                                                         Boö 58
Näslund Erik Johan
f 1895 27/10   d
G 1928 8/4
Gustafsson Beda Evelina
f 1900 5/4   d

1. Gunli Elsy Margareta   f 1928 16/8
2. Lars Erik   f 1930 16/1

Föräldrar till:
E J Näslund: Erik Olof Näslund f 1853, Ås, Högsjö
                                   Brita Kajsa Nylander f 1863
B E Gustafsson: Johan Gustaf Gustafsson f 1857, Österede, Fors
                                   Anna Magdalena Forsgren f 1861

Kommer 1929 från Högsjö

                                                                                         Boö 59
Svensson Erik Amandus   LIL 24
f 1871 18/6   d
G 1921 10/7 i Åsele med
Törnqvist Kristina Vilhelmina
f 1891 23/2   d

1. Lepold Sixten   f 1916 14/8
2. Sonja Sylvia   f 1925 26/3

Föräldrar till:
K V Törnqvist: Karl Törnqvist f 1841, Bölen, Ju
                                   Kristina Johanna Andersson f 1861

346

Kronotorpare Norsjö nr 2 till 1929

Boö 60
BOÖ 3

Edin Olof Gunnar
f 1900 29/11   d
G 1924 25/10 i Åsele med
Persson Gunborg Emilia   ÄLG 40
f 1902 3/3   d

1. Karl Sigurd	f 1925 28/1	
2. ett dödfött gossebarn	f 1928 19/10	
3. ett dödfött gossebarn	f 1929 16/10	

Boö 61
LIL 38

Aronsson Helmer Agaton
f 1894 5/5   d
G 1920 19/12 i Åsele med
Hansson Hilma Lydia Martina   TRE 6
f 1895 13/5   d

1. Göta Aline   f 1921 11/10

Kommer 1920 från Lögdaberg (LIL 9) – till Trehörningen 1923 (TRE 32)

Bäs 1
BÄS 3

Eliasson Hans
f 1772   d 1819/8
G 1793 med
Johansdotter Maria
f 1775   d 1855 30/11
Maria omgift 1823 24/6 i Wi m Eric Pehrsson (se ÖSN 63)
Maria omgift 1826 16/4 i Wi m Eric Ersson (HOL 6)

1. Gertrud	f 1794 31/12	Bäcksele, Wi	
2. Anna Maria	f 1797 21/1	Volgsele, Wi	
3. Elias	f 1799 7/3		ÄLG 41

Föräldrar till:
M Johansdotter: Johan Jonsson f 1732, Pauträsk, Ly
                    Anna Danielsdotter f 1736
Johan död här 1824 6/10, Anna död 1810 23/3 "feber"

(1) G g 1818 i Wi m Johan Göransson (HÄL 5)
(2) A M g 1813 i Wi m Lars Larsson (VOL 4)

Ersson Eric   RÖD 1
f 1754 4/10   d 1824 29/4 "ålderdom"
G 1778 med
Johansdotter Anna   HÄL 30
f 1751 17/9   d 1810 23/3 "feber"
Eric gifter om sig 1814 i Wi m Karin Mattsdotter (LAT 1)

1. Eric	f 1779	Bäsksele, Wi
2. Anna	f 1780	d 1803 3/7
3. Johan	f 1782	Bäsksele, Wi
4. Pehr	f 1785	Malgovik, Wi
5. Segrid	f 1791 27/11	Bäsksele, Wi

(1) E g 1804 2/4 i Ås m Brita Andersdotter (SVA 14)
    E g 1808 i Wi m Märet Hindricsdotter (SKA 1)
    E g 1814 i Wi m Christina Jonsdotter (SKA 3)
(2) A d "feber"
(3) J g 1804 i Wi m Katarina Mattsdotter (LAX 2)
(4) P g 1804 i Wi m änkan Anna Christina Nilsdotter (MAL 1)
(5) S g 1812 m Olof Bergelsson f 1786 från Bässebarg, Norra Ny

Kommer från Volgsele (VOL 1)

Bäs 3

Hansson Elias
f 1743 16/4   b 1791 5/11
G 1771 med
Pehrsdotter Gertrud   SVA 4
f 1744 8/2   d 1816 9/4 "af ålder"
Gertrud omgift 1794 med
Jonsson Eric
f 1748   d 1810 3/4

1. Hans	f 1772		BÄS 1
2. Pehr	f 1775	Malgovik, Wi	
3. Maria	f 1777	Granliden, Wi	
4. Elias	f 1779	Volgsele, Wi	
5. Eric	f 1782	Laxbäcken, Wi	
6. Isak	f 1785	Djupdal, Wi	

Föräldrar till:
E Hansson: Hans Mattsson f 1706, Näset, Fj
                               Maria Isaksdotter f 1718

E Jonsson: Jon Jonsson f 1715, Sunsta, Bjärtrå
                                          Karin Jonsdotter f 1715

(2) P g 1804 i Wi m Anna Larsdotter (LAX 1)
(3) M g 1818 i Wi m Erik Kristian Samuelsson f 1794 från Långvattnet, St
(4) E g 1801 i Wi m Anna Jonsdotter (DAL 4)
(5) E g 1801 i Wi m änkan Karin Mattsdotter (LAX 2)
(6) I g 1814 i Wi m Helena Mattsdotter (LAX 2)

Kommer från Volgsele (VOL 2)

Bäs 4

Christophersson Olof
f 1759   d 1802 27/5 "lungsot"
G 1779 21/3 i Anundsjö med
Pehrsdotter Christina
f 1749 13/1   d 1798 29/6 "slag"

	f	d
1. Christopher		
2. Pehr	f 1782	Bäsksele, Wi
3. Anna	f 1786	Bäsksele, Wi
4. Christopher	f 1790 14/8	d 1878 7/9

Föräldrar till:
O Christophersson: Christopher Olsson f 1720, Sörflärke, An
                                   Kerstin Abrahamsdotter f 1717
C Pehrsdotter: Per Jonsson f 1711, Skalmsjö, An
                                   Anna Eriksdotter f 1720

(2) P g 1804 2/4 i Ås m Gertrud Ingelsdotter (HÄL 52)
(3) A g 1803 i Wi m Olof Olofsson f 1777

Bäs 5

Larsson Jon
d 1743 10/7   d
G 1773 12/6 i Anundsjö med
Christophersdotter Kerstin
f 1745 31/3   d

1. Lars	f 1774
2. Cherstin	f 1776
3. Christopher	f 1778

Föräldrar till:
J Larsson: Lars Waniksson Risberg f 1715, Rissjölandet

K Christophersdr:

Brita Jonsdotter f 1721
Christopher Olsson f 1720, Sörflärke, An
Kerstin Abrahamsdotter f 1717

Flyttar till Latikberg 1778 (LAT 4)

Arvidsson Sjul
d 1738 20/7   d 1813 3/3 "bröstfeber"
G med
Johansdotter Märta
f 1730   d 1820 5/9 "ålder"

1. Christina	f 1768	BÄÖ 4
2. Märeta	f 1769	BÄÖ 8
3. Pehr	f 1771	LUS 4

Föräldrar till:
S Arvidsson:

Arvid Waniksson, Rissjölandet
Kerstin Sjulsdotter

M Johansdotter:

Kommer från Ormsjö (ORM 1) 1788

Bäö 2

Bryngelsson Nils
f   d
G 1776 med
Andersdotter Lisa
f   d

1. Sigrid	f 1781	
2. Anna	f 1784	b 1794 4/5
3. Christina	f 1787 10/4	
4. Lisa	f 1789 4/11	b 1794 21/4
5. Sophia	f 1792 24/1	

Föräldrar till:
N Bryngelsson:

Bryngel Larsson, Norge-lapp
Kerstin Nilsdotter

L Andersdotter:
Anna Nilsdotter, Bäsksellandet

Bäö 3

Israelsson Israel

f 1758 1/11   d 1814 30/8 "lungsot"
G 1791 med
Andersdotter Karin   SVA 14
f 1769   d

1. Märet   f 1791 22/11   Lycksele
2. Apollonia   f 1794 23/6   Sandvik, St
3. Christina   f 1796 5/11   Bäsksjö, Wi
4. Anders   f 1799 12/3   Järvsjö, Wi

Föräldrar till:
I Israelsson: Märta Persdr, Tängsta, Resele

(1) M g 1815 i Wi m Mats Pehrsson f 1794 från Degerfors
(2) A g 1816 i Wi m Olof Pehrsson f 1792 från Bäckmark
(3) C g 1824 21/3 i Ås m Pehr Nilsson Rådström (GAF 50)
(4) A g 1823 m Eva Christina Jonsdotter f 1801 från Pauträsk, St
----
                                                            Bäö 4

Johansson Nils
f   d
G 1796 med
Sjulsdotter Christina   BÄÖ 1
f 1768   d 1809 12/1 "ihjälfrusen på skogen mellan Mårdsjö
                                           och Volgsjö"

1. Märta   f 1796 21/9   d 1796 30/10

Föräldrar till:
N Johansson: i Wi dödbok 1809 står "norske mannen"
                               trol. Norge-lapp

                                                            Bäö 5

Jonsson Anders
f 1766   d 1805 9/10 "lungsot"
G 1791 med
Ersdotter Anna   BÄÖ 7
f 1767   d 1839 21/10
Anna omgift 1807 i Wi m Carl Petter Pehrsson f 1783

1. Anna   f 1791   Bäsksjö, Wi
2. Greta   f 1793 8/6   Nästansjö, Wi
3. Magdalena   f 1796 21/2   Långbäcken, Fr
4. Jonas   f 1798 28/2   Sandvik, St

Föräldrar till:
A Jonsson:

(1) A g 1821 i Wi m Christopher Christophersson (LAT 3)
(2) G g 1821 i Wi m Nils Nilsson (NÄS 3)
(3) M g 1821 26/12 i Fr m Eric Hansson (YTT 19)
(4) J g 1821 jan i Wi m Anna Pehrsdotter f 1797 från Lycksele

----

		Bäö 6
Jonsson Lars		LAT 4
f 1774	d 1849 16/2	
G 1798 med		
Johansdotter Christina		STO 28
f 1776	d 1857 27/4	
1. Christina	f 1800 29/8	Latikberg, Wi

(1) C g 1819 i Wi m Eric Andersson (LUS 2)

		Bäö 7
Nilsson Eric		SVA 1
d 1742 5/12	d 1816 6/11	
G 1763 med		
Pehrsdotter Anna		TOÖ 34
d 1737 10/4	d 1814 9/9 "slag"	
2. Anna	f 1767		BÄÖ 5
3. Ingeborg	f 1769	Långbäcken, Fr
4. Pehr	f 1773	b 1794 8/4
5. Christina	f 1776	

(3) I g 1806 20/4 i Ås m Nils Pehrsson (LÅB 2)

Kommer från Latikberg (LAT 6)

		Bäö 8
Pehrsson Eric		
f 1768	d 1852 1/5	
G 1794 med		
Sjulsdotter Märet		BÄÖ 1
f 1769	d 1812 11/9 "död efter barnsäng"	
Eric omgift 1814 i Wi m Maria Mattsdotter (LAR 6)		
1. Sara	f 1795 28/6	

2. Märet	f 1796 14/7	d 1797 4/12
3. Margareta	f 1797 4/9	
4. Anna	f 1799 3/5	d 1799
5. Pehr	f 1800 2/6	d 1816 21/6

Föräldrar till:
E Pehrsson: Pehr Ericsson f 1733, senare i Andersvattnet, Bu
Sara Mårtensdotter f 1732

(5) P d "bröstfeber"

Zakrisson Johan
f 1756 25/5 d
G 1789 31/1 i Burträsk med
Johansdotter Brita
f 1752 10/9 d

1. Zacharias	f 1788	Bäsksjö, Wi
2. Elsa Greta	f 1792	Långvattnet, St
3. Johan	f 1794	d 1809 1/3
4. Marcus	f 1797	

Föräldrar till:
J Zakrisson: Zakris Persson, Lappvattnet, Bu
Elsa Hinriksdotter

B Johansdotter: Johan Jonsson Lättvist, Vallen, Lövånger
se AVA 15 Marget Jonsdotter f 1731

(1) Z g 1816 i Wi m Anna Katharina Ersdotter (LAT 5)
   Z g 1836 26/12 i Wi m änkan Brita Jonsdotter (STR 1)
(2) E G g 1816 i Wi m Anders Johansson f 1791 från Långvattnet
(3) J d "drunknat"

Kommer 1798 från Luspen (LUS 5)

Jonsson Olof
f 1775 d
G 1797 med
Mårtensdotter Greta
f 1772 26/7 d 1838 30/1

1. Greta	f 1798 20/5	d 1857 1/3
2. Jonas	f 1800 10/8	Bäsksele, Wi

Föräldrar till:
G Mårtensdotter: Mårten Hansson f 1726, Rusksele, Ly
                                    Catharina Jonsdotter f 1731

(1) G "dumbe"
(2) J g 1823 i Wi m Anna Elisabeth Ersdotter (NÄS 1)

                                                                              Dal 2
Larsson Lars
d 1741 2/2   d 1828 11/11
G 1769 med
Nilsdotter Anna   GUL 2
f 1743 11/11   d 1824 15/3 "ålderdom"

1. Anna   f 1769
                             DAL 3
2. Brita   f 1772
3. Carin   f 1775   SIW 1
4. Nils   f   d före 1780
5. Lars   f 1778   Dalasjö, Wi
6. Märet   f 1781   Svannäs, Wi
7. Ingeborg   f 1784   Volgsele, Wi
8. Christina   f 1786 20/6   Rismyrliden, Wi

Föräldrar till:
L Larsson: Lars Waniksson Risberg f 1715, Rissjölandet
                             Brita Jonsdotter f 1721

(5) L g 1804 i Wi m Sara Greta Jonsdotter f 1784 från Pauträsk, St
    L g 1816 i Wi m Apollonia Mattsdotter (LAX 2)
(6) M g 1808 i Wi m Göran Larsson f 1781
(7) I g 1803 m Johan Johansson f 1776 från Pauträsk, St
    I g 1804 i Wi m Sven Jonsson (DAL 4)
(8) C g 1815 i Wi m Anders Mårtensson (SIW 2)

                                                                              Dal 3
Pehrsson Isac
f 1767 11/4   d 1819 5/10
G 1791 med
Larsdotter Anna
                             DAL 2
f 1769   d 1852 11/10

1. Lisa   f 1792 18/4   b 1794 16/3

2. Anna   f 1795 13/10   d 1796 6/7
3. Pehr   f 1799 11/5   Dalasjö, Wi

Föräldrar till:
I Pehrsson: Per Persson f 1729, Skansnäset, Fj
                               Lisa Hindriksdotter f 1725

(1) L d "mässling"
(3) P g 1825 i Wi m Christina Matsdotter (IDV 4)

                                                           <u>Dal 4</u>

Svensson Jon
f 1748 3/7   d 1779
G 1770 med
Pehrsdotter Marget   TOÖ 34
f 1736 25/1   d 1829 12/12
Marget omgift 1782 m
Guthormsson Hans
f 1742   d 1809 (enl husförhörslängden)

1. Sven   f 1771   Dalasjö, Wi
2. Olof   f 1775
                              DAL 1
3. Daniel   f 1777   Hacksjö, Wi
4. Anna   f 1778   Volgsele, Wi
5. Jon   f 1783   Rönnäs, Wi
6. Pehr   f 1785   Dalasjö, Wi

Föräldrar till:
J Svensson: Sven Svensson f 1716, Sörflärke, An
                               Anna Olofsdotter f 1714
H Guthormsson: trol same från Norge

(1) S g 1804 i Wi m Ingeborg Larsdotter (DAL 2)
(3) D g 1803 i Wi m Christina Jonsdotter (LAT 4)
(4) A g 1801 i Wi m Elias Eliasson (BÄS 3)
(5) J g 1805 24/6 i Wi m Kajsa Mikaelsdr (RÖN 4)
(6) P g 1810 i Wi m Christina Olsdotter (ÅSE 82)

                                                           <u>Das 1</u>
                                                            ÅSE 350
Abrahamsson Johan Frans
f 1876 17/6   d
G 1900 3/11 i Åsele med
Nyman Emma Kristina   ÅSE 342
f 1875 20/3   d

2. Erik Rudolf   f 1903 21/5

Kommer 1901 från Åsele (ÅSE 2) - flyttar 1905 till Canada

                                                                      Das 2
Abrahamsson Per August
                                    DAS 5
f 1859 29/6   d
G 1891 23/2 i Åsele med
Jakobsdotter Stina Kajsa   STO 27
f 1859 8/11   d

1. Judit Maria   f 1891 9/8
2. Per Manfred   f 1892 24/11
3. Elin Katarina   f 1896 14/2
4. Emmy Martina   f 1897 13/3
5. Frans Amandus   f 1898 14/5
6. Erik Arvid   f 1900 14/7

Kommer 1892 från Storsjö (STO 1) - till Kalmsjö 1901 (KAL 1)

                                                                      Das 3
Nilsson Johan Petter
                                    DAS 6
f 1884 23/4   d
G 1917 9/4 i Åsele med
Olofsson Elina Albertina   ÅSE 85
f 1893 3/4   d

1. Nils Arne   f 1918 8/1   DAS 8
2. Johan Birger   f 1919 3/2
3. Anna Maria   f 1920 14/8

Flyttar till Åsele (ÅSE 573) 1920

                                                                      Das 4
Nilsson Olof Alfred
                                    DAS 6
f 1882 10/4   d 1929 26/5
G 1917 18/11 i Åsele med
Isaksson Alma Johanna
f 1884 23/7   d

1. Olof Birger   f 1918 10/12

356

2. Gustaf Ture	f 1920 12/5	
3. Bengt Erik Arnt	f 1924 18/5	

Föräldrar till:
A J Isaksson: Isak Abramsson f 1841, Hornsjö, Wi
                                            Eva Persdotter f 1844

Flyttar till Åsele 1919 (ÅSE 303) – tillbaka här 1928 från Yxsjö (YXS 94)

<u>Das 5</u>

Olsson Abraham Petter		
f 1827 8/6	d	
G 1858 8/3 i Åsele med		
Rådström Emma Amalia		OXV 30
f 1836 13/6	d	

1. Eva Maria	f 1858 22/6	
	DAS 7	
2. Pehr August	f 1859 29/6	STO 1
3. Anna Gustava	f 1862 12/1	
	DAS 6	
4. Anders Gustaf	f 1863 30/11	
5. Erica Amalia	f 1866 13/8	
6. Lisa Cajsa	f 1869 16/9	FOR 12
7. Eric Olof	f 1874 7/7	
8. Johan Frans	f 1876 17/6	
9. Eva Erika	f 1880 25/7	

Föräldrar till:
A P Olsson: Olof Olofsson f 1800, Bäcksele, Wi
se KVÄ 25   Anna Stina Abrahamsdotter f 1805

Ca 1870 från Oxvattnet (OXV 20) - till Åsele 1895 (ÅSE 350)

<u>Das 6</u>

Persson Nils Leonard		
f 1854 19/6	d 1918 10/10 "astma, ålderdom"	
G 1880 9/5 i Åsele med		
Abrahamsdotter Anna Gustava		DAS 5
f 1862 12/1	d	

1. Emma Nikolina	f 1880 6/6	d 1881 13/5	
2. Olof Alfred	f 1882 10/4		DAS 4
3. Johan Petter	f 1884 23/4		DAS 3
4. Emma Elisabeth	f 1886 27/4	Järvsjö, Wi	

357

5. Anna Evelina	f 1888 15/11		YTT 30
6. Frida Nikolina	f 1891 27/8		ÅSE 589
7. Nils Ferdinand	f 1894 12/3	d 1896 9/7	
8. Erik Ferdinand	f 1897 6/4		DAS 8
9. Nils Uno	f 1900 7/2		DAS 9

fosterbarn (se DAS 3):
10. Nils Arne Johansson   f 1918 8/1

Föräldrar till:
N L Persson: Pehr Olof Jonsson f 1812, Tannfors, Ly
                                Eva Sophia Jonathansdotter f 1813

(4) E E barn: Anny Ingegerd Hermine f 1909 7/11
      E E g 1914 15/3 i Ås m Per Olof Abraham Jonsson f 1885
(5) N F d "hjärnhinnetuberkulos"
(6) F N barn: Olga Erika   f 1913 3/5

I Trehörningen 1885-94 (TRE 22) - till Åsele 1898 (ÅSE 373)- kommer tillbaka 1907

                                                              Das 7
Persson Per August
f 1862 13/2   d
G 1886 17/7 i Åsele med
Abrahamsdotter Eva Maria   DAS 5
f 1858 22/6   d

1. Emma Augusta Elisabeth   f 1885 12/4
2. Gerda Sigrid Kristina   f 1887 23/4

Föräldrar till:
P A Persson: Per Olof Fredriksson f 1832, Nyluspen, Wi
                                Segrid Stina Ivarsdotter f 1839

Familjen flyttar till Forsnäs 1888 (FOR 58)

                                                              Das 8
Nilsson Erik Ferdinand   DAS 6
f 1897 6/4   d
G 1921 13/3 i Åsele med
Johansson Anna Kristina   KVÄ 20
f 1900 24/1   d

1. Yngve Erling   f 1922 5/1
2. Gunnar Uno   f 1924 16/2
3. Sven Erik   f 1926 1/3

4. Karl Johan   f 1928 23/2

                                                                                       DAS 6
Nilsson Nils Uno
f 1900 7/2   d
G 1926 5/4 i Åsele med
Sörlin Hildur Maria
f 1904 16/10   d

1. Nils Arne   f 1926 5/7

Föräldrar till:
H M Sörlin: Jonas Erik Sörlin f 1871, Hacksjö, Wi
                                   Anna Gustava Mattsdr f 1869

Flyttar till Wilhelmina 1927

                                                                                       Eri 1
                                                                                       ÅSE 188
Brolin Erik Johan Andersson
f 1835 12/3   d 1913 20/10 "tuberculosis pulm."
G 1866 18/3 i Åsele med se nedan
Olsdotter Lisa Petronella   SÖÅ 28
f 1842 31/1   d
Lisa Petronella se SVR 8

2. Elisabet Magdalena   f 1874 2/5   d 1882 18/10
hennes:
3. Selma Kristina   f 1880 25/8   d 1881 22/5
4. Anna Evelina Petronella   f 1881 8/6   d 1882 28/7
5. Selma Kristina   f 1883 4/10   SVR 8

Erik Johan "vårdas å Piteå hospital ", svagsint"
 "Enligt Domkapitlets skiljebref af den 25 Okt 1882 från hvarandra skilda"

Kommer 1869 från Skolan (ÅSE 43)

                                                                                       Eri 2
                                                                                       HÄL 8
Eriksson Magnus Petter
f 1865 7/2   d
G 1888 11/8 i Åsele med
Kristoffersdotter Gertrud Kristina   ÖVR 77
f 1866 21/7   d

1. Ida Kristina   f 1888 15/10

Eri 3

Frisk David Engelbert
f 1872 13/5   d
G 1904 26/6 i Mo med
Sellström Elisabeth
f 1882 28/7   d

Föräldrar till:
D E Frisk: Jakob Johansson Frisk f 1832, Blaikliden, Wi
                                Katarina Charlotta Jonsdotter f 1829
E Sellström: Kristoffer Sellström f 1857, Flärke, Mo
                                Sara Cajsa Ersdotter f 1859

Flyttar till Mo 1904

Eri 4
ERI 5

Jonsson Jonas Gunnar
f 1892 7/2   d
G 1917 2/12 i Åsele med
Kristoffersson Gertrud Augusta
f 1897 11/4   d

1. Lisa Helena   f 1918 25/3
2. Nils Gunnar   f 1920 24/4
3. Sten Erik   f 1923 24/10
4. Lars Lennart   f 1927 31/10

Föräldrar till:
G A Kristoffersson: Kristoffer Jonsson f 1862, Innertällmo, An
se OLO 7   Amanda Eugenia Olofsdotter f 1866

Eri 5
AVA 10

Jonsson Nils   Skräddare, Organist
f 1861 8/3   d 1929 15/6
G 1885 23/6 i Åsele med
Nilsdotter Sigrid
f 1862 16/8   d

1. Fanny Ingeborg Katarina   f 1886 1/4   ÅSE 248
2. Hildur Sara Nikolina   f 1887 18/12   Rusksele, Ly
3. Nils Harald   f 1889 27/12   ÅSE 529
4. Jonas Gunnar   f 1892 7/2   ERI 4
6. Karl Sigfrid   f 1895 20/11   ERI 7

7. Ebba Maria Paulina	f 1898 5/6		YXS 93
8. Ernst Erling	f 1900 27/10	Umeå -21	
9. Anna Lisa Kristina	f 1903 5/2	Nordmaling -28	
10.Emmy Signhild Margareta	f 1905 24/7		

Föräldrar till:
S Nilsdotter: Nils Thomasson f 1826, Mösjö, Skorped
                                 Ingeborg Christophersdotter f 1831

(2) H S N "examinerad barnmorska"
   H S N g 1917 19/8 i Ly m Johan Villehad Lindqvist f 1881 från Rusksele
(9) A L K barn: Rits Erik   f 1920 8/4   Aunudsjö –23
       far Erik Torben Nordlander se ÅSE 598

Kommer 1904 från Åsele (ÅSE 200)

			Eri 6
Svensson Kristoffer August			TOS 4
f 1859 1/9	d		
G 1889 21/12 i Wilhelmina med			
Matsdotter Eva Sofia			
f 1867 21/3	d		
1. Sven Manfred	f 1891 1/9		LOM 75
2. Kristoffer Leonard	f 1892 5/8		LOM 70
3. Edit Lovisa	f 1894 29/7		
4. Nelly Sofia	f 1898 23/5		
5. Jonas Georg	f 1901 20/3		

Föräldrar till:
E S Mattsdotter: Mats Ersson f 1837, Idvattnet, Wi
se IDV 11   Eva Hansdotter f 1840

Kommer från Idvattnet 1895 - tillbaka 1904

			Eri 7
Jonsson Karl Sigfrid			ERI 5
f 1895 20/11	d		
G 1920 26/6 i Wilhelmina med			
Johansson Hilda Kristina Anselina			
f 1888 21/2	d		
1. Nils Åke	f 1919 3/4		

Föräldrar till:

H K A Johansson: Johan Albert Mikaelsson f 1863, Råsele, Wi
se VAR 8 Stina Brita Persdr f 1858

Flyttar till Degerfors 1920

			For 1
Andersson Erik Petter			FOR 45
f 1852 3/5	d		
G 1881 23/4 i Åsele med			
Hansdotter Lisa Greta			FOR 47
f 1853 10/11	d		

1. Elis Albert   f 1881 17/9   d 1881 10/10
2. Hilda Albertina   f 1883 22/4   d 1884 29/4
3. Frans Alfred   f 1884 6/11
4. Agnes Albertina   f 1887 5/1
5. Olga Elisabeth   f 1888 30/5

Till Nästansjö, Wi 1889

			For 2
Andersson Olof			
f 1725	d		
G 1758 13/10 i Junsele med			
Abrahamsdotter Brita			
f 1727	d 1794		
Olof omgift 1795 med			
Pehrsdotter Brynhilda			
f 1748	d		

1. Anders   f 1759 16/7   FOR 44
2. Karin   d 1760 20/7   d 1782
4. Ingeborg   f 1763 12/10   d 1784
5. Abraham   f 1766 15/8   d 1789

Föräldrar till:
O Andersson: Anders Hansson f 1688, Ruske, Ju
                   Karin Andersdotter
B Abrahamsdotter: Abraham Jonsson, Vallen, Ju
                   Brita Ersdotter
B Pehrsdotter: same - "född i Norge"

Kommer 1768 från Åkerbränna, Ju - till Åsele (ÅSE 14) 1804

Andersson Olof
f 1784   d 1830 1/5 "lungsot"
G 1812 15/3 i Åsele med
Hansdotter Brita   ALM 19
f 1788   d 1868 20/5 "ålderdom"

1. Inga Märta   f 1812 10/12   FOR 22
2. Anders   f 1814 7/6   FOR 45
3. Hans   f 1817 27/4   FOR 47
4. Eric Olof   f 1819 18/10   GAF 31
5. Brita Cajsa   f 1822 8/5   GAF 40
6. Anna Mathilda   f 1825 3/3   FOR 17
7. Abraham   f 1827 7/5   FOR 11
8. Daniel   f 1829 18/12   FOR 46

For 4
HÄL 51

Danielsson Daniel
f 1850 24/8   d
G 1882 25/11 i Åsele med
Persdotter Hilda Charlotta   HÄL 78
f 1862 30/12   d

1. Per Hilmer   f 1883 24/5
2. Daniel Amandus   f 1885 3/10   Norrflärke, An
3. dödfött gossebarn   f 1887 16/12
4. Erik Artur   f 1888 15/11
5. Kristina   f 1891 3/3   VAR 81

(2) D A g 1913 24/6 i An m Anna Andersdr f 1890 från Norrflärke

Från Hälla 1884 (HÄL 2) - till Norrflärke, An 1891

For 5
FOR 46

Danielsson Daniel Johan
f 1855 10/12   d
G 1888 2/12 i Dorotea med
Nilsdotter Lisa Mathilda
f 1856 2/8   d

1. dödfött gossebarn   f 1889 9/2
2. Johan Fritiof   f 1890 11/5
3. Elis Vigilius   f 1893 31/1
4. Ingeborg Karolina   f 1894 14/12

Föräldrar till:
L M Nilsdotter: Nils Johan Håkansson f 1818, Lavsjö, Do
                                    Greta Karolina Jonsdotter f 1824

Flyttar till Norrflärke, An 1890 - kommer tillbaka 1891 - till Åsele 1896 (ÅSE 56)

                                                                          For 6
Edman Jakob Augustinus   LOM 26
f 1864 5/10   d
G 1890 7/4 i Åsele med
Nerpin Kristina Sofia Fredrika
f 1871 18/10   d

1. Hildur Kristina   f 1890 23/12   d 1891 17/3

Föräldrar till:
K S F Nerpin: Per Olof Nerpin f 1850, Mark, Wi
                                    Greta Christina Olofsdotter f 1848

(1) H K d "magkatarrh"

Från Lomsjö 1890 (LOM 24) - flyttar tillbaka 1891

                                                                          For 7
Edman Jöns Erik Persson
f 1857 23/11   d
G 1899 26/11 i Åsele med
Persdotter Katarina Olivia
f 1876 7/6   d

1. Elin Johanna Katarina   f 1900 21/1
2. Per Ossian   f 1901 20/4
3. Erik Henry   f 1903 17/8

Föräldrar till:
J E Edman: Gertrud Brita Jonsdotter f 1827, Långsele, Do
K O Persdotter: Per Josefsson f 1832, Svanaby, Do
                                    Anna Johanna Olsdotter f 1847

Flyttar till Svanaby, Do 1906

                                                                          For 8
Ersson Eric
f 1847 30/3   d
G 1872 15/12 i Åsele med

364

Nilsdotter Anna Wilhelmina   SIÖ 2
f 1850 31/3   d 1893 7/5 "Härnösands hospital"

2. Erik Robert   f 1875 13/6   HÄL 10
3. Frida Karolina   f 1878 31/5   Västergensjö, An
4. Hilda Alida   f 1880 4/10   Canada -05
7. Frans Albert   f 1886 16/10
8. Hildur Agneta Wilhelmina   f 1890 21/1   Västergensjö, An

Föräldrar till:
E Ersson: Erik Håkansson f 1824, Granåsen, Do
                                     Anna Stina Ersdotter f 1822

(3) F K g 1902 11/10 i Ås m Olof Olofsson f 1875 från Västergensjö
(8) H A W g 1909 9/9 i An m Olof Bernhard Persson f 1887 från Västergensjö

Kommer från Simsjö 1876 (SIÖ 1) - flyttar till Hällby, An 1882
Senare i Sörnoret (SÖN 6) - tillbaka i Forsnäs 1891

                                                                                             For 9
Ersson Erik Robert   FOR 8
f 1875 13/6   d
G 1900 17/6 i Åsele med
Holmgren Ingeborg Gustava   SÖÅ 49
f 1877 1/1   d 1903 12/3 "lungsot"
Erik Robert omgift 1907 27/12 i Åsele med
Persdotter Gerda Signe Kristina   FOR 58
f 1887 23/4   d 1921 27/5

2. Erik   f 1903 21/2   d 1903 21/2
3. Signe Linnea   f 1908 3/6
4. Sigurd Ivan   f 1910 5/5
5. Set Waldemar   f 1912 3/3
6. Gerd Inger Sigrid   f 1915 20/4
7. Sonja Eva Yvonne   f 1917 14/5

Kommer 1902 från Hälla (HÄL 10) - Erik Robert i Canada 1903-06
Flyttar till Canada 1922

                                                                                             For 10
                                                                                             HÄL 8
Ersson Mårten
f 1855 9/5   d 1893 6/4 "krossning i följd af ras vid grustagning"
G 1890 15/6 i Åsele med
Karlsdotter Katarina
f 1867 25/10   d

Katarina gifter om sig se BJÖ 2

1. Olivia	f 1887 13/10	BJÖ 2
4. Karl Hjalmar	f 1894 22/7	BJÖ 2

Föräldrar till:
K Karlsdotter: Karl Samuelsson f 1844, Lillsele, Ju
                                   Augusta Helena Ersdotter f 1848

Kommer från Hälla 1892 (HÄL 18)

			For 11
Forsberg Abraham Olsson			FOR 3
f 1827 7/5	d		
G 1852 10/4 i Åsele med			
Gavelin Eva Agatha			OXV 7
f 1834 25/2	d 1924 27/2		
1. Axel Olof	f 1854 13/3	d 1854 31/3	
2. Elisabeth Alexandra	f 1855 13/2		ÅKB 20
3. Olof Anselm	f 1857 21/4		FOR 13
4. Ida Agatha Mathilda	f 1859 12/3		FOR 67
5. Abraham Anton	f 1861 10/1		
6. Nils Levi	f 1863 15/7		FOR 12
7. Johan Petter	f 1866 21/7		
8. Frans	f 1873 10/7	Hede -17	

			For 12
Forsberg Nils Levi			FOR 11
f 1863 15/7	d 1921 1/7		
G 1892 24/4 i Åsele med			
Abrahamsdotter Lisa Katarina			DAS 5
f 1869 16/9	d		
1. Beda Elisabet Alexandra	f 1895 9/6		FOR 31
2. Johan Calixtus	f 1897 19/7		FOR 74
3. Nils Abraham	f 1901 28/9		
4. Uno Ragnvald	f 1905 1/5	Canada -23	

Flyttar till Hälla 1895 (HÄL 22) - kommer tillbaka 1899

		For 13
Forsberg Olof Anselm		FOR 11
f 1857 21/4	d	
G 1886 28/3 i Åsele med		

Persdotter Inga Märta   FOR 29
f 1864 12/8   d

1. Ester Agata Petronella   f 1886 10/6   BJÖ 34
2. Karl Rudolf   f 1889 5/7

Flyttar till Krånge, Ju 1901

                                                                  For 14
Forsen Jonas Jonsson   FOR 27
f 1833 5/8   d
G 1857 24/6 i Åsele med
Jönsdotter Greta Erica
f 1834 22/12   d

1. Jonas Edvard   f 1857 9/8   Granåsen, Do

Föräldrar till:
G E Jönsdotter: Jöns Håkansson f 1809, Granåsen, Do
se AVA 30   Märta Brita Adamsdotter f 1805

(1) J E g 1881 5/4 i Do m Sara Karolina Svensdotter (LAK 33)

Flyttar 1867 till Granåsen, Do

                                                                  For 15
Gavelin Eric Aron   FOR 17
f 1859 15/10   d
G 1891 30/1 i Åsele med
Persdotter Kristina Lovisa
f 1867 23/3   d

1. Johan Olof   f 1888 5/8
2. Betty Kristina Matilda   f 1891 20/12
3. Nils Adrian   f 1894 13/8
4. Ernst Edvin   f 1896 7/6
5. Karl Adolf   f 1899 16/5

Föräldrar till:
K L Persdotter: Per Olof Fredriksson f 1832, Nyluspen, Wi
                                     Segrid Stina Ivarsdotter f 1839

Familjen flyttar till Åsele 1900 (ÅSE 123)

                                                                  For 16

Gavelin Nils Adrian			ÅSE 123
f 1894 13/8	d		
G 1917 26/8 i Åsele med			
Olofsson Elna Lovisa Johanna			FOR 57
f 1895 20/10	d		

1. Nils Ivar	f 1918 19/7	d 1924 15/2
2. Göte Gustaf	f 1922 3/8	
3. Bertil Anton	f 1924 17/1	
4. ett dödfött gossebarn	f 1925 16/2	
5. Nils Ivar	f 1925 22/12	
6. Henry	f 1929 24/9	d 1929 24/9

Kronotorpare Granliden nr 5 från 1921?

		For 17
Gavelin Nils Aron		OXV 7
f 1828 15/1	d 1916 19/12 "ålderdom"	
G 1852 10/4 i Åsele med		
Olsdotter Anna Mathilda		FOR 3
f 1825 3/3	d 1926 27/10	

1. Lisa Mathilda	f 1853 13/8	
2. Olof Alfrid	f 1857 3/2	FOR 19
3. Eric Aron	f 1859 15/10	FOR 15
4. Nils Conrad	f 1863 9/7	FOR 18
5. Daniel Petter	f 1866 2/10 d 1868 31/12	

(5) D P d "difteritis"

		For 18
Gavelin Nils Konrad		FOR 17
f 1863 9/7	d	
G 1887 9/4 i Åsele med		
Markusdotter Ida Kristina		VÄN 34
f 1865 22/2	d	

1. Selma Alfrida Matilda	f 1887 11/7
2. Nils Amandus	f 1889 16/1
3. Elin Lovisa Aqvilina	f 1890 25/11
4. Karl Ossian	f 1892 22/11
5. Frans Alfred	f 1894 1/5
6. Jonas Artur	f 1895 26/11
7. Konrad Rudolf	f 1897 7/4

Flyttar 1897 till Söråsele (SÖÅ 47)

<table>
<tr><td colspan="3"></td><td>For 19</td></tr>
<tr><td>Gavelin Olof Alfred</td><td></td><td></td><td>FOR 17</td></tr>
<tr><td>f 1857 3/2</td><td>d</td><td></td><td></td></tr>
<tr><td>G 1887 12/3 i Åsele med</td><td></td><td></td><td></td></tr>
<tr><td>Nilsdotter Gertrud Erika</td><td></td><td></td><td>HÄL 77</td></tr>
<tr><td>f 1859 1/3</td><td>d</td><td></td><td></td></tr>
<tr><td></td><td></td><td></td><td></td></tr>
<tr><td>1. Betty Matilda Elisabet</td><td>f 1891 27/9</td><td>d 1891 30/11</td><td></td></tr>
<tr><td>2. Nils Arvid</td><td>f 1893 15/12</td><td></td><td></td></tr>
</table>

Flyttar till Junsele 1907

<table>
<tr><td colspan="3"></td><td>For 20</td></tr>
<tr><td>Ingelsson Nils</td><td></td><td></td><td>STN 6</td></tr>
<tr><td>f 1825 11/2</td><td>d 1904 29/5 "lungkatarrh"</td><td></td><td></td></tr>
<tr><td>G 1849 4/3 i Åsele med</td><td></td><td></td><td></td></tr>
<tr><td>Jakobsdotter Anna Karolina</td><td></td><td></td><td>HOL 58</td></tr>
<tr><td>f 1826 19/9</td><td>d 1885 11/12</td><td></td><td></td></tr>
<tr><td></td><td></td><td></td><td></td></tr>
<tr><td>2. Ingel Edvard</td><td>f 1852 7/5</td><td></td><td>SÖN 24</td></tr>
<tr><td>3. Jakob Olof</td><td>f 1854 8/10</td><td>d 1883 1/10</td><td></td></tr>
<tr><td>4. Inga Karolina</td><td>f 1858 3/3</td><td>Öfra by, Ju</td><td></td></tr>
<tr><td>5. Lisa Johanna</td><td>f 1861 9/2</td><td>Nybäcken, Ju</td><td></td></tr>
<tr><td>6. Nils Petter</td><td>f 1862 14/12</td><td></td><td>HÄL 62</td></tr>
<tr><td>7. Erik August</td><td>f 1865 7/1</td><td></td><td>SÖN 22</td></tr>
</table>

(4) I K g 1879 2/3 i Ju m Salomon Sundius f 1853 från Öfra by
    barn: Hildur Karolina   f 1879 21/3
        H K g 1901 m Abraham Ersson f 1874 från Bodum
(5) L J g 1880 24/7 i Ås m Per Erik Eliasson Sjöberg f 1850 från Nybäcken

Kommer 1876 från Simsjö (SIÖ 2) - till Hällby, An 1882

<table>
<tr><td colspan="2"></td><td>For 21</td></tr>
<tr><td>Jacobsson Jonas</td><td></td><td>SOL 15</td></tr>
<tr><td>f 1841 25/4</td><td>d 1879 25/5</td><td></td></tr>
<tr><td>G 1865 3/12 i Åsele med</td><td></td><td></td></tr>
<tr><td>Andersdotter Brita Lisa</td><td></td><td>FOR 45</td></tr>
<tr><td>f 1845 18/10</td><td>d 1874 1/12 "körtelsvullnader"</td><td></td></tr>
<tr><td>Jonas omgift 1876 19/3 i Dorotea med</td><td></td><td></td></tr>
<tr><td>Olsdotter Catharina Lisa</td><td></td><td></td></tr>
<tr><td>f 1850 19/2</td><td>d</td><td></td></tr>
<tr><td>Catharina Lisa gifter om sig 1884 22/6 i Dorotea med</td><td></td><td></td></tr>
</table>

änklingen Pehr Jönsson f 1843 se VAR 16

1. Jacob Andreas	f 1866 15/1		FOR 26
2. Eric Robert	f 1868 1/6	Granåsen, Do	
3. Olof Albert	f 1871 28/7	d 1871 3/8	
4. Selma Elisabet Magdalena	f 1873 22/2	d 1874 1/2	
5. Gertrud Lovisa	f 1876 7/5		
6. Lydia Christina	f 1879 21/6		

Föräldrar till:
C L Olsdotter: Olof Ingelsson f 1822, Lavsjö, Do
Märta Brita Nilsdotter f 1822

(2) E R g 1889 6/7 i Do m Eva Magdalena Persdotter f 1867 från Granåsen
(4) S E M d "skarlakansfeber"

Änkan med barn flyttar till Lavsjö, Do

For 22

Jacobsson Mårten
f 1800 22/3   d
G 1833 3/3 i Åsele med
Olofsdotter Inga Märtha   FOR 3
f 1812 10/12   d

1. Anna Regina	f 1833 6/9		
2. Olof Edvard	f 1835 15/12	d 1836 26/3	
3. Brita Carolina	f 1837 24/11		

Föräldrar till:
M Jacobsson: Jacob Jacobsson f 1752, Nordsjö, Arnäs
Anna Andersdotter f 1753

Flyttar till Borgsjö 1838 (BOÖ 18)

For 23

Jonsson Erik Johan
f 1871 7/7   d
G 1900 8/10 i Åsele med
Jonsdotter Johanna   FOR 55
f 1882 14/4   d

1. Olof Gottfrid   f 1901 3/2

Föräldrar till:

E J Jonsson: Jonas Ersson f 1829, Svanaby, Do
                                      Gertrud Katarina Danielsdotter f 1842

Flyttar till Canada 1902

                                                                                    For 24
Jonsson Erik Konstantin   FOR 33
f 1874 24/5   d
G 1895 27/7 i Åsele med
Danielsdotter Karolina Agata   ÖSN 69
f 1872 29/4   d

1. Emilia Elisabet Karolina   f 1894 29/9
2. Minni Lydia Konkordia   f 1897 29/1   Öfra, Ju
3. Henny Ellida   f 1898 4/2
4. Jonas Willehad   f 1900 26/9
5. Sande Adela   f 1904 2/8
6. Erik Sigvard   f 1905 29/11
7. Sally Magnhild   f 1909 16/7
8. Estrid Pavlovna   f 1912 11/7

(2) M L K g 1918 3/3 i Ju m Per Verner Eriksson f 1897 från Öfra
(3) H E barn: dödfött flickebarn   f 1917 28/4
(4) J W far se ÅKB 16
(5) S A barn: Nanny Hildborg   f 1923 8/12
    far Nils Hildebert Nilsson, f 1892, Kvarnån, Ju

Kronotorpare Rocksjö efter 1910

Flyttar till Åsele (ÅSE 192) 1906 - kommer tillbaka 1910

                                                                                    For 25
                                                                                    FOR 33
Jonsson Frans Ludvig
f 1881 24/3   d 1913 15/8
G 1902 27/4 i Åsele med
Hansdotter Lydia Aqvilina Aurora   INS 32
f 1883 18/6   d
Lydia Aqvilina Aurora gifter om sig se FOR 56

1. Jonas Ejnar   f 1901 29/11   Dorotea -28
2. Frans Artur   f 1903 7/6   d 1905 15/1
3. Erik Hjalmar   f 1905 13/5   FOR 56
4. Ester Selina Aurora   f 1907 1/7   FOR 71
5. Nils Artur   f 1910 18/5
                                 FOR 56

6. Karl Waldemar   f 1912 18/4   Dorotea −28

Kronotorpare Granberg nr 1

			For 26
Jonsson Jakob Andreas	Skräddare		FOR 21
f 1866 15/1	d		
G 1890 7/9 i Åsele med			
Borgström Johanna Margareta			GIG 5
f 1865 9/7	d		
1. Johan	f 1891 28/2		

Flyttar till Åsele (ÅSE 194) 1893

			For 27
Jonsson Jon			GAF 182
f 1802 22/11	d 1865 31/5 "lungsot"		
G 1827 25/2 i Åsele med			
Svensdotter Inga Lisa			FOR 49
f 1808 27/5	d 1846 14/4 "mjölkkastning"		
Jon omgift 1847 7/2 i Åsele med			
Gavelin Anna Greta Nilsdotter			OXV 7
f 1817 23/8	d 1877 26/11		
1. Anna Johanna	f 1827 18/8	d 1898 19/10	
2. Segri Carolina	f 1830 22/1	d 1835 21/4	
3. Jonas	f 1833 5/8		FOR 14
4. Sven	f 1836 5/3	d 1883 23/2	
5. Lisa Cajsa	f 1839 7/1	d 1839 17/1	
6. Inga Maglena	f 1840 4/4	d 1860 21/9	
7. Pehr Olof	f 1842 2/12		FOR 29
8. Eva Christina	f 1846 9/4	Norrflärke, An	
9. dödfött flickebarn	f 1848 28/3		
10.Lisa Johanna	f 1849 2/5	Hällberget, An	
11.Nils Johan	f 1852 25/6		
12.Anna Lovisa	f 1854 19/8	Krånge, Ju	

(1) A J piga i Kvällträsk vid sin död
(2) S C d "olyckshändelse"
(6) I M d "lunginflammation"
(8) E C g 1870 22/5 i An m Olof Olofsson f 1837 från Tellvattnet, An
(10) L J barn: Frans Alfred   f 1876 10/7
        L J g 1881 15/5 i Ju m Jonas Ersson Hallin f 1847 från Junsele
(12) A L g 1871 4/11 i Ju m änkl Jöns Andersson Wallmark f 1837 i Borgsjö, Medelpad

----

			For 28
Jonsson Kristoffer August			FOR 33
f 1867 4/10	d 1900 9/11 "omkom genom drunkning"		
G 1890 26/1 i Åsele med			
Borgström Kristina Wilhelmina			GIG 5
f 1868 21/5	d 1900 26/8		

1. Emma	f 1890 23/4	d 1890 23/4	
2. Jonas Erhard	f 1892 29/1		
3. Emma Kristina	f 1894 21/12		
4. Johan August	f 1896 13/5		SÖN 43
5. Ida Johanna	f 1900 14/8	d 1900 14/8	

(2) J E far se LOM 24

			For 29
Jonsson Pehr Olof			FOR 27
f 1842 2/12	d 1916 21/4		
G 1864 27/3 i Åsele med			
Jönsdotter Petronella Johanna			
f 1840 13/6	d 1919 31/8 "slaganfall"		

1. Inga Märtha	f 1864 12/8		FOR 13
2. Jonas Amandus	f 1867 14/2		FOR 54
3. Olof Petter	f 1870 10/6		FOR 57
4. Jöns Andreas	f 1872 9/10	d 1873 9/10	
5. Erik Emil	f 1876 27/5		FOR 51
6. Frans Agaton	f 1879 27/3		FOR 52
7. Sven Calixtus	f 1874 6/9	d 1874 12/9	
8. Nils Robert	f 1881 4/6		FOR 56
9. Edit Amanda Petronella	f 1884 21/3		FOR 53
10.Georg Kalixtus	f 1887 27/1	Bergvattnet, Do	

Föräldrar till:
P J Jönsdotter: Jöns Håkansson f 1809, Granåsen, Do
se AVA 30   Märta Brita Adamsdotter f 1805

(10) G K g 1912 14/7 i Do m Kajsa Matilda Jonsson f 1887 från Lavsjö, Do

----

		For 30
Jonsson Per Wilhelm		FOR 33
f 1869 13/12	d	
G 1894 14/2 i Åsele med		
Åström Ida Karolina		LOM 141

f 1871 9/3   d

1. Jonas Gunnar   f 1895 13/3   FOR 78
2. Daniel Manfred   f 1896 1/11   FOR 50
3. Artur Wilhelm   f 1898 24/11   d 1899 9/5
fosterbarn (se LOM 68, TOÖ 66, FOR 68 och VAR 7):
4. Artur   f 1911 27/9
5. Erik Adolf Söderholm   f 1905 9/4   ÅSE 596
6. Alice Elisabet   f 1917 21/12
7. Elin Elisabet   f 1914 8/2 f

Flyttar till Bodum 1901 - kommer tillbaka 1905

                                                                     For 31
Jonsson Sven
f 1885 10/8   d
G 1917 26/8 i Åsele med
Forsberg Beda Elisabet Alexandra   FOR 12
f 1895 9/6   d

1. Dagny Elisabeth   f 1918 3/6
2. Nils Ferdinand   f 1920 3/3
3. Alma Anetty   f 1922 10/4

Föräldrar till:
S Jonsson: Jonas Jonsson f 1847, Norrmesunda, An
                                Anna Lisa Kristoffersdotter f 1858

Kronotorpare Granliden nr 6 från 1922

                                                                     For 32
Karlsson Anders Arvid
f 1881 4/3   d
G 1905 4/7 i Åsele med
Wiberg Alma Eva Agata   FOR 67
f 1882 14/5   d 1907 23/9 "tuberculosis pulmonum"
Anders Arvid gifter om sig se STO 20

1. Evelina   f 1902 26/11   STO 20
2. Erik Wiart   f 1906 8/2   STO 20

Föräldrar till:
A A Karlsson: Inga Stina Nilsdotter f 1857, Lavsjö, Do

                                                                     For 33

374

Christophersson Jonas
f 1843 27/3   d 1923 7/10
G 1867 4/7 i Dorotea med
Pehrsdotter Stina Lisa   FOR 43
f 1843 22/2   d 1929 3/5

1. Christophar August   f 1867 4/10   FOR 28
2. Pehr Wilhelm   f 1869 13/12   FOR 30
3. Segrid Amalia   f 1872 26/2   d 1889 10/6
4. Erik Constantin   f 1874 24/5   FOR 24
5. Anna Aqvilina   f 1876 13/6   LOM 131
6. Jonas Albert   f 1878 30/9   FOR 65
7. Frans Ludvig   f 1881 24/3   FOR 25
8. Hilda Kristina   f 1883 22/7   Höven, Resele
9. Augusta Elisabeth   f 1886 16/11   d 1890 9/1
10.dödfött gossebarn   f 1889 6/10

Föräldrar till:
J Christophersson: Christopher Jönsson f 1814, Avaträsk, Do
                            Anna Jönsdotter f 1817

(3) S A d "organiskt hjertfel"
(8) H K g 1910 10/1 i Ås m Nils Anders Nilsson från Höven
(9) A E d "lungkatarrh"

Kommer 1874 från Avaträsk, Do

                                                                   For 34

Larsson Olof
f 1828 17/10   d
G 1861 24/6 i Åsele med
Ersdotter Anna Sophia   SVR 10
f 1835 6/12   d

1. Ida Christina   f 1861 11/11
2. Sophia Carolina   f 1864 2/8
3. Johan Augustinus   f 1866 7/10
4. Olof Oscar   f 1870 19/9
5. Hulda Elisa Ottilia   f 1872 1/9

Föräldrar till:
O Larsson: Lars Andersson f 1785, Hornmyr, Ly
                            Christina Larsdotter f 1789

Från Svartbäcken 1868 (SVR 13) - till Torvsele (TOS 9) 1874

Larsson Per Olof
f 1876 19/5   d
G 1903 19/12 i Åsele med
Persdotter Emma Augusta Elisabet   FOR 58
f 1885 12/4   d 1909 5/3 "tuberculosis pulmon."

1. Per Artur   f 1904 10/5   d 1904 21/7
2. Per Werner   f 1907 3/6   d 1907 10/6

Föräldrar till:
P O Larsson: Lars Larsson f 1838, Solberg, An
se SOL 21   Anna Erika Persdotter f 1843

Per Olof till Canada 1904 - kommer tillbaka samma år - flyttar dit igen 1911

Lindblad Axel Levi
f 1835 12/3   d 1903 26/6
G 1861 6/10 i Åsele med
Jonsdotter Inga Stina   LOM 72
f 1838 17/8   d

1. Axelina Christina   f 1862 27/6
2. Martina Laurentia   f 1864 12/3   d 1868 18/8
3. Margareta Ingeborg   f 1865 21/8
4. Carl Desiderius   f 1867 25/5   d 1868 24/5
5. Carl Levi   f 1869 19/6
6. Martina Amanda   f 1871 29/10
7. Lars Richard   f 1874 26/5

(2) M L d "hjernfeber"

Från Herrskog (HER 4) 1866 - till Gnarp, Västernorrland 1877

Lindgren Jonas Jonsson
f 1877 12/2   d
G 1907 21/4 i Åsele med
Näslund Kristina Greta   VÄN 35
f 1884 16/7   d

1. Rut Elisabet   f 1908 14/3
2. Johan Oskar   f 1909 18/3

3. Ingrid Maria	f 1910 12/4	
4. Berta Margareta	f 1912 14/2	
5. Karl Gustaf	f 1914 29/10	
6. Anna Kristina	f 1915 11/11	Wilhelmina -23
7. Elin Dagmar	f 1918 29/8	
8. Birger Valdemar	f 1921 5/5	
9. Karin Linnea	f 1924 25/3	

Föräldrar till:
J Lindgren: Jonas Jonsson f 1847, Norrböle, An
                     Anna Lisa Christoffersdotter f 1858

For 38
LOM 33

Markusson Erik
f 1841 27/6   d
G 1886 13/6 i Åsele med
Paulusdotter Märta Matilda
f 1864 28/10   d

1. Markus Edvina Alexius	f 1886 3/11	d 1887 26/9
2. Elin Victoria Mathilda	f 1890 12/3	d 1902 6/2
3. Nanny Augusta Margareta	f 1902 6/8	
4. Erik Helmer	f 1905 15/4	

Föräldrar till:
M M Paulusdotter: Pål Pålsson f 1806, Svanaby, Do
                      Eva Lisa Larsdotter f 1829

Snorrberget

Flyttar till Dorotea 1911

For 39
FOR 40

Mattsson Eric Mathias
f 1869 25/7   d
G 1898 6/11 i Dorotea med
Persdotter Anna Johanna
f 1871 24/6   d

1. Anny Hildegard	f 1899 21/2	
2. Hilma Karolina	f 1900 23/4	
3. Erik Henry	f 1902 29/5	d 1903 29/6
4. Gerda Elisabeth	f 1904 13/5	
5. Per Helmer	f 1906 26/1	

Föräldrar till:
A J Persdotter: Per Erik Olofsson f 1841, Granåsen, Do
                                       Anna Catharina Ingelsdotter f 1836

                                                                              For 40
Mattsson Mats   VÄN 43
f 1836 5/3   d 1879 23/5
G 1866 4/3 i Åsele med
Jonsdotter Anna Greta   TJÄ 19
f 1839 3/3   d 1924 24/5

1. Gertrud Mathilda   f 1867 14/1
2. Eric Mathias   f 1869 25/7   FOR 39
3. Elisabeth Albertina   f 1871 19/11
4. Jonas Maurits   f 1874 3/9   d 1922 22/10
5. Per Alfred   f 1877 5/10   Resele -13

(5) P A i Canada 1904-08 och 1910-12

                                                                              For 41
Nilsson Daniel
f 1742 9/4   d
G 1766 med
Jönsdotter Anna   LAJ 4
f 1750 3/9   d

1. Nils   f 1769
2. Jöns   f 1771
3. Märta   f 1774
4. Johan   f 1777
5. Daniel   f 1778
6. Karin   f 1780
7. Eric   f
8. Anna   f 1787

Föräldrar till:
D Nilsson: Nils Philipsson, Krånge, Ju
                               Karin Ersdotter

Kommer 1785 från Lajksjö (LAJ 7) - 1789 till Tresund (TRS 2)

                                                                              For 42
Nilsson Nils Johan
f 1847 21/2   d
G 1873 20/4 i Dorotea med

378

Hansdotter Brita Maglena
f 1844 11/11   d

1. Nils Hilmar   f 1875 9/5   Nästansjö, Wi
2. Hulda Margareta   f 1878 16/2   d 1882 30/3
3. Erik Konrad   f 1880 17/10
4. Ida Karolina   f 1883 25/11
5. Hulda Albertina   f 1886 29/7

Föräldrar till:
N J Nilsson: Nils Johan Håkansson f 1818, Lavsjö, Do
                                        Greta Carolina Jonsdotter f 1824

(1) N H g 1896 10/10 i Wi m Ida Bernhardina Kristina Mellström f 1876 från Granberg, Wi

Flyttar till Nästansjö, Wi 1888

                                                                             For 43
Nilsson Pehr
f 1800   d 1863 17/4 "lungsot"
G 1830 12/4 i Åsele med
Svensdotter Segrid Stina   FOR 49
f 1809 19/9   d 1897 11/5 "ålderaftyning"

1. Segrid Carolina   f 1831 20/5
2. Nils Erik   f 1837 10/6   d 1871 25/2
3. Margareta Petronella   f 1838 28/12   d 1852 5/5
4. Sven Petter   f 1841 1/2   d 1863 28/5
5. Christina Elisabeth   f 1843 22/2   FOR 33
6. Jonas Olof   f 1845 28/8   FOR 55
7. Ingel Anders   f 1847 27/6   d 1850 21/10
8. Axel Constantin   f 1849 16/4   d 1912 13/2
9. Anna Maglena   f 1851 22/7   FOR 61

Föräldrar till:
P Nilsson: trol bror till Ingel Nilsson (STN 6)
                                        ej hittat födelseort

(2) N E d "lungsot"
(3) M P d "magplågor"
(4) S P "drunknad"
(7) I A d "skarlakansfeber"
(8) A C d "hjernblödning"
(9) A M barn: Pehr Albert   f 1872 30/3   FOR 61

Olofsson Anders   FOR 2
f 1759 16/7   d 1795
G 1782 med
Håkansdotter Ingrid   LAV 3
f 1762   d 1819 28/1 "nervsjukdom"
Ingrid omgift 1796 med
Markusson Abraham   GAF 21
f 1770   d 1831 9/5 "olyckshändelse"
Abraham omgift 1821 11/3 i Åsele med
Olsdotter Carin   ÅSE 82
f 1787   d 1850 10/4 i Orrberg, Fr

1. Olof   f 1784   FOR 3
2. Håkan   f 1786   d 1806 17/6
3. Eric   f 1788   Svanaby, Do
4. Brita   f 1792   d 1792
5. Anders   f 1793   Åkerbränna, Ju
6. Apollonia   f 1797   Häggås, Do
7. Märeta   f 1800   Storbäck, Do
8. Katarina   f 1802 30/10   d 1819 27/8
9. Markus   f 1824 15/9   Myrbränna, Fr

(3) E g 1811 26/12 i Do m Anna Cajsa Salomonsdotter (SVA 15)
(4) H "drunknad"
(5) A g 1824 25/3 i Ju m Christina Salomonsdotter f 1798 från Mo, Ju
(6) A g 1823 16/8 i Do m Jon Josephsson (LAJ 3)
(7) M g 1830 7/2 i Do m Jonas Ersson f 1803 från Avaträsk, Do
(8) K d "venerisk"
(9) M g 1851 25/3 i Fr m Lisa Cajsa Danielsdotter f 1827 från Orrberg, Fr

Till Lajksjö 1785 (LAJ 8) - kommer 1791 från Lavsjö (LAV 6)

Olsson Anders   FOR 3
f 1814 7/6   d 1880 1/2
G 1845 19/2 i Åsele med
Pehrsdotter Gertrud Maglena   ALM 12
f 1814 18/2   d 1906 25/6 "marasmus"

1. Brita Lisa   f 1845 18/10   FOR 21
2. Olof   f 1848 12/2   d 1881 15/2
3. Eric Petter   f 1852 3/5   FOR 1

(2) O "krympling"

			For 46
Olsson Daniel			FOR 3
f 1829 18/12	d		
G 1851 22/6 i Åsele med			
Jacobsdotter Inga Magdalena			HOL 58
f 1828 15/9	d 1875 20/1		
1. Olof Edvard	f 1851 15/12		
2. Jacob Olof	f 1854 17/4	Öfra, Ju	
3. Daniel Johan	f 1855 10/12		FOR 5
4. Eric August	f 1863 21/5	d 1864 12/10	

(2) J O g 1887 9/4 i Ju m Eva Dorotea Nilsdotter f 1863 från Granåsen, Do
(4) E A d "halssjukdom"

Bor i Åkerberg (ÅKB 14) 1855-61 - flyttar till Öfra, Ju 1886

			For 47
Olsson Hans			FOR 3
f 1817 27/4	d 1903 19/4		
G 1844 3/3 i Åsele med			
Mathsdotter Greta Maglena			ÄLG 31
f 1815 11/1	d 1898 10/6		
1. Brita Maglena	f 1844 11/11		FOR 42
2. Stina Mathilda	f 1847 4/4	Granåsen, Do	
3. Anna Märtha	f 1849 12/2		FOR 64
4. Lisa Gretha	f 1853 10/11		FOR 1
5. Aqvilina Albertina	f 1859 7/8	Lajksjö, Do	

(2) S M g 1873 6/7 i Ås med Adam Petter Jönsson f 1845 från Granåsen
(6) A A g 1891 13/6 i Do m Olof Mikaelsson f 1862 från Lajksjö

			For 48
Olofsson Sven			
f 1727 16/6	d 1797		
G 1754 17/4 i Sidensjö med			
Larsdotter Sara			
d 1725 11/7	d 1816 4/4 "ålderdom"		

Föräldrar till:
S Olofsson: Olof Persson f 1681, Tvärlandsböle, An
                        Sigrid Svensdotter f 1691

S Larsdotter: Lars Pedersson, Stig, Si

Kommer från Avasjö 1784 (AVA 46)

		For 49
Olofsson Sven		FOR 63
f 1780	d 1864 18/1 "ålderdom"	
G 1807 5/4 i Dorotea med		
Jonsdotter Sigrid		LAJ 6
f 1788	d 1862 27/7	

1. Inga Elisabeth	f 1808 27/5		FOR 272.
Segrid Christina	f 1809 19/9		FOR 43
3. Sara Margareta	f 1812 22/8	Latikberg, Wi	
4. Anna Cajsa	f 1813 28/11	Mårdsjö, Do	
5. Eva Magdalena	f 1816 9/4	Mårdsjö, Do	
6. Jonas Olof	f 1819 5/11		FOR 62
7. Sven Petter	f 1822 7/7	Statsås, Wi	

(3) S M g 1832 1/1 i Ås m Pehr Hansson (ALM 19)
(4) A C g 1839 29/9 i Do m Sven Jönsson f 1814 från Mårdsjö
(5) E M g 1839 7/7 i Do m Jöns Ersson f 1816 från Mårdsjö
(7) S P g 1843 26/5 i Wi m Sara Cajsa Pehrsdotter f 1816 från Statsås

----

			For 50
Persson Daniel Manfred			FOR 30
f 1896 1/11	d		
G 1918 17/3 i Åsele med			
Persson Märta Aminta			
f 1887 31/8	d		

1. Gunhild Walborg	f 1916 8/6	d 1922 30/5
2. Hugo Waldemar	f 1919 16/2	d 1923 1/5
3. Harald Rune	f 1921 4/2	
4. Gunhild Viola	f 1922 11/11	d 1923 24/4
5. Rune Enfrid	f 1924 12/11	
6. Greta	f 1927 14/6	

Föräldrar till:
M A Persson: Per Jönsson f 1843, Lavsjö, Do
se FOR 21   Kajsa Lisa Olofsdotter f 1850

Kronotorpare Granberg nr 2 – i Forsnäs från 1929

For 51

Persson Erik Emil   FOR 29
f 1876 27/5   d
G 1900 21/4 i Åsele med
Nilsdotter Anna Magdalena
f 1877 3/5   d 1912 22/10 "lungsot"
Erik Emil omgift 1917 30/9 i Åsele med
Wallgren Ester Juliana Katarina   VAR 35
f 1886 24/10   d 1918 23/10 "influensa epidemica"

1. Harald Kalixtus   f 1901 26/3
2. Per Erhard   f 1903 8/1   d 1903 19/6
3. Henrik Walfrid   f 1904 13/5
4. Eva Petronella   f 1907 24/3   Junsele -21
5. Olof Evert   f 1909 4/1   d 1910 23/4
6. Erik Evert   f 1918 23/10   VAR 35
fosterbarn (se FOR 67):
7. Klas Åke Viberg   f 1921 8/3

Föräldrar till:
A M Nilsdotter: Nils Olof Nilsson f 1844, Åkerbränna, Ju
                                    Eva Maria Berglund f 1852

(1) H K far se FOR 67

Bor i Västernoret 1903-05 (VÄN 39)

                                                                                      For 52
Pehrsson Frans Agaton   FOR 29
f 1879 27/3   d
G 1901 27/7 i Åsele med
Nilsdotter Kristina Maria
f 1875 21/9   d 1903 25/8 "lungsot"
Frans Agaton omgift 1908 12/7 i Åsele med
Edman Nikolina Margareta   LOM 26
f 1879 19/9   d

1. dödfött flickebarn   f 1901 28/9
2. Jenny Ingeborg   f 1903 1/6   d 1903 14/9
5. Ragnhild Ingeborg   f 1914 25/1
6. dödfött gossebarn   f 1916 2/3
7. Gösta Agaton   f 1917 16/9   d 1918 10/6
8. Borghild Viola   f 1920 14/1   d 1920 18/7
9. Gösta Valdemar   f 1922 1/5   d 1923 17/4

Föräldrar till:

383

K M Nilsdotter: Nils Olof Nilsson f 1844, Åkerbränna, Ju
                                         Eva Maria Berglund f 1852

(7) G A d "magsjukdom"

Flyttar 1910 till Gafsele (GAF 179) - kommer tillbaka 1913

                                                                   For 53

Persson Jonas Albert
f 1881 10/2   d
G 1904 10/7 i Åsele med
Persdotter Edit Amanda Petronella   FOR 29
f 1884 21/3   d

1. Lilly Ingeborg Petronella   f 1905 24/10

Föräldrar till:
J A Persson: Per Jonsson f 1829, Granåsen, Do
                                   Inga Stina Salomonsdotter f 1840

Kommer 1904 från Dorotea - till Ramsele 1907

                                                                   For 54
Persson Jonas Amandus   FOR 29
f 1867 14/2   d
G 1894 4/3 i Åsele med
Edman Maria Albertina   LOM 26
f 1867 10/8   d

1. Beda Alfrida Petronella   f 1894 12/5
2. Olof Amandus   f 1896 28/11
3. Erik Fridian   f 1898 21/9   d 1898 29/11
4. Hildur Ingeborg   f 1905 8/3   d 1912 13/9
5. dödfött flickebarn   f 1905 8/3

Flyttar till Gafsele (GAF 184) 1905 - kommer tillbaka 1910

                                                                    For 55
Pehrsson Jonas Olof   FOR 43
f 1845 28/8   d 1923 18/4
G 1883 2/12 i Junsele med
Johansdotter Margareta
f 1857 19/8   d 1888 19/11 "lungtuberculos"

1. Johanna   f 1882 14/4   FOR 23

2. Kristina Katarina	f 1886 3/6		FOR 66
3. Jonas August	f 1888 17/2		

Föräldrar till:
M Johansdotter: Johan Mattsson f 1828, Lillsele, Ju
                         Cajsa Märta Andersdotter f 1832

Kommer 1884 från Krånge, Ju

For 56

Pehrsson Nils Robert   **FOR 29**
f 1881 4/6   d
G 1907 7/7 i Åsele med
Edmark Maria   **SÖN 4**
f 1884 1/6   d 1926 26/2
Nils Robert omgift 1928
Hansdotter Lydia Akvilina Aurora   **INS 32**
f 1883 18/6   d
Lydia Akvilina Aurora tid gift se FOR 25

1. Anna Petronella	f 1908 24/2	d 1909 15/2	
2. Olof Alvar	f 1910 18/2	d 1912 8/4	
3. Nanny Maria	f 1912 8/4	Ås, Jämtland -29	
4. Ebba Viola	f 1913 1/8		VÄN 49
5. Erik Valfrid	f 1914 27/7	d 1914 29/9	
6. Elin Augusta	f 1914 27/7		
7. Gustaf Holmfrid	f 1916 23/6	d 1916 11/11	
8. Karin Dagny	f 1916 23/6		
9. dödfött flickebarn	f 1919 10/10		
10.Arne Hardy Valdemar	f 1921 10/1		
11.Elsa Elisabet	f 1924 12/11		
12.Nils Olof	f 1926 23/2		
hennes:			
13.Erik Hjalmar	f 1905 13/5		
14.Nils Artur	f 1910 18/5		

(1) A P d "kikhosta"
(7) G H d "tandfeber"

Kronotorpare Granliden nr 2 från 1920

For 57

Persson Olof Petter   **FOR 29**
f 1870 10/6   d 1917 17/9 "hjertslag"
G 1895 27/7 i Åsele med

Svensdotter Kristina Amanda			SÄL 1
f 1874 25/2	d		
1. Elna Lovisa Johanna	f 1895 20/10		FOR 16
2. Jenny Ingeborg	f 1898 28/1	d 1899 18/2	
3. Ernst Ragnar	f 1900 12/11		FOR 71
4. Per Wihard	f 1902 28/6	d 1902 24/10	
5. Olof Edvin	f 1905 20/7		
6. Sven Hilding	f 1907 6/3		
7. Hildur Margareta Ingeborg	f 1909 5/5	d 1909 13/7	
8. Astrid Nikolina	f 1910 30/6		
9. Adela Amanda	f 1912 19/1		
10.Valter Kalixtus	f 1913 16/7		
11.Kerstin Göta Linnea	f 1915 17/4		

Bor i Snorrberget från 1907

For 58

Persson Per August		
f 1862 22/3	d	
G 1886 17/7 i Åsele med		
Abrahamsdotter Eva Maria		
	DAS 5	
f 1858 22/6	d 1916 21/11	
1. Emma Augusta Elisabeth	f 1885 12/4	FOR 35
2. Gerda Sigrid Kristina	f 1887 23/4	FOR 9

Föräldrar till:
P A Persson: Per Olof Fredriksson f 1832, Nyluspen, Wi
                      Segrid Stina Ivarsdotter f 1839

Kommer från Dalsjöberg 1888 (DAS 7)

For 59

Rönnqvist Isak		
f 1878 16/12	d	
G 1903 8/11 i Åsele med		
Åström Brita Amanda		LOM 141
f 1884 17/8	d	
1. Viktor Henri	f 1904 29/3	
2. Isak Algot Isidor	f 1905 22/10	
3. Hildur Margareta	f 1907 22/1	

Föräldrar till:

I Rönnqvist: Isak Rönnqvist f 1848, Orrvik, Nätra
                                Katarina Margareta Nilsdotter f 1843

Aronslund

                                                                        For 60

Sjödin Nils Andreas
f 1871 12/9   d
G 1902 16/6 i Åsele med
Edman Anna Emelinda   LOM 26
f 1877 2/5   d

1. Alma Augusta   f 1902 9/9
2. Nils Manfred   f 1903 5/8
3. Jonas Valter   f 1905 21/7
4. Elin Linnea   f 1907 1/8
5. Erik Sigfrid   f 1909 15/9
6. Karl Werner   f 1911 28/1
7. August Ragnar   f 1914 12/6
8. Hans Lennart   f 1917 11/11

Föräldrar till:

N A Sjödin: Hans Erik Eriksson f 1841, Moflo, Åd
                                Sara Johanna Hansdotter f 1841

Kommer 1917 från Lövånger - till Wännäs 1919 - tidigare i Östernoret (ÖSN 88)

                                                                        For 61

Sparrman Erik
f 1846 5/2   d
G 1875 14/2 i Åsele med
Pehrsdotter Anna Maglena   FOR 43
f 1851 22/7   d

1. Pehr Albert   f 1872 30/3   d 1875 1/12

Föräldrar till:

E Sparrman: Sparr Erik Andersson f 1805, Kumbelnäs, Wåmhus
                                Margareta Hansdotter f 1806

Flyttar till Åsele 1884 (ÅSE 431)

                                                                        For 62
                                                                        FOR 49
Svensson Jonas Olof

387

f 1819 5/11   d
G 1843 8/10 i Åsele med
Almroth Eva Greta Pehrsdotter   ALM 12
f 1816 14/4   d

1. Sven Petter   f 1844 1/1   d 1844 16/1

(1) S P d "bröstsjukdom"

Flyttar 1846 till Stavarn, An - senare i Almsele (ALM 26)

                                                           For 63
Svensson Olof   Kyrkvärd   AVA 46
f 1759   d 1827 16/10 "inflammationsfeber"
G 1779 25/3 i Anundsjö med
Olofsdotter Ingeborg
f 1757 25/1   d 1839 29/3 "ålderdom"

1. Sven   f 1780   FOR 49
2. Olof   f 1783
3. Stina   f 1789   FOR 70
4. Sara Margareta   f 1793   Öfra by, Ju
5. Anna Cajsa   f 1795

Föräldrar till:
I Olofsdotter: Olof Nilsson f 1724, Risbäck, An
                           Kerstin Christophersdotter f 1735

(4) S M g 1837 6/1 i Ås m Olof Nilsson f 1806 från Öfra

Kommer 1784 från Avasjö (AVA 54)

                                                           For 64
Svensson Sven
f 1846 5/10   d
G 1874 12/7 i Åsele med
Hansdotter Anna Märtha   FOR 47
f 1849 12/2   d

1. Hilma Margareta   f 1875 1/1
2. Anna Eufrosyne   f 1878 16/2

Föräldrar till:
Sven Svensson: Sven Jönsson f 1814, Mårdsjö, Do
se FOR 49   Anna Cajsa Svensdotter f 1813

388

Flyttar till Mårdsjö, Do 1879

			For 65
Tängman Jonas Albert Jonsson			FOR 33
f 1878 30/9	d		
G 1900 5/1 i Åsele med			
Åström Tekla Lovisa			LOM 141
f 1877 6/4	d		

1. Agnes Amanda	f 1896 25/4		FOR 74
2. Jonas Atle Agaton	f 1900 10/7		
3. Daniel Helmer	f 1902 16/2		FOR 79
4. Gustaf Sigfrid	f 1904 10/3	d 1906 5/6	
5. Nils Yngvar	f 1906 20/1		
6. Erik Sigfrid	f 1908 30/6		
7. Frans Wiktor	f 1911 15/1		
8. Helge Werner	f 1912 25/3		
9. Sixten Bernhard	f 1915 7/8		
10.Axel Nikanor	f 1918 18/8		

(2) J A A far se listan över oinförda - då kronotorpare på Granberg nr 1

Aronslund

		For 66
Wallinder Erik Gotthard		
f 1873 22/11	d	
G 1906 18/2 i Åsele med		
Jonsdotter Kristina Katarina		FOR 55
f 1886 3/6	d	

1. Jenny Margareta	f 1906 17/4
2. Hanna Kristina	f 1909 13/1

Föräldrar till:
E G Wallinder: Nils Jonas Ersson f 1848, Wallen, Ju
                           Ingeborg Greta Walldin f 1853

Flyttar 1910 till Vallen, Ju

		For 67
		BJÖ 15
Wiberg Erik Ersson		
f 1857 4/7	d	
G 1881 1/12 i Åsele med		

Abrahamsdotter Ida Agatha Matilda   FOR 11
f 1859 12/3   d 1921 15/1

1. Alma Eva Agatha   f 1882 14/5   FOR 32
2. Ida Kristina Augusta   f 1884 5/7   d 1884 5/7
3. Edelina Kristina   f 1885 2/6   Nästansjö, Wi
4. Beda Petronella   f 1887 30/10   d 1887 9/11
5. Erik Alexius   f 1888 26/11   FOR 68
6. Herman   f 1891 17/5
7. Ida Alexandra   f 1894 12/6   d 1921 4/6
8. Frans   f 1897 17/3
9. Per Agaton   f 1900 22/9   d 1929 18/12
barnbarn (se FOR 32 och STO 20):
10.Evelina   f 1902 26/11   ÅSE 596
11.Erik Viart   f 1906 8/2

(1) A E A barn: Evelina   f 1902 26/11   FOR 32
(3) E K fosterbarn i Nästansjö hos Jacob Åkerberg (FOR 69)
(10) E barn: Klas Åke   f 1921 8/3   FOR 50
    far Harald Kalixtus Eriksson (FOR 50)
          Marry Viola   f 1925 8/3   d 1927 15/6
    far Erik Adolf Söderholm se ÅSE 596

                                                                           For 68
Wiberg Erik Alexius   FOR 67
f 1888 26/11   d
G 1917 26/8 i Åsele med
Edman Ida Kristina   LOM 24
f 1896 8/5   d 1923 14/1

1. Alice Elisabet   f 1917 21/12   FOR 30
2. Gösta Ivar   f 1922 5/7   d 1923 15/1

                                                                           For 69
Åkerberg Jakob Mårtensson   ÅKB 12
f 1855 23/4   d
G 1879 13/4 i Åsele med
Forsberg Elisabet Alexandra   FOR 11
f 1855 13/2   d

Från Åkerberget 1880 (ÅKB 20) - till Nästansjö, Wi 1888

                                                                           For 70
Åström Johan
f 1779 12/12   d 1865 23/7 "ålderdom"

390

G 1827 16/4 i Åsele med
Olofsdotter Christina   FOR 63
f 1789   d 1868 6/7 "ålderdom"
Johan tidigare gift 1814 30/4 i Dorotea med
Ivarsdotter Lisa   LAV 2
f 1788   d 1826 12/7 "slag"

Föräldrar till:
J Åström: Olof Johansson, Bringen, Sj

Kommer 1841 från Granåsen, Do

                                                               For 71
Olofsson Ernst Ragnar   FOR 57
f 1900 12/11   d
G 1926 21/2 i Åsele med
Jonsson Ester Selina Aurora   FOR 25
f 1907 1/7   d

1. Dagmar Ingegerd   f 1926 7/3
2. Tora Margreta   f 1927 22/7
3. Tore Rangvald   f 1928 23/8

                                                               For 72
Lindmark Karl Henrik   Handlande
f 1878 6/4   d
G 1921 26/12 i Åsele med
Vallgren Brigitta Juliana Teresia   VAR 66
f 1886 27/4   d

1. John Henry   f 1922 11/3   d 1922 28/5
2. Karl Arne   f 1923 3/5
3. Karin Elisabet   f 1924 15/11
4. Ingrid Juliana   f 1927 18/8
5. Ernst Johan Ingemar   f 1929 6/5

Föräldrar till:
K H Lindmark: änkan Sigrid Kajsa Persdr f 1835, Ullsjöberg, Do
                                far Erik Josefsson från Finland

Kommer från Lomsjö 1924 (LOM 158)

                                                               For 73
Kristoffersson Sven Manfred   ERI 6
f 1891 1/9   d

G 1917 25/3 i Åsele med
Englen Ida Petronella   LOM 31
f 1891 31/5   d

1. Dolly Margareta   f 1917 29/6
2. Dagny Eugenia   f 1918 11/9
3. Dora Mattis Kristofera   f 1920 27/12

Kommer från Lomsjö (LOM 75) 1923 - tillbaka 1924

                                                                      For 74

Forsberg Johan Kalixtus   FOR 12
f 1897 19/7   d
G 1921 23/4 i Åsele med
Tengman Agnes Augusta   FOR 65
f 1896 25/4   d

1. Nelly Isola   f 1921 2/8
2. Barbro Viola   f 1924 14/1
3. John Tycko Alfons   f 1925 25/6
4. Kjell Torbjörn Kalixtus   f 1930 1/2

                                                                      For
75
Håkansson Per Yngvar   LOM 45
f 1897 22/10   d
G 1919 22/6 i Åsele med
Norlin Alma Karolina   Lärarinna   TEG 30
f 1889 17/6   d

1. Ingrid Petronella Elisabet f 1920 4/3
2. Erik Yngve   f 1921 4/10
3. Jakob Elling   f 1923 7/12
4. Ida Gunhild Margareta   f 1925 30/1

Kommer från Lomsjö (LOM 46) 1927

                                                                      For 76
Eriksson Harald Kalixtus   LOM 51
f 1901 26/3   d
G 1923 4/11 i Åsele med
Markusson Jenny   LOM 71
f 1902 6/10   d 1928 29/2

1. Anna-Lisa Petronella	f 1924 1/1	
2. Rune Kalixtus	f 1926 2/1	
3. Bengt Harald	f 1927 9/8	LOM 71

For 77

Eriksson Henrik Valfrid		LOM 51
f 1904 13/5	d	
G 1927 6/11		
Hansson Singvi		LOM 111
f 1905 5/6	d	
1. Gunvor Amalia	f 1927 10/1	
2. Eivor Helena	f 1928 26/4	
3. Borghild	f 1929 6/9	

For 78

Persson Jonas Gunnar		FOR 30
f 1895 13/3	d	
G 1926 5/4 i Åsele med		
Jonsson Elin Beda Augusta		LOM 68
f 1907 17/1	d	
1. Herta Gunborg	f 1925 28/5	
2. Najma Isola	f 1926 2/8	
3. Bror Nestor	f 1928 7/7	

For 79

Tengman Daniel Helmer		FOR 65
f 1902 16/2	d	
G 1927 10/7 i Åsele med		
Jonsson Selma Elina		LOM 60
f 1903 20/4	d	
1. Birgit Solvig	f 1928 3/3	
2. Kerstin	f 1929 23/5	

For 80

Bergström Erik Olof		
f 1877 2/9	d	
G 1928 6/2		
Johansdotter Agda Kristina		INS 30
f 1891 1/9	d	
1. Erik Ingvar	f 1916 31/1	
2. Ines Alfhilda	f 1917 22/12	

3. Syster Margareta   f 1920 1/1

Föräldrar till:
E O Bergström: Nils Erik Bergström f 1850, Näset, Ström
                                Brita Olofsdr f 1836

E O far till alla barnen

Kronotorpare Granliden nr 4 från 1921

                                                                    <u>For 81</u>
Lindgren Oskar Elling   ÅSE 187
f 1892 28/4   d
G 1929 17/3
Nilsson Beda Erika   GIG 17
f 1893 27/5   d

1. Vera Gully Syrene   f 1920 6/11
2. Elling   f 1929 26/6   d 1930 24/1
3. Runa Amalia   f 1930 21/10

Kronotorpare Granliden från 1922

                                                                    <u>Fäb 1</u>
Andersson Nils Johan   SIK 34
f 1824 23/10   d 1882 27/6 "ihjälkörd "begr. Vännäs
G 1861 3/3 i Åsele med
Johansdotter Johanna Carolina   LOM 49
f 1835 19/6   d

2. Nils Johan   f 1863 27/4
3. Stina Johanna   f 1867 1/1
4. Märtha Carolina   f 1870 15/11
5. Lovisa Josefina   f 1873 3/8
6. Jonas Erik   f 1876 14/3   d 1876 18/3
7. Jonas Alfred   f 1878 29/5

Från Söråsele (SÖÅ 7) 1858 - flyttar 1890 till Åsele (ÅSE 173)

                                                                    <u>Fäb 2</u>
Gavelin Daniel   YTT 9
f 1856 26/9   d
G 1884 22/6 i Åsele med
Persdotter Brita Maglena   GAF 40
f 1848 21/12   d

394

Från Östernoret 1888 (ÖSN 41) - till Skolbyn (ÅSE 122) 1900

Fäb 3
ÖVR 20

Mattsson Jonas Alfred
f 1880 20/10   d
G 1906 21/10 i Åsele med
Eriksdotter Brita Elisabeth
f 1879 26/11   d

1. Matts Edvin   f 1906 2/12
2. Erik   f 1909 16/2   d 1915 21/11
3. Johan Alvar   f 1911 20/9

Föräldrar till:
B E Eriksdotter: Erik Andersson f 1825, Skalmsjö, An
                        Ingrid Cajsa Eriksdotter f 1842

Från Överrissjö 1911 (ÖVR 43) - tillbaka 1913

Fäb 4
ÖVR 7

Mattsson Petrus
f 1865 16/4   d
G 1890 2/2 i Åsele med
Paulusdotter Anna
f 1865 23/8   d

2. Karl Gunnar Alexius   f 1892 13/8
3. Mattias Silvio   f 1894 20/11
4. Arvid Paulin   f 1896 13/8
5. Ines Davida   f 1898 26/8
6. Per Harald   f 1901 15/5
7. Selma   f 1903 27/7

Föräldrar till:
A Paulusdotter: Paulus Johannes Zakrisson f 1827, Orrböle, Nm
                         Anna Katarina Johansdotter f 1834

Från Åsele (ÅSE 280) 1900 - till Kvällträsk 1905 (KVÄ 17)

Fäb 5

Nejner Jonas Andersson
f 1847 24/11   d 1923 2/2
G 1883 9/9 i Wilhelmina med
Larsdotter Sara Maria

f 1856   d

1. Brita Katarina	f 1887 24/8	Krutberg, Wi
2. Anders Johan	f 1890 20/3	
3. Jonas Petter	f 1893 29/6	FÄB 6
4. Lars Johan Teofilus	f 1899 13/10	FÄB 7

Föräldrar till:

J Nejner: Anders Andersson Nejner f 1807, Ljusfjäll
                                Cajsa Stina Jonsdotter f 1814
S M Larsdotter: Lars Jonsson Gorek f 1816, Klippfjäll
                                Elsa Sjulsdotter f 1821

(1) B K g 1915 10/10 i Dikanäs m änkl Jonas Kristoffer Stinnerbom f 1864, Krutberg
(3) A J antecknad obefintlig 1919-21

Kommer 1914 från Ytterrissjö (YTT 23)

Fäb 6
FÄB 5

Nejner Jonas Petter
f 1893 29/6   d
G 1920 11/4 i Åsele med
Larsdotter Kristina Martina
f 1886 26/8   d

hans:

1. Olof Gunnar	f 1914 8/3	
2. Maria Filippa	f 1920 8/3	
3. Gunhild Cecilia	f 1922 22/1	d 1923 10/2
4. Gunhild Katarina	f 1924 3/2	
5. Elsa Adela	f 1926 5/9	
6. Britta Cecilia	f 1928 20/4	

Föräldrar till:

K M Larsdotter: Lars Jonsson f 1855, Ljusfjäll
                                Sara Johanna Nilsdotter f 1855

(1) O G far Olof Valfrid Tällström, Innertällmo, An (ant 1921)

Jonas Petter ant far till Katarina Emelinda Larsdr f 1920 30/6, Tjärn, An

---

Fäb 7
FÄB 5

Nejner Lars Johan Teofilus
f 1899 13/10   d
G 1928 24/6

Lindström Edla Augusta
f 1906 8/7   d

1. Karin Birgit Nejner   f 1927 7/1

Föräldrar till:
E A Lindström: Nils Johan Lindström f 1867, Bergvattnet, Do
                                 Amanda Katarina Andersdr f 1877

                                                                         Gaf 1
Almroth Olof Olofsson   ALM 11
f 1787   d
G 1811 31/3 i Åsele med
Göransdotter Stina   GAF 128
f 1785   d

1. Brita Cajsa   f 1811 31/8

Till Torvsjö (TOÖ 3) 1812

                                                                         Gaf 2
Andersson Anders
f 1839 15/12   d
G 1861 med
Bäckman Margaretha Charlotta
f 1829 11/2   d

1. Johan August   f 1865 8/5
2. Karl Ferdinand   f 1871 2/10

Föräldrar till:
A Andersson: Anders Gustaf Pehrsson f 1806, Gunsmark, Nysätra
                                   Helena Christina Pehrsdotter f 1811
M C Bäckman: Johan Hök Bäckman f 1801, Rickleå, Bygdeå
                                   Margareta Johanna Pehrsdotter f 1809

Från Bäck, Bygdeå 1885 - flyttar till Stenviken (STN 1) 1886

                                                                         Gaf 3
                                                                         GAF 119
Andersson Anders
f 1852 13/5   d
G 1878 7/4 i Åsele med
Persdotter Lisa Erika   ÄLG 95
f 1853 24/7   d 1892 28/12

397

1. Frits Paulin   f 1879 17/4   Tresund, Wi

(1) F P g 1904 23/1 i Wi m Anna Alexandra Stenvall f 1877 från Nästansjö, Wi

Flyttar till Tresund, Wi 1879

			Gaf 4
Andersson Jon			GAF 94
f	d 1768 KR		
G 1710 22/5 i Åsele med			
Matsdotter Elisabeth			HÄL 73
f	b 1738 24/2 KR		
1. Anders	d 1712 28/8		GAF 95
2. Karen	f 1714 26/3		ALM 49
3. Brita	f 1716 15/7	b 1716 23/12	
4. Mattias	d 1718 26/12		GAF 103
5. Per	d 1721 28/4	d 1721 21/5	
6. Per	d 1725 7/3		GAF 106
7. Michel	d 1727 /12		SVA 9
8. Gertrud	f 1730 26/6		SÖÅ 19

		Gaf 5
Andersson Jonas		
f 1855 15/5	d	
G 1883 8/7 med		
Magnusdotter Kristina		
f 1863 2/6	d	
1. August Emanuel	f 1883 29/4	GAF 96
2. Anna Maria	f 1885 1/1	GAF 75
3. Manne Helmer	f 1887 24/1	GAF 101
4. Karl Gustaf	f 1890 15/3	GAF 100
5. John Algot	f 1901 18/2	GAF 243

Föräldrar till:

J Andersson: Anders Pehrsson f 1814, Smedserud, Lekvattnet
                      Annika Persdotter f 1816

K Magnusdotter: Magnus Mattsson f 1835, Kiltorp, Fryksände
                      Catharina Nilsdotter f 1837

Kronotorpare Simsjöås nr 1

Kommer ca 1905 från Stafsborg, An

Andersson Karl Ferdinand   ÅSE 8
f 1871 2/10   d
G 1893 11/6 i Åsele med
Fredriksdotter Kristina Magdalena   ÖSN 2
f 1874 24/10   d

1. Erik Johan   f 1893 10/10
2. Syster Kristina   f 1895 23/11
3. Karl Artur   f 1897 25/12
4. Anna Margareta   f 1900 18/1
5. Hildur Elisabeth   f 1901 17/9
6. Signe Karolina   f 1903 15/9

Från Skolan 1898 (ÅSE 13) - till Östernoret (ÖSN 3) 1909

Gaf 7

Andersson Christopher
f 1838 4/3   d
G 1865 23/4 i Junsele med
Christophersdotter Eva Catharina   GUL 3
f 1841 5/12   d 1871 18/5
Christopher omgift 1872 7/4 i Åsele med
Johansdotter Anna Carolina   GAF 80
f 1848 23/11   d

1. dödfött gossebarn   f 1866 16/1
2. Anders August   f 1867 18/4   d 1869 21/7
3. Christoffer Alfred   f 1870 14/1   GAF 112
4. Anders Johan   f 1873 12/3
5. Markus Edvard   f 1874 26/9
6. Petrus Emanuel   f 1876 25/2
7. Erik Conrad   f 1877 25/8
8. Hulda Karolina Erika   f 1879 19/11
9. Ernst Amandus   f 1881 29/5
10.Jonas August   f 1883 8/9
11.Anna Lovisa   f 1886 22/4
12.Wilhelm Abraham   f 1889 17/4

Föräldrar till:
C Andersson: Anders Abrahamsson f 1792, Kläppsjö, An
                          Anna Brita Larsdotter f 1799

(2) A A d "bröstsjukdom"

399

Flyttar till Kornsjö, Nätra 1894

			Gaf 8
Andersson Markus			GAF 118
f 1790	d 1879 23/6		
G 1814 19/6 i Åsele med			
Nilsdotter Greta			GAF 50
f 1793	d 1871 6/11 ”vattensot”		
1. Anders	f 1814 5/9		GAF 119

Flyttar till Holmträsk 1826 (HOL 3) - kommer tillbaka 1832

			Gaf 9
Andersson Markus			GAF 119
f 1840 12/7	d 1926 20/11		
G 1875 11/4 i Åsele med			
Pehrsdotter Gertrud Christina			ÄLG 95
f 1841 28/12	d 1895 13/11 ”tuberculos”		
1. Per Anselm	f 1876 15/6		GAF 66
2. Markus Hilbert	f 1879 13/2	d 1899 15/3	
3. Hilma Karolina Elisabet	f 1882 18/2	d 1898 29/4	
4. Olga Kristina	f 1886 30/5		GAF 28

(2) M H d ”lungsot”
(3) H K E d ”lungtuberkulos”

		Gaf 10
Andersson Nils		
f	d 1706	
G med		
Henriksdotter Ella		
f	d 1711 KR	
1. Ella	f	
2. Karin	f	
	GAF 94	
3. Hindrik	f	
	GAF 137	
4. Margeta	f	
	GAF 169	
5. Märet	f	
	GAF 24	

6. Gertrud   f
                                    GAF 180

Föräldrar till:
N Andersson:

E Henriksdotter: Henrik Jonsson, Grundtjärn, An

Kommer 1674 från Grundtjärn, An ?

                                                                        Gaf 11
Andersson Nils Johan Julius   GAF 132
f 1847 12/4   d 1917 8/6 "drunkning"
G 1874 8/2 i Åsele med
Edman Sara Agatha   LOM 26
f 1854 25/12   d

1. Anna Iduna Nikolina   f 1877 18/9   GAF 62
2. Erik Hilmer   f 1884 8/7   GAF 135
3. Nils Konrad   f 1887 19/3   GAF 143

Från Lomsjö 1877 (LOM 15) - till Åkerberget 1884 (ÅKB 1)
Kommer tillbaka till Gafsele 1890

                                                                        Gaf 12
Andersson Olof Alfrid   GAF 166
f 1881 10/5   d
G 1908 12/10 i Åsele med
Persdotter Amanda Eugenia   GAF 25
f 1888 20/5   d

1. Edvard Henning   f 1908 15/11

Familjen flyttar till Ontario, Canada 1909

                                                                        Gaf 13
Backman Håkan   TJL 8
f 1853 27/5   d
G 1879 9/2 i Junsele med
Nilsdotter Anna
f 1850 16/2   d

1. Märta Johanna   f 1880 10/6   GAF 163
2. Anna Erika   f 1885 1/1   GAF 117
3. Jonas Fabian   f 1889 20/1

| 4. Håkan | f 1891 13/4 |
| 5. Karl Albert | f 1895 30/8 |

Föräldrar till:

| A Nilsdotter: | Nils Christoffersson f 1827, Risbränna, Ju |
| | Anna Ersdotter f 1831 |

Kommer 1895 från Lillsele, Ju - till Kvällträsk (KVÄ 1) 1911

Gaf 14

Backman Håkan	Skräddare
	KVÄ 1
f 1891 13/4	d
G 1920 14/8 i Åsele med
Markusson Elin Albertina Lovisa		KVÄ 24
f 1890 27/4	d

1. Karl Halvard	f 1915 8/11
2. Georg Albert	f 1921 1/3
3. Ingrid Alida	f 1928 10/1

Kommer från Kvällträsk (KVÄ 2) 1920

Gaf 15

| Berglund Magnus | |
| f 1867 13/3 | d 1911 22/2 "septica – pyarnie (av riven finne)" |
| G 1893 12/11 i Junsele med |
| Svensdotter Ulrika |
| f 1873 14/5 | d 1929 1/9 |

1. Alma Katarina	f 1894 11/1		GAF 231
2. Anders	f 1894 11/1
3. Elvira Margareta	f 1896 2/4
4. Annie Alida	f 1898 16/9	Klippen, Fr

Föräldrar till:

M Berglund:	Anders Berglund f 1826, Hömyra, Ju
	Cajsa Olofsdotter f 1825
U Svensdotter:	Sven Jönsson f 1826, Åkerbränna, Ju
	Greta Gunilla Nilsdotter f 1838

(4) A A g 1923 30/9 m Erik Olof Oskar Eriksson f 1900 från Klippen

Kommer från Risbränna, Ju 1897 - tidigare i Åkerberg (ÅKB 3)

Boström Isak Olof
f 1854 25/5   d
G 1883 11/10 i Sidensjö med
Nilsdotter Kristina
f 1854 2/12   d

1. Anna Viktoria   f 1884 6/7
2. Nils Olof   f 1887 2/8
3. Johan Alfred   f 1890 3/2
4. Isak Aron   f 1891 1/4
5. Johanna Margareta   f 1892 9/4
6. Erika Carolina   f 1896 19/5   d 1900 26/11
7. Erik Leonard   f 1900 18/10

Föräldrar till:
I A Boström: Olof Johansson Boström f 1823, Björnböle, Si
                           Anna Cajsa Isaksdotter f 1825
K Nilsdotter: Nils Salomonsson f 1825, Ås, Si
                           Anna Cajsa Andersdotter f 1833

(6) E C d "difteri"

Kommer från Ås, Si 1893 - till Prestbolet, Do 1901

Byström Olof
f 1868 26/9   d 1925 5/10
G 1899 24/12 i Åsele med
Söderholm Emma Kristina   TEN 22
f 1879 20/1   d

1. Nils Olof   f 1900 8/4   d 1900 13/4
2. Anna Edelina   f 1901 7/5   d 1930 20/3
3. Nils Johan   f 1903 13/2
4. Olof Adrian   f 1905 4/3
5. Ingrid Kristina   f 1907 24/4
6. Signe Margareta   f 1909 27/5   d 1911 21/8
7. Erik Valfrid   f 1911 12/8
8. Lilly Margareta   f 1913 1/3
9. Signe Walborg   f 1916 3/2
10.Elin Maria   f 1918 30/3
11.Hedda Ingeborg   f 1920 1/10   d 1920 19/12
12.Gördis Ingeborg   f 1923 29/1   d 1923 24/2

Föräldrar till :
O Byström: Nils Pehrsson f 1832, Sörflärke, An
                                    Sara Cajsa Olofsdotter f 1840

(2) A E barn: Karl Henry   f 1920 24/11   d 1920 8/12
        K H d "kikhosta"
(11) H I d "kikhosta"

                                                                            Gaf 18

Bäckström Josef Oskar Danielsson
f 1883 31/10   d
G 1908 27/5 i Åsele med
Andersdotter Anna Kristina   GAF 166
f 1888 26/1   d

1. Gustaf Helmer   f 1908 22/7
2. Karl Alfred   f 1910 17/4

Föräldrar till:
J O Bäckström: Daniel Josephsson f 1842, Västanbäck, Ju
                                    Anna Mattsdotter f 1848

Till Canada 1911?? se GAF 160

                                                                            Gaf 19
Dahlbäck Kristoffer Albert Danielsson   GAF 134
f 1863 6/6   d
G 1891 4/10 i Åsele med
Jonsdotter Maria Karolina   SIK 46
f 1866 8/8   d 1901 25/4 "kramp"

1. Beda Valtrise Nikolina   f 1891 17/12   GAF 73
2. Sally Erika   f 1895 31/5   GAF 233
3. Helldi Karolina   f 1898 6/2   GAF 124
fosterson (se ÅSE 166):
4. Oskar Teolin Höglund   f 1909 8/9   d 1926 25/4

                                                                            Gaf 20
Danielsson Erik Robert   GAF 134
f 1859 18/8   d
G 1889 24/3 i Åsele med
Olofsdotter Mathilda   YTT 18
f 1868 19/3   d

1. Magdalena Irene   f 1890 14/12

404

2. Etelka Katarina	f 1892 22/6	
3. Irma Mathilda	f 1894 6/11	

Till Säbrå 1906

		Gaf 21
Danielsson Marcus		GAF 120
d 1735 26/7	d 1799 31/5 "rosen"	
G 1759 med		
Andersdotter Apollonia		
f ca 1725	d 1800 7/12 "stark ros"	
1. Daniel	f 1760	GAF 121
2. Anders	f 1762	GAF 118
3. Marcus	f 1765	GAF 123
4. Abraham	f 1770	FOR 44

Föräldrar till:
A Andersdotter: Anders Henriksson f 1678, Eden, Ju
                   Apollonia Grelsdotter

		Gaf 22
Danielsson Marcus		GAF 121
f 1790	d 1850 18/7 "bröstvattusot"	
G 1814 25/3 i Åsele med		
Gavelin Gertrud Brita		GAF 52
f 1785	d 1864 14/5 "ålderdom"	
1. Daniel	f 1815 22/10	GAF 122
2. Stina Greta	f 1817 24/5 Själevad	
3. Anna Magdalena	f 1820 11/2	GAF 188
4. Karolina	f 1822 19/6 Nätra -44	
5. Gertrud Brita	f 1825 20/3 Volgsjö, Wi	
6. Gustava	f 1827 2/9	SÖS 8
7. Pehr	f 1830 4/9	GAF 126

(2) S G g 1843 23/4 i Ås m Pehr Nilsson f 1813, Själevad
(5) G B g 1853 6/3 i Ås m Olof Daniel Edman f 1826 från Strömnäs, Wi

---

		Gaf 23
Danielsson Markus Alfred		GAF 122
f 1847 5/7	d 1927 27/8	
G 1879 2/2 i Åsele med		
Olsdotter Sigrid Johanna		GAF 145
f 1836 6/7	d 1910 11/5	

1. Erik Ludvig	f 1858 6/10		GAF 45
2. Jonas Alfred	f 1872 6/7		LAK 11
3. Martina Magdalena	f 1876 1/8		ÅSE 151
4. Tekla Johanna	f 1879 6/5		GAF 91

(3) M M barn: Uno Martin	f 1900 1/8		ÅSE 151
Lilly Martina	f 1903 1/6	d 1904 23/6	
L M d "bröstsjukdom"			

Gaf 24

Danielsson Per		
f	d 1686	
G med		
Nilsdotter Märet		GAF 10
f	d	

1. Daniel	f 1684	Anundsjö

Föräldrar till:
P Danielsson:

(1) D g 1713 m Ingeborg Nilsdotter f 1691 från Norrmesunda, An - D båtsman i Anundsjö

			Gaf 25
Danielsson Per Axel			HÄL 51
f 1857 4/4	d 1923 3/6		
G 1881 6/2 i Åsele med			
Persdotter Sara Stina			MOS 1
f 1857 24/4	d 1924 5/10		

1. Kristina Adelina	f 1881 26/4		ÅSE 76
2. Emelinda Karolina	f 1882 12/12		SÖÅ 35
3. Ida Martina	f 1884 30/6	Lycksele	
4. Hilma Elisabeth	f 1886 19/7		GAF 101
5. Amanda Eugenia	f 1888 20/5		GAF 12
6. Daniel Alexius	f 1890 5/10		
7. Sara Johanna	f 1893 7/12		GAF 100
8. Eric Bruno	f 1897 6/10		GAF 238

(3) I M g 1905 24/4 i Ly m Anders Rudolf Andersson f 1874 från Lycksele

Kronotorpare Simsjöås

Kommer 1890 från Sandsjö (SAN 5)

			Gaf 26
Danielsson Pål			GAF 120
f 1739 31/3	d 1825 12/1 "ålderdomsbräcklighet"		
G 1764 med			
Hindricsdotter Brita			TJÄ 28
f 1741 8/10	d 1804 27/7 "tvinsot och ..."		
1. Daniel	f	d 1767 KR	
2. Hindric	f 1767		GAF 190
3. Marcus	f 1773 KR	d före 1782	
4. Sophia	f 1774		GAF 29
5. Pål	f 1776		GAF 191

			Gaf 27
Edlund Johan Albert Mårtensson			SÖÅ 74
f 1862 18/10	d		
G 1891 31/1 i Åsele med			
Olofsdotter Karolina Albertina			GAF 83
f 1868 27/6	d		
1. Hanna Kristina	f 1891 13/4		GAF 83

Flyttar till Sunnansjö, Nätra 1892

			Gaf 28
Enfält Olof Maurits Olofsson			GAF 83
f 1872 7/12	d 1923 24/3		
G 1905 8/7 i Sollefteå med			
Markusdotter Olga Kristina			GAF 9
f 1886 30/5	d		
1. Helfrid Oline	f 1905 25/9		
2. Irma Kristina	f 1907 10/4		
3. Gerd Astrid	f 1908 23/10		
4. Aina Ingeborg	f 1911 22/9		
5. Olof Folke	f 1913 29/5		
6. Vera Elisabet	f 1916 28/2	d 1916 22/5	
7. Tage Mauritz	f 1918 28/12		
8. Eivor Gertrud	f 1923 23/4		

		Gaf 29
Ersson Eric		HOL 23
f 1774	d 1853 1/7	

G 1794 med
Pålsdotter Sophia   GAF 26
f 1774   d 1866 22/3 "ålder"

1. Brita   f 1795   d 1795
2. Eric   f 1797   GAF 30
3. Catharina   f 1799   GAF 157
4. Pål   f 1803 6/8   Svannäs, Wi
5. Daniel   f 1810 12/6   YTT 3
6. Brita Stina   f 1810 12/6   GAF 125

(4) P g 1825 20/3 i Ås m Anna Barbara Persdotter f 1795

                                                                          Gaf 30
Ersson Eric   GAF 29
f 1797   d 1874 2/1 "ålderdom"
G 1821 18/3 i Åsele med
Jonsdotter Maglena   GAF 182
f 1800 5/12   d 1849 28/12 "slag" begr. i Nätra

1. Eric   f 1822 17/3   GAF 31
2. Anna Sofia   f 1824 11/6   LÅN 25
3. Gustava Fredrika   f 1830 28/10   Laxbäcken, Wi
4. Jonas   f 1834 1/11   d 1922 29/8
5. Daniel   f 1838 17/10   d 1884 19/4

(3) G F g 1854 25/3 i Ås m Eric Ersson f 1826 från Laxbäcken

                                                                          Gaf 31
Ersson Eric   GAF 30
f 1822 17/3   d 1854 2/3
G 1851 20/4 i Åsele med
Nordin Amalia Magdalena   GAF 154
f 1828 17/1   d 1910 1/3
Amalia Magdalena omgift 1856 2/3 i Åsele med
Olofsson Eric Olof   FOR 3
f 1819 18/10   d 1859 6/11
Amalia Magdalena omgift 1864 13/11 i Åsele med
Ersson Olof   GAF 168
f 1835 24/9   d 1925 23/3

1. Erik Reinhold   f 1852 19/8   GAF 33
2. Elisabeth Magdalena   f 1854 14/7   YTT 8
3. Olof August   f 1856 29/8   d 1925 28/3
4. Gertrud Brita   f 1858 11/8

408

5. Salmon Adolph	f 1860 10/7	d 1874 28/4	
6. Jacob Amandus	f 1865 28/3		GAF 171
7. Christina Amalia	f 1867 19/2	d 1868 29/5	
8. Jonas Vilhelm	f 1869 12/12		
9. Carolina Amalia	f 1871 12/9	d 1882 10/11	

(4) G B barn: Edla Kristina Amalia f 1891 28/4   GAF 32
(5) S A d "skarlakansfeber"

Gaf 32

Eriksson Erik Helmer   Åkare
                                 GAF 86
f 1886 3/3   d
G 1914 27/9 i Åsele med
Eriksson Edla Kristina Amalia   GAF 31
f 1891 28/4   d

1. Ernst Olof	f 1916 1/1
2. Karl Henry	f 1919 6/12

Gaf 33
                                              GAF 31
Ersson Erik Reinhold
f 1852 19/8   d
G 1874 12/4 i Åsele med
Jacobsdotter Sara Margareta   GAF 76
f 1851 22/2   d

1. Eric Adolph	f 1834 2/10	d 1883 12/10
2. Andrietta Amalia	f 1877 4/3	d 1883 15/10
3. Jakob Teodor	f 1878 24/12	Myckelgensjö, An
4. Ida Margareta	f 1881 3/3	Norrböle, An
5. Olof Konrad	f 1883 13/9	Norrmesunda, An
6. Erik Alfred	f 1886 10/6	
7. Karl Villehad	f 1888 8/11	

(3) J T g 1908 27/6 i An m Sara Maria Svensdr f 1881 från Norrmesunda
(4) I M g 1903 27/9 i An m Sven Näsström f 1874 från Norrmesunda
(5) O K g 1907 30/6 i An m Inga Selling f 1884 från Norrböle

Till Norrmesunda, An 1889

Gaf 34
                                              HOL 24
Ersson Jacob
f 1807 9/9   d 1900 22/7 "åldersaftyning"
G 1836 4/10 i Åsele med

Adamsdotter Eva Lisa   BOM 1
f 1812 16/8   d 1875 27/12

1. Erik Adam   f 1837 22/2   d 1838 26/6
2. Erik Adam   f 1838 2/9   GAF 87
3. Christina Catharina   f 1840 7/9   d 1841 22/7
4. Stina Cajsa   f 1842 1/5   d 1842 25/9
5. Jacob Olof   f 1843 9/8   GAF 74
6. Clara Carolina   f 1845 4/9   Trehörningssjö -24
7. Christina Seraphia   f 1847 13/9   d 1897 14/2
8. Elias Esaias   f 1849 6/7   d 1928 30/7
9. Emma Elisabeth   f 1851 28/7   d 1852 17/11
10.Emma Elisabeth   f 1853 26/6   GAF 43
11.Nils Johan   f 1855 4/10   d 1926 15/5
12.Sven Petter   f 1859 28/12   GAF 93

(1) E A d "magref"
(4) S C d "bröstsjuka"
(6) C C barn: Gustaf Alfred Backman f 1873 24/4   ÅSE 24
          dödfött barn   f 1883 18/11
(7) C S barn: Karl Magnus Backman f 1879 19/8   ÅSE 638

                                                                     Gaf 35
Ersson Johan   HÄL 8
f 1857 2/9   d
G 1885 6/12 i Åsele med
Svensdotter Anna Brita   GAF 42
f 1858 29/8   d

1. Frida Kristina   f 1888 25/5
fosterbarn (se ÅSE 367):
2. Bertil Ferdinand Englen   f 1915 3/4   TOÖ 33

Kommer från Hälla (HÄL 13) 1886

                                                                     Gaf 36
Ersson Christopher   HOL 23
f 1777 30/5   d 1856 10/10
G 1797 med
Jonsdotter Carin   TJÄ 39
f 1773 22/12   d 1855 31/5

5. Jacob   f 1815 19/3   GAF 111

Kommer 1830 från Tjärn (TJÄ 4)

410

Ersson Markus
f 1818 27/7   d
G 1840 1/3 i Dorotea med
Danielsdotter Märtha Lisa
f 1816 27/10   d

1. Eric	f 1841 27/6	
2. Daniel	f 1842 27/9	d 1844 13/6
3. Markus	f 1844 29/6	
4. Daniel	f 1845 25/12	d 1846 9/2
5. Pehr	f 1848 31/3	
6. Andreas	f 1849 30/11	
7. Sven Valentin	f 1852 14/2	
8. Inga Erika	f 1854 16/5	
9. Märtha Stina	f 1856 3/3	

Föräldrar till:
M L Danielsdotter: Daniel Ersson f 1779, Mårdsjö, Do
se MÅR 1   Märta Andersdotter f 1790

Till Lomsjö 1857 (LOM 33)

Ersson Markus
f 1840 14/7   d
G 1869 10/4 i Åsele med
Nilsdotter Anna Brita   SÖN 9
f 1844 30/8   d

1. Nils Amandus	f 1871 8/7	
2. Anna Lovisa	f 1873 11/1	
3. Erik Leonard	f 1875 19/12	
4. Hulda Kristina	f 1878 6/4	
5. Markus Emanuel	f 1880 29/5	
6. Betty Karolina	f 1881 3/9	
7. Edit Lydia	f 1881 3/9	d 1882 30/6
8. Konrad Ansgarius	f 1885 30/1	

Flyttar till Sunnansjö, Nätra 1896

Ersson Per
f 1795   d 1852 25/4 "gikt"

G 1824 4/4 i Åsele med
Gavelin Gertrud Brita   GAF 53
f 1801 3/8   d 1852 23/7

1. Stina Cajsa   f 1825 5/9   d 1826 12/2
2. Eric   f 1826 20/12   d 1883 12/5
3. Pehr   f 1829 28/2   GAF 188
4. Marcus   f 1830 16/12   d 1840 15/12
5. Daniel   f 1833 29/8   d 1870 3/5
6. Jonas   f 1836 5/9   GAF 183
7. Josefin Rosalia   f 1839 3/10   d 1910 17/2
8. Stina Elisabeth   f 1842 15/5   SÖÅ 83
9. Gertrud Carolina   f 1845 27/4   SÖN 29

(1) S C d "magref"
(4) M d "förkylning"
(5) D dräng i Gafsele vid sin död av "slag"

                                                                    Gaf 40
Ersson Pehr   Skräddare   GAF 205
f 1821 10/9   d 1910 26/12
G 1845 26/12 i Åsele med
Olofsdotter Brita Cajsa   FOR 3
f 1822 8/5   d 1897 26/2

1. Inga Erika Charlotta   f 1846 3/11   d 1850 28/7
2. Brita Maglena   f 1848 21/12   ÖSN 35
3. Anna Petronella   f 1851 29/9   GAF 74
4. Stina Carolina   f 1854 3/9   VAR 10
5. Eric Petter   f 1857 17/12   GAF 178
6. Ida Olivia   f 1861 2/2   GAF 105

(1) I E C d "skarlakan"

                                                                    Gaf 41
Ersson Sven   GAF 205
f 1816 10/4   d
G 1838 4/3 i Dorotea med
Mikaelsdotter Zenobia   VAR 31
f 1816 6/3   d

1. Inga Carolina   f 1839 13/1

Flyttar ca 1840 till Tjärn (TJÄ 6)

412

Ersson Sven   GAF 206
f 1825 7/6   d 1893 13/8
G 1856 2/3 i Åsele med
Andersdotter Anna Cajsa   TEG 44
f 1816 26/12   d 1887 24/12
Sven omgift 1891 11/4 i Åsele med
Johansdotter Anna Erika   LOM 49
f 1830 30/6   d 1911 5/2 "marasmus senilis"

1. Anna Brita   f 1858 29/8   HÄL 13

Kommer 1862 från Lakasjö (LAK 10)

Gaf 43
Ersson Sven   SIK 44
f 1856 14/6   d
G 1882 3/12 i Åsele med
Jakobsdotter Emma Elisabeth   GAF 34
f 1853 26/6   d

1. Erik Jakob   f 1883 19/10

Flyttar till Siksjö (SIK 5) 1885

Gaf 44
Forsberg Bror Olof Oskar   GAF 45
f 1887 29/7   d
G 1913 24/8 i Åsele med
Almroth Edit Amanda   STA 1
f 1886 19/12   d 1918 29/10 "lunginflammation"
Bror Olof Oskar omg 1922 9/7 i Åsele med
Kristoffersson Fredrika Kristina   SIK 21
f 1892 19/9   d 1928 5/10

1. Karl Ejvin   f 1914 3/2
2. Eris Ingegerd   f 1923 18/5
3. Mimmi Hillevi   f 1925 9/7
4. Gurli Linnea   f 1926 17/8
Fredrika Kristinas:
5. Olof Arvid   f 1919 18/7
6. ett dödfött gossebarn   f 1928 27/9

Gaf 45
Forsberg Erik Ludvig   GAF 23

413

f 1858 6/10	d 1924 15/3	
G 1885 15/11 i Åsele med		
Jonsdotter Kajsa Margareta		SÖÅ 91
f 1857 15/4	d 1917 14/11 "tuberculos. pulm."	

1. Daniel Konrad	f 1879 12/11	BOÖ 54
2. Linus Edvin	f 1886 27/2	GAF 48
3. Bror Olof Oskar	f 1887 29/7	GAF 44
4. Erik Alfrid	f 1890 20/5	
5. Alma Johanna Elisabet	f 1893 26/6	
6. Jonas Villehad	f 1896 12/11 Holmsund -26	

(5) A J E barn: Herta Margareta   f 1914 10/4

Gaf 46

Forsberg Eric Petter	Gästgivare	
f 1853 1/5	d	
G 1885 5/4 i Ådalsliden med		
Devall Margareta Elisabeth		
f 1859 14/2	d	

1. Eric Andreas	f 1886 9/1	d 1893 27/9
2. Amanda Kristina	f 1887 27/3	
3. Nils Petter	f 1889 25/3	
4. Anna Margareta	f 1890 2/8	
5. Karl August	f 1893 30/4	
6. Beda Oskara	f 1895 5/6	
7. Jenny Albertina	f 1899 18/2	
8. Erik Lambert	f 1900 17/9	

Föräldrar till:

E P Forsberg:	Anders Ersson f 1815, Forsås, Åd
	Cajsa Stina Ersdotter f 1818
M E Devall:	Pehr Devall f 1818, Lövsjö, Skorped
	Anna Ersdotter f 1814

(1) E A d "difteri"

Kommer 1893 från Överå, Åd - till Sidensjö 1908

Gaf 47
GAF 23

Forsberg Jonas Alfred	
f 1872 6/7	d
G 1893 27/8 i Åsele med	
Andersdotter Kristina Gustafva	BOM 2

414

f 1861 12/9   d

1. Emergilda Vestalia	f 1893 24/10	Sala -13	
2. Martina Vitsida	f 1895 26/12		LAK 15
3. Wilma Augusta	f 1898 13/6		GAF 64
4. Alma Severina	f 1900 2/6	Olaus Petri -22	
5. Alfred Severin	f 1902 27/8		
6. Karl Gustaf	f 1908 29/3		

fosterbarn (se LAK 15):
7. Lars Alfred Torgny Larsson	f 1919 27/8

(4) A S barn: dödfött flickebarn   f 1921 8/6
     barnet står även ant. född den 21/6!

Kommer 1911 från Åsele (ÅSE 114)

Gaf 48
GAF 45

Forsberg Linus Edvin
f 1886 27/2   d
G 1909 3/5 i Åsele med
Andersdotter Brita Carolina   GAF 166
f 1890 27/2   d

1. Linnea Kristina	f 1909 24/7		GAF 228
2. Elin Amanda	f 1910 9/8	d 1911 15/2	
3. Enar Albert	f 1911 8/12		

(2) E A d "lunginflammation"

Gaf 49

Forsberg Magnus Jönsson
f 1835 24/1   d
G 1862 12/1 i Ramsele med
Eliedotter Märta Johanna
f 1841 10/11   d

5. Johan August	f 1874 13/4		ÅSE 113
6. Magnus Emanuel	f 1876 18/8		
8. Märta Charlotta	f 1879 8/4	Storsjö, An	
10. Viktor Robert	f 1883 31/3		

Föräldrar till:
M Forsberg: Ingeborg Ersdr f 1805, Örtjärnshöjern, Fryksände
M J Eliedotter: Elias Eliasson f 1799, Forsås, Ramsele
                       Märta Elisabet Olofsdotter f 1811

(8) M C g 1903 1/6 i Ås m Per Amandus Jonsson f 1875 (HOL 47)
      barn döpt i Åsele: Hildur Irene   f 1903 30/6

Kommer 1903 från Anundsjö - tillbaka 1905

		Gaf 50
Gabrielsson Nils	Gästgivare	RÅS 5
f 1761	d 1833 13/10 ”utlefvad”	
G 1783 med		
Ingelsdotter Stina		LAJ 9
f 1764	d 1823 18/3 ”vattsot”	
Nils omgift 1824 20/6 i Åsele med		
Jonsdotter Stina		TJÄ 39
f 1777 18/10	d 1853 21/1	
1. Gabriel	f 1785	GAF 193
3. Ingel	f 1789	GAF 195
5. Greta	f 1793	GAF 8
6. Petrus	f 1796	Bäsksjö, Wi
7. Maglena	f 1798 27/11	
9. Nils	f 1804 5/4	TJÄ 43

(6) P g 1824 21/3 i Ås m Christina Israelsdotter (BÄÖ 3)

Kommer 1812 från Råsele, Wi - se RÅS 2

		Gaf 51
Gavelin Daniel Danielsson		GAF 52
f 1779	d	
G 1805 24/3 i Åsele med		
Markusdotter Magdalena		ÖVR 66
f 1784	d	
1. Anna Christina	f 1806 13/12	d 1807 18/3
2. Enok Edvard	f 1807 8/11	
3. Daniel	f 1809 4/6	
4. Kristina Matilda	f 1811 20/2	
5. Anna Maglena	f 1816 28/6	
6. Petrus	f 1818 30/3	d 1818 30/3

(1) A C d ”kikhosta”

Flyttar 1819 till Hälla (HÄL 23)

		GAF 60
Gavelin Daniel Persson	Gästgivare	
f 1741 14/8	d 1801 8/1 "bröstsjukdom"	
G 1765 8/12 i Anundsjö med		
Pehrsdotter Kerstin		
f 1744 3/5	d 1825 21/2 "andtäppa"	

1. Magdalena	f 1767	VAR 38
2. Cajsa	f 1768	HÄL 75
3. Pär	f 1770	GAF 58
4. Eric	f 1772	GAF 53
5. Christina	f 1773	HÄL 37
6. Greta	f 1776	RÅS 4
7. Anna	f 1778	ÖVR 40
8. Daniel	f 1779	GAF 51
9. Nils	f 1781	VÄN 11
10.Gertrud Brita	f 1785	GAF 22

Föräldrar till:

K Pehrsdotter:	Pehr Nilsson f 1713, Kubbe, An
	Carin Ersdotter f 1721

		GAF 52
Gavelin Eric Danielsson		
f 1772	d 1845 /9 "dör i skogen af svelt och kyla"	
G 1797 med		
Nilsdotter Catharina		SÖÅ 46
f 1777 6/4	d 1814 22/10 "död efter missfall"	
Eric omgift 1816 15/4 i Åsele med		
Rhen Elisabeth Sofia		KUL 14
f 1783 23/11	d 1852 9/5	
Eric tid g se GAF 187		

1. Christina Margareta	f 1798	Avaträsk, Do	
2. Cajsa Maglena	f 1800 24/4		VÄN 6
3. Gertrud Brita	f 1801 3/8		GAF 39
4. Anna Lisa	f 1802 31/10		GAF 154
5. Eva Lovisa	f 1804 27/4		HÄL 53
6. Erika Agatha	f 1806 19/7		GAF 130
7. Sara Sophia	f 1807 26/7		LOM 36
8. dödfött sonbarn	f 1809 /9		
9. Ingri Maja	f 1810 24/10		TOÖ 27
10.Johanna	f 1817 27/4		GAF 61
11.Eric Daniel	f 1819 1/4	d 1820 12/1	
12.Carolina	f 1821 4/11	d 1831 29/5	

13.Eric Daniel   f 1825 9/11   GAF 54

(1) C M g 1822 8/4 i Ås m Pär Johansson (AVT 6)
(11) E D d "upkastning"
(12) C d "mässling"

Gaf 54
Gavelin Erik Daniel Ersson   GAF 53
f 1825 9/11   d 1909 26/7 "magkräfta"
G 1845 24/3 i Åsele med
Jonsdotter Inga Magdalena   TEG 15
f 1821 12/8   d 1898 31/5

1. Lisa Maglena   f 1845 20/6   GAF 210

Gaf 55
Gavelin Eric Hansson   GAF 57
f 1788   d 1813 1/3 "lungsot"
G 1811 14/7 i Åsele med
Olofsdotter Maglena   TJL 2
f 1791   d
Maglena omgift 1816 18/2 i Åsele med
Jonsson Anders   GAF 182
f 1792   d

1. Lisa Cajsa   f 1811 27/9
2. Hans   f 1813 27/2   d 1813 26/9
3. Anna Stina   f 1816 9/5
4. Sara Magdalena   f 1817 9/12
5. Greta Johanna   f 1819 26/12
6. Eva Erika   f 1822 24/5
7. Jonas Anders   f 1824 12/2
8. Carolina   f 1826 8/6
9. Gustava   f 1828 20/9

Flyttar 1830 till Tjärn (TJÄ 18)

Gaf 56
Gavelin Erik Persson   Länsman   GAF 60
f 1729 25/7   d 1799 11/5 "halssjuka"
G 1758 med
Hansdotter Märtha   VÄN 7
f 1722 31/12   d 1797 BU

1. Pär   f 1760   GAF 59

2. Hans	f 1762		GAF 57
3. Magdalena	f 1764		ÖSN 64

Gaf 57

Gavelin Hans Ersson	Länsman		GAF 56
f 1762	d 1825 9/5 "inflammationsfeber"		
G 1787 med			
Pehrsdotter Lisa			GAF 106
f 1766	d 1825 13/2 "nerffeber"		
1. Eric	f 1788		GAF 55
2. Pehr	f 1790	d 1842 19/6	
3. Hans	f 1793	d 1864 13/8	
4. Markus	f 1795	d 1796	
5. Markus	f 1797	d 1798	
6. Anna	f 1799		GAF 138
7. Ingel	f 1801 21/12		TJÄ 10
8. Daniel	f 1805 1/7	d 1805 19/9	

(2) P d "lungsot ", dräng i Gafsele vid sin död
(3) H d "vattensot ", dräng i Gafsele
(8) D d "slag, som härrört af håll och stygn"

Gaf 58

Gavelin Per Danielsson			GAF 52
f 1770	d		
G 1793 med			
Pehrsdotter Anna			GAF 106
f 1770	d 1804 18/5 "slag"		
Per omgift 1805 8-25/3 i Åsele med			
Nilsdotter Christina			HÄL 56
f 1776	d		
1. Daniel	f 1795	d 1795	
2. Kristina Katarina	f 1805 25/9	Råsele, Wi	
3. Ingeborg Magdalena	f 1807 16/1	Råsele, Wi	
4. Anna Greta	f 1808 2/9	Råsele, Wi	
5. Nils	f 1811 1/1	Lövliden, Wi	

(2) K K g 1825 i Wi m Pehr Svensson (VAR 38)
(3) I M g 1830 25/3 i Wi m Ivar Johansson (TOÖ 6)
(4) A G g 1836 17/4 i Wi m Olof Jonsson f 1803 från Skansholm, Wi
(5) N g 1840 25/3 i Wi m Gertrud Pehrsdotter f 1817 från Bäsksele, Wi

Till Råsele, Wi 1812

```
--------------------------------------------------------------------------------
                                                                    Gaf 59
Gavelin Per Ersson                                                  GAF 56
f 1760                          d
G 1785 med
Johansdotter Ingeborg
f 1765                          d

1. Anna                         f 1787
2. Eric                         f 1789
3. Johannes                     f 1792
4. Magdalena                    f 1794
5. Petrus                       f 1797
6. Ingri Cajsa                  f 1800 1/5
7. Christina Catharina          f 1805 24/9

Föräldrar till:
I Johansdotter:


Bor i Varpsjö 1786-88 (VAR 21) - till Tjäl (TJL 6) 1808

--------------------------------------------------------------------------------
                                                                    Gaf 60
Gavelin Per Ingelsson                                               GAF 180
f 1700                          d 1772
G 1727 24/2 i Åsele med
Sjöberg Magdalena                                                   ÅSE 418
f 1709 trol 13/8                d 1799  /9 "ålder"

1. Eric                         f 1729 25/7                         GAF 56
2. Gertrud                      f 1731 27/9      Arjeplog
3. Kerstin                      f 1733 23/3      Arvidsjaur
4. Magdalena                    f 1735 23/3      Gällivare
5. Ingel                        f 1737 3/3       Härnösand
6. Margeta                      f 1739 10/6                         SÖÅ 19
7. Daniel                       f 1741 14/8                         GAF 52
8. Petter                       f 1743 17/12                        VOS 2
9. Johannes                     f 1746 7/6
10.Catharina                    f 1748 1/10      Härnösand
11.Nils                         f 1750 12/12                        SÖÅ 46
12.Brita                        f 1754 5/1                          ALM 11
```

(2) G g m Eric Fjällström f 1725 i Lycksele
(3) K g m änkl Petter Edin (SÖÅ 23)
(4) M g m änkl Per Högström f 1714, pastor i Gällivare

420

(5) I handelsman i Härnösand, d 1815 12/10 "matthet " i Gafsele
(10) C g 1780 m löjtnant Johan Fredric Holst från Härnösand
    C d 1815 20/7 "bröstvattusot " i Gafsele

Gaf 61

Gillberg Per Maurits	Lanthandlare, fd apotekare	
f 1804 8/9	d 1882 15/4	
G 1856 med		
Gavelin Johanna	Barnmorska	GAF 53
f 1817 27/4	d 1906 17/12	
1. Aqvilina Emilia	f 1841 21/8	GAF 162
2. Sophia Ulrika	f 1857 6/4	GAF 88

Föräldrar till:
P M Gillberg: Gustaf Magnus Gillberg, Uddevalla
                                 Inis Ulrika Lönners f 1782

Johanna flyttar till Näs, An 1894, till dottern (2)

Gaf 62

		GAF 80
Gradin Jakob August		
f 1873 2/8	d	
G 1897 3/10 i Åsele med		
Nilsdotter Anna Iduna Nikolina		GAF 11
f 1877 18/9	d	
1. Anna Augusta	f 1898 13/3	GAF 223
2. Nils Gunnar	f 1901 19/6	
3. Erik Gösta	f 1909 22/1	
4. Rut Henny Agata	f 1912 12/11	

Gaf 63

Grelsson Abraham	Länsman	
f 1691	d 1772	
G 1713 28/2 i Åsele med		
Hindricsdotter Anna		GAF 137
f	d 1748 /4 KR	

Abraham omgift 1748 27/11 i Anundsjö med
Jacobsdotter Lisbeta
f 1695 1/10   d 1784
Lisbeta tidigare gift (1714) m Erik Jonsson f 1689, Kläppsjö
och gift 1730 m Jon Olofsson f 1704, Kläppsjö

fosterson (se ÖSN 61):

421

1. Daniel Markusson	f 1709		GAF 120

Lisbetas:

2. Sara	f	d 1754 /9 KR	

Föräldrar till:

A Grelsson: Grels Josephsson Mo, Ju
L Jacobsdotter: Jacob Jonsson f 1657, Kläppsjö, An
                        Sara Hansdotter f 1657

Gaf 64

Gustafsson Gustaf Teodor
f 1888 26/1   d
G 1916 31/12 i Åsele med
Forsberg Vilma Augusta   GAF 47
f 1898 13/6   d

1. Karl Gustaf	f 1928 18/3

fosterbarn (se LAK 15):

2. Ebba Inga Kristina Larsson	f 1918 2/3

Föräldrar till:

G T Gustafsson: Gustaf Leonard Gustafsson f 1857, Ulvoberg, Wi
                        Maria Augusta Eriksdotter f 1864

Flyttar till Ulvoberg, Wi 1920 – kommer tillbaka 1923

Gaf 65
Göransson Matts   GAF 128
f 1787 3/4   d
G 1814 30/10 i Åsele med
Markusdotter Kristina   ÖSN 64
f 1791   d

1. Greta Maglena	f 1815 11/1	
2. Stina Cajsa	f 1816 5/8	
3. Markus	f 1818 18/2	d 1818 10/3
4. Mathias Marcus	f 1819 5/4	
5. Elisabeth Mathilda	f 1821 7/5	
6. Jonas	f 1823 13/12	

(3) M d "slag"

Flyttar till Älgsjö 1825 (ÄLG 31)

Gaf 66

Haglund Per Anselm Markusson   GAF 9
f 1876 15/6   d 1907 2/3 "blindtarmsinflammation"
G 1897 24/10 i Åsele med
Johansdotter Johanna Reinholdina
f 1869 10/6   d 1903 13/7 "lungsot och barnsäng"
Per Anselm omgift 1904 16/10 i Åsele med
Nilsdotter Greta Sofia
f 1877 18/5   d

1. Karl Halvar   f 1898 28/1   GAF 222
2. Hedvig Viola   f 1899 5/4   HÄL 93
3. Gunborg Johanna   f 1901 12/4   HÄL 101
4. Bror Artur   f 1901 12/4
5. Olga Paulina   f 1903 24/5   d 1904 13/3
6. Anny Hildegard   f 1904 1/12   Wilhelmina -19
7. Werner Hildebrand   f 1906 24/11
8. Signe Erika   f 1910 25/9   Bäsksjö, Wi
9. Yngve Waldemar   f 1914 11/2   d 1918 25/5

Föräldrar till:
J R Johansdr: Magdalena Johanna Johansdr f 1844, Järvsjö, Wi
G S Nilsdotter: Nils Petter Persson f 1849, Bäsksjö, Wi
                               Anna Erika Ersdotter f 1855

(5) O P d "kikhosta"
(8) S E fosterbarn hos Nils Valdemar Nilsson f 1889
(9) Y W d "kvävning gm olyckshändelse"

Änkan flyttar 1919 till Mattmar i Jämtland

                                                                   Gaf 67
                                                                   GAF 57
Hansson Ingel
f 1801 21/12   d 1870 24/5
G 1834 2/3 i Åsele med
Olsdotter Märta   TJÄ 22
f 1800 13/11   d 1887 28/2

1. Olof Eric   f 1837 26/8   GAF 83

Kommer 1851 från Tjärn (TJÄ 10)

                                                                   Gaf 68

Hedström Emanuel
f 1880 6/12   d
G 1908 20/9 i Åsele med

423

Mattsdotter Anna Kristina
f 1877 5/9   d

1. Elma Karolina   f 1909 13/4

Föräldrar till:
E Hedström: Emanuel Johansson f 1850, Hednäs, Vännäs
                                    Karolina Olofsdotter f 1854
A K Mattsdotter: Mathias Christoffersson f 1851, Gransjö, Wi
                                    Eva Margareta Olsdotter f 1855

Flyttar till Wännäs 1911

                                                                        Gaf 69
Hellgren Samuel   VÄN 16
f 1877 4/11   d
G 1902 26/12 i Åsele med
Wallinder Sigrid Amanda   GAF 215
f 1885 5/5   d

1. Nanna Magdalena   f 1903 5/4   HÄL 98
2. Jonas Ejnar   f 1909 31/12

Kommer 1906 från Västernoret (VÄN 19)

                                                                        Gaf 70
Hellman Jonas Konrad Laurentius Skrifvare   ÅSE 153
f 1869 19/8   d
G 1905 12/2 i Åsele med
Markusson Martina Magdalena   GAF 23
f 1876 1/8   d

1. Uno Martin   f 1900 1/8
2. Fritiof Markus Laurentius   f 1905 9/3
3. Dagny Margareta Henrietta   f 1907 18/6
4. Frideborg Elvira Aurora   f 1909 10/1
6. Tekla Elisabet Magdalena   f 1915 21/9

Kommer 1914 från Åsele (ÅSE 151) - tillbaka 1917

                                                                        Gaf 71
Holmberg Eric Ersson   HOL 24
f 1793   d
G 1826 25/6 i Åsele med
Andersdotter Kristina   GAF 118

f 1802 18/4   d

1. Carolina   f 1826 26/12
2. Eric Edvard   f 1830 27/12
3. Markus   f 1833 14/6
4. Anders   f 1833 14/6
5. Jacob   f 1836 12/3

Till Älgsjö 1840 (ÄLG 41)

Gaf 72

Holmberg Erik   Skollärare
f 1856 27/12   d 1903 24/6
G 1886 20/4 i Åsele med
Hellman Anna Sofia Karolina   ÅSE 153
f 1866 26/6   d

1. Erik Oskar Laurentius   f 1887 16/3
2. Anna Henrietta Borghild   f 1889 13/6
3. Uno Daniel Eugen   f 1891 25/9
4. Hilding Gösta Isidor   f 1896 21/7

Föräldrar till:
E Holmberg: Daniel Holm f 1817, Malgovik, Wi
se GAF 168   Stina Greta Ersdotter f 1827

Flyttar till Idre 1900 - kommer tillbaka 1903 - änkan m barn till Åsele (ÅSE 150) 1904

Gaf 73
GAF 74
Holmberg Erik Nikanor
f 1881 3/6   d
G 1912 6/10 i Åsele med
Dahlbäck Beda Valtrise Nikolina   GAF 19
f 1891 17/12   d

1. Anny Maria   f 1913 8/2
2. Tore Albert   f 1916 16/12
3. Bert Ingvar   f 1927 23/5

Gaf 74
GAF 34
Holmberg Jacob Olof Jacobsson
f 1843 9/8   d 1908 9/12
G 1876 19/3 i Åsele med
Persdotter Anna Petronella   GAF 40
f 1851 29/9   d 1922 7/5

1. Per Jakob Albin	f 1878 16/4		GAF 75
2. Erik Nikanor	f 1881 3/6		GAF 73
3. Elvira Katarina	f 1884 20/12		GAF 96
4. Olof Hilmer	f 1888 13/7	d 1889 12/2	

(4) O H d "medfött hjertfel"

Gaf 75

Holmberg Per Jakob Albin		GAF 74
f 1878 16/4	d	
G 1906 6/11 i Åsele med		
Jonsdotter Anna Maria		GAF 5
f 1885 1/1	d	

Flyttar 1910 till Björksele (BJÖ 14)

Gaf 76

Håkansson Jacob		
f 1816	d 1883 25/12	
G 1846 29/11 i Anundsjö med		
Jonsdotter Anna Brita		
f 1825 19/7	d 1904 8/12	

1. Håkan	f 1847 4/1	GAF 88
2. Cajsa Stina	f 1849 25/5	SÖÅ 85
3. Anna Johanna	f 1849 25/5	LOM 135
4. Sara Margareta	f 1851 22/2	GAF 33
5. Jonas Olof	f 1853 15/9	GAF 90
6. Eric	f 1855 18/10	GAF 86
7. Eva Erica	f 1858 4/5	GAF 186
8. Jacob Daniel	f 1861 30/1	GAF 89
9. Sven Petter	f 1863 26/6 d 1879 30/5	
10.Carl August	f 1866 21/8	GAF 92

Föräldrar till:
J Håkansson:	Håkan Ersson f 1777, Degersjö, An
	Anna Danielsdotter f 1782
A B Jonsdotter:	Jon Nilsson f 1800, Sörflärke, An
	Helena Strömberg f 1804

Kommer 1858 från Solberg (SOL 9)

Gaf 77

Håkansson Olof Mauritz	GAF 88

426

f 1886 13/4   d
G 1915 4/9 i S:t Klara, Stockholm med
Valberg Kristina Edelia   GAF 213
f 1891 23/2   d

1. Bertil Edvin   f 1916 11/3
2. Lilly Sofia   f 1918 30/3   d 1922 18/6
3. Erik Henning   f 1920 12/6
4. Ebba Kristina   f 1922 4/7
5. Gösta Herlov   f 1924 12/2
6. Hugo Mauritz   f 1926 17/9
7. Nansy Linnea   f 1930 26/1

                                                               Gaf 78

Hägglund Per Rudolf
f 1877 12/1   d
G 1907 20/10 i Åsele med
Markusdotter Kristina Elisabeth   GAF 142
f 1880 15/2   d

1. Anna Elisabeth   f 1908 26/11
2. Tyra Kristina   f 1910 10/9
3. Elsa Johanna   f 1912 24/9
4. Svea Margareta   f 1918 25/3   d 1921 14/4
fosterbarn (se HÄL 86):
5. Karl Anders Mattsson   f 1917 30/1

Föräldrar till:
P R Hägglund: Nils Anders Hägglund f 1844, prästbordet, Åd
                            Anna Magdalena Hamberg f 1844

Kommer 1909 från Strömsund

                                                               Gaf 79

Häggström Anders
f 1871 30/9   d
G 1897 3/10 i Anundsjö med
Olofsdotter Märta Erika
f 1873 13/9   d

1. Signe Kristina   f 1900 7/7   Skortsjö, Mo
2. Anton Wilhelm   f 1902 6/8
3. Elin Martina   f 1905 19/6
4. Olof Alfred   f 1907 23/8
5. Anny Frideborg   f 1909 21/9

427

6. Märta Ottilia	f 1911 2/4	
7. Ester Viola	f 1913 12/4	

Föräldrar till:
A Häggström: Beata Greta Andersdotter f 1852, Skorped
M E Olofsdotter: Olof Olofsson f 1822, Norrflärke, An
                                       Sigrid Jonsdotter f 1834

(1) S K barn: icke döpt   f 1921 14/11   d 1921 27/12
    S K g 1922 8/10 i Ås m Jonas Valentin Åström f 1897 från Skortsjö
    barn f i Ås: Nils Harry Andreas f 1923 16/7
(3) E M barn: Nils Torsten   f 1923 27/2
       N T far Erik Torbern Nordlander (ÅSE 324)

Kommer 1919 från Näs, An – flyttar till Anundsjö 1926

		Gaf 80
Höglund Johan Johansson		GÄR 15
f 1822 30/9	d 1866 17/2 ”tärande värk”	
G 1848 6/8 i Åsele med		
Ersdotter Anna Erica		GAF 206
f 1829 18/6	d 1893 9/7 ”vattusot”	
Anna Erica omgift 1868 8/3 i Åsele med		
Gradin Eric Andersson		LÅN 2
f 1827 3/9	d 1882 18/7	
1. Anna Carolina	f 1848 23/11	GAF 7
2. Stina Erica	f 1852 13/2	GAF 108
3. Eva Johanna	f 1853 29/7	GAF 165
4. Jonas Eric	f 1855 7/12	GAF 81
5. Markus Edvard	f 1857 29/2	d 1864 28/3	
6. Sven Victor	f 1859 25/3		GAF 82
7. Märtha Lovisa	f 1860 19/12	Bjällsta, Nätra
8. Eric Petter	f 1870 29/4	d 1873 12/3	
9. Jacob August	f 1873 2/8	GAF 62

(5) M E d ”halssjukdom”
(7) M L g 1894 23/12 i Nätra m Hans Westman f 1854 från Bjällsta
(8) E P d ”skarlakansfeber”

Kommer 1851 från Söråsele (SÖÅ 52)

		Gaf 81
Höglund Jonas Erik Johansson		GAF 80
f 1855 7/12	d	

428

G 1885 15/2 i Åsele med
Andersdotter Anna Amalia
f 1857 30/10   d

Föräldrar till:
A A Andersdotter: Anders Johansson f 1810, Järvsjö, Wi
                                     Eva Pehrsdotter f 1820

Flyttar till Järvsjö, Wi 1886

                                                                          Gaf 82
Höglund Sven Victor Johansson   GAF 80
f 1859 25/3   d
G 1891 21/3 i Åsele med
Nilsdotter Märta Karolina   ÅSE 173
f 1870 15/11   d

Flyttar till Bjällsta, Nätra 1891

                                                                          Gaf 83
Ingelsson Olof Eric   Gästgivare
                                     GAF 67
f 1837 26/8   d 1919 8/1
G 1862 25/3 i Åsele med
Danielsdotter Stina Magdalena   HÄL 51
f 1835 5/6   d 1925 21/2

1. Ingel Edvard   f 1863 6/3   GAF 170
2. Christina Olivia   f 1864 27/9   ÖSN 15
3. Märtha Iduna   f 1866 18/2   GAF 150
4. Carolina Albertina   f 1868 27/6   GAF 27
5. Daniel Alfred   f 1870 24/10   GAF 167
6. Olof Maurits   f 1872 7/12   GAF 28
7. dödfödd son   f 1875 3/1
8. Erik Ernst   f 1877 16/3   d 1877 3/5
dotterdotter (se GAF 27):
9. Hanna Kristina Edlund   f 1891 13/4   Canada -28

(9) H K barn: dödfött flickebarn   f 1919 13/4

                                                                          Gaf 84
Israelsson Eric Samuel   GAF 85
f 1832 8/4   d 1879 7/9 se nedan
G 1857 1/3 i Åsele med
Hansdotter Gertrud Maglena   TAB 14

429

f 1833 23/9   d 1877 24/9

1. Eric Albin Israel	f 1857 30/12	d 1858 6/4	
2. Anna Eleonora Emerentia	f 1859 16/3	d 1881 25/10	
3. Hilaria Magdalena	f 1861 16/6	d 1861 30/10	
4. Eric Wilhelm Valentin	f 1863 12/9		GAF 196
5. Manda Magdalena Paulina	f 1865 29/11	d 1896 4/3	
6. Anselina Abomelia Emelinda	f 1868 23/2		ÅSE 20
7. Gertrud Aurora Carolina	f 1870 19/2		YXS 58
8. Elin Beda Sophia	f 1872 15/5		HÄL 7
9. Martin Maurits Calixtus	f 1874 23/3	d 1874 9/7	
10.Tilma Maury Calixta	f 1876 16/5		HÄL 69

(5) M M P d "varig lungsäcksinflammtion"
(6) A A E barn: Klara Erika   f 1894 12/8   ÅSE 20
(9) M M C d "skarlakansfeber"

Om Eric Samuels död "såsom sinnesrubbad afburit sig sjelf livet genom hängning"

		Gaf 85
Israelsson Israel		RÖD 3
f 1802 1/3	d 1835 2/1 "förkyld"	
G 1826 2/2 i Åsele med		
Ersdotter Anna		HOL 24
f 1798 1/2	d 1869 6/2 "ålderdom"	
1. Segrid Cajsa	f 1827 8/1	ÄLG 29
2. Anna Maria	f 1829 7/8	ÄLG 81
3. Eric Samuel	f 1832 8/4	GAF 84

			Gaf 86
Jakobsson Erik			GAF 76
f 1855 18/10	d 1929 18/3		
G 1883 15/4 i Åsele med			
Nilsdotter Kristina Matilda			ÄLG 72
f 1861 14/3	d		
1. Anna Henrika	f 1883 4/10		GAF 219
2. Erik Helmer	f 1886 3/3		GAF 32
3. Freja Margareta	f 1888 24/3	Norrmesunda, An	
4. Lydia Kristina	f 1890 4/5	Hörby -11	
5. Betty Katarina	f 1892 3/8	Östra Strö -10	
6. Borghild Amanda	f 1895 26/5	Hörby -19	
7. Jakob Ossian	f 1897 13/6		GAF 233
8. Hildur Ottilia	f 1899 3/6	Stensele -28	

9. Egner	f 1901 27/3		
10.Dagmar Ingeborg	f 1903 24/7	Örnsköldsvik -29	
11.Jonas Walter	f 1905 13/8		

(1) A H barn: Olof Torgny	f 1906 4/7		GAF 219
Dagny Kristina	f 1910 25/7		GAF 219
(3) F M g 1908 17/5 i An m Kristoffer Forsberg f 1885 från Norrmesunda			
(4) L K barn: Anna Alexandra	f 1909 8/3		
(6) B A barn: ett flickebarn	f 1915 30/4	d 1915 30/4 ”kväfdt af modern (mord)”	
(10) D I barn: Gerd Ingeborg	f 1927 8/6	d 1927 20/6	

Gaf 87

			GAF 34
Jacobsson Eric Adam			
f 1838 2/9	d		
G 1861 2/6 i Åsele med			
Nilsdotter Lisa Gustava			TJÄ 27
f 1832 8/4	d		

1. Eva Eugenia	f 1861 23/6	d 1861 25/8	
2. Eva Amalia	f 1862 4/7		
3. Christina Albertina	f 1864 24/8		
4. Erik Haqvin	f 1866 3/7		
5. Jacob August	f 1869 13/6		
6. Nils Jonas	f 1871 9/6		
7. Carolina Adamina	f 1873 14/9		
8. Carl Olof	f 1876 11/5	d 1876 30/5	
9. Hulda Augusta	f 1877 9/7		

Flyttar till Simsjö (SIÖ 3) 1882

Gaf 88

Jacobsson Håkan	Lanthandlare		
	GAF 76		
f 1847 4/1	d		
G 1877 16/3 i Åsele med			
Gillberg Sophia Ulrika			GAF 61
f 1857 6/4	d		

1. Anna Emelinda Fredrika	f 1877 19/9	Näs, An	
2. Per Hjalmar	f 1878 10/11		
3. Jakob Edvin	f 1880 7/8		
4. dödfödd gosse	f 1882 5/5		
5. Erik Henning	f 1883 19/11		
6. Olof Maurits	f 1886 13/4		GAF 77

(1) A E A g 1902 15/6 i An m Anders Alexander Andersson f 1880

Till Näs, An 1886

		Gaf 89
Jakobsson Jakob Daniel		GAF 76
f 1861 30/1	d	
G 1887 4/6 i Åsele med		
Lindholm Wendla Albertina		ÖVR 36
f 1863 5/4	d	

1. Anna Teodolinda	f 1887 10/10	
2. Emelia Albertina Johanna	f 1890 6/1	\
3. Jakob Georg	f 1892 23/9	

Flyttar till Sörstrand (SÖS 3) 1894

		Gaf 90
Jacobsson Jonas Olof		GAF 76
f 1853 15/9	d	
G 1888 7/4 i Åsele med		
Edman Olivia Karolina		LOM 26
f 1859 19/7	d 1926 7/4	

1. Jonas Erik Wilhelm	f 1882 4/12		GAF 99
2. Alfrida	f 1888 6/9		
3. Jakob Mauritz	f 1891 21/2		
4. Karl Erhard	f 1894 11/2	d 1900 14/5	
5. Elna Karolina	f 1898 5/3		GAF 175
6. dödfött flickebarn	f 1903 25/1		

(4) K E d "drunkning"

		Gaf 91
Jakobsson Jonas Robert	Hedberg	STO 27
f 1872 10/6	d	
G 1898 16/10 i Åsele med		
Markusdotter Tekla Johanna		GAF 23
f 1879 6/5	d	

1. Gerda Evelina	f 1898 28/11	d 1898 28/11
2. Johan Artur	f 1900 16/2	d 1900 15/4
3. Rut Lovisa	f 1901 25/8	Östersund -28
4. Märta Johanna	f 1904 14/3	Östersund -25
7. Daniel Georg Holger	f 1909 26/1	

8. Milly Margareta	f 1912 25/1	
9. Alfred Enor	f 1916 3/1	
10.Jonas Waldemar	f 1917 18/4	
11.Maj Gördis	f 1920 5/5	d 1921 3/2
12.Svea Ingeborg	f 1921 27/9	
13.Kjell Edvin	f 1927 11/3	

(1) G E "allmän svaghet på grund af för tidig födsel"
(3) R L barn: Evy Erika   f 1922 9/10
        far Erik Adolf Östman f 1899, Örnsköldsvik

Flyttar 1903 till Åsele (ÅSE 145) - kommer tillbaka 1917

                                                                    Gaf 92
Jacobsson Karl August   GAF 76
f 1866 21/8   d
G 1896 27/9 i Åsele med
Nordfjell Kristina Desideria   GAF 151
f 1864 20/8   d 1929 27/6

1. Jakob Isidor   f 1897 22/1
2. Aline Margareta   f 1899 29/12
3. Karl Sivert   f 1903 10/1

                                                                    Gaf 93
Jakobsson Sven Petter   Svarvare
                             GAF 34
f 1859 28/12   d 1913 2/6 "lunginflammation"
G 1890 19/7 i Åsele med
Olofsdotter Anna Olivia   YXS 51
f 1860 28/6   d

1. Jakob Linaldo   f 1890 28/9
2. Olof Hilmar   f 1893 17/10   GAF 226
3. Ester Elisabeth   f 1896 30/4   Junsele -14
4. Erik Runo   f 1900 1/4   Trehörningssjö -22
5. Agda   f 1903 6/2   d 1918 14/12

(5) A d "spanska sjukan, blodbrist"

                                                                    Gaf 94
Jonsson Anders
f   d 1731
G med
Nilsdotter Karin   GAF 10

f	d		
1. Ella	f		
	HOL 2		
2. Jon	f		
	GAF 4		
3. Nils	f		
	HOL 4		
4. Per	f 1703	b 1721 21/5	
5. Karin	f 1707	Vägsele, Ly	

Föräldrar till:

A Jonsson: Jon Andersson, Eden, Ju
                    Malin

(5) K g 1726 dom epi. i Ås m Erik Eriksson från Vägsele

Gaf 95

Jonsson Anders   GAF 4
f 1712 28/8   d
G 1734 29/4 i Åsele med
Israelsdotter Kerstin
f 1709 26/3   b 1750 2/11 ”barnsäng ” i Ed
Anders omgift 1757 med
Ersdotter Dorotea
f 1714 28/2   d

1. Jon	f 1735 18/9	b 1735	
2. Israel	d 1736 24/9		
3. Jon	d 1739 5/1	d 1742 KR	
4. Anders	f 1741 18/5	d 1742 /2	
5. Hans	f 1743 18/1		
6. Per	f 1748 25/4	b 1750 22/4	

Föräldrar till:

K Israelsdotter: Israel Hansson, Forsmo, Ed
                        Kerstin Israelsdotter
D Ersdotter: Erik Olsson, Ön, Ed

Flyttar till Gärde, Ed ca 1743 - kommer tillbaka ca 1751 - till Överrissjö (ÖVR 16) ca 1757

Gaf 96

Jonsson August Emanuel   GAF 5
f 1883 29/4   d
G 1907 9/7 i Åsele med

Holmberg Elvira Katarina   GAF 74
f 1884 20/12   d

1. Vivassy Anna Kristina   f 1907 18/10   Anundsjö -26
2. Lilly Iduna   f 1910 4/4
3. Johan Olof Allan   f 1912 28/4
4. Johan Hilmer   f 1914 21/6
5. Gustaf Adolf   f 1916 24/9
6. Signe Maria   f 1918 10/11
7. Rune August   f 1921 23/5
8. Erik Albin   f 1924 25/1

Kronotorpare Simsjöås nr 2

Flyttar till Edefors 1926

                                                                    Gaf 97

Jonsson Erik Olof
f 1865 7/5   d
G 1893 1/10 i Åsele med
Svensdotter Kristina Edesia
f 1871 18/8   d

1. Emma Kristina   f 1893 23/11

Föräldrar till:
E O Jonsson: Jon Niklas Olofsson f 1841, Tåsjö by, Tå
                                    Sara Maria Edlund f 1837

K E Svensdotter: Sven Nilsson f 1812, Norråker, Wi
se LOM 134   Stina Cajsa Alenius f 1835

Flyttar till Lomsjö 1895 (LOM 60)

                                                                    Gaf 98
                                                                    GAF 183
Jonsson Jonas August
f 1870 5/10   d
G 1909 17/10 i Åsele med
Johansdotter Katarina Margareta
f 1879 17/11   d

1. Jonas Evert   f 1910 11/9
2. Lilly Margareta Johanna   f 1912 12/12
3. Karl Set   f 1917 17/1

Föräldrar till:

K M Johansdotter: Johan Larsson f 1847, Kalvbäcken, An
Inga Cajsa Persdotter f 1847

                                                                              Gaf 99
Jonsson Jonas Erik Wilhelm   GAF 90
f 1882 4/12   d
G 1913 29/6 i Åsele med
Jonsdotter Amanda Johanna
f 1884 25/7   d

1. Mary Gunbritt   f 1917 6/10

Föräldrar till:
A J Jonsdotter: Jonas Håkansson f 1848, Degersjö, An
se GUL 5   Amanda Katarina Nilsdotter f 1852

                                                                              Gaf 100
Jonsson Karl Gustaf   GAF 5
f 1890 15/3   d
G 1916 17/3 i Dorotea med
Persson Sara Johanna   GAF 25
f 1893 7/12   d

Simsjöås

Flyttar 1918 till Wilhelmina samhälle

                                                                              Gaf 101
Jonsson Manne Helmer   GAF 5
f 1887 24/1   d
G 1910 20/5 i Åsele med
Persdotter Hilma Elisabeth   GAF 25
f 1886 19/7   d

1. Gunhild   f 1910 1/10
2. Harald Enfrid   f 1917 31/8

Simsjöås

Flyttar till Wilhelmina samhälle 1920 – hustrun med barn kommer från Stensele 1929
Antecknat "gift med Manne Helmer Jonsson i Canada"

                                                                              Gaf 102
Jonsson Markus Herman   Skogvaktare   GAF 183
f 1874 13/5   d

436

G 1918 2/2 i Åsele med
Wallinder Anna Aqvilina Emilia   GAF 216
f 1879 11/6   d

1. Vera Hermine   f 1920 21/5
fosterdotter(se HOL 21):
2. Lilly Kristofera   f 1917 17/12

Gaf 103

Jonsson Matts   Häradsdomare
                                     GAF 4
d 1718 26/12   d 1784 /6 BU
G 1750 i Åsele med
Göransdotter Kerstin
f 1718 13/10   d 1799 8/7 "ålderdom " i Lajksjö, Do

1. Jon   f 1751 20/3   d 1751 25/3
2. Anna   f 1752 16/5   d 1773
3. Jonas   f 1754   GAF 129
4. Göran   f 1757 29/4   GAF 128
5. Lisa   f 1759 16/9   VÄN 9

Föräldrar till:
K Göransdotter: Jöran Jacobsson Strandborg f 1682, Hammerdal
                                     Anna Jönsdotter

Gaf 104

Jonsson Nils
f 1768   d 1809 "drunknad"
G 1799 med
Pehrsdotter Brita   YXS 48
f 1773   d

1. Jonas   f 1800   ÄLG 71
2. Petrus   f 1803 6/6   Avaträsk, Do

Föräldrar till:
N Jonsson: angivet lappdräng

(2) P g 1845 1/1 i Do m Anna Greta Dahlberg f 1822 i Härnösand

Flyttar 1803 till Harrsjöhöjden, Do

Gaf 105

Jonsson Nils Leonard   GAF 183
f 1867 28/9   d
G 1892 18/4 i Åsele med
Persdotter Ida Olivia   GAF 40
f 1861 2/2   d

1. Jonas Mauritz   f 1892 13/10
2. Betty Johanna   f 1895 6/8   Gällivare -24
3. Per Hallvar   f 1897 21/12
4. Signe Iduna   f 1905 14/7

(2) B J barnmorska

Nordanbäck

                                                                         Gaf 106
Jonsson Per   GAF 4
d 1725 7/3   d 1803 12/3 "ålderdomsbräcklighet"
G 1754 med
Marcusdotter Anna   ÖSN 62
d 1730 11/10   d 1820 26/8 "ålderdom"

1. Jonas   f 1755 4/7   GAF 182
2. Marcus   f 1757 4/8   ÖVR 66
3. Pär   f 1761 27/1   LOM 118
4. Eric   f 1763 1/8   VÄN 38
5. Lisa   f 1766   GAF 57
6. Anna   f 1770   GAF 58
7. Christina   f 1773   SÖÅ 107

                                                                         Gaf 107
Jonsson Pehr   Lanthandlare
                               SÖÅ 108
f 1822 21/6   d 1884 7/4
G 1849 8/4 i Åsele med
Nordin Anna Carolina   GAF 154
f 1826 7/1   d 1918 16/12 "ålderdom"

1. Anna Magdalena   f 1850 1/2   Västerhus, Sj
2. Jonas Eric   f 1851 10/8   GAF 185
3. Margareta Charlotta   f 1853 29/11   GAF 116
4. Carl Salomon   f 1856 8/2   Havsnäs, Al
5. Carolina Albertina   f 1858 28/2   Högsjö -12
6. Christina Amalia   f 1861 14/2   d 1864 24/1
7. Pehr Albert   f 1864 13/7   Högsjö -19

8. Erica Theresia   f 1866 24/3   d 1875 17/10

(1) A M g 1876 2/4 i Ås m änkl Anders Ersson Byström f 1842 från Västerhus
(4) C S g 1885 m Benedikta Strand f 1861 från Alanäs
(8) E T "drunknad "

Gaf 108
Jonsson Pehr   AVA 10
f 1848 28/6   d
G 1877 4/3 i Åsele med
Johansdotter Stina Erika   GAF 80
f 1852 13/2   d

1. Anna Karolina   f 1878 13/8   Bjällsta, Nätra
2. Jonas Erik   f 1881 12/4   Bjällsta, Nätra
3. Ida Kristina   f 1885 24/7

(1) A K g 1897 18/10 i Nätra m Olof Edin f 1873 från Bjällsta
(2) J E g 1903 11/7 i Nätra m Inga Sofia Edin f 1884 från Bjällsta

Flyttar till Bjällsta, Nätra 1890

Gaf 109
Jonsson Pehr Eric   GAF 183
f 1866 21/2   d
G 1898 9/10 i Åsele med
Rådström Kristina Karolina   NYT 9
f 1872 31/5   d

1. Emmy Kristina Johanna   f 1899 25/7   GAF 236
2. Hulda Adela   f 1901 1/9
3. Jonas Hilding   f 1903 13/1   d 1903 15/2
4. Jonas Artur   f 1907 21/7
5. Karl Helge   f 1911 8/1
6. Elin Margareta   f 1913 26/8

Gaf 110
Christoffersson Eric   TJÄ 4
f 1798   d 1879 2/2
G 1824 25/3 i Åsele med
Olsdotter Cajsa Greta   OXV 31
f 1806 21/1   d 1867 25/8 "lungsot"

1. Cajsa Greta Agata   f 1825 7/12   GAF 134
2. Christoffer   f 1828 19/10   d 1856 17/5

3. Olof	f 1830 12/10	d 1857 23/10	
4. Anna Elisabeth	f 1833 7/7		SAN 6
5. Eric	f 1836 9/8		GAF 147
6. Eva Johanna Amalia	f 1838 21/7		ÖSN 13
7. Stina Magdalena	f 1841 13/10		BOR 9
8. Gustava Carolina	f 1844 16/6		ÖSN 29
9. Jacob	f 1846 11/11		ÅSE 313
10.Jonas Eric	f 1849 13/11		ÖSN 74

(3) O studerande vid sin död

Kommer 1830 från Tjärn (TJÄ 24)

Gaf 111
Christoffersson Jacob   Målare   GAF 36
f 1815 19/3   d
G 1843 25/6 i Åsele med
Adamsdotter Sara Agatha   BOM 1
f 1815 15/12   d

1. Cajsa Stina   f 1843 14/10
2. Erica Agatha   f 1845 12/5

Flyttar till Kvällträsk (KVÄ 34) 1845

Gaf 112
Kristoffersson Kristoffer Alfred   GAF 7
f 1870 14/1   d
G 1894 22/4 i Åsele med
Edman Ida Kristina   LOM 26
f 1873 20/10   d

1. Alfrida Katarina   f 1894 12/8
2. Elin Oktavia   f 1896 15/4

Flyttar till Kornsjö, Nätra 1898

Gaf 113
Larsson Nils
f 1869 20/3   d
G 1895 3/11 i Grundsunda med
Grund Klara Kristina
f 1869 18/7   d

1. Emil   f 1896 1/9

440

2. Elma Kristina   f 1898 29/7

Föräldrar till:
N Larsson: Lars Nilsson f 1844, Norrmesunda, An
                                    Sara Cajsa Annell f 1843
K K Grund: Anders August Grund f 1838, Finna, Grundsunda
                                    Maria Johanna Gidlund f 1841

Kommer 1896 från Norrmesunda, An - till Själevad 1899

Gaf 114

Lindberg Johan Gottfrid   Skollärare
f 1871 10/4   d
G 1902 17/8 i Åsele med
Hellman Tekla Ingeborg Augusta   ÅSE 153
f 1871 5/8   d 1913 28/4 "lungsot"

1. Anna Ingeborg   f 1903 22/6
2. Hans Gunnar   f 1904 8/10   Lit -29
3. Ruth Astrid   f 1905 17/11   Ängersjö -29
4. Ida Augusta   f 1908 2/3
5. Hilding Johannes   f 1909 18/4   Bromma -30
6. Sigurd Laurentius   f 1911 18/1

Föräldrar till:
J G Lindberg: Hans Lindberg f 1833, Näs, Ytterlännäs
                                    Eva Catharina Clemensdotter f 1834

Flyttar 1906 till Revsund - kommer tillbaka 1911

Gaf 115

Lindblad Lars   Skräddare
f 1801 2/7   d
G 1826 23/4 i Åsele med
Norlin Christina Barnmorska   GAF 156
f 1805 18/5   d

1. Nils Johan   f 1827 27/1   SÖS 8
2. Eric Engelbert   f 1828 7/12
3. Carl Magnus   f 1831 25/1
4. Adolph Fredric   f 1833 23/2
5. Axel Levi   f 1835 12/3   SÖÅ 71
6. Lars Petrus   f 1838 9/1
7. Gustaf August   f 1840 14/9
8. Christina Concordia   f 1843 18/3

441

| 9. Victor Walfrid | f 1845 16/5 |
| 10.Anton Olof | f 1848 17/3 |

Föräldrar till:
L Lindblad: Nils Larsson Streng f 1776, Vittsjön, Bollnäs
                                Stina Ersdotter f 1771

Flyttar 1826 till Nordmaling - kommer tillbaka 1828 - till Åsele 1862 (ÅSE 242)

                                                                              Gaf 116

Ljunglöf Svante   Kateket
f 1845 30/8   d
G 1877 27/1 i Åsele med
Persdotter Margaretha Charlotta   GAF 107
f 1853 29/11   d

1. Beda Karolina	f 1878 8/1	Nybo, An
2. Linus Petrus	f 1879 7/3	
3. Anna Teodora	f 1881 28/9	d 1883 12/7
4. Anna Teodora Charlotta	f 1883 6/7	

Föräldrar till:
S Ljunglöf: Sven Larm f 1789, Mellangården Öfverbo, Warnhem
                                Sara Andersdotter f 1805

(1) B K g 1900 15/7 i An m Nils Hedberg f 1866 från Tjäl
        barn: Sigrid Gunhild   f 1907 7/1   LAK 40

Flyttar till Sorsele 1884

                                                                              Gaf 117
Markusson Albert Fritiof   GAF 186
f 1888 31/5   d
G 1910 5/2 i Åsele med
Backman Anna Erika   GAF 13
f 1885 1/1   d

1. Helge Martin	f 1910 27/4
2. Karl Albert	f 1911 2/12
3. Rune Axel	f 1914 1/2
4. Bernt Gunnar	f 1917 8/3
5. Stig Arne	f 1923 15/9
6. Per Håkan	f 1926 12/4

                                                                              Gaf 118

Markusson Anders			GAF 21
f 1762	d 1834 1/1 "magplågor"		
G 1787 med			
Nilsdotter Karin			
f 1766 7/7	d 1861 21/3 "ålder"		

1. Marcus	f 1790		GAF 8
2. Nils	f 1792	d 1792	
3. Christina	f 1794	d 1794	
4. Eric	f 1797		TJL 12
5. Catharina	f 1798	Lavsjö, Do	
6. Magdalena	f 1800 30/5		TJL 11
7. Christina	f 1802 18/4		GAF 71
8. Nils Johan	f 1810 11/6	Pengsjö, An	

Föräldrar till:
K Nilsdotter: Nils Eriksson f 1728, Västeralnö, Sj
                                 Karin Michelsdotter f 1728

(5) C g 1816 10/3 i Do m änkl Göran Jönsson (MÅR 5)
(8) N J g 1836 20/3 i An m Anna Märta Jonsdotter f 1818 från Brattsjö, An
----

			Gaf 119
Markusson Anders			GAF 8
f 1814 5/9	d 1894 21/5 "cancer"		
G 1837 27/3 i Anundsjö med			
Svensdotter Cajsa			
f 1816 17/10	d 1887 8/12 "nerfslag"		

1. Margareta Christina	f 1837 24/12		GAF 155
2. Markus	f 1840 12/7		GAF 9
3. Sven	f 1843 7/10		GAF 213
4. Jonas	f 1847 4/6	d 1871 2/4	
5. Anders	f 1852 13/5		GAF 3

Föräldrar till:
C Svensdotter: Sven Johansson f 1775, Österfannbyn, An
                                 Kerstin Jonsdotter f 1780

(4) J d "nerffeber " - bonde i Gafsele

		Gaf 120
Markusson Daniel		ÖSN 61
f 1709	d 1765 KR	
G 1734 15/4 i Åsele med		

Pålsdotter Brita			HÄL 55
f 1714 26/5	d 1798 29/11		
1. Markus	d 1735 26/7		GAF 21
2. Kerstin	f 1737 16/3		ALM 50
3. Pål	d 1739 31/3		GAF 26
4. Ablun	d 1741 22/2	d 1782 BU	
5. Daniel	f 1743 8/5		SOL 3
6. Anna	f 1745 14/12		SKA 2
7. Brita	f 1748 12/12		STR 1
8. Eric	f 1751 17/7		SVA 3
9. Hans	f 1753 13/11		ALM 19
10.Mickel	f 1757 28/8		MÅR 2

			Gaf 121
Marcusson Daniel			GAF 21
f 1760	d 1842 22/2 "ålder"		
G 1786 med			
Israelsdotter Marget			ORM 13
f 1763	d 1849 22/3		
1. Apollonia	f 1788		TJL 18
2. Markus	f 1790		GAF 22
3. Anna	f 1792		HÄG 24
4. Marget	f 1794		GAF 220
5. Kristina	f 1802 15/10		GAF 168

			Gaf 122
Markusson Daniel			GAF 22
f 1815 22/10	d 1906 15/5		
G 1846 5/4 i Åsele med			
Edin Magdalena			VÄN 4
f 1825 8/8	d 1912 26/1		
1. Markus Alfred	f 1847 5/7		GAF 23
2. Gertrud Lovisa	f 1850 13/3		HÄL 71
3. Nils Johan	f 1852 9/5	d 1855 6/7	
4. Elisabeth Magdalena	f 1854 20/10		TOÖ 64
5. Stina Carolina	f 1857 7/1		
6. Nils Johan	f 1860 29/2		
7. Daniel Petter	f 1863 30/7		
8. Erik Magnus	f 1866 27/3		GAF 197
(2) G L barn: Hilda Carolina	f 1876 2/10		HÄL 71
(3) N J "drunknad"			

444

Markusson Markus   Skräddare
                                          GAF 21
f 1765   d 1833 25/4 "bröstsjukdom"
G 1790 med
Mårtensdotter Ingeborg
f 1762 8/10   d 1820 9/3 "vattsot"
Markus omgift 1821 26/12 i Junsele med
Pehrsdotter Catharina
f 1774 21/9   d

1. Markus	f 1791	d 1813 28/1	
2. Ingeborg	f 1794		GAF 205
3. Apollonia Christina	f 1800	d 1820 6/10	

Föräldrar till:
I Mårtensdotter: Mårten Svensson f 1723, Järvberget, An
                               Ingeborg Ersdotter f 1728
C Pehrsdotter: Pehr Jacobsson f 1721, Eden, Ju
                               Karin Persdotter f 1735

(1) M d "gulsot"
(3) A C d "vattsot"

Catharina tillbaka till Junsele 1833

                                                                  GAF 186
Markusson Markus Gunnar
f 1895 11/4   d
G 1920 3/9 i Åsele med
Dahlbäck Helldi Karolina   GAF 19
f 1898 6/2   d

1. Gunni Birgit   f 1920 28/9
2. Kerstin Mari   f 1924 22/4
3. Ulla Ingeborg   f 1926 17/4
4. Kurt Göran   f 1928 2/2
5. Britt Eva   f 1930 17/1

                                                                  GAF 141
Markusson Nils   Gästgivare
f 1805 14/12   d 1871 19/6 "drunknad"
G 1838 10/6 i Åsele med
Ersdotter Brita Stina   GAF 29

f 1810 12/6   d 1888 13/10 "hjertförlamning"

1. Carolina Sofia   f 1839 13/12   d 1876 2/1
2. Markus   f 1841 16/7   GAF 142
3. Stina Erika   f 1843 11/12   HÄL 47
4. Erik Daniel   f 1846 8/12   d 1850 6/9
5. Nils Johan   f 1849 16/2   GAF 165

(4) E D d "skarlakansfeber"

                                                                     Gaf 126
Markusson Pehr   GAF 22
f 1830 4/9   d 1897 4/12
G 1855 4/3 i Åsele med
Nordin Erica Agatha   GAF 154
f 1837 24/5   d

1. Gertrud Erica   f 1855 26/8   Östranäs, Sj
2. Marcus Albert   f 1857 11/3   GAF 186
3. Christina Olivia   f 1860 23/3   Finland
4. Pehr Emanuel   f 1864 13/1   GAF 189
5. Carolina Melinda   f 1866 16/8   GAF 152
6. Anna Christophera   f 1869 15/3   d 1869 31/3
7. Anna Lovisa   f 1871 23/6   d 1921 24/12
8. Hilda Agatha   f 1875 28/9   SÖÅ 30

(1) G E g 1881 8/11 m Jonas Pehrsson f 1855 från Östranäs
       barn: Netty Katarina   f 1881 30/11
(3) C O barn: Hanna Maria   f 1881 27/9
       H M g 1907 15/4 i Ås m Hjalmar Fredrik Stormbom f 1876 från Peikis,
       Björneborg, Finland
(6) A C d "difteritis"
(7) A L d som småskollärarinna i Åsele

                                                                     Gaf 127
Mattsson Eric Mathias   GAF 130
f 1837 1/12   d 1896 24/8 "cancer " d i Uppsala
G 1867 24/2 i Åsele med
Danielsdotter Erica Sophia   YTT 3
f 1842 26/11   d 1911 17/2

1. Eric Daniel   f 1869 24/7   SÖÅ 30
2. Mathilda Agatha Elisabet   f 1872 16/5   GAF 196
3. Maths Paulin   f 1874 1/7   ÅSE 104
4. Sofia Magdalena Erika   f 1879 13/2

5. Karl Teodor   f 1884 21/11   Göteborg -12

(5) K T tar sig Ritzen

                                                                          Gaf 128
Mattsson Göran   GAF 103
f 1757 29/4   d 1797 8/12 "stenpassion" 12/12 BU
G 1783 med
Ingelsdotter Marget   LAJ 9
f 1760   d 1849 11/1 "vattsot"
Marget omgift 1801 4/3 i Åsele med
Larsson Olof
f 1777 27/4   d 1835 30/10

1. Kerstin   f 1785   GAF 1
2. Mattes   f 1787 3/4   GAF 65
3. Anna   f 1790   d 1865 21/6
4. Ingel   f 1793   d 1794
5. Jonas   f 1795   d 1796
6. Zakris   f 1797   d 1827 3/11

Föräldrar till:
O Larsson: Lars Persson f 1741, Flärke, Sj
                                     Kerstin Nilsdotter f 1749

(3) A d "ålderdom"
(6) Z drunknar, bonde i Långvattnet

                                                                          Gaf 129
Mattsson Jon   GAF 103
f 1754   d
G 1773 med
Pehrsdotter Sigrid
f 1749 24/9   d

1. Christina   f 1775
2. Maths   f 1775
3. Pehr   f 1777
4. Catharina   f 1778
5. Anna   f 1783

Föräldrar till:
S Pehrsdotter: Pehr Nilsson f 1713, Kubbe, An
                                     Carin Ersdotter f 1721

Flyttar till Lajksjö 1783 (LAJ 6)

			Gaf 130
Mattsson Matts			HÄL 75
f 1807 25/3	d 1894 30/5		
G 1832 8/4 i Åsele med			
Ersdotter Erika Agatha			GAF 53
f 1806 19/7	d 1860 27/2 "blodslag"		

1. Cajsa Lisa	f 1833 5/2	d 1885 11/10	
3. Eric Mathias	f 1837 1/12		GAF 127
4. Victor Daniel	f 1840 4/5	d 1889 2/12	
5. Märtha Erika	f 1842 12/12		SÖÄ 109
6. Eva Agatha	f 1845 21/1		SÖN 33
7. Paulus	f 1847 3/5		GAF 131
8. Märtha Lovisa	f 1850 20/11		SÖN 35

(1) C L d "lunginflammation"
(4) V D d "magkräfta"

Flyttar 1833 till Sörnoret (SÖN 20) - kommer tillbaka 1850

			Gaf 131
Mattsson Paulus			GAF 130
f 1847 3/5	d 1915 1/11 "haemorrhagia cerebri"		
G 1874 8/2 i Åsele med			
Johansdotter Eva Lovisa			LOM 49
f 1844 21/9	d 1906 16/12 "haemorrhagia cerebri"		

1. Mathias Wilhelm	f 1874 7/4		GAF 177
2. Kristina Paulina Erika	f 1879 15/2		GAF 158
3. Jonas Hilmar	f 1881 24/10		GAF 176
4. Petrus Ossian	f 1883 25/3	d 1893 27/6	
5. Anna Lovisa Johanna	f 1885 28/7	d 1895 22/10	
6. Elin Agatha Elisabeth	f 1888 23/5	Kungsholm -17	

(4) P O d "halssjukdom"
(5) A L J d "galopperande lungsot"

			Gaf 132
Nilsson Anders	Smed		
	STO 25		
f 1816 21/7	d 1881 8/1 "brandig bulnad"		
G 1843 5/11 i Åsele med			
Johansdotter Anna Brita			KVÄ 6

f 1808 7/10   d 1875 26/3 "slag"

1. Mathias   f 1844 12/10   Ramsele -66
2. Nils Johan Julius   f 1847 12/4   LOM 15

Flyttar till Lomsjö 1865 (LOM 97) - tillbaka 1870

Gaf 133

Nilsson Anders Gustaf
f 1876 17/2   d
G 1908 19/12 i Fredrika med
Burström Kristina Johanna
f 1885 13/11   d

1. Olof Gustaf   f 1907 4/9   d 1918 20/11
2. Rut Hilma Johanna   f 1909 6/12
3. Nils Rubert   f 1911 2/8
4. Karl Gottfrid Edmund   f 1914 23/4
5. Eva Katarina   f 1916 9/11
6. Set Mauritz   f 1918 23/9
7. Erik Almar   f 1921 19/3
8. Bror Ingemar   f 1924 3/6
9. Knut Tage   f 1926 4/12 i Fredrika

Föräldrar till:
A G Nilsson: Nils August Karlsson f 1846, Böle, Bo
                               Katarina Johanna Karlsdotter f 1848

K J Burström: Erik Olof Burström f 1851, Stavsberg, Bj
                               Kajsa Johanna Kristoffersdotter f 1861

(1) O G d "drunkning"

Kommer 1916 från Tallsjö, Fr – flyttar till Fredrika 1926

                                                              Gaf 134
                                                              LOM 134
Nilsson Daniel
f 1828 20/1   d 1901 19/3
G 1857 12/4 i Åsele med
Ersdotter Cajsa Gretha Agatha   GAF 110
f 1825 7/12   d 1883 30/9

1. Anna Catharina   f 1857 25/12   GAF 216
2. Eric Robert   f 1859 18/8   GAF 20
3. Tekla Erica   f 1861 12/6   GAF 215
4. Christopher Albert   f 1863 6/6   GAF 19

449

5. Eva Amanda	f 1866 20/10		GAF 201
6. Christina Carolina	f 1869 11/8		GAF 214

Nilsson Erik Helmer   GAF 11
f 1884 8/7   d 1915 17/7 "embolia cerebri"
G 1906 28/1 i Fredrika med
Sjöberg Ida Matilda
f 1885 17/3   d

1. Erik Maurits   f 1906 4/8
2. Johan Erhard   f 1909 16/1
3. Georg Yngve   f 1911 20/5

Föräldrar till:
I M Sjöberg: Per Erik Sjöberg f 1848, Lögda, Fr
                                      Lisa Karolina Persdotter f 1847

Änkan i Fredrika 1917-18

Nilsson Hans   LOM 43
f 1763   d 1815 12/1 "pleuresit"
G 1788 med
Salmonsdotter Gertrud   TAL 4
f 1764   d 1852 6/12

2. Salmon	f 1792	Latikberg, Wi	
3. Gertrud	f 1795	d 1875 22/10	
4. Brita	f 1798	Volmsjö, Fr	
6. Kristina	f 1802 7/11		
7. Jonas	f 1802 8/11	Malgovik, Wi	
8. Hans	f 1805 13/12	Hemsta, Fr	
9. Sofia	f 1809 2/9		TOS 5

(2) S g 1817 i Wi m Maja Lisa Ersdotter (LAT 5)
(3) G förgångspiga i Torvsjö vid sin död
(4) B g 1826 m Daniel Hansson f 1801 från Tallsjö, Fr
(6) K "mindre vetande "
(7) J g 1829 29/3 i Wi m Greta Nilsdotter f 1808 från Malgovik
(8) H g 1830 28/11 i Fr m Stina Brita Olofsdr f 1807 från Holmsjö, Fr

Kommer 1813 från Torvsjö (TOÖ 63)

Nilsson Hindrik   GAF 10
f   d 1713 24/2
G med
Olofsdotter Brita
f 1650   d 1732 25/11

1. Anna   f
                                   GAF 63
2. Anders   f   knekt
3. Ella   f 1685   HOL 83

Föräldrar till:
B Olofsdotter: Olof Andersson, Vallen, Ju
                                   Barbro

                                                                             Gaf 138
                                                                             ÅSE 239
Nilsson Jacob
f 1787   d
G 1819 25/4 i Åsele med
Hansdotter Anna   GAF 57
f 1799   d

1. Hans Gustaf   f 1819 6/6   d 1819 27/5
2. Hans   f 1820 22/9
3. Nils   f 1824 3/4
4. Anna Carolina   f 1826 19/9
5. Inga Magdalena   f 1828 15/9

(1) H G d "magref"

Flyttar till Holmträsk 1830 (HOL 58)

                                                                             Gaf 139

Nilsson Jöns
f 1835 6/5   d
G 1861 8/12 i Fryksände med
Bredberg Marit Jonsdotter
f 1842 17/3   d

Föräldrar till:
J Nilsson: Nils Jonsson f 1797, Svenneby, Fryksände
                                   Karin Nilsdotter f 1797
M Bredberg: Johan Magnus Bredberg f 1797, Svenneby, Fryksände
                                   Marit Ersdotter f 1807

Kommer 1896 från Holmsjö, An - till Sollefteå 1902 - tidigare i Åkerberget (ÅKB 13)

Gaf 140

Nilsson Kristoffer Daniel
f 1858 15/4   d
G 1894 18/10 i Ådalsliden med
Söderlund Karolina Kristina
f 1862 30/11   d

1. Anna Kristina   f 1883 22/8   Åkerbränna, Ju
2. Hulda Maria   f 1886 21/3
3. Margareta Augusta   f 1891 3/10
4. Nils Hilmar   f 1894 9/7
5. Helena Johanna   f 1897 6/4
6. dödfött gossebarn   f 1899 10/4
7. Karl Georg   f 1902 6/4

Föräldrar till:
K D Nilsson: Nils Christoffersson f 1827, Risbränna, Ju
                         Anna Ersdotter f 1831
K K Söderlund: Stina Olofsdotter, piga Ådalsliden

(1) A K g 1902 31/3 i Ju m Oskar Olofsson f 1877 från Åkerbränna

Kommer från Bommerås, Ju 1899 - flyttar tillbaka 1904

Gaf 141
Nilsson Markus   HÄL 56
f 1779   d 1824 22/10 "inflammationsfeber"
G 1803 15/4 i Åsele med
Olofsdotter Karin   TJL 2
f 1783   d 1866 19/5 "ålder"
Karin omgift 1829 19/4 i Åsele med
Mattsson Daniel   HÄL 75
f 1795   d 1879 2/1

1. Nils   f 1805 14/12   GAF 125
2. Sara Christina   f 1809 26/1   ÖSN 12

Kommer 1808 från Tjäl (TJL 16)

Gaf 142
Nilsson Markus   GAF 125
f 1841 16/7   d 1919 13/1 "ålderdom, åderförkalkning"
G 1874 5/4 i Åsele med

452

			BJÖ 16
Ivarsdotter Brita Johanna			
f 1854 26/3	d 1902 20/6		

1. Nils Amandus	f 1875 3/8		
2. dödfödd gosse	f 1878 10/11		
3. Kristina Elisabeth	f 1880 15/2		GAF 78
4. Ida Aqvilina	f 1883 13/6	Junsele -14	
5. Alma Karolina	f 1886 8/2		
6. Essy Tyra Johanna	f 1891 23/4		

Gaf 143

			GAF 11
Nilsson Nils Konrad	Skräddare		
f 1887 19/3	d		
G 1909 28/3 i Åsele med			
Svensdotter Anna Petronella			SÄL 1
f 1881 18/9	d		

1. Karl Hilding	f 1909 17/9		
2. Herta Amanda	f 1911 20/6	d 1927 25/7	
3. Göte Ernfrid	f 1915 23/4		
4. Iris Evelina	f 1916 29/7		
5. Vera Agata	f 1916 29/7	d 1916 16/11	
6. Sven Roger	f 1919 16/4		

Nils Konrad far se SÖÅ 14

Gaf 144

Nilsson Olof		
f 1778 25/1	d	
G med		
Pärsdotter Anna		
f ca 1765	d 1800 13/1	

1. Stina Cajsa	f 1797

Föräldrar till:
O Nilsson:

A Pärsdotter:

Flyttar 1798 till Tara, Ju

Gaf 145

	LÅN 58
Nilsson Olof	

f 1805 31/8	d 1880 1/1	
G 1831 26/12 i Åsele med		
Olsdotter Stina Cajsa		
f 1808 22/9	d 1902 13/1	

1. Nils Erik	f 1832 18/3		GAF 174
2. Stina Magdalena	f 1833 20/9	Dalasjö, Wi	
3. Segrid Johanna	f 1836 6/7		GAF 23
4. Jonas Olof	f 1840 28/2	Svanåsen, Åd	
5. Greta Christina	f 1842 11/10		
6. Gustava Petronella	f 1845 20/3	Harrvik, St	

Föräldrar till:
S C Olsdotter: Olof Andersson Skarda, Örträsk
                                 Maglena Olofsdotter f 1771

(2) S M g 1865 9/7 i Wi m Elias Eliasson f 1840 från Dalasjö

(3) S J barn: Erik Ludvig	f 1858 6/10		GAF 23
Johan August	f 1864 25/1	d 1864 6/5	
Johanna Olivia	f 1865 22/7	d 1875 17/10	
Jonas Alfred	f 1872 6/7		GAF 23
Mathilda Magdalena	f 1876 1/8		GAF 23

(4) J O g 1871 2/12 i Ju m Andrietta Kristina Hansdotter f 1849 från Nätra
(5) G C barn: Christina Andrietta   f 1871 7/8   d 1871 3/12
(6) G P g 1869 2/10 i St m Carl Johan Jonsson f 1845 från Harrvik

----

Gaf 146
HÄL 77

Nilsson Paulus Victorin	
f 1853 25/2	d
G 1889 16/9 i Åsele med	
Burwall Sofia Wilhelmina	
f 1865 10/12	d

1. Johan Victor	f 1889 7/10

Föräldrar till:
S W Burwall: Nils Fredriksson f 1832, Rönnfors, Ly
                               Sophia Ulrica Ericsdotter f 1833

Till Åsele (ÅSE 494) 1891

Gaf 147
GAF 110

Nordenmark Eric Ersson	
f 1836 9/8	d 1917 9/3 "åderförkalkning"
G 1856 25/4 i Åsele med	

Ångman Märtha Christina
f 1833 4/10   d 1924 25/1

1. Eric Konrad	f 1859 10/4		GAF 148
2. Olof Bernhard	f 1861 13/9		GAF 150
3. Albertina Christina	f 1864 14/3	d 1864 14/3	
4. Amanda Carolina	f 1865 4/7	d 1891 15/8	
5. Frans Jonas	f 1868 15/7	Vänersborg -98	
6. Carl Rudolph	f 1871 6/3	Falu stad -96	
7. Pehr August	f 1874 10/2	d 1889 6/4	

Föräldrar till:
M C Ångman: Erik Olof Ångman f 1806, Arksjö, Do
                               Segrid Brita Ersdotter f 1804

(4) A C d "tuberculos pulmon"
(7) P A d "tuberculos"

                                                                    Gaf 148
                                                                    GAF 147
Nordenmark Erik Konrad
f 1859 10/4   d 1926 26/3
G 1887 20/3 i Åsele med
Danielsdotter Elisabet Kristina   LOM 115
f 1865 16/5   d

1. Erik Manfred Isidor	f 1888 26/1		GAF 227
2. Alma Betty Karola	f 1889 20/9	d 1922 2/6	
3. Nanny Amanda	f 1895 27/2	Näs, An	

(3) N A g 1920 24/6 i Ås m Karl Ossian Håkansson f 1890 från Näs

----

                                                                    Gaf 149
                                                                    GAF 110
Nordenmark Jonas Erik
f 1849 13/11   d
G 1878 24/3 i Åsele med   skilda 1897 1/9
Ersdotter Gertrud Lovisa   LÅN 38
f 1854 21/3   d
Jonas Erik omgift 1898 9/4 i Åsele med
Söderqvist Gertrud Kristina   SÖN 36
f 1856 3/2   d

2. Hilma Elisabeth Erika   f 1882 28/5   d 1894 4/2

Kommer från Långvattnet (LÅN 47) 1883 - Gertrud Lovisa flyttar till Amerika

----

Nordenmark Olof Bernhard   GAF 147
f 1861 13/9   d
G 1892 16/3 i Åsele med
Olofsdotter Märta Iduna   GAF 83
f 1866 18/2   d

Flyttar till Sollefteå 1892

Nordfjell Isak   Missionskateket
f 1819 18/11   d 1894 18/6
G 1850 23/1 i Föllinge med
Pålsdotter Margareta
f 1828 9/2   d 1891 17/4 "bröstsjukdom och aftyning"

1. Ludvig Israel   f 1852 18/3   Neder-Luleå
2. Carl Emanuel   f 1861 26/3   d 1861 10/5
3. Christina Desideria   f 1864 20/8   GAF 92
4. Gustaf Paulinus   f 1868 6/6   Nederkalix -86

Föräldrar till:
I Nordfjell: Israel Larsson f 1763, Åttonträsk, Ly
                             Eva Stina Jonsdotter f 1775
M Pålsdotter: Pål Jonsson Blad f 1792, Laxsjö, Föllinge
                             Kerstin Hansdotter f 1805

(1) L I g 1884 23/6 i Ju m Anna Mathilda Almgren f 1860 från Uppsala.
    L I folkskollärare

Kommer från Laxsjö, Föllinge 1858

Nordin Eric Petter   Handlande
                               GAF 153
f 1861 22/3   d
G 1894 16/11 i Stockholm med
Persdotter Karolina Melinda   Barnmorska   GAF 126
f 1866 16/8   d

1. Ingrid Hermine   f 1895 6/7

Till Åsele 1896 (ÅSE 318)

Nordin Eric Samuel	Lanthandlare	
	GAF 154	
f 1832 12/5	d 1881 6/6 "drunknat"	
G 1855 25/3 i Åsele med		
Persdotter Anna Petronella		ÄLG 59
f 1835 6/9	d 1910 3/8 "hjertförlamning (p.narcos)"	

1. Lisa Albertina	f 1856 24/12		GAF 185
2. Eric Petter	f 1861 22/3		GAF 152
3. Salmon Alfred	f 1866 26/8		ÅSE 323
4. Jacob Theodor	f 1872 24/2	d 1873 3/3	
5. Anna Lydia Heloise	f 1875 16/5	Adolf Fredrik -11	

(4) J T d "skarlakansfeber"

			Gaf 154
			ÄLG 97
Nordin Salomon			
f 1793	d 1871 2/8		
G 1824 4/4 i Åsele med			
Gavelin Anna Lisa			GAF 53
f 1802 31/10	d 1841 13/9 "obstruction"		
Salomon omgift 1844 25/3 i Åsele med			
Mathsdotter Gertrud Greta			
f 1816 30/10	d		

1. Anna Carolina	f 1826 7/1		GAF 107
2. Lisa Cajsa	f 1827 17/4		HÄL 77
3. Amalia Magdalena	f 1828 17/1		GAF 31
4. Johanna	f 1830 2/1		LOM 127
5. Erik Samuel	f 1832 12/5		GAF 153
6. Salomon Gustaf	f 1834 5/6		GAF 155
7. Jacob Daniel	f 1835 28/12		SÖN 26
8. Erika Agatha	f 1837 24/5		GAF 126
9. Eva Christina	f 1839 2/8	Österalnäs, Sj	
10.Jonas	f 1845 10/5	Österalnäs, Sj	
11.Christoffer Fredrik	f 1848 5/4	Nordamerika -80	
12.Mathilda Margareta	f 1851 25/10	Österalnäs, Sj	

Föräldrar till:
G G Mathsdotter:	Maths Jonsson f 1776, Lajksjö, Do
se LAJ 6	Margeta Christophersdotter f 1777

(9) E C g 1863 8/3 i Ås m Johan Östman f 1838 från Österalnäs
(10) J g 1881 24/6 i Sj m Kajsa Greta Olofsdotter f 1856 från Västeralnäs, Sj
(12) M M g 1875 29/3 i Sj m Jonas Pettersson f 1847 från Österalnäs

Änkan flyttar till Själevad 1896

Nordin Salmon Gustaf   GAF 154
f 1834 5/6   d
G 1857 13/4 i Åsele med
Andersdotter Margareta Christina   GAF 119
f 1837 24/12   d

1. Anna Carolina   f 1857 26/8
2. Salmon Eugen   f 1859 1/8
3. Ida Margareta   f 1861 11/8
4. Eric Andreas   f 1863 10/11
5. Carl August Edvin   f 1866 10/1

Flyttar 1868 till Lomsjö (LOM 106)

Norlin Ingel Ingelsson   GAF 181
f 1771   d 1824 9/10 "gallfeber"
G 1797 med
Adamsdotter Märtha   LOM 38
f 1774   d 1836 10/4 "slag"

1. Ingel   f 1797   GAF 157
2. Stina Cajsa   f 1803 8/2   d 1804 14/6
3. Christina   f 1805 18/5   GAF 115

Norlin Ingel Ingelsson   GAF 156
f 1797   d
G 1822 3/3 i Åsele med
Ersdotter Catharina   GAF 29
f 1799   d

1. Ingel   f 1823 16/4
2. Eric   f 1828 15/3

Flyttar till Tjärn (TJÄ 33) 1831

Norlin Ingel Edvard   LÅN 48
f 1872 29/7   d
G 1899 11/6 i Åsele med

Paulusdotter Kristina Paulina Erika   GAF 131
f 1879 15/2   d

1. Hildur Kristina   f 1899 15/9   GAF 238
2. Signe Lovisa   f 1901 1/3
3. Hanna Linnea   f 1903 1/9
4. Eva Paulina   f 1915 25/4
5. Marta Elisabeth   f 1919 17/9
fosterson (mor Lovisa Gustava Eliasdr f 1881, Åsele, f i Marsliden, Wi):
6. Karl Johan Eugen   f 1911 3/2

                                                                         Gaf 159
Norlin Olof Eric Eriksson   LÅN 48
f 1867 27/8   d
G 1898 30/1 i Åsele med
Ullin Edit Johanna Elisabet   GAF 210
f 1878 8/7   d

1. Ingrid Elisabeth   f 1898 3/7   GAF 225
2. Erik Adolf   f 1899 20/12
3. Märta Gunhild   f 1902 24/11
4. Henning Israel   f 1909 1/2
5. Helga Johanna   f 1910 11/11
6. Edit Adele   f 1913 11/11
7. Sven Olof   f 1917 11/11

(1) I E barn: Rolf Olof   f 1924 27/9   GAF 225
        R O far Adolf Persson f 1897, Flärke, Mo

                                                                         Gaf 160
Norlin Sven Robert   LÅN 48
f 1875 2/4   d
G 1907 4/3 i Åsele med
Andersdotter Sara Albertina   GAF 166
f 1886 24/4   d

Flyttar till Ontario, Canada 1909

                                                                         Gaf 161
Norlinder Karl Oskar
f 1879 10/11   d
G 1900 29/12 med
Svensson Berta
f 1878 19/3   d

1. Anna	f 1901 30/12	
2. Tora	f 1903 9/2	
3. Karl Ivar Ture	f 1904 19/12	
4. Simon Georg	f 1907 21/11	
5. Erik Otto	f 1909 27/2	
6. Wilhelm Folke	f 1910 11/6	
7. Harry	f 1912 25/1	
8. Ida Maria	f 1913 9/5	
9. Oskar Sture	f 1914 2/7	
10.Signe Elisabeth	f 1915 1/9	d 1915 17/10
11.Per Åke	f 1917 3/5	
12.Emil Torgny	f 1919 7/1	d 1919 25/3

Föräldrar till :
K O Norlinder: Per Norlinder f 1840, Ultrå, Grundsunda
                              Maja Lisa Löfqvist f 1843
B Svensson: Anna Eugenia Björklund f 1852, Röde, Alnö
                              far Wilhelm Sommerfeld f 1846

(12) E T d "svaghet från födelsen"

Kommer från Solberg, An 1909 - till Tegelträsk (TEG 36) 1919

Gaf 162

Norqvist Anders Petter	Kateket	
f 1841 27/4	d	
G 1868 25/3 i Åsele med		
Gillberg Aqvilina Emilia		GAF 61
f 1841 21/8	d	

1. Pehr Maurits	f 1869 27/1
2. Johanna Elisabeth	f 1870 17/9

Föräldrar till:
A P Norqvist: Olof Henriksson f 1806, Öfra, Ju
                       Brita Nilsdotter f 1801

Flyttar 1870 till Bastuträsk, St

Gaf 163

Nyberg Erik Johan		GAF 165
f 1875 3/12	d	
G 1905 30/7 i Kalvträsk med		
Backman Märta Johanna		GAF 13
f 1880 10/6	d	

1. Erling Assar	f 1907 21/7	
2. Magnhild Adele	f 1913 18/11	

Gaf 164
GAF 165

Nyberg Markus Rudolf
f 1880 27/4   d
G 1903 11/10 i Åsele med
Törnqvist Anna Lovisa
f 1879 11/7   d

1. Hilding Fridian	f 1905 8/3	d 1926 10/10
2. Irene Ingeborg	f 1907 6/7	

Föräldrar till:
A L Törnqvist: Karl Johansson Törnqvist f 1841, Västanbäck, Ju
                        Ingrid Katarina Josefsdotter f 1843

Gaf 165
GAF 125

Nyberg Nils Johan Nilsson
f 1849 16/2   d 1916 16/6
G 1873 19/12 i Åsele med

GAF 80

Johansdotter Eva Johanna
f 1853 29/7   d

1. Nils Napoleon	f 1874 30/3	d 1903 3/5	
2. Erik Johan	f 1875 3/12		GAF 163
3. Markus Rudolf	f 1880 27/4		GAF 164
4. Jonas Frithioff	f 1891 24/1	d 1912 25/8	

(1) N N d "sjelfmord gm hängning"
(2) J F d "lunginflammation"

Gaf 166
TJÄ 40

Olofsson Anders Olof
f 1857 25/12   d
G 1880 7/11 i Anundsjö med

SOL 22

Olofsdotter Sara Kristina
f 1860 3/8   d

1. Olof Alfred	f 1881 10/5		GAF 12
2. Anders Conrad	f 1882 12/11	d 1885 12/6	
3. Lars Johan	f 1884 4/9	d 1885 14/6	
4. Sara Albertina	f 1886 24/4		GAF 160
5. Anna Kristina	f 1888 26/1		GAF 18

6. Brita Karolina	f 1890 27/2		GAF 48
7. Anders Wilhelm	f 1892 25/2		
8. Lars Johan	f 1894 13/6		
9. Hulda Elisabet	f 1896 26/8		
10.Ingeborg Johanna	f 1898 30/8		
11.Erik Harald	f 1902 15/5		

Kommer 1898 från Lunne, An - till Canada 1911

<u>Gaf 167</u>
GAF 83

Olofsson Daniel Alfred
f 1870 24/10   d
G 1894 26/3 i Åsele med
Sollen Hildur Karolina
f 1872 18/8   d

Föräldrar till:
H K Sollen: Axel Olof Sollen f 1833, Järvsjö, Wi
se ÅSE 430   Marta Karolina Mårtensdotter f 1849

Flyttar till Sollefteå 1894

<u>Gaf 168</u>
ÅSE 186

Olofsson Eric
f 1802 5/8   d 1838 18/3
G 1827 1/4 i Åsele med
Danielsdotter Kristina   GAF 121
f 1802 15/10   d 1861 21/2 "lungsot"

1. Christina Margareta	f 1827 28/6	Malgovik, Wi	
2. Erika	f 1829 26/4	Mark, Wi	
3. Daniel	f 1833 21/8	Tallsjö, Fr	
4. Olof	f 1835 24/9		GAF 31

(1) C M g 1854 4/6 i Wi m änkl Daniel Holm f 1817 från Skansholm, Wi
(2) E g 1864 31/1 i Wi m Daniel Ersson f 1838 från Mark
(3) D g 1860 4/3 i Fr m Märta Cajsa Andersdotter f 1824 från Studsviken, Bj

Till Nyliden, Bj 1828 - änkan m barn kommer tillbaka 1838

<u>Gaf 169</u>

Olofsson Ingel
f 1671   d
G med
Nilsdotter Margeta   GAF 10

f   d

Föräldrar till:
I Olofsson:

Blir båtsman i Anundsjö 1711

			Gaf 170
Olofsson Ingel Edvard	Nämndeman		GAF 83
f 1863 6/3	d		
G 1893 10/12 i Åsele med			
Andersdotter Anna Amalia Petronella			ÖVR 1
f 1869 29/5	d		

1. Henny Kristina	f 1894 17/6		GAF 226
2. Erik Harald	f 1895 25/8		GAF 237
3. Ruth Evelina	f 1896 24/12	
4. Syster Ingeborg	f 1898 26/7	Pjätteryd -24
5. Anna Lovisa	f 1900 25/2	Arnäs -24
6. Arndt Edvard	f 1902 20/7	Canada -28
7. Olof Werner	f 1904 13/4	
8. Gustaf Alfons	f 1905 29/12	Canada -27
9. Lisa Margareta	f 1907 19/11	
10.Karl Sigismund	f 1910 16/3	
11.dödfött flickebarn	f 1911 2/11	
12.dödfött flickebarn	f 1913 26/3	
13.Eva	f 1914 30/8	
14.Tor Wilhelm	f 1916 26/5	d 1916 20/11

(1) E H far se GAF 186
(4) S I barn: Berit Sofia   f 1924 12/4 i Pjätteryd
(5) A L barn: John Ferdinand f 1921 10/12
      J F far Roland Ossian Öhman (SÖÅ 120)
(14) T W d "svaghet från födelsen"

		Gaf 171
Olofsson Jacob Amandus		GAF 31
f 1865 28/3	d	
G 1898 24/4 i Åsele med		
Wahlberg Selma Karolina		GAF 212
f 1874 16/9	d	

1. Sigurd Amandus	f 1898 7/10	GAF 175
2. Walter Arnfrid	f 1900 1/4	GAF 229

3. Olof Lennart   f 1911 1/2
fosterdotter (se GIG 5):
4. Sally Borgström   f 1911 24/11

Olofsson Nils
f 1773   d 1851 25/12 "slag"
G 1798 med
Thomasdotter Segri
f 1767 15/7   d 1840 5/3 "ålderdom"

1. Kristina   f 1800 11/7   d 1874 17/12
6. Christopher   f 1808 1/8   d 1852 19/12
7. Jonas   f 1811 21/7   GAF 206

Föräldrar till:
N Olofsson: Olof Olofsson f 1728, Långvattenlandet
                                   Kerstin Nilsdotter f 1748
S Thomasdotter: Tomas Tomasson f 1732, sockenlapp, An
                                   Segrid Olofsdotter f 1723

(1) K piga i Gafsele vid sin död av "ålder"
(6) C dräng i Gafsele

Kommer 1832 från Långvattnet (LÅN 58)

Olofsson Nils
f 1878 18/2   d
G 1903 4/10 med
Östensson Kristina
f 1878 6/6   d

1. Lilly Margareta   f 1904 22/5
2. Olof Georg   f 1905 18/9
3. Anna   f 1911 26/6
4. Elin Kristina   f 1914 12/9
5. Annie Maria   f 1917 24/1

Föräldrar till:
N Olofsson: Olof Olofsson f 1845, Nyliden, Bj
                                   Katarina Margareta Olofsdr f 1844
K Östensson: Hans Östensson f 1844, Hällberget, Ju
                                   Anna Greta Danielsdotter f 1851

464

			Gaf 174
Olofsson Nils Erik			GAF 145
f 1832 18/3	d 1885 19/1 begr i Liden		
G 1860 4/3 i Åsele med			
Svensdotter Inga Carolina			ÖSN 31
f 1839 13/1	d 1881 20/4		
1. Olof Jakob	f 1862 12/9		LOM 103
2. Eric Adolph	f 1869 22/8	d 1869 17/9	
3. dödfödd flicka	f 1869 22/8		

		Gaf 175
Olofsson Sigurd Amandus		GAF 171
f 1898 7/10	d	
G 1920 4/12 i Åsele med		
Jonsdotter Elna Karolina		GAF 90
f 1898 5/3	d	
1. Kåre Sixten	f 1919 16/3	

		Gaf 176
Paulsson Jonas Hilmar		GAF 131
f 1881 24/10	d	
G 1908 26/12 i Åsele med		
Persdotter Hilma Johanna		HÄL 54
f 1885 28/10	d	
1. Per Hilding	f 1909 28/9	
2. Karl Werner	f 1911 19/7	
3. Erik Ossian	f 1914 21/3	
4. Anna Lisa Erika	f 1916 27/10	
5. Henny Levina	f 1925 6/9	

		Gaf 177
Paulsson Mathias Wilhelm		GAF 131
f 1874 7/4	d	
G 1906 30/12 i Åsele med		
Jonsdotter Ester Magdalena		YXS 31
f 1880 27/4	d	
1. Karl Malte	f 1907 28/11	
2. Rut Ester	f 1908 22/11	
3. Märta Paulina	f 1912 18/11	
4. Karin Elisabet	f 1918 1/12	

			Gaf 178
Persson Erik Petter	Skräddare		GAF 40
f 1857 17/12	d		
G 1881 2/10 i Åsele med			
Lodahl Kristina Dorotea			
f 1856 27/1	d		

1. Per Helmer	f 1881 3/11
2. Agnes Katarina	f 1883 30/1
3. Hedvig Kristina	f 1884 30/9
5. Karl Valdemar	f 1887 24/12

Föräldrar till:
K D Lodahl: Nils Lodahl f 1830, Kramfors, Gudmundrå
                  Catharina Kristina Ås f 1820

Till Åsele (ÅSE 368) 1884 - tillbaka 1895 - till Skön 1897

			Gaf 179
Persson Frans Agaton			FOR 29
f 1879 27/3	d		
G 1908 12/7 i Åsele med			
Edman Nikolina Margareta			LOM 26
f 1879 19/9	d		
Frans Agaton tidigare gift se FOR 52			

3. dödfött flickebarn	f 1910 1/4	
4. Erik Agaton	f 1911 24/10	d 1913 21/4

Kommer 1910 från Forsnäs (FOR 52) - flyttar tillbaka 1913

			Gaf 180
Persson Ingel	Länsman		
f	b 1723 19/5		
G med			
Nilsdotter Gertrud			GAF 10
f	b 1722 2/9		

1. Per	f 1700		GAF 60
2. Nils	f	d 1724 18/11	
3. Marget	f 1706	Tåsjö, Fj	
4. Ingel	f 1708	Härnösand	
5. Kerstin	f 1709	Kroknäset, Fj	
6. Karin	f 1713 30/4		HÄL 74

Föräldrsr till:
I Persson: Per Ingelsson, Sil, Fj
                                  Margareta Mårtensdotter

(2) N student i Härnösand, tog sig namnet Gavelin
(3) M g 1726 20/11 i Ås m Per Andersson f 1703 från Västertåsjö, Fj
(4) I g m Anna Ekeblad f 1710
(5) K g 1726 20/11 i Ås m Lars Johansson f 1706 från Kroknäset

----

<u>Gaf 181</u>

Persson Ingel   Häradsdomare
f 1728 15/7   d 1804 17/9 "bråck"
G 1754 med
Nilsdotter Kerstin
f 1737 6/6   d 1825 8/4 "inflammationsfeber"

2. Nils	f 1758		GRÖ 1
5. Anna	f 1766 18/2		ORM 8
7. Karin	f 1769	Lillegård, Ju	
8. Ingel	f 1771		GAF 156
9. Sara	f 1773	Sand, Ed	
10.Gertrud	f 1774		GAF 191
11.Eric	f 1780 17/3	Svanabyn, Do	
12.Ingrid	f 1783		TEG 1
13.Malin	f 1783		YTT 14

Föräldrar till:
I Persson: Per Andersson f 1703, Tåsjö, Fj
se GAF 180   Marget Ingelsdotter f 1706
K Nilsdotter: Nils Knutsson f 1701, Backe, Fj
                                  Ingri Ersdotter

(7) K g 1789 m Salomon Salomonsson (TAL 4)
    K omg 1800 m Olof Ersson f 1775 från Lillegård
(9) S g 1803 13/2 i Ed m båtsman Olof Mårtensson f 1773
(11) E g 1803 9/10 i Do m Anna Ersdotter (SVA 10)

Kommer 1783 från Lajksjö (LAJ 9)

                                                                          <u>Gaf 182</u>
Pehrsson Jonas   GAF 106
f 1755 4/7   d 1826 30/11 "ålderdomsbräcklighet"
G 1783 med
Andersdotter Anna   TJL 7
f 1761   d 1850 13/4 "ålder"

467

1. Anna	f 1784		SÖÅ 48
2. Pehr	f 1787	d 1808 12/8	
3. Katarina	f 1790	d 1811 2/4	
4. Kerstin	f 1791	d 1792	
5. Anders	f 1792		GAF 55
6. Jonas	f 1794	d 1795	
7. Lisa	f 1796		SÖÅ 20
8. Maglena	f 1798	d 1799 14/8	
9. Magdalena	f 1800 5/12		GAF 30
10.Jonas	f 1802 22/11		FOR 27
11.Markus	f 1805 11/1		ÖSN 12
12.Christina	f 1806 16/12	d 1806 19/12	

(2) P d "tvinsot"
(3) K d "lungsot"

			Gaf 183
Pehrsson Jonas			GAF 39
f 1836 5/9	d 1902 23/7		
G 1865 25/12 i Åsele med			
Nilsdotter Eva Johanna			LOM 134
f 1839 29/5	d		
1. Pehr Eric	f 1866 21/2		GAF 109
2. Nils Leonard	f 1867 28/9		GAF 105
3. Jonas August	f 1870 5/10		GAF 98
4. Marcus Herman	f 1874 13/5		GAF 102
5. Carl Jonas Linus	f 1877 25/11	d 1914 15/1	
6. Emil Konrad	f 1880 26/3		GAF 231

(5) C J L "död i Bright Wiew i provinsen Alberta, Canada den 15/1 1914 i följd af
skottsår (sjelfmord) enl. anmäl. från K. Statist. Controlbyrånd d 5/3 1914"

			Gaf 184
Persson Jonas Amandus			FOR 29
f 1867 14/2	d		
G 1894 4/3 i Åsele med			
Edman Maria Albertina			LOM 26
f 1867 10/8	d		
1. Beda Alfrida Petronella	f 1894 12/5	d 1923 4/2	
2. Olof Amandus	f 1896 20/11		
4. Hildur Ingeborg	f 1905 8/3		
fosterbarn (se VAR 9):			

5. Karl Jakob Severin Åkerström   f 1918 11/3

Kommer från Forsnäs (FOR 54) 1905 - tillbaka 1910

			Gaf 185
Pehrsson Jonas Erik			GAF 107
f 1851 10/8	d		
G 1877 6/4 i Åsele med			
Nordin Lisa Albertina			GAF 153
f 1856 24/12	d		
1. Anna Adelina Elisabet	f 1878 7/4		ÅSE 221
2. Betty Karolina Albertina	f 1880 24/10	d 1883 4/11	
3. Fanny Karolina	f 1884 12/2		
4. Edit Petronella	f 1886 15/4		
5. Lilly Albertina	f 1888 28/11		
6. Alfhild Heloise Johanna	f 1892 27/4		
7. Gerda Constanta	f 1894 3/8		
8. Seth Werner	f 1896 20/12		
9. Astrid Ingeborg	f 1902 25/2		

Flyttar till Nyland, Ytterlännäs 1903

			Gaf 186
Persson Markus Albert			GAF 126
f 1857 11/3	d 1929 28/11		
G 1881 6/2 i Åsele med			
Jakobsdotter Eva Erika			GAF 76
f 1858 4/5	d		
1. Per Hilmar	f 1881 28/2	d 1881 8/3	
2. Per Edur	f 1882 18/1		ÅSE 274
3. Kristina Evelina	f 1883 7/9	Malgovik, Wi	
4. Agnes Andrietta	f 1886 1/6		
5. Albert Frithiof	f 1888 31/5		GAF 117
6. Karl Herlof	f 1890 17/6		GAF 223
7. Sally Erika	f 1890 17/6		GAF 209
8. Markus Gunnar	f 1895 11/4		GAF 124
9. Hildur	f 1900 26/4		GAF 237

(3) K E g m Erik Anselius Wikström f 1875 från Malgovik
(4) A A barn: Klas Martin   f 1908 20/10
(9) Torsten   f 1924 29/5 i Nordingrå   GAF 237
        far Erik Harald Olsson (GAF 170)

469

Pehrsson Pehr   GAF 106
f 1761 27/1   d 1794
G 1786 med
Mathsdotter Brita   TJÄ 14
f 1764   d 1795
Brita omgift 1795 m Eric Danielsson Gavelin (GAF 53) enl BU

Kommer från Lomsjö 1787 (LOM 118)

Gaf 188

Pehrsson Pehr   GAF 39
f 1829 28/2   d
G 1853 27/3 i Åsele med
Olsdotter Stina Maglena
f 1823 17/11   d 1857 27/11
Pehr omgift 1859 12/6 i Åsele med
Marcusdotter Anna Magdalena   GAF 22
f 1820 11/2   d

1. Pehr Olof   f 1853 25/9
2. Jonas Eric   f 1855 25/10
3. dödfödd son   f 1857 27/11
4. Magnus Alfred   f 1860 27/3

Föräldrar till:
S M Olsdotter: Olof Jonsson f 1781, Mårdsjö, Do
se ÖVR 25   Stina Ingelsdotter f 1782

Flyttar 1860 till Sörnoret (SÖN 32)

Gaf 189

Persson Per Emanuel   Handlande   GAF 126
f 1864 13/1   d
G 1913 31/5 i Åsele med
Karlsdotter Matilda Josefina
f 1860 6/10   d
Matilda Josefina tidigare gift se SÖN 31

1. Signe Lydia Viola   f 1900 15/10   d 1928 8/6

Föräldrar till:
M J Karlsdotter: Carl Jonas Svensson f 1833, Åttonträsk, Ly
                               Elisabeth Magdalena Johansdotter f 1835

Pålsson Hindric
f 1767 21/12   d 1841 14/7
G 1791 1/1 i Själevad med
Larsdotter Magdalena
f 1767 28/7   d

1. Brita	f 1791	Flärke, Sj
2. Christina	f 1793	Flärke, Sj
3. Daniel	f 1795	Flärke, Sj

Föräldrar till:
M Larsdotter: Lars Persson f 1741, Flärke, Sj
                                Kerstin Nilsdotter f 1749

(1) B g 1813 17/9 i Sj m Per Jonsson Westerberg
(2) C g 1816 24/6 i Sj m Per Johansson f 1786 från Flärke
(3) D g 1820 1/10 i Sj m Catharina Larsdotter f 1799 från Flärke

Flyttar till Flärke, Sj 1808

Pålsson Pål
f 1776   d
G 1799 med
Ingelsdotter Gertrud
f 1774   d

1. Pål   f 1799   d 1800

Till Laxbäcken (LAX 3) 1800

Rosin Mattias
f 1867 15/3   d
G 1893 29/11 i Junsele med
Abrahamsdotter Anna Kajsa
f 1866 29/3   d

1. Gustaf Herman	f 1895 3/1
2. Karl Georg	f 1896 12/7
3. Abram Ragnar	f 1898 22/12
4. Johan Waldemar	f 1904 22/8

Föräldrar till:

M Rosin: Sara Charlotta Gröner f 1847, Wallen, Ju
A K Abrahamsdotter: Abraham Eliasson f 1819, Wallen, Ju
                                   Cajsa Andersdotter f 1829

Kommer från Vallen, Ju 1896 - flyttar tillbaka 1904

			Gaf 193
Rådström Gabriel Nilsson			GAF 50
f 1785	d 1848 29/3		
G 1829 26/12 i Åsele med			
Johansdotter Catharina			SVR 4
f 1800 4/4	d		
1. Stina Cajsa	f 1830 10/3		SÖÅ 95
2. Nils Johan	f 1834 19/3	Moflo, Åd	

(2) N J g 1872 10/3 i Resele m Anna Catharina Bergqvist f 1848 från Resele

Änkan flyttar till TEN 11

		Gaf 194
Rådström Ingel Ingelsson		GAF 195
f 1825 20/7	d	
G 1850 19/5 i Åsele med		
Ersdotter Märtha Stina		GAF 206
f 1826 9/12	d	

Flyttar till Tjärn (TJÄ 42) 1851

			Gaf 195
Rådström Ingel Nilsson	Gästgivare		
	GAF 50		
f 1789	d 1849 3/4		
G 1820 5/3 i Åsele med			
Göransdotter Catharina			HÄL 41
f 1795	d 1872 16/1 "ålderdom"		
1. Stina Magdalena	f 1820 17/11	d 1833 30/3	
2. Nils Petter	f 1823 29/7	d 1887 25/12	
3. Ingel	f 1825 20/7		GAF 194
4. Erik	f 1827 17/9	d 1828 12/7	
5. Erik	f 1829 14/8	d 1831 19/8	
6. Erik	f 1834 9/4	d 1923 1/7	
7. Sven	f 1837 6/5	d 1877 17/7	

(1) S M d "nerfslag"
(2) N P snickare, död i "kronisk magkatarrh " i Åsele
(4) E d "blodkräkning"
(5) E d "drunknat"
(6) E sockenskräddare, "sinnessjuk"

Gaf 196
GAF 83

Rönnholm Erik Wilhelm Valentin
f 1863 12/9   d
G 1892 21/8 i Åsele med
Ersdotter Mathilda Augusta Elisabeth   GAF 127
f 1872 16/5   d

Till Åsele (ÅSE 399) 1892

Gaf 197
GAF 122

Salen Erik Magnus Danielsson
f 1866 27/3   d
G 1904 27/3 Anundsjö med
Olofsdotter Brita Katarina
f 1878 12/12   d

1. Ester Ingeborg   f 1904 20/6

Föräldrar till:
B K Olofsdotter: Olof Nilsson f 1848, Degersjö, An
                           Ingeborg Olofsdotter f 1856

Flyttar till Sjö, An 1904

Gaf 198
LÅN 65

Salomonsson Johan Albert
f 1885 16/9   d
G 1913 21/12 i Åsele med
Eriksson Hulda Katarina
f 1886 22/2   d

1. Hilding   f 1913 26/8   d 1913 26/8

Föräldrar till:
H K Eriksson: Erik Jonsson f 1850, Rönnäs, Wi
                           Olivia Katarina Justina Nerpin f 1857

Flyttar till Rönnäs, Wi 1914

Selinder Isak Johan Jonsson
f 1874 27/7   d
G 1903 4/10 i Åsele med
Eriksdotter Kristina Katarina   SÖÅ 83
f 1884 3/3   d

1. Runo Gideon   f 1904 4/7
2. Henry Kuroki   f 1905 6/12
3. Erik David   f 1907 8/7
4. Vanja Maria Kristina   f 1908 27/9

Föräldrar till:
I J Selinder: Jon Niklas Olofsson f 1841, Tåsjö by, Tå
                             Sara Maria Edlund f 1837

Kommer 1911 från Latikberg, Wi - flyttar 1914 till Arvidsjaur
Tidigare i Söråsele (SÖÅ 102)

Strömberg Jacob Rudolf   SAN 6
f 1871 23/8   d
G 1903 19/12 i Åsele med
Hällsten Jenny Augusta
f 1882 23/6   d

1. Erik Ragnar   f 1904 28/1
2. Johanna Evelina   f 1905 7/7
3. Jonas Allan   f 1907 28/9
4. Lilly Augusta   f 1910 13/9

Föräldrar till:
J A Hällsten: Johan Larsson f 1852, Latikberg, Wi
                             Maglena Johanna Moritz f 1844

Flyttar till Malgovik, Wi 1913

Strömqvist Lars August
f 1870 30/4   d
G 1892 18/9 i Åsele med
Danielsdotter Eva Amanda   GAF 134
f 1866 20/10   d

1. Helge Einar   f 1892 28/9   d 1907 12/7

Föräldrar till:
L A Strömqvist: Hans Strömqvist f 1835, Lunne, Tå
                                        Brita Kristina Strömstedt f 1841

Flyttar till Hoting, Tå 1892

Strömqvist Nils Petter
f 1869 25/9   d
G 1898 9/10 i Åsele med
Nilsdotter Kristina Karolina   AVA 18
f 1870 6/12   d

1. Sanna Elisabeth   f 1898 5/12   SÖN 43
2. Nils Sigfrid   f 1900 19/3   d 1900 29/7
3. Ragnhild Katarina   f 1901 14/7   Östersund -26
4. Svea Erika   f 1903 4/4   SÖN 41
5. Ines Johanna   f 1904 2/10   VÄN 49
6. Nils Algot   f 1907 28/5
7. Astrid Kristina   f 1909 10/8
8. Erik Manfred   f 1912 14/10

Föräldrar till:
N P Strömqvist: Lisa Erika Hansdotter f 1848, Imnäs, Ramsele

(4) S E barn: dödfött flickebarn   f 1925 1/5

Sundin Erik Johan
f 1870 10/7   d
G 1895 3/7 i Åsele med
Mårtensdotter Kristina Maria
f 1869 25/5   d

1. Johan Wilhelm   f 1895 15/7
2. Otto   f 1898 11/1   d 1907 23/8

Föräldrar till:
E J Sundin: Johan Olofsson Sundin f 1840, Röström, Tå
                              Anna Mathilda Ersdotter f 1846
K M Mårtensdr: Mårten Andreas Jonsson f 1838, Fjällfjäll
                              Anna Bengtsdotter f 1836

Flyttar till Tåsjö 1907

Svanström Robert Walfrid   Inspektor
f 1877 6/10   d
G 1904 7/4 i Kungsholm, Stockholm med
Granqvist Sofia
f 1879 13/5   d

1. Anders Walter   f 1905 12/1

Föräldrar till:
R W Svanström: Anders Svanström f 1834, Krånge, Ju
                                  Märta Johanna Sundqvist f 1841
S Granqvist: Jonas Jönsson Granqvist f 1847, Kvarnå, Ju
                                  Kristina Erika Grafström f 1848

Kommer 1904 från Krånge, Ju - till Sollefteå 1908

	Gaf 205
Svensson Erik	VAR 38

Svensson Erik
f 1790   d 1847 7/11
G 1815 18/3 i Åsele med
Marcusdotter Ingeborg   GAF 123
f 1794   d 1834 21/12 ”lungsot”
Erik omgift 1835 4/10 i Åsele med
Johansdotter Märtha
f 1799   d 1854 11/12

1. Sven   f 1816 10/4   GAF 41
2. Markus   f 1818 27/7   GAF 37
3. Pär   f 1821 10/9   GAF 40

Föräldrar till:
M Johansdotter: Johan Johansson f 1754, Nybäcken, Tå
                                  Maria Olsdotter f 1758

Gaf 206
Svensson Erik   TJÄ 5
f 1796   d 1843 25/1 ”lungsot”
G 1824 19/4 i Åsele med
Ersdotter Anna Stina   SÖÅ 107
f 1803 23/12   d 1888 28/5 ”slag el hjertförlamning”
Anna Stina omgift 1853 24/6 i Åsele med
Nilsson Jon   GAF 172
f 1811 21/7   d 1856 26/6

1. Sven	f 1825 7/6	TJÄ 7
2. Märtha Stina	f 1826 9/12	GAF 194
3. Anna Erika	f 1829 18/6	SÖÅ 52
4. Cajsa Magdalena	f 1832 24/2 d 1852 8/2	
5. Eric	f 1834 27/9	GAF 217
6. Eva Johanna	f 1837 28/7	NYT 8
7. Markus	f 1840 14/7	GAF 38

(4) C M d "lungsot"

Kommer 1831 från Tjärn (TJÄ 45)

<u>Gaf 207</u>

Tellström Carl Ludvig   Kateket
f 1810 16/5   d 1862 8/3 "reumatism"
G 1848 6/12 i Föllinge med
Westner Ingeborg
f 1823 30/7   d 1908 29/5

Föräldrar till:
C L Tellström: Carl Fredrik Tellström f 1768, Elghammar, Björnlanda
                        Eva Ulrica Spångberg f 1788
I Westner: Jöns Danielsson f 1771, Laxsjö, Föllinge
                        Ingeborg Salmonsdotter f 1784

1858 från Laxsjö, Föllinge - Ingeborg flyttar tillbaka 1864

<u>Gaf 208</u>

Törnqvist Johan Hildebert
f 1871 21/9   d
G 1902 14/7 i Åsele med
Nilsdotter Brita Kristina Dorotea
f 1882 2/12   d

Föräldrar till:
J H Törnqvist: Karl Johansson Törnqvist f 1841, Västanbäck, Ju
                        Ingeborg Katarina Josefsdotter f 1843
B C Nilsdotter: Nils Jeremias Nejne f 1850, Stensundslandet
                        Sigrid Kristina Nilsdotter f 1844

Flyttar till Nordamerika 1910

<u>Gaf 209</u>
Ullin Erik Mauritz   GAF 210

f 1880 11/8	d	
G 1910 26/12 i Åsele med		
Markusdotter Sally Erika		GAF 186
f 1890 17/6	d	

1. dödfött gossebarn	f 1911 25/9
2. Erik Sture	f 1922 1/8
3. Gunnar Gereon	f 1925 4/1
fosterdotter (se nedan):	
4. Dagny Alfhilda	f 1915 22/2

Föräldrar till:
Dagny Alfhilda: Karolina Eliasdotter från Backen, Gårda, Örby

----

<u>Gaf 210</u>

Ullin Israel Ersson		
f 1847 20/5	d	
G 1878 29/3 i Åsele med		
Gavelin Elisabet Magdalena		GAF 54
f 1845 20/6	d	

1. Edit Johanna Elisabet	f 1878 8/7	GAF 159
2. Erik Mauritz	f 1880 11/8	GAF 209

Föräldrar till:
I Ullin: Eric Olof Svensson f 1819, Rödvattnet, An
            Sigrid Israelsdotter f 1826

<u>Gaf 211</u>

Wahlberg Daniel Maurits		GAF 213
f 1878 22/9	d	
G 1908 3/5 i Åsele med		
Almroth Kristina Augusta		ALM 8
f 1878 12/12	d	

1. Gustaf Sigvard	f 1908 29/7
2. Arvid Henning	f 1910 30/8
3. Sven Birger	f 1912 8/6
4. dödfött gossebarn	f 1912 8/6
5. Rolf Olof	f 1914 3/9
6. Erik Ragnar	f 1918 21/3
7. Jan Åke	f 1920 8/5
8. Anna Siri	f 1923 30/6

<u>Gaf 212</u>

Wahlberg Oskar Elling   GAF 213
f 1883 1/12   d
G 1917 9/4 i Åsele med
Edström Anna   LÅN 7
f 1896 20/10   d

1. Set Harald   f 1917 6/5
2. Alf Gösta   f 1917 6/5   d 1917 14/5

Flyttar till Långvattnet 1917 (LÅN 81)

                                                                       Gaf 213
Wahlberg Sven Andersson   GAF 119
f 1843 7/10   d 1906 21/1
G 1874 22/3 i Åsele med
Danielsdotter Eva Mathilda   HÄL 51
f 1848 22/3   d

1. Selma Carolina   f 1874 16/9   GAF 171
2. Anders Rudolf   f 1877 19/3   d 1881 2/3
3. Daniel Mauritz   f 1878 22/9   GAF 211
4. Oskar Elling   f 1883 1/12   GAF 212
5. Kristina Edelia   f 1891 23/2   GAF 77

                                                                       Gaf 214

Wahlström Erik Anton
f 1865 17/12   d
G 1892 10/10 i Åsele med
Danielsdotter Kristina Karolina   GAF 134
f 1869 11/8   d

1. Erik Gunnar   f 1893 15/10
2. Evelina Kristina   f 1896 15/1
3. Hildur Katarina   f 1896 15/1

Föräldrar till:
E A Wahlström: Nils Anton Wahlström f 1836, Järvsjö, Wi
                              Stina Cajsa Jonsdotter f 1834

Till Söråsele 1896 (SÖÅ 115)

                                                                       Gaf 215

Wallinder Emanuel Ersson
f 1858 24/4   d
G 1880 7/11 i Åsele med

Danielsdotter Tekla Erika   GAF 134
f 1861 12/6   d 1901 30/6 "hjertfel"
fästekvinna och hushållerska
Olofsdotter Klara Maria lysning 1909   TRE 1
f 1874 24/5   d

1. Anetty Katarina	f 1880 22/12	Hudiksvall -04
2. Daniel Hjalmar	f 1882 11/10	d 1900 1/7
3. Sigrid Amanda	f 1885 5/5	VÄN 19
4. Henny Kristina Erika	f 1887 12/10	d 1903 15/10
5. Erik Oskar	f 1889 1/12	d 1900 17/9
6. Ida Isidora	f 1892 4/4	Fors, Södermanl -12
7. Anna Bernhardina	f 1894 22/4	d 1906 1/2
Klara Marias:		
8. Erik Gottfrid	f 1898 22/2	Holmsund -23
9. Erling Emanuel	f 1905 12/4	Holmsund -29
10.Gustaf Holmfrid	f 1906 4/6	
11.Bengt Joakim	f 1908 20/3	
12.Jonas Valter	f 1910 13/6	
13.dödfött gossebarn	f 1910 13/6	

Föräldrar till:
E Wallinder: Eric Salomonsson f 1807, Vallen, Ju
                             Maria Abrahamsdotter f 1817

(2) D H d "tuberculos"
(4) H K E d "tuberkulos"

                                                                   Gaf 216

Wallinder Salmon Olof Ersson
f 1846 10/9   d
G 1877 7/10 i Åsele med
Danielsdotter Anna Katharina   GAF 134
f 1857 25/12   d

1. Hilma Maria Erika	f 1878 27/1	
2. Anna Aqvilina Emilia	f 1879 11/6	GAF 102
3. Erik Walerius	f 1881 29/1	
4. Frans Teodor	f 1882 19/11	
5. Hanna Eugenia	f 1884 26/7	
6. Hedvig Alexia	f 1886 17/7	

Föräldrar till:
S O Wallinder: Eric Salomonsson f 1807, Vallen, Ju
                             Maria Abrahamsdotter f 1817

Flyttar till Bjällsta, Nätra 1887

		Gaf 217
Wästerlund Eric Ersson		GAF 205
f 1834 27/9	d	
G 1868 12/4 i Åsele med		
Ivarsdotter Anna Stina		BJÖ 16
f 1846 13/9	d	

Till Björksele (BJÖ 37) 1869

Gaf 218

Westerlund Johannes	Handlande
f 1890 8/1	d 1918 9/12 "lunginflammation"
G 1912 28/1 i Åsele med	
Öhman Olga Sofia	
f 1892 9/6	d

1. Alf Gösta Johannes	f 1912 2/8	d 1914 31/1
2. Roger Alfons	f 1915 22/3	

Föräldrar till:
J Westerlund: Olof Westerlund f 1850, Krånge, Ju
                   Anna Greta Andersdotter f 1842
O S Öhman: Karl Öhman f 1814, Innertavle, Umeå landsförs.
                   Amanda Samuelsdotter f 1867

Kommer 1912 från Hälla (HÄL 88) - till Holmsund 1919

		Gaf 219
Westman Rickard Laurentius	Snickare	ÅSE 485
f 1875 8/2	d	
G 1913 25/1 borgerlig vigsel med		
Eriksdotter Anna Henrika		GAF 86
f 1883 4/10	d	

1. Olof Torgny	f 1906 4/7
2. Dagny Kristina	f 1910 25/7

Flyttar 1913 till Åsele (ÅSE 487)

		Gaf 220
Åström Eric Pehrsson	Sockenskräddare	LAV 5
f 1789	d	

G 1816 25/3 i Åsele med
Danielsdotter Greta   GAF 121
f 1794   d

1. Pehr   f 1817 22/1   d 1817 23/1
2. Greta Erica   f 1819 23/4

(1) P d "hjertsprång"

Flyttar 1821 till Eden, Ju

                                                                              Gaf 221
Östensson Jonas Daniel   Skräddare, bagare
f 1874 18/8   d
G 1898 3/4 i Junsele med
Henriksdotter Anna Maria
f 1872 13/9   d

1. Jonas Hilding   f 1898 8/8   d 1914 23/11
2. Hans Artur   f 1900 20/7   Canada -28
3. Elin Viola   f 1903 23/6   Själevad -24
4. Erik Alf   f 1907 23/11
5. Henry   f 1913 2/5
6. Anna   f 1913 2/5

Föräldrar till:
J D Östensson: Anna Greta Danielsdr f 1851, Lillegård, Ju
A M Henriksdotter: Henrik Persson f 1825, Mo, Ju
                               Eva Salomonsdotter f 1829

(1) J H "dödad av fallande träd"

Kommer 1898 från Mo, Ju

                                                                              Gaf 222
Haglund Karl Halvar   GAF   66
f 1898 28/1   d
G 1924 16/11 i Åsele med
Lidgren Dagny Lovisa   HÄL 45
f 1902 11/9   d

1. Hjördis Alice   f 1925 25/7
2. Ebba   f 1927 23/10

                                                                              Gaf 223

482

Markusson Karl Herlof   GAF 186
f 1890 17/6   d
G 1928 22/4
Gradin Anna Augusta   GAF 62
f 1898 13/3   d

1. Rut Margit   f 1928 10/8

                                                                        Gaf 224
Markusson Per Edur   GAF 186
f 1882 18/1   d
G 1914 8/11 med
Ritzen Sara Hedvig
f 1891 2/10   d

1. Tage Edur   f 1916 20/8
2. Ingrid   f 1920 12/1
3. Karin   f 1922 23/6
4. Karl-Erik   f 1924 24/1
5. Hjördis   f 1925 31/5
6. Sven Gösta   f 1927 20/9
7. Stig Harald   f 1929 16/6

Föräldrar till:
S H Ritzen: Jonas Ritzen f 1848, Näsåker, Åd
                               Katarina Svensdotter f 1848

Kommer från Arvidsjaur 1922 – tidigare i Åsele (ÅSE 274)

                                                                        Gaf 225
Jakobsson Set Hjalmar Amandus Skogvaktare
                               ÄLG 21
f 1899 18/9   d
G 1926 25/7 i Åsele med
Norlin Ingrid Elisabeth   GAF 159
f 1898 3/7   d

1. Rolf Olof   f 1924 27/9

Flyttar till Tåsjö 1926

                                                                        Gaf
226
Svensson Olof Hilmar   GAF 93
f 1893 17/10   d

G 1927 18/12
Olsson Henny Kristina   GAF 170
f 1894 17/6   d

                                                                         Gaf 227
Nordenmark Erik Manfred Isidor   GAF 148
f 1888 26/1   d
G 1914 11/6
Damstedt MariaTeresia
f 1890 30/8   d

1. Gunvor Margareta   f 1915 14/4 i Uppsala

Föräldrar till:
M T Damstedt: Nikodemus Damstedt f 1848, Brunnö sågverk, Gudmundrå
                                     Maria Olsson f 1853

Kommer 1923 från Gustav Vasa, Stockholm

                                                                         Gaf 228
Alenius Kristoffer Ehard
f 1900 17/1   d
G 1929 23/6
Forsberg Linnea Kristina   GAF 48
f 1909 24/7   d

1. Ragnar   f 1929 30/8

Föräldrar till:
K E Alenius: König Alenius f 1863, Bastansjö, St
                                     Augusta Elisabet Kristoffersdr f 1871

                                                                         Gaf 229
Olofsson Valter Arnfrid   GAF 171
f 1900 1/4   d
G 1923 30/9 i Åsele med
Håkansson Hildur Sofia
f 1892 20/12   d

1. Kjell Jakob   f 1923 8/11   d 1923 10/11
2. Ivan Lambert   f 1925 30/10

Föräldrar till:
H S Håkansson: Håkan Jakobsson f 1847, Näs, An

484

se GAF 88   Sofia Ulrika Gillberg f 1857

                                                                         Gaf 230

Holmström Oskar Harry
f 1898 4/4   d
G 1920 27/12 i Arnäs med
Klaren Elsa Kristina
f 1888 25/1   d

1. Hans Erik Harry   f 1925 1/7

Föräldrar till:
O H Holmström: Gotthard Harry Holmström f 1871, Kisa
                                 Sofia Karolina Andersdr f 1875
E K Klaren: Nils Erik Klaren f 1849, Tarsele, Ju
                                 Botilda Kristina Danielsdr f 1852

Kommer från Junsele 1926 – till Åsele (ÅSE 591) 1927 - kommer tillbaka samma år –
flyttar till Gustav Vasa, Stockholm 1928

                                                                         Gaf 231
                                                                         GAF 183
Jonsson Emil Konrad
f 1880 26/3   d
G 1921 24/6 i Åsele med
Berglund Alma Katarina   GAF 15
f 1894 11/1   d

fosterdotter (se SVR 8):
1. Margot Gunvor Valfrida Hörnell f 1916 27/8

                                                                         Gaf 232

Dalin Erik Halvar
f 1900 15/4   d
G 1924 13/7 i Åsele med
Edman Signe Emilia   LOM 23
f 1902 17/6   d

1. Harry Bernhard   f 1924 2/10

Föräldrar till:
E H Dalin: Johan August Dalin f 1876, Tjäl, An
se HÄL 71   Hilda Karolina Persdr f 1876

                                                                         Gaf 233
                                                                         GAF 86
Eriksson Jakob Ossian

485

f 1897 13/6   d
G 1924 19/10 i Åsele med
Dahlbäck Sally Erika   GAF 19
f 1895 31/5   d

1. Maj Gudrun   f 1925 5/5
2. Siv Doris   f 1927 14/8
3. Beth Kristina   f 1930 18/1

                                                                       Gaf 234
Wiberg Salomon Anselm   Sågföreståndare   LOM 137
f 1879 10/10   d
G 1914 14/6 i Åsele med
Hellman Hildur Amalia Maria   Lärarinna   ÅSE 153
f 1875 27/9   d

fosterbarn (se HOL 12):
1. Jenny Hermine   f 1918 20/5

Kommer från Holmträsk (HOL 94) 1923

                                                                       Gaf 235
Willnerth Erik Jakob Danielsson   TOÖ 12
f 1893 15/6   d
G 1918 30/9 i Åsele med
Markusson Eda Kristina   HÄL 17
f 1895 27/9   d

1. Erik Fredy   f 1918 16/10
2. Folke Markus   f 1920 14/10
3. Maud Elisabet   f 1923 10/1

Kommer från Hälla (HÄL 89) 1922 – tillbaka dit 1926

                                                                       Gaf 236
Jonsson Erik Otto
f 1901 21/3   d
G 1927 15/10
Persson Emmy Kristina Johanna   GAF 109
f 1899 25/7   d

1. Erik Allan   f 1928 29/4
2. Gudrun Alice   f 1929 21/12

Föräldrar till:

486

E O Jonsson: Jonas Olof Jonsson f 1862, Tjärn, An
se TJÄ 20   Eva Greta Mårtensdr f 1862

                                                          <u>Gaf 237</u>

Olsson Erik Harald   GAF 170
f 1895 25/8   d
G 1924 26/12 i Åsele med
Markusson Hildur   GAF 186
f 1900 26/4   d

1. Torsten   f 1924 29/5
2. Anna-Lena   f 1925 12/9

                                                          <u>Gaf 238</u>

Persson Erik Bruno   GAF 25
f 1897 6/10   d
G 1924 3/2 i Åsele med
Norlin Hildur Kristina   GAF 158
f 1899 15/9

1. Arnt Paul   f 1924 10/5   d 1925 24/2
2. Paul Ossian   f 1926 9/3
3. Erik Runo   f 1927 12/8

Simsjöås nr 2 1924

                                                          <u>Gaf 239</u>

Grahn Karl August
f 1885 11/10   d
G 1910 16/10 i Åsele med
Söderqvist Kristina Erika Antoinetta   VÄN 46
f 1882 15/10   d

1. Elma Irene Emilia   f 1911 23/3
2. Karl Erik Edur   f 1920 15/1

Föräldrar till:
K A Grahn: Efraim Karlsson Grahn f 1853, Kroksjö, Ly
se SAN 16   Anna Kristina Holmgren f 1858

Kommer 1925 från Västernoret (VÄN 13)

                                                          <u>Gaf 240</u>

Andersson Anders   Skogvaktare
f 1885 30/3   d

G 1921 6/3
Eriksson Hedvig Vilhelmina
f 1895 13/11   d

1. Siv Anna-Greta   f 1923 7/1
2. Gun Inga-Britt   f 1928 3/5

Föräldrar till:
A Andersson: Anders Fredrik Fredriksson f 1840, Skarda, Örträsk
                               Maria Brita Königsdr f 1841
H V Eriksson :   Erik Anton Robert Adamsson f 1867, Flakaträsk, Ly
                               Nanna Vilhelmina Eriksdr f 1870

Kommer 1927 från Viska, Fr

                                                                        Gaf 241
Larsson Lars Alexius
f 1892 18/1   d
G 1917 22/7 i Wilhelmina med
Markusson Hedvig Ingeborg
f 1897 13/1   d

1. Hilding Einar   f 1917 22/2
2. Hilli Ingegerd   f 1919 15/5
3. Kjell Göte   f 1921 23/3
4. Tage Allan   f 1923 29/8

Föräldrar till:
L A Larsson: Lars Nilsson f 1861, Mårtensliden, Wi
                               Sara Sofia Alexandersdr f 1866
H I Markusson: Markus Markusson f 1858, Lavsjö, Do
                               Christina Carolina Jonsdr f 1873

Kronotorpare Simsjöås nr 2

Kommer 1926 från Vilhelmina – tillbaka samma år

                                                                        Gaf 242
Eriksson Johan Robert   SÖÅ 33
f 1883 28/8   d
G 1906 8/12 i Åsele med
Persdotter Emelinda Karolina   GAF 25
f 1882 12/12   d

1. Mary Karolina   f 1907 19/5   d 1930 28/3

488

2. Ida Kristina	f 1909 11/3	
3. Karl Johan	f 1911 11/5	
4. Gunhild Elisabet	f 1913 24/3	Degerfors -27
5. Alfhild Lovisa	f 1915 15/6	
6. Nils Ejnar	f 1919 22/7	
7. Gunnar	f 1924 15/3	
8. Anna Lisa	f 1926 31/7	

(1) M K barn: Karl Henning   f 1924 21/5   d 1924 28/11

Kronotorpare Simsjöås nr 4

Kommer 1920 från Åsele (ÅSE 100)

Gaf 243
GAF 5

Jonsson John Algot
f 1901 18/2   d
G 1925 30/12
Bertilsson Jenny Selina
f 1905 8/3   d

1. John Henning   f 1924 11/11

Föräldrar till:
J S Bertilsson: Bertil Johan Persson f 1867, Lillsele, Ju
                             Anna Maria Johansdr f 1871

Kronotorpare Simsjöås nr 1

Gaf 244
ÖSN 24

Eriksson Erik Amandus
f 1900 13/2   d
G 1925 20/6 i Åsele med
Söderqvist Agda Karolina   VÄN 47
f 1898 12/9   d

1. Anna Frideborg Viola   f 1926 14/12
2. Karl Erik   f 1930 14/2

Kronotorpare Simsjöås nr 2

Kommer 1927 från Östernoret (ÖSN 95)

Gig 1
GIG 11

Andersson Anders

f 1809 30/1   d 1880 31/3
G 1835 22/3 i Åsele med
Ersdotter Anna Stina   BOÖ 5
f 1819 9/12   d 1903 8/12

1. Anna Erika   f 1839 4/8   GIG 26

Kommer 1840 från Borgsjö (BOÖ 1)

                                                                     Gig 2
Andersson Paulus   GIG 11
f 1802 26/5   d
G 1826 27/3 i Åsele med
Mattsdotter Magdalena   STO 17
f 1802 25/1   d

Flyttar 1844 till Bomsjö (BOM 3)

                                                                     Gig 3
Andersson Petrus   GIG 11
f 1801 20/3   d
G 1826 3/12 i Åsele med
Larsdotter Sara Stina
f 1796   d
Sara Stina tidigare gift se HAL 1

1. Alexander   f 1826 26/12
2. dödfödd son   f 1830 /3
3. Sophia Erika   f 1831 16/4
4. Eric Petter   f 1834 8/6   d 1834 3/9
5. Sara Agatha   f 1836 9/1
6. Lars Petter   f 1841 8/6

Föräldrar till:
S S Larsdotter: Lars Nilsson f 1765, Nordanås, Fr
                             Anna Ersdotter f 1772

Orgnäs

Flyttar 1855 till Östernoret (ÖSN 4)

                                                                     Gig 4
Berggren Hilbert Vitalis Agobert   YXS 24
f 1875 29/11   d
G 1905 12/2 i Åsele med

490

Malm Edit Elisabet Maria   YXS 39
f 1881 4/4   d

1. Nils Hilding   f 1905 27/3
2. Markus Johannes   f 1907 6/3

Flyttar till Yxsjö (YXS 4) 1908

                                                                    Gig 5

Borgström Johan Petter
f 1830 6/3   d 1903 13/1
G 1862 23/11 i Fredrika med
Gidlund Greta Stina
f 1836 1/7   d 1891 2/6 "tuberculos"

1. Daniel Petter   f 1863 5/1   BOÖ 2
2. Johanna Margaretha   f 1865 9/7   FOR 26
3. Christina Wilhelmina   f 1868 21/5   FOR 28
4. Ida Elisabet Katarina   f 1873 7/11
5. Jonas Germanus   f 1876 28/5   Canada -07

Föräldrar till:
J P Borgström: Jonas Borgström f 1792, Tallsjö, Fr
se BOÖ 36   Gertrud Danielsdotter f 1795
G S Gidlund: Johan Thomasson f 1801, Kantsjö, Gideå
                                Sara Lisa Pehrsdotter f 1801

(4) I E K barn: Julia Margareta   f 1898 19/2   Vännäs -15
                Robert Johan   f 1905 26/9
                Erik   f 1909 18/9
                Sally   f 1911 24/11   GAF 171
                Märta   f 1915 10/7

Baksjönäs

Kommer 1870 från Lillögda (LIL 15)

                                                                    Gig 6

Brodin Carl Jonas
f 1835 21/6   d
G 1871 5/3 i Fredrika med
Wiklund Sara Katharina
f 1848 3/8   d

1. Carl Jonas   f 1871 16/5

2. Daniel Petter Nikolaus   f 1873 24/11   Klippen, Fr

Föräldrar till:
C J Brodin: Per Brodin f 1799, Bredträsk, Fr
se ASP 2   Maria Lovisa Johansdotter f 1798
S K Wiklund: Daniel Wiklund f 1809, Viska, Fr
                                Greta Stina Pålsdotter f 1818

(2) D P N g 1895 7/9 i Fr m Anna Matilda Johansdotter f 1876 från Klippen

Kommer 1873 från Viska, Fr - flyttar 1874 till Klippen, Fr

                                                                    Gig 7
Danielsson Frans Daniel   SÖD 2
f 1865 23/3   d
G 1888 5/2 medtrol i Åsele - ej i SCB:s vigselbok
Wiklund Kristina Maria Andrietta   GIG 26
f 1870 2/2   d

1. Hedvig Erika Eugenia   f 1887 15/12

Flyttar till Umeå landsförsamling 1889

                                                                    Gig 8
Edlund Erik August
f 1870 28/5   d 1917 19/12
G 1901 15/9 i Åsele med
Wiklund Hulda Anna Erica   GIG 26
f 1872 11/6   d

1. Rut Anna Maria   f 1901 28/10   d 1902 15/2
2. Erik Folke   f 1903 30/4
3. Bror Andreas   f 1905 25/2   Canada -29
4. Rut Sofia Elisabeth   f 1906 20/12
5. Syster Lydia Adina   f 1909 9/1   Fredrika -28
6. Daniel Filip   f 1911 25/8
7. Anna Frideborg Margareta   f 1913 13/10

Föräldrar till:
E A Edlund: Erik Edlund f 1840, Hemling, Bj
                                Sara Maria Matsdotter f 1837

(4) R S E barn: Eiborg Olga Erika f 1928 4/6
          far Erik Valfrid Eriksson (STO 14)

Flyttar till Sala 1916 - kommer tillbaka 1918

                                                                          Gig 9
Englund Anton Rickard
f 1882 30/5   d
G 1911 24/12 i Åsele med
Mårtensdotter Maria Viktoria   LIL 43
f 1885 23/1   d

1. Erik Arne   f 1913 31/7
2. Ingrid Kristina Margareta   f 1925 18/4
3. Inga Britt   f 1926 8/12

Föräldrar till:
A R Englund: Mikael Jönsson f 1843, Lavsjö, Do
                                 Sara Greta Jonsdotter f 1841

Kronotorpare Västligården

                                                                          Gig 10

Englund Erik Oskar
f 1873 21/5   d
G 1901 15/12 i Åsele med
Wiklund Elin Antonia   GIG 26
f 1875 20/7   d

1. Betty Anna Margareta   f 1902 20/10   d 1903 24/3
2. Anton Daniel Andreas   f 1904 11/4
3. Betty Ingegärd Elisabet   f 1906 24/12
4. Agnes Regina Antonia   f 1908 13/8
5. Anna Marry Linnea   f 1911 23/2
6. Ernst Tage   f 1913 31/7

Föräldrar till:
E O Englund: Mikael Jönsson f 1843, Lavsjö, Do
                                 Sara Greta Jonsdotter f 1841

                                                                          Gig 11

Filipsson Anders
f 1765 11/8   d 1839 26/12 "ålder"
G 1793 med
Pålsdotter Sophia   BOÖ 43
f 1770   d 1849 18/3

1. Anders   f 1799   d 1800 17/8

2. Petrus	f 1801 20/3	GIG 3
3. Paulus	f 1802 26/5	GIG 2
4. Anders	f 1809 30/1	BOÖ 1

Föräldrar till:
A Filipsson: Filip Persson f 1720, Rå, Åd
Kerstin Andersdotter f 1737

(1) A d "håll o styng"

Kommer 1795 från Borgsjö (BOÖ 11)

                                               Gig 12
Johansson Julianus Nikanor   SIK 29
f 1886 10/1   d
G 1913 2/2 med bara lysning i SCB:s vigselbok
Jonsdotter Eva Viktoria   GIG 14
f 1883 15/2   d

1. Ines Maria Kristina	f 1914 29/3
2. Ernst Otto	f 1917 29/4
3. Fanny Irene	f 1920 27/2
4. Birger Valdemar	f 1922 22/6

Orgnäs

Flyttar till Älgsjö 1923 (ÄLG 118)

                                               Gig 13
Jonsson Daniel August   GIG 19
f 1892 17/12   d
G 1918 16/3 i Åsele med
Brodin Anna Julia Maria
f 1896 6/1   d

1. Gustaf Daniel	f 1920 12/1

Föräldrar till:
A J M Brodin: Daniel Petrus Nikolaus Brodin f 1873, Klippen,Fr
se GIG 6   Anna Matilda Johansdotter f 1876

Baksjönäs

Flyttar till Klippen, Fr 1920 – senare Risjömyren (LOM 166)

Jonsson Jonas Olov   Gästgivare
                           BOÖ 37

f 1844 20/4   d 1930 29/3
G 1872 17/3 i Åsele med
Wiklund Anna Maria   GIG 27
f 1856 10/4   d 1915 11/12 "asthma bronch."

1. Beda Anna Carolina	f 1872 15/6	GIG 20
2. Hilma Antonietta	f 1874 17/10	BOM 12
3. Emilia Nikolina	f 1877 29/4	BOÖ 44
4. Betty Maria Alexandra	f 1879 17/2	BOÖ 54
5. Hedvig Regina Ingeborg	f 1881 10/5	ÅSE 70
6. Eva Viktoria	f 1883 15/2	GIG 12
7. Olof Ossian	f 1888 14/4 d 1893 13/5	
8. Karl Malkus	f 1891 28/3	GIG 15
9. Seth Ostian	f 1894 18/9 d 1895 5/7	
10.Nils Hildemar	f 1896 22/3	

(5) H R I barn: Agnes Ingeborg   f 1903 19/4   d 1904 3/6
(7) O O d "meningitis antagligen i följd af äldre yttre skada"
(9) S O d "kikhosta"

Orgnäs

Jonsson Karl Malkus   GIG 14
f 1891 28/3   d
G 1918 14/4 i Åsele med
Bergström Nanny Eugenia   VAK 2
f 1895 16/7   d

1. Olof Yngve Ossian	f 1918 1/8
2. Sonja Hedvig Aurora	f 1920 15/10

Orgnäs

Larsson Daniel Erik   ÖVR 28
f 1847 30/1   d
G 1868 med
Jacobsdotter Erica Agatha   ORG 6
f 1845 12/5   d

1. Brita Elisabeth   f 1869 21/6

2. Nanny Agatha   f 1871 1/2

Flyttar till Stenselekroken (STK 5)

			<u>Gig 17</u>
Markusson Nils Petter	Snickare		LIL 59
f 1853 26/7	d 1928 29/4		
G 1887 14/3 i Åsele med			
Sjölund Erika			OXV 32
f 1856 31/5	d 1898 18/3		
Nils Petter omgift 1900 23/7 i Åsele med			
Johansdotter Brita Magdalena			YXS 24
f 1845 1/6	d		
1. Agda Elisabeth Nikolina	f 1887 22/12		OXV 2
2. Lilia Andrietta	f 1889 13/2	Fredrika -23	
4. Anna Elina	f 1891 1/4	Canada -21	
5. Beda Erika	f 1893 27/5		FOR 81
6. Johan Malkus Nikolaus	f 1895 29/3		GIG 18
7. Hilma Maria	f 1896 1/4		OXV 3
8. Hulda Antonia	f 1898 10/3	Rödön -21	
(2) L A barn: Anna Irene	f 1923 12/3		ÅSE 379
(5) B E barn:Vera Gully Syrene	f 1920 6/11		FOR 81
V G S far Ragnar Eriksson (LIL 99)			

Gigsele sågplats

Kommer från Åsele (ÅSE 271) 1895

			<u>Gig 18</u>
Nilsson Johan Malkus Nikolaus			GIG 17
f 1895 29/3	d		
G 1919 12/10 i Åsele med			
Eriksson Henny Elentina			STO 14
f 1895 7/8	d		
1. Gösta	f 1920 14/10		
2. Nils Erik Rune	f 1924 28/7		
3. Börje	f 1928 13/4	d 1928 19/4	

Gigsele sågplats

| | | | <u>Gig 19</u> |
| Olofsson Jonas Olof | Hägglund | | OLO 7 |

f 1869 27/9   d
G 1892 15/10 i Åsele med
Abrahamsdotter Eva Amanda Karolina   TAB 3
f 1866 28/7   d

1. Daniel August   f 1892 17/12   GIG 13
2. Jonas Robert   f 1894 11/3   d 1916 6/2
3. Klara Emilia   f 1895 16/11
4. Elin Kristina   f 1898 5/8   d 1908 9/6
5. Olof Alfred   f 1900 22/6
6. Dagmar Karolina   f 1902 15/9   Fredrika -20
7. Karl Oskar   f 1905 30/9
8. Elin Maria   f 1908 11/9   GIG 28

(2) J R d "hjärnhinneinflammation orsakad af kronisk öroninflammation med varbildning "
    d i Sollefteå
(3) K E barn: Märta Emilia   f 1925 27/10
 (4) E K d "organiskt hjertfel"
(5) O A "sinnesslö"
(8) E M barn: John Lage   f 1925 16/7   GIG 28
      far Johan Martin Johansson se GIG 28

Baksjönäs Kronotorpare Baksjö

Kommer 1905 från Olofsberg (OLO 5)

                                                                      Gig 20
Olofsson Nils Otto
f 1867 17/6   d
G 1898 8/3 i Åsele med
Jonsdotter Beda Anna Karolina   GIG 14
f 1872 15/6   d

1. Olof Alfons   f 1898 15/5   GIG 21
2. Ivan Ossian   f 1900 14/10
3. Betty Ingrid Sofia   f 1903 19/6   BOÖ 57
4. Nils Sören   f 1906 10/3
5. Astrid Maria Regina   f 1911 23/4

Föräldrar till:
N O Olofsson: Olof Johansson f 1826, Bastuträsk, Bh
                           Anna Johanna Edlund f 1828

Orgnäs

Olofsson Olof Alfons   <u>Gig 21</u>
                                                                             GIG 20
f 1898 15/5   d
G 1920 7/3 i Åsele med
Salomonsdotter Anna Hildur Elisabet   BOM 12
f 1899 16/12   d

1. Tore Valter   f 1920 26/5
2. Elsa Irene Elisabet   f 1921 12/5
3. Irma Aurora   f 1922 14/9   d 1922 7/11
4. ett dödfött gossebarn   f 1923 25/8
5. Nils Robert Tage   f 1925 16/7   d 1925 28/10
6. Maj Vera   f 1926 14/8
7. Nils Tage   f 1927 25/9

Orgnäs

                                                                             <u>Gig 22</u>
Pålsson Eric   GIG 23
f 1768   d
G 1786 med
Ersdotter Apollonia   VÄN 14
f 1757 27/2   d

1. Maria   f 1787   d 1789
2. Gertrud   f 1789 4/12
3. Pål   f 1792   d 1792
4. Lisa   f 1793
5. Eva Stina   f 1795

Flyttar 1795 till Borgsjö (BOÖ 41)

                                                                             <u>Gig 23</u>
Pålsson Pål
f 1741 11/12   d
G 1759 med
Ersdotter Maria
                                     LOM 29
f 1732 20/2   d

1. Karin   f 1761   OXV 21
2. barn   f 1766 KR   d 1768 KR
3. Eric   f 1768   GIG 22
4. Sophia   f 1770
5. Lisa   f 1773

6. Pål   f 1778

Föräldrar till:
P Pålsson: Pål Danielsson f 1714, Mjösjö, Nm
se VIT 2   Karin Mattsdotter f 1716

Står antecknad på Gigsele 1772-1780
Antecknad under rubriken Borgsjö v Gigsele tom 1791
Bara Borgsjö sedan (BOÖ 43)

                                                                    Gig 24
Salmonsson Jacob   ÄLG 97
f 1795 15/9   d
G 1819 7/2 i Lycksele med
Andersdotter Sophia Agatha
f 1800 24/10   d

1. Catharina Agatha   f 1819 31/8   ÖSN 53
2. Anna Johanna   f 1821 22/8   Södervik, Ly
3. Christina Magdalena   f 1824 9/2   Siksjönäs, Wi
4. Jacob August   f 1826 3/9
5. Eva Carolina   f 1829 25/3
6. Anders Olof   f 1831 16/12
8. Salmon Petter   f 1835 22/2
9. Sophia Wilhelmina   f 1840 26/4
10.Nils Johan   f 1842 10/12
11.Theresia Josephina   f 1848 14/3

Föräldrar till:
S A Andersdotter: Anders Olofsson f 1776, Hornmyr, Ly
                                Catharina Östensdotter f 1773

(2) A J g 1851 4/10 i Ly m Johan Peter Åström f 1827
(3) C M g 1851 30/3 i Wi m Anders Olof Jonsson f 1827 från Siksjönäs

Orgnäs

Från Hornmyr 1851 - flyttar till Lomsjö (LOM 125) 1852

                                                                    Gig 25
Wiklund Daniel Eugen   GIG 26
f 1878 11/7   d
G 1913 16/6 i Åsele med
Persdotter Anna Eleonora
f 1883 26/9   d

1. Elsa Erika	f 1913 20/11		
2. Svea Margareta	f 1916 10/1		
3. Anna Elentina	f 1919 24/2		
4. Erik Anton	f 1922 16/9		

Föräldrar till:
A E Persdotter: Per Olofsson f 1842, Svanaby, Do
                     Märta Greta Persdotter f 1843

<u>Gig 26</u>

Wiklund Erik Anton
f 1834 29/3   d 1918 11/12 "ålderdom"
G 1869 4/4 i Åsele med
Andersdotter Anna Erica   GIG 1
f 1839 4/8   d 1916 23/2

1. Kristina Maria Andrietta	f 1870 2/2		GIG 7
2. Hulda Anna Erica	f 1872 11/6		GIG 8
3. Hedvig Margaretha	f 1875 20/7	d 1883 3/5	
4. Elin Antonia	f 1875 20/7		GIG 10
5. Daniel Eugen	f 1878 11/7		GIG 25
6. dödfött gossebarn	f 1881 11/3		
7. Lydia Sofia Regina	f 1883 14/1	d 1905 5/6	

Föräldrar till:
E A Wiklund: Daniel Wiklund f 1778, Viska, Fr
se VIS 6   Maria Margareta Olovsdotter f 1793

(1) K M A barn: Hedvig Erika Eugenia f 1887 15/12   GIG 7
(7) L S R d "paralysis cordis"

<u>Gig 27</u>

Wiklund Nils Olof
f 1820 22/10   d 1905 11/11
G 1855 24/6 i Åsele med
Mårtensdotter Anna Regina   BOÖ 18
f 1833 6/4   d 1912 20/8

1. Anna Maria	f 1856 10/4		GIG 14
2. Brita Amalia Ingeborg	f 1861 27/5	d 1861 13/9	
3. Daniel Anton	f 1867 23/8	d 1869 18/3	

Föräldrar till:
N O Wiklund: Daniel Wiklund f 1778, Viska, Fr

se VIS 6   Maria Margareta Olovsdotter f 1793

(3) D A d "difteritis"

Orgnäs

                                                                          <u>Gig 28</u>
Johansson Johan Martin   KVÄ 20
f 1897 10/1   d
G 1927 3/7 i Åsele med
Hägglund Elin Maria   GIG 19
f 1908 11/9   d

1. John Lage   f 1925 16/7

Kronotorpare Baksjö 2

                                                                          <u>Grb 1</u>
Danielsson Daniel Gerhard Anselm   GRB 3
f 1883 29/4   d
G 1907 22/12 i Åsele med
Hansson Hulda Agata
f 1885 18/10   d

1. Helge Anselm Adrian   f 1908 8/3
2. Signe Maria Lovisa   f 1910 12/10
3. Gunhild Alise Viola   f 1912 29/12
4. Svea Anna Alvina   f 1914 7/10   GÄR 40
5. Set Erik Herman   f 1916 12/7
6. Hilvi Hermine   f 1918 16/5
7. Johan Gunnar Allan   f 1920 1/2
8. Olga Linnea   f 1922 4/4
9. Bengt Helmer   f 1924 1/11

Föräldrar till:
H A Hansson: Hans Erik Ersson f 1847, Hacksjö, Wi
se SIK 6   Maria Brita Ersdotter f 1844

(2) S M L barn: Erik Fabian   f 1927 24/9   GÄR 40
    far Erik Henfrid Hansson (GÄR 19)

                                                                          <u>Grb 2</u>
Henriksson Nils
f 1817 7/3   d 1899 15/10
G 1849 4/3 i Åsele med

| Danielsdotter Stina Cajsa | | | TAB 20 |
| f 1820 15/4 | d 1899 6/12 | | |

1. Henrik Erik	f 1850 13/2		GRB 4
2. Christina Wilhelmina	f 1851 25/12		VÄJ 8
3. Daniel Johan	f 1853 4/11		GRB 3
4. Clara Margareta	f 1856 27/7	d 1876 29/2	
5. Cajsa Erica	f 1858 6/8	Gransjö, Wi	
6. Anna Olivia	f 1860 19/5		VÄJ 4
7. Hans Henning	f 1862 31/5		YXS 44

Föräldrar till:
N Henriksson:

Henrik Nilsson f 1795, Gottne, Mo
Stina Johansdotter

(5) C E g 1881 17/2 i Ås m Erik Petter Andersson Wallinder f 1857 från Gransjö

Kommer 1865 från Tallberg (TAB 9)

			Grb 3
Nilsson Daniel Johan			GRB 2
f 1853 4/11	d 1917 26/5 "lunginflammation"		
G 1877 2/12 i Åsele med			
Johansdotter Cajsa Lovisa			
f 1853 22/2	d 1912 12/11		

1. Nils Oskar Leonard	f 1878 8/5		ÅSE 60
2. Alma Olivia Lovisa	f 1881 13/3		STA 2
3. Daniel Gerhard Anselm	f 1883 29/4		GRB 1
4. Jenny Kristina Evelina	f 1886 8/6	Fredrika -05	
5. Betty Karolina	f 1889 31/8		ÅSE 488
6. Agda Teolinda	f 1892 19/6	Wilhelmina -16	
7. Anna Oktavia	f 1894 5/4	Lajksjö, Do	

Föräldrar till:
C L Johansdotter:

Johan Abrahamsson f 1828, Vargträsk, Örträsk
Magdalena Lovisa Olofsdotter f 1827

(6) A T barn: Sven Folke   f 1915 20/3
(7) A O g 1917 20/5 i Do m Anders Rudolf Nensen f 1896 från Lajksjö

		Grb 4
Nilsson Henrik Erik		GRB 2
f 1850 13/2	d	
G 1876 5/3 i Åsele med		

Arnqvist Eva Karolina   VÄJ 9
f 1857 24/6   d

1. Märta Kristina Karolina   f 1876 13/8
2. Anna Evelina Henrietta   f 1878 5/4
3. Nils Erik   f 1880 18/11
4. Hulda Mathilda Katharina   f 1883 14/3
5. Emma Olivia Amalia   f 1886 20/1

Flyttar till Västansjö 1887 (VÄJ 13)

                                                              Grk 1
Lidström David Ansgarius   GRK 2
f 1889 20/9   d
G 1918 20/10 i Åsele med
Johansson Helly Frideborg   LIL 92
f 1897 4/9   d

1. Frits Hilding   f 1918 12/3
2. Ali Agaton   f 1919 17/10
3. dödfött gossebarn   f 1921 4/12
4. Erik Axel   f 1922 16/12
5. Edit Linnea   f 1925 11/7
6. Arne Holger   f 1927 16/4
7. Frans Tyko   f 1930 29/4

                                                              Grk 2
Lidström Erik Bernhard   GRK 4
f 1856 13/4   d
G 1887 26/11 i Åsele med
Olofsdotter Stina Magdalena   LIL 22
f 1861 11/5   d

1. Hedvig Eufrosyna   f 1888 20/2   KVÄ 32
2. David Ansgarius   f 1889 20/9   GRK 1
3. Ludvig Teodor   f 1893 7/2   d 1925 17/2
4. Frans Elof   f 1900 31/5   d 1913 28/4

(4) F E d "lungsot"

                                                              Grk 3
Lidström Johan Ludvig   GRK 4
f 1854 22/7   d
G 1886 25/12 i Wilhelmina med
Nilsdotter Gertrud Kristina

503

f 1859 7/4   d

1. Josef Johannes   f 1887 22/12
2. Karl Ludvig Vilhelm   f 1889 17/8   Dalasjö, Wi
3. Nils Andreas   f 1891 22/3

Föräldrar till:
G K Nilsdotter: Nils Gustafsson f 1831, Dorris, Wi
                               Susanna Carolina Nilsdotter f 1832

(2) K L V g 1920 6/6 i Wi m Betty Olina Johanna Nilsson f 1896 från Dalasjö

Flyttar till Dalasjö, Wi 1893

                                                                        Grk 4
Lidström Nils Pehrsson
f 1815 1/9   d 1881 17/10
G 1849 4/3 i Åsele med
Nilsdotter Eva   GÄR 21
f 1818 2/6   d 1888 20/7 ”förstoppning”

1. Johan Ludvig   f 1854 22/7   GRK 3
2. Erik Bernhard   f 1856 13/4   GRK 1
3. August Teodor   f 1859 16/9   Viska, Fr

Föräldrar till:
N Lidström: Per Persson f 1771, Långträsk, Degerfors
                               Christina Andersdotter f 1780

(3) A T g 1890 18/6 i Fr m Brita Eugenia Salomonsdotter f 1856 från Långbäcken, Fr
     A T d 1891 8/12 ”njurlidande”

Kommer 1880 från Trehörningen (TRE 16)

                                                                        Grs 1
Granroth Pehr Olofsson
f 1774   d 1848 21/11
G 1794 med
Pehrsdotter Katharina
f 1764 30/3   d 1824 26/4 ”drunknad”

1. Anna Cajsa   f 1789   Gransjö, Wi
2. Olof   f 1795   Gransjö, Wi
3. Pehr   f 1796 /10   b 1796 11/12
4. Gunilla   f 1800 6/8   Risträsk, Wi

Föräldrar till:

P Olofsson:
Olof Persson Granroth f 1746, Gransjölandet
Marget Nilsdotter f 1752

K Pehrsdotter:
Pehr Larsson, Grans sameby, Ly
Gunilla Mårtensdotter f 1733

(1) A C g 1817 i Wi m Anders Jonsson f 1795
(2) O g 1816 4/3 i Ås m Anna Jonsdotter f 1796
(4) G g 1824 i Wi m Mårten Andersson (JÄR 4)

Grå 1
ORM 3

Carlsson Eric
f 1793   d 1879 2/12
G 1817 30/3 i Dorotea med
Ersdotter Eva   SVA 10
f 1794   d 1863 7/11 "kramp"

1. Segri Cajsa	f 1817 4/9	Öfra by, Ju
2. Eric	f 1819 23/9	d 1875 19/3
3. Anna Stina	f 1822 25/1	Lavsjö, Do
4. Eva Lisa	f 1824 10/7	Mårdsjö, Do

(1) S C g 1837 8/10 i Do m Anders Nilsson f 1810 från Öfra
(3) A S g 1844 26/12 i Do m Erik Håkansson f 1824 från Lavsjö
(4) E L g 1850 26/12 i Do m Johan Mikaelsson f 1827 från Mårdsjö

Grå 2
LÅB 1

Nilsson Lars
f 1794   d 1862 29/3
G 1812 29/11 i Åsele med
Sjulsdotter Kristina   GRÅ 5
f 1782   d 1859 22/12

1. Anna Stina	f 1813 24/1	d 1813 7/2
2. Segri Margareta	f 1813 18/12	
3. Stina Cajsa	f 1816 13/6	Lillsele, Ju
4. Sara Magdalena	f 1818 9/8	d 1819 13/8

(1) A S och (4) S M d "kikhosta"
(3) S C g 1841 12/4 i Ju m Eric Nilsson f 1819 från Bölen, Ju

Flyttar 1821 till Åkerbränna, Ju

Grå 3

Olsson Joseph
f 1775 27/12   d 1833 19/2 "gikt"
G 1802 17/1 i Junsele med
Jacobsdotter Christina   VAR 30
f 1773   d 1852 3/1 "ålderdom"

1. Jacob   f 1803 26/10   Granåsen, Do
2. Olof   f 1806 23/3   Granåsen, Do
3. Sven   f 1807 3/9

Föräldrar till:
J Olsson: Olof Ahlberg-Burman f 1743, båtsman Anundsjö
                                Karin Andersdotter f 1738

(1) J g 1835 22/3 i Fj m Lisa Sophia Larsdotter f 1816 från Stavsjö, Fj
(2) O g 1834 12/10 i Do m Lisa Catharina Håkansdotter f 1812 från Lavsjö, Do

Kommer 1821 från Åkerbränna, Ju

                                                                Grå 4
Sjulsson Zacharias   GRÅ 5
f 1778   d
G 1802 26/4 i Åsele med
Ersdotter Anna
f 1755   d
Anna tidigare gift se LÅB 1

Föräldrar till:
A Ersdotter: Eric Persson Almark f 1720, Alskalandet
                                Kerstin Waniksdotter f 1720

1805 från Långbäcken (LÅB 1) - till Åkerberg ca 1815 (ÅKB 19)

                                                                Grå 5
Zakrisson Sjul
f 1751   d 1819 28/8 "colik"
G 1773 med
Olofsdotter Gunilla
f 1741   d 1830 29/1

1. Nils   f 1776   d 1801 16/1
2. Zacharias   f 1778   LÅB 1
3. Kerstin   f 1782   GRÅ 2
4. Katharina   f 1788   Junsele

506

Föräldrar till:
S Zakrisson: Zakris Olofsson f 1720, Sämsjölandet
                                Gunnil Sjulsdotter
G Olofsdotter: Olof Thomasson"Junsele lappmark"

(1) N d "häftig kolik"
(4) K g 1821 25/11 i Ju m båtsman Olof Olofsson Grön f 1796

                                                                            Grö 1
                                                                            GAF 181
Ingelsson Nils
f 1758   d
G 1786 med
Winter Cajsa Margareta   ASP 1
f 1759 2/11   d

1. Ingel   f 1786   STN 6
2. Anna   f 1789 28/2   d 1864 20/11
3. Nils   f 1792

(2) A barn: Pehr   f 1822 11/7
            Nils Erik   f 1826 28/6

Kommer 1792 från Studsviken, Bj - 1795 till ?

                                                                            Grö 2

Nilsson Johan
f 1751 24/4   d 1804 27/2 "håll och stygn"
G 1784 med
Jacobsdotter Anna
f 1765 1/4   d 1852   död och begr i Björna

1. Catharina   f 1785 16/4   Kärrsjö, Bj
2. Nils   f 1788   Klippen, Fr
3. Jacob   f 1789   Gravsjö, Fr
4. Johan   f 1791   Bredträsk, Fr
5. Anna Lisa   f 1794   Björna by, Bj
6. Petrus   f 1796   Kärrsjö, Bj
7. Eric   f 1798   SIK 16

Föräldrar till:
J Nilsson: Nils Hermansson Mård f 1722, båtsman Själevad
                                Kerstin Persdotter f 1717

A Jacobsdotter: Jacob Anundsson f 1737, Kärrsjö, Sj
                                Karin Johansdotter f 1735

(1) C barn: Ingel Nils   f 1820 24/10   d 1820 10/11 "riset"
     C g 1833 3/11 i Bj m Olof Wilhelm Lång f 1802 från Skellefteå
(2) N g 1809 16/4 i Ås m Lisa Jonsdotter (LAV 8)
(3) J g 1811 25/3 i Fr m Anna Stina Johansdotter f 1786 från Bredträsk, Fr
(4) J g 1827 1/4 i Fr m Lisa Nilsdotter f 1800 från Tallsjö, Fr
(5) A L g 1830 26/9 i Bj m änkl Johan Christiansson f 1760
(6) P g 1847 18/10 i Bj m Carin Jacobsdotter f 1824 från Gideå

Kommer 1795 från Studsviken, Bj

                                                                   Gul 1

Andersson Anders
f 1832 12/8   d
G 1856 25/6 i Åsele med
Jonsdotter Cajsa Helena   GUL 11
f 1827 24/7   d 1893 24/7

1. Lisa Andrietta   f 1856 1/11
2. Cajsa Johanna   f 1860 20/3
3. Anna Helena   f 1863 6/9   d 1863

Föräldrar till:
A Andersson: Anders Abrahamsson f 1792, Kläppsjö, An
                               Anna Brita Larsdotter f 1799

                                                                   Gul 2

Danielsson Nils
f 1718   d 1797
G 1739 27/12 i Anundsjö med
Christophersdotter Anna
f 1714 30/8   d 1786

1. Ingeborg   f 1740 6/12   GUL 7
2. Anna   f 1743 11/11   DAL 2
3. Märta   f 1745 3/7   HÄK 1
4. Christopher   f 1749 9/6   GUL 12
5. Karin   f 1751 3/1   Järvberget, An
6. Nils   f 1754 15/3   d 1754 KR

Föräldrar till:
N Danielsson: Daniel Persson f 1684, Sörflärke, An
                               Ingeborg Nilsdotter f 1691

A Christophersdr: Christopher Christophersson f 1685, Myckelgensjö, An
                               Anna Olofsdotter f 1685

(3) M barn: Kerstin Jonsdotter   f 1771   VIS 2
(5) K g 1776 27/5 i Ju m Per Persson f 1756 från Mo, Ju

                                                                             Gul 3
Jonsson Christopher   GUL 8
f 1810 19/8   d 1854 19/9
G 1838 8/4 i Junsele med
Danielsdotter Catharina
f 1814 10/9   d

1. Jonas   f 1838 10/5   Gulsele, Ju
2. Eva Cajsa   f 1841 5/12   GAF 7
3. Daniel   f 1845 5/12   d 1845 8/11

Föräldrar till:
C Danielsdotter: Daniel Andersson f 1790, Eden, Ju
                                  Anna Josephsdotter f 1789

(1) J g 1870 18/4 i Ju m Cajsa Greta Henriksdotter f 1845 från Junsele
----

                                                                             Gul 4
Jonsson Nils   Gästgivare   GUL 7
f 1772   d 1863 20/4
G 1792 25/3 i Junsele med
Jacobsdotter Catharina
f 1768 6/3   d 1852 19/7

1. Ingeborg   f 1793   d 1793
2. Jonas   f 1794   GUL 11
3. Anna Cajsa   f 1796   Eden, Ju
4. Ingeborg   f 1799   Kläppsjö, An
5. Jakob   f 1802 10/8   d 1883 12/11

Föräldrar till:
C Jacobsdotter: Jacob Ersson f 1740, Böle, Ju
                                  Anna Persdotter f 1736

(3) A C g 1818 30/3 i Ju m Johan Johansson f 1799 från Eden
(4) I g 1826 april i An m Jacob Jonsson f 1793 från Kläppsjö
(5) J d "ålderdomssvaghet"

                                                                             Gul 5
Jonsson Nils   Gästgivare   GUL 8
f 1820 28/10   d
G 1844 3/11 i Junsele med

Nilsdotter Margaretha
f 1814 10/12   d

1. Eva Maria   f 1847 25/6
2. Margaretha Regina   f 1849 25/3   Eden, Ju
3. Anna Mathilda   f 1850 7/11
4. Amanda Catharina   f 1852 8/2   Degersjö, An
5. Elisabeth Johanna   f 1855 26/9
6. Jonas August   f 1857 14/1

Föräldrar till:
M Nilsdotter: Nils Nilsson f 1786, Lillegård, Ju
                                 Maria Salomonsdotter f 1782

(2) M R g 1873 7/4 i Ju m Daniel Henriksson f 1847 från Eden
(4) A C g 1879 2/12 i Ju m Jonas Håkansson f 1848 från Degersjö

<u>Gul 6</u>

Jonsson Pehr   GUL 7
f 1782   d 1829 19/6
G 1806 30/11 i Junsele med
Nilsdotter Lisa
f 1783 23/7   d 1829 26/6

1. Jonas   f 1807 30/3   Långvattnet, Ju

Föräldrar till:
L Nilsdotter: Nils Jönsson, Hässjö, Ström
                                 Malin Andersdotter

(1) J g 1830 31/1 i Ju m Stina Cajsa Salmonsdotter f 1807 från Fjällsjö

Flyttar 1808 till Öfra by, Ju

<u>Gul 7</u>

Christophersson Jon
f 1746 1/8   d 1820 6/6
G 1770 med
Nilsdotter Ingeborg   GUL 2
f 1740 6/12   d 1829 1/12

1. barn   f   d 1771 KR
2. Nils   f 1772   GUL 4
3. Anna   f 1775
4. Christopher   f 1777   Långvattnet, Ju

5. Johan	f 1779	d före 1791	
6. Pehr	f 1782		GUL 6

Föräldrar till:
J Christophersson: Christopher Svensson f 1718, Sörflärke, An
                              Ingeborg Svensdotter f 1714

(4) C g 1804 15/4 i Ju m Gertrud Pehrsdotter f 1777 från Östanbäck, Ju

Familjen flyttar 1811 till Öfra by, Ju

Gul 8
GUL 12

Kristoffersson Jonas
f 1783   d 1851 27/2 begr i Junsele
G 1810 23/4 i Junsele med
Kristoffersdotter Eva
f 1787 23/8   d

1. Christoffer	f 1810 19/8		GUL 3
2. Katarina	f 1812 30/3	d 1827 1/1	
3. Jonas	f 1814 2/7	Boteå -83	
4. Sara Greta	f 1816 9/8	d 1816 10/10	
5. Sven	f 1817 14/11	d 1831 30/3	
6. Nils	f 1820 28/10		GUL 5
7. Anders	f 1823 23/6	Böle, Ju	
8. Eva Kristina	f 1826 20/4	Krånge, Ju	
9. Anna Cajsa	f 1828 11/9	Krånge, Ju	

Föräldrar till:
E Kristoffersdotter: Kristoffer Hindricsson f 1747, Eden, Ju
                              Sara Nilsdotter f 1743

(5) S d "magplågor"
(7) A g 1856 18/2 i Ju m Gertrud Jacobsdotter f 1833 från Junsele
(8) E K g 1847 24/6 i Ås m Jacob Johansson f 1824 från Krånge
(9) A C g 1852 2/12 i Ju m änkl Johan Johansson f 1817 från Krånge

----

Gul 9
LÄG 1

Larsson Lars
f 1812 25/5   d
G 1834 22/3 i Åsele med
Ersdotter Märtha   HOL 24
f 1791   d

1. Cajsa Erika   f 1826 3/6

2. Anna Fredrika   f 1834 8/12

Kommer från Nyliden, Bj 1836 - till Älgsjö 1845 (ÄLG 61)

                                                                            Gul 10
Mikaelsson Mikael
f 1819 20/7   d
G 1842 30/1 i Åsele med
Annasdotter Anna   TJL 6
f 1820 30/4   d

Föräldrar till:
M Mikaelsson: Mikael Mikaelsson f 1793, Backe, Edsele
                                    Lisa Göransdotter f 1789

Kommer från Tjärn 1825 (TJÄ 29) - till Krånge, Ju 1851

                                                                            Gul 11
Nilsson Jonas   GUL 4
f 1794   d
G 1825 26/12 i Junsele med
Jacobsdotter Elisabeth
f 1800 19/5   d

1. Cajsa Lena   f 1827 24/7   GUL 1
2. Nils Jakob   f 1833 6/12   Gulsele, Ju

Föräldrar till:
E Jacobsdotter: Jacob Pehrsson f 1769, Eden, Ju
                                    Helena Andersdotter f 1774

(2) N J g 1864 12/6 i Ju m Anna Pehrsdotter f 1833 från Junsele - N J kallar sig Gulin

----
                                                                            Gul 12
Nilsson Christopher   GUL 2
f 1749 9/6   d 1806 18/6
G 1773 med
Christophersdotter Karin
f 1750   d 1836 9/12 "ålder"

1. Nils   f 1774   d 1794
2. Christopher   d 1776 9/6   d 1806 11/2
3. Anna   f 1779   Fjällsjö
4. Pehr   f 1780 /8   d 1797 8/9
5. Jonas   f 1783   GUL 8

6. Sven	f 1786	Eden, Ju
7. Ingeborg	f 1788	d 1843 28/7
8. Catharina	f 1790	Ruske, Ju

Föräldrar till:
K Christophersdotter: Christopher Svensson f 1718, Sörflärke, An
Ingeborg Svensdotter f 1714

(2) C d "engelska sjukan"
(3) A g 1801 1/2 i Ås m Nils Ersson f 1771 från Junsele
(4) P d "engelska sjukan"
(6) S anteckn: "har engelska sjukan"
    S g 1822 21/4 i Ju m Kristina Olofsdotter f 1798 från Eden
(7) I d "ålder", begr i Junsele
(8) C g 1816 15/4 Ju m Abraham Nilsson Jungström f 1792 från Ruske

----

Gul 13
HOL 77

Nilsson Pehr
f 1822 2/5   d
G 1845 2/3 i Åsele med
Pehrsdotter Stina Cajsa   BJÖ 6
f 1816 1/8   d

1. Nils	f 1845 17/10	Böle, Ju
2. Pehr Eric	f 1848 21/7	Östertjärn, Ju
3. Gertrud Christina	f 1851 2/1	Gulkäl, An
4. Cajsa Lovisa	f 1856 2/8	Stuguvattenkälen, Ju
5. Anna Mathilda	f 1859 7/12	

(1) N g 1894 15/7 i Ju m Matilda Erika Katarina Jönsdotter f 1873 från Lillegård, Ju
(2) P E torpare i Östertjärn
(3) G C g 1880 24/5 i Ju m Jonas Petter Johansson f 1850 från Junsele
(4) C L g 1884 7/7 i Ju m Nils Olofsson f 1849 i Värmland
C L g 1893 1/7 i Ju m Nils Oskar Berg f 1863 från Junsele

Kommer från Holmträsk (HOL 63) 1850

Gär 1
YXS 3

Abrahamsson Eric
f 1803 27/1   d 1878 22/2
G 1823 6/4 i Åsele med
Mathsdotter Eva Lisa   YTT 14
f 1799   d 1881 24/1

1. Gertrud Maglena   f 1824 17/4   GÄR 26

2. Anna Stina	f 1825 26/9		STE 3
6. Anders	f 1832 16/9		GÄR 13
7. Eva Erica	f 1834 3/5	Långbäcken, Fr	
8. Brita Carolina	f 1836 4/4	d 1867 29/5	
9. Nils Erik	f 1837 27/9		GÄR 13
10.Abraham	f 1840 25/8		TAB 3
11.Hans	f 1843 16/6		SAN 24

(2) A S barn: Christina Wilhelmina f 1851 2/10   STE 3
(7) E E g 1856 23/3 i Fr m Pehr Olofsson (STM 4)
(8) B C d "lungsot"

Kommer 1843 från Yxsjö (YXS 1)

    Gär 2

Andersson Erik August		GÄR 13
f 1860 17/10	d	
G 1884 3/2 i Åsele med		
Pehrsdotter Anna Mathilda		VAK 1
f 1858 11/5	d	

1. Erik Robert	f 1884 28/5
2. August Bernhard	f 1886 29/5
3. Edit Nelly Katarina	f 1888 14/3

Flyttar till Sandsjö (SAN 2) 1890

    Gär 3

Andersson Fredrik Edvard		GÄR 13
f 1857 17/8	d 1923 26/3	
G 1881 2/5 i Åsele med		
Jonsdotter Brita Maria		INS 3
f 1854 6/3	d	

1. Ester Eufrosyne	f 1881 10/7	
2. Jenny Katarina	f 1882 25/9	d 1883 16/3
3. Erik Konrad	f 1886 5/8	
4. Jonas Edvard	f 1893 16/1	

    Gär 4

Arnqvist Elias Persson	Skräddare	VÄJ 9
f 1844 20/4	d	
G 1869 7/3 i Åsele med		
Eliedotter Märtha Carolina		GÄR 9
f 1848 5/5	d	

1. Pehr Eric	f 1869 17/5	d 1871 7/4
2. Sven Adolph	f 1870 31/12	
3. Pehr Elias	f 1872 21/9	

Från Västansjö 1871 (VÄJ 6) - till Kåkarberg (KÅK 2) 1875

Gär 5
KÅK 2

Arnqvist Hilder Amandus
f 1882 26/4   d
G 1903 23/10 i Åsele med
Nilsdotter Betty Paulina Margareta   GÄR 10
f 1874 27/9   d 1905 29/5
Hilder Amandus omgift 1913 28/12 i Åsele med
Nilsson Lilly Augusta   GÄR 11
f 1895 18/4   d

1. Bror Elias	f 1904 21/1	
2. Signe Viktoria	f 1912 10/2	
3. Svea Viola	f 1914 30/4	d 1916 23/1
4. Elsa	f 1916 1/6	
5. Linnea	f 1918 24/9	

Gärdsjönäs

Flyttar till Västansjö 1918 (VÄJ 7)

Gär 6
KÅK 2

Arnqvist Per Elias
f 1872 22/9   d
G 1902 2/11 i Fredrika med
Persson Selma Amalia
f 1872 8/5   d

1. Minne Adelia	f 1903 28/5
2. Per Alf	f 1905 24/3
3. Naima Amalia	f 1907 28/11
4. Ellen Elisabeth	f 1910 16/11

Föräldrar till:
S A Persson: Per Olofsson f 1833, Norrholmsjö, Bh
                    Eva Lisa Andersdotter f 1836

Gärdsjönäs

515

Kommer 1905 från Nordanås, Fr - till Norrholmsjö, Bh 1913

Gär 7
Asplund Fredrik Bror Amandus   KÅK 4
f 1884 23/3   d 1923 20/2
G 1909 24/1 i Fredrika med
Johansson Najma Elisabet
f 1882 9/10   d 1921 26/9

1. Merry Karolina   f 1909 18/6   d 1915 17/8
2. John Waldemar   f 1913 31/10   Fredrika -29
3. Karl Walter   f 1916 19/3

Föräldrar till:
N E Johansson: Jonas Abraham Johansson f 1861, Lögdasund, Fr
                            Eva Karolina Pehrsdotter f 1861

Kommer 1910 från Nordanås, Fr

Gär 8
Bergström Per Erik Persson   VAK 1
f 1854 5/9   d
G 1881 6/3 i Åsele med
Olofsdotter Anna Lovisa   GÄR 30
f 1856 8/3   d

2. Erik Olof   f 1882 9/4
3. Jenny Karolina   f 1884 9/8
4. Anna Viktoria   f 1886 26/6
5. Hanna Amalia   f 1889 11/10
6. Ida Elisabeth   f 1892 13/8   d 1893 16/12

Kommer från Vaksjö 1890 (VAK 6) - till Söderby 1894 (SÖD 1)

Gär 9
Eliasson Elias   LIL 63
f 1816 20/6   d 1900 6/8
G 1846 1/1 i Åsele med
Nilsdotter Greta Cajsa   LOM 134
f 1816 29/2   d 1889 2/6
Elias omgift 1891 11/4 i Åsele med
Larsdotter Anna Maria
f 1813 12/1   d 1904 3/11
Anna Maria tidigare gift se LIL 20

1. Elias	f 1846 7/8	GÄR 10
2. Märtha Carolina	f 1848 5/5	VÄJ 6
3. Nils Johan	f 1850 6/1	GÄR 11
4. Sven	f 1851 6/8	GÄR 12
5. Daniel	f 1854 6/10	YXS 9
6. Sara Stina	f 1857 28/4	YXS 44

Föräldrar till:
A M Larsdotter: Lars Nilsson f 1765, Viska, Fr
se VIS 4   Catharina Johansdotter f 1780

Gärdsjönäs

Familjen kommer från Lillögda 1851 (LIL 19)

         <u>Gär 10</u>

Eliasson Elias   GÄR 9
f 1846 7/8   d
G 1873 2/3 i Åsele med
Pehrsdotter Anna Erika   SIK 9
f 1849 12/12   d

fosterbarn (se GÄR 11 resp VÄJ 7):

1. Betty Paulina Margareta	f 1874 27/9	GÄR 5
2. Bror Elias Arnqvist	f 1904 21/1	GÄR 35

Gärdsjönäs

         <u>Gär 11</u>

Eliasson Nils Johan   GÄR 9
f 1850 6/1   d 1929 19/6
G 1876 17/4 i Åsele med
Pehrsdotter Clara Gustava   SIK 9
f 1858 25/11   d

1. Betty Paulina Margareta	f 1874 27/9		GÄR 10
2. Kristina Karolina	f 1877 3/8	d 1877 13/10	
3. Jonas Erik	f 1878 3/10		GÄR 20
4. Severina Christina	f 1881 22/10	d 1884 4/10	
5. Hilma Gustava	f 1885 15/1	d 1885 17/8	
6. Nils Konrad	f 1886 13/7		
7. Anselm Levi	f 1889 3/8		ÅSE 299
	GÄR 37		
8. Jakob Daniel	f 1892 19/1		GÄR 34
9. Lilly Augusta	f 1895 18/4		GÄR 5

517

10.Jenny Gustava	f 1897 5/7		GÄR 38
11.Beda Kristina	f 1901 31/7	d 1901 18/10	

(5) H G d "brochitis"
(9) L A barn: Signe Wiktoria   f 1912 10/2   GÄR 5

Gärdsjönäs

			Gär 12
Eliasson Sven			GÄR 9
f 1851 6/8	d		
G 1882 7/5 i Junsele med			
Jonsdotter Maria Johanna			HOL 74
f 1846 13/2	d 1905 4/2		
1. Jonas August	f 1884 24/2		BOÖ 48
2. Maria Petronella	f 1886 31/5		LOM 119
3. Daniel Ludvig	f 1889 1/2	d 1889 3/4	
(2) M P barn: Dagmar	f 1910 10/1	d 1910 10/1	

Kommer 1884 från Böle, Ju

			Gär 13
Ersson Anders			GÄR 1
f 1832 16/9	d 1860 21/8 "tarmvred"		
G 1855 18/3 i Fredrika med			
Fredriksdotter Segrid Cajsa			LIL 39
f 1831 13/8	d 1912 31/8		
Segrid Cajsa omgift 1862 24/7 i Åsele med			
Gärdin Nils Erik Ersson			GÄR 1
f 1837 27/9	d 1888 24/7 "kronisk magkatarrh"		
1. Eva Fredrica	f 1856 2/3	d 1856 31/5	
2. Fredrik Edvard	f 1857 17/8		GÄR 3
3. Eric August	f 1860 17/10		GÄR 2
4. Carolina	f 1863 29/3		ÄLG 17
5. Maglena Amanda	f 1867 27/11	Dalasjö, Wi	
6. Daniel Johan	f 1871 5/3		
7. Pehr Abraham	f 1874 18/12		TAB 7

(5) M A barn: Johan Amandus   f 1893 1/6   Dalasjö, Wi
    M A g 1902 17/8 i Wi m Johan Olof Hansson (SAN 13)

Gär 14

Fredriksson Isak Wilhelm
f 1835 15/6   d
G 1862 1/1 i Åsele med
Salmonsdotter Stina Maglena
f 1835 5/8   d

1. Anna Agata Concordia   f 1862 11/11   d 1862 6/12
2. Brita Wilhelmina   f 1864 23/5   d 1867 27/8
3. Frans Oskar   f 1867 14/6
4. Salmon Wilhelm   f 1870 26/6

Föräldrar till:
I W Fredriksson: Fredrik Michaelsson f 1788, Bäverträsk, Ly
                         Anna Nilsdotter f 1796

S M Salmonsdotter: Salomon Olofsson f 1802, Nästansjö, Wi
se BOM 10   Brita Ersdotter 1804

(2) B W d "difteri"

Till Rosendal 1871 (ROS 1)

Gär 15

Höglund Johan Johansson
f 1799 15/6   d
G 1818 1/11 i Junsele med
Johansdotter Anna
f 1790 27/9   d

1. Helena Maria   f 1820 1/2
2. Olof   f 1821 21/6
3. Johan   f 1822 30/9   SÖÅ 52
4. Anna Cajsa   f 1825 15/3
9. Markus   f 1831 31/8   d 1831 30/11

Föräldrar till:
J Höglund: Johan Helgesson f 1766, Gårelehöjden, Ju
                         Helena Olofsdotter f 1772

A Johansdotter: Johan Johansson f 1754, Näset, Fj
                         Maria Olofsdotter f 1758

(9) M d "tandsprickning"

Kommer 1823 från Kvällträsk (KVÄ 12) - från Gransjö, Wi 1830 – tillbaka 1835 -
Bor i Abbortjärn, Bh 1826-27

Johansson Jonas Valfrid
f 1884 3/5   d
G 1913 21/12 i Fredrika med
Nilsson Elin Kristina   TRE 21
f 1889 23/11   d

2. Tyra Sofia   f 1916 9/2
3. Tora Teresia   f 1917 20/3

Föräldrar till:
J V Johansson: Johan Olof Johansson f 1841, Stensjö, Fr
                            Katarina Lovisa Sjögren f 1844

Kommer 1917 från Stensjö, Fr - flyttar tillbaka 1918

Gär 17
                                                        ÅSE 239
Lindberg Nils Nilsson
f 1786 5/5   d 1850 1/3 "kallbrand"
G 1819 18/4 i Åsele med
Ersdotter Brita Maria   GÄR 24
f 1793   d 1879 14/12

1. Nils Erik   f 1825 18/9   ÄLG 72
2. Inga Cajsa   f 1834 8/4   STO 24

Gär 18
                                                        GÄR 21
Nilsson Eric
f 1808 18/9   d 1884 7/1
G 1842 10/4 i Åsele med
Svensdotter Maglena Christina   TJÄ 5
f 1806 30/3   d 1871 24/5

1. Märtha Stina   f 1836 28/9   d 1846 6/6
2. Sven   f 1839   SAN 9
3. Johan   f 1844 16/3   Råsele, Wi
4. Eric   f 1845 10/10
5. Eva Lovisa   f 1848 23/1   Tallsjö, Fr

(1) M S "drunknad"
(3) J g 1875 2/5 i Wi m Johanna Wilhelmina Mattsdotter f 1851 från Råsele
(5) E L barn: August Alfred   f 1869 25/11   d 1874 21/5
          Eric   f 1871 28/10   d 1873 8/8
    E L g 1880 23/10 i Fr m Erik Eliasson f 1838 från Tallsjö

Nilsson Hans Henning   GRB 2
f 1862 31/5   d
G 1890 18/7 i Åsele med
Eliedotter Sara Christina   GÄR 9
f 1857 20/4   d

1. Erik Henfrid   f 1891 15/4   GÄR 40
2. Hanna Kristina   f 1896 8/1   Lycksele -30

(1) E H far se GÄR 27 och GRB 1
(3) H K "fallandesot"

Kommer 1895 från Yxsjö (YXS 44)

Gär 20
Nilsson Jonas Erik   GÄR 11
f 1878 3/10   d
G 1900 24/11 i Åsele med
Sandström Lydia Charlotta   LIL 85
f 1880 11/3   d

1. Agda Ansellina   f 1901 20/9
2. Tea Viktoria   f 1907 24/3
3. Freja Karolina   f 1912 20/7

Gärdsjönäs

Flyttar till Östanberg 1913 (ÖSB 3)

Gär 21
Nilsson Nils
f 1778   d 1857 25/5
G 1802 4/4 i Åsele med
Johansdotter Lisa
f 1772   d 1844 17/8 "åldersbräcklighet"

2. Eric   f 1808 18/9   GÄR 18
4. Johan   f 1814 14/7   d 1897 21/3
5. Eva   f 1818 2/6   GÄR 29

Föräldrar till:
N Nilsson: Nils Ingelsson f 1750, Armsjölandet
                                Marget Ersdotter f 1756

L Johansdotter: båtsman Johan Grön f 1740, Krånge, Ju

521

Märta Persdotter f 1736

Gärdsjönäs

Kommer från Siksjö (SIK 38) 1835

Nilsson Nils Konrad   <u>Gär 22</u>
f 1886 13/7   d   GÄR 11
G 1909 23/10 i Fredrika med
Johansson Jenny Maria
f 1888 21/2   d 1921 23/9
Nils Konrad gifter om sig 1928 7/7
Nilsson Beda Maria Henrietta
f 1894 21/3   d   GÄR 41

1. Sanna Emilia   f 1910 15/3
3. Bror Helge   f 1913 5/5
4. Karl Ivan   f 1920 19/10   d 19211/5

Föräldrar till:
J M Johansson:
                                   Jonas Abraham Johansson f 1861, Norrholmsjö, Bh
                                   Eva Karolina Persdotter f 1861

Kommer från Östanberg (ÖSB 4) 1920 – Kronotorpare Konradsberg 1920-21 – är tillbaka
i Gärdsjö 1921 - Kronotorpare Norsjö nr 2 från 1929

Nordström August Walfrid   <u>Gär 23</u>
f 1873 18/7   d   SIK 34
G 1897 5/1 i Fredrika med
Paulsdotter Augusta Teolinda
f 1867 26/9   d

2. Paulus Edvin   f 1899 21/10
                                   GÄR 39
3. August Evert   f 1901 8/6
4. Tea Karolina   f 1906 31/7   GÄR 38
5. Ebba Viktoria   f 1912 22/1   GÄR 35

Föräldrar till:
A T Paulsdotter:
                                   Paulus Jacobsson f 1827, Stensjö, Fr
                                   Stina Erika Eriksdotter f 1827

Gärdsjönäs

Kommer från Långbäcken, Fr 1914

Olofsson Eric   SIK 32
f 1765   d 1848 24/2
G 1787 med
Ingelsdotter Karin
f 1754   d 1837 22/2 "ålderdom"

1. Sigrid   f 1788   d 1796
2. Karin   f 1793   d 1797
3. Brita Maria   f 1793   GÄR 17
4. Anna   f 1795   GÄR 31
5. Marget   f 1796   d 1851 27/10

Föräldrar till:
K Ingelsdotter: Ingel Thomasson, Armsjölandet
                                Karin Nilsdotter

(5) M "blind o mindre vetande"

Gär 25
Olofsson Markus Abraham   GÄR 30
f 1864 22/12   d
G 1890 10/3 i Åsele med
Salmonsdotter Eva Amalia Kristina   INS 14
f 1866 30/12   d

1. Edit Maria Elisabet   f 1890 13/12   d 1891 7/1
2. Olof Helmer   f 1892 5/2

Till Insjö (INS 34) 1892

Gär 26
Olofsson Olof   KVÄ 25
f 1825 11/5   d
G 1850 3/3 i Åsele med
Ersdotter Gertrud Maglena   GÄR 1
f 1824 17/4   d

1. Anna Mathilda   f 1851 19/1
2. Eva Carolina   f 1853 6/7
3. Carl Johan   f 1855 14/12

Till Stensjö, Fr 1857 - senare i Lillögda (LIL 68)

		Gär 27
Olofsson Olof August		GÄR 30
f 1860 29/8	d	
G 1884 2/1 i Åsele med		
Olofsdotter Anna Petronella		INS 14
f 1860 14/8	d 1902 18/10	

Olof August omgift 1928 28/9
Edlund Lilly Eugenia
f 1907 1/8   d

1. Olof Konrad Agaton	f 1885 12/2	d 1885 9/5	
2. Victoria Elisabeth	f 1886 10/3		LÖV 7
3. Hanna Olivia Augusta	f 1888 16/1		ÅSE 152
4. Olof Daniel	f 1890 27/5		LÖV 11
5. Eugenia Amalia	f 1892 21/4		INS 28
6. Hilda Martina	f 1894 10/3		TAB 19
7. Hildur Karolina	f 1896 28/1		ÄLG 89
8. Nanny Ingeborg	f 1898 21/2		GÄR 39

hennes:
9. Karl Ivar   f 1927 8/3
10.Almar Åke   f 1929 29/7

Föräldrar till:
L E Edlund: Johan Edlund f 1861, Flakaträsk, Ly
                                        Eugenia Christina Olofsdr f 1869

(1) O K A d "bronchitis"
(2) V E barn: Erik Herman   f 1908 6/2   LÖV 7
(3) H O A barn: Kurt Sture   f 1913 8/1   ÅSE 152
(5) E A barn: Olof Alfred William f 1910 14/11   INS 28
(9) K I:s far ej ovan utan Erik Henfrid Hansson (GÄR 19)

Gärdsjönäs

		Gär 28
Pehrsson Carl Jonas		
f 1829 28/1	d	
G 1854 30/9 i Lycksele med		
Fredriksdotter Anna Elisabeth Fredrika		
f 1829 7/1	d	

1. Johan Fredrik   f 1855 7/1
2. Anna Fredrika   f 1856 5/4

3. Charlotta Carolina	f 1858 6/3	
4. Pehr August	f 1860 2/6	
5. Nils Olof	f 1862 16/9	
6. Maria Johanna	f 1864 31/8	
7. Carl Oskar	f 1866 27/10	d 1869 6/6
8. Amalia Elisabeth	f 1872 20/4	d 1874 13/5

Föräldrar till:
C J Pehrsson: Pehr Olof Jonsson f 1807, Byssträsk, Ly
                                        Maria Elisabeth Andersdotter f 1803
A E F Fredriksdr: Fredrik Michaelsson f 1788, Brattfors, Ly
                                        Anna Nilsdotter f 1796

(7) C O d "difteritis"
(8) A E d "skarlakansfeber"

Kommer 1857 från Brattfors, Ly - till Västansjö (VÄJ 16) 1880

Gär 29

Pehrsson Nils
f 1815 1/9   d
G 1849 4/3 i Åsele med
Nilsdotter Eva   GÄR 21
f 1818 2/6   d

1. Pehr Johan   f 1851 27/4   d 1851 11/5

Föräldrar till:
N Pehrsson: Per Persson f 1771, Långträsk, Degerfors
                                      Christina Andersdotter f 1780

Till Lillögda 1851 (LIL 46)

Gär 30
KUL 11
Pehrsson Olof
f 1824 10/11   d 1896 29/7
G 1851 9/3 i Åsele med
Abrahamsdotter Anna Lisa   VAK 7
f 1825 15/7   d 1907 23/1 "lunginflammation"

1. Pehr Eric	f 1851 13/9	GÄR 32
2. Amalia Carolina	f 1854 18/1 Volmsjö, Fr	
3. Anna Lovisa	f 1856 8/3	VAK 6
4. Christina Elisabeth	f 1858 12/5	YXS 27
5. Olof August	f 1860 29/8	GÄR 27

6. Eva Olivia	f 1862 18/12		VÄJ 19
7. Marcus Abraham	f 1864 22/12		GÄR 25

(2) A C g 1874 1/3 i Ås m Daniel August Eriksson f 1853 från Volmsjö
(3) A L barn: Alma Lovisa Bergström f 1877 2/2
    adopterad av morföräldrarna

Gärdsjönäs

Kommer från Vaksjö (VAK 8) 1856

Gär 31

Thuresson Lars
f 1791 5/9   d
G 1824 20/6 i Åsele med
Ersdotter Anna   GÄR 24
f 1795   d 1856 25/12

1. Eric	f 1824 25/8	Backe, Fj	
2. Brita Cajsa	f 1827 9/5		
3. Anna Greta	f 1827 9/5	d 1827 5/9	
4. Sara Greta	f 1829 5/9		
5. Jacob	f 1832 12/8		

Föräldrar till:
L Thuresson: Thure Jacobsson Tätting f 1760, Lillmon, Lima
                               Carin Larsdotter f 1767

(1) E g 1855 4/3 i Fj m Greta Dorotea Andersdotter f 1830 från Ramsele
(3) A G d "tvinsot"

Flyttar 1833 till Backe, Fj

Gär 32
Wallej Pehr Eric Olofsson   GÄR 30
f 1851 13/9   d
G 1874 22/3 i Åsele med
Ersdotter Brita Carolina
f 1850 19/5   d

1. Anna Amanda Carolina	f 1874 4/12	
2. Hulda Amalia Eufrosyna	f 1877 11/9	d 1878 19/9
3. Hulda Amalia Martina	f 1879 14/11	
4. Erik Ossian	f 1882 23/3	d 1883 14/5
5. Beda Kristina Petronella	f 1884 8/3	

6. Edit Viktoria Elisabeth   f 1886 19/5
7. Erik Albert Ossian   f 1889 6/3
8. Josef Nikanor   f 1892 13/3

Föräldrar till:
B C Ersdotter: Eric Nilsson f 1815, Volmsjö, Fr
                               Anna Brita Abrahamsdotter f 1817

Flyttar till Hammar 1895 (HAM 10)

                                                                              Gär 33

Karlsson Oskar Emil
f 1859 29/3   d
G 1903 19/4 i Dorotea med
Persson Brita Augusta
f 1876 26/7   d

1. Oskar Göthe   f 1903 27/6
4. Gustaf Folke   f 1908 11/11
5. John Birger   f 1912 17/11

Föräldrar till:
O E Karlsson: Carl Johan Magnus Johansson f 1816, Thorslund, Höreda
                               Inga Lena Isacsdotter f 1827
B A Persson: Per Eliasson f 1828, Lavsjö, Do
se ÄLG 59   Gertrud Stina Persdotter f 1838

Kommer 1928 från Åsele (ÅSE 211)

                                                                              Gär 34
Nilsson Jakob Daniel   GÄR 11
f 1892 19/1   d
G 1928 15/7
Selin Evelina Albertina   LÖB 5
f 1902 17/10   d

                                                                              Gär

35
Arnqvist Bror Elias   GÄR 10
f 1904 21/1   d
G 1928 29/12
Nordström Tea Karolina   GÄR 23
f 1906 31/7   d

527

Gär 36

Uppenberg Karl Emil
f 1895 7/8   d
G 1926 13/2 i Åsele med
Nilsson Sandra Eugenia   SIK 26
f 1897 1/5   d
Sandra Eugenia tid gift se LÖV 11

1. Nanny Viola   f 1917 8/6
2. Anna Lisa   f 1919 15/3
3. Tore Ebon   f 1926 19/7

Föräldrar till:
K E Uppenberg: Emma Samuella Charlotta Uppenberg, f 1872, se oinförda

Kommer från Siksjö 1927 (SIK 60)

Gär 37
GÄR 11

Nilsson Anselm Levi
f 1889 3/8   d
G 1922 12/3 i Åsele med
Karlsson Anna Karolina   HÄG 17
f 1888 13/8   d
Anna Karolina tid gift se HÄG 29

1. Bernt Levi   f 1922 1/8   d 1923 22/12
2. Birgit Marie   f 1924 12/7

Flyttar till Åsele (ÅSE 565) 1925

Gär 38
GÄR 23

Nordström August Evert
f 1901 8/6   d
G 1928 13/5
Nilsson Jenny Gustava   GÄR 11
f 1897 5/7   d

1. Jim Ove   f 1928 7/10   d 1928 24/10
2. Nils Yngve Evertsson   f 1930 4/8

Gär 39
GÄR 23

Nordström Paulus Edvin
f 1899 21/10   d
G 1923 23/11 i Åsele med

Olofsson Nanny Ingeborg   GÄR 27
f 1898 21/2   d

1. August Holger   f 1924 16/4

                                                                                 Gär 40
Hansson Erik Henfrid   GÄR 19
f 1891 15/4   d
G 1930 9/2
Danielsson Signe Maria Lovisa   GRB 1
f 1910 12/10   d

1. Erik Fabian   f 1927 24/9
2. Rut Mary Alvina   f 1929 31/8

                                                                                 Gär 41

Paulusson Nils Gustaf
f 1844 16/12   d 1929 17/5
G 1888 13/4 i Björna med
Holmgren Maria Gustava
f 1868 19/3   d

3. Beda Maria Henrietta   f 1894 21/3
                                      GÄR 22
4. Linda Viktoria   f 1896 3/6
7. Gottfrid   f 1903 11/1   d 1929 17/5
8. Anna Evelina   f 1905 13/4   Oscar -27
9. Hanna Ingeborg   f 1907 5/1   Tavelsjö, Umeå lands -28

Föräldrar till:
N G Paulusson: Paulus Ersson f 1813, Bredträsk, Fr
                                      Elisabeth Catharina Eliedotter f 1818
M G Holmgren: Anna Stina Pehrsdotter f 1845, Nyholm, Bh

(3) B M H barn: Elsa Maria   f 1927 1/5   d 1928 30/4
     far Axel Herman Svensson f 1902 8/8 i Ly, till Ly 1928
(4) L V barn: Barbro Viola   f 1925 16/1   ÅSE 566
     far Henrik Teodard Lundahl (TAB 13)
(7) G "sinnessjuk"

Kommer 1924 från Trehörningen (TRE 21)

                                                                                 Hac 1

Eliasson Olof
f 1750 2/1   d

G 1776 23/10 i Anundsjö med
Salmonsdotter Ingeborg
f 1755 14/10   d

1. Elias	f 1777 6/9		LIL 64
2. Salmon	f	Anundsjö -00	
3. Kerstin	f 1781 13/12		
4. Sven	f 1784		
5. Karin	f 1787		
6. Olof	f 1789		
7. Christoffer	f 1793 14/6		
8. Sara Margareta	f 1796		

Föräldrar till:
O Eliasson: Elias Olofsson f 1717, Önskan, An
                                     Kerstin Mårtensdotter f 1722
I Salmonsdotter: Salomon Abrahamsson Flink f 1732, båtsman An
                                     Karin Christophersdotter f 1733

Kommer från Anundsjö 1793? - till Åsele 1803 (ÅSE 82)

                                                                 Hac 2
Larsson Eric   VOL 5
f 1761 15/5   d
G 1786 6/11 i Anundsjö med
Carlsdotter Anna
f 1759 19/1   d

2. Segrid	f 1788	
3. Ingeborg	f 1790 3/3	
5. Lars	f 1795 16/4	Hacksjö, Wi
6. Carl	f 1797 28/7	

Föräldrar till:
A Carlsdotter: Carl Fredrik Rutblad f 1732, båtsman Anundsjö
                                     Ingeborg Pehrsdotter f 1724

(5) L g 1816 i Wi m Sara Greta Pehrsdotter f 1792

Kommer ca 1800 från Järvsjö (JÄR 2)

                                                                 Hac 3
Olofsson Eric
f 1747 2/5   d 1801 5/4 "lungsot"
G 1778 med

Andersdotter Marget
f 1760 26/4   d 1847 8/1 "ålderdom"
Marget omgift 1812 i Wi m Nils Mattsson (HÄL 74)

1. Olof	f 1779 30/7		INS 13
2. Anders	f 1781	Hacksjö, Wi	
3. Kerstin	f 1786		INS 21
4. Catharina	f 1789		
5. Lars	f 1792 23/8	Hacksjö, Wi	
6. Greta	f 1794 29/6		
7. Anna	f 1797 25/11	Hacksjö	
8. Eric	f 1799 6/9	Sörliden, Wi	

Föräldrar till:
E Olofsson: Justin Olof Olofsson f 1690, Klitten, Älvdalen
                       Kerstin Nilsdr f 1712

M Andersdotter: Kitt Anders Andersson f 1737, Kittan, Älvdalen
                       Karin Andersdr f 1738

(2) A g 1805 april i Ås m Karin Ersdotter (IDV 10)
(5) L g 1816 i Wi m Anna Greta Persdotter (LAT 9)
    L g 1825 i Wi m Catharina Pehrsdotter (LAT 9)
(7) A g 1821 21/10 i Ås m Sven Ersson (TOS 11)
(8) E g 1829 4/10 i Ås m Anna Ersdotter (TOS 11)

                                                                    Hac 4
                                                                    AVA 12
Olofsson Lars
f 1760 17/3   d
G 1781 med
Pehrsdotter Kerstin   SVA 4
f 1747 18/1   d

1. Brita   f 1782
2. Olof   f 1783

Kommer 1784 från Avasjö (AVA 45) - till Järvsjö (JÄR 3) 1785

                                                                    Hac 5

Pehrsson Jon
f 1752 24/12   d
G 1779 7/11 i Anundsjö med
Andersdotter Karin
f 1748 8/9   d

1. Pehr   f 1780

531

2. Anders	f 1783		
3. Jonas	f 1785		
4. Olof	f 1789		
5. Lars	f 1792 17/12		
6. Eric	f 1795 22/10	d 1796 17/4	

Föräldrar till:

J Pehrsson: Per Larsson Sagtmodig f 1712, båtsman Anundsjö
Maria Jonsdotter f 1730

K Andersdr: Anders Andersson Burman f 1724, båtsman Anundsjö
Ingeborg Olofsdotter f 1726

Kommer 1791 från Siksjönäs (SIÄ 3) - tillbaka 1804

Hac 6

Pärsson Pär
f 1753   d 1790
G 1776 med
Pärsdotter Helena   TEG 27
f 1759   d 1842 10/12 "ålderdom"

1. Pehr	f 1778 KR		
2. Sigrid	f		
3. Lisa	f 1782	d 1809 5/12	
4. Anna	f 1783		
5. Eric	f 1790	båtsman Sagtmodig, An	

Föräldrar till:
P Pärsson:

(1) L barn: Catharina Helena   f 1809 20/3 i Fr   d 1809 2/4 "bröstsjuka"
     L d "rödsot " i Fredrika
(5) E g 1816 3/3 i An m Anna Danielsdr (SOL 3)

Från Tegelträsk (TEG 42) 1782 - till Anundsjö 1790 - Per båtsman (Ekorre)

Hal 1

Christophersson Eric
f 1761   d 1813 31/3 "slag"
G 1785 med
Larsdotter Marget   NOS 1
f 1767   d 1813 27/3 "feber"

1. Maria   f 1786   LIL 5

2. Anna	f 1789 21/4	d 1871 17/2
3. Greta	f 1791	d 1868 15/8
4. Christopher	f 1793	d 1796
5. Gustaf	f 1794	d 1796
6. Lars	f 1796	Halvpundsjö, Fr
7. Segrid	f 1798	

Föräldrar till:
E Christophersson: Christopher Persson Almark f 1738, Älgsjölandet
                               Maria Ersdotter f 1722

(2) A d "ålderdom"
(6) L g 1818 31/5 i Fr m Sara Stina Larsdotter f 1796 från Nordanås, Fr - Sara Stina
     gifter om sig se GIG 3

Ham 1

Andersson Johan Petter   BOM 2
f 1858 14/1   d
G 1881 27/11 i Åsele med
Törnlund Matilda Fredrika   INS 7
f 1862 23/6   d

1. Johan Walfrid	f 1883 12/2	Canada -03
2. Nils Konrad Agaton	f 1884 8/7	
3. Gustaf Andreas Waldemar	f 1886 16/4	Canada -03
fosterson (se LÖV 4):		
4. Nils Albin Eriksson	f 1906 28/11	

SÖÅ 53

Kommer 1897 från Insjö (INS 2) – till Åsele 1929 (ÅSE 559)

Ham 2

Olofsson Olof
f 1851 22/2   d
G 1888 7/7 i Wilhelmina med
Olsdotter Kristina Katarina
f 1858 21/8   d

Föräldrar till:
O Olofsson: Kongsvinger, Norge

K K Olsdotter: Olof Ersson f 1834, Dajkanvik, Wi
                           Cajsa Matilda Ersdotter f 1828

Kommer från Wilhelmina 1889 - flyttar 1892 till Minnesota

Olofsson Per   Smedarbetare
f 1865 1/5   d
G 1886 16/5 i Åsele med
Andersdotter Anna
f 1861 4/5   d

1. Alma Olivia Justina   f 1886 22/10
2. Hugo Andreas   f 1889 17/4
3. Hildur Paulina   f 1891 26/9

Föräldrar till:
P Olofsson: Knif Olof Pehrsson f 1832, Loka, Älvdalen
                                 Justina Jonsdotter f 1828
A Andersdotter: Gröt Anders Olsson, Nästet, Älvdalen
                                 Marit Larsdotter f 1819

Fadern och brodern Lars Olofsson f 1876 3/3 bor också här

Flyttar till Älvdalen 1892

Samuelsson Daniel Petter   ÄLG 29
f 1856 26/9   d
G 1882 15/4 i Åsele med
Henriksdotter Anna Petronella   STO 24
f 1856 26/5   d

1. Samuel Hilbert   f 1882 22/6

Flyttar till Asplunda (ASL 2) 1887

Samuelsson Nils Oskar   Elektromontör   ÅSE 305
f 1889 20/2   d
G 1915 2/8 i Anundsjö med   skilda 1922 3/10
Sundelin Anna Rebecka
f 1892 17/5   d

1. Sture Gustaf   f 1915 17/12
2. Erik Harald   f 1922 29/1   SÖÅ 64

Föräldrar till:
A R Sundelin: Per Erik Sundelin f 1858, Solberg, An
se SOL 30   Anna Katarina Olofsdotter f 1863

Kommer 1920 från Solberg, An – Anna Rebecka till Anundsjö 1923

Ham 6

Söderberg Nils Erik	Montör	
f 1880 9/9	d	
G 1913 8/6 i Åsele med		
Norman Greta Regina		
f 1891 2/10	d	

1. Nils Gottfrid   f 1913 21/8
2. Per Georg   f 1916 23/2

Föräldrar till:
N E Söderberg: Adam Andersson Söderberg f 1843, Öfra, Ju
                      Cajsa Maria Pehrsdotter f 1856
G R Norman: Johan Henrik Norman f 1859, Krånge, Åd
                      Regina Hansdotter f 1862

Kommer 1917 från Hälla (HÄL 85) – till Junsele 1920 – senare i Hälla igen

----

Ham 7

Söderlund Eric Ersson	Werksegare	SÖÅ 28
f 1830 22/9	d 1890 14/1 "lunginflammation + influensa"	
G 1852 25/2 i Åsele med		
Salmonsdotter Brita Cajsa		ÄLG 60
f 1828 15/4	d 1906 10/1 "convulsioner"	

1. Eric   f 1853 18/8   HAM 8
2. Gertrud Cajsa   f 1856 24/9   TOS 7
3. Stina Carolina   f 1860 26/4   SÖÅ 64

Kommer 1860 från Söråsele (SÖÅ 112)

Ham 8

Söderlund Eric		HAM 7
f 1853 18/8	d	
G 1876 9/4 i Åsele med		
Hansdotter Klara Mathilda		ÄLG 92
f 1851 4/10	d 1918 17/4 "hjärnblödning"	

1. Alma Kristina Katarina   f 1876 10/10   d 1876 22/10
2. Erik Rudolf   f 1877 14/10   d 1877 3/11
3. Ernst Konrad   f 1878 14/11   d 1883 31/3
4. Alma Katarina   f 1881 6/4   d 1883 25/3

5. Seth Rudolf	f 1883 22/7		HAM 9
6. Hedvig Brita Katarina	f 1885 28/9	Svannäs, Wi	
7. Erik Teodor	f 1887 7/10		ÅSE 577
8. Syster Karolina	f 1889 1/9	Bjurholm	
9. Lilly Nicolina	f 1892 4/2	Bjurholm	
10.Alma Kristina	f 1894 16/11		LOM 161
11.Karl Linus	f 1896 16/12	d 1898 26/2	

(6) H B K g 1911 2/4 i Ås m Alfred Oskar Ludvig Grönlund f 1882 från Svannäs
(8) S K g 1916 3/12 i Ås m Jonas Einar Ågren f 1887
(9) L N g 1919 6/7 i Ås m Anders Fridolf Andersson Stålsten f 1887

			Ham 9
Söderlund Seth Rudolf			HAM 8
f 1883 22/7	d		
G 1909 24/6 i Åsele med			
Grönlund Rosa Viola			
f 1882 15/12	d		
1. Svea Margareta	f 1910 25/2		
2. Rut Frideborg	f 1911 4/11	Bjurholm -28	
3. Klara Gulli Erika	f 1914 13/9		

Föräldrar till:
R V Grönlund: Axel Kristoffer Grönlund f 1859, Svannäs, Wi
                            Erika Olivia Hellgren f 1860

			Ham 10
Wallej Per Erik Olofsson			GÄR 30
f 1851 13/9	d		
G 1874 22/3 i Fredrika med			
Eriksdotter Brita Karolina			
f 1850 19/5	d		
1. Anna Amanda Karolina	f 1874 4/12		TOS 6
3. Hulda Amalia Martina	f 1879 1/11		TOS 3
5. Beda Kristina Petronella	f 1884 8/3		
6. Edit Viktoria Elisabet	f 1886 19/5		ÅSE 57
7. Erik Albert Ossian	f 1889 6/3	Bergvattnet, Do	
8. Josef Nikanor	f 1892 13/3		

Föräldrar till:
B K Eriksdotter: Eric Nilsson f 1815, Volmsjö, Fr
                            Anna Brita Abrahamsdotter f 1817

(7) E A O g 1920 24/5 i Do m Lilly Katarina Andersson f 1897 från Lajksjö, Do

Kommer 1895 från Gärdsjö (GÄR 32) - till Bergvattnet, Do 1896

Ham 11

Åslund Karl Bom
f 1849 1/11   d
G 1888 11/4 i Åsele med
Olofsdotter Kristina
f 1858 20/2   d
Karl tidigare gift se ÅSE 509

1. Maria Eugenia   f 1883 10/11
2. Karl Gotthard Hjalmar   f 1888 28/7

Föräldrar till:
K B Åslund: Marit Jönsdotter f 1822, Åsteby, Vitsand
K Olofsdotter: Olof Mårtensson f 1824, Stamsele, Ström
                                     Anna Ersdotter f 1821

Från Åsele (ÅSE 509) 1888 - tillbaka 1889

Her 1
HER 3

Eriksson Jakob August
f 1869 13/6   d
G 1899 13/3 i Åsele med
Andersdotter Kristina Katarina   ÖVR 1
f 1871 25/5   d

1. Erik Andreas   f 1900 24/5
2. Nina Eva Elisabet   f 1902 5/4

Till Sånga, Västernorrland 1902

Her 2
HER 3

Eriksson Nils Jonas
f 1871 9/6   d
G 1902 6/7 i Åsele med
Westman Beda Augusta   ÅSE 485
f 1881 28/9   d

2. Erik Uno   f 1904 7/10
3. Wega Irene   f 1906 5/3   Helga Trefaldighets - 27
4. Barbro Hermine   f 1908 11/9   Rättvik -28
5. Ines Elisabet   f 1910 12/5   Katarina -28

537

6. Svea Margareta	f 1911 13/10		
7. Irma Augusta	f 1913 14/3		
8. Nils Torbjörn	f 1916 14/10		
9. Torborg Helena	f 1924 3/4		
10.Knut Olof Hakvin	f 1925 13/7		
11.Lars Gunnar	f 1929 14/4		

Kommer från Åsele 1906 (ÅSE 106)

Her 3

Jakobsson Erik Adam			GAF 34
f 1838 2/9	d 1911 5/7		
G 1861 2/6 i Åsele med			
Nilsdotter Lisa Gustava			TJÄ 27
f 1832 8/4	d 1897 23/10 "slag		
2. Eva Amalia	f 1862 4/7		ÅSE 157
4. Erik Haqvin	f 1866 3/7	Jockmock -99	
5. Jakob August	f 1869 13/6		HER 1
6. Nils Jonas	f 1871 9/6		ÅSE 106
7. Karolina Adamina	f 1873 14/9	Jockmock -01	
9. Hulda Augusta	f 1877 9/7	d 1912 31/1	
(7) K A barn: Jonas Henry	f 1900 7/12		ÅSE 157

(9) H A "intagen på Piteå Hospital " 1905 - d "tuberculos. pulm."

Kommer 1889 från Simsjön (SIÖ 3)

Her 4

Lindblad Axel Levi		GAF 115
f 1835 12/3	d	
G 1861 6/10 i Åsele med		
Jonsdotter Inga Stina		LOM 72
f 1838 17/8	d	
1. Axelina Christina	f 1862 27/6	
2. Martina Laurentia	f 1864 12/3	
3. Margareta Ingeborg	f 1865 21/8	

Från Söråsele 1863 (SÖÅ 71) - till Forsnäs (FOR 36) 1866

Her 5

Lindblad Lars Petter		ÅSE 242
f 1838 9/1	d 1877 9/7	
G 1871 2/4 i Wilhelmina med		

Ersdotter Anna Carolina
f 1843 28/3   d
Anna Carolina omgift 1882 31/12 i Åsele med
Eliasson Nils
f 1839 14/8   d

1. Anna Petronella	f 1871 1/8	d 1874 9/12
2. Eric Amandus	f 1874 3/1	d 1879 27/4
3. Christina Magdalena	f 1875 17/8	Idvattnet, Wi
4. Nikolina Elisabeth	f 1880 29/11	

Föräldrar till:
A C Ersdotter: Eric Pålsson f 1813, Svannäs, Wi
se ÄLG 97   Magdalena Salmonsdotter f 1806
N Eliasson: Elias Eliasson f 1802, Ormsjö, Do
                                     Emma Lisa Eliedotter f 1803

(1) A P d "tvinsot"
(3) C M g 1900 22/4 m Erik Edvard Mattsson f 1874 från Idvattnet

Flyttar till Siksjö, Wi 1888

Nordin Eric Salomon
f 1870 13/8   d
G 1896 13/12 i Åsele med
Fredriksdotter Klara Albertina   ÖSN 2
f 1871 3/3   d

2. Erik Frid Napoleon	f 1899 17/11	Sundsvall -28
3. Jakob Einar	f 1904 9/5	
4. Anna Paulina	f 1907 31/12	Bromma -29
5. Rut Dagny Margareta	f 1913 5/6	d 1919 20/10

(5) R D M d "hjärtfel"

Kronotorpare Harrsjö nr 1

Kommer från Östernoret 1910 (ÖSN 75)

Nilsson Elias
f 1733 12/3   d 1820 1/2 "ålderdom"
G 1763 20/11 i Anundsjö med
Olofsdotter Sara

f 1734 15/1   d 1814 14/5 "ålderdom"

2. Karin   f 1767   SKA 1
3. Olof   f 1768   Viska, Fr
4. Nils   f 1770   Viska, Fr
5. Anna   f 1772   Tallsjö, Fr
6. Sara   f 1774   Holmsele, Fr
7. Elias   f 1775   SOL 5

Föräldrar till:
E Nilsson: Nils Ersson f 1704, Tvärlandsböle, An
                         Karin Eliedotter f 1698
S Olofsdotter: Olof Pehrsson f 1694, Långsele, An
                         Anna Eriksdotter f 1698

(2) O g 1799 m Anna Ersdotter (TAL 1)
(3) N g 1801 4/10 i An m Catharina Salomonsdotter f 1773 från Nordsjö, An
(4) A g 1798 m Nils Nilsson (TAL 2)
(5) S g 1805 24/6 i Fr m Nils Persson f 1773 fr Byssträsk, Ly

Kommer 1768 från Tjäl (TJL 14)

                                                                     Hol 1
Andersson Anders
f ca 1640   d 1712 "är bliven död på skogen mellan Liden och Junsele"
G med
Malin
f   d

1. Erik   f
                         HOL 2

Föräldrar till:
A Andersson: Anders Andersson Grundtjärn, An
Malin:

Kommer 1693 från Myckelgensjö, An

                                                                     Hol 2
Andersson Erik   HOL 1
f   d 1718
G 1712 23/4 i Åsele med
Andersdotter Ella
f   d   GAF 94

540

1. Malin	d 1713 23/4	
2. Karen	f 1715 7/3	HÄL 38
3. Lisbeta	f 1716 14/4	

(1) M eller (3) L begraven 1726

<u>Hol 3</u>

Andersson Markus   GAF 118

f 1790   d

G 1814 19/6 i Åsele med

Nilsdotter Greta   GAF 50

f 1793   d

1. Anders   f 1814 5/9

Kommer 1826 från Gafsele (GAF 8) - flyttar tillbaka 1832

<u>Hol 4</u>

Andersson Nils   GAF 94

f   d

G 1729? med

Ersdotter Ingeborg

f   d

1. Anders	f 1730 12/2
2. Karen	d 1732 22/1
3. Ingebor	d 1734 24/2
4. Kerstin	d 1736 26/4

Föräldrar till:

I Ersdotter: Erik Olovsson   Krånge, Ju

Flyttar till Svanabyn ca 1737 (SVA 1)

<u>Hol 5</u>

Andersson Nils August   LOM 52

f 1880 1/4   d

G 1912 16/6 i Åsele med

Persdotter Sara Albertina   HOL 70

f 1883 13/5   d

Kommer 1915 från Avasjö (AVA 6) - till Holmträsk, An 1916

<u>Hol 6</u>

Blomdahl Johan

f 1838 2/7	d 1916 25/4	

G 1862 4/6 i Junsele med
Pehrsdotter Eva
f 1840 6/4	d 1877 22/1	

Johan omgift 1880 29/6 i Anundsjö med
Olofsdotter Segrid Christina
f 1836 18/5	d 1891 18/12 "struma"	

1. Pehr Olof	f 1862 15/10		HOL 8
2. Johan Robert	f 1864 5/7	Mo -93	
3. Frans Leonard	f 1866 28/9	Brandkäl, An	
4. Jonas Fredric	f 1869 7/10		HOL 7
5. Emma Antonietta	f 1872 5/7	d 1874 13/5	
6. Christopher Conrad	f 1874 15/3	Anundsjö -97	
7. Carl Oskar	f 1877 11/1	d 1877 15/1	
8. dödfött flickebarn	f 1877 11/1		

Föräldrar till:
J Blomdahl:	Pehr Pehrsson Gavelin f 1797, Degersjö, An
se TJL 6	Anna Olofsdotter f 1806
E Pehrsdotter:	Pehr Abrahamsson f 1787, Mo, Ju
	Cajsa Henriksdotter f 1796
S S Olofsdotter:	Olof Ersson f 1810, Holmsjö, An
	Cajsa Olsdotter f 1813

(3) F L g 1889 3/7 i An m Brita Johanna Lindblom f 1866 från Mo socken
(5) E A d "skarlakansfeber"

Kommer från Mo, Ju 1866

Hol 7
HOL 6

Blomdahl Jonas Fredric
f 1869 7/10	d 1912 6/5 "tbc. pulmon."	

G 1894 22/7 med
Lindblom Sara Maria
f 1864 18/1	d	

1. dödfött flickebarn	f 1895 1/4

Föräldrar till:
S M Lindblom:	Samuel Petter Lindblom f 1824, Degersjöberg, Ju
	Brita Stina Åkerström f 1838

Till Anundsjö 1895

Blomdahl Per Olof
f 1862 15/10   d
G 1889 22/6 i Åsele med
Gavelin Kristina Mathilda Persdotter
f 1862 15/1   d

1. Edla Eugenia Emelinda   f 1889 30/9
2. Agda Kristina   f 1890 1/1

Till Solberg, An 1892

Byström Henrik Otto
f 1863 4/1   d
G 1893 12/3 i Åsele med
Kristoffersdotter Anna Katarina
f 1864 30/4   d

1. Sara Aqvilina   f 1893 29/10   d 1906 3/12
2. Kristoffer Manfred   f 1895 26/9
3. Brita Emelinda   f 1898 1/8
4. Hulda Katarina   f 1901 20/2

Föräldrar till:
A K Kristoffersdr: Christoffer Pehrsson f 1840, Brattsjö, An
se HOL 76   Brita Sara Jakobsdotter f 1835

Flyttar 1908 till Lakasjö (LAK 1)

Byström Henrik Otto
f 1890 14/3   d
G 1914 14/6 i Åsele med
Johansdotter Anna Katarina
f 1892 6/9   d

1. Helga Katarina   f 1914 13/8
2. Anna Helny   f 1916 23/9
3. Hilma Huldina   f 1919 6/7
4. Karl Gustaf Brynolf   f 1922 21/4
5. Johan Eugen   f 1925 16/3
6. David Signar   f 1928 20/1

Byström Henrik Robert   HOL 16
f 1887 1/11   d
G 1911 10/10 i Anundsjö med
Jonsdotter Kristina Frideborg
f 1894 19/4   d

1. Sven Werner   f 1912 23/1
2. Alma Margareta   f 1913 11/3
3. Anna Gunborg   f 1914 2/12
4. Eda Eivor   f 1917 16/2
5. Vivi Frideborg   f 1919 21/5

Föräldrar till:
K F Jonsdotter: Jonas Olof Jonsson f 1862, Tjärn, An
se TJÄ 20   Eva Greta Mårtensdotter f 1862

Kommer från Storsjö, An 1915 - till Folkärna, Dalarna 1920

                                                                        Hol 12
Byström Johan August   HOL 16
f 1893 7/5   d
G 1914 16/8 i Åsele med
Jakobsson Anna Lovisa   HOL 59
f 1894 4/7   d 1918 5/12 "lunginflammation"

1. Anna Henny Nikolina   f 1915 17/1   HOL 95
2. Kristoffer Hilding   f 1916 28/4   HOL 59
3. Jenny Hermine   f 1918 20/5   SÖÅ 117

Flyttar till Stora Tuna 1921

                                                                        Hol 13
Byström Karl Alfred   HOL 14
f 1884 27/4   d
G 1910 13/3 i Åsele med
Sandström Anna Margareta
f 1889 16/6   d

1. Elna Katarina   f 1910 27/5

Föräldrar till:
A M Sandström: Anders Andersson f 1848, Rödvattnet, An
                                     Magdalena Eriksdotter f 1845

Flyttar till Rödvattnet, An 1910

544

Byström Karl Petter Pehrsson
f 1854 21/6   d
G 1878 1/1 i Åsele med
Kristoffersdotter Beata Katharina
f 1856 24/7   d

1. Per Johan	f 1878 25/5	Rödvattnet, An	
2. Anna Carolina	f 1879 15/12		HOL 64
3. Kristoffer Konrad	f 1882 4/7		HOL 15
4. Karl Alfred	f 1884 27/4		HOL 13
5. Olof Leonard	f 1886 27/5		HOL 17
6. Johan August	f 1888 25/4		HOL 88
7. Henrik Otto	f 1890 14/3		HOL 10
8. Jonas Albert	f 1892 15/6	d 1893 15/11	
9. Sara Eufrosynie	f 1894 6/6	Anundsjö -21	
10.Erik Hilmer	f 1896 21/8		
11.Ellvi Katarina	f 1898 19/4	Folkärna -23	
12.Martina Ingeborg	f 1901 9/6	d 1902 29/1	

Föräldrar till:
B K Kristoffersdotter: Christoffer Pehrsson f 1822, Kubbe, An
                                Ingeborg Olsdotter f 1824

(1) P J g 1908 5/4 i An m Magdalena Karolina Andersdr f 1885 från Rödvattnet
(9) S E barn: Gudrun Katarina   f 1920 10/4   Björna –28
       G K kommer från Björna 1923 - står då ant som fosterdotter

Byström Kristoffer Konrad
f 1882 4/7   d
G 1906 4/3 i Åsele med
Eriksdotter Anna Märta
f 1884 22/10   d

1. Karl Ludvig	f 1906 2/10	d 1909 31/1
2. Erik Artur	f 1909 6/5	

Föräldrar till:
A M Eriksdotter: Erik Johan Eriksson f 1850, Rödsand, An
                          Greta Stina Andersdotter f 1853

Flyttar till Anundsjö 1907 - kommer tillbaka 1908 - flyttar 1909 till Lakasjö (LAK 2)

Byström Kristoffer Sven Persson   HOL 18
f 1856 20/3   d
G 1881 2/1 i Åsele med
Gavelin Anna Erika Persdotter   HOL 32
f 1855 26/10   d
Anna Erika omgift se HOL 47

1. Emma Kristina   f 1875 31/1
2. Sara Maria   f 1881 23/4
3. Erika Karolina   f 1883 21/1   d 1883 22/3
4. Amanda Karolina   f 1884 6/2   d 1893 3/12
5. Per Olof   f 1886 5/1   HOL 20
6. Henric Robert   f 1887 1/11   HOL 11
7. Ida Botilda   f 1889 10/5
8. Kristoffer Albert   f 1890 25/10
9. Frans Erik   f 1892 23/4   HOL 95
10.Johan August   f 1893 7/5   HOL 12
11.Set Wilhelm   f 1902 29/12

Flyttar 1894 till Storsjö, An

Byström Olof Leonard   HOL 14
f 1886 27/5   d
G 1919 30/12 i Åsele med
Jonsdotter Ingeborg
f 1892 18/2   d 1930 13/4

1. Einar Mauritz   f 1913 26/3
2. Karl Ture   f 1914 21/11
3. Jonas Tycko   f 1920 21/3
4. Olof Torsten   f 1922 28/9

Föräldrar till:
I Jonsdotter: Jonas Olof Jonsson f 1862, Tjärn, An
se TJÄ 20   Eva Greta Mårtensdotter f 1862

Byström Pehr Pehrsson
f 1829 8/1   d 1892 1/8
G 1860 15/4 i Junsele med
Pehrsdotter Sara Cajsa
f 1830 22/9   d 1901 31/1
Sara Cajsa tidigare gift med

Christoffersson Pehr

f 1833 20/5   d 1856 14/8

1. Carl Petter	f 1854 21/6		HOL 14
2. Christopher Sven	f 1856 20/3		HOL 16
3. Pehr Olof	f 1861 15/1		HOL 19
4. Henric Otto	f 1863 4/1		HOL 9
5. Anna Carolina	f 1865 19/5		HOL 37
6. Amanda Catharina	f 1867 7/8		
7. Johan August	f 1870 10/3	Solberg, An	
8. Sara Maria	f 1872 7/6		HOL 25
9. Eva Botilda	f 1874 25/9	Seltjärn, An	

Föräldrar till:
P Byström: Pehr Pehrsson Gavelin f 1797, Tjäl, An
se TJL 6   Anna Olofsdotter f 1806
S C Pehrsdotter: Pehr Abrahamsson f 1787, Mo, Ju
                         Katarina Henriksdotter f 1796
P Christoffersson: Christoffer Nilsson f 1807, Risbränna, Ju
                         Anna Pehrsdotter f 1799

(7) J A g 1894 30/9 i An m Ingeborg Hägglund f 1868 från Tjäl
     barn: Elis Martin   f 1896 10/10
           Sara Margareta   f 1900 15/10
(9) E B g 1897 2/5 i An m Jonas Persson f 1875 från Seltjärn

Kommer från Risbränna, Ju 1864 - bor i Anundsjödelen av Holmträsk 1876-79

			Hol 19
			HOL 18
Byström Per Olof			
f 1861 15/1	d		
G 1883 4/3 i Åsele med			
Jonsdotter Sara Johanna			TJL 8
f 1862 9/7	d		

1. dödfött barn	f 1883 18/11		
2. Sara Emelinda	f 1885 29/4		
3. Per Albert	f 1887 30/5	Seltjärn, An	
4. Märtha Huldina	f 1889 25/5		
5. Johan Hilmar	f 1890 23/11	Seltjärn, An	

(3) P A g 1912 8/4 i An m Märta Olofsdotter f 1892 från Seltjärn
(5) J H g 1915 6/2 i An m Sofia Augusta Nydahl f 1889 från Pengsjö, An

Flyttar 1892 till Seltjärn, An

Byström Per Olof
f 1886 5/1   d
G 1913 1/11 i Anundsjö med
Olofsdotter Märta Emelinda
f 1891 22/6   d

1. Sven Arnold   f 1915 17/3
2. Brita Vera Aurora   f 1917 9/3
3. Olov Harald   f 1919 22/5
4. Anna Mary   f 1921 17/10
5. Märta Sylvia   f 1923 10/5
6. Emma Doris   f 1925 31/3
7. Hildur Maria   f 1926 3/10
8. Per Hjalmar   f 1928 17/9

Föräldrar till:
M E Olofsdotter: Olof Edvard Jonsson f 1861, Åbosjö, An
                                       Brita Sara Eliasdotter f 1862

Danielsson Daniel Alfred   (Lundgren)
f 1875 22/5   d
G 1900 15/4 i Åsele med
Jonsdotter Brita Kristofera
f 1882 4/6   d

1. Lovisa Evelina   f 1900 25/8
2. Jonas Adrian   f 1902 17/2
3. Freja Martina   f 1904 16/4
4. Daniel Ernfrid   f 1907 8/5
5. Erik Alfred   f 1911 30/6
6. Per Rikard   f 1913 1/11
7. Arne Ferdinand   f 1917 25/1

Föräldrar till:
D A Danielsson: Daniel Pehrsson f 1835, Storsjö, An
se HOL 71   Eva Greta Jonsdotter f 1839
B K Jonsdotter: Jonas Ansgarius Jonsson f 1845, Lavsjö, Do
se ALM 48   Anna Kristina Kristoffersdotter f 1842

(1) L E barn: Lilly Kristofera   f 1917 17/12   GAF 102

Från Björksele 1904 (BJÖ 4) - till Folkärna, Kopparberg 1920

Danielsson Petrus			HOL 55
f 1856 21/5	d		
G 1883 3/7 i Åsele med			
Jonsdotter Anna Magdalena			HOL 74
f 1850 21/6	d		
1. Sara Erika	f 1880 14/8		ÖSN 34
2. Jonas Alfred	f 1883 2/8	d 1883 18/9	
3. Daniel Magnus	f 1888 26/7		
4. Herman Paulinus	f 1890 19/2		

Till Holmträsk, An 1896

Ersson Eric			
f 1730 11/6	d 1796		
G 1761 med			
Ersdotter Märeta			HOL 36
f 1742 27/1	d 1795		
1. Karin	f 1763		VIS 1
2. barn	f	d 1766 KR	
3. Eric	f 1768	d 1771 KR	
4. Ingeborg	f 1769	d 1779 KR	
5. Sven	f 1771		HOL 30
6. Eric	f 1774		GAF 29
7. Christopher	f 1777 30/5		HOL 28
8. Jacob	f 1779		YTT 4
9. Ingeborg	f 1782		TEN 8

Föräldrar till:
E Ersson: Erik Kristoffersson f 1694, Näs, An
                        Ingeborg Svensdotter f 1699

Ersson Eric		
f 1760	d	
G 1787 med		
Ersdotter Karin		HOL 23
f 1764	d 1822 25/8 "bröstvattusot"	
Eric gifter om sig se BÄS 1		
1. Karin	f 1788	

2. Märta	f 1791		GUL 9
3. Eric	f 1793		GAF 71
5. Anna	f 1798 1/2		GAF 85
6. Jacob	f 1800 27/5	d 1802 2/7	
7. Magdalena	f 1802 10/9	d 1831 8/3	
8. Brita Christina	f 1804 12/11	d 1837 23/3	
9. Jacob	f 1807 9/9		GAF 34

(2) M barn: Cajsa Erika   f 1836 3/6   GUL 9
    Uppgiven fader: Hans Ersson, Västernoret
(7) M d "lungsot"
(8) B C barn: Anna Christina   f 1835 9/10
    B C d "vattensot"

Kommer ca 1800 från Stennäs, Fr - tidigare i Viska (VIS 1)

<u>Hol 25</u>

Eriksson Erik Olof			HOL 78
f 1872 6/11	d		
G 1897 8/1 i Åsele med			
Byström Sara Maria			HOL 18
f 1872 7/6	d 1902 23/4		
Erik Olof omgift 1908 9/3 i Åsele med			
Johansdotter Sara Emelinda			HOL 37
f 1887 22/12	d		

1. Signe Katarina	f 1897 3/6	
2. Per Sigfrid	f 1899 16/3	
3. Jonas Heribert	f 1899 16/3	d 1899 6/4
4. Sara Eugenia	f 1901 8/7	
5. Johan Sigvard	f 1908 26/7	
6. Erik Yngve	f 1910 15/10	
7. Hildur Linnea	f 1912 14/2	
8. Anna Hildegard	f 1914 27/3	
9. Jonas Alrik	f 1916 1/1	d 1916 8/12

Flyttar till Tjäl, An 1917

<u>Hol 26</u>

Ersson Johan		RÖD 1
f 1761 18/5	d	
G 1791 med		
Pehrsdotter Marget		
f 1769 5/11	d	

550

1. Sigrid	f 1792 17/6	
2. Margareta	f 1794 6/10	
3. Eric	f 1797 24/6	
4. Catharina	f 1800 4/4	
5. Stina	f 1802 27/11	
6. Eva Ingeborg	f 1805 29/4	d 1815 8/3
7. Anna Brita	f 1808 7/10	

Föräldrar till:
M Pehrsdotter: båtsman Pehr Lustig f 1740, Myre, Si
                                 Marget Thomasdotter f 1749

(6) E I d "bröstfeber"

Från Söråsele ca 1807 (SÖÅ 34) - till Kvällträsk 1815 (KVÄ 6)

Hol 27

Ersson Jon Skräddare
f 1805 11/4   d 1864 20/6 "lungsot"
G 1835 8/2 i Åsele med
Christophersdotter Cajsa Greta   HOL 39
f 1803 20/12   d 1894 4/1

Föräldrar till:
J Ersson: Erik Johansson f 1762, Karlsvik, Arnäs
                                 Beata Johansdotter f 1759

Hol 28
HOL 23

Ersson Christopher
f 1777 30/5   d
G 1797 med
Jonsdotter Carin   TJÄ 39
f 1773 22/12   d

1. Eric   f 1798
2. Catharina   f 1799
3. Jonas   f 1801 21/8
4. Christopher   f 1807 15/12

Flyttar 1807 till Tjärn (TJÄ 4)

Hol 29
HOL 56

Ersson Nils Petter
f 1843 18/4   d

G 1866 4/3 i Åsele med
Pehrsdotter Brita Sara
f 1839 21/7   d 1928 17/3 i Lakasjö

1. Eric Olof   f 1866 29/7   Solberg, An
2. Anna Lovisa   f 1868 25/8   HÄL 62
3. Maria Carolina   f 1871 19/8   d 1874 26/5
4. Brita Sara   f 1874 7/1   HÄL 63
5. Pehr Johan   f 1876 2/1   HOL 64
6. Nils Jonas   f 1879 18/1   BJÖ 27
7. Inga Maria   f 1881 10/5   LAK 27

Föräldrar till:
B S Pehrsdotter: Pehr Pehrsson Gavelin f 1797, Degersjö, An
se TJL 6   Anna Olofsdotter f 1806

(1) E O g 1890 22/6 i An m Märta Karolina Persdr f 1868 från Solberg
(3) M C d "skarlakansfeber"
(7) I M barn: Jakob Artur   f 1907 20/8   LAK 27
         J A:s far: Jakob Olof Lindberg (HOL 49)

Familjen flyttar till Holmträsk, An 1901

                                                            Hol 30
Ersson Sven   HOL 23
f 1771   d
G 1792 med
Johansdotter Märtha   TJÄ 14
f 1771 24/5   d

1. Märet   f 1794   d 1794
2. Karin   f 1794   d 1796
3. Eric   f 1796
4. Märet   f 1796
5. Eva Cajsa   f 1798

Flyttar till Tjärn (TJÄ 5) 1800

                                                            Hol 31
Gavelin Frans Teodor   HÄL 25
f 1884 1/9   d
G 1910 13/3 i Åsele med
Johansdotter Inga Evelina   HOL 37
f 1889 24/12   d

552

1. Karl Ingvar	f 1910 31/7	
2. Karin Viola	f 1912 2/10	
3. Anna Sally	f 1919 18/1	
4. Gerda Magnhild	f 1921 4/9	
5. Elna Viktoria	f 1925 28/2	d 1925 3/3
6. Gunnar Albin	f 1926 17/2	
7. Frans Bertil	f 1929 22/4	

Flyttar till Holmträsk, An 1911 – kommer tillbaka från Solberg, An 1928

			Hol 32
Gavelin Per Danielsson			HÄL 23
f 1823 22/5	d		
G 1845 8/3 i Åsele med			
Olsdotter Stina Erica			SOL 27
f 1821 21/6	d 1888 6/1		
1. Magdalena	f 1847 1/3		OXV 11
2. Daniel	f 1854 16/3		ÖVR 10
3. Anna Erica	f 1855 26/10		HOL 16
4. Olof Edvard	f 1859 23/5	Storsjö, An	
5. Christina Mathilda	f 1862 15/1		HOL 8
6. Eric	f 1865 8/8		
7. Ida Petronella	f 1867 21/7		
(3) A E barn: Emma Kristina	f 1875 31/1		HOL 16
(4) O E g 1881 6/3 i An m Ida Dorotea Kristoffersdr (SOL 30)			
barn: Nils Axel	f 1892 3/4		
(5) C M barn: Hilda Kristina	f 1885 19/9	d 1888 7/3	
uppg. far: Hans Cornelius Persson			

Från Solberg 1853 (SOL 8) - bor i Tjärn (TJÄ 8) 1855-61 - flyttar 1865 till Storsjö, An

----

		Hol 33
Hansson Thomas		
f	d	
G 1720 26/10 i Åsele med		
Mattsdotter Karin		
f 1700 /9	d	
1. barn	f	d 1721
2. Abraham	d 1722 28/7	

Föräldrar till:
T Hansson: Pyhäjärvi socken, Finland

553

| K Mattsdotter: | Matts Pålsson   Rudsjö, Fj |
| | Karin Larsdotter |

Flyttar ? till?

Hol 34
HOL 44

Holm Erik Daniel Ersson
f 1865 11/12   d
G 1894 19/5 i Åsele med
Nilsdotter Anna Amalia
f 1869 20/10   d

1. Hildur Katarina   f 1893 14/5
2. Edit Amalia   f 1893 14/5

Föräldrar till:
A A Nilsdotter: angivet Tåsjö

Till Lillsele, Ju 1896 - senare i Hälla (HÄL 35)

Hol 35
HOL 57

Ingelsson Mattias Amandus
f 1890 28/9   d
G 1918 6/12 i Anundsjö med
Olofsdotter Magdalena Barbara
f 1893 23/11   d

1. Edvard Birger Klarence   f 1919 7/3
2. Sonja Birgitta   f 1921 10/2
3. Erik Brynolf   f 1923 16/8
4. Alf Östen   f 1925 26/8
5. Jonas Axel   f 1928 4/7

Föräldrar till:
M B Olofsdotter: Olof Edvard Jonsson f 1861, Åbosjö, An
                                Brita Sara Eliedotter f 1862

Hedvattnet

Hol 36
HÄL 33

Jacobsson Eric
f 1715 20/11   d 1792
G med

554

Ersdotter Karin		HOL 2
f 1715 7/3	d 1779	

2. Malin	f 1741 6/2		SOL 3
3. Märta	f 1742 27/1		HOL 23
4. Eric	d 1744 15/6	d som barn	
5. Erik	f 1746 18/5		VIS 6
6. Anna	d 1747 22/8		BJÖ 25
7. Jacob	f 1751 17/2		SOL 7

Kommer 1743 från Almsele (ALM 29)

		Hol 37
Jakobsson Johan		TJL 5
f 1847 23/7	d	
G 1885 29/11 i Anundsjö med		
Persdotter Anna Karolina		HOL 18
f 1865 19/5	d	

1. Sara Emelinda	f 1887 22/12	HOL 25
2. Inga Evelina	f 1889 24/12	HOL 31
3. Anna Katarina	f 1892 6/9	HOL 10
4. Jakob Helmer	f 1895 29/9	HOL 87
5. Per Sigurd	f 1898 15/1	LAK 40
6. Johan Linus	f 1900 28/10	

Kommer 1896 från Tjäl, An – till Anundsjö 1924

		Hol 38
Johansson Eric		TJL 20
f 1829 15/3	d	
G 1850 31/3 i Åsele med		
Pehrsdotter Johanna Petronella		ÖSN 39
f 1823 27/2	d	

1. Johan	f 1849 24/9

Flyttar till Östernoret 1852 (ÖSN 47)

		Hol 39
Johansson Christopher		TJÄ 14
f 1773 3/6	d 1838 13/10 "förkylning"	
G 1801 25/3 i Fredrika med		
Svensdotter Greta		STF 10
f 1777	d 1872 6/6 "ålderdom"	

1. Johannes	f 1801 16/12		HOL 48
2. Kajsa Greta	f 1803 20/12		HOL 27
3. Märta Stina	f 1807 24/1	d 1821 26/1	
4. Eva Brita	f 1810 13/1		HOL 74
5. Inga Magdalena	f 1812 22/3		HOL 73
6. Anna Sophia	f 1814 6/7	d 1907 17/1	

(3) M S d "heftig feber inflammatorisk"
(5) I M barn: Greta Maglena   f 1843 15/8   HOL 73
(6) A S barn: Anna Greta   f 1843 16/6   d 1914 16/11
       Anna Gretas barn: Anna Carolina f 1874 25/9
                      HÄL 92

Kommer 1814 från Tjärn (TJÄ 16)

                                                               Hol 40
Jonsson Johan Erik   HOL 74
f 1857 31/10   d
G 1888 3/3 i Åsele med
Nilsdotter Sigrid Märtha
f 1860 1/1   d

1. Jonas Alfred   f 1888 21/6
2. Nils Arvid   f 1890 1/6

Föräldrar till:
S M Nilsdotter: Nils Petter Johansson f 1827, Svartsjö, Fr
                              Helena Brita Larsdotter f 1825

Flyttar till Björksele 1910 (BJÖ 19)

                                                                Hol 41
Jonsson Jon
f 1827 13/10   d
G 1850 21/3 i Anundsjö med
Jonsdotter Stina
f 1821 2/4   d 1874 5/5

1. Carolina Christina	f 1853 10/3	d 1853 9/5	
2. Jonas	f 1854 13/5	d 1854 29/5	
3. Jonas	f 1855 8/7	Myckelgensjö, An	
4. Cajsa Stina	f 1859 20/1	d 1863 13/11	

Föräldrar till:

J Jonsson:	Jon Jonsson f 1799, Kläppsjö, An
	Carin Ersdotter f 1805
S Jonsdotter:	Jon Jonsson f 1780, Holmsjö, An
	Kerstin Olsdotter f 1784

(3) J g 1876 1/10 i An m Margareta Johansdotter f 1852 från Önskan, An

Flyttar till Holmsjö, An 1860

		Hol 42
Jonsson Jonas		HOL 74
f 1844 21/8	d	
G 1877 4/6 i Anundsjö med		
Mårtensdotter Märta Katarina		SOL 31
f 1857 7/1	d	
1. Jonas Alfred	f 1834 10/8	

Flyttar till Solberg, An 1886

		Hol 43
Jonsson Kristoffer		TJÄ 39
f 1770 21/1	d	
G 1798 med		
Jacobsdotter Märet		SOL 7
f 1782	d	
1. Jonas	f 1798	
3. Jacob	f 1801 5/8	
4. Ingeborg	f 1803 27/12	

Kommer 1803 från Tjärn (TJÄ 21) - till Solberg 1804 (SOL 13)

		Hol 44
Jonsson Christopher		HOL 74
f 1836 17/9	d 1909 9/11	
G 1871 9/4 i Anundsjö med		
Jacobsdotter Sara Catharina		TJL 5
f 1841 30/6	d	
Sara Catharinas:		
1. Eric Daniel Ersson Holm	f 1865 11/12	HOL 34

Till Holmträsk, An 1896

Jonsson Olof
f 1846 6/3   d 1922 6/5 i Björksele
G 1877 23/6 i Anundsjö med
Persdotter Brita Lisa
f 1846 2/1   d 1895 1/6
Brita Lisa tidigare gift se SOL 28

1. Magdalena Christina	f 1869 19/5
2. Brita Johanna	f 1879 4/1
3. Märta Karolina	f 1881 26/4
4. Jonas Olof	f 1881 26/4

Föräldrar till:
O Jonsson: Jon Christoffersson f 1798, Stavarn, An
se SOL 17   Brita Lisa Almroth f 1804
B L Persdotter: Pehr Jacobsson f 1802, Åbosjö, An
se SOL 5   Magdalena Eliedotter f 1805

(3) M K barn: Betty Karolina   f 1906 3/10   HOL 90

Från Stavarn, An 1889 - flyttar tillbaka 1896

Jonsson Pehr
f 1781 13/7   d 1840 14/5 "slag"
G 1806 26/12 i Anundsjö med
Sunden Maja Cajsa
f 1781 6/9   d 1853 6/1

1. Stina Cajsa	f 1807 24/9		HOL 48
2. Jonas	f 1809 30/1		HOL 74
3. Johannes	f 1810 17/10		HOL 73
4. Pehr	f 1812 28/9	d 1813 7/5	
5. Petrus	f 1814 3/4		SOL 32
6. Olof	f 1816 23/5		HOL 78
7. Anna Maria	f 1818 21/7		HOL 56
8. Kristoffer	f 1820 20/5	d 1820 20/5	
9. Sara Maglena	f 1820 20/5	d 1824 1/10	
10.Kristoffer	f 1824 27/7		LÅN 28

Föräldrar till:
M C Sunden: Johan Sunden f 1759, Österfannbyn, An
                                    Anna Justina Planting von Bergloo f 1756

558

(9) S M d "olyckshändelse"

Hol 47
Jonsson Pehr   HOL 74
f 1842 1/8   d
G 1867 14/4 i Anundsjö med
Jonsdotter Maria Catharina   TJÄ 23
f 1848 5/12   d 1879 1/12
Pehr omgift 1882 4/3 i Åsele med
Olofsdotter Brita Maglena   TJÄ 40
f 1846 22/8   d
Pehr omgift 1895 10/3 i Åsele med
Anna Erika Gavelin se HOL 16

1. Jonas August   f 1868 2/1   Lunne, An
2. Carl Johan   f 1872 11/2   Nyliden, Bj
3. Pehr Amandus   f 1875 18/10   Storsjö, An
4. Kristoffer Conrad   f 1877 12/9   d 1878 12/4
5. Kristoffer Konrad   f 1879 1/12   d 1880 20/2
6. dödfött gossebarn   f 1879 1/12
Brita Maglenas barn:
7. Eva Kristina   f 1879 4/8

(1) J A g 1893 1/10 i An m Anna Margareta Bergström f 1868 från Myckelgensjö, An
(2) C J g 1906 28/10 i Bj m Stina Eriksdotter f 1887 från Nyliden
(3) P A g 1903 21/3 i Ås m Märta Charlotta Forsberg (GAF 49)

Till Storsjö, An 1884

Hol 48
Christophersson Johan   HOL 39
f 1801 16/12   d 1865 23/10 "rödsot"
G 1836 4/4 i Åsele med
Pehrsdotter Stina Cajsa   HOL 46
f 1807 24/9   d 1899 10/11

Hol 49
Lindberg Jakob Olof   HOL 50
f 1877 5/9   d
G 1904 31/10 i Åsele med
Tjärnström Anna
f 1880 1/10   d 1906 19/4
Jakob Olof omgift 1911 18/4 i Åsele med
Marteliusson Anna Teolinda   HOL 72

559

f 1891 25/11   d 1912 29/12 "lungsot"
Jakob Olof omgift 1919 6/8 i Åsele med
Molund Eva Emelinda   HOL 54
f 1898 3/1   d

1. Jonas Walter   f 1905 16/2
2. Elna Erika   f 1911 23/7   d 1914 14/3
3. Per Tyko   f 1919 21/11
4. Olof Hugo   f 1921 19/1
5. Erik Artur   f 1922 16/8
6. Sara Lilly   f 1924 4/3
7. Anna Alice   f 1925 26/8
8. Nils Holger   f 1927 29/5   d 1927 19/6
9. Jonas Holger   f 1928 23/7
10.Nanny Kristina   f 1930 13/5

Föräldrar till:
A Tjärnström: Sven Svensson Tjärnström f 1844, Degersjö, An
                          Ingeborg Maria Jonsdotter f 1849

                                                                          Hol 50
Lindberg Jonas Nilsson
f 1854 4/3   d
G 1885 11/10 i Åsele med
Olofsdotter Sara Erika   HOL 78
f 1850 2/12   d 1925 17/2

1. Jakob Olof   f 1877 5/9   HOL 49
2. Daniel Hedbert   f 1879 25/9   d 1900 21/4

Föräldrar till:
J Lindberg: Nils Erik Lindberg f 1815, Gulkäl, An
                          Lisa Cajsa Olofsdotter f 1819

Kommer från Gultjäl, An 1890 – Jonas till Solberg, An 1928

                                                                          Hol 51
Marcusson Marcus   LÅN 36
f 1837 9/11   d
G 1865 5/3 i Åsele med
Johansdotter Greta Maglena   HOL 73
f 1843 15/8   d

1. Johan Ludvig   f 1865 18/10
2. Hilda Christina   f 1867 7/8

Flyttar 1867 till Östernoret (ÖSN 67)

Hol 52
LÅN 28

Molund Jonas Persson
f 1827 27/3   d 1915 6/8
G 1855 4/3 i Åsele med
Nilsdotter Sara Cajsa
f 1828 21/10   d 1886 25/8
Jonas omgift 1887 2/10 i Åsele med
Jonsdotter Eva Margareta   HOL 74
f 1839 17/9   d 1916 10/5
Eva Margareta tidigare gift se HOL 71

1. Cajsa Stina   f 1855 9/8   HOL 70
2. Märta Johanna   f 1858 16/3   d 1878 5/5
3. Anna Erica   f 1860 12/5
4. Nils Petter   f 1863 15/4   HOL 53
5. Jonas Erik   f 1865 16/5   Nordamerika
6. Daniel Johan   f 1867 25/6   Anundsjö -17
7. Pehr August   f 1871 21/6   HOL 54

Föräldrar till:
S C Nilsdotter: Nils Ersson f 1798, Nordsjö, Nm
                           Märta Sara Johansdotter f 1805

(3) A E barn: Erik Bethuel   f 1884 30/5   Nebraska -04
       dödfödd gosse   f 1889 30/5
       Frans Leonard   f 1893 10/5   Uppsala -14
       Charlotta Victoria   f 1897 12/5   Dal, Vnorrl -16
    Far till F L och C V: Johan Blomdahl (HOL 6)

Bor 1865-70 i Storsjö, An

Hol 53
HOL 52

Molund Nils Petter Jonsson
f 1863 15/4   d
G 1891 30/3 i Åsele med
Norlin Kristina Karolina   LÅN 48
f 1870 2/1   d 1928 1/7

1. Jonas Hilmer   f 1892 16/4   d 1892 23/4
2. Sara Kristina   f 1893 20/4   Anundsjö -18
3. Marta Evelina Henrietta f 1895 22/8   HOL 81
4. Jonas Hilmer   f 1897 8/6   Canada -28

5. Amanda Katarina	f 1899 15/6		
6. Anna Dagny	f 1902 22/9		
7. Erik Petter	f 1904 2/5		
8. Nils Arvid	f 1908 13/6		
9. Johan Ferdinand	f 1912 1/10	d 1913 27/1	

(5) A K barn: Johan Ferdinand	f 1918 5/11		HÄL 95
Gerda Kristina	f 1921 23/2		
Gunnar Erland	f 1924 8/1		HÄL 61
Nils Rune	f 1926 1/12	d 1928 8/2	

J F far Erik Adolf Söderlind (HÄG 36)

Kronotorpare Bäckaskog från 1902

Till Anundsjö 1896 - kommer 1902 från Åsele (ÅSE 286)

Hol 54

Molund Per August			HOL 52
f 1871 21/6	d		
G 1892 28/8 i Åsele med			
Danielsdotter Anna Karolina			HOL 71
f 1867 5/9	d		

1. Jonas Leonard	f 1892 6/1	d 1892 28/2	
2. Daniel Albert	f 1895 22/9	d 1895 25/12	
3. Eva Emelinda	f 1898 3/1		HOL 49
6. Per Fridian	f 1906 12/2	d 1917 8/11	
7. Jonas Henning	f 1912 21/3	d 1917 8/11	

(4) P F och (5) J H d "drunkning"

Till Anundsjödelen av Holmträsk 1896

Hol 55

Nilsson Daniel			HOL 77
f 1827 3/3	d 1914 13/2 "marasmus senilis"		
G 1856 23/3 i Anundsjö med			
Pehrsdotter Inga Carolina			
f 1825 5/1	d		

1. Petrus	f 1856 21/5	HOL 22
2. Gertrud Erika	f 1858 4/10 Brandkäl, An	

Föräldrar till:
I C Pehrsdotter: Pehr Pehrsson Gavelin f 1797, Degersjö, An

se TJL 6   Anna Olsdotter f 1806

(2) G E g 1891 11/10 i An m Johan Andersson f 1859 från Själevad

Änkan till Anundsjö 1917

			Hol 56
Nilsson Eric			HOL 77
f 1820 12/6	d 1874 25/1 "giktvärk"		
G 1842 6/3 i Åsele med			
Pehrsdotter Anna Maria			HOL 46
f 1818 21/7	d 1896 19/3		
1. Nils Petter	f 1843 18/4		HOL 29
2. Maria Carolina	f 1844 22/7	d 1845 20/4	
3. Eric	f 1845 17/8	d 1848 22/8	

Flyttar till Anundsjö 1869 - kommer tillbaka 1870

			Hol 57
Nilsson Ingel Edvard			FOR 20
f 1852 7/5	d 1923 6/4		
G 1888 2/4 i Åsele med			
Mattsdotter Anna Mathilda			TOÖ 76
f 1867 10/4	d		
1. Nils Herman	f 1888 11/9		
2. Mattias Amandus	f 1890 28/9		HOL 35
3. Erik Agaton	f 1892 29/11		
4. Edit Katarina	f 1895 6/1	Jukkasjärvi -23	
5. Bror Albert	f 1897 27/2	d 1897 10/3	
6. Hulda Karolina	f 1899 3/6		HÄL 81
7. Frans Albert	f 1902 27/11	Jukkasjärvi -29	
8. Elin Lovisa	f 1904 13/12	d 1925 3/2	
9. Svea Matilda	f 1908 11/8	Jukkasjärvi -29	

Kronotorpare Hedvattnet nr 1

Från Holmträsk, An 1898 - tidigare i Långvattnet (LÅN 41)

			Hol 58
Nilsson Jacob			ÅSE 239
f 1787	d 1848 26/12		
G 1819 25/4 i Åsele med			
Hansdotter Anna			GAF 57

563

f 1799   d 1880 16/10

2. Hans	f 1820 22/9	d 1850 24/7	
3. Nils	f 1824 3/4		
4. Anna Carolina	f 1826 19/9		STN 3
5. Inga Magdalena	f 1828 15/9		FOR 46
6. Lisa Erika	f 1831 8/6	Lillsele, Ju	
7. Jacob	f 1834 27/3	Övra, Ju	
8. Märta Stina	f 1836 14/5		
9. Erik	f 1841 18/12	Djupviken, Umeå lands	

(2) H d "lungsot"
(6) L E g 1856 18/3 i Ju m Jöns Olofsson f 1831 från Junsele
(7) J g 1859 12/6 i Ju m Stina Cajsa Isaksdotter (TJL 1)
(8) M S barn: Pehr Magnus   f 1861 17/8   d 1863 19/2
(9) E g 1877 8/7 m Barbro Magdalena Näslund f 1828 från Umeå landsförsamling

Kommer 1830 från Gafsele (GAF 49)

Hol 59

Nilsson Jakob			
f 1866 30/6	d		
G 1886 26/9 i Junsele med			
Ersdotter Anna			HOL 72
f 1844 12/9	d 1917 26/6 "magsår"		

1. Erik	f 1886 27/8	Junsele -09	
2. Sara Matilda	f 1888 13/9		ÖSN 42
3. Anna Lovisa	f 1894 4/7		HOL 12
4. Jenny Katarina	f 1897 11/7		HOL 87
5. Nils	f 1900 13/1		HOL 90
6. Jakob	f 1902 28/11		
7. Verner	f 1906 14/4		HOL 91

fosterbarn (se HOL 12):
8. Kristoffer Hilding Byström   f 1916 28/4

Föräldrar till:
J Nilsson: Nils Jakob Jacobsson f 1836, Kläppsjö, Ju
                                   Sara Erika Andersdotter f 1835

(2) S M barn: Anna Dagmar	f 1908 21/7		ÖSN 42
(4) J K barn: Gustaf Torben	f 1920 27/7		HOL 87

Kommer 1892 från Kläppsjö, Ju

Nilsson Jonas Edvard
f 1832 10/3   d
G 1856 2/3 i Åsele med
Olofsdotter Gustava   SOL 27
f 1831 6/6   d

1. Nils Petter	f 1856 23/12	Tjärn, An
2. Magdalena Eugenia	f 1859 10/2	d 1864 27/7
3. Olof Edvard	f 1861 3/5	Åbosjö, An
4. Jonas Eric	f 1863 17/7	Tjärn, An

Föräldrar till:
J E Nilsson: Nils Petter Paulusson f 1803, Lögda, Fr
           Maja Greta Jonsdotter f 1802

(1) N P g 1879 3/7 i An m Anna Kristina Eliedotter från Åbosjö
(2) M E d "halssjuka"
(3) O E g 1883 17/3 i An m Brita Sara Eliedotter f 1862 från Åbosjö
(4) J E g 1885 28/11 i An m Johanna Olofsdotter (SOL 12)

Kommer 1861 från Lögda, Fr - till Tjärn, An 1865

Nilsson Kristoffer Johan   MOS 2
f 1827 20/7   d 1889 27/8
G 1868 17/4 i Åsele med
Gavelin Segrid Stina Enoksdotter   HÄL 26
f 1842 22/3   d

1. Enok Edvard	f 1872 14/4	
2. Brita Albertina	f 1875 21/12	Nätra -01

Kommer från Hälla (HÄL 59) 1884 - till Själevad 1895

Nilsson Nils Petter   FOR 20
f 1862 14/12   d
G 1888 14/10 i Åsele med
Nilsdotter Anna Lovisa   HOL 29
f 1868 25/8   d

1. Hildur Karolina	f 1888 30/12
2. Nils Amandus	f 1891 11/2
3. Erik Leonard	f 1893 29/4

| 4. Per Albert | f 1895 4/8 |
| 5. Sara Viola | f 1897 1/10 |

Kommer från Hälla (HÄL 62) 1891 - till Svedjan 1899 (ÖVR 49)

		Hol 63
Nilsson Pehr		HOL 77
f 1822 2/5	d	
G 1845 2/3 i Åsele med		
Pehrsdotter Stina Cajsa		BJÖ 6
f 1816 1/8	d	

| 1. Nils | f 1845 17/10 |
| 2. Per Eric | f 1848 21/7 |

Flyttar till Gulsele (GUL 13) 1850

		Hol 64
Nilsson Per Johan		HOL 29
f 1876 2/1	d	
G 1905 23/7 i Åsele med		
Byström Anna Karolina		HOL 14
f 1879 15/12	d	

| 1. Nils Walter | f 1905 24/8 | d 1911 11/5 |

(1) N W d "drunkning"

Flyttar till Holmträsk, An 1905 - senare i Lakasjö (LAK 18)

		Hol 65
Norberg Jonas Zakarias		
f 1890 22/6	d	
G 1911 8/8 i Åsele med		
Persson Anna Petronella		HOL 70
f 1890 29/6	d	

1. Erik Manfred	f 1910 6/10	
2. Karin Elina	f 1912 29/4	d 1912 9/9
3. Jonas August	f 1913 22/9	

Föräldrar till:
J Norberg: August Norberg f 1864, Ulfvik, Ju
                               Sofia Elina Stenman f 1871

566

		Hol 66
Olofsson Daniel		SOL 27
f 1827 17/5	d	
G 1855 22/4 i Åsele med		
Pehrsdotter Gertrud Maglena		ÖSN 39
f 1829 28/7	d	

3. Maglena Carolina   f 1858 4/8
4. Olof Edvard   f 1859 13/9

Från Långvattnet (LÅN 53) 1859 - till Solberg 1861 (SOL 25)

		Hol 67
Olofsson Elias		HOL 78
f 1855 6/7	d	
G 1889 8/12 i Åsele med		
Kristoffersdotter Magdalena Kristina		
f 1869 19/5	d	

1. Olof Oskar   f 1890 13/7
2. Kristoffer Eugen   f 1893 16/2   d 1893 16/3
3. Erik Elias   f 1894 11/7
4. Brita Frideborg   f 1901 12/1

Föräldrar till:
M K Kristoffersdotter: Christoffer Olofsson f 1844, Solberg, An
se SOL 28   Brita Lisa Pehrsdotter f 1846

Till Holmträsk, An 1896

		Hol 68
Olofsson Jonas		
f 1838 28/10	d	
G 1867 1/12 i Åsele med		
Danielsdotter Cajsa Stina		TJL 4
f 1845 20/11	d 1876 10/7 "barnsängsfeber"	
Jonas omgift 1878 15/12 i Åsele med		
Jonsdotter Anna Erica		TJL 8
f 1850 9/5	d	

1. Olof   f 1869 16/1
2. Daniel   f 1871 27/6   Svannäs, Wi
3. Eric   f 1874 20/4   Svannäs, Wi

4. Anna Cajsa	f 1876 9/7	Gottne, Mo	
5. Märtha Erica	f 1879 18/2		
6. dödfött flickebarn	f 1881 26/1		
7. Elias	f 1882 18/8		
8. Jonas	f 1882 18/8	d 1882 11/10	

Föräldrar till:

J Olofsson: Olof Nilsson f 1793, Önskan, An
                Beata Nilsdotter f 1802

(2) D g 1899 16/10 i Wi m Gertrud Karolina Almqvist f 1871 från Stensele, Wi
(3) E g 1906 26/8 i Wi m Eva Kristina Nilsdotter f 1880 från Granliden, Wi
(4) A C g 1904 12/11 i Ås m Erik Westman f 1873 från Gottne

Kommer 1869 från Tjäl, An - flyttar 1883 till Svannäs, Wi

Hol 69
ÅSE 82

Olofsson Olof
f 1789   d 1869 6/1 "ålderdom"
G 1812 25/7 i Åsele med
Jacobsdotter Maglena   SOL 7
f 1791   d 1870 25/10

11.Sara Agatha   f 1836 21/8   ÖVR 7

Kommer från Solberg 1851 (SOL 27)

Hol 70
HOL 78

Olofsson Per Erik
f 1847 21/5   d
G 1881 27/3 i Åsele med
Jonsdotter Katarina Kristina   HOL 52
f 1855 9/8   d 1919 19/9

1. Kristina Karolina	f 1881 9/10		
2. Sara Albertina	f 1883 13/5		LOM 14
3. Olof Erik	f 1885 1/5		HOL 79
4. Jonas Robert	f 1887 26/6		
5. Anna Maria	f 1889 19/7	d 1889 21/7	
6. Anna Petronella	f 1890 29/6		HOL 65
7. Per Johan	f 1892 20/11	d 1907 19/6	
8. Nils Manfrid	f 1895 1/8	d 1896 8/5	
9. Märta Mathilda	f 1897 14/3	d 1897 9/4	
10.dödfött gossebarn	f 1899 11/6		
11.Hilma Evelina	f 1901 20/5		HÄL 107

(6) A P barn: Erik Manfred   f 1910 6/10   HOL 65

Flyttar till Holmträsk, An 1916

                                                                              Hol 71
Pehrsson Daniel   LÅN 28
f 1835 14/5   d 1875 4/7 "slag"
G 1860 4/3 i Åsele med
Jonsdotter Eva Margareta   HOL 74
f 1839 10/4   d
Eva Margareta omgift se HOL 52

1. Jonas August   f 1860 24/12   HOL 82
2. Christina Albertina f 1863 28/7
3. Eva Petronella   f 1864 22/11
4. Anna Karolina   f 1867 5/9   HOL 54
5. Pehr Magnus   f 1870 25/9
6. Clara Johanna   f 1872 10/6

(3) E P barn: dödfött flickebarn   f 1903 27/7

Flyttar till Storsjö, An 1865

                                                                              Hol 72
Pehrsson Eric
f 1836 30/7   d 1917 20/11 "ålderdom"
G 1864 27/6 i Junsele med
Andersdotter Anna
f 1828 2/2   d 1912 21/12

1. Anna   f 1864 12/9   HOL 59
2. Pehr Abraham   f 1867 24/9   d 1867 24/9
3. Cajsa Maglena   f 1869 11/9   Kläppsjö, Ju
4. Inga Maria   f 1872 3/1   HOL 85

Föräldrar till:
E Pehrsson: Pehr Gavelin f 1797, Degersjö, An
se TJL 6   Anna Olofsdotter f 1806
A Andersdotter: Anders Abramsson f 1792, Kläppsjö, An
                                    Anna Brita Larsdotter f 1799

(2) C M barn: Anna Teolinda   f 1891 25/9   HOL 49
       C M g 1892 8/2 i Ju m Daniel Marteliusson f 1870 från Kläppsjö

569

Från Kläppsjö, Ju 1865

			Hol 73
Pehrsson Johan			HOL 46
f 1810 17/10	d		
G 1844 31/3 i Åsele med			
Nilsdotter Anna Cajsa			HOL 77
f 1824 7/11	d 1845 31/12 "blodslag"		
Johan omgift 1847 7/2 i Åsele med			
Christophersdotter Inga Maglena			HOL 39
f 1812 22/3	d		
1. Greta Maglena	f 1843 15/8		HOL 51
2. Maria Carolina	f 1844 15/4		ÖSN 91
3. Petrus	f 1849 1/4	d 1849 3/10	

Flyttar 1868 till Östernoret (ÖSN 83)

			Hol 74
Pehrsson Jonas			HOL 46
f 1809 30/1	d 1896 4/3		
G 1835 8/2 i Åsele med			
Christophersdotter Eva Brita			HOL 39
f 1810 13/1	d 1885 27/10		
1. Maria Johanna	f 1835 17/3	d 1842 8/11	
2. Christopher	f 1836 17/9		HOL 44
3. Eva Margareta	f 1839 10/4		HOL 71
4. Pehr	f 1840 17/10	d 1841 10/6	
5. Pehr	f 1842 1/8		HOL 47
6. Jonas	f 1844 21/8		HOL 42
7. Maria Johanna	f 1846 13/2		GÄR 12
8. Stina Cajsa	f 1848 20/1	Anundsjö -71	
9. Anna Magdalena	f 1850 21/6		HOL 22
10. Johan Erik	f 1857 31/10		HOL 40
(1) M J "drunknad"			
(9) A M barn: Sara Erika	f 1880 14/8		HOL 22

		Hol 75
Pehrsson Christopher		HOL 46
f 1824 27/7	d 1870 21/2 "slag"	
G 1848 8/5 i Åsele med		
Salomonsdotter Märtha Cajsa		LÅN 54
f 1825 20/10	d 1894 15/9	

1. Maria Erica	f 1848 15/8	LÅN 16
2. Sara Erica	f 1850 9/12	
3. Eva Carolina	f 1852 4/7	
4. Stina Maglena	f 1855 28/12	LÅN 7
5. Märtha Johanna	f 1859 2/5	LÅN 12
6. Pehr Johan	f 1863 4/1	AVA 27
7. Jonas Olof	f 1867 28/2	LOM 68

(5) M J barn: Per Ludvig   f 1884 21/6   LÅN 12

Kommer från Långvattnet 1849 (LÅN 62)

Hol 76
Persson Christopher   SOL 23
f 1840 27/3   d
G 1863 29/11 i Anundsjö med
Jakobsdotter Brita Sara
f 1835 14/6   d

Föräldrar till:
B S Jakobsdotter: Jakob Jakobsson f 1798, Flärke, Mo
                              Anna Zakrisdotter f 1802

Från Seltjärn, An 1895 - flyttar till Lakasjö 1908 (LAK 26)

Hol 77
Pehrsson Nils   TOS 11
f 1791   d 1852 10/3 "vattusot"
G 1819 25/12 i Åsele med
Danielsdotter Gertrud   BJÖ 25
f 1787   d 1869 20/1 "ålderdom"

1. Erik	f 1820 12/6		HOL 56
2. Pehr	f 1822 2/5		HOL 63
3. Anna Cajsa	f 1824 7/11		HOL 73
4. Daniel	f 1827 3/3		HOL 55
5. Gertrud Brita	f 1829 24/8	d 1841 16/6	

(5) G B d "nerffeber"

Kommer 1840 från Åkerberget (ÅKB 18)

Hol 78
Pehrsson Olof   HOL 46

571

f 1816 23/5	d 1897 12/8		
G 1839 10/3 i Åsele med			
Eliedotter Stina Cajsa			SOL 5
f 1820 11/1	d 1887 8/8		

1. Maria Christina	f 1839 29/10		NYT 9
2. Anna Magdalena	f 1842 1/2	d 1880 2/8	
3. Pehr Eric	f 1847 21/5		HOL 70
4. Sara Erica	f 1850 2/12		HOL 50
5. Elias	f 1855 6/7		HOL 67
6. Cajsa Johanna	f 1855 6/7	Gulkäl, An	

(4) S E barn: Erik Olof	f 1872 6/11		HOL 25
Jakob Olof	f 1877 15/8		HOL 50
Daniel Hedbert	f 1879 25/9		HOL 50

(6) C J g 1882 17/12 i Ås m Enoch Anton Lindberg f 1856 från Gulkäl

----

			Hol 79
Persson Olof Erik			HOL 70
f 1885 1/5	d		
G 1915 13/4 i Åsele med			
Bergqvist Elina Maria Karolina			ÅKB 4
f 1896 2/5	d		

1. Per	f 1915 7/6	d 1915 16/6
2. Karin	f 1915 7/6	d 1915 19/6
3. Erik Oskar	f 1916 23/7	

Flyttar till Holmträsk, An 1916

			Hol 80
Pehrsson Pehr			HOL 46
f 1814 3/4	d		
G 1846 25/3 i Åsele med			
Olsdotter Inga Maglena			SOL 27
f 1815 20/3	d		

3. Cajsa Maglena	f 1849 3/1	
4. Olof Daniel	f 1851 12/12	
5. Inga Petronella	f 1855 10/1	
6. Pehr Eric	f 1859 21/3	d 1859 2/5
7. Pehr Victor	f 1860 28/9	

Från Solberg (SOL 32) 1848 - till Svedjan (ÖVR 68) 1864

Strömberg Erik Konrad
f 1895 4/4   d
G 1918 12/2 i Åsele med
Molund Marta Evelina Henrietta   HOL 53
f 1895 22/8   d

1. Erik Enar   f 1918 9/3
2. Nils Helge Eugen   f 1920 1/2

Föräldrar till:
E K Strömberg: Erik Anton Strömberg f 1865, Stavarsjö, Bj
                          Maria Amanda Strinnholm f 1868

Kronotorpare Bäckaskog? Hedvattnet nr 2

Flyttar till Folkärna 1921

Westberg Jonas August Danielsson   HOL 71
f 1860 24/12   d
G 1889 23/6 i Anundsjö med
Larsdotter Anna Mathilda
f 1868 3/5   d

1. Eva Albertina   f 1889 18/12
2. Anna Frideborg   f 1891 8/8
3. Klara Elisabet   f 1893 9/8   d 1894 19/12
4. Jonas Oskar   f 1895 10/10
5. Klara Elisabeth   f 1898 13/2

Föräldrar till:
A M Larsdotter: Lars Larsson f 1838, Solberg, An
se SOL 21   Anna Erika Pehrsdotter f 1843

Kommer 1893 från Åbosjö, An - tillbaka till Anundsjö 1900

Willbrandt Filip Mattsson
f   d 1752 13/5 "magsjukdom"   70 år gammal
G 1722 24/2 i Åsele med
Hindriksdotter Ella   GAF 137
f 1685   d 1745 31/12

573

Föräldrar till:
F Willbrandt: Jyväskylä, Finland

Hol 84

Zetterström Karl Magnus
f 1849 4/3   d
G 1877 23/12 i Junsele med
Ersdotter Katarina
f 1857 21/9   d

1. Erik   f 1877 19/11
2. Kristina Ulrika   f 1880 5/1
3. Otto   f 1882 19/7

Föräldrar till:
K M Zetterström: Carl Otto Zetterström f 1814, Böle, Ju
                              Ulrika Molin f 1814
K Ersdotter: Erik Jonsson f 1831, Kläppsjö, An
                              Christina Zachrisdotter f 1829

Kommer från Hälla (HÄL 90) 1884 - flyttar tillbaka samma år

Hol 85

Österberg Johan
f 1874 20/3   d
G 1896 19/12 i Åsele med
Eriksdotter Inga Maria   HOL 72
f 1872 3/1   d

1. Astrid Katarina   f 1897 24/1   Junsele -28
2. Erik Jakob   f 1898 3/10   HOL 96
3. Nils Hilding   f 1900 11/10   Junsele -27
4. Anna Wilma   f 1903 10/1   Junsele -26
5. Johan Astolf   f 1905 5/1   Junsele -26
6. Ingrid Pavlovna   f 1907 22/6   d 1925 26/5
7. Jonas John   f 1909 25/4
8. Verner Sixten   f 1911 2/10

Föräldrar till:
J Österberg: Nils Österberg f 1834, By, Si
se HOL 86   Katarina Helena Jonsdotter f 1842

(1) A K barn: Johan   f 1927 8/10   d 1927 15/10

Kommer 1899 från By, Si

Hol 86

Österberg Nils
f 1837 12/4 d
G 1872 24/6 med
Sjödin Katarina Helena Jonsdotter
f 1842 22/12 d

Föräldrar till:

N Österberg:	Johan Nilsson f 1810, Överbilla, Sj
	Märta Stina Nilsdotter f 1815
K H Sjödin:	Jonas Sjödin f 1813, Kläpp, Åd
	Lena Brita Jacobsdotter f 1812

Från By, Si 1900 - flyttar tillbaka samma år

Hol 87

Johansson Jakob Helmer HOL 37
f 1895 29/9 d
G 1923 27/10 i Åsele med
Jakobsson Jenny Katarina HOL 59
f 1897 11/7 d

1. Gustaf Torben	f 1920 27/7	
2. Åke Sören	f 1923 19/9	
3. Signe Barbro	f 1925 8/4	d 1926 1/7
4. Inga Barbro Karolina	f 1927 5/7	

Hol 88

Byström Johan August HOL 14
f 1888 25/4 d
G 1920 21/11 i Åsele med
Edström Maria Albertina LÅN 7
f 1893 20/11 d

1. Sven Gösta	f 1919 12/1	
2. Erik Ivan	f 1921 20/2	
3. Johan Folke	f 1923 25/8	d 1923 5/9
4. Irma Paulina	f 1925 26/4	
5. Gärdis Linnea	f 1926 8/8	

Hol 89

Svensson Nils Olof NYT 5
f 1876 20/9 d

G 1900 8/7 i Anundsjö med
Jonsdotter Anna Christina
f 1875 25/12   d

1. Sven Valdemar	f 1901 4/4	ÅSE 579
2. Jonas Manfred	f 1902 17/12	
3. Anna Emelinda	f 1905 3/10	
4. Nils Lennart	f 1912 30/10	
5. Erik	f 1917 18/9	

fosterbarn (se ÅKB 4):
6. Gunhild Frideborg Kristina Karlsson f 1921 2/2   Garpenberg –25

Föräldrar till:
A C Jonsdotter: Jonas Israelsson f 1849, Rödvattnet, An
                            Anna Kristina Eriksdotter f 1854

Kommer 1921 från Nytjärn (NYT 12) – till Junsele 1926

Hol 90
Jakobsson Nils   HOL 59
f 1900 13/1   d
G 1926 13/2 i Åsele med
Svensson Betty Katarina   HOL 45
f 1906 3/10   d

1. Arne Ingemar   f 1926 4/5
2. Anna-Märta   f 1927 18/8

Hol 91
Jakobsson Verner   HOL 59
f 1906 14/4   d
G 1928 7/4
Olofsson Sara Maria
f 1905 19/7   d

1. Rut Ingegärd   f 1926 4/2
2. Ann-Mari   f 1928 23/9

Föräldrar till:
S M Olofsson: Olof Olofsson f 1871, Lunne, An
                            Anna Andrietta Edström f 1880

Hol 92
Jakobsson Olof Oskar
f 1884 5/5   d

G 1911 24/8 i Anundsjö med
Eriksdotter Anna Kristina
f 1889 10/5   d

2. Erik Algot   f 1913 20/9
3. Olof Hilding   f 1915 21/1
4. Brita Johanna   f 1917 24/6
5. Karl Sigurd   f 1920 5/12
6. Jakob Gottfrid   f 1922 17/9
7. ett flickebarn   f 1924 27/12   d 1925 17/1
8. Jonas Valdemar   f 1926 8/4   d 1926 22/7

Föräldrar till:
O O Jakobsson: Jakob Olofsson f 1850, Solberg, An
                                     Brita Sara Persdr f 1863
A K Eriksdotter: Erik Olofsson f 1854, Lunne, An
                                     Sara Stina Olofsdr f 1860

Kommer från Solberg, An 1924 – till Anundsjö 1928

<u>Hol 93</u>

Hellström Olof August
f 1886 18/12   d 1925 23/12
G 1916 27/8 i Anundsjö med
Westberg Teolina Gustava
f 1896 6/2   d

1. Else Adela   f 1918 26/2
2. Erik Arne   f 1920 11/6
3. Ella Johanna   f 1922 13/7

Föräldrar till:
O A Hellström: Anna Magdalena Hellström f 1853, Kubbe, An
T G Westberg: Jonas Erik Jonsson f 1863, Tjärn, An
se HOL 60   Johanna Olofsdotter f 1857

Kommer från Åsele (ÅSE 154) 1921

<u>Hol 94</u>

Wiberg Salomon Anselm   Skogsfaktor, sågföreståndare
                                     LOM 137
f 1879 10/10   d
G 1914 14/6 i Åsele med
Hellman Hildur Amalia Maria   Lärarinna   ÅSE 153
f 1875 27/9   d

fosterbarn (se HOL 12):
1. Jenny Hermine   f 1918 20/5

Kommer 1921 från Söråsele (SÖÅ 117) – till Gafsele 1923 (GAF 234)

<u>Hol 95</u>
HOL 16

Byström Frans Erik
f 1892 23/4   d
G 1925 23/6
Vestberg Karin Elvira
f 1900 23/8   d

1. Markus Kristoffer   f 1925 22/11
2. Milly Anna-Britta   f 1928 12/5
3. Frans Edvard Melker   f 1930 18/3
fosterbarn (se HOL 12):
4. Anna Henny Nikolina   f 1915 17/1

Föräldrar till:
K E Vestberg: Olof Edvard Jonsson f 1861, Åbosjö, An
se HOL 60   Brita Sara Eliasdr f 1862

<u>Hol 96</u>
HOL 85

Österberg Erik Jakob
f 1898 3/10   d
G 1930 22/7
Forsberg Ingeborg Maria
f 1910 14/5   d

1. Inga Maria   f 1930 4/9

Föräldrar till:
I M Forsberg: Magnus Emanuel Forsberg f 1878, Lunne, An
                          Ingeborg Bergström f 1871

<u>Häg 1</u>

Arvidsson Wanik
d 1736 4/1   d 1809 4/9 "slag"
G 1767 med
Andersdotter Cecilia
f 1749   d 1822 20/2 "ålder"

1. Arvid   f 1769   Djupdal, Wi
2. Nils   f 1775 8/3   d

3. Ingel	f 1776	HÄG 38
4. Kerstin	f 1780	d

Föräldrar till:
W Arvidsson: Arvid Waniksson, Rissjölandet
                 Kristina Sjulsdotter

C Andersdotter:

(1) A g 1790 m Cecilia Nilsdotter f 1769

<u>Häg 2</u>

Augustsson Erik Olof   (Karlsson?)
f 1866 25/12   d
G 1893 30/7 i Åsele med
Sällström Sara Karolina   HÄG 35
f 1875 27/3   d

1. Erik Albert   f 1893 29/12
2. Jenny Martina Elisabet f 1895 6/10

Föräldrar till:
E O Augustsson: August Karlsson f 1826, Spöland, Vännäs
                    Maja Lisa Nilsdotter f 1829

Flyttar till Nyliden, Bj 1897

<u>Häg 3</u>

Dahlberg Olof Petter
f 1865 10/1   d
G 1895 14/7 i Björna med
Söderlind Maria Karolina
f 1866 5/4   d

1. Beda Maria Antonia   f 1898 6/1
2. Johan Lambert   f 1899 20/6
3. Anna Christalia   f 1901 6/2

Föräldrar till:
O P Dahlberg: Anders Ersson f 1817, Kantsjö, Trehörningssjö
                  Brita Maria Gabrielsdotter f 1823

M K Söderlind: Johan Söderlind f 1836, Movattnet, Bj
                  Lisa Ersdotter f 1834

Kommer 1900 från Östansjö, Bj - till Trehörningssjö 1902

Edin Anders
f 1864 4/8   d
G 1891 3/10 i Trehörningssjö med
Wiklund Kristina Margareta
f 1873 2/5   d

1. Nils Anton   f 1892 29/4
2. Anna Viktoria   f 1896 23/2

Föräldrar till:
A Edin: Nils Nilsson f 1823, Nordsjö, Nm
                               Anna Lisa Jacobsdotter f 1819
K M Wiklund: Anders Wiklund f 1840, Trehörningssjö
                               Anna Josefina Johansdotter f 1850

Häggsjömon

Kommer från Nordsjö, Trehörningssjö 1895 - tillbaka 1897

Eriksson Erik Edvard
f 1854 8/12   d
G 1886 21/12 i Åsele med
Sjölund Sara Margareta Johansdotter   OXV 32
f 1853 20/1   d 1887 2/8 ”vattusot”
Erik Edvard omgift 1888 22/4 i Åsele med
Mikaelsdotter Johanna
f 1854 25/6   d 1889 3/1 ”tuberculos”

1. Anna Elina   f 1877 17/8   d 1889 18/6
2. Emma Lovisa   f 1887 18/6
3. Erika   f 1888 23/12   d 1889 4/4

Föräldrar till:
E E Eriksson: Erik Johan Svensson f 1825, Brattby, Umeå lands
                               Greta Stina Emanuelsdotter f 1824
J Mikaelsdotter: Mikael Mikaelsson f 1815, Högåker, Vännäs
                               Lovisa Fredriksdotter f 1815

(1) A E och (3) E d i ”tuberkulos”

Flyttar 1890 till Wännäs

580

Häg 6

Ersson Fredrik   ÅSE 117
f 1822 29/4   d 1868 6/10 "insnärjt bråck"
G 1843 17/4 i Åsele med
Jonsdotter Anna Greta   HÄG 26
f 1811 24/10   d 1900 24/9

1. Anna Magdalena   f 1843 7/9   LÅN 21
2. Erica Amalia   f 1845 20/4   HÄG 30
3. Eric   f 1854 14/2   HÄG 7

Bor 1846-51 i Nyliden, Bj

                                                                           Häg 7
Fredriksson Eric   HÄG 6
f 1854 14/2   d 1928 8/2
G 1878 22/4 i Åsele med
Rådström Freja Mathilda   OXV 30
f 1854 28/10   d 1890 12/1 "tuberculos pulmonum"

Häggsjömon

                                                                           Häg 8
Holmström Erik Olof Jonsson   LÅN 54
f 1836 12/8   d 1900 8/8
G 1870 18/4 i Åsele med
Fredriksdotter Anna Magdalena   HÄG 6
f 1843 7/9   d 1908 5/12 "tyfoidfeber "(i Piteå)

1. Anna Lovisa   f 1871 25/7   HÄG 33
2. Jonatha   f 1875 24/4   d 1875 24/4
3. Teolinda Mathilda   f 1878 5/5   d 1889 5/3
4. Hulda Karolina   f 1883 13/9   OXV 15

(1) A L barn: Erik Helmer   f 1898 19/12
     uppg fader: Erik Adolf Eriksson (AVA 50)
(3) T M d "lungtuberkulos"

Kommer 1871 från Långvattnet (LÅN 21)

                                                                           Häg 9
Hägglund Zacharias
f 1855 1/4   d
G 1888 30/9 i Åsele med
Olofsdotter Sara Magdalena

f 1860 24/7   d

1. Maria Kristina   f 1891 16/6
2. Herman Olof Fridian   f 1893 19/5

Föräldrar till:
Z Hägglund: Zakarias Zakrisson f 1823, Nyliden, Bj
                                     Maja Brita Andersdotter f 1824
S M Olofsdotter: Olof Pehrsson f 1825, Granås, Bj
                                     Anna Brita Nilsdotter f 1827

Från Tegelträsk 1893 (TEG 10) - till Trehörningssjö 1895

                                                                    Häg 10
Johansson Enoch
f 1849 3/1   d
G 1881 27/11 i Åsele med
Danielsdotter Anna Olivia   ÅSE 380
f 1854 29/11   d

Föräldrar till:
E Johansson: Johan Johansson f 1799, Krokvattnet, Bj
                                     Brita Sara Jonsdotter f 1807

Flyttar 1883 till Svartsjö, An

                                                                    Häg 11
Johansson Jonas Ulrik   LIL 1
f 1872 4/7   d
G 1901 21/7 i Åsele med
Norlin Birgitta Erika   TEG 31
f 1872 18/1   d

1. Anna Kristina   f 1901 18/12
3. Beda Erika   f 1903 27/8
4. Erik Uno   f 1905 8/7
5. Agda Viola   f 1907 29/10
6. John Folke   f 1910 10/7
7. Jonas Otto   f 1912 9/4

Kommer 1903 från Tegelträsk (TEG 14) - till Lajksjö, Do 1912

                                                                    Häg 12
Jonsson Erik Olof   HÄG 34
f 1879 7/5   d

582

G 1900 1/12 i Åsele med
Danielsdotter Kristina Karolina   LÅN 12
f 1877 30/7   d

1. Jonas Konrad   f 1901 6/12
2. Erik Oskar   f 1903 16/5
3. Hanna Kristina   f 1905 6/8   Västerfärnebo -23
4. Jakob Edvard   f 1908 30/3
5. Karl Tyko   f 1911 17/1
6. Lilly Alfrida   f 1913 4/7   Björna -29
7. Gärda Elvira   f 1915 8/5
8. Olof Artur   f 1917 14/2
9. Ingrid Karolina   f 1921 1/3   d 1921 23/9

Kronotorpare Granåsen

                                                                                   Häg 13
                                                                                   HÄG 34
Jonsson Jonas Amandus
f 1871 17/8   d
G 1897 27/4 i Åsele med
Edin Anna Maria
f 1861 26/9   d

Föräldrar till:
A M Edin: Nils Nilsson f 1823, Kärrsjö, Bj
                             Anna Lisa Jacobsdotter f 1819

Häggsjömon

Flyttar till Ytterrissjö 1911 (YTT 16)

                                                                                   Häg 14
                                                                                   HÄG 26
Jonsson Mathias
f 1813 21/12   d
G 1837 15/10 i Fredrika med
Nilsdotter Magdalena   TEG 37
f 1813 14/7   d

1. Sara Maria   f 1837 17/11
2. Anna Brita   f 1839 20/2   ÖVR 33
3. Segrid Stina   f 1840 26/11
4. Jonas Eric   f 1847 23/7   Kärrsjö, Bj
5. Matthias   f 1849 17/7   Björna by, Bj

(4) J E g 1874 18/10 i Bj m Brita Lisa Olofsdotter f 1845 från Berg, Bj

583

(5) M g 1880 7/8 i Bj m Johanna Matilda Pettersson f 1849 från Hjortberga, Kronobergs län

Familjen kommer från Wiska, Fr 1846 - till Nyliden, Bj 1851

Häg 15
Jonsson Nils Severin   HÄG 34
f 1884 22/5   d
G 1909 1/8 i Åsele med
Johansdotter Kristina Margareta
f 1885 25/2   d

1. Jonas Amandus   f 1908 5/10
2. Anna Maria   f 1909 20/12   Anundsjö -28
3. Helga Kristina   f 1911 24/9
4. Lilly Karolina   f 1913 11/3
5. Johan Tyko   f 1914 2/12   d 1914 6/12
6. Nils Johan   f 1920 18/7

Föräldrar till:
K M Johansdotter: Johan Johansson f 1854, Kalvbäcken, An
                              Maria Kristoffersdotter f 1864

Flyttar till Stavro, An 1915

Häg 16
Jonsson Sven Elias   HÄG 34
f 1875 24/5   d
G 1901 13/7 i Åsele med
Johansdotter Sara Maria
f 1883 4/1   d

1. Sara Maria   f 1901 13/10
2. Kristina Frideborg   f 1903 12/1
3. Henny Albertina   f 1909 28/11

Föräldrar till:
S M Johansdotter: Johan Johansson f 1854, Björna by, Bj
                              Maria Kristoffersdotter f 1864

Flyttar till Kalvbäcken, An 1903

Häg 17
Karlsson August   (Augustsson)
f 1861 18/8   d
G 1884 21/12 i Vännäs med

584

Mikaelsdotter Mina
f 1860 13/10   d

1. Karl Oskar	f 1885 26/9		HÄG 21
2. Nils August	f 1887 11/3	d 188721/3	
3. Anna Karolina	f 1888 13/8		HÄG 29
4. August Walfrid	f 1890 15/4		HÄG 18
5. Erik Teodor	f 1891 25/5		HÄG 19
6. Maria Elisabeth	f 1894 10/8	d 1895 18/4	
7. Nils Bernhard	f 1896 18/4	d 1897 4/1	
8. Jonas Alfred	f 1897 17/5		
9. Hilma Elisabeth	f 1898 23/5	d 1899 25/1	
10.Lilly Wilhelmina	f 1900 19/9		ÅSE 648
11.Johan Gottfrid	f 1902 17/2	d 1902 2/6	
12.Albert Sigfrid	f 1905 12/6		
13.Alma Augusta	f 1906 8/9	d 1906 10/12	

fosterbarn (se YTT 29):
14.Astrid Karolina Rådström   f 1910 17/3   Björna -28

Föräldrar till:
A Karlsson: August Karlsson f 1826, Spöland, Vännäs
                        Maja Lisa Nilsdotter f 1829
M Mikaelsdotter: Mikael Nilsson f 1824, Järvdal, Vännäs
                        Anna Carolina Carlsdotter f 1825

<u>Häg 18</u>
HÄG 17
Karlsson August Walfrid
f 1890 15/4   d
G 1918 14/7 i Åsele med
Sjödin Mary Ottilia Elisabeth   INS 37
f 1889 14/12   d

1. Anna Margit   f 1919 6/5

Flyttar till Svedjan 1926 (ÖVR 86)

<u>Häg 19</u>
HÄG 17
Karlsson Erik Teodor
f 1891 25/5   d
G 1916 8/10 i Åsele med
Nilsson Augusta Axelia
f 1896 5/2   d

1. Erik Gunnar   f 1917 30/9
2. Bror Ingemar   f 1919 23/11

fosterbarn (se nedan):
3. Elvy Elida Backlund   f 1924 4/4

Föräldrar till:
A A Nilsson: Kristoffer Nilsson f 1854, Krokvattnet, Bj
                                 Augusta Katarina Burström f 1861
E E Backlund: An

Kronotorpare Gullåsen

                                                                                    Häg 20
Karlsson Karl Gustaf   OXV 12
f 1879 6/6   d
G 1901 6/10 i Åsele med
Holmström Hulda Karolina   HÄG 8
f 1883 13/9   d

1. Anna Teresia   f 1901 30/12   Björna -29
2. Rut Ingeborg   f 1906 8/1   Björna -29
3. Karl Waldemar   f 1908 18/1
4. Linnea Karolina   f 1913 12/12
5. Syster Elsa   f 1916 19/1
6. Svea Astrid Frideborg   f 1917 20/5
7. Gurli Irene   f 1920 24/11
8. Birger Gösta   f 1923 21/1

Kommer 1902 från Oxvattnet (OXV 15)

                                                                                    Häg 21
Karlsson Karl Oskar   HÄG 17
f 1885 26/9   d
G 1911 16/4 i Åsele med
Nilsson Olga Sofia
f 1893 22/8   d 1915 12/6 "difteri"
Karl Oskar omgift 1918 10/11 i Åsele med
Salomonsson Edla Nikolina   LÅN 65
f 1899 17/1   d

1. Karl Gotthard   f 1911 5/7   Nyby, Ly
2. Erik Vildemar   f 1912 19/7
3. Gunborg Augusta Wilhelmina   f 1914 2/6   d 1915 13/6
4. Ebba Nikolina   f 1919 8/3
5. Härtrid   f 1920 23/9
6. Gullbritt Mari   f 1923 13/6

Föräldrar till:

O S Nilsson: Kristoffer Nilsson f 1854, Krokvattnet, Bj
Augusta Katarina Burström f 1861

(1) K G fosterson till Johan Rupert Strinnholm f 1883 och Kristina Elisabet
Kristoffersdotter f 1884 (syster till Olga Sofia) i Nyby, Ly
(3) G A W d "difteri"

Kronotorpare Gullåsen

Flyttar till Bjurholm 1923

<u>Häg 22</u>

Karlsson Karl Rudolf
f 1888 2/7   d
G 1913 29/3 i Fredrika med
Norberg Hilda Maria Elisabet
f 1889 21/12   d

1. Fanny Elisabeth	f 1914 17/9
2. Karl Roland	f 1916 27/7
3. Dagmar Ingegerd	f 1918 24/1
4. Stanny Karolina	f 1919 26/9
5. Set Holger	f 1921 10/8
6. Rut Anansy	f 1923 19/6
7. Yngve	f 1925 8/10
8. Knut Östen	f 1927 11/12
9. Gustaf Evert	f 1930 3/3

Föräldrar till:

K R Karlsson: Karl August Andersson f 1860, Bergvattnet, Bh
Sofia Karolina Sjögren f 1861

H M E Norberg: Nils Johan Andersson f 1853, Stavarsjö, Bj
Kristina Katarina Danielsdotter f 1857

Kommer 1915 från Svedjan (ÖVR 23)

<u>Häg 23</u>
OLO 1

Kristoffersson Jonas Arvid
f 1886 5/4   d
G 1913 5/1 i Åsele med
Lundberg Elna Johanna   HÄG 25
f 1893 7/11   d

1. Karl Arvid	f 1913 30/1	
2. John Hugo	f 1914 28/2	
3. Rut Edla Alfrida	f 1915 14/6	
4. Jonas Ivar	f 1916 16/9	
5. Per Uno	f 1918 17/12	
6. Ester Irene	f 1923 26/9	
7. Jenny Albertina	f 1924 13/10	

Häggsjömon

Kommer 1913 från Olofsberg (OLO 4)

			Häg 24
Christophersson Christopher			LOM 92
f 1793	d		
G 1820 19/3 i Åsele med			
Danielsdotter Anna			GAF 121
f 1792	d		
1. Kristoffer	f 1821 17/11		

Familjen flyttar 1822 till Lägsta (LÄG 5)

			Häg 25
Lundberg Per Erik Olofsson			
f 1869 14/7	d		
G 1893 15/1 i Anundsjö med			
Jonsdotter Sara Albertina			HÄG 34
f 1873 15/8	d		
1. Elna Johanna	f 1893 7/11		OLO 4
2. dödfött flickebarn	f 1893 7/11		
3. Olof Oskar	f 1895 23/2		TEG 21
4. Jonas Amandus	f 1896 3/6	d 1903 16/1	
5. Anna Martina	f 1898 24/5		LÅN 24
6. Per Erik	f 1899 28/12	d 1900 5/2	
7. Sara Albertina	f 1901 6/3	d 1903 16/1	
8. Ester Karolina	f 1902 8/7		HÄG 44
9. Jonas Amandus	f 1904 25/2		HÄG 43
10.Erik Artur	f 1906 6/3		HÄG 40
11.Nils Severin	f 1908 13/5		HÄG 39
12.Henny Albertina	f 1909 28/11		
13.Karl Waldemar	f 1911 26/1		
14.Syster Elisabeth	f 1913 8/1	Multrå -29	
15.Bror Walter	f 1914 22/2	d 1914 16/10	

16.Gustaf Holger   f 1915 28/3   d 1915 29/3

Föräldrar till:
P E Lundberg: Olof Petter Olofsson f 1843, Grubbe, An
se SOL 29   Johanna Pehrsdotter f 1840

(4) J A d "difteri"
(5) A M barn: Erik Gunnar   f 1918 3/12   d 1919 8/2
          Per Erik Valter   f 1920 25/1   LÅN 24
(7) S A d "difteri"

Häggsjömon

Kommer från Grubbe, An 1897

                                                                        Häg 26
Mattsson Jon   LOM 63
f 1786   d 1878 29/4
G 1809 8/10 i Åsele med
Christoffersdotter Anna   LOM 92
f 1783   d 1858 28/11

2. Anna Greta   f 1811 24/10   HÄG 6
3. Mathias   f 1813 21/12   HÄG 14
4. Brita Cajsa   f 1815 26/10   Nyliden, Bj
6. Sara Magdalena   f 1822 4/10   d 1832 20/12

(3) B C g 1841 3/10 i Ås m Jonas Sellström (TJÄ 15)

Kommer 1829 från Lomsjö (LOM 87)

                                                                        Häg 27
Norqvist Erik Edvard Eriksson   LÅN 38
f 1860 22/9   d
G 1892 25/3 i Åsele med
Norlin Anna Mathilda Eriksdotter   TEG 31
f 1865 28/1   d

Flyttar till Lakasjö (LAK 21) 1900

                                                                        Häg 28
Olofsson Olof   ÅSE 82
f 1789   d
G 1812 25/7 i Åsele med
Jacobsdotter Magdalena   SOL 7

f 1791   d

1. Olof   f 1812 23/8
2. Inga Maglena   f 1815 20/3
3. Jacob   f 1817 2/8

Flyttar 1818 till Långbäcken, Fr - senare i Solberg (SOL 27)

                                                                Häg 29
Ottosson Elis Frithiof   ÅSE 295
f 1884 12/6   d 1910 11/8 "lungsot"
G 1909 25/6 i Åsele med
Karlsson Anna Karolina   HÄG 17
f 1888 13/8   d

1. Signe Linnea   f 1909 2/11   d 1910 25/1
2. Göta Irene   f 1915 16/11   d 1916 23/9

(2) G I d "tandslag"

Anna Karolina gifter om sig i Gärdsjö (GÄR 37)

                                                                Häg 30
Pehrsson Erik Aron
f 1842 8/3   d
G 1867 7/7 i Åsele med
Fredriksdotter Erica Amalia   HÄG 6
f 1845 20/4   d

1. Fredrik   f 1867 26/8   d 1867 8/12
2. Anna Erica   f 1869 27/2
3. Lisa Amalia   f 1871 13/12
4. Carolina Margareta   f 1875 11/4
5. Ida Kristina   f 1878 21/1
6. Erik Alfred   f 1881 23/3

Föräldrar till:
E A Pehrsson: Pehr Andersson f 1807, Aspsele, Fr
                                Sara Lisa Danielsdotter f 1806

(1) F d "difteritis"

Familjen flyttar till Tallberg 1883 (TAB 16)

                                                                Häg 31

Persson Kristoffer
f 1867 13/5   d
G 1910 16/9 i Anundsjö med
Nilsdotter Inga Maria   HOL 29
f 1881 10/5   d

1. Jakob Artur   f 1907 20/8
2. Sara Hermine   f 1910 20/2
3. Brita Viola   f 1912 8/4
4. Jenny Maria   f 1914 17/3
5. Anna Magdalena   f 1916 18/6
6. Ines Lovisa   f 1918 26/4
7. Per Erhard   f 1921 29/1
8. Gunborg Albertina   f 1923 30/4
9. Inga Margreta   f 1926 19/3

Föräldrar till:
K Persson: Pehr Jonsson f 1837, Brattsjö, An
                          Sara Pehrsdotter f 1835

Kronotorpare Långtjärntorp

Kommer 1918 från Lakasjö (LAK 27)

                                                            Häg 32

Persson Per
f 1835 11/12   d 1902 2/5
G 1882 25/2 i Fredrika med
Olofsdotter Segrid Cajsa
f 1844 12/12   d 1897 24/11

1. Erik Olof Söderlind   f 1865 27/11   HÄG 36

Föräldrar till:
P Persson: Pehr Andersson f 1807, Bredträsk, Fr
                          Sara Lisa Danielsdotter f 1806
A O Olofsdotter: Olof Jonsson f 1817, Stavarsjö, Fr
                          Cajsa Märtha Olofsdotter f 1825

                                                            Häg 33

Rundqvist Per Gustaf
f 1880 22/5   d
G 1904 11/7 i Åsele med
Holmström Anna Lovisa   HÄG 8
f 1871 25/7   d

591

1. Erik Helmer	f 1898 19/12	
2. Ernst Konrad	f 1904 27/10	
3. Carl Teodor	f 1907 14/8	d 1908 3/6

Föräldrar till:
P G Rundqvist: Elias Rundqvist f 1851, Nyliden, Bj
                                   Kajsa Maria Nyström f 1852

Flyttar till Åsele 1908 (ÅSE 388)

		Häg 34
Svensson Jonas		LAK 33
f 1843 8/12	d 1924 25/11	
G 1869 20/3 i Åsele med		
Eliedotter Anna Cajsa		SOL 6
f 1842 12/9	d 1919 28/11 "magkräfta"	
1. Anna Kristina	f 1869 21/8	
2. Jonas Amandus	f 1871 17/8	HÄG 13
3. Sara Albertina	f 1873 15/8	HÄG 25
4. Sven Elias	f 1875 24/5	HÄG 16
5. Greta Johanna	f 1877 15/3	ÖVR 22
6. Erik Olof	f 1879 7/5	HÄG 12
7. Katarina Aqvilina	f 1881 4/4	LAK 23
8. Nils Severin	f 1884 22/5	HÄG 15
(1) A K barn: Jonas Walfrid	f 1891 16/10	Minnesota -13
Anna Teolinda	f 1893 3/5	YTT 27
Erik Anton	f 1896 18/7	Nordamerikas förenta stater -21

Häggsjömon

Kommer från Lakasjö 1885 (LAK 31)

		Häg 35
Sällström Mathias		
f 1849 4/3	d	
G 1871 15/10 i Björna med		
Söderlind Lisa Kristina		
f 1851 21/12	d	
1. Brita Kristina	f 1871 24/12	Långviken, Bj
2. Sara Karolina	f 1875 27/3	HÄG 2
3. Jonas August	f 1876 2/4	d 1882 26/8

4. Eric Anton	f 1878 28/12	d 1882 3/11
5. Nils Teodor	f 1881 14/8	Nyliden, Bj
6. Jonas Amandus	f 1884 20/9	Mattarbodum, Bj
7. Erik Oskar	f 1886 6/11	Nyliden, Bj
8. Alma Elisabeth	f 1889 7/12	
9. Johan Helmer	f 1893 26/5	d 1894 25/2

Föräldrar till:
M Sällström: Jonas Sellström f 1817, Nyliden, Bj
se HÄG 26   Brita Cajsa Jonsdotter f 1815
L K Söderlind: Eric Jacobsson f 1826, Nyliden, Bj
                                   Sara Stina Nilsdotter f 1823

(1) B K barn: Elna Kristina Elisabet f 1893 28/2   d 1893 1/5
          dödfött flickebarn   f 1893 28/2
    B K g 1895 15/4 i Bj m Erik Eriksson f 1867 från Långviken
(5) N T g 1907 29/12 i Bj m Karin Kristina Gidlund f 1884 från Nyliden
(6) J A g 1909 26/12 i Bj m Anna Julia Åström f 1884 från Mattarbodum
(7) E O g 1915 24/6 i Bj m Nanna Johanna Sjölund f 1892 från Nyliden

Häggsjömon

Kommer 1881 från Nyliden, Bj - tillbaka 1896

HÄG 32

Söderlind Erik Olof
f 1865 27/11   d
G 1894 12/5 i Åsele med
Andersdotter Brita Lovisa
f 1864 5/6   d 1918 27/12 "influensa epidemica"

1. Erik Anton	f 1894 8/7	d 1894 17/7
2. Erik Adolf	f 1895 23/12	
3. Olof Hjalmar	f 1898 24/1	
4. Jonas Fridolf	f 1899 18/11	
5. Lovisa Katarina	f 1904 4/6	

Föräldrar till:
B L Andersdotter: Anders Johansson f 1832, Svartsjö, Fr
                                   Märtha Cajsa Pehrsdotter f 1832

Flyttar till Stavro, An 1903

Toren Johan Sydow

f 1881 25/9   d
G 1909 3/10 i Fredrika med   skilda 1923 31/12
Norberg Hulda Josefina
f 1883 15/9   d

1. Dagni Kristina   f 1910 14/1
2. Adele Josefina   f 1912 6/10   Björna -29
3. Sandy Karolina   f 1915 2/4

Föräldrar till:
J S Toren: Elias Toren f 1837, Häggsjöbäcken, An
se LÄG 9   Stina Magdalena Jonsdotter f 1839
H J Norberg: Nils Johan Andersson f 1853, Stennäs, Fr
                                     Kristina Katarina Danielsdotter f 1857

Johan Sydow ant "sinnessjuk" 1917

Kommer från Anundsjö 1912 - Johan Sydow flyttar till Anundsjö 1924

                                                                        Häg 38
Waniksson Ingel   HÄG 1
f 1776   d 1811 20/7 "tvinsot" BU
G 1800 med
Olofsdotter Brita
f 1774   d 1856 30/8

1. Cecilia   f 1800   d 1863 29/1
2. Brita   f 1802 24/5   d 1884 18/10
3. Olof   f 1804 24/3   ÖVR 12
4. Pehr   f 1806 31/3   d 1823 4/4
5. Nils   f 1809 8/3   d som barn före 1811 BU
6. Gustaf   f 1809 8/3   LIL 37

Föräldrar till:
B Olofsdotter: Olof Larsson f 1750, Lögdträsklandet
                                     Cecilia Larsdotter f 1740

(1) C piga i Rissjön vid sin död
(2) B d "nerfslag o åldersaftyning"
(4) P d "bråck"
(5) N finns ej i dödboken, bara "död " i husförhörslängden

                                                                        Häg 39
Lundberg Nils Severin   HÄG 25
f 1908 13/5   d

G 1929 26/6
Eliasson Mary Elisabet   VAR 40
f 1907 8/7   d

1. Sara Margareta   f 1928 3/5
2. Nils Arne   f 1929 14/10

                                                                                 Häg 40
Lundberg Erik Artur   HÄG 25
f 1906 6/3   d
G 1929 25/8
Nyberg Matilda Kristina   Lärarinna
f 1898 30/3   d

Föräldrar till:
M K Nyberg: Per Nyberg f 1863, Bjursele, Multrå
                                    Anna Katarina Nilsdr f 1871

                                                                                 Häg 41
                                                                                 LÅN 26
Johansson Erik Johan Agaton
f 1899 4/4   d
G 1920 9/10 i Åsele med
Lundberg Anna Martina   HÄG 25
f 1898 24/5   d

1. Per Erik Valter   f 1920 25/1
2. Johan Halvard   f 1921 10/5
3. Svea Albertina   f 1923 12/1
4. Valborg Alice   f 1924 1/5
5. Karl Gunnar   f 1925 24/12
fosterbarn (se LÅN 73):
6. Linnea Amanda Persson   f 1913 10/10

Kommer 1923 från Lakasjö (LAK 42) - flyttar 1927 till Svedjan (ÖVR 92)

                                                                                 Häg 42
                                                                                 ÅSE 37
Borglund Erik Albert
f 1896 27/2   d
G 1922 15/4 i Åsele med
Karlsson Lilly Wilhelmina   HÄG 17
f 1900 19/9   d

1. Erik Arne Teofilus   f 1922 19/5
2. Lotten Ingegerd   f 1923 2/12
3. Per August Assar   f 1925 20/1

595

Kommer från Björna 1925 – till Bjurholm 1927 – tidigare i Åsele (ÅSE 648)

<u>Häg 43</u>
Lundberg Jonas Amandus   HÄG 25
f 1904 25/2   d
G 1928 25/2
Sjöberg Helga Kristina
f 1899 8/4   d 1929 15/9

1. Per Bertil   f 1928 14/5

Föräldrar till:
H K Sjöberg: Jonas Sjöberg f 1865, Innertällmo, An
                                     Emma Kristina Jonsdr f 1875

                                                                        <u>Häg 44</u>
Rådström Bror Mattias   YTT 29
f 1890 23/2   d
G 1921 4/1 i Åsele med
Lundberg Ester Karolina
f 1902 8/7   d   HÄG 25

1. Erik Ivan   f 1921 14/4
2. Märta Karolina   f 1922 8/11
3. Alva Ingegerd   f 1924 27/11

Flyttar till Svedjeberg (YTT 39) 1926

Printed in Great Britain
by Amazon

76198465R00355